图书在版编目（CIP）数据

常山年鉴.2014/常山县地方志编纂委员会编.—北京：方志出版社，2015.10

ISBN 978-7-5144-1725-8

Ⅰ.①常… Ⅱ.①常… Ⅲ.①常山县—2014—年鉴 Ⅳ.①Z525.54

中国版本图书馆CIP数据核字（2015）第245405号

常山年鉴（2014）

编　　者：常山县地方志编纂委员会
责任编辑：齐笑

出 版 人：冀祥德
出 版 者：方志出版社
地址　北京市朝阳区潘家园东里9号（国家方志馆4层）
邮编　100021
网址　http://www.fzph.org
发　　行：方志出版社发行中心
（010）67110500
经　　销：各地新华书店
印　　刷：江西宜春资料印务有限公司

开　　本：889×1194　　1/16
印　　张：29.75
字　　数：783千字
版　　次：2015年10月第1版　　2015年10月第1次印刷
印　　数：0001～1000册

ISBN 978-7-5144-1725-8　　定价：280.00元

常山年鉴

THE YEARBOOK OF CHANGSHAN

(2014)

中　共　常　山　县　委
常　山　县　人　民　政　府　主办

常山县地方志编纂委员会　编

方志出版社
Publishing House of Local Records

《常山年鉴（2014）》编辑说明

1.《常山年鉴》是中共常山县委、常山县人民政府主办，常山县地方志编纂委员会以中国特色社会主义理论体系为指导，组织编纂的年度资料性文献。自2005年起，逐年编辑出版，旨在全面、真实地记载上一年度常山县行政区域自然、政治、经济、文化、社会等方面的情况和社会发展的历史进程，为社会各界人士和中外投资者了解、研究、建设常山，提供丰富翔实的地情资料；为续修《常山县志》积累资料。它是一部政府公报性的工具书，更是宣传常山、介绍常山的名片。

2.《常山年鉴（2014）》，记载时限从2013年1月1日至12月31日，一般不作历史追溯。

3.《常山年鉴（2014）》按分类法编排，主体内容分为类目、分目、条目三个层次，部分分目下设副分目，分别用不同的字号和字体表示。类目标题标于书眉；分目单设一行；条目为年鉴基本记述单位，其标题用【】引出。

4.《常山年鉴（2014）》以县级机关各部门、乡镇（街道）及有关驻常山的省部属单位为基本记述主体，以事物性质分类，设类目。为增加资料价值和使用价值，在卷首设“特载”“大事记”“专记”“县情概览”，以反映总体情况；卷末设“组织机构及负责人名录”“荣誉录”“重要文件目录”“艺文”“国民经济若干统计资料”“附录”“索引”。

5.《常山年鉴（2014）》所刊载的情况和数据，均由常山县有关职能部门、乡镇（街道）和驻常山的省部属单位提供，稿件由各单位指定人员撰写，经本年鉴编辑部编辑再送回各撰稿单位审核后定稿。主要数据由常山县统计局提供。撰稿人和摄影者统一署名于条目和照片之后的（）内。耕地面积单位名称一般按习惯用“亩”字。

6.《常山年鉴（2014）》“荣誉录”，收录2013年1—12月公布，由常山县委、县政府、市级（含部门）、省级（含部门）、国家级（含部门）命名、表彰、颁发的荣誉称号。

7.《常山年鉴（2014）》配有双重检索系统，书前刊有中文详细目录和英文要目，书后配有索引，索引采用主题分析法，按主题词首字汉语拼音字母顺序排列。

8.《常山年鉴》编纂工作得到各承编单位的大力支持，不少同志为年鉴的编写付出了辛勤劳动，特借此深表谢意。限于能力和水平，本书在编印、出版中的疏漏和差错，恳请广大读者提出批评指正。

2015年8月

4月18日，省委书记、省人大常委会主任夏宝龙（中）到常山调研。省委常委、秘书长赵一德（右四）参加调研　　（刘琳玲　摄）

3月12日，省委常委、省纪委书记任泽民（中）率省委调研组，到常山调研基层纪检监察工作　　（刘琳玲　摄）

10月29日，省委常委、省公安厅厅长刘力伟（前左二）到常山调研　　　　（金灵丽　摄）

8月8日，省委常委、常务副省长龚正（右四）深入衢州绿色产业集聚区常山片区调研
（方均良　摄）

11月11日至12日，副省长黄旭明（中）到常山农村调研工作　　（金灵丽　摄）

12月24日，副省长朱从玖（左三）到常山调研金融服务企业发展情况　　（金灵丽　摄）

11月12日，省人大常委会党组副书记、副主任茅临生（右四）到常山调研企业发展情况

（金灵丽　摄）

7月19日，全国人大常委会委员、省人大常委会副主任、九三学社浙江省主委姒健敏（前右一）到常山调研科教文卫体工作，并征求基层对省人大党组开展群众路线教育实践活动等相关意见建议

（吕宁　摄）

8月21日，省政协副主席、党组副书记陈加元（中）到常山开展“走亲连心”活动（金灵丽　摄）

11月5日，省农技推广基金会会长章猛进（中）率领考察组到常山同弓乡太公山胡柚基地实地考察常山胡柚种植基地建设、生产销售、新品种研发等情况（金灵丽　摄）

3月13日，省委教育工委书记、教育厅厅长刘希平（右三）到常山调研教育工作（金灵丽　摄）

4月22日，由国家旅游局专家组成员、北京师范大学副教授李晓文带队的国家AAAA级旅游景区验收组到常山，对三衢石林景区创建国家AAAA级旅游景区情况进行检查验收（记者　吕宁）

5月16日，省国资委主任、党委书记冯波声（左二）率调研组到常山调研国资管理工作（童旭　摄）

5月16日，省委宣传部副部长鲍洪俊（中）率领省农村文化礼堂建设工作调研组到常山调研农村文化礼堂建设工作

（吕宁　摄）

6月7日，省政府副秘书长、金融办主任丁敏哲（右三）到常山调研县域金融创新工作
（方均良　摄）

7月25日，省供销社党委书记、理事会主任马柏伟（左二）到常山调研培元灵芝　（方均良　摄）

8月1日，省农业厅党组书记、厅长史济锡（左一）到常山调研
（吕宁　摄）

8月22日，国家林业局驻上海专员办专员王希玲（中）到常山调研森林资源保护管理工作　（方均良　摄）

9月13日，省发改委党组书记、主任谢力群（中）率队到衢州绿色产业集聚区常山片区、浙江天子股份有限公司调研　　（吕宁　摄）

11月11日，省财政厅党组书记、厅长钱巨炎（右三）到常山赵家坪农房安置区调研配套设施建设情况　　（冯琳　摄）

11月13日，省委组织部副部长、人才办主任姚志文（右二）到常山浙江天子股份有限公司、青石镇砚瓦山村和城东新区开发现场调研　　（金灵丽　摄）

12月12日，省委党史研究室主任金延锋（左二）到常山调研党史工作　　（李媛媛　摄）

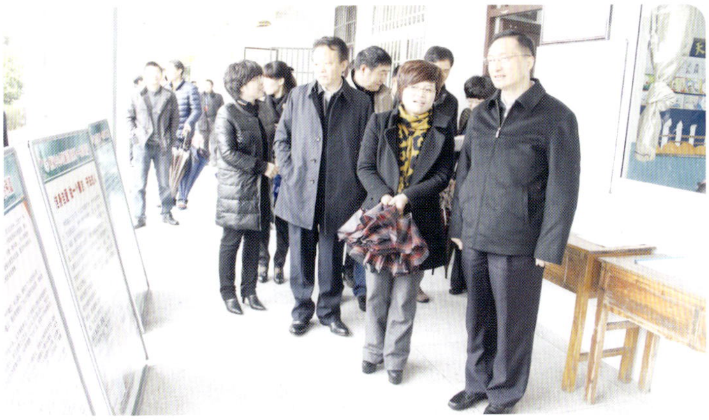

12月17日，省纪委副书记王海超（右一）到常山调研廉政文化建设工作（金灵丽　摄）

6月21日，省财政厅副厅长、巡视员罗石林（右二）和省政协提案委专职副主任周剑英带队的省政协重点提案之民生财政绩效专题调研组到常山赵家坪农房安置区调研（冯琳　摄）

2月5日，市委书记陈新（中）到芳村镇下畈阁村，看望慰问困难群众，调研农村扶贫工作（金灵丽　摄）

5月23日，市委副书记、市长沈仁康（右四）到常山调研（金灵丽　摄）

2013年12月13日，县委书记王良春（右二）调研辉埠新区开发建设工作　　（金灵丽　摄）

2013年10月15日，县委副书记、县长毛建国（左一）到何家乡检查205国道改造示范工程　　（吕宁　摄）

2013年8月22日，县人大常委会主任徐建华（右二）考察球川镇移民区来料加工示范基地，调研来料加工发展情况　　（张誉春　摄）

2013年3月20日，县政协主席林红汉（前右二）考察城市管理工作　　（揭慧丰　摄）

△1月14日，县委十二届四次全体（扩大）会议暨县十五届政府第三次全体（扩大）会议召开 （刘琳玲　摄）

△1月18日，常山县第十五届人民代表大会第二次会议开幕 （童旭　摄）

△1月16日，中国人民政治协商会议第八届常山县委员会第二次会议开幕 （金灵丽　摄）

3月2日，常山县残疾人联合会第六次代表召开 （县残联 供）

6月6日，“最美衢州人”巡回报告会在常山召开 （金灵丽 摄）

8月29日，县委理论学习中心组（扩大）学习会召开（金灵丽 摄）

9月12日，全县行政村规模调整工作动员会召开 （金灵丽 摄）

2月17日，由县人力资源和社会保障局主办的2013年春季人力资源交流大会在县城文峰广场举行
（方均良　摄）

9月13日，常山县省级生态县创建考核验收汇报会召开　（金灵丽　摄）

9月30日，常山县红十字会第四次会员代表大会召开　（金灵丽　摄）

10月17日，全县“共建生态家园、打造美丽乡村”行动动员会召开　（金灵丽　摄）

4月27日凌晨1时30分，长达108米的衢州市第一座双矮塔斜拉桥常山大桥主跨最后一段砼现浇箱梁体的浇筑完成。图为4月26日夜工人正在做最后焊接
（方均良　摄）

5月19日，“美丽中国畅游三衢”2013中国旅游日“市长带您免费游”活动启动仪式在三衢石林景区举行
（陈安龙　摄）

5月31日，衢州市基层防汛体系提升实战演练暨防御小流域山洪灾害水库抢险演习在球川镇东坑村进行
（方均良　摄）

9月16日至17日，台湾旺旺中时媒体集团下属的《中国时报》《旺报》《中国电视》《城市网》等媒体记者、编辑，走进柚都石城常山，进行为期两天的采访　（方均良　摄）

目　　录

特　载

大事记

专　记

县情概览

中国共产党常山县委员会

常山县人民代表大会

常山县人民政府

政协常山县委员会

民主党派·工商联

群众团体

法　治

武　装

工　业

农业·林业·水利

贸　　易

通　　信

交　通

城乡建设与管理

国土资源·环境保护

综合管理与监督

财政·税务

金融·保险

人力资源与社会保障

教　育

科学技术·气象

文化·旅游

卫生·体育

社会生活

乡镇（街道）

组织机构及负责人名录

荣誉录

重要文件目录

艺　文

国民经济若干统计资料

封面　田蓬村俯瞰（张昭摄）

Contents

Special Reports

Memorabilia

Special Accounts

Survey of Changshan County

Changshan County Committee of the Communist Party of China

Changshan County People's Congress

Changshan County People's Government

Chinese People's Political Consultative Conference of Changshan County

Democratic Party and Association of Industry and Commerce

Non – government Organizations

Political and Legislative Affairs

Armed forces

Industry

Agriculture · Foresty · Water conservancy

Trade

Communication

Traffic

Urban and Rural Construction and Administration

Territorial resources, Environmental Protection and Meteorology

Integrated Management and Supervision

Government Finance and Taxation

Finance and Insurance

Manpower Resource and Social Security

Education

Sciences and Technology and Weather

Culture · Tourism

Hygiene and Physical Culture

Social Life

Villages and Towns

List of Organizations and Persons in charge

Honor Roll

Directory of Important Documents

Literature and Art

Economic Statistics

特　载

全力实施“实力工业、休闲城市、美丽乡村”发展战略　努力开创“奋力追赶、科学跨越”新局面

——在县委十二届六次全体（扩大）会议上的报告

县委书记　王良春

（2013年12月31日）

同志们：

这次会议的主要任务是：认真贯彻党的十八大和十八届三中全会、中央经济工作会议以及省、市委重要会议精神，回顾总结2013年工作，研究部署2014年目标任务，动员和带领全县上下坚定信心、振奋精神，全力实施“实力工业、休闲城市、美丽乡村”发展战略，努力开创“奋力追赶、科学跨越”新局面。

下面，我代表县委常委会向全会作工作报告。

一、2013年工作回顾

2013年是经济形势复杂严峻的一年，也是常山发展难中求进的一年。一年来，全县上下围绕稳中求进、进中求转、转中求快的工作基调，以“双十”行动为主要抓手，提振信心，创新举措，狠抓落实，全县经济社会保持了平稳较快发展的良好态势。预计全年地区生产总值增长9%，经济运行基本面良好。主要抓了六个方面工作：

1. “双十”行动成效明显。我们把“双十”行动作为全年工作的主要抓手，强力推

进重点项目攻坚和城乡环境整治，取得了比较明显的成效。聚力攻坚重点项目，紫港大桥连接线、东入城口景观改造等一批大、难、慢项目春节前将基本完工，产业集聚区“一纵四横”基础设施建设、48省道延伸线、独流入海一期、主干道路景观提升等项目按计划进度有序推进。全县110个重点项目完成投资64亿元，增长3.2%。狠抓城乡环境整治，强势推进“三改一拆”，共拆除违法建设3969处，面积95万平方米，拆后处置15.1万平方米；矿产资源整治成效明显，完成10孔石灰窑和16条石灰钙加工生产线的拆除；河道采砂整治年度目标基本完成，取缔非法砂场14家，规范提升砂场11家；城区交通、占道经营、户外广告、农村垃圾以及小区、企业、集镇等环境整治取得阶段性成效。

2. *产业转型稳步推进*。积极转化宏观环境带来的倒逼压力，把调结构与稳增长有机结合，产业转型迈出新步伐。加快工业主导产业培育，实施领创产业、点将招商，产业发展方向更加明晰，一批在谈产业类项目有望落地。全力培育龙头企业，天子果业完成股份制改造，捷姆轴承升级为无区域名称企业集团，浙江佳熙在上海股权托管交易中心挂牌。大力扶持小微企业，完成“个转企”327家。加大科技创新力度，筹建轴承研究院，积极争取农机产业研究院落户，助推巴菲尔公司无氰碱铜电镀液市场推广，全年新增国家高新技术企业4家。积极推进“腾笼换鸟”，淘汰4家化工、造纸企业，盘活820亩闲置低效用地。加速提升第三产业发展，编制国家休闲区规划，三衢石林成功创建国家AAAA级景区，中国观赏石博览园项目有序推进，旅游业呈现加快发展势头；浙西世贸城和浙江大正医药仓储配送中心动工建设，迅鸿国际商城投入运营，全县金融机构贷款余额首次超百亿，列入全省金融创新示范县试点，商贸、金融业形成集聚发展态势。加大现代农业发展力度，农业“两区”建设扎实推进，产业化经营不断提升，流转土地7.4万亩，新增农业龙头企业14家、家庭农场342家、市级“一村一品”专业村10个，发展胡柚精品园5000亩，完成油茶新品种造林3014亩。农村经营管理工作成效明显，被农业部评为“全国一事一议规范管理县”。

3. *城乡建设力度加大*。围绕建设宜居常山，推进新型城市化，全力打造美丽新家园。加快城东新区开发，完成城东新区城市设计，滨江一期1.2平方公里土地房屋征收基本完成。深入推进老城区改造提升，启动城市慢行绿道建设，完成竹园等3个老小区综合改造，惠及群众1059户。加强城市管理，深化卫生保洁、绿化养护市场化改革，抓好步行街、农贸市场以及交通秩序、城市停车等专项整治，通过国家园林县城预检、省级生态县验收和省级卫生县城复评。以“共建生态家园”行动为契机，推进新一轮美丽乡村建设，完成市级6个精品村和2个示范乡镇建设，全面提升3条美丽乡村风景线，扎实推进彤弓山村历史文化村落保护利用工作，启动80个实施村水环境治理工作。积极实施农民集聚工程，赵家坪农房改造安置区一期安置房分配到位，球川、芳村农民集中安置区启动建设。

4. *民生事业持续改善*。加大民生领域的财政投入，公共财政预算支出的72.4%用于民生事业发展。重视抓好创业就业，多措并举促进增收，预计城镇居民人均可支配收入和农民人均现金收入分别达到23078元和11500元，分别增长10.5%和11%。完善社会保障体系，城乡“五大”保险参保人数新增2.1万人，退休人员养老金发放标准进一步提高。加快教育布局调整，启动常山一中迁建项目，完成5所幼儿园建设；狠抓教育教学质量提升，高考上重点线人数有所增加。

全面完成县级公立医院综合改革，加强县人民医院与省级医院紧密型协作，食品药品监管工作得到加强。文化事业和文化产业加快发展，完成18所农村文化礼堂建设。注重生态建设和环境保护，实施了PM2.5监测。基本完成农村饮用水安全等十方面为民办实事工程。人口计生、新闻广电、体育以及民政、残疾人、档案等工作取得新成效。

5. *社会大局保持稳定。*围绕实现“九连冠”，深入推进平安常山建设。坚持和发展“枫桥经验”，加强基层基础建设，全面实施重大事项社会稳定风险评估，扎实开展“走进矛盾排查整治、强基促稳共创平安”活动。大力实施信访“三量”工作法，化解了一批历史遗留积案和重点疑难信访案件。严厉打击违法犯罪，成功破获公安部集群战役“1·15”生产销售假酒等大要案。深化“立体防控·警灯守护”工程，开展“三警合一”勤务模式改革，社会治安防控体系不断健全，群众安全感满意度进一步提升。全面落实安全生产责任制，扎实开展安全生产“打非治违”和大排查大整治专项行动，安全生产事故得到有效遏制。

6. *党的建设不断加强。*深入学习贯彻党的十八大和十八届三中全会精神，广泛开展“中国梦”主题宣讲，提前谋划预热党的群众路线教育实践活动。圆满高效完成行政村规模调整，行政村由342个调减到180个，村级组织换届全面完成，换届风气显著改善，“树优促后”和“第一书记工作法”不断深化，农村基层组织建设得到加强。按照“凭实绩用干部、按岗位配干部”要求，加强干部队伍建设，出台乡镇干部队伍建设意见，推行周末自主选训，实施年轻干部成长工程，着力打造狮子型、蚂蟥型、老牛型干部队伍。严格执行“八项规定”“六个严禁”，严控“三公”经费支出，加大作风效能明察暗访力度，着力推进提神提速提效。深化惩治和预防腐败体系建设，全面实施一把手“七不直接分管”制度，强化廉政风险防控。以廉政越剧《清简樊莹》为重点的廉政文化品牌逐步打响。始终保持严惩腐败的高压态势，查处违反党纪政纪案件79件，处分党员干部79人。

高度重视常委会自身建设，带头学习贯彻习近平总书记系列重要讲话精神，带头执行民主集中制和中央、省市委各项规定，带头上一线克难攻坚，努力做到讲政治、敢担当、作表率。坚持总揽全局、协调各方，全力支持政府依法行政和人大、政协充分履职，做好新形势下的民主党派、工商联、民族宗教、侨务、对台工作，充分调动工青妇等群众团体积极性，全面加强国防后备力量建设，重视发挥老干部、老同志的积极作用，广泛凝聚方方面面的智慧和力量。

同志们，过去一年是我县迎难而上、奋力追赶的一年。我们共同应对各种风险挑战，共同肩负追赶压力，共同破解发展难题，共同创造新的发展成果。在此，我代表县委，向大家表示衷心的感谢！

二、科学研判形势，明确新一年工作目标要求

2014年，是贯彻落实十八届三中全会精神、全面深化改革的第一年，也是常山“奋力追赶、科学跨越”的关键一年。可以说，当前常山发展正处于改革红利释放的机遇期、转型升级的阵痛期和涉难闯关的攻坚期。这尤其需要我们准确把握宏观形势，认真审视发展现状，充分抓住有利条件，以更加坚定的信心和决心推进发展。

1. *要胸怀全局，把握大势，科学研判复杂多变的宏观形势。*当前，我县发展面临的外部环境和条件都在发生深刻而复杂的变化，挑战和机遇并存。从国际看，明年世界经济仍将延续缓慢复苏态势，但也存在不稳定不确定因素，新的增长动力源尚不明朗，大国货币政策、贸易投资格局、大宗商品价格的变化方向都存在不确定性。从国内看，我国经济运行存在下行压力，部分行业产能过剩严重，经济增长结构性减速在较长的一个时期内将呈现常态化。但在“稳中求进”工作总基调下，中央将继续实施积极的财政政策和稳健的货币政策，不断扩大内需，经济发展长期向好的基本面不会改变。特别是十八届三中全会以后，中央将坚持“以改革促创新发展”，出台一系列重大改革政策，不断释放改革红利。省委按照率先改革、走在前列的要求，明确提出要在经济转型升级、欠发达地区扶持等方面采取改革新举措、谋求发展新突破。综合来看，我国经济既面临着外部不确定因素和内部结构调整的双重压力，又面临着全面深化改革带来的多重机遇，这既可能成为区域发展拉开差距的风险期，更可能是加快发展的机遇期。我们必须充分认识宏观形势的复杂性和深化改革的紧迫性，增强忧患意识，坚持底线思维，以最足的准备迎接挑战，以最大的勇气推进改革，以最佳的角度抢抓机遇。

2. *要看到差距，查找根源，清醒认识退无可退的落后局面*。最近几年，常山的发展虽然一刻也没有放松，但环顾四周，我们已经落到了全市的后头。面对“退无可退”的局面，必须深刻反思差距是什么？根源在哪里？首先，最主要的差距是工业实力。无论是工业总量增速、质量效益，产业体系、企业规模，还是平台形象、主体活力，都处在较低的层次，工业实力与周边差距不断拉大。工业是立县之本，工业上不去，发展必然要下来。其次，最直接的差距是项目支撑。项目投资额受高基数的影响，多年保持高位运行，但投入产出率不高，投资效果不明显。招商引资受考核导向影响，引进的项目质量不高、存活率低，对产业升级、财政增收贡献大的“大好高”项目非常缺乏。项目推进受前期工作等影响，推进效率低、建设周期长等问题依然突出，尤其是政府性投资项目进展普遍缓慢，陷入了靠集中攻坚才能推进的怪圈。昨天的项目投资就是今天的产出效益，项目缺少必然后劲乏力。第三，最直观的差距是对外形象。城市品位不高、功能不完善，美丽乡村缺乏特色和亮点，城市和新农村建设滞后于周边地区。教育、卫生等社会事业发展未得到明显提升，已经成为影响城市吸引力、幸福度的重大问题。发展环境周期性反弹问题比较严重，政企互动脱节。形象就是竞争力，没有形象的“高地”，就难以打造各类要素集聚的“洼地”。第四，最根本的差距是实干精神。一些干部“锐气不足、才气不够、硬气欠缺”，抓工作的理念不新，抓特色的办法不多，抓攻坚的决心不大；少数干部“暮气缠身、怨气较盛、阔气攀比”，干事激情退化，追赶信心不足，工作作风漂浮，不仅丧失了机遇，更贻误了常山发展。我们分析问题，查找差距和原因，是希望大家保持更加清醒的头脑，直面问题、居危思进，坚持问题导向，有什么问题就解决什么问题，真正做到“涉深水、破坚冰、啃硬骨头”，在破难而进中打好翻身仗。

3. *要负重前行，奋力追赶，始终保持科学跨越的坚定信心*。一时的落后不可怕，可怕的是丧失摆脱落后、追赶先进的信心和勇气。我们必须看到，通过持续多年的努力和积累，常山的发展已经具备了诸多有利条件。工业尽管总量不大，但一些产业如轴承、纺织等有较好基础并在同行业内具有一定的影响力，一些产品如无氰碱铜电镀液等具有广阔的市场前景，工业平台已经拉开了框架，为今后一个时期优势产业做大、新兴产业培育、优质项目集聚打下了基础。以常山胡柚为代表的农业产业特色优势鲜明，石产业知名度不断提升，在市场开拓和产业链延伸方面具有很大潜力。城东新区定位明确、蓝图绘就，旅游业发展开局起步，生态资源利用更具系统性，为休闲旅游发展提供了支撑。省市更加关心关注常山发展，并采取有力举措帮助解决具体问题。更为重要的是，面对落后的局面，全县上下不断反思、逐步警醒；面对产业培育、招商引资等重点工作，领导干部用心用力、率先垂范；面对“双十”行动、“三改一拆”、行政村规模调整和村级组织换届等急难险重任务，广大干部敢于担当、攻坚克难。当前，我们的发展信心在提振、干事氛围在浓厚、工作合力在增强，这是加快常山发展的重要保障和不竭动力。实践证明，一个地方的发展会“有起有落”。从“落”到“起”，必定是一个艰难的过程，也必定需要一个周期。但只要付出，过程就会加快；只要努力，周期就能缩短。对此，我们必须始终坚定信心，奋力追赶。

基于上述分析和判断，2014 年工作的指导思想是：认真贯彻党的十八大、十八届三中全会、中央经济工作会议和省、市委全会精神，实施“实力工业、休闲城市、美丽乡村”发展战略，围绕“打基础、谋机遇、促转型”工作基调，全面推进“三个年”活动，扎实开展党的群众路线教育实践活动，不断深化改革、转变作风，大干项目、干大项目，着力抓好经济、政治、文化、社会、生态文明建设和党的建设，为推进“奋力追赶、科学跨越”奠定坚实基础。2014 年全县地区生产总值预期目标确定为增长 9% 以上，力求城乡居民收入增长与经济增长基本同步。

2014 年，全县工作的主载体是“三个年”活动，即：“实力工业推进年”“休闲城市建设年”“美丽乡村提升年”。主抓手是“三个十大专项”，即与“三个年”活动相对应的十大产业项目、十大基础工程和十大提升行动。

根据以上指导思想和工作布局，在新一年的工作中必须全面落实“奋力追赶、科学跨越”的目标要求。这是县委立足当前发展现状和区域竞争格局提出的务实之举，是今后一个时期的总目标、总要求。改革发展稳定各项工作都必须确立目标值、制定路线图、排出时间表，实施全面追赶。追赶不是简单的加快速度、扩张总量，而是要走出一条量质并举、快中求好的科学跨越路径。必须牢固确立“实力工业、休闲城市、美丽乡村”发展战略。这一战略是对以往一系列战略思路的继承、深化和升级，是对新阶段常山发展方向、重点的再明确。“实力工业”是针对常山发展主要差距、顺应转型升级新趋势、打好经济领域翻身仗，对工业发展提出的目标。“休闲城市”是立足常山资源禀赋、顺应休闲时代来临趋势、抢抓衢州国家休闲区建设机遇，对城市发展作出的定位。“美丽乡村”是着眼新农村建设现状、顺应美丽浙江建设要求、回应群众幸福生活新期待，对今后新农村建设明确的方向。必须始终把握“打基础、谋机遇、促转型”的工作基调。这一基调是中央“稳中求进”总基调在我县的具体落实。打基础就是求稳，谋机遇就是求进，促转型就是求好，概括起来就是稳中求进、转中求好。我们要打奋力追赶的基础，谋科学跨越的机遇，促全面发展的转型。必须牢牢抓住“提神提速提效，切实转变作风”这一工作突破口。作风建设对常山发展具有极端重要性和现实紧迫性，抓住了作风问题就抓住了各项工作的突破口。要以开展群众路线教育实践活动为契机，围绕提神提速提效，强势推进干部作风教育和整顿，以良好的作风一步一个脚印扎实做好常山各项工作。

三、在突出重点中加快发展，着力打造实力工业、休闲城市、美丽乡村

为集中全力、扎实有效地实施“实力工业、休闲城市、美丽乡村”发展战略，必须寻找载体、明确抓手，突破重点、推动全局。

1. 扎实开展“实力工业推进年”活动，

加快打造实力工业。强化工业首位意识，坚定不移走新型工业化道路，推动工业经济绿色发展，着力打造产业有支撑力、产品有竞争力、企业有贡献力、园区有吸引力、环境有保障力的实力工业。

强化产业提升。立足产业现有基础和条件，进一步深化产业发展战略研究，聚焦产业扶持重点，着力培育“X + Y”工业体系（“X”指重点培育的产业，“Y”指重点培育的产品，在不同的阶段，“X”与“Y”呈现动态，两者间可视条件进行转换）。当前重点培育的产业即“X”为轴承产业、食品加工产业、农机产业、纺织产业，重点培育的产品即“Y”为钙产品、特种汽车、无氰碱铜电镀液、钕铁硼。轴承产业重点要按照产业技术路线图加快转型升级，食品加工产业重点要引进带动力强的行业龙头企业，农机产业重点要沿着产业脉络寻找产业链中关键性、龙头型项目落户，纺织产业重点要推进“机器换人”。重点培育的产品关键要推动示范应用、规模生产，提高市场竞争力和占有率，并坚持“绿色制造”，强化源头控制，抓好节能减排，注重生态修复，继续以铁的手腕推进“蓝天三衢”生态治理工程，打造浙江省工业循环经济示范区，努力实现工业经济发展和生态屏障建设的双赢。

强化平台改造。推进园区集约式开发，坚持先做环境后供地，确保新增熟地2500亩以上；进一步明确各工业区块的产业定位，严格实施工业项目集中决策、统一布局，促进产业集聚集群发展。推进园区内涵式发展，深化“腾笼换鸟”，综合运用政策杠杆，坚决淘汰“两高一低”企业和落后产能，腾出发展新空间；突出“亩产论英雄”，完善入园项目决策咨询机制，提高准入门槛；深挖用地潜力，持续深入开展闲置低效用地清理，力争盘活闲置低效用地300亩以上。推进园区功能化配套，大力发展物流、金融等生产性服务业，加快发展小微企业孵化园、研发基地等科技公共服务平台，着力抓好园区商住以及购物、餐饮等生活性服务设施配套，积极推进园区生态化改造和绿化、亮化提升，重点抓好管委会入园、部门干部入驻，从速改变各园区对外形象和服务水平。

强化招商转型。变革招商理念，改盲目招商为定向招商、改任务式招商为专业型招商、改粗放式招商为效益型招商，努力引进领军型、基地型、税源型优质大项目，实现招商引资向挑商选资转变。创新招商方式，按照“全员抓信息、专业抓洽谈、平台抓落地、部门抓服务”，乡镇、部门集中精力抓有效信息，被点领导负责跟踪洽谈，园区确保项目落地建设，职能部门做好保姆式服务。完善招商考核，部门、乡镇按有效信息分段计分，点将招商按资金到位实绩给单位加分、给个人奖励，部门服务由项目业主和招商单位评定计分，园区按项目落地进度、质量统一评分，从而切实提高招商激情和成效。

强化企业帮扶。深化企业梯次培育，围绕“X + Y”工业体系，对列入梯次培育计划的企业，在要素供给、资金补助、服务保障等方面实行差异化扶持，逐步由普惠制向特惠制转变。坚持大企业引领发展，鼓励重点企业通过扩大投入、对外协作、强强联合、上市融资等多种途径壮大实力，力争全年新增亿元以上企业2家。坚持龙头企业带动发展，引导和支持龙头企业创新技术、做强实力，力求在推动产业链整合、上下游配套和企业兼并重组等方面取得新突破。坚持优势企业加快发展，对产品、工艺、资质在行业中具有比较优势的企业实行“一企一策”扶持，加快企业做大做强。强化成长型、科技型、创新型小微企业扶持培育，力争全年15家企业实现“小上规”。充分激活企业主体活力，围绕深化“四换三名”和科技创新，大力推进“零增地”投资、“零用地”技改，着力打造自主品牌，推动企业二次创业。

2. 扎实开展“休闲城市建设年”活动，加快打造休闲城市。围绕打响“名山游览、常山休闲”品牌，突出差异竞争，加快构建“一区两园三线”休闲体系，着力打造特色鲜明、功能完善、富有山水田园气息、适宜度假养生的休闲城市。

以规划明确休闲定位。围绕打造“一区两园三线”休闲体系，深化休闲城市专题研究，进一步完善《常山县国家休闲区总体规划》和《城东新区城市设计》，做好省级旅游度假区、胡柚文化博览园等项目规划。加快完善中心镇和美丽乡村建设规划，切实融入休闲理念，形成覆盖全县域的休闲规划体系。高标准编制城东新区启动区控制性详规和重要节点、重要地块的景观设计方案，做好文化融入以及城市水系、建筑色彩风格等专项规划编制，实现休闲元素与城市建设、自然风貌、地域文化的融合。

以项目承载休闲功能。着力提升城市基础功能，加快推进48省道延伸线、外港大道等项目建设，继续推进城市给排水、强弱电、天然气和污水配套管网等工程，做好滨江一期“三通一平”，抓好滨江公园建设和高速出口景观提升，适时启动金融商业综合体、健身公园、城市展览馆、民间博物园等项目建设。着力推进休闲设施建设，重点加快省级度假区审批和休闲综合体引进步伐，统筹推进中国观赏石博览园、胡柚文化博览园等旅游休闲项目建设，谋划引进一批养生养老、旅游度假、山地运动等高端休闲项目，逐步营造和形成游憩、运动、康体等休闲环境和业态。

以改造丰富休闲元素。注重利用“山、水、绿”自然元素，谋划常山港水上休闲项目，推进展衣山城市森林公园和“四水六山”慢行系统建设，改造提升“一港四溪”滨水风貌和城市道路绿化，让城市居民望得见青山、看得见秀水。注重融入“柚、石”等文化元素，有序推进公园广场、主街立面、重要节点的改造提升，规划设置城市主题雕塑，凸显“柚都石城”风貌，重点实施好定阳路路面白改黑、主街立面改造和绿化、亮化提升工程。注重城市有机更新，完成渡口小区、桑园小区单号等旧住宅区改造，抓好城市“退二进三”，加快城市夜宵大排档、农贸市场整合搬迁，推进“老三化”地块休闲商务项目建设，逐步提升城市街区休闲水平。

以产业繁荣休闲经济。准确把握休闲产业发展趋势，突出“养生养心”，整合提升城乡休闲旅游资源，加快开发赛得健康产业园等养生养老基地，着力培育具有山水田园风情的生态养生养老产业。以狮子湖旅游综合体为核心加快国家休闲区建设，多途径整合社会资本和力量，着力引进高端休闲产品和配套，积极培育高端度假休闲产业。发挥山水资源优势，加快引进多元化山地运动和无污染水上运动项目，培育发展运动休闲产业。加快浙西世贸城、老人民医院地块商住综合休等服务业项目建设，促进传统服务业与高端休闲产业融合发展，由满足基本消费需求向提升消费档次、引领消费时尚转变。

以管理提升休闲环境。围绕打造“整洁有序”的市容环境，提高环卫作业、绿化养护市场化运行水平，推进保洁保绿工作的专业化、长效化；加快城区垃圾中转站建设，提高城市生活垃圾收集效率和覆盖面，逐步推进生活垃圾分类处置和建筑垃圾集中消纳；大力推进城市水环境整治，加快完善污水配套管网，提高污水收集处理水平。突出重点领域、区域和重要时段，继续做好城市环境综合整治，加大日常巡查力度，着力查处机动车违章停放、非机动车违章行驶、工程车无序进城以及占道经营等违章行为。进一步理顺城市管理体制，实施“数字城管”，推行“大城管”网格化管理模式，努力提高城市综合管理科学化水平。

3. 扎实开展“美丽乡村提升年”活动，加快打造美丽乡村。以创建省级美丽乡村建设先进县为目标，以治水为突破口，推进“共建生态家园、打造美丽乡村”行动，加快串点连线扩面，努力打造村点出彩、沿线风光、面上整洁、产业配套的美丽乡村。

坚持示范带动，打造“新农村综合体”。以改善水环境为目标，深入开展农村生活污水整治，高标准完成4个先行先试村污水治理，力争完成30个重点村和50个实施村的污水处理设施建设。按照“六化六美”的要求，加快打造美丽乡村示范村，编制示范村三年建设计划和年度方案，以此引导各类资金、项目整合，并实行县领导挂联制度，采取“推荐申报、竞争建设、动态管理”方式，力促加快建设进度，着力打造一批以柚石、古村、山水等为特色的示范村。示范村不仅要在硬件建设、村庄整治上先行一步，还要在产业发展、乡风文明、村务管理等方面走在前列，真正形成一批地上地下、硬件软件都可看可学的新农村综合体。同时，要切实走出“大投入大建设”误区，立足村庄乡土风貌，以洁化绿化序化为重点，推进面上新农村建设。高度重视农村秩序整治，重点加强集镇管理，强化农村“三改一拆”和拆后处置工作，着力打造无违建乡镇（村），切实改变集镇面貌。

发挥资源优势，打造“乡村风景线”。提升风景线品位，转变单一做节点的思路，注重整体提升，推进整线绿化彩化序化。围绕“做精做靓”的要求，提升乡村休闲旅游长廊，推进“长风—三衢山”省级农家乐精品区块建设，培育适应不同消费群体的中高档农家、渔家山庄，做好融合文章，打造原味美食、休闲度假、祈福养心等功能兼具的靓丽风景线。按照“产业与文化融合”的思路，提升中国观赏石艺术长廊，以石博园丰富文化内涵，以石市场兴旺产业，以统一布局交易类观赏石提升形象，打造集市场交易、观光休闲、文化展示于一体的特色风景线。以“农业休闲”为主题，加快胡柚文化博览园建设，丰富现代农业园区休闲功能，推进花卉苗木等产业规模化、景观化发展，积极培育家庭农场，打造农事体验、生态采摘、村落文化相融合的上红线生态农业示范长廊。同时，要依托“自然山水”禀赋，高标准规划建设东案——梅树底胡柚大道，改造提升胡柚园地景观，结合上源溪原生态河道建设，彰显真山真水，融入民俗文化，打造集生态休憩、自然体验、养生养老于一体的特色景观大道。

立足区域特色，打造“产业精品园”。深化“一村一品”行动，大力发展家庭农场，促进农业产业布局合理和效益提升，为美丽乡村建设提供产业支撑。以规范化、标准化为目标，加快胡柚精品基地和丰产油茶基地建设，促进胡柚、油茶产业提质增效，做大做强食用菌产业，打造一批传统农业产业精品园。立足资源优势和农业基础，发挥现代农业园区、粮食生产功能区主平台作用，大力发展无公害绿色果蔬、生态养殖、花卉苗木等产业，打造一批生态农业产业精品园。积极引导农家乐、来料加工向美丽乡村示范村集聚，推进产村融合，打造一批富民产业精品园。

四、以改革创新激发活力，谋求各项工作新突破

十八届三中全会是在我国改革开放新的重要关头召开的一次重要会议，全会通过的《决定》是我党在新的历史起点上全面深化改革的行动纲领。我们要深刻领会精神实质，切实以改革创新精神推进工作，进一步激发经济社会发展的活力。

1. 以问题导向推进重点领域和关键环节改革。改革是发展的最大红利，对于改革我们既要有态度上的坚定不移，根据顶层设计大胆探索创新，也要有战术上的精确精准，坚持问题导向有针对性地推进各项改革。推进行政管理体制改革。稳步推进机构改革，优化政府机构设置、职能配置。深化行政审批制度改革，进一步取消和调整行政审批事项，积极承接好上级下放的审批权限，探索实行“政务超市”和模拟审批等模式，重点规范整顿中介机构，推进审批提速。推进经济领域改革。鼓励社会资本投入社会事业和公共服务领域，探索政府购买公共服务。推进要素配置市场化，实行工业企业单位要素综合经济效益排序，强化用地、用电、用水、污水处理等价格差别化配置，加快产业转型升级。完善产业类项目决策咨询、履约验收、政策兑现等制度，优化政府性投资项目从前期工作、推进实施到竣工验收等一整套机制，提高项目工作水平。深化财税体制改革，完善预算管理制度，实施新一轮乡镇财政管理体制。改革招投标制度，探索投标企业信用等级应用的新举措。推进农村改革。按照土地制度改革总体部署，加快完善土地流转政策，推动农村土地规模化有序流转，进一步激活土地要素。探索开展农村产权制度改革，推进农民持股计划，增加农民财产性收入。推进生态保护领域改革。积极探索生态领域的“三偿”改革，努力构建排污有偿、生态补偿、污染赔偿的市场化生态保护新机制。

2. *以改革的勇气推进教育卫生等社会事业发展。*落实超常规举措，推进教育事业发展，努力创建省级教育现代化县。加快实施常一中迁建工程，进一步优化教育布局；深化办学体制改革，鼓励教育家、民办优质资源办精品学校；引进外地名校管理团队，实行名校托管办学模式，提高学校办学水平；探索队伍管理、质量评估、奖励激励等方面的新机制，狠抓“校风、教风、学风”建设，努力提高群众对教育的满意度。巩固深化医改成果，全面落实基本药物制度，健全基层卫生服务体系，加大民营医院招商力度，推动卫生发展体制机制创新；开展县人民医院“三级乙等”创建，进一步完善与省级大医院协作机制，探索实施县人民医院托管乡镇卫生院工作，提升医疗服务水平。完善文化管理体制，大力推进文化融入工程，支持民间创办博物园，提升农村文化礼堂建管用水平，创新开展群众性文化活动，积极培育现代文化市场，加快文化事业产业发展。稳步推进城镇居民医疗保障与新型农村合作医疗合并，继续做好社会保险扩面征缴，进一步完善养老、医疗、失业等各类社会保险制度，不断健全覆盖城乡居民的社会保障体系。着力构建收入持续增长机制，实现居民增收与经济发展同步。

3. *以创新的举措提升社会治理水平。*着力夯实基层基础。深化“平安细胞”工程，完善社会应急联动机制，创新乡镇社会服务管理中心工作机制，探索建立乡村两级综治、维稳、反邪教三支“前哨固安”队伍，深入推进“网格化管理、组团式服务”，全面提高平安基础建设水平。强势推进工程建设中的强买强卖强包等行为以及企业经营环境专项打击整治，切实净化社会风气。着力化解矛盾纠纷。深化社会稳定风险评估，全面推行“三色预警”机制，深入实施信访“三量”工作法，完善领导下访、接访、包案制度和农村举报类信访分项专管机制，从源头上、根本上防范化解矛盾纠纷。着力提升平安建设。深化“立体防控·警灯守护”工程，严厉打击各类违法犯罪行为，提升社会面的治安管控和安全防范能力。加强“全能神”等邪教人员的深挖打击和教育转化工作，探索特殊人群、流动人口管理新举措，重视网络阵地管控。加强公共安全重点领域的排查整治，健全防灾减灾救灾体制机制。深化法治建设，抓好系统平安创建，力争实现省级平安县“十连冠”。

五、扎实有效开展党的群众路线教育实践活动，全面提升党的建设科学化水平

根据中央统一部署，围绕保持党的先进性和纯洁性，按照“照镜子、正衣冠、洗洗澡、治治病”的总要求，深入开展党的群众路线教育实践活动，集中解决“四风”问题，推进提神提速提效。

1. *切实加强思想建设和作风建设*。深入学习贯彻党的十八届三中全会和习近平总书记系列重要讲话精神，始终保持政治上的坚定和自觉。推进新一轮思想大解放，破除思维定式、认识局限、路径依赖和利益束缚，把全县干部群众的思想和行动统一到县委决策上来，把智慧和力量凝聚到“奋力追赶、科学跨越”上来。要将作风建设作为抓好全年工作的突破口，大力开展作风整顿。广大干部要对照要求，加强整改，破“四风”、重实干，始终保持良好的工作作风。增强只争朝夕的冲劲，定下的事情、做出的承诺、部署的工作，必须立说立行，抢时间、抓进度，争分夺秒推进；增强求真务实的干劲，各级领导要带头领办任务、带头推进工作、带头攻坚破难，各项任务要细化责任、落实到人、限期完成，广大干部要用心用力、实干实效、善作善成；增强一抓到底的韧劲，面对困难和挑战，要当战士，不当绅士，有敢于碰硬的勇气、坚韧不拔的毅力和不达目的不罢休的韧劲，不虎头蛇尾、不半途而废、不轻言放弃；增强争创一流的拼劲，面对奋力追赶的要求，要有争先进位的勇气、弯道超车的智慧，自加压力，拉高标杆，通过各条战线、各个方面争创一流，实现全县的跨越发展。

2. *切实加强领导班子和干部人才队伍建设*。牢固树立正确的用人导向，重用埋头苦干、敢于担当、干出实绩的人，突出在重点项目、重大工作以及急难险重任务中培养锻炼、选拔任用一批“狮子型”“蚂蟥型”和“老牛型”干部，做到“凭实绩用干部、按岗位配干部”，着力打造过得硬、打胜仗的干部队伍。健全干部管理体制，在积极创造条件让优秀干部“上”的同时，敢于动真格，克服阻力、创新机制，畅通干部“下”的渠道，大力推进调整不适宜担任现职干部工作常态化、制度化。积极稳妥推进干部人事制度改革，规范干部选拔任用，改进干部考评方式和民主推荐办法，防止简单以票取人。扎实做好老干部工作。坚持党管人才，进一步完善引人育人留人工作新机制，深化“智汇常山”工程，统筹推进各领域人才队伍建设，形成人才辈出、各尽其才、才尽其用的生动局面。

3. *切实加强基层党组织建设*。深化干部服务指数、党员先锋指数和支部堡垒指数“三大指数”管理，坚持乡镇干部住夜值班、包村联户等制度，健全党员民主评议和党性定期分析机制，推进新一届村党支部“五好”创建活动，不断加强基层服务型党组织建设。突出村级带头人队伍建设，分批分类开展新一届村班子特别是主职干部培训，探索职业化、规范化管理模式，提升履职能力。开展非公企业党建示范点创建，推动“两新”组织党建由“有形覆盖”向“有效覆盖”转变。提高发展党员质量，优化党员队伍结构。

4. *切实加强党风廉政建设*。严明政治纪律，确保政令畅通。围绕“干部清正、政府清廉、政治清明”的要求，严格落实党风廉政建设责任制，扎实推进惩防体系建设，严肃查办违纪违法案件，切实纠正损害群众利益的不正之风。深入开展反腐倡廉教育，进一步打响清官樊莹廉政文化品牌。深化一把手“七不直接分管”制度，完善党风廉政评议和领导干部报告个人有关事项制度，大力推进“三重一大”廉政风险防控机制建设。

研究农村“三资”管理、村监会作用发挥和村级便民服务的有效举措，深入推进农村基层党风廉政建设。严格落实中央“八项规定”和省委“六个严禁”，继续严控“三公”经费支出。

同志们，追赶跨越的号角已经吹响。让我们紧密团结在以习近平同志为总书记的党中央周围，在党的十八大和十八届三中全会精神指引下，进一步增强进取意识、改革意识、攻坚意识，奋勇拼搏、奋发图强，为全面开创常山奋力追赶、科学跨越新局面而努力奋斗。

政府工作报告

——在常山县第十五届人民代表大会第二次会议上

县长　毛建国

（2013年1月18日）

各位代表：

现在，我代表县人民政府向大会报告工作，请予审议，并请县政协委员和其他列席人员提出意见。

一、2012年政府工作回顾

2012年，是本届政府的开局之年，也是新世纪以来比较困难的一年。一年来，县政府在县委的正确领导下，在县人大、县政协的监督支持下，深入实施“工业立县、绿色发展”战略，全面落实“绿色发展、生态富民、科学跨越”总要求，面对低迷的宏观经济形势，紧紧依靠全县人民，攻坚克难，负重奋进，狠抓落实，逐步扭转经济下滑势头，经济企稳回升，社会和谐稳定，为实现“再造常山、绿色崛起”夯实了基础。预计全年实现生产总值97.3亿元，增长8.5%；财政总收入9亿元，增长5.7%，其中公共财政预算收入5.7亿元，增长7.6%；固定资产投资81.3亿元，增长9.1%；社会消费品零售总额38.7亿元，增长15.2%；外贸进出口总额1.06亿美元，下降18.8%；农村居民人均纯收入10361元，城镇居民人均可支配收入20885元，分别增长11.3%和12.3%；城镇登记失业率为3.53%，控制在4%以内；人口自然增长率为5.94‰；万元生产总值综合能耗与2010年相比累计下降8.8%，主要污染物减排完成上级控制目标。一年来主要抓了以下五个方面的工作：

（一）坚持发展为先，全力以赴稳产业，经济发展稳中有增

工业经济难中求进。出台“1+X”工业扶持政策，完善外向型经济发展政策，扎实开展“工业企业服务月”“进百企解难题”等活动，倾力帮助企业解决履约办证、金融服务、用工劳资、安全环保等方面难题。发挥财政资金引导帮扶作用，累计为企业提供应急专项资金4.95亿元，减免企业税收1636万元，兑付企业扶持发展政策资金6967

万元，发放困难企业用工“三补贴”资金697万元。组织银企对接，开展“金融扶持小微企业”专项行动，为小微企业发放贷款52亿元。引导企业转型升级，实施工业技改项目72个，完成投资8.6亿元，新增国家高新技术企业5家、省级科技型中小企业2家。8月份开始我县工业经济止跌回升，全年实现工业增加值45.8亿元，增长12%，新增规上企业13家。

现代农业稳步发展。农业“两区”建设加快推进，成功创建省级现代农业精品园2个，新增流转土地面积5000亩，全年粮食总产量达8万吨，被评为省级“养鱼稳粮增收工程”示范县。加快农业龙头企业培育，新增市级以上农业龙头企业6家、市级以上规模化农民专业合作社28家。农业产业现代化、规模化、效益化逐步显现，常山胡柚规范管理面积增至3万亩，高产油茶新增3000亩，引进了温氏养鸭、铁皮石斛等一批特色农业项目。“一村一品”行动起步良好，创建市级“一村一品”品牌专业村15个。农产品营销平台不断拓展，成功举办常山胡柚文化节、常山胡柚（北京）推介会等活动。财政投入1000万元推动来料加工转型升级，全年累计发放加工费3.49亿元，增长3.3%。全年实现农业增加值7.8亿元，增长4.2%。

服务业日趋活跃。出台旅游发展扶持政策和三年行动计划，整合资源推动旅游业发展，三衢石林国家AAAA级景区创建工作扎实推进，农家乐乡村休闲旅游蓬勃发展，全县农家乐经营收入达6350万元，增长40.8%。新增省旅游强乡镇2个，荣获“长三角100个最佳旅游休闲名城”称号。金融业发展势头强劲，成功引进泰隆银行、温州银行和涌金仓储公司，富山小额贷款公司开业运营，开展小额贷款保证保险试点，人民币贷款余额达88.2亿元，增长19.6%，增幅持续名列全省前茅。完善物流税收政策，谋划建设物流园区，现代物流业加快发展。举办首届房地产交易会，成交额超亿元。服务业项目加快推进，常山东方大酒店试运营，迅鸿国际商城提前结顶，香格里拉精品广场主体完成，商贸仓储配送中心成功招商。全年实现服务业增加值35亿元，增长6.5%。

（二）坚持项目为重，凝心聚力抓推进，发展活力不断提升

项目建设提质增效。以“项目建设突破年”为载体，深入开展“项目服务月”、重点项目建设“互看互学”、重点项目攻坚等活动，加强谋划对接，狠抓土地、房屋征收和公建项目标后管理，完善项目推进工作机制，全力以赴谋项目、争项目、建项目。全县117个重点建设项目完成投资51.2亿元，完成年度计划的116.3%；8个市“互看互学”项目累计完成投资15.8亿元，完成年度计划的217.3%。18个项目列入省“双重”专项行动计划，独流入海常山段工程等6个项目新列入省重点盘子。杭新景高速公路、48省道延伸线、天然气热电联产、油气管线、朱富线改造等一批重点项目开工建设。集中开展重点项目谋划活动，212个项目列入县重点项目储备库。

招商引资取得实效。始终坚持把招商引资作为“一号工程”，完善考核办法，创新招商模式，拓展招商领域，着力引进一批“大好高”项目。全年新引进项目90个，协议总投资110亿元，到位资金22.3亿元，其中引进旺顺铝业、玉马机械、恒寿堂柚果等亿元以上项目28个。主动加强与大企业对接，罐装车生产、城市综合体等大项目达成投资意向。积极参与世界温商大会、浙洽会、2012年天下浙商家乡行等活动，有效推动了对外开放、借力发展。山海协作工程进展顺利，“常山—慈溪山海协作产业园”获省立项批复。

要素保障较有成效。调整和完善国有、集体土地征收政策。全力以赴拓平台，以产业聚集区为重点，结合低丘缓坡综合开发利用试点，完成土地征收5500亩，开工建设“一纵两横”道路。工业园区、辉埠新区基础设施更加完善，投入1.2亿元实施基础设施建设项目32个，新都大道景观改造、辉埠新区二号路、三号路等工程全面完成。全年垦造耕地7000亩，争取建设用地指标3105亩，开发工业用地2280亩，盘活园区低效闲置土地600亩。加大向上争取资金力度，争取各类补助资金13.4亿元，同比增长20.3%。拓宽融资渠道，县属国有公司新增融资4.5亿元。

（三）坚持统筹为要，夯实基础促提升，城乡面貌有效改善

城市发展步伐加快。编制完成主城区控规、城东新区城市设计和“展衣山—西峰山”城市森林公园概念设计，相继完善城市综合交通、给排水、户外广告等专项规划。加快城东新区建设，全面启动滨江一期土地房屋征收。完成定阳南路延伸工程，大力推进东西入城口景观改造、常山大桥、外港大道等项目建设。深入开展“五城联创”，启动城市绿化养护机制市场化改革，新增城区绿化面积17.3万平方米，成功创建省森林城市。创新城市管理办法，推进城区环卫机制市场化改革，市场化保洁面积近25万平方米。强力开展城乡违法建筑整治，拆除违法建筑面积11936平方米。开展柚香城、大东门市场周边环境整治，市容环境进一步优化。

新农村建设持续推进。全面开展美丽乡村“四级联创”，积极推进34个美丽乡村创建村、9个重点提升村建设，3条美丽乡村风景线建成景观节点23个，青石花石艺术长廊基本建成。重视中心村建设，5个中心村、20个待整治村已通过省市考核验收，省第一轮“千村示范万村整治”基本实现全覆盖。开展彤弓山村历史文化村落保护利用工作。启动“四边三化”行动，狠抓农村清洁工程，开展农村集镇、道路、河道、村庄和农居环境卫生整治，农村环境明显改善。深入实施农村住房改造，抓好县级安置示范点和试点村建设，城区530套安置房全面建成。推进城乡邮政公共服务均等化，建成5个乡镇邮政所、201个村邮站。

基础设施不断完善。205国道改造示范工程、危桥改造安保工程、农村公路大中修工程基本完成，道路交通网络更趋完善。城区路网、气网、水网“三网”联动推进，完成学堂路一期、柚苑小区经七路一期、纬二路一期及4个住宅小区燃气管道铺设等基建工程，城区供水管网改造和污水管网铺设工程进展顺利。农田水利建设大步迈进，成功申报中央财政小型农田水利重点县，全年投资2.7亿元，实施水利项目77个，荣获水利“大禹杯”。完成25座山塘整治，狮子口水库、千家排水库除险加固顺利通过验收。电力设施有效提升，110千伏新都变二期扩建顺利完工并投入使用，新建和改造10千伏及以上输电线路36.1公里。

（四）坚持民生为本，强化保障增和谐，社会建设成效明显

社会事业稳步发展。启动创建省教育现代化县，推进教育布局调整，成立城南中学，建成县第一小学。实施三衢中学“民办公管”和义务教育阶段学校“阳光招生”。重视学前教育，建成4所乡镇中心幼儿园。深化医药卫生体制改革，推进县级公立医院综合改革，全县86.7%村卫生室纳入基本药物制度实施范围。县人民医院正式投入使用，建成6个社区卫生服务站，成功创建省级卫生应急示范县。实施文化惠民工程，开展省级非遗数字化建设，完成县影剧院改造提升，“农家书屋”实现行政村全覆盖。完成82个行政村广播电视网络双向改造，整体转换

1.6万户。承办省首届女子体育节太极拳、木兰拳比赛和省第三届残疾人文化艺术周活动。成功创建国家级计生优质服务先进县。通过国家三类城市语言文字工作评估验收。档案、气象、物价、审计、民族宗教、外事、侨务、对台等工作取得新成绩，老干部、老龄、慈善、电大、红十字、优抚安置、人防民防等事业继续发展，工会、共青团、妇联、科协等人民团体和社会组织作用有效发挥。

社会大局和谐稳定。严格落实安全生产责任制，不断健全安全防范体系，实施“打非治违”专项行动，实现安全生产“三个零增长”。畅通社情民意反映渠道，深入开展领导干部大接访、矛盾纠纷排查调处等活动，妥善处置各类突发事件，圆满完成十八大等重点时期信访维稳工作。开展社会应急联动试点，严厉打击各类违法犯罪活动，依法处置“全能神”等邪教组织，社会治安综合治理得到加强。强化农村集体“三资”管理，被评为全国农村集体“三资”管理示范县。开展食品安全大整治百日行动，创建市级食品安全示范乡镇3个。河道采砂管理、防汛抗旱、森林防火、动物防疫等工作得到加强。继续开展“811”生态文明建设行动，化工园区污染整治成果进一步巩固。

民计民生不断改善。拓宽就业信息平台，举办春、秋人才交流大会，新增就业岗位5035个，实现再就业1752人。重视农民素质培训工程，组织培训农民1.1万人，转移就业7078人。社会保险覆盖面逐步扩大，继续推进“五费合征”，全县新增各类参保人员1.89万人次，城乡居民社会养老保险参保率达95.1%，城镇居民医保参保率达98.1%。社会救助体系更加完善，城乡低保提标扩面，实现应保尽保，农村“五保”和城镇“三无”对象集中供养率分别达到96.5%和100%。完善住房公积金管理办法，发放住房公积金贷款8700万元。

实事项目基本完成。①基本完成青石镇、招贤镇农民饮用水工程主管道铺设；②建成经济适用房和廉租房共175套1.15万平方米，完成326套公租房基础工程；③基本完成城南西片、桑园小区、桃园小区环境综合改造；④完成县城大东门、芳村镇、白石镇农贸市场改造提升；⑤建成联网公路28公里、林区道路120公里；⑥完成农房改造6900户；⑦完成独流入海钱塘江治理常山段防洪堤2.6公里；⑧教工幼儿园迁建工程建设进度达到时序要求；⑨新农合筹资水平提高到380元/人，政策范围内住院补偿比例达71.3%；⑩完成8座病险水库除险加固、4座危桥改造，新建视频监控点376个。

（五）坚持服务为基，转变作风提效能，自身建设得到加强

健全科学民主决策制度，自觉接受县人大的法律监督、工作监督和县政协的民主监督，广泛听取民主党派、工商联和社会各界的意见建议，成立政府咨询委员会。认真办理议案、提案，办结率均达到100%，满意率达到98%以上。扎实开展“执行效能提升年”活动，政府执行力不断提升。健全政策性农业保险制度。推进“强镇扩权”，基本完成乡镇行政区划调整。开展事业单位绩效工资改革。加大政府信息公开力度，加强政务网站建设，严格规范机关事业单位工作人员上网行为。制定行政审批新流程，完善工业项目审批“绿色通道”。规范县属国有公司运行管理，首次实行资本经营预算编制。大力压缩和控制“三公经费”支出，坚决制止奢侈浪费，全年“三公经费”支出明显下降。加强招投标监管，处理违法违规企业25家，招投标市场进一步规范。通过国土资源部土地例行督察验收。继续加强政府法制工作，深入开展“六五”普法教育。扎实抓好反腐倡廉和预防腐败工作，继续推进政府性投资重点项目的效能监察和纠风治乱工作，

廉政建设力度进一步加大。

各位代表！在严峻的形势下，我县经济社会发展取得了一定的成绩。这是上级党委、政府和县委正确领导的结果，是县人大、县政协监督、支持的结果，是全县干部群众共同努力的结果。在此，我代表县人民政府，向全县人民和驻常人民解放军、武警部队官兵和省部属单位，向给予政府工作大力支持的人大代表、政协委员，各民主党派、工商联和各人民团体及社会各界人士，致以崇高的敬意和衷心的感谢！

在肯定成绩的同时，我们也清醒地看到政府工作中存在的问题和不足，主要表现为：受国内外经济形势及市场需求低迷等因素影响，企业效益明显下滑，亏损面达40%左右，经济增长特别是工业经济企稳回升形势依然严峻；生产总值、公共财政预算收入、固定资产投资额、外贸进出口增长率等指标与年初设定的目标还有一定的差距；工业结构性、素质性矛盾比较突出，转型升级、节能减排和环境保护的任务艰巨；发展后劲有待增强，大项目、好项目相对缺乏；项目推进过程中，除障碍、破难题的力度不够强；城市宜居程度需进一步提升；农民和城镇低收入群众持续增收难度较大；保障和改善民生工作与上级的要求、群众的期望，还有不小差距。对于上述问题，我们一定高度重视，采取更加有效的措施，努力加以解决。

二、2013年政府工作重点

2013年，是贯彻落实党的十八大精神的第一年，也是深入实施“十二五”规划承上启下的重要之年，做好各项工作，意义十分重大。

新的一年，我县既面临难得的发展机遇，也面临不少挑战。党的十八大提出，到2020年要实现“两个翻一番”，2013年中央将继续实施积极的财政政策和稳健的货币政策；省委提出，到2020年要实现“四个翻一番”，并将进一步重视欠发达地区发展、加快推进区域经济融合。中央的宏观导向以及省委、省政府的具体举措，势必为我县发展提供良好契机、带来政策红利。但当前经济复苏仍具不确定性，经济增长缺少强反弹的动力。我们必须认清形势，脚踏实地、注重实干、勇于创新、狠抓落实，更加奋发有为地推进全县经济社会发展。

根据县委的总体部署，今年政府工作的总体要求是：认真贯彻党的十八大、中央经济工作会议和省、市、县委全会精神，以科学发展观为指导，坚持“稳中求进、进中求转、转中求快”总基调，全面实施“工业立县、绿色发展”战略，以扩大有效投入、壮大实体经济为重点，以保障和改善民生为根本，统筹当前与长远，努力破解发展难题、拓宽发展空间、提高发展质量、激发发展活力，促进经济平稳较快健康发展，保持社会和谐稳定，为全省实现“四个翻一番”目标贡献应有的力量。

综合考虑各种因素，建议今年全县经济社会发展的主要预期指标为：地区生产总值增长9%以上，公共财政预算收入增长8%以上，固定资产投资增长16%以上，社会消费品零售总额增长14%以上，外贸进出口总额增长5%以上，农民人均纯收入增长12%以上，城镇居民家庭人均可支配收入增长11%以上，城镇登记失业率控制在4%以内，人口自然增长率控制在4.93‰以内，万元生产总值综合能耗与2010年相比累计下降12.9%，主要污染物减排完成上级下达任务。

按照上述目标要求，扎实开展“项目建设攻坚年”“产业转型突破年”“城乡环境提升年”活动，着力做好五个方面的工作：

（一）更加注重有效投入，着力增强经济发展后劲

紧抓项目建设不放松。深入开展项目建设“互看互学”“项目攻坚”等活动，全力推进110个重点项目建设，力争当年完成投资60亿元以上。下大力气抓好产业投资，加快推进玉马机械、中德汽车轮毂、元立活性石灰立窑、天然气热电联产等一批产业项目建设，力争完成工业投资50亿元以上。扎实推进重大项目政策处理，确保紫港大桥连接线、城东新区滨江路和市政配套工程等项目尽快开工建设。全面实施项目责任分段管理机制，强化项目建设跟踪督查，着力推进外港大道、东西入城口景观改造、独流入海钱塘江治理、油气管线等在建工程。高度重视项目前期工作，抢抓衢州列入“省山区科学发展试验区”的机遇，加紧谋划、论证、包装、储备一批事关长远发展的战略性项目，争取更多项目进入国家、省重点建设盘子。继续深化九景衢铁路、320国道常山段改建等重大项目前期，力争早日开工建设。

紧抓招商引资不放松。完善招商引资考核办法，强化专业招商，形成“全员抓信息、专业抓洽谈、部门抓服务”的招商引资新机制。主动对接省内“四大国家战略”，依托浙商回归、山海协作、陆海联动等省级战略平台，密切关注民营企业500强、大型央企、国企和上市公司的战略扩张动向、投资趋向，积极开展产业招商，重点围绕轴承、钙、成套装备、农产品加工等主导产业、重点产业和价值链高端环节，排出一批产业链项目，实施有目标、有重点招商。加大对在谈重大意向项目的跟踪力度，促进项目尽快谈成、落地，力争全年引进超亿元大项目20个以上。

紧抓要素保障不放松。大力推进低丘缓坡综合开发利用试点工作，扎实开展耕地垦造、高标准基本农田建设和农村土地综合整治，争取建设用地指标2600亩以上。强化“亩产效益”和“腾笼换鸟”理念，构建以用能、排污、占地税收为评判标准的评价体系，建立和完善重大项目用地保障机制，坚决淘汰污染重、效益低的产能，重点保障投资额大、带动力强、亩均产出高的工业项目用地。运营温州银行常山支行、金华银行常山支行，完善金融信贷服务，探索实施中小微企业合作基金信用贷款，加大对工业企业项目建设、技术改造等信贷支持力度。加强民间融资监督管理，切实防范金融风险。进一步做大做强政府投融资平台，开展多形式融资。加强国有资金管理，提高资金运行绩效。

（二）更加注重产业提升，着力巩固工业回升势头

深化拓展工业平台。加快园区开发建设，全年投入建设资金5亿元以上，开发熟地3000亩以上，盘活低效闲置土地500亩以上。按照城市化标准加快产业集聚区开发，用活扶持政策，集聚要素资源，扎实推进“一纵两横”道路、110千伏湖东输变电等基础设施配套工程建设。以生产性和生活性配套为重点，促进工业园区、辉埠新区建设从外延扩张向内涵提升转变。继续推进工业园区路灯、供水等基础设施建设，加快土地征收扫尾工作。抓好辉埠新区主干道建设，加快推进辉埠新区二期开发，提升园区承载力。统筹谋划特种纸园区和球川、芳村等乡镇工业功能区的开发建设，实现与产业集聚区、工业园区和辉埠新区功能互补。

提升发展主导产业。树立“动态推进、梯次培育”的产业发展理念，根据现有“441”产业基础，进一步理清工业主导产业培育方向，制定差异化扶持政策，促进产业集群化、高端化发展，加快出台钙、成套装备等产业发展扶持政策，争创省级产业示范基地1个以上。鼓励企业实施技术改造和设备更新，推动“机器换人”，提高生产效率。推进工业科技创新平台建设，建好洛阳轴承研究所常山分所、常山轴承研究院，积极引导中小企业组建研发机构，力争新增国家高新技术企业2家、创建市级以上技术中心6

个、开发省级新产品10个以上。深入实施品牌战略和标准化战略，扶持企业创建中国驰名商标、省著名商标、省名牌产品。

帮扶企业解困做优。强化“三待三亲”理念，深入开展服务企业活动，对30家重点企业派驻干部进行专项服务。完善落实帮扶企业的政策措施，营造尊商、亲商、兴商氛围，提振企业家信心。深入实施龙头优势企业培育计划，大力推进行业龙头企业和骨干企业兼并重组、合资合作、增资扩股，做好天子果业等企业上市服务工作，力争新增年产值超5亿元企业1家、超1亿元企业3家以上。坚持抓大育小并举，选择一批有潜力的企业列入培育库，引导企业向“专、精、特、新”方向发展，形成一批科技型、成长型企业，年内力争新增规上企业15家以上。支持企业加强营销，开拓新兴市场。加强行业协会建设，实施企业家素质提升工程，引导企业用足用好“智汇常山”政策，引进高端人才，推动企业创新。

（三）更加注重强农惠农，着力推进富美乡村建设

加快发展现代农业。加强农业“两区一中心”建设，初步建成现代农业综合区，完成1万亩粮食生产功能区建设。加快推进耕地、林地流转，提高规模经营水平，新增土地流转面积5000亩，现代农业核心区储备土地1000亩以上。扎实推进小型农田水利重点县建设。深入实施常山胡柚、油茶产业三年行动计划，加强常山胡柚中国驰名商标的品牌使用管理，启动申报常山山茶油中国驰名商标。积极发展大棚蔬菜瓜果、畜禽养殖等特色农牧产业，新发展设施农业基地1000亩。大力推广稻田养鱼、柚园养殖模式。推进农业标准化生产，新认证无公害农产品5个、绿色食品2个。扶持培育一批现代农业经营主体，新培育农业龙头企业10家、市级以上规范化专业合作社18家。加大农业招商力度，做好农业“接二连三”文章，以建设常山胡柚、油茶两大文化博览园及食用菌精品园为重点，开发农业科普教育、休闲观光等功能，提高农业效益。

加快建设美丽乡村。强化集聚发展的理念，大力实施农民集聚安居工程，整合完善下山脱贫、地质灾害搬迁、土地综合整治等政策，因地制宜规划异地搬迁安置区，鼓励和引导农民，尤其是远山、库区、地质灾害点农民向城区、中心镇集聚。加快推进农村电网改造、联网公路、林区道路等项目建设。深入开展美丽乡村“四级联创”活动，建成3条美丽乡村风景线，加快推进9个重点提升村、5个精品村建设，打造一批美丽乡村的精品亮点。深入挖掘优秀传统文化，继续做好彤弓山村等历史文化村落保护利用。扎实推进农村清洁工程，积极探索农村保洁市场化运作机制，改善农村生产生活环境。加强辉埠、球川中心镇建设，加快芳村中心镇培育。加大集镇开发力度，完善集镇功能。

加快农民增收步伐。积极开展以就业技能、现代农业、创业知识为重点的农民素质培训，提升农民创业就业能力。围绕“种、养、加、商、旅、文”6大类产业，因地制宜发展毛竹、中草药等农林经济，推进“一村一品”行动，新建成市级“一村一品”品牌专业村15个，培育专业乡镇2个。加快来料加工基地和标准厂房建设，调整来料加工发展政策，促进来料加工转型升级，推动一批来料加工经纪人实现“个转企”。提升发展乡村休闲旅游，提高桃花源、十里长风等农家乐经营管理水平，力争全县农家乐经营收入增长20%以上。继续深入实施低收入农户收入倍增计划，加快特扶项目实施进度，提高低收入农户自我发展能力。

（四）更加注重城市建管，着力推进新型城市化建设

加强城市建设。坚持规划引领，加快编

制城市绿道网、停车设施、夜景灯光等专项规划，做好老城改造重点地块修建性详规编制，加强城市建筑风格和色彩、文化融入城市专题研究，提高城市规划水平。认真实施城市建设三年行动计划。完成城东新区一期土地、房屋征收，以常山大桥、外港大道、滨江路、48省道延伸线建设为重点，加快推进城东新区主干道建设，拉开新区框架。突出重点区域开发，适时启动建设金融服务、综合办公等功能性项目。扎实推进赵家坪区块配套设施和农房安置区建设，突出抓好周塘片、蒲塘口、老人民医院等地块开发。稳步推进梅园、竹园等老小区综合改造和背街小巷改造。加快城市天然气、城区供水管网延伸、污水处理配套管网等项目建设，完善生产生活配套设施。

优化城市管理。继续扎实推进“五城联创”，深入实施绿化提升工程，注重城市公园、水系改造提升，加快推进展衣山公园、定阳路、文峰路、老320国道等绿化建设，新增城市绿地300亩以上，形成“一路一品、一街一景”，确保成功创建国家园林县城。完善城市环境卫生保洁机制，加大城区主次道路市场化保洁力度，确保城市主干道实现18小时动态保洁。加强城区交通秩序、占道经营、户外广告、入城口环境等专项整治与长效管理，重视市民素质教育，维护市容整洁美观。加大“三改一拆”力度，稳步推进城中村、城郊村改造，综合运用经济、行政、法律等手段，持续有力地推进城乡违法建筑整治。加快城区交通路网和停车场建设，进一步完善交通组织管理，努力缓解停车难、行车难问题。探索“网格化”城市管理机制，提升城市科学化、精细化管理水平。

发展城市经济。强化文化与旅游的融合，开展以胡柚文化、油茶文化等为主题的重大节庆活动。加快旅游项目建设，确保三衢石林成功创建国家AAAA级景区，大力推进中国常山观赏石博览园、金钉子等旅游资源开发。加快建设星级酒店和星级旅行社，探索发展休闲养老、度假养生等新型业态，加大旅游促销力度，提升旅游业发展水平。大力发展商贸服务业，加强城市综合体谋划和招商，建成运营天地香格里拉购物广场，完成城区生猪定点屠宰场迁建。利用好总部企业激励政策，培育发展总部经济。推进良种场地块和公铁联运中心等物流项目招商，培育一批物流骨干企业，增强物流业在四省边际的集聚辐射能力。深入实施土地储备和出让三年计划，强化城市土地经营。落实房地产调控政策，优化商品房供应结构，努力保障房地产市场健康发展。加快推动建筑业“走出去”发展，促进建筑业做大做强。

（五）更加注重民生改善，着力提升群众幸福指数

大力发展社会事业。全面推进省教育现代化县创建。优化中小学校布局调整，完成教工幼儿园迁建、8所义务教育标准化学校创建、4所标准化乡镇中心幼儿园建设，启动建设省特色示范高中。加强校长和教师队伍建设，扶持常一中等重点学校发展，提高教育教学质量。加强学生交通安全保障，构建学生安全交通网。深化医药卫生体制改革，完善基本药物制度，继续推进乡镇卫生院、村卫生室改扩建，健全基层卫生服务网络，推进国家卫生县城创建。优化配置区域卫生资源，加强医疗质量安全管理，提升医疗卫生服务水平。加快发展文化产业，举办“一乡一节、一村一品”特色群众文化活动，加强社区文化、企业文化建设，开通文化民生电视频道、新闻门户网站。广泛开展群众性体育活动，提高全民健康素质。加强人口和计划生育工作。继续推进工会、共青团、妇女、科普、统计、物价、气象、档案、对台、外事、侨务、双拥、电大、红十字、民族宗教、人民武装等各项事业发展。

全力加强社会管理。实施更加积极的就业政策，切实抓好高校毕业生、城乡就业困难人员、退役军人等重点群体就业。进一步健全社会保障体系，做好城乡困难群众生活、就医、就学等救助工作。支持慈善和社会福利事业发展，实施残疾人共享小康工程。加强保障性住房建设，努力解决低收入家庭住房困难。严格落实安全生产责任制，确保安全生产“三项指标”零增长。完善食品药品安全监管体系，加强食品药品安全监管。健全社会应急联动机制，加强社会综合治安管理，严厉打击各类违法犯罪活动。高度关注各类矛盾的调处和利益引导，不断健全“大调解”工作机制，深入开展下访约访和信访积案化解活动，引导群众依法合理有序表达利益诉求。建立健全重大项目建设和重要政策制定的社会稳定风险评估机制。完成乡镇行政区划调整。

致力建设生态文明。以创建国家级生态县为目标，深入实施“811”生态文明建设推进行动，确保全县空气质量常年保持在Ⅱ级以上，常山港出境水水质达到国家三类水质标准。推进清洁生产，加大对化工、造纸、碳酸钙等重点行业、重点企业的整治力度，严厉打击偷排漏排、超标超量排污等行为。严格项目准入门槛，落实新建项目环评制度和“三同时”制度，从源头上筑牢“绿色防线”。大力开展盗采矿产资源和非法采砂专项整治，抓好废弃矿山、河道环境修复工作。加强农业面源污染治理，促进农业废弃物资源化利用。全面推进“四边三化”行动，加强植树造林和生态公益林保护，着力打造绿色生态屏障。

倾力做好为民实事。2013 年，我们还将继续紧紧围绕人民群众最关心、最直接、最现实的利益问题，全力办好 10 方面为民办实事工程：①以病险水库除险加固、灌区渠系改造为主要内容的农田水利基建工程；②以城区老小区改造、停车场建设为主要内容的城市综合整治工程；③以来料加工基地建设、农产品品质提升为主要内容的农民增收工程；④以“数字城管”、农村广电网络数字化改造为主要内容的“数字”工程；⑤以完善城市公园休闲设施、改善城市户外运动休闲环境为主要内容的城市森林公园建设工程；⑥以解决大桥头乡、东案乡等乡镇饮用水安全问题为主要内容的农村饮用水安全工程；⑦以城市保障性住房建设、农村下山脱贫、农村住房改造为主要内容的安居富民工程；⑧以中小学标准化校舍、田径场、安全设施建设为主要内容的中小学改建提升工程；⑨以破除以药养医、统筹城乡卫生事业发展为主要内容的县级公立医院综合改革工程；⑩以扩大规模、改善设施为主要内容的乡镇敬老院改扩建工程。

三、切实加强政府自身建设

2013 年，我们将更加重视政府自身建设，不断提高服务发展、服务群众的能力和水平。

（一）*深化改革，破解发展难题*。把改革创新作为攻坚破难的动力，勇于探索尝试一切有利于发展的新思路、新举措、新办法。以审批提速增效为重点，进一步深化行政审批制度改革，切实减少审批环节，优化审批流程。牢固树立“不破法规破常规”理念，完善城市建设管理体制，加快公共事业市场化改革步伐，引导民资进入市政维护等公共事业领域。创新完善征迁管理机制，着力破解征迁难题。进一步加强“三公经费”管理，推进公务卡改革，规范公务支出。完善国有资产监管体系，提高国有资产绩效。深化扩权强镇改革，推动乡镇加快发展。

（二）*真抓实干，提高执行效力*。按照“干实事、抓落实”的要求，以开展“十大专项攻坚”和“十大专项整治”行动为载体，切实改进工作方式，率先垂范，深入一线，敢抓敢管，敢于动真，不回避、不推诿。加强绩效管理，强化督查考核，落实工作责任，以开拓进取的锐气、不畏艰难的勇气，从速从优、善始善终抓好各项工作，切实提高政府执行力。加强县、乡、村便民服务中心建设，全面推行服务承诺、首问责任、限时办结等制度，打造高效便捷的行政服务环境。深化企业“三评”“满意不满意单位评选”等活动，切实推进政风行风建设。

（三）强化法治，严格依法行政。自觉接受人大的法律监督和政协的民主监督，完善议案、提案网上办理系统，提高办理实效。加强与各民主党派、工商联及各人民团体的对接联系，充分发挥县咨询委作用，多渠道听取社会各界的意见建议，不断提高行政决策科学化、民主化水平。全面推行政务公开，加快电子政务建设，着力构建网络问政、舆论问政、社会问政“三位一体”平台，切实增强政府工作透明度。扎实推进依法行政，进一步完善行政执法机制，着力规范行政行为。深入开展“六五”普法活动，提高学法、守法、用法的能力和水平。

（四）廉洁从政，树立清廉形象。深入贯彻中央“八项规定”、省委“六个严禁”及县委的有关要求，加强惩防体系建设，全面落实党风廉政责任制，严格执行干部廉政准则，坚决查办违法违纪案件，不断提升政府形象。加强对工程招投标、土地出让、政府采购等重要领域、关键岗位的行政监察和审计督查。强化财政资金、国有资产监管，确保财政资金安全运行、高效使用。逐步推进财政预算公开，严控预算追加，不断提高预算透明度。进一步调优支出结构，把有限的财力和资源用在保民生、保增长上。

各位代表，2013 年的政府工作任务艰巨，责任重大。让我们紧密团结在以习近平同志为总书记的党中央周围，高举中国特色社会主义伟大旗帜，在中共常山县委的领导下，克难攻坚，狠抓落实，奋力赶超，为常山更加幸福美好的未来而努力奋斗！

大 事 记

1月

1月1日 常山县县级公立医院综合改革即日零时正式启动，改革的主要内容是实行“一减二调一补”政策：“一减”即减少药品品种、总量和差价，所有药品（中药饮片除外）实行零差率销售；“二调”即调整医疗服务收费，调整医保支付政策；“一补”即建立政府对公立医院财政投入补偿机制。

1月1日 县图书馆图书外借、纸质阅览室、电子阅览室等项目正式免费对外开放。

1月1日 常山县住房公积金制度实施情况公告：2012年度常山县住房公积金缴交比例为个人和单位各12%。截至2012年12月31日，全县实施住房公积金制度的单位为673家，职工12598人，住房公积金归集到位率100%。2012年归集住房公积金18201.09万元，比上年同期增加1650.71万元，增长10%，累计归集住房公积金108307.17万元，年末住房公积金余额为42289.37万元。全年发放住房贷款255户，发放贷款金额8699.7万元，收回贷款6446.29万元，年末贷款余额29728.67万元，年末无逾期贷款。全年共支取住房公积金12698.54万元，其中职工购建住房支取3862.51万元，职工退休支取1432.60万元，完全丧失劳动能力并与单位终止劳动关系支取402.82万元，偿还购房贷款支取6028.02万元，户口迁出支取297.88万元，住房补贴支取674.71万元。全年住房公积金业务收入1722.98万元，业务支出1022.09万元。提取风险准备金420.53万元，累计提取风险准备金2680.77万元；提取城市廉租住房建设补充资金103.06万元，累计提取城市廉租住房建设补充资金401.43万元。

1月5日 县妇联召开十四届二次执委（扩大）会议。会议补选产生2名执委、1名常委。

1月7日 省互联网信息办公室批复同意建立浙江在线常山支站——常山新闻网。常山新闻网设有今日导读、帮办热线、图说常山、常山美食、常山旅游、常山好人等频道。

1月8日至11日 市落实党风廉政建设责任制检查考核组到常山进行落实党风廉政建设责任制工作和构建惩防体系工作专项检查，并反馈检查情况。

1月8日 市考核组到常山检查考核“平安常山”建设和综治维稳工作，听取工作汇报，查阅相关的台账，对县级部门、乡镇、社区、企业等进行抽查。

1月9日 省委宣传部、省文化厅、省文联联合发文（浙宣〔2013〕4号）公布第二批“浙江省优秀民间文艺人才”名单，常山县共有10人入选，他们分别是毛阳寿、冯加喜、黄河银、樊如海、樊文龙、王志芳、陈土根、谢那你、宋舍毛、吴土金。至此，全县共有省级优秀民间文艺人才21人。

1月10日 全县老干部形势报告会在县青少年活动中心举行。

1月10日 市委副书记李剑飞，市委常委、军分区司令员潘方敏，副市长胡仲明一行到常山走访慰问部分低保户、困难残疾人、困难劳模、困难党员和重点优抚对象。县委书记李华陪同。

1月11日 2012“常电杯”“和谐常山·寻找身边的榜样”推荐评选活动“年度榜样”颁奖典礼举行。20位年度榜样人物和11名年度提名奖人物获奖。

1月12日 全县县管领导干部党的十八大精神集中培训班在县青少年活动中心举办。省委讲师团讲师、办公室主任、哲学博士李泽泉，省委党校教授、杭州市精神文明建设委员会顾问曹文彪授课。

1月14日 县委十二届四次全体（扩大）会议暨县十五届政府第三次全体（扩大）会议召开。会议认真学习贯彻党的十八大、中央经济工作会议和省、市重要会议精神，回顾总结2012年工作，分析形势，研究部署2013年工作。会议确定2013年工作的指导思想是：认真贯彻党的十八大精神，以科学发展观为指导，紧紧围绕“绿色发展、生态富民、科学跨越”，深入实施“工业立县、绿色发展”战略，坚持稳中求进、进中求转、转中求快，全面开展“项目建设攻坚年”“产业转型突破年”“城乡环境提升年”活动，着力推动经济平稳较快健康发展，着力加快生态富民进程，着力保持社会和谐稳定，着力提高党的建设科学化水平，为实现再造常山、绿色崛起目标打下坚实基础。会议提出：根据省委的目标和要求，结合常山发展实际，要力争提前两到三年实现比2010年“四个翻一番”，即到2017年地区生产总值、城镇居民人均可支配收入、农民人均纯收入分别达到150亿元、35900元、17800元以上，2018年人均生产总值达到47000元以上。李华代表县委、县政府向全会作报告。毛建国主持会议并讲话。县委委员、候补委员出席会议。县纪委委员；不是县委委员的县级领导及人大、政协离岗在职领导；担任过实职副处以上的党员离退休老干部；县人大各工委主任，政协各专委会主任；县纪委各室主任；各乡镇、新都办事处班子成员；县直机关各单位班子成员，垂直管理部门单位主要负责人；部分重点骨干企业负责人等参加会议。各民主党派负责人应邀列席会议。

1月16日至17日 由财政部财政科学研究所所长、研究员、博士生导师贾康带队的常山县生态富民财政政策研究课题组到常山调研，县领导李华、毛建国、郑建华陪同调研。课题组分别赴浙江天子果业有限公司、浙江银田化纤有限公司、浙江捷姆轴承有限公司、县现代农业园区、同弓乡彤弓山村等地，详细了解常山县经济社会发展及生态环境保护建设的现状。

1月16日至20日 中国人民政治协商会议第八届常山县委员会第二次会议在县城举行。会议应出席委员190人，实到182人。李华在开幕式上作讲话。林红汉向大会作工作报告并在闭幕式上讲话。大会通过了县政协八届二次会议决议和县政协八届二次会议提案审查情况报告。会议根据县政协八届二次会议选举办法，采用无记名投票方式，选举周吾定、胡明祥、饶力勤（女）为政协第八届常山县委员会常务委员会委员。会上，陈江、黄歆婷等9名政协委员围绕建设生态田园城市、大力发展服务业、加强异地商会建设、健全养老服务体系、加强芙蓉饮用水源保护等方面进行了专题发言。各民主党派、专委会、界别团体及委员个人围绕提高体育设施建设水平、构建法治社会、加强青年文化建设、城东新区休闲区域基础元素平培植等方面，向大会提交了15篇书面发言材料。会议期间，共收到以提案形式提出的意见建议176件，符合立案条件的159件，经并案后初步审查立案142件，另17件提案转为委员来信处理。

1月18日至21日 县十五届人大二次会议在县城举行。会议听取并审议县政府工作报告、县人大常委会工作报告、县人民法院工作报告和县人民检察院工作报告，审议常山县2012年国民经济和社会发展计划执行情况及2013年国民经济和社会发展计划、常山县2012年财政预算执行情况及2013年财政预算，通过相关决议。县委书记李华在闭幕式上讲话。大会应出席代表192人，实到183人。

1月18日 《中共常山县委、常山县人民政府关于改进工作作风密切联系群众的实施意见》印发，共提出八个方面22条意见，自发布之日起施行。

1月20日 全县安全生产工作会议召开，研究部署2013年和岁末年初的安全生产工作。会议通报表彰了2012年度全县安全生产目标管理责任书考核结果、全县安全生产和消防工作的先进集体和先进个人。

1月22日 中共常山县委印发《关于行政区划调整后乡镇（街道）党组织机构设置的意见》（常委〔2013〕5号）：（1）撤销原中共常山县天马镇委员会、中共常山县新都办事处总支部委员会，建立中共常山县天马街道工作委员会、中共常山县紫港街道工作委员会、中共常山县金川街道工作委员会；（2）撤销原中共常山县辉埠镇委员会、中共常山县宋畈乡委员会，建立新的中共常山县辉埠镇委员会；（3）撤销原中共常山县芳村镇委员会、中共常山县新桥乡委员会，建立新的中共常山县芳村镇委员会。

1月23日 常山县行政区划调整方案宣布大会召开。会上宣布常山县行政区划调整方案、人事调配方案和相关纪律，部署行政区划调整实施工作。此次行政区划调整的重点是撤销天马镇建制，分设天马、紫港、金川3个街道办事处；同时，撤销宋畈乡建制，整体并入辉埠镇；撤销新桥乡建制，整体并入芳村镇。

1月28日 常山县与衢州市、慈溪市、永嘉县、路桥区、遂昌县、景宁县等6个地区一起被授予“浙江省森林城市”称号。常山县2011年启动创建森林城市，按照“工业立县、绿色发展”的战略要求和“五城联创”的总体部署，以城市绿化、道路防护林提升和生态景观林提升、村庄绿化四大工程27个重点建设项目为抓手，从社会发展需求和城市发展规律出发，遵循森林城市建设标准，全面开展森林城市创建活动，推进森林生态网络、森林生态保护、森林文化发展和森林产业建设，2012年12月中旬通过省森林城市创建考核验收。

是日 《今日常山》手机报开通。

2月

2月4日 全县政法工作会议召开。

2月5日 市委书记陈新到芳村镇下牛角村，看望慰问困难群众，调研农村扶贫工作。县委书记李华参加调研。

2月5日 全县公安工作会议召开。

2月6日 县委、县政府邀请部分省内外常山籍浙商代表和在常山投资的浙商代表举行“浙商之春”座谈会，共叙浓浓乡情友情，共谋常山绿色崛起。

2月16日 全县机关干部大会暨“双十”专项行动动员会召开。县委书记李华动员广大干部抓紧转身启动工作，抓紧深化启动推进“双十”行动（即“重点项目十大攻坚行动”和“城乡环境十大整治行动”），转作风、干实事、抓落实，努力实现“开门红”，合力推动“再造常山、绿色崛起”事业新突破。

2月17日 由县人力资源和社会保障局主办的2013年春季人力资源交流大会在县城文峰广场举行。此次招聘会的单位涉及矿业、机械、电气、纺织、服装等30多个行业领域，提供管理、营销、机械、外贸等多种职位。142家用人单位共提供5500多个用工岗位，约1.7万名劳动者进场求职应聘，5100名求职者与相关用人单位签订就业意向。

2月20日 中共常山县第十二届纪律检查委员会第三次全体（扩大）会议召开。

2月21日 全市新一轮重点项目“互看互学”活动启动。陈新、沈仁康、居亚平、俞流传、李剑飞等市四套班子领导率考察团走进常山，深入到浙能常山天然气热电联产项目建设现场，对常山县重点项目建设情况进行实地考察，听取项目情况介绍，询问工程进度、运营成本等情况，并给出点评意见。浙能常山天然气热电联产项目总用地250亩，总投资30亿元，分两期建设。一期用地153亩，投资17.34亿元，主要建设1套400兆瓦级燃气—蒸汽联合循环热电联产机组，装机容量约40万千瓦。2013年计划投资13亿元，建成一期并完成试运行。

2月26日 全县“双十”专项行动工作情况汇报会召开。“重点项目十大攻坚行动”和“城乡环境十大整治行动”各牵头单位在会上“晒”行动方案，汇报进展情况。

2月26日 全县采砂专项整治行动动员会召开。

2月27日 全县主干道路景观提升工程部署动员会议召开。

3月

3月1日至2日 全省科技富民强县专项行动计划工作会议在常山召开。全省35个县（市、区）科技单位参会，交流科技富民强县专项行动项目申报、实施、验收等工作。“常山胡柚精细栽培及综合深加工”后续补助项目和“东方玉橄榄——常山县油茶产业提升工程”新一轮项目的实施情况在会上作汇报。

3月2日 常山县残疾人联合会第六次代表大会召开。会议听取和审议县残疾人联合会第五届主席团工作报告，选举产生第六届主席团委员、副主席、主席，推举执行理事会理事长、副理事长、理事，选举产生市残疾人联合会第六次代表大会的代表和主席团委员候选人。李军当选理事长。

3月2日 全县财政地税国资工作会议召开。

3月7日 创建国家园林县城工作推进会召开。

3月9日 常山县年轻干部成长工程开班仪式在县委党校举行。

3月12日 省委常委、省纪委书记任泽民率省委调研组，到常山调研基层纪检监察工作。市委书记陈新，市委常委、市纪委书记杜康，县领导李华、毛建国等参加调研。任泽民一行先实地考察了球川镇便民服务中心建设情况，并在球川镇召开座谈会，听取了常山县干部队伍建设情况、全县党风廉政建设及“两项”工作开展情况的汇报。

3月13日 省委教育工委书记、教育厅厅长刘希平到常山调研教育工作。

3月15日 全县农村工作会议召开。

3月15日 全县党建工作会议召开。

3月15日 全县审计工作会议召开。

3月16日 县委组织部、县委宣传部、县直属机关工委等单位结合“三进三到”活动，在文峰广场开展“认领微心愿、传递正能量”爱心认领活动。

3月16日 县委副书记、县长毛建国率党政考察团前往衢江区考察“三改一拆”工作。

3月20日 县委书记李华主持召开乡镇（街道）党（工）委书记座谈会。

3月21日 县公安局开展代号为“平安3－2”的全省统一专项整治城区交通拥堵问题集中行动。下午2时51分左右，县公安局交警大队城区中队民警周祥富在城区天马路太平洋大酒店门口处查获一起行人违反交通信号通行规定的违法行为。针对年轻男子李某闯红灯的交通违法行为，民警向他告知了相关规定，依法开具全县首张处理行人闯红灯交通违法行为的《公安交通管理简易程序处罚决定书》，决定给予警告。

3月22日 全县“三改一拆”行动违法建设整治工作推进会召开。

3月22日 全县人口和计划生育工作会议召开。

3月22日 全县国土资源工作会议召开。

3月25日 常山县司法行政法律服务中心暨矛盾纠纷联合调处中心成立。该中心位于县城紫港路197号至205号，办公面积700多平方米，分设法律援助、法律咨询、调解接待、公证服务等4个接待窗口。共配备10名工作人员，由县司法局在编干部、公证员、法律工作者、专兼职调解员等组成。中心整合了法律援助、法律咨询、人民调解、公证服务等与广大群众生产生活密切相关的职能，以“一站式”“一条龙”模式为公众提供规范专业的法律服务，为弱势群体提供高效便捷、亲民爱民的法律援助。

3月27日 根据《衢州市人民政府关于调整全市最低工资标准的通知》（衢政发〔2013〕20号）精神，县政府决定：从2013年1月1日起，将常山县最低月工资标准调整为1200元，非全日制工作的最低小时工资标准调整为9.7元（常政发〔2013〕23号）。

4月

4月2日 “常人社〔2013〕45号”《关于调整失业保险金发放标准的通知》：根据《常山县人民政府关于调整全县最低工资标准的通知》（常政发〔2013〕23号）、《常山县人民政府关于贯彻执行〈浙江省失业保险条例〉有关问题的通知》（常政发〔2004〕116号）精神，从2013年1月起，全县失业保险金发放月标准从795元调整为900元，农民合同制工人一次性生活补助费月标准从318元调整为360元。

4月3日 省农办副主任高启华带队到常山考核农民培训工作。

4月7日 同弓乡竹蓬底村农户潘永文从工商登记人员手中接过“常山县永文家庭农场”的个人独资企业营业执照，成为常山县首位家庭农场主。潘永文经营的农场承包土地近500亩，主要从事稻谷、蔬菜种植与销售。县相关部门通过前期摸底，调查了解到全县共有443家规模种养大户。4月3日，县农业局会同县工商局给11家规模种养大户上“家庭农场”工商登记培训课。4月7日起，工商、农业部门特事特办，专门为11家大户开辟了绿色通道，指导他们办理相关手续，成为常山县首批具有法人资格的家庭农场主。首批成立的11户家庭农场是：常山县新鱼米农场、常山县天露家庭农场、常山县金祥家庭农场、常山县永文家庭农场、常山县仙文家庭农场、常山县石坝家庭农场、常山县小羊村家庭农场、常山县老妈家庭农场、常山县森力家庭农场、常山县郑氏家庭农场、常山县丰富家庭农场。

4月8日 浙江紫晶矿业有限公司落户常山，项目总投资3.5亿元以上，分采矿、选矿两个子工程实施，其中，采矿工程位于新昌乡岩前村（八面山）一带，选矿厂落户芳村工业功能区。该项目在前期各项审批、征地工作完成后，建设期二年，建成达产后，年开采、处理萤石矿30万吨，生产酸级萤石精矿粉约11万吨；预计年销售收入1.95亿元、税金8000万元，可带动370多人就业。

4月12日 常山县人民政府正式印发《常山县人民政府关于在全县开展第三次经济普查的通知》（常政发〔2013〕28号），负责普查组织和实施中重大问题的研究和决策。普查领导小组办公室设在县统计局，负责普查的具体组织实施和协调。

4 月 15 日 省委第三巡视组到常山开展为期一周的巡视回访工作，通过听汇报、个别谈话、查阅资料等方式进行广泛深入地回访，督促检查 2011 年 6 月 20 日至 7 月 11 日对常山县进行集中巡视后的整改工作。巡视组组长、正厅级巡视专员邬金水，市委常委、市纪委书记杜康在常山召开的整改工作情况汇报会上听取常山县工作情况汇报，并分别讲话。县委书记李华主持会议并汇报常山县巡视整改工作。

4 月 17 日 省铁路投资集团有限公司董事长、党委书记余健尔，总经理王敏等一行到常山县商谈九景衢铁路建设工作。

余健尔（左三） 王敏（左四）

（方均良 摄）

4 月 18 日 省委书记、省人大常委会主任夏宝龙到常山调研，并强调：要坚持和深化“百千万先锋行动”、第一书记工作法、“三民工程”标准化等行之有效的做法和经验，继续夯实基层基础工作，不断提高党的建设科学化水平，继续保持昂扬向上的工作热情，苦干实干，大干特干，在生态富民中实现群众对美好生活向往。省委常委、秘书长赵一德，市委书记陈新，县领导李华、毛建国等参加调研。在白石镇下西塘村，夏宝龙察看了“三民工程”建设情况，详细了解城乡居民养老保险和新型农村医疗合作等事宜，表扬工作人员业务水平高。“对下面的情况掌握得十分清楚，可以打 95 分。”来到镇政府所在地，夏宝龙对乡镇干部进行“随机抽考”，对干部熟悉基层情况表示肯定，并指出，要通过做好土地流转工作，大力发展现代农业，实现农民增收目的；要抓好包括公路两边绿化在内的农村卫生保洁工作，建设美丽乡村，让农民生活得开心、舒心。球川镇后弄村用一场精彩的威风锣鼓表演欢迎夏宝龙的到来。看到大家敲得起劲，笑得开心，夏宝龙连声说，“群众高兴，我们就很开心”。在镇便民服务中心，夏宝龙亲切和前来办事的群众进行交流。在与基层干部群众面对面的交流中，夏宝龙还认真细致地询问残疾人帮扶、村监会工作开展等情况。从“三民工程”的具体服务事例，到农村土地流转费用、人均收入统计办法，以及乡镇干部下乡用什么交通工具，他都问得很具体、实在。基层干部群众真实质朴的回答，让他感到非常满意。在球川镇来料加工基地，夏宝龙对来料加工的规模化发展表示肯定，他说来料加工是群众增收致富的好渠道，政府一定要引导好、服务好。在浙江天子果业股份公司考察时，从一只鲜果的选择到最后灌装的果汁原浆，夏宝龙边走边看，认为天子果业的发展十分符合当今农业产业化的发展方向，鼓励企业增强发展信心，延长产业链、做大做强。他还反复强调，决不能走先污染后治理的歪路和低水平发展的老路，要依靠改革创新增强内生发展的根本动力、持续活力和不竭红利，走出一条绿色发展、生态富民的新路。

4 月 19 日 县委常委扩大会议召开，传达贯彻市委常委扩大会议和省委夏宝龙书记到常山考察调研指示精神。

4 月 19 日 由省住房和城乡建设厅城建处副处长张晓明带队的预查专家组到常山，深入塔山公园、东入城口、星月湾小区、东明湖公园、银田化纤有限公司等地，察看公园绿地、道路绿化、单位居住区绿化、县城出入口环境绿化和县城景观保护、道路、供水、污水处理、环卫等市政公共设施和市容市貌情况，对常山县创建国家园林县城工作进行预查。县委副书记、县长毛建国汇报常山县“创国园”工作开展情况。

4月22日 由国家旅游局专家组成员、北京师范大学副教授李晓文带队的国家AAAA级旅游景区验收组到常山，对三衢石林景区创建国家AAAA级旅游景区情况进行检查验收。4月25日，全国旅游景区质量等级评定委员会发布2013年第5号公告，常山三衢石林景区被批准为国家AAAA级旅游景区，这是常山县第一个高等级旅游景区。

4月23日 全县一季度经济形势分析会召开。

4月23日 全县清理河道、清洁乡村行动部署会召开。

4月27日 国家休闲区创建工作座谈会暨全国休闲标准化技术委员会年会在常山举行，100多位来自全国的休闲旅游业专家和业内人士共同研讨国家休闲区创建工作。会上，衢州市委副书记、市长沈仁康从全国休闲标准化技术委员会主任张灵光手上接过“首个国家休闲区创建试点城市”牌匾。全国休闲标准化技术委员会副主任魏小安、国家发改委社会司副司长苏国等专家领导出席会议并讲话。省旅游局局长赵金勇，县委书记李华分别致辞。市委常委、副市长彭德成主持会议。

（金灵丽　摄）

4月27日 全县工业经济暨招商引资工作会议召开。会议通报了2012年度工业企业获奖情况，表彰了2012年度招商引资特别贡献奖获奖单位和10位招商能手。

4月27日 凌晨1时30分许，长达108米的衢州市第一座双矮塔斜拉桥常山大桥主跨最后一段砼现浇箱梁体浇筑完成。

5月

5月7日 “常政办发〔2013〕89号”《常山县人民政府办公室关于确定常山县2013年度城乡最低生活保障标准的通知》：经县政府同意，2013年度城乡最低生活保障标准确定为：城镇5760/人·年，农村3984/人·年。新标准从2013年4月份开始执行。

5月7日 中国钢笔书法书画教育编辑部、中国书画教育研究中心相关负责人将“中国书画教育实验基地”牌匾送到天马一小负责人手中。这是常山县首个国家级书画教育实验基地。

（吕宁　摄）

5月11日 第九届衢州市体育舞蹈锦标赛在常山县体育馆举行。各县（市、区）的37支代表队、1286名运动员参加77项、141组的比赛。

5月14日 根据衢州市编制委员会《关于确定常山县矿产资源管理办公室机构规格的批复》（衢市编〔2013〕15号）精神，同意“常山县矿产资源管理办公室”成立，为县政府直属全额拨款事业单位，机构规格相当于正科级，挂靠县国土资源局，核定编制数7名，设主任1名，副主任2名，内设综合科、督查科，核定科（股）级职数2名（常编〔2013〕25号）。

5月16日 省国资委主任、党委书记冯波声率调研组到常山调研国资管理工作。

5月16日 省委宣传部副部长鲍洪俊率领省农村文化礼堂建设工作调研组到常山调研农村文化礼堂建设工作。

5月19日 “美丽中国·畅游三衢”2013中国旅游日“市长带您免费游”活动启动仪式在三衢石林景区举行。民政部民间组织管理局巡视员孙伟林，中国旅游协会副秘书长刘桐茂，市领导童建中、王建华等出席。市委副书记、市长沈仁康宣布活动启动。市委常委、副市长彭德成讲话，县委书记李华致辞，市旅游局局长周素华和县委副书记、县长毛建国共同为三衢石林景区升格为国家AAAA级旅游景区揭牌。

5月23日 市委副书记、市长沈仁康到常山调研时强调，要提前谋划，狠抓项目，千方百计推进城市化，促进经济平稳健康发展。

5月22日 为常山法院记功暨全国优秀法官表彰大会在县人民法院举行。市中级人民法院党组副书记、副院长许国建，县人大常委会主任徐建华参加会议。在表彰大会上，市中级人民法院向县人民法院颁发了集体三等功的荣誉奖牌，其中，县人民法院交通巡回法庭庭长曹宏获得全国优秀法官的荣誉称号，成为衢州市第一位获此殊荣的法官。

5月24日 全县建设“平安常山”工作推进会召开。

5月24日 常山县企业家协会成立，首批会员共63人。举行第一次会员大会，选举产生的第一届理事会由35名理事组成。其中，舒永强当选为会长，邢愚、杜华东、沈志良、陈和雨、徐荣新、章正红、詹端平等7人当选为副会长，杨旭京当选为秘书长。

5月25日 常山县2013年竞争性选拔干部考试笔试在县委党校举行，386名考生参与笔试考试。此次笔试试卷客观题只占10分，以主观题为主，有漫画题、案例分析题、情景模拟题、材料分析题以及作文题，侧重考察干部的学习能力、执行能力、综合协调能力、创新能力以及解决问题的能力。此次考试的参与者大多是年轻人，还面向30岁至40岁的人员招考组织员，还有专门岗位面向社会人员、非中共党员以及大学生村官，以进一步拓宽用人渠道。

5月31日 衢州市基层防汛体系提升实战演练暨防御小流域山洪灾害水库抢险演习在球川镇东坑村举行。

是月 省国土资源厅耕保处和省土地整理中心的专业技术人员对常山县2013年第一批垦造耕地项目的17个子项目进行了现场踏勘复验。涉及白石、东案、同弓、招贤、芳村、天马、金川等乡镇（街道），总面积1198.53亩，其中，新增耕地1082.83亩。经省国土资源厅察验多种指标，所有项目均符合规划设计要求，质量合格，顺利通过项目复验。

6月

6月1日 三衢石林景区正式对外售票，门票挂牌价80元/人（常物价〔2013〕19号）。对70周岁（含70周岁）以上的老年人、身高1.2米以下的儿童、残疾人，凭有效证件免费游览；对身高1.2米~1.5米的儿童、学生、现役军人、60周岁以上70周岁以下的老年人凭有效证件实行半价优惠；常山县市民凭有效证件享受20元/人的优惠价。

6月6日 常山县农民学校成立大会暨授牌仪式在县职业中专举行。

6月6日 “最美衢州人”巡回报告会在常山召开。会上，徐一红、张盛鑫、周婧、汪衍君、姜宏、丰智慧、马建红等7位“最美衢州人”报告团成员用催人泪下的演说，讲述了诚信推拿师汪南南、市首届“最美衢州人”特别荣誉奖获得者周言松等“最美”人物的感人事迹。

6月7日 县委理论学习中心组（扩大）学习会召开。会议邀请同济大学建筑与城市规划学院教授、博士生导师杨贵庆作题为《城镇化建设》的专题讲座。

6月7日 省政府副秘书长、金融办主任丁敏哲到常山调研县域金融创新工作。

6月14日 县四套班子成员（扩大）会议召开，市委书记陈新宣布省委关于常山县委主要领导职务调整的决定：省委决定李华同志拟任中共衢州市委常委，作为浙江省第七批援藏干部领队人选，不再担任常山县委书记职务。市委研究由毛建国同志临时负责县委工作。

6月15日 常山县干部“周末自主选训”活动正式启动，中共浙江省委党校副校长、校学术委员会副主任、博士生导师郑仓元为600多名机关干部主讲《中国梦与干部的素质、能力和心态》。

6月14日 独流入海钱塘江治理工程常山港治理一期工程一标项目（朱家渡大桥至渣濑湾应急段，长1.97公里）正式施工。

6月18日 根据常山县统计局的统计调查，县人事劳动社会保障局(常人社〔2013〕86号）确认2012年常山县全社会单位在岗职工年平均工资为28008元。根据《浙江省人力资源和社会保障厅关于发布2012年全省在岗职工年平均工资的通知》(浙人社发〔2013〕122号)，确认2012年浙江省在岗职工年平均工资为40087元。6月24日，常人社函〔2013〕5号《关于公布2013年社会保险缴费基数的函》核定，自2013年7月起全县按以下缴费基数执行：2013年用人单位职工个人社会保险缴费基数最低为2004元，最高为10022元（不包括事业单位养老、失业保险基数)；2013年个体及自由职业者社会保险缴费基数最低为1868元，最高为7002元；2013年事业单位职工事业养老、失业保险缴费基数为2334元。

6月21日 省财政厅副厅长、巡视员罗石林和省政协提案委专职副主任周剑英带队的省政协重点提案专题调研组到常山调研民生财政建设情况。

6月21日 由省质监局党委委员、总工程师吴一新带队的省直第八服务组到常山开展“双服务”第二次集中行动，调研“三改一拆”工作。

6月24日 全县信访维稳和安全生产工作会议召开。

6月24日 全县“我为企业加油”专项活动部署会暨招商引资工作推进会召开。

6月25日至26日 省民政厅副厅长、巡视员、省移民办主任廖卷清带队到常山调研移民工作。

6月27日 市委副书记、政法委书记江汛波到常山调研农业农村和政法工作。

7月

7月4日 市委常委、组织部部长陈玲玲到常山调研。

7月5日 全县“双十”专项行动工作情况汇报会召开。

7月8日至9日 以市爱卫会副主任、市卫生局局长陈根成任组长的省卫复查组对常山县省级卫生县城复查工作进行市级复查考核。在复查工作反馈会上，复查组一致认为，常山县基本达到省级卫生县城标准，同意推荐省爱卫会暗访。

7月9日 县人大常委会召开工作评议大会。会上，县人大常委会工作评议组作对县环保局、林业局的工作调查报告，有关县人大代表小组组长作评议发言，被评议单位负责人作表态发言，会议还对县环保局、林业局的工作进行了满意度测评。

7月10日 常山县国家休闲区总体规划汇报会召开。会上，规划编制单位详细介绍了规划情况，与会人员轮流发表了修改意见和建议。

7月19日 全国人大常委会委员、省人大常委会副主任、九三学社浙江省主委姒健敏到常山调研科教文卫体工作，并征求基层对省人大党组开展群众路线教育实践活动等相关意见建议。市人大常委会副主任童建中参加调研，县人大常委会主任徐建华汇报常山县人大常委会工作开展情况。

7月24日 县十五届人大常委会举行第十二次会议。会议作出《关于批准常山县2012年财政决算的决议》，讨论通过《关于常山县2012年财政决算报告和审计工作报告的审议意见（草案）》《关于常山县2013年1～6月财政预算执行情况报告的审议意见（草案）》和《关于常山县2013年1～6月国民经济和社会发展计划执行情况报告的审议意见（草案）》。会议讨论并通过《关于对县环保局工作评议的审议意见（草案）》和《关于对县林业局工作评议的审议意见（草案）》。会议作出许可对犯罪嫌疑人王某采取强制措施的决定。决定任命邵丽丽为常山县人民政府副县长；决定免去柴云妹的常山县人民政府副县长职务。

7月24日 省粮食局副局长钟传厚到常山新都粮食专业合作社和球川镇三里江村中华竹稻实验园，察看早稻和竹稻的长势情况，并走访种粮大户，了解2013年早稻的产量、生产成本、收购价格，以及粮食订单政策落实和早稻收购准备工作开展情况，调研指导早稻收购工作。

7月25日 省供销社党委书记、理事会主任马柏伟等到常山红旗岗农产品批发市场、县培元食用菌专业合作社和县芙蓉旺水果专业合作社，深入市场摊点、田间地头，了解农产品供销流通情况，并察看灵芝和山栀等特色经济作物的长势情况。

7月27日 宁波市异地商会会长俱乐部考察团一行14人到常山考察投资环境。考察团一行参观了城东新区沙盘模型、衢州绿色产业集聚区常山片区等地，详细了解常山县城市发展规划和投资环境。宁波市异地商会会长俱乐部成立于2011年，包含在宁波成立的32家各地商会，共有会员企业5600多家，涉及宁波房地产开发、服饰、商业物流、餐饮、汽配等各个行业。

7月28日 常山县2013年夏季人才劳务交流大会在县职业中专举行。98家企业在此次招聘会上提供2106个工作岗位，共吸引入场求职者3000余人，达成就业意向570余人。

（吕宁 摄）

8月

8月1日 省农业厅党组书记、厅长史济锡一行先后到何家乡璞石畈、同弓乡太公山胡柚基地、球川镇三里江村、冯家滩村以及龙翔养殖有限公司，走到田间地头，了解旱情，现场指导抗旱工作，鼓励农民树立信心，积极应对旱情。截至7月31日，全县农作物受灾面积达10.52万亩，造成直接经济损失约7925万元。8月13日，全县防旱抗旱工作会议召开。截至8月12日，全县受旱面积达12.37万亩，直接经济损失7000余万元。通过各方努力，已解决山区2000多名群众的饮水难问题。

8月7日 衢州市大跨度大空间建筑跨区域灭火救援演习在常山纺织有限公司举行。

8月1日至7日 由中国科协、教育部等联合举办的第28届全国青少年科技创新大赛在江苏省南京市举办，常山天马二小教师张国华的科技辅导员项目《种植跳舞草专题研究》摘得银奖。

8月8日 省委常委、常务副省长龚正率队到常山调研。

8月9日 全县领导干部会议召开，宣布省委关于常山县委主要领导人事变动的决定：省委决定王良春任中共常山县委委员、常委、书记。市委书记陈新作讲话，市委常委、组织部部长陈玲玲宣布省委决定，市委常委、秘书长李锋出席会议。新任县委书记王良春讲话，县委副书记、县长毛建国主持。县四套班子领导，县法院院长、检察院检察长，县委委员、候补委员，县纪委副书记、纪委常委，担任过副处级以上领导职务的离退休老同志等参加会议。

8月13日 副市长占跃平到常山县青石镇溪口村、金川街道十里山村、天马街道桃园小区、桑园小区等地实地察看违法建设拆除和旧住宅区改造等工作。

8月14日 “常山银毫”地理标志集体商标注册成功，这是常山县继“常山胡柚”和“常山山茶油”两件地理标志证明商标成功注册后，收获的第3件地理标志类商标。至此，全县共有有效注册商标874件，其中，农产品商标264件。“常山银毫”于1995年、1998年先后在全国农业博览会、浙江省名特优新农展会上夺得金奖。2009年，县农业、工商等部门整合全县名茶品牌资源，指导组建了常山银毫名茶协会，出台《常山银毫品牌使用管理办法》。2010年，该协会制订出台《“常山银毫”地理标志集体商标使用管理规则》，鼓励符合资质条件的茶叶企业、专业合作社加入协会，实行统一标准化管理、统一使用标识、统一包装设计，合力主打“常山银毫”品牌。同年，县政府下文指定由常山县常山银毫名茶协会负责常山银毫集体商标的注册管理工作。2012年，县工商局将其列入商标商号品牌创建梯级培育计划，落实专业化帮扶措施。常山银毫名茶协会有会员55个，其中，常山绿玲珑茶叶专业合作社、县名茶开发中心、县凰岗茶叶有限公司等企业被授权许可使用该品牌，并实行“区域性品牌＋商标”管理模式，允许同时加冠企业商标。

8月14日 县政府决定：马焕勇任常山—慈溪山海协作产业园管委会主任（常政干〔2013〕10号）。

8月15日 省交通运输厅副厅长、省公路局局长李良福一行到常山调研205国道常山段改造示范提升工程。

8月16日 县委十二届五次暨县政府第四次全体（扩大）会议召开。会议认真贯彻落实党的十八大和省、市全会精神，总结上半年工作，安排下半年任务，研究部署新型城市化工作，动员全县广大干部群众，转变作风，苦干实干，攻坚克难，加快新型城市化，打造美丽新家园，全力推进再造常山、绿色崛起。县委书记王良春代表县委、县政府向全会作报告。县委副书记、县长毛建国主持会议并讲话。

8月18日 县委印发《关于王良春等同志职务任免的通知》（常干任〔2013〕49号），接浙委干〔2013〕180号、衢委〔2013〕38号文件通知，省委决定：王良春任中共常山县委委员、常委、书记。接衢委干〔2013〕39号、45号文件通知，市委决定：马焕勇、余风任中共常山县委委员、常委。接浙委干〔2013〕134号、衢委〔2013〕29号文件通知，省委决定：免去李华的中共常山县委书记、常委、委员职务。接衢委干〔2013〕48号文件通知，市委决定：免去柴云妹的中共常山县委常委、委员职务。同日，县委印发《关于柴云妹等同志免职的通知》（常干任〔2013〕50号），县委决定：免去柴云妹的常山县人民政府党组成员职务。

8月15日至19日 针对严峻的抗旱形势，县人工影响天气办公室、县气象局采购一批人工影响天气的先进装备，组建作业队伍，先后开展5次人工增雨作业，全县平均降水量达16.1毫米。其中新桥站38.7毫米、黄坞岭站30.3毫米、最多的长风站达41.2毫米，全县旱情得到有效缓解。

8月21日 省政协副主席、党组副书记陈加元一行到常山开展“走亲连心”活动，看望县政协机关工作人员和在常山的省政协委员，征求对省政协工作的意见和建议。市政协主席俞流传、县委书记王良春、县政协主席林红汉参加。

8月22日 国家林业局驻上海专员办专员王希玲到常山调研森林资源保护管理工作。王希玲一行深入青石花石市场、何家乡何家村油茶良种示范基地、县一品平原绿化基地、何家乡文图村杉木用材林基地和江源村食用竹基地，详细了解常山县域生态建设和森林资源保护管理情况以及低丘缓坡开发利用特别是垦造耕地对林业生产和林地管理的影响等情况。常山县有林业用地128.2万亩，占全县土地总面积的73.5%，立木总蓄积190.9万立方米、毛竹立竹量148万株、油茶面积26.5万亩，森林覆盖率达73.2%，2009年被授予浙江省生态公益林建设示范县称号。

8月25日 县委书记王良春主持召开全县乡镇（街道）党（工）委书记座谈会。

8月27日 市委常委、纪委书记陈欣到常山调研。

8月29日 县委理论学习中心组（扩大）学习会召开，围绕如何加快发展主题，就提振常山自信、发挥资源优势、加快产业转型、促进旅游发展等方面进行探讨交流，提出意见和建议。县委书记王良春主持，毛建国、徐建华、林红汉、方法等县四套班子领导参加学习会。

8月30日 全县信访维稳暨平安常山建设工作推进会召开。

8月30日 县委副书记、县长毛建国主持召开县政府第23次常务会议。会议研究并原则通过《关于开展行政村规模调整工作的实施意见》（送审稿）、《关于常山火车站站前规划相关问题的建议》（送审稿）、《常山县重大项目前期工作经费管理暂行办法》（送审稿），会议听取《常山县广播电视有线网络“一省一网”整合发展实施方案》《常山县涉矿产品运输车辆超载和“跑冒滴漏”专项整治工作实施方案》的汇报。

8月30日 全县2013年夏秋季征兵定兵工作会议召开。

8月30日 全县第一次全国可移动文物普查工作会议召开。全县第一次全国可移动文物普查从2013年4月开始至2016年12月结束。普查的标准时点是2013年12月31日。

9月

9月2日 经评选，县政府决定（常政发〔2013〕54号）授予毛发根、甘礼荣、何水清、何绍林、余晓庆、张刚、陈和雨、季金全、周映民、赵五毛、胡红良、饶祖华、洪道良、徐芳、徐财清、徐金妹、徐金祥、揭雨兴、曾君、熊玉英、潘广丰、魏雨生等22人“常山县劳动模范”称号，授予常山县人民检察院公诉科、常山县质量技术监督检测所、常山县经信局企业服务科、常山县财政（地税）局第二税务分局、常山县大桥头乡社会服务管理中心等5个单位“常山县劳动模范集体”称号。

9月3日 市委书记陈新在球川镇后弄村调研时强调，各级干部要手握经济报表、平安报表、生态报表，把群众的期待作为奋斗目标和努力方向，切实抓好平安稳定、生态建设等工作，努力做到小事不出村、大事不出镇、矛盾不上交。希望常山县主动融入“一城、一区、一园、一村”等全市中心工作，科学谋划常山崛起的“线路图”，做大做强特色优势产业，努力实现争先进位。市委常委、组织部部长陈玲玲，市委常委、秘书长李锋，县委书记王良春，县委副书记、县长毛建国，县委副书记方法等参加调研。

（金灵丽 摄）

9月4日 常山县县级领导领创产业、重大项目点将招商动员会召开。

9月4日 县政府办公室公布2012年度新认定县级农业龙头企业名单（共14家）：常山爱佳果蔬开发有限责任公司、浙江湘楠农业发展有限公司、常山县叶丰专业合作社、常山小兵林木专业合作社、常山小良粮食专业合作社、常山县新都粮食专业合作社、常山县冬仙粮食专业合作社、常山森然林业开发有限公司、常山恒新果蔬专业合作社、常山瑞鹏农业开发有限公司、常山乐丰水果专业合作社、常山轩山农业开发有限公司、衢州市嘉洲园林工程有限公司、常山和裕农业开发有限公司。

9月9日 县政府决定命名并通报表彰李小兰等14名常山县首届名师、郑红全等20名常山县首届红烛奖、吴天亮等95名常山县首届优秀班主任、张薇等124名常山县教学质量标兵（常政发〔2013〕55号）。

9月12日 全县行政村规模调整工作动员会召开。根据常山县农村实际和发展趋势，山区500人口以下、其他800人口以下的行政村，原则上予以调整；山区500人口以上、其他800人口以上的行政村，因经济社会发展和城镇、中心村建设需要调整的，或根据实际情况认为有必要调整的，可以调整；村集体经济薄弱、村级领导班子长期软弱涣散的行政村应当调整；乡镇（街道）所在地行政村、中心村可根据实际情况适当扩大规模。通过调整，全县行政村数量总体缩减40%左右。动员会起至10月15日为全县行政村规模调整工作实施阶段。

9月13日 省发改委党组书记、主任谢力群率队到衢州绿色产业集聚区常山片区、浙江天子股份有限公司调研。

9月13日 常山县省级生态县创建考核验收汇报会召开，省级生态县现场考核验收组宣布验收结论：同意通过现场考核验收。

9月13日 县政府决定：建立常山县九景衢铁路建设指挥部及其办公室。9月22日启用指挥部及其办公室印章。

9月14日至16日 第二届武当演武大会在武汉国际博览中心举行。常山县武当太乙拳馆组队参赛，队员中的省“非遗”传承人左江桥获“武林名家”“中华武当内家拳推广先进个人”荣誉称号；左琦获“武林百杰”“个人全能冠军”荣誉称号；王祝亚、詹小华、徐土凤获“武林精英”荣誉称号；蒋宸怡获“武林童星”荣誉称号。此外，拳馆获武当太乙拳大赛的集体项目第一名，并被评为武术推广先进单位。

9月16日至17日 台湾旺旺中时媒体集团下属的《中国时报》《旺报》《中国电视》《城市网》等媒体记者、编辑，走进柚都石城常山，进行为期两天的采访。他们登临国家AAAA级景区三衢石林，拍摄风光美景，夜访球川古镇摄制市级非遗项目千年贡面的古老手工艺技法。

9月21日 辉埠镇路里坑村17岁的“无骨人”黄笑因“进行性肌营养不良症”去世。尊重黄笑的遗愿，黄笑的眼角膜及时捐献给了省眼科医院，遗体也被送至浙大医学院人体科研解剖室。

9月22日 县委、县政府决定：成立常山县第一中学迁建项目领导小组，毛建国任组长；领导小组下设办公室和综合协调组、项目前期组、项目融资组、项目征迁组、项目建设组。

9月25日 全市旧住宅区改造现场会在常山召开。

9月30日 县红十字会第四次会员代表大会召开，选举产生新一届县红十字会领导班子。王良春、毛建国、徐建华、林红汉、方法等县四套班子领导参加。衢州市红十字会党组书记、专职副会长刘章华到会祝贺。

9月30日 全县行政村规模调整工作小结会议召开。

是月 常山县的“欠发达地区特色群众文化活动持续开展模式与机制”项目，被省文化厅、省财政厅命名为首批浙江省公共文化服务体系示范项目命名。此次活动全省共命名县（市、区）示范区7个和示范项目10个，常山县是衢州市唯一获得命名的县（市、区）。

10月

10月9日 常山县城东新区城市设计方案汇报会召开。

10月11日 常山县山哥粉葛产销专业合作社的葛粉基地、浙江常发粮油食品有限公司、常山县绿森林业专业合作社和常山晟泰茶油科技有限公司的油茶基地入选2013年度“浙江省森林食品基地”名单。至此，常山县共有“浙江省森林食品基地”7个，其中，油茶基地6个，是全省油茶基地认定数最多的县。

10月17日 全县“共建生态家园、打造美丽乡村”行动动员会召开。

10月17日 全县“三改一拆”工作推进会召开。

10月19日 常山县武当太乙拳馆开馆仪式在省级文物保护单位——里择祠举行。

10月24日 辉埠镇东乡村“浙江书法村”授牌仪式举行。东乡村作为衢州市唯一获评村庄，与全省其他10个村共享“浙江书法村”荣誉。

10月28日 县委常委会召开会议，听取县经济技术开发区和辉埠新区工作汇报，研究部署全县工业园区建设管理工作。

10月29日 省委常委、省公安厅厅长刘力伟率队到常山紫港街道外港村、老人武部路口、天马街道文峰社区、县公安局和新都派出所，视察公安业务用房的选建新址、街面警务室、公安办公状况和派出所正规化建设等，听取“三警合一”、城市治堵、“百警第一书记”等工作介绍。市委书记陈新，市委常委、市公安局局长王建，市委常委、市委秘书长李锋，县领导王良春、毛建国、方法等陪同。

10月30日 全县村级组织换届工作动员会召开。

10月30日 全县宣传思想工作会议召开。

10月31日 省民政厅党组书记、厅长尚清率队到常山紫港街道紫港社区、常山县社会福利院调研民政工作。

10月31日 常山高速公路出入口绿化景观提升规划设计方案评审会召开。

10月30日至31日 共青团常山县第二十次代表大会召开。170名正式代表参加大会。县委书记王良春、团市委书记徐建芬出席大会并作重要讲话。王建坤代表共青团常山县第十九届委员会作题为《凝聚青年力量，激扬青春事业，在奋力追赶科学跨越中谱写壮丽的青春篇章》的工作报告。大会选举产生共青团常山县第二十届常委，王建坤当选为第二十届团县委书记。

11 月

11 月 1 日　常山县举行“雷霆二号”处置村级组织换届群体性突发事件暨社会应急联动演练。

11 月 5 日　省农技推广基金会会长章猛进率领考察组到常山同弓乡太公山胡柚基地和球川镇馒头山村思杨家庭农场，实地考察常山胡柚种植基地建设、生产销售、新品种研发等情况。

11 月 5 日　全市基层残疾人组织规范化建设试点工作经验推进会在常山召开。

11 月 8 日　县委常委会召开会议，听取城东新区工作汇报，研究部署城东新区开发建设工作。县委书记王良春主持并讲话。会议强调，要进一步凝聚合力、整合资源，提高效率、提振信心，加快推进城东新区开发建设，着力打造休闲城市。

11 月 11 日　省财政厅党组书记、厅长钱巨炎率队到常山赵家坪农房安置区、紫港街道富足山村的常山一中新址调研，察看农村住房改造项目和相关配套设施建设情况，详细了解常山一中迁建项目的进展情况，详细了解常山县矿产资源、化工造纸整治等情况。

11 月 11 日至 12 日　副省长黄旭明带领省农办、省农业厅等单位相关负责人到常山赵家坪农房安置区、常山县天露家庭农场、球川镇棋盘山粮食高产高效综合示范区、同弓乡彤弓山村、大宝山胡柚基地和浙江天子股份有限公司调研。

11 月 12 日　省人大常委会党组副书记、副主任茅临生到常山调研企业发展情况，先后深入浙江天子股份有限公司、浙江银田化纤有限公司考察企业生产情况。

11 月 13 日　省委组织部副部长、人才办主任姚志文到常山调研，先后深入到浙江天子股份有限公司、青石镇砚瓦山村和城东新区开发现场考察。

11 月 14 日　市委副书记、政法委书记江汛波到常山东入城口、城东新区滨江一期、辉埠新区、绿色产业集聚区、浙江天子股份有限公司等地，详细了解常山县在城镇化建设、新农村建设、产业平台建设及工业经济转型升级等方面所做的工作，并听取县委、县政府相关工作汇报。

11 月 16 日　县委常委扩大会议召开，传达学习党的十八届三中全会和省市委常委扩大会议精神，研究部署贯彻意见。县委书记王良春主持会议并讲话。毛建国、徐建华、林红汉等县四套班子领导参加会议。

11 月 18 日　全县村级组织换届选举转段工作会议召开，总结村党支部换届工作，安排部署村民委员会、村经济合作社、村务监督委员会换届工作。

11 月 19 日　浙江佳熙企业管理有限公司在上海股权托管交易中心挂牌，成为常山县首家在上海股权交易中心挂牌的企业。

11 月 20 日　市委常委、宣传部部长诸葛慧艳到常山调研公共文化服务体系建设。

11 月 20 日　省农业厅副厅长赵兴泉率队到常山调研指导农业农村工作。

11 月 21 日　全市各县（市、区）月度工作会议在常山召开。

11 月 22 日　县委常委扩大会议召开，传达贯彻全市各县（市、区）月度工作会议精神。

11 月 23 日　由县旅游局主办，浙江电视台“江南好”栏目组、杭州自驾游联盟共同协办的“名嘴”舒中胜带您游览衢州母亲山主题活动在三衢石林景区举行。

11 月 25 日　由慈溪市委书记徐华江、

市长施惠芳率队的慈溪市党政代表团到常山考察“常山—慈溪山海协作产业园”开发建设情况。

11月24日 省作协党组书记、副主席臧军率近20位知名作家到常山采风，体验生态家园建设，品味柚都石城魅力。

11月22日至26日 由省政府主办、省农业厅承办，以“生态、精品、安全”为主题的2013浙江农业博览会在杭州市萧山新农都国际会展中心和江干区和平展厅举行。浙江柚都生物科技有限公司、倚山久胡柚深加工厂、同弓忆口香麻饼厂、森力家庭农场等25家常山县企业单位组团参展。常山胡柚、胡柚果脯、山茶油、猴头菇、黑木耳、中式香肠和常山猴头贡面等特色农产品深受杭城市民青睐，吸引了大家驻足品尝、选购。

11月26日 市委常委、纪委书记陈欣到“第一书记”挂联村常山县球川镇黄泥畈村，察看了解村庄道路建设、河道整治、排污设施配备等情况，并召开座谈会，听取“共建生态家园”行动及村级组织换届等工作开展情况汇报。

11月29日 市委常委、市委秘书长李锋到常山走访慰问优秀人才代表。

11月29日 省农办副主任高启华带领省“深化千万工程、全面建设美丽乡村”工作检查组到常山检查2013年度美丽乡村建设工作。

12月

12月3日 县委常委扩大会议召开，传达贯彻省委十三届四次全会精神，研究部署贯彻落实工作。会议强调，要认真学习全会精神，研究好改革工作，落实好当前任务，谋划好2014年工作。

12月5日 湖南省平江县委书记王洪斌率平江县党政代表团到常山考察。

12月10日 县委理论学习中心组（扩大）学习会召开，研究2014年工作思路和举措。会议强调，要按照“奋力追赶、科学跨越”的总要求，坚持“实力工业、休闲城市、美丽乡村”总战略，进一步认清形势、集中智慧、统一意志、奋发图强，全力以赴做好2014年和今后一个时期的工作。

12月10日 衢州市咨询委员会培训会议在常山召开，传达学习省委十三届四次全会精神，总结交流2013年衢州市各县（市、区）咨询委工作经验，研究部署2014年工作。市咨询委领导黄会荣、周鸿富、祝瑜英、黄锡南等参加。

12月10日 常山县视力残疾人戴松林的手工藤编作品《双龙戏珠》、胡文萍摄影作品《岁月》在由中国残联宣文部、中国盲人图书馆联合主办的“全国盲人‘我的中国梦’艺术作品大赛”上获得一等奖，县残联被评为优秀组织奖。

12月11日 城东新区滨江公园景观设计方案汇报会召开。

12月11日 全县村级组织换届工作领导小组（扩大）会议召开，研判分析选情，重点部署村委会投票选举相关工作。

12月11日 市《全民科学素质行动计划纲要》督查组到常山检查工作。

12月12日 市人大常委会主任居亚平到常山同弓乡彤弓山村和球川镇后弄村，实地察看村庄环境面貌，了解村庄环境整治工作、“共建生态家园”行动的开展情况。

（金灵丽 摄）

12月12日 省委党史研究室主任金延锋到常山调研党史工作。

12月13日 由常山县和安徽省含山县、重庆市秀山自治县联合举办的第四届“翰动三山”书法作品联展在常山县档案馆开幕。此次联展以“美丽常山”为主题，以常山古代诗词为内容，共展出“三山”书法艺术家创作的作品106幅，时间持续至12月17日。

12月14日 省委党的十八届三中全会精神宣讲团成员、省委党校副校长郑仓元教授应邀到常山作题为“认真学习和深刻领会党的十八届三中全会的基本精神”专题报告。

12月17日 省纪委副书记王海超到常山调研廉政文化建设工作。

12月18日 省审计厅厅长陈荣高到常山调研扶贫项目建设情况。

12月19日 常山国家休闲区总体规划评审会召开。

12月20日 常山县省级卫生县城复查考核反馈会召开，反馈检查整改情况，部署相关工作。受省爱卫会委托，市爱卫会对常山整改情况进行分组检查。检查组认为，常山县对此次集中整改情况非常重视，措施有力、整改到位，市容环境明显改善，尤其是柚香城、大东门农贸市场占道经营得到有效遏制，获得了群众的认可和赞同。市爱卫会将如实向省爱卫会汇报常山整改落实情况，并建议省爱卫会继续予以确认。

12月24日 副省长朱从玖率省金融办、省农信联社等相关部门负责人一行到常山京源石材有限公司和浙江天子股份有限公司，实地参观了奇石馆和企业生产车间，详细了解石产业发展和企业运行、促农增收等情况；听取常山县有关工作情况汇报，并与县农信联社、财保公司、村镇银行等金融机构，以及天子股份、涌金仓储等相关企业进行深入交流，详细了解常山县金融业发展情况。

12月25日 省安全生产考核督查组到常山检查安全生产工作。督查组成员听取工作情况汇报，查看相关工作台账，并赴球川镇消防站、金朝阳建材市场等，实地督查基层消防设施建设和市场安全隐患排查整治工作。

12月25日 常山县2013年度平安建设工作汇报会召开。市委常委、宣传部部长诸葛慧艳率考核组到深常山检查考核平安创建工作。考核组听取常山县情况汇报，并到车站、企业、医院、商场和有关部门等进行抽查。

12月25日 县人大常委会首次召开常委会任命人员履职报告会。

12月31日 县委十二届六次全体（扩大）会议召开。会议认真贯彻党的十八大和十八届三中全会、中央经济工作会议以及省、市委全会精神，回顾总结2013年工作，研究部署2014年目标任务，动员和带领全县上下坚定信心、振奋精神，全力实施“实力工业、休闲城市、美丽乡村”发展战略，努力开创“奋力追赶、科学跨越”新局面。县委书记王良春代表县委向全会作报告。县委副书记、县长毛建国主持会议并讲话。县委委员、候补委员；县纪委委员；不是县委委员的县级领导（含人大、政协离岗在职领导）；担任过实职副处级以上的党员离退休老干部；县人大各工委主任，政协各专委会主任；县纪委各室主任；各乡镇、街道党政主要领导；县级机关各单位主要负责人；10家工业企业、5家农业企业、5家服务业企业和各民主党派负责人列席会议。

12月31日 市委常委、常务副市长赵建林率领市发改、国土、交通、旅游等部门负责人到常山调研黄衢南高速沿线环境景观整治提升工作。

12月31日 由县委宣传部出品，上海美术电影制片厂、上海吉盛文化传播有限公司联合摄制，周一愚导演的艺术动画电影短片《胡柚娃之胡柚诞生记》首映式暨专家研讨会在上海举行，剧组成员、电影界专家以及沪上各大媒体参会。创作短片的目的是扩大柚都石城品牌影响力。

是年 全县财政总收入100045万元，首次突破10亿大关，完成年初预算的111%，比上年增长11.3%。其中，公共财政预算收入65063万元，完成年初预算的108%，比上年增长13.8%；上划中央“四税”收入34982万元，完成年初预算的116.2%，比上年增长6.8%。

据省统计局最新调查显示，2013年度常山县群众安全感满意率为97.68%，比上年提高0.46个百分点，分别高于全市、全省平均水平0.59和1.59个百分点，列全市第一。

是年 浙江银田化纤有限公司的“银田”、常山县大宝山柑橘专业合作社的“大苞山”2件商标被评为浙江省著名商标；“威诗朗”“秋之奥”“利卿”“野星”“环思”“常山山茶油”等6件商标被评为2013年度衢州市著名商标。自2011—2013年，全县共新增14件市级著名商标，5件省级著名商标，1件中国驰名商标。

专　　记

常山县违法建设整治工作综述

常山县始终以高度的责任感和历史使命感，坚定不移地贯彻上级党委、政府的决策部署，为遏制违法建设的滋生蔓延，维护公平正义，建设“宜居常山”，做出了积极的贡献。同时，市委副书记江讯波、副市长占跃平、省“双服务”第八组、市督考办等省市级领导和工作组也先后到常山考察违法建设整治工作，并对常山的工作经验和工作成绩给予了积极的认可和肯定。

常山县违法建设整治工作的主要做法及成效是：

——最成功的实践是走出了一条“结合实际、注重创新”的违法建设整治之路。在违法建设整治工作的开展过程中，常山县始终注重结合实际情况，着力推进两大工作创新，有效实现了量质并举的违法建设工作新局面。

1. 始终抓牢体制机制创新，不断增强拆违工作合力。开展违法建设整治是一件涉及面特别广，推进难度特别大的工作，需要全县上下的凝心聚力，合力攻坚。常山县从体制机制入手，不断增强拆违工作效率。一是建立县级领导挂联乡镇（街道）“三改一拆”制度。下发《关于实行县级领导挂联乡镇（街道）“三改一拆”工作制度的通知》（常委办〔2013〕38号）文件，全县34个县处级领导同14个乡镇（街道）进行挂联，提出每周不少于一次听取联系乡镇（街道）拆违工作进展情况汇报，每周至少一次到联系乡镇（街道）拆违现场督查指导等具体的联系内容、工作职责和工作要求。二是建立县委约谈乡镇（街道）主要领导制度。对连续两周不能完成任务的乡镇（街道），将由县委约谈乡镇（街道）主要领导，挂联县领导也要陪同约谈。并提出连续约谈3次以上的，所在地主要领导就地免职，挂联县领导负相应责任。全年有两个镇的主要领导各约谈一次。三是建立部门挂联乡镇（街道）“三改一拆”制度。为破解违法建设整治过程中部门单位参与协助少，拆违合力相对不足的难题，常山县在继续突出乡镇（街道）作为拆违责任主体的基础上，将全县87个部门、单位同14个乡镇、街道进行挂联，并将督查情况在《今日常山》和常山电视台等县级媒体上公布，达到一同排名一起曝光的目的，激发挂联部门单位参与介入拆违的工作热情。

2. 牢牢把握方式方法创新，不断增强拆违社会效益。常山县深刻领会开展违法建设整治的工作目的，始终把提升城市能级，拆出美丽乡村作为违法建设整治工作的出发点和落脚点。一是实行拆违系数折算。为突出拆违工作重心，常山县创新性的提出对违法建设按类型进行划分折抵，即拆除的违法建筑位于重要区域、重要节点、重要沿线的按100%计算任务数，位于其余区域的只按50%折抵计算任务数。通过使用系数折算，树立良好的工作导向，引导乡镇（街道）在工作过程中敢于捡硬柿子、碰硬钉子，达到应拆尽拆的整治目的。二是下达指令性任务。为确保拆违工作质量，常山县还对位于城区、城郊、集镇、城市入城口、国省道沿线等影响市容镇貌、影响项目推进的违法建筑开展重点案例集中突破，以文件的形式下达具体到户的指令性任务，并将每个月列出十大违建典型在媒体上进行公示，限时拆除，实现由面到点的指令性拆违，有力推动拆违工作从重视数量到量质并举的工作转变。全年先后下达的两批指令性任务，涉及52处违法建设，违建面积17807平方米，已全部拆除完毕。三是注重拆用衔接。在拆违过程中，常山县各乡镇（街道）注重将违法建设整治工作同集镇开发、美丽乡村建设、农村土地综合整治和园区项目建设等相结合，实施利用拆后平整土地设置城市临时停车场、改建农村文体广场或及时复垦复绿等有效举措，进一步盘活拆后土地资源，达到即拆即收储即利用的拆违目的，凸显了拆违工作的经济效益和社会效益，实现拆用衔接。

——*最显著的变化是违法建设整治工作在群众心目中的地位不断提升*。评价违法建设整治工作最终成功与否，关键要看老百姓是不是相信政府是真拆，是不是相信政府敢真拆，是不是感受到违法建设整治工作带来的积极变化，是不是形成依法有序建房的生活习惯。通过整治，常山县实现了“三个显著”的变化，违法建设整治工作取得明显进展。

1. *显著提升了党委政府的公信力，让群众相信政府是真拆*。为扭转农民建房违法建设无序建设不良风气，进一步弘扬社会正气，彰显文明新风，2012年常山县委县政府下大决心，在全市率先开展违法建设整治。截至2012年年底，常山县共拆除农民违法建房56户，拆除面积11936平方米，查处利用违法建设进行生产经营活动的经营户87户，取得阶段性的成果。2013年，在省委的统一部署下，全省上下开展声势浩大的“三改一拆”工作。常山县紧紧抓住这一历史机遇，借机借势借力，在2012年整治的基础上，将全县违法建设整治工作进一步推向纵深。特别是2013年3月22日全县“三改一拆”行动违法建设整治工作推进会后，全县上下掀起持续的整治热潮。截至2014年1月20日，常山县共拆除违法建设4037处，涉及面积96.5万平方米，完成拆后处置16万平方米，取得显著的成果。通过连续两年的违建整治，群众观望怀疑不理不睬的少了，来电来信反映问题的多了，常山投资环境不断优化，发展空间不断拓展，党委政府的公信力、执政力大大提高。

2. *显著增强了党员干部的执行力，让群众相信政府敢真拆*。在违法建设整治过程中，常山县各乡镇（街道）的广大领导干部始终冲在拆违工作第一线，发挥狮子型干部的作风和老牛型干部的精神，顶住方方面面的压力，敢打敢冲，敢拆敢管，坚决的贯彻县委、县政府的决策部署，向群众传递党委政府敢于碰硬，敢拆真拆，一拆到底的决心。尤其是在工作任务重，任务时间紧的情况下，乡镇（街道）干部能主动牺牲节假日、休息日时间，做细做实各项工作，使违法建设整治在深入推进的同时，实现拆违过程的依法有序平稳进行。

3. *显著遏制了违法建设的蔓延势头，让群众感受到公平正义*。按照“一把尺子量到底，一个要求抓到底”的要求，常山县加大对重点对象的整治力度。通过摸底排查，先后查处党员干部违建案件4例，对性质特别恶劣的违建户开展强制拆除9次，共出动公安、城管、国土、乡镇干部等工作人员400余人次。通过对党员干部、钉子户的动真碰硬以及对一大批的违法建筑的连线连片的拆除，做到拆违工作的同类同批同推进，起到有效的警示作用，极大地震慑违法占地、乱搭乱建、未批先建、违建抢建等违法建设行为，让群众感受到公平正义。通过整治，心存侥幸的违建分子少了，社会各界的法治观念强了，违法建筑滋生蔓延的势头得到有效的遏制。

——*最大的收获是探索出了一套行之有效的违法建设整治工作机制*。拆违工作到底是运动战还是持久战，拆违成果到底是“水中月”“镜中花”还是能得到长久体现，关键要看有没有建立一套行之有效的整治工作机制。通过落实四项工作机制，常山县违法建设整治工作迈上了新台阶。

1. *形成上下联动的长效工作机制*。成立“三改一拆”工作领导小组，建立健全查处违法建设部门联动机制、处置违法建设快速反应机制等10余项机制。从县综合执法大队、县招商局、县委宣传部、县档案局、县规划中心、县国土局等部门抽调多名工作人员成立整治办，负责全县拆违工作的调度指挥和监督考核。乡镇（街道）也相应组建乡、村两级干部工作队，加大乡村两级巡查队伍日常巡查监管力度，落实网格化巡查，防止违法建设死灰复燃。全县上下形成“县级统筹、乡镇主体、部门联动、村组巡查、合力推进”的“拆、改、管”长效工作推进机制。

2. *形成多维立体的宣传教育机制*。定期编发工作简报、宣传短信、整治快讯，制作并印发违法建设整治工作图片集、常山县违法建设整治工作政策汇编，多形式展示拆违阶段性成果。建立新闻媒体联络员机制，整合各类宣传资源，在县级主要媒体上以专题专栏的形式，开展正反两面的宣传报道，方便社会各界了解掌握最新拆违动态。采用大型宣传广告、宣传横幅、整治标语、宣传巡逻车等宣传载体向全社会反复宣传违法建设整治的各项法律法规和“八先拆、一必拆”等整治重点。同时，及时在上级新闻媒体、信息简报上刊发全县违法建设整治的工作做法和整治成果，借势借力持续营造强势拆违的工作氛围。

3. *形成切实有力的督查考核机制*。县四套班子轮流到乡镇（街道）现场督查，着重对通道沿线、重要节点、集镇等拆违情况进行督查，通过县领导的重视推动违法建设整治工作的有效落实。全年开展5轮，县领导共督查24次。县督考办对各乡镇、街道拆违工作和拆违面积进行不定期专项督导并通报督查结果。县整治办分片、分乡镇开展督查，对工作进度进行统计排名，每周在《今日常山》简报上进行公布，接受社会监督。向社会公布2个违法建设举报电话，方便社会各界共同督查督促拆违工作。同时，把“三改一拆”工作纳入县对乡镇（街道）工作目标考核，突出拆除质量和拆后处置，做到正确引导方向，促进提速提效。

4. *形成全面到位的拆违保障机制*。一方面，针对乡镇（街道）反映拆违工作经费不足的问题，县里按照乡镇（街道）类型和拆违质量形成奖励补助方案，分档次一次性追加300多万资金，有力的强化违法建设整治工作经费保障，激活乡镇（街道）工作的积极性。奖补资金主要用于拆后清虚、复垦、复绿和拆违工作经费。另一方面，各乡镇（街道）都积极建立和谐拆违的保障制度。在拆前能积极调查取证，开展风险评估，及时发动各方力量，尽力化解当事人的对抗情绪。在拆中能形成拆除方案，做好现场安保，实现安全拆违。在事后能密切关注当事人动向，稳定违建户思想，有效避免冲突和意外的发生。同时，对条件困难的家庭，也能给予力所能及的帮助，做到无情拆违，有情操作。全年未发生因违法建设整治而出现的群体性事件。

——为开展“无违建县（市、区）”创建活动打下了良好工作基础。根据省里对“三改一拆”工作的安排，对照省里下发的《“无违建县（市、区）”创建活动的实施意见》，特别是无既有应拆违法建筑、无新增违法建筑、无规划盲区、无管理死角、无非法“一户多宅”、无重大群体性事件和安全事故等“六无”标准，扎实开展“无违建县（市、区）”创建活动。

1. 掀起新一轮的整治热潮。要按照“拆违不停步”的工作要求，在“八先拆、一必拆”的基础上，对城区、城郊、城市出入口、集镇等重要区域、重要节点，国道、省道、县道等重要沿线，群众反映强烈、有较大影响面的和影响重点项目推进的违法建设开展违法建设整治，做到应拆尽拆。

2. 进一步加大拆违工作力度。对应拆未拆的违法建设，县整治办要继续下达指令性任务，并进一步细化指令性任务的内容，即指令性任务要具体到每一幢违法建设。继续实施县四套班子每周督查制度，同时由县督考办对各乡镇、街道完成指令性任务情况进行督查、通报、评比。进一步加快拆后处置进度，实现拆后土地的有效利用。

3. 进一步做好堵疏结合文章。各乡镇、街道要进一步加强日常巡查工作，做到分片分村网格化管理，确保无新的违法建设发生。同时，进一步简化审批程序、缩短审批时间，对符合建房条件申请建房的农户要应批尽批，满足农民刚性建房需求，从源头上防止违建发生。

（卢敏偈）

共建生态家园 打造“三宜”常山

——常山创建省级生态县工作综述

常山县是个典型的山区县，地貌呈现“八山半水分半田”特点。全县县域面积1099平方千米，其中，林地面积854.5平方公里，占土地总面积的77.8%。常山最大的县情是经济欠发达，最大的优势是生态环境优越，先后被命名为浙江省园林城市、浙江省卫生县城、浙江省森林城市，是浙江省重要的生态功能区。

常山县委、县政府高度重视生态建设。2003年，常山县启动生态县创建工作，举生态旗，打生态牌，走生态路，一路走来，坚持不懈。2005年，通过国家级生态示范区考核验收，实现生态县建设初级阶段的工作目标。2009年以来，在上级环保部门的大力支持下，常山县不断加快生态县创建步伐，明确提出把创建生态县作为打造“宜居、宜业、宜游”常山的重要载体，并将其列入“五城联创”重要内容，突出以生态规划为引领，以生态经济为主线，以环境基础设施建设和城乡环境综合整治为抓手，真抓实干，强势推进，形成了经济发展、环境保护、民生改善良性互动的良好局面。

对照省级生态县建设8项基本条件和11项建设指标标准，截至2013年8月，常山县各项指标全部达到考核要求。森林覆盖率73.2%；废弃矿山生态环境治理率100%；集中式饮用水源水质达标率100%，全县大气环境质量、地表水、地下水质量都达到相应功能区要求；城镇人均公共绿地面积14.5平方米；城镇生活污水集中处理率73.8%，城镇生活垃圾无害化处理率100%；规模化畜禽养殖场粪便综合利用率93.27%；化学需氧量排放强度为3.6千克/万元GDP；全县环境面貌得到持续改善，生态环境质量不断提高。2013年9月13日，省级生态县现场考核验收组同意常山县通过省级生态县现场考核验收。常山创建省级生态县工作综述如下：

一、坚持把健全机制、行政推动作为创建省级生态县的强力引擎

常山县将省级生态县创建作为优化县域发展环境、促进经济社会可持续发展的基础性和关键性工作来抓，从组织领导、科学规划、宣传教育、督查考核等方面入手，建立健全工作机制，使创建工作步入规范化、制度化的管理轨道。

1. 建立组织领导机制。成立由县长任组长、26个部门负责人为成员的省级生态县建设领导小组，明确各乡镇（街道）“一把手”是生态县创建的第一责任人，形成全县上下“政府主抓、部门落实、社会参与”的良好工作格局。县政府与各乡镇（街道）、相关部门签订目标责任书，将生态县建设的重点工程、任务和建设指标逐一落实到各相关单位。县委常委会、县政府常务会议多次听取专题汇报，县委、县政府主要领导先后多次调研创建工作，研究解决创建过程中遇到的各种困难和问题。县人大常委会、县政协每年也将创建工作列入考察的重要内容，组织代表、委员开展考察活动。建立监督考核机制，对工作开展情况定期进行督查通报，并把创建工作纳入各单位年终目标责任考核，保证了生态县创建各项任务的顺利完成。

2. 建立规划引领机制。本着科学性、前瞻性和可操作性的原则，通过深入调查研究、反复论证，结合实际编制《常山生态县建设规划》，确定生态县建设的总体目标格局，先后编制《常山县生态功能区规划》《常山县“十二五”环境保护规划》《常山县生态农业发展规划》《常山县生态公益林建设规划》等多个生态建设专项规划。同时，为确保省级生态县各项指标任务的顺利完成，还制定《常山县生态县建设实施方案》《常山县省级生态县创建工作实施方案》《常山县创建省级生态县宣传工作方案》《常山县“双十”专项行动实施方案》等一系列生态县创建相关方案，做到规划先行，目标明确，重点突出，任务具体，措施扎实。

3. 建立全民参与机制。利用电视、广播、广告牌等各种宣传方式，大力宣传“人人保护生态环境、个个参与生态创建”的主体意识和“人人既是污染者，更是责任者”的责任观念，增强市民生态建设的责任感和使命感。持续深入推进“爱我家园清洁大行动”“清洁环境，从我做起”“生态知识咨询”等活动，将生态文明建设纳入全县领导干部、企业负责人、新录用公务员、新任村主任等各类培训班的讲学内容，动员各行各业、各家各户投身生态县创建活动，共建共享美好生态家园。

二、坚持把优化转型升级、发展生态经济作为创建省级生态县的主旨主线

坚持生态保护与经济发展并重，发挥生态资源优势，不断优化经济结构，着力发展生态经济，促进全县经济科学发展、跨越发展。

1. *以低碳化为目标，积极发展生态工业*。坚持“绿色发展”理念，全面实施“合理布局、集聚发展、扶优扶强”的战略性结构调整，大力发展生态工业。围绕轴承、纺织、水泥、轻钙、化工等传统产业，建成新都工业园区、辉埠建材园区和生态化工园区。在加快工业集聚的同时，坚持以“高端”为取向，强化产业选择，强化对入园企业的环境管理，提高入园企业门槛，严格控制新建有重金属、有毒有害、能源消耗高、污染重的企业；全力调整优化产业、产品结构，淘汰一批高污染、高能耗的企业，努力培育一批科技含量高、低能耗低污染、效益好的优势行业、优势产品，重点扶持新材料、新能源、装备制造和电子信息等战略性新兴产业，使工业经济由资源型向技术型转变，工业结构性污染得以有效的控制。

2. *以绿色产品为方向，积极发展生态农业*。充分发挥生态资源、自然资源优势，大力发展胡柚、油茶、茶叶、高山蔬菜等绿色有机生态农业，常山胡柚荣获中国驰名商标。以发展有机、绿色、无公害农产品作为重点，积极培育农业龙头企业，全县共有天子果业、东茶科技、常发粮油等35家市级以上农业龙头企业，拥有有机农产品7个、绿色食品15个、无公害农产品47个，有机、绿色和无公害农产品种植（养殖）面积16.2万亩。下大力气整治生猪养殖，严格控制养殖规模，2009—2013年未新批建设规模化养殖场，2013年8月全县生猪存栏量约30万头，仅为周边县市的1/10左右。积极建设病死猪无害化处理设施，全面推进生猪排泄物治理工程，加大对生猪废弃物无害化处理力度，建成龙翔养殖等一批规模适度、治污设施齐全、管理规范的标准化规模化养殖场。

3. *以旅游业为龙头，积极发展生态服务业*。把旅游业发展作为促进县域经济加速转型的有力支撑，出台《进一步加快旅游业发展的若干政策意见》和《常山县旅游发展三年行动计划（2012—2014）》，提出一系列支持旅游业发展的优惠政策和发展目标任务。依托常山秀美的自然生态旅游资源，抓住绿色生态后发优势，全力打造生态休闲旅游品牌，利用一年时间建成三衢石林国家AAAA级景区，启动建设中国·常山观赏石博览园和中国·常山胡柚文化博览园，因地制宜建成桃花源、梅树底、黄岗山等一批宗教文化、养生养老、休闲避暑、风光摄影等为主题，风格迥异、各具特色的生态休闲度假基地，使生态休闲旅游成为常山经济新的增长点。

三、坚持把基础设施建设、环境综合整治作为创建省级生态县的关键举措

实施生态环境综合治理工程，抓好生态修复建设，有效保护生态环境，用心呵护青山绿水，生态环境质量持续保持优良水平，常年空气质量保持在Ⅱ级以上，常山港出境水水质100%达到国家三类水质标准，噪声环境质量达到功能区标准。

1. *开展基础设施建设*。以提升城乡生态功能为出发点，推进环境基础设施建设。完善城乡污水处理设施，2009—2013年全县共投入8800万元资金，用于城乡污水处理设施和配套管网建设，改造和建设污水配套管网97公里。建成日处理能力2万吨的城市污水处理厂一期工程，城市污水集中处理率达75.2%，出厂水质综合合格率达98%以上。狠抓垃圾处理设施建设，投入6000多万元，建成城乡一体化生活垃圾卫生填埋场，新建一批垃圾中转站，城市垃圾无害化处置率达100%。大力推进城乡供水设施建设，投资1.9亿元，新建城乡供水一体化工程，结束了常山居民饮用常山江水的历史。累计投资1.3亿元，铺设农村供水干支管网400多公里，让15.6万农民喝上了放心安全的自来水。

2. *开展区域环境整治*。2012—2013年，全县以改善城乡环境为目标，大力实施城区环卫保洁和绿化养护市场化改革，先后开展“四边三化”“双清行动”“三改一拆”和“城乡环境十大整治行动”等专项整治活动，取得较好成效：城区保洁面积扩大到70万平方米；完成矿山生态复绿12万多平方米；清理河道235公里，清淤4万立方米，打捞清理河道垃圾16吨；拆除违法建设面积66.85万平方米；取缔非法采砂场14家，限期处置采砂场17家，规范提升采砂场15家；投入4500万元，完成梅园、竹园等11个老小区改造。作为钱塘江源头县，常山县尤其重视水环境保护，扎实开展水环境综合治理，以“一港四溪”流域为重点，建立“河长制”，全面实施畜禽养殖污染整治、城镇生活污染整治、农村环境整治、工业污染整治、城乡饮用水源保护和水环境质量保障等六大工程，全面消除“一港四溪”周围企业偷排、漏排行为，自2012年底以来常山港水质交接断面水质监测均为优，乡镇交接断面水质达标率也位于衢州市前列。

3. *开展行业污染整治*。2008年以来，常山县逐步加大化工企业关停的力度，利用行政、经济、法律等手段，先后关停常化公司、隆发化工、新宇化工等一批污染大、设备差的化工企业，年减少废水排放量达300多万吨。2013年又开展新一轮更为有力的整治行动，对18家化工、造纸企业，将通过“关停淘汰、整合入园、就地提升”的方式进行整治，已关停生产线4条。对亩均税收低于10万元/亩的化工、造纸企业，实行差别电价、差别污水处理费等，鼓励企业兼并重组，淘汰落后产能。开展矿山整治，强制关停淘汰一批污染严重的石灰立窑和石灰钙加工企业，对全县81孔应关停的石灰立窑本月底前将列出淘汰计划表并向社会公布，分三年实施淘汰工作；2013年年底前将完成3家石灰钙加工企业整治提升。同时，强力整治运输车辆跑冒滴漏现象，抓好矿区开采、生产、运输等过程中的粉尘污染治理。

四、坚持把提升创建水平、构建长效机制作为创建省级生态县的重要内容

1. *强化同创共建*。在创建的过程中，坚持把省级生态县创建标准融入“五城联创”的其他各个创建工作中，有效提升省级生态县创建水平。一是与创建省级森林城市相结合。围绕建设“生态宜居常山”，大力实施“森林进城、森林围城”等一系列生态林业工程，形成道路林荫化、农田林网化、城市森林化的城乡绿化格局。全县森林覆盖率达73.2%，建成城区道路附属绿地4.4公顷，居住区绿地35.8公顷，建设农田林网167公里。二是与创建国家园林县城相结合。以公共绿地工程为重点，以道路景观绿化为突破口，大力实施城市建绿、增绿工程。2010—2012年，城区新增各类城市绿地面积37.1万平方米，建成东明湖公园、展衣山公园、塔山公园等公园绿地38处，林荫路53.6公里。三是与打造生态乡镇、美丽乡村相结合。深化村庄整洁工作，推进农村环卫设施建设，改善乡村生态环境，全面提高居民的生活环境质量。全县14个乡镇中，创建省级生态乡镇11个，其中，同弓乡、球川镇、白石镇荣获国家级生态乡镇称号；建成市级美丽乡村精品村6个，3条美丽乡村风景线建成景观节点23个。

2. *强化监督监管*。严格项目审批，坚持“环保第一审批权”，对不符合环保准入门槛的项目坚决不引进，2010—2013年全县共否决不符合环保要求的招商项目达76个，从源头上控制新的污染源产生。严密环境监管，突出抓好环境科学监管体系建设，推进“智慧环保”工程，做好PM2.5监测启动实施准备工作。加强社会监管，实行“12369”服务热线24小时值班制，及时妥善处理群众投诉。严肃执法巡查，建立县、乡、村三级巡查制度，重点对污水直排、大气污染、砂石偷采、违法建设进行定时、不定时巡查，防止污染、破坏现象出现反弹。

3. 强化生态文化建设。依托特有的地质地貌、常山胡柚文化、石文化等资源，建立常山县地质博物馆、塔山文化公园、青石石文化长廊等一批文化活动场地。推进乡镇文化站和村文化活动室建设，全县共有市级以上文化示范村22个，文化艺术之家40个。举办常山胡柚文化节、豆腐节、柚花节等节庆文化活动，努力打造具有常山生态特色的节庆文化品牌。同时，开展绿色学校、绿色社区、绿色家庭等绿色创建活动，努力倡导绿色、文明的生活方式，提高全民的环境意识、生态意识和文明意识。

（县环保局供稿）

县情概览

基本县情

常山县是浙江省的西大门，东邻柯城区，南连江山市，西接江西省玉山县，北通开化县，东北与淳安县接壤。县域面积1099平方千米，地貌呈“八山半水分半田”的特点。2012年12月下旬，经省政府批复，衢州市人民政府印发《衢州市人民政府关于调整常山县部分行政区划的通知》，常山县由辖7镇7乡调整为辖3街道6镇5乡。全县共342个行政村，人口33.58万人。常山县主要有以下五个方面的特点：

一是历史悠久。春秋时期为越国姑篾之地，战国时属楚国，秦属会稽郡太末县。东汉建安二十三年（218年）建县，始称定阳，有近1800年的建县史。先后使用过定阳、信安、常山3个县名。

二是环境宜居。常山属典型的亚热带季风气候，四季分明、光照充足、降水丰沛。全县森林覆盖率达73.2%，出境水质均达到Ⅲ类水标准，常年空气质量保持在Ⅱ级以上，是国家级生态示范区和浙江省重要的生态屏障，被命名为浙江省森林城市、园林城市、卫生县城、文明县城、教育强县和文化先进县。已连续8年被评为省“平安县”。

三是交通便捷。常山地处闽、浙、赣、皖四省边际，素有“八省通衢，两浙首站”之称。县域交通优势明显，拥有1条铁路（衢常铁路）、1条省道（48省道）、2条国道（320国道和205国道）、3条高速公路（G60杭金衢、G3黄衢南和在建的S33杭新景高速）。县城距衢州机场半小时车程。

四是资源丰富。全县已发现的矿产资源有38个品种，其中，石灰石、石煤、萤石矿储量和品位均居浙江省首位。县内青石、花石、砚瓦石等特色石资源品质优良，有华东地区最大的青石花石专业市场，被命名为“中国观赏石之乡”。地质遗迹极具科考价值，有中国第一枚“金钉子”剖面，被誉为“地质史上的活教材”。同时，境内的喀斯特地貌也为我们提供了丰富的旅游资源。

五是产业协调。全县三次产业结构为7.7∶55.2∶37.1。农业产业特色鲜明，常山胡柚、食用菌、山茶油在国内享有较高的知名度，被命名为“中国常山胡柚之乡”“中国食用菌之乡”“中国油茶之乡”。其中常山胡柚曾连续4届荣获全国农业博览会金奖，被认定为中国驰名商标。工业基础较为扎实。全县工业总产值160亿元，规模以上工业企业100家，初步形成了轴承、水泥、纺织、化工、金属加工、农产品加工等主导产业，是浙江省轴承产业基地、浙江省年产千万吨水泥熟料基地、中国常山钙产品基地。服务业层次不断提升，商贸、物流、休闲旅游以及金融业快速发展。

2013年，全县实现地区生产总值107.15亿元，比上年增长8.6%；固定资产投资92.27亿元，增长16.1%；财政总收入10.0

亿元，增长11.3%，公共财政预算收入6.5亿元，增长13.8%；农民人均纯收入和城镇居民可支配收入分别达到11542元和23036元，分别增长11.4%和10.3%。中共常山县委十二届六次全会确立“奋力追赶、科学跨越”的目标要求，提出“实力工业、休闲城市、美丽乡村”的发展战略，提神提速提效，加快科学发展，努力再造一个经济实力更强、发展质量更优、人民生活更富、生态环境更好、社会和谐程度更高的新常山。

（县外宣办）

地形地貌

常山县境内地势南北高、中间低，由西向东倾斜。千里岗山脉自县境东北向县北延伸，怀玉山余脉绵亘于县西南。境内海拔1000米以上的山峰有40座，最高峰在金源乡白菊花尖海拔1390余米，最低点在招贤镇大溪沿村，海拔72米，最大高差1300余米。

全县地貌类型可划分出中山、低山、丘陵、侵蚀岗地、河谷平原等5种类型。中山主要分布于县东北部西岭脚—新桥一带，面积88.27平方公里，占全县总面积8.1%；低山分布于县域西北面的球川—何家—东鲁—新昌以西、芙蓉水库、芳村、金源以北地区和东南部的钳口一带，面积318.13平方公里，占全县总面积29%；剥蚀丘陵主要分布于中山与侵蚀岗地之间，面积409.4平方千米，占全县总面积37.2%；侵蚀堆积岗地主要分布于芳村南部和青石一带，面积216.6平方公里，占全县总面积19.7%；沿常山港两岸的河谷平原面积66.7平方公里，占全县总面积6%；全县山地丘陵面积约占总面积的3/4，属低山丘陵地貌类型。

河流约38平方公里。按地形和流向分为钱塘江水系和鄱阳湖水系。钱塘江水系最大支流为常山港，常山港历史上在明清时期称“金川”。鄱阳湖水系发源于玉山县紫坑岭和球川镇的莨岭。球川溪因1984年千家排水库竣工大部分水量改往钱塘江水系。

（县国土局）

水　文

常山县内主要河流常山港为钱塘江的源头，上接开化县马金溪，下至衢州双港口，其中，在县域内的流程46.6千米，横贯东西，流域面积3176.1平方千米，最大年径流量可达43.74亿立方米，最大洪峰流量5800立方米/秒，易形成洪涝灾害。常山港在县内的支流有菱湖溪、芳村溪、龙绕溪、南门溪、马车溪、虹桥溪、里山溪、大坑溪、官塘溪等9条；县内的另一条主要溪流——球川溪流入江西，最终归入长江流域。县内水力资源十分丰富。

2013年常山港月平均水位

表1　（测站基面在85高程以上75.700米）　单位：米

1月	2月	3月	4月	5月	6月	7月	8月	9月	10月	11月	12月	年平均
2.28	2.46	2.75	2.51	2.75	3.07	2.26	1.94	1.93	1.88	1.86	1.90	2.30

说明：最高水位在4月30日，为5.79米；最低水位在1月10日，为1.80米。

（县水文站）

气　候

2013 年常山年平均气温 18.3℃，比常年略偏高 0.6 度；年降水量 13977 毫米，比常年异常偏少 362.4（34%）毫米；年日照时数 1886.0 小时，比常年偏多 154.8 小时。其中，全县高温日数 52 天，较常年平均偏多 20 天；日最低温度 0℃以下的有 13 天，最低极值是 -4.8℃，出现于 12 月 28 日。

霜的初日出现在 2012 年 12 月 7 日，终日出现在 2013 年 1 月 27 日。雷暴的初日出现在 2013 年 2 月 5 日，终日出现在 9 月 14 日。

2013 年，常山县遭受了高温干旱、大雪、台风、雾霾等一系列极端天气，是阶段性气象灾害频发的一年。为应对灾害性天气，县气象局全年共发布高温、台风、道路结冰、雾霾等各类预警信号 66 次。配合省、市数次启动“重大气象灾害业务服务应急响应”，及时启动人工增雨作业。

气温　年平均气温 18.3℃，比常年略偏高 0.6℃。其中，3 月、5 月、7 月和 8 月平均气温偏高较为明显，12 月平均气温显著偏低。极端高温 41.7℃，出现在 8 月 11 日（接近历史最高 41.8℃，位列建站以来第二位），极端低温 -4.8℃，出现在 12 月 28 日。35℃以上高温日数有 52 天。各月情况为：1 月与常年持平，2 月偏高 1.1℃，3 月偏高 1.7℃，4 月偏低 0.6℃，5 月偏高 1.2℃，6 月偏高 0.4℃，7 月偏高 1.4℃，8 月偏高 2.0℃，9 月偏高 0.5℃，10 月偏高 0.1℃，11 月偏高 0.3℃，12 月年偏低 1.2℃。

降水量　年降水量 1397.7 毫米，比常年异常偏少 362.4 毫米（20.6%），位列建站以来后八位，其中 5 月和 7 月降水量比常年显著偏少。雨日 134 天，比历年偏少 26.4 天。6 月 2 日出现全年最大降 71.4 毫米。各月降水量为：1 月偏少 53.2 毫米，2 月偏多 9.3 毫米，3 月偏多 20.3 毫米，4 月偏少 19.7 毫米，5 月偏少 110.6 毫米，6 月偏多 63.8 毫米，7 月偏少 162.2 毫米，8 月偏少 28.3 毫米，9 月偏多 25.5 毫米，10 月偏少 31.3 毫米，11 月偏少 30.8 毫米，12 月偏多 30.5 毫米。

日照　年日照时数 1886.0 小时，比常年偏多 154.8 小时。其中，1 月偏多 17.9 小时，2 月偏少 44.4 小时，3 月偏多 37.0 小时，4 月偏多 4.8 小时，5 月偏多 9.3 小时，6 月偏少 42.8 小时，7 月偏多 72.1 小时，8 月偏多 22 小时，9 月偏多 2.8 小时，10 月偏多 30.7 小时，11 月偏多 28.3 小时，12 月偏多 17.1 小时。

2013 年常山县气象要素

表 2

要素名称（单位）	1月	2月	3月	4月	5月	6月	7月	8月	9月	10月	11月	12月	合计（平均）
平均气温（℃）	5.7	8.7	13.0	16.6	23.3	25.5	30.3	30.5	25.3	19.7	13.9	6.6	18.3
降雨量（毫米）	36.4	124.2	217.6	206.7	125.1	357.5	20.8	83.9	58.0	31.2	49.4	86.9	1397.7
雨日（天）	11	18	15	16	16	21	4	8	10	4	5	6	134
日照（小时）	113.8	38.5	129.9	125.0	158.6	99.8	295.1	239.6	178.4	190.0	163.6	153.7	1886.0
雷暴（天）	0	1	7	8	5	12	5	10	10	5	0	0	63

2013年常山县气象初终日

表3

名称	初日	终日	初终间日数	其他
霜	2012.12.07	2013.01.27	52	全年平均气压为1000.1 全年平均相对湿度66% 全年平均风速2.2米/秒
雪	2013.12.10	2013.02.09	62	
积雪	2013.01.4	2013.02.10	38	
结冰	2012.12.23	2013.02.10	50	
雷暴	2013.02.05	2013.09.14	222	

灾害性天气述评

1. 暴雨：2013年，常山县暴雨日数4天，比常年偏少1天。6月1—2日，受弱冷空气和暖湿气流共同影响，常山县出现雷雨天气，雨日两天，县气象站日降水量达74.7毫米，青石站96.7毫米，生态园90.4毫米。此次降水，量大、雨势迅猛，但持续日数少，没有引发山体滑坡、泥石流等地质灾害。6月23日开始，全县出现持续8天的连阴雨，28日雨势最大，日雨量66.3毫米。据县防汛办统计，此次强降雨过程共造成全县受灾人口4.53万人，受灾乡镇14个，倒塌房屋16间，直接经济损失达0.367亿元，球川镇东坑村官昌村发生山体滑坡，没有出现人员伤亡。8月26日，受高空槽影响，全县出现了大到暴雨天气，青石站日降水量达98.2毫米，长风站61.3毫米。此次降水缓解了连日高温导致的干旱，标志着最炎热夏天的结束。12月15日，受弱冷空气和地面倒槽影响，全县出现中到大雨，部分地区暴雨，日雨量达50.5毫米。此次降水对空气中的悬浮物起到沉降作用，减缓了霾天气带来的空气污染。

2. 强对流：8月1日下午，受低层切变影响，城区出现短时强雷电和大风，极大风速达23.5米/秒，并降下了难得一遇的冰雹，冰雹直径大约5毫米。这次对流系统移速较快，强度中等，降下18.9毫米的雨水，稍稍缓解了连日高温带来的旱情。

3. 雨雪冰冻：共有两次降雪过程，雪日9天。1月3日至4日，受冷空气南下影响，全县出现大到暴雪的降雪过程，各地积雪普遍在5~10厘米，部分山区在15厘米以上。1月4—6日，早晨气温低，大部分地区出现冰冻天气，给全县农业、交通等行业带来明显影响。或徒长成高脚苗；瓜苗损失较大；大部分作物生育期推迟；病害加重，主要有猝倒病、灰霉病、疫病、根腐病等。低温寡照的阴雨天气，使茶芽萌发的积温不足，茶叶萌发期推迟，2013年春茶开采期较上年推迟20天左右。2月8—9日，全县出现降雪过程，日降雪量6.8毫米，9日早晨气温在-2℃左右，大部分地区出现冰冻，给农业，交通等行业带来明显影响。

两次过程中，由于气温较低，均出现明显的道路结冰，县气象站及时发布道路结冰黄色预警信号5次。

4. 高温：2013年夏天，副热带高压较往年强大，致使常山县出现持续高温少雨天气：全年35℃以上的高温达52天。7月1日至8月18日，全县雨日4天，雨量39.7毫米，比历史同期偏少207.3毫米。8月11日白天最高温41.7℃，仅次于建站以来历史最高41.8℃。

炎热酷暑致全县出现严重旱情。据县防汛办调查，截至8月24日，全县受旱面积12.37万亩，农作物成灾面积6.32万亩。农作物直接经济损失7500万元。因旱人畜饮水困难7130人。这次极端高温给人们的生产生活、户外出行带来极大的不便，引起社会各界的关注和评论。县气象局自7月初就重点关注此次高温天气，共发布高温气象预警24次，8月14日启动干旱气象业务服务Ⅲ级应急响应，并及时启动人工增雨作业缓解旱情。

5. 台风：2013年常山县受台风影响较小。8月22日，受台风“潭美”外围云系影响，全县出现小到中雷雨天气，此次降水缓解了连续高温导致的干旱。9月30日20时，台风“菲特”在菲律宾以东洋面生成，10月7日1时15分在福建省福鼎市沙埕镇登陆。登陆时中心气压965百帕，近中心最大风力14级（42米/秒）。10月6日08时至10月8日20时，受其影响，常山县普降大到暴雨，部分地区出现大暴雨。全县大部分地区出现4～5级的偏东风，6～8级阵风，其中阵风最大出现在芙蓉站，10级（26.2米/秒）。

6. 雾：雾是指因水汽凝结，能见度小于1000米的天气现象，春季出现较多，常在傍晚或夜间出现。2013年全县出现大雾10次。为应对雾带来的不利影响，县气象局及时发布大雾气象预警信号11次，提醒社会各界注意出行安全。

7. 霾：2013年是霾多发的一年，持续时间长，危害大，范围广，引起大家对空气质量的重视。全年常山县共有霾日58天。12月6—10日和26—27日，全县出现两次严重的霾天气，能见度低，PM2.5（直径小于2.5毫米的悬浮颗粒）指数高，属于重度空气污染。县气象局共发布霾黄色预警3次，提醒大家注意防范，减少户外活动，以避免呼吸道系统疾病。

8. 梅雨：6月，冷气团和暖湿气流在江淮地区上空交汇，形成连阴雨，俗称江淮梅雨。常山县6月7日入梅，7月1日出梅，梅期共24天，与常年梅雨相比，梅雨期偏短2天。梅雨期间，常山县城雨量为249.8毫米，乡镇区域自动站雨量超过300毫米有1个站点，同弓316.9毫米；其余乡镇区域自动站雨量基本达200毫米以上。

2013年梅雨期具备了以下主要特点：（1）入梅早，出梅早，出现2次强降水过程。全县出现两轮强降雨天气过程，时段分别集中在6月7—8日、6月26—29日；（2）降水强度中等，降水分布不均。全县雨量266.4毫米，平均日雨量约为11.5毫米，降水强度中等，总雨量分布呈中间多，周边少。（3）梅中有伏。6月17日至19日出现大范围高温天气，全县大部分地区出现35℃～39℃高温，局部39℃以上。其中，19日大桥头自动站出现39.7℃高温，常山县城37.6℃。

（童监萍）

人　口

2013年年末，全县户籍人口总户数为103943户，总人口为338807人，平均每户3.26人，总人口比上年的335778人增加3029人，增长9.0‰。其中，男性176220人，占总人口的52.0%；女性162587人，占总人口的48.0%。性别比为108.4（女=100）。全年出生4000人，出生率11.9‰，比上年回落0.7个千分点；死亡1442人，死亡率4.3‰，比上年回落5.2个千分点。人口自然增长率7.6‰，比上年回升4.4个千分点。

全县年末非农业人口44022人，占总人口的13.0%。18岁以下人口63181人，占总人口的18.6%；18岁至35岁人口80318人，占总人口的23.7%；35岁至60岁人口139289人，占总人口的41.1%；60岁以上人口56019人，占总人口的16.5%。

（以上均为公安年报口径）

（县统计局　郑燕）

国民经济和社会发展

2013年，全县上下以“项目建设攻坚年、产业转型突破年、城乡环境提升年”活动为载体，以“双十”专项行动为抓手，攻坚克难，负重奋进，狠抓落实，有效破解经济发展制约因素，全县经济平稳发展，社会和谐稳定。

生产总值

2013年，全县实现生产总值1071525万元，按可比价格计算，比上年增长8.6%。其中，第一产业增加值79085万元，增长1.0%；第二产业增加值561105万元，增长9.4%；第三产业增加值431335万元，增长8.9%。在第三产业增加值中，交通运输、仓储及邮政业增长7.6%，批发和零售业增长9.2%，住宿和餐饮业增长9.2%，金融业增长27.3%，房地产增长13.5%。三次产业增加值结构由上年的7.7 ：55.2 ：37.1调整为7.4 ：52.4 ：40.2，第三产业占比较大幅度提升，产业结构进一步优化。全县人均生产总值按户籍人口计算为31768元，折5130美元，比上年增长7.8%。

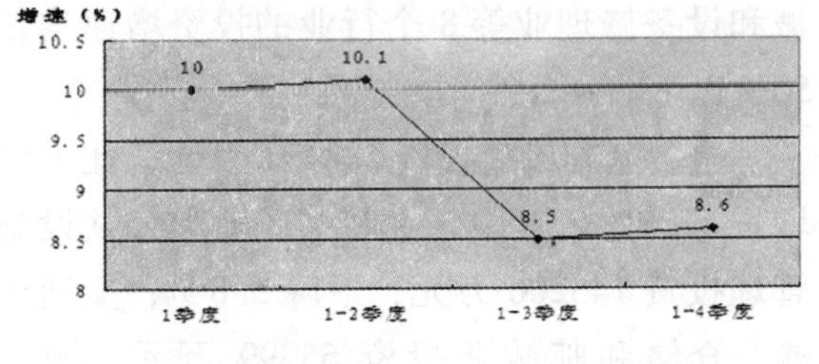

图1　2013年各季度GDP增速波动图

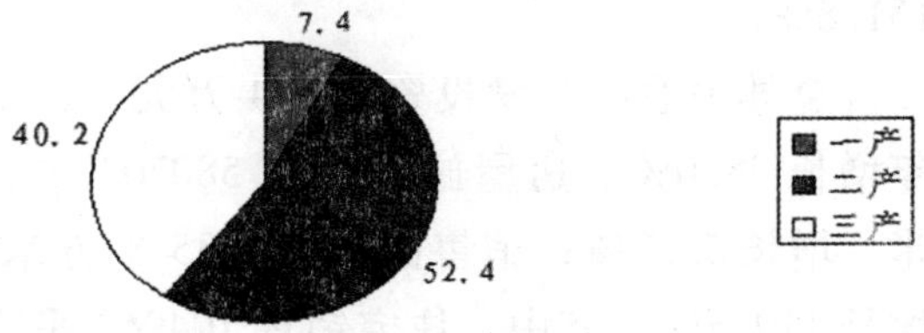

图2　2013年三次产业结构图

农业

2013年，全县实现农林牧渔业总产值121417万元，比上年增长4.7%。农作物播种面积342454亩，其中，粮食播种面积210037亩，油料播种面积61403亩，蔬菜种植面积53200亩，果用瓜种植面积5422亩。粮食作物总产量80190吨，比上年增长0.5%；油料产量7197吨，增长5.5%；蔬菜产量87647吨，下降0.6%；果用瓜产量13607吨，增长13.8%。柑橘总产量129706吨，比上年增产9769吨，增长8.2%，其中，常山胡柚产量为100668吨，比上年增产10980吨，增长12.2%；茶叶产量为117吨，下降0.6%；蚕茧产量为31吨，下降7.7%。肉类总产量为15458吨，比上年增长1.2%，其中，猪肉12457吨，增长0.4%；鸡鸭鹅蛋产量1843吨，下降5.6%。生猪年末存栏为12.3万头，比上年减少6245头，下降4.9%，其中，能繁殖的母猪为10531头，增长5.8%；肥猪年内出栏数为18.6万头，比上年增加668头，增长0.4%；家禽年末存栏147.9万羽，比上年减少9.5万羽，下降6.1%；家禽年内出栏272.8万羽，比上年增加11.2万羽，增长4.3%；全年水产品总产量为5312吨，增长2.0%。

2013年，新增县级以上农业龙头企业14家、家庭农场342家，开展示范家庭农场和精品家庭农场建设。年末，全县县级以上农业龙头企业177家，其中，国家级1家，省级3家，市级30家；农民专业合作社1417家，其中，省级示范性农民专业合作社20家，市级规范性农民专业合作社105家，县级规范化农民专业合作社32家；粮食生产专业合作社351家，水果（以胡柚为主）专业合作社456家。

创建省级森林村庄2个、市级森林村庄4个、县级森林村庄20个，市级绿化示范村10个。完成油茶新品种基地造林3014亩，油茶低产林改造15000亩，繁育油茶新品种苗木210万株。实施竹类造林364亩。竹类低改3677亩。

工业

全年实现工业总产值1655312万元，比上年增长6.4%，其中，主营业务收入2000万元以上（即规模以上）工业企业106家，完成产值928012万元，增长2.5%；规模以下工业完成产值727300万元，增长11.7%。全部工业完成增加值454733万元，按可比价格计算比上年增长9.3%。超1亿元企业22家，比上年增加1家，实现主营业务收入55.9亿元，占全部规上工业的60.2%。主营业务收入超5亿元的企业有1家，2亿元~5亿元的有9家。规模以上工业轻重工业之比为74.7:25.3，其中，重工业完成产值692920万元，增长0.6%；轻工业完成产值235092万元，增长8.8%。规模以上工业完成销售产值895566万元，增长3.8%，产销率96.5%，比上年提高1.2个百分点。完成工业出口交货值60578万元，增长5.2%，完成新产品产值96224万元，增长48.4%。在规模以上工业中，水泥产量452.8万吨，比上年增长18.4%，其中，散装水泥225.0万吨，增长37.3%；水泥熟料458.0万吨，下降2.1%；纱4.4万吨，增长4.5%；轴承5895万套，增长19.2%；铜材6861吨，下降5.0%；机制纸及纸板8.0万吨，下降16.3%；精制食用植物油1096吨，增长95.2%；服装54万件，增长11.4%；钢材1.0万吨，增长12.7%；改装汽车898辆，增长1.2%；半导体分立器件759万只，增长51.2%；印制电路板32.7万平方米，增长5.4%；发电量4381万千瓦时，下降15.7%。

全年规模以上工业企业实现利税56332万元，增长4.4%，其中，实现利润30879万元，下降2.6%。

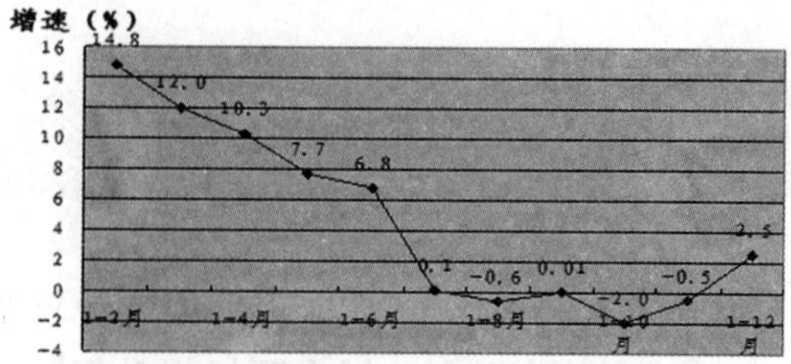

图3　2013年规上工业生产增速波动图

建筑业

全县建筑业实现总产值347586万元，增长57.1%。建筑业实现增加值106372万元，按可比价格计算比上年增长9.5%。全县建筑业企业23家，具有一级资质企业1家，二级资质企业6家，三级资质企业16家。

固定资产投资和房地产业

全年完成固定资产投资922746万元，比上年增长16.1%。其中，第一产业投资80882万元，增长20.1%；第二产业投资507083万元，增长5.7%；第三产业投资334781万元，增长35.2%。

全年完成工业投资507083万元，增长5.7%，其中，制造业投资402909万元，下降11.9%。造纸及纸制品业、印刷业和记录媒介的复制业、文教体育用品制造业、化学原料及化学制品制造业、橡胶和塑料制品业、金属制品业、专业设备制造业、金属制品机械和设备修理业等8个行业的投资增速均在50%以上。

全县基础设施投资288191万元，比上年增长57.9%。其中，水利、环境和公共设施管理投资143206万元，下降5.8%；交通运输、仓储和邮政业投资63399万元，增长211.9%；教育设施投资8082万元，增长151.8%。

全县房地产开发投资58814万元，比上年增长28.0%。房屋施工面积580702平方米，增长53.7%；销售面积133335平方米，增长119.5%，其中，住宅销售104962平方米，增长164.7%。商品房实际销售额84897

万元，增长42.7%，其中，住宅67351万元，增长140.1%。

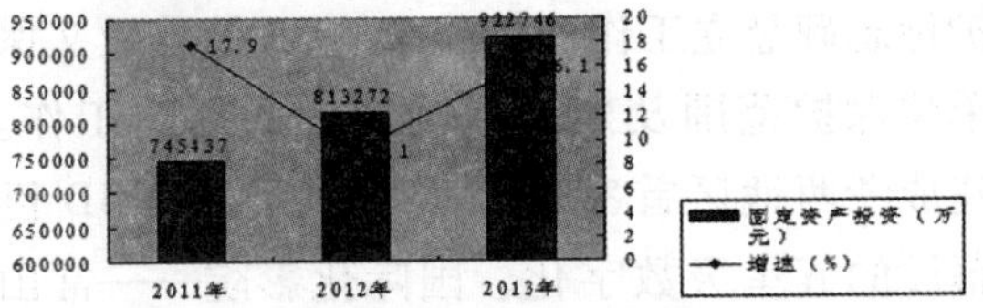

图4　2011—2013年固定资产及增速波动图

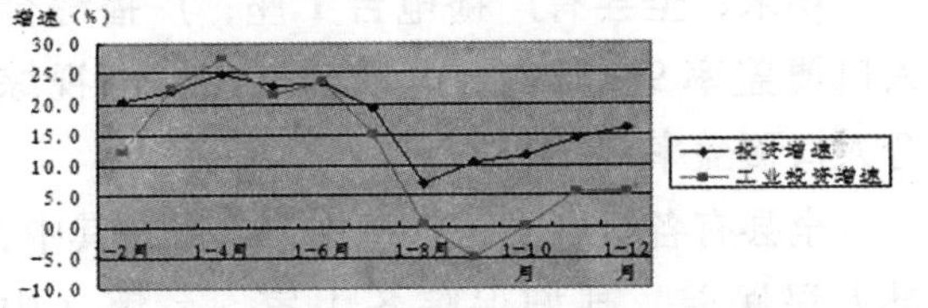

图5　2013年各月投资及工业投资增速波动图

全年110个县重点项目实现投资64.2亿元，完成年度计划的103%，8个项目列入省级重点项目盘子，1个项目列为省“浙商回归”重大项目。

国内贸易

2013年随着消费大环境趋紧，住宿餐饮业“遇寒”，但全县消费保持平稳增长，全年实现社会消费品零售总额435944万元，比上年增长13.6%。分地域看，城镇消费品零售额322163万元，增长14.0%；乡村消费品零售额113781万元，增长12.4%。分行业看，批发业零售额38779万元，增长15.5%，零售业零售额310942万元，增长14.0%；住宿业零售额5041万元，下降4.0%，餐饮业零售额81182万元，增长12.2%。全县共有成交额超亿元的商品交易市场3个，摊位数390个，实现成交额5.5亿元。

对外经济

全年实现外贸进出口总额14710万美元，增长38.5%，其中，出口14257万美元，增长39.0%。新批外商投资企业4家，协议利用外资2209万美元，实际利用外资604万美元。

交通、邮电和旅游业

全县完成交通运输和邮政业增加值29302万元，比上年增长7.6%。各种运输完成公路货物运输量920万吨，公路客运量1164万人次；民用汽车拥有量18695辆，其中，载客汽车166辆，载货汽车1887辆。摩托车拥有量28806辆。年末，县境内共有国家高速公路2条、国道2条、省道1条、县道22条、乡道34条、村道318条，公路总里程975.90公里，公路网密度88.96公里/百平方公里。全年电信业务收入1.57亿元，比上年增长14.8%。年末，城乡固定电话用户5.45万户，移动电话用户23.51万户，增长3.8%；国际互联网用户4.10万户，增长21.3%。旅游业较快发展，推进三衢石林景区旅游促销，创建国家AAAA级景区，景区人气明显提升；培育农家乐、林家乐、渔家乐等乡村休闲旅游。全年接待景点旅游者人数312239人，增长47.9%；景点旅游门票收入511.2万元，增长29.6%。

财政和金融

全县实现财政总收入100045万元，比上年增长11.3%，其中，公共财政预算收入65063万元，增长13.8%；上划中央“四税”收入34982万元，增长6.8%。实现税收收入96746万元，增长13.4%，其中，地税收入49454万元，增长19.9%，国税税收收入47292万元，增长7.4%。公共财政预算支出188772万元，增长8.8%。年末，金融机构本外币存款余额1271729万元，其中，人民币存款余额1270341万元，增长20.5%。在各项存款中，其中，城乡居民人民币储蓄存款余额661948万元，增长16.5%。年末，金融机构本外币贷款余额1050767万元，其中，人民币贷款余额1050182万元，增长19.1%。

教育和科学技术

全县普通中学共13所，在校生12992人；职业高中2所，在校生1590人；小学30所，在校生17978人；幼儿园142所，在校生9372人；培智学校1所，在校生62人。其中，社会力量办学普通高中2所，在校生1068人；职业高中1所，在校生157人。全县学前三年入园率95.02%，小学入学率100%，初中入学率100%，义务教育入学率100%，15周岁初等教育完成率100%，17周岁初级中等教育完成率99.85%。"三残"儿童少年入学率99.44%，15年教育普及率97.40%。全县教育部门办的高中专任教师312人，职业高中专任教师83人，初中专任教师518人（含借用），小学专任教师1031人，幼儿园专任教师28人。全县社会力量办的高中专任教师64人，职业高中专任教师19人，初中专任教师76人，幼儿园专任教师449人。

全县组织申报市以上各类科技项目62项，其中，申报国家级项目13项、省级项目22项、市级项目27项。列入市级以上各类科技项目32项，其中，国家级3项、省级14项、市级15项。争取市以上科技经费到位472万元。申请专利193件，其中，发明专利32件，实用新型66件，外观专利95件；授权专利155件，其中，发明专利5件，实用新型77件，外观专利73件。

文化、卫生和体育

2013年，举办2013年"金蛇报春·舞动常山"春节元宵系列文化活动、"文化让生活更精彩"全县百姓舞台才艺大赛活动、"激情广场月月唱"全县群众文艺展演活动、"常山之歌天天唱"活动和"一乡一节"特色群众文化活动。精心打造廉政越剧《清官樊莹》，全年共演出42场。加强推介工作，《清官樊莹》成功入围全省第十二届戏剧节，荣获新剧目奖。完成18个符合标准的农村文化礼堂建设任务。县图书馆全年免费接待读者8.6万多人次，书报刊外借9.1万册次，送书下乡12016册，提供农业技术信息资料500多份，送展览讲座6场。放映电影3129场，观影观众90多万人次。完成新增的3处省级文保单位、12处县级文保单位的文物保护标志碑竖立工作和新公布的35处县级文保单位保护范围及建设控制地带的划定工作。建成浙西地区首家也是唯一一家拥有3D巨幕厅的五星级数字化、国际化影院——常山金马国际影城，并正常营运。

年末，全县有广播电台1座，广播综合人口覆盖率98.57%。电视台1座，电视综合人口覆盖率98.18%。

全县有各级各类医疗机构288家，其中，县人民医院、县妇保院各1家，乡镇（中心）卫生院14家，民营医院2家，其他医疗机构2家，村卫生室（社区卫生服务站）222家，有乡村医生218人，个体诊所29家，厂矿医务室17家。

全县各级各类医疗机构共有床位数795张，执业（助理）医师数619人，每千常住人口医生数2.56人；执业护士数391人，每千常住人口注册护士数1.62人。各类专业技术人员994人，其中，正高级11人，占1.1%；副高级45人，占4.5%；中级290人，占29.2%；助理级284人，占28.6%。发放人感染H7N9禽流感防控知识健康宣传资料1.3万多份，刊出人感染H7N9禽流感防控知识专题宣传40余期，培训医务人员1500多人次，全县未发现人感染H7N9禽流感病例。提高待孕妇女的优生优育的意识，完成补服叶酸1916人。深入开展农村孕产妇住院分娩补助项目，分娩补助2191人。完成3442名农村妇女宫颈癌、乳腺癌检查项目。创新高危孕产妇管理模式，强化高危孕产妇管理，实现全年孕产妇"零"死亡目标。各医疗卫生单位门（急）诊893261人次，比上年增长15.0%；住院23173人次，增长6.9%；业务总收入为28368万元，增长20.3%。

2013年，积极开展全民健身活动，成功

举办中国·常山传统武术邀请赛、衢州市“三衢杯”围棋团体巡回对抗赛（常山站）、常山县赵子龙登山队登山比赛等30多项赛事。全年完成70个体育小康村考核验收工作；创建1个省级体育强乡镇；创建1个省级体育先进社区；2个省级农村体育俱乐部、1个村级老年活动中心，1个全民健身广场，1个体育休闲公园。

社会保障

全县职工基本养老保险参保人数58632人，职工基本医疗保险参保人数55070人，工伤保险参保人数34762人，生育保险参保人数23881人，当年新增加参保人数分别为9244人、4510人、1398人、2105人，分别增长18.7%、8.9%、4.2%、9.7%。城乡居民社会养老保险制度参保147953人，参保率95.5%；被征地人员基本生活保障参保人员23260人，当年新增加4908人；城镇居民医疗保障参保人员19095人，参保率98.6%。

全县有7013户10103人纳入最低生活保障，集中供养的农村“五保”和城镇“三无”对象有872户876人。城镇低保标准由2012年的424元/月·人提高到480元/月·人；农村低保标准由2012年的255元/月·人提高到332元/月·人。

资源、环境

2013年，全县生态环境质量保持优良，地表水环境功能区水质达标率达到100%；集中式饮用水源地水质达标率达到100%；城区大气质量保持在二级标准。化学需氧量、氨氮、二氧化硫、氮氧化物等4项主要污染物指标分别比上年削减2.8%、2.8%、3.5%、4%，完成省、市下达的减排目标任务。完成89孔石灰立窑、171条石灰钙加工生产线关停承诺书签订，并拆除石灰立窑10孔、石灰钙加工生产线16条。

完成省级重点防护林工程建设项目3063亩，048省道、黄衢南高速、县城周边等山体12个节点造林绿化407亩；改造沿线山体林相12180亩。完成320国道绿化景观提升工程绿化39公里，种植水杉、红叶石楠、香樟等6000多株。实施现代林业园区建设2800亩和林区道路建设50公里。全年无公害防治面积6630亩。全县森林覆盖率达到73.2%。共流转林地17起，面积6102亩。政策性林木综合保险覆盖面占商业林总面积30%以上，公益林火灾险覆盖面占公益林总面积95%以上。

城市建设

建成区面积14.01平方公里，供水总量1224万吨，售水量1014万吨；城市生活垃圾处理率100%，县城平均污水处理率85.73%。建成区绿地率34.48%，建成区绿地覆盖率39.90%，人均公园绿地面积10.67平方米。全县城镇化水平为42.13%，比上年提高1.08个百分点。

（县统计局　郑燕）

精神文明建设

【2013年度榜样人物评选工作】 开展“浙西世贸杯”2013年度榜样人物评选活动。自3月活动启动后，确定媒体推荐为主的评选方式，《今日常山》开辟“好人之城 凡人善举”专栏，刊出《八旬居民符雨林义务扫路三年》《司法局干部季树雁勇救溺水小伙》等先进事迹90余篇，常山广电总台专门设立“朵朵鲜花送雷锋”“歌颂真善美、传播正能量”专题，共报道《郑辉禄：乡亲们的“急救箱”》等新闻报道20余条。总共收到包括媒体、单位、个人等社会各界推荐的候选人92人，经过群众代表投票、评选组委会研究、征求相关部门意见等程序，最终黄笑和水上民兵应急分队（集体）被评为“特别荣

誉奖”；王怡、叶朝辉、江小华、陈荷英、郑怡、郑辉禄、段月珍、段辉根、徐爱花、常山天然气有限公司职工（集体）等10人被评为“年度榜样人物评”；许孟华、张政涛、姚礼权、饶刚、徐春福、徐雪琴、高明红、符雨林等8人被评为“年度榜样人物提名奖”，并在2014年年初进行表彰奖励活动。其中，常山县水上民兵应急分队获得的第二届“最美衢州人”十大年度人物称号。

【策划宁龙仔追思会】 2013年11月6日晚，大桥头乡大桥村86岁的眼角膜捐献者宁龙仔老人不幸去世，县文明办立即策划“最美中国人”宁龙仔老人追思活动，同月9日上午举行追思会，现场宣读受捐者和衢化医院的感谢信，组织县文明单位代表、阳光义工队成员和普通群众共300多人参加活动。《浙江日报》、浙江电视台、《衢州日报》、衢州电视台等主流媒体刊发《常山老农回报光明》《角膜救急 传递光明》等宣传报道10多篇，掀起“好人之城”建设新高潮。

【好人工作室建设】 结合“好人之城”城市品牌建设总体规划和任务目标，完成陈默、张芝英两个好人工作室选址装修、制度建设、日常运行等谋划工作，并于5月份揭牌开放，承担“传播文明、提供服务、联系群众”的平台作用。

【丰富义工家园活动】 围绕“五个一”（即“一个统一标识、一个工作平台、一批服务项目、一支管理队伍、一套长效机制”）创建标准，在14个乡镇（街道）布局建设19个“小善大德·义工家园”。通过报纸、电视、网络、移动终端等平台宣传发布义工家园创建意义、服务项目等内容20余次，确定天马街道文峰社区、紫港街道紫港社区为重点单位，通过开展“微心愿、微公益”“做文明使者，创文明城市”“城乡联动大义诊活动”“全城洗衣、爱心传递”等“学习雷锋精神，争做常山好人”为主题的实践活动，丰富义工家园活动内容。活动中共收集近140个“微心愿”，其中133个被认领。

【策划“一小时义工”活动】 在全县开展文明出行义务劝导一小时的“一小时义工”活动。包括30多名县（处）级领导干部在内的3300多名在职党员，以社区为单位，分成7组轮流在工作日早、晚高峰分4个红绿灯路段参加文明劝导。6月21日上午，14名副县（处）级领导干部带头参加一小时文明劝导活动。

【组织“文明三车”评选活动】 印发《关于开展2013“人保财险杯”“文明三车”评选活动的通知》，共有49辆私家车、68辆公务车、17辆营运车、21辆三轮车报名参加，经过县纪委、县交警大队等单位甄别、筛查，群众公开督查等程序，历时4个月，10辆公务车、10辆私家车、10辆营运车和12辆人力三轮车被授予“文明车”荣誉称号。

【牵头推进集镇环境整治行动】 制定《常山县集镇环境整治工作方案》，将整治工作与文明乡镇文明村创建相结合，明确全县11个乡镇的集镇环境整治的工作节点和要求；对各责任主体的工作任务进行划分。从4月开始，采取每月“一检查、一通报”的方式督促各乡镇开展工作，并联合县督考办进行暗访3次，下发《督查通报》。据统计，2013年全县各乡镇共投入集镇环境整治资金300多万元，参与集镇环境卫生清理达1.8万多人次；集镇环境保洁市场化运作率达100%，区块清扫保洁覆盖率达100%，卫生保洁时间普遍增加到12小时；拆除简易棚1万多平方米和乱搭乱建面积达4万多平方米；新划定停车位800多个。

【“五城联创”行动深入开展】 广泛征求街道、部门、社区意见，印发《关于建立社区共建挂联制度的通知》。为增加市民群众对“五城联创”工作的了解，开展“米兰花园”

2月16日，县四套班子领导带领全县机关干部开展义务植树活动 （刘琳玲 摄）

杯“知常山·爱常山”知识竞赛活动，评选出优秀奖20个、参与奖50个。针对“省级卫生城市”复评工作，开展以“投身省卫复查·美化常山环境”“全民参与·清洁家园”等为主题的“联创行动日”活动4次；围绕创建“国家园林县城”工作，开展以“迎创园预检 建绿色家园”“美丽家园从我做起”等为主题的“联创行动日”活动3次，为“省级卫生城市”复评、“国家园林县城”创建工作和“省级生态县”验收工作营造了良好的氛围。2013年，全县共有一万多干部群众参与各乡镇、社区的环境卫生整治行动、义务植树活动和城市绿地树木认建认养活动等。

【春泥计划持续实施】 2013年，全县新增“春泥计划”实施村68个，“春泥计划”实施村覆盖率达82.1%。以弘扬“柚石文化”为着眼点，加强对青石镇中心小学乡村青少年宫的创建指导，丰富活动载体，深化队伍建设，打造特色亮点。

（徐琦罡）

乡镇（街道）和村居概况

全县总面积1099.07平方千米，总人口33万人。辖6个镇、5个乡、3个街道办事处，13个社区、180个村委会。

表4

乡 镇（街 道）	已 调 整 行 政 村	未调整行政村
一、天马街道办事处（区域面积75.49平方千米，下辖12个行政村（原17个），6个社区居委会，4.8万人）	1. 东港村：包括原程村村、七里弄村等2个行政村 2. 天马村：包括原铜岭村、龙潭村等2个行政村 3. 天安村：包括原中峰村、石坝村等2个行政村 4. 和平村：包括原袁青口村、钳口村、新联村等3个行政村	原东方红村、南前坊村、西峰村、北屏山村、常年青村、蒲塘村、周塘村、五联村等8个行政村保持现状不变
二、紫港街道办事处（区域面积41.3平方千米，下辖10个行政村（原13个），1个渔业大队，1个社区居委会，1.4万人）	1. 狮子口村：包括原季村村、特畈村等2个行政村 2. 狮东村：包括原丁家坞村、占家山村等2个行政村 3. 外港村：包括原外港村、麦坞村等2个行政村	原大弄口村、枧头村、后坊村、姜家堡村、渣濑湾村、富足山村、孔家弄村等7个行政村保持现状不变

续表 4

乡　镇(街　道)	已 调 整 行 政 村	未调整行政村
三、金川街道办事处(区域面积 57.51 平方千米,下辖 14 个行政村(原 25 个),2 个社区居委会,2.0 万人)	1. 胡家淤村:包括原上淤村、中淤村、下淤村等 3 个行政村	原朱家坞村、徐村村、常桥村、五里亭村、新建村、十里山村、蒋家村等 7 个行政村保持现状不变
	2. 湖东村:包括原樊溪村、陈家村等 2 个行政村	
	3. 上埠村:包括原上埠村、鲁里村等 2 个行政村	
	4. 上蒋村:包括原上蒋村、鲁蒋村等 2 个行政村	
	5. 金川弄村:包括原登丰村、大麦淤村、金家畈村等 3 个行政村	
	6. 新都村:包括原宿村村、叶姑岭村、学堂山村等 3 个行政村	
	7. 十五里村:包括原四都村、十五里村、菖蒲塘村等 3 个行政村	
四、辉埠镇(区域面积 127.01 平方千米,下辖 17 个行政村(原 43 个),1 个社区居委会,3.4 万人)	1. 大埂村:包括原高峰村、灵湖村、大埂村等 3 个行政村	原童家村、山背村、桐村村等 3 个行政村保持现状不变
	2. 鸭坞村:包括原西坞村、鸭坞村等 2 个行政村	
	3. 石姆岭村:包括原石木岭村、灰山底村等 2 个行政村	
	4. 辉埠村:包括原上辉埠村、蒋建村、下辉埠村等 3 个行政村	
	5. 宋畈村:包括原上宋畈村、下宋畈村、新江村等 3 个行政村	
	6. 东乡村:包括原东乡村、杨梅弄村等 2 个行政村	
	7. 久泰弄村:包括原久泰弄村、塘底村、南弄村等 3 个行政村	
	8. 达坞村:包括原达坞村、建新村、松香门村等 3 个行政村	
	9. 路里坑村:包括原路里坑村、石岩村、下蓬村等 3 个行政村	
	10. 彭川村:包括原彭川村、灵峰寺村、西坑村等 3 个行政村	
	11. 双溪口村:包括原双溪口村、五爱村、东山根村、后社村等 4 个行政村	
	12. 黄坞岭村:包括原林畈坞村、黄坞岭村、舒家村等 3 个行政村	
	13. 才里村:包括原西张村、才里村、龙头村、坪山村等 4 个行政村	
	14. 东鲁村:包括原东鲁村、东湖村等 2 个行政村	

续表4

乡镇(街道)	已调整行政村	未调整行政村
五、招贤镇(区域面积69.8平方千米,下辖18个行政村(原29个),3.3万人)	1. 高埂村:包括原高埂村、箬溪村等2个行政村 2. 古县畈村:包括原井坞村、古县畈村、藕塘村等3个行政村 3. 古县村:包括原古县村、石井口村、外方山村等3个行政村 4. 招贤村:包括原招贤村、李家淤村等2个行政村 5. 纱帽山村:包括原大坑口村、里方山村、纱帽山村等3个行政村 6. 渔溪口村:包括原渔溪口村、符家山村等2个行政村 7. 溪上村:包括原溪上村、大麦坞村等2个行政村 8. 象湖村:包括原象湖村、浦口村等2个行政村	原官庄村、大溪沿村、游林村、汪家淤村、山底村、鲁士村、樊村村、五里村、泉目山村、大弄村等10个行政村保持现状不变
六、青石镇(区域面积78.7平方千米,下辖18个行政村(原31个),1个渔业大队,3.5万人)	1. 山溪边村:包括原陈家墩村、山溪边村等2个行政村 2. 阁底村:包括原上阁底村、下阁底村、苗山头村等3个行政村 3. 江家村:包括原江一村、江二村、江三村、江四村等4个行政村 4. 澄潭村:包括原澄潭村、丁家村等2个行政村 5. 桥亭村:包括原湖山村、桥亭村、中心村、周家坞村等4个行政村 6. 砚瓦山村:包括原天井头村、砚瓦山村等2个行政村 7. 湖头村:包括原湖头村、湖边村等2个行政村 8. 水南村:包括原底铺村、高铺村等2个行政村	原塘边村、山头村、虹桥村、新站村、马车村、溁口村、大塘后村、九龙山村、飞碓村、和尚弄村等10个行政村保持现状不变
七、芳村镇(区域面积148.7平方千米,下辖20个行政村(原38个),1个社区居委会,2.8万人)	1. 芳村村:包括原芳村村、西山村、新福村、前溪村、红旗岭村、大坞蓬村等6个行政村 2. 新桥村:包括原坞石坑村、岩背村、詹村村、新桥村等4个行政村 3. 芙蓉湖村:包括原金川村、古溪村、修书埂村、岭上埂村4个行政村 4. 园区新村:包括原石壁底村、雅塘村、桐坂岗村等3个行政村 5. 洋坑村:包括原岭后殿村、半坑村等2个行政村	原洁湖村、河边山村、猷阁口村、上猷阁村、下猷阁村、大处村、前进村、石塘村、井河村、修书村、横山路村等11个行政村保持现状不变

续表 4

乡　镇(街　道)	已 调 整 行 政 村	未 调 整 行 政 村
	6. 前姜村:包括原前庄畈村、姜家村等 2 个行政村	
	7. 前塘村:包括原塘头村、前山村等 2 个行政村	
	8. 东岗村:包括原东岭村、西岭岗村等 2 个行政村	
	9. 东源村:包括溪源山村、源头村等 2 个行政村	
八、白石镇(区域面积 46.2 平方千米,下辖 7 个行政村(原 17 个),1 个社区居委会,1.0 万人)	1. 十八里村:包括原新安村、十八里村、蒋连铺村等 3 个行政村	原曹会关村、小白石村等 2 个行政村保持现状不变
	2. 白石村:包括原胡家村、白石街村、苏家科村等 3 个行政村	
	3. 草坪村:包括原草坪村、西塘坳村、周家源村、白马弄村等 4 个行政村	
	4. 新塘岭村:包括原下西塘村、新移村、岭头村等 3 个行政村	
	5. 聚宝村:包括原江家坝村、范村村等 2 个行政村	
九、球川镇(区域面积 129.5 平方千米,下辖 20 个行政村(原 45 个),1 个社区居委会,近 4 万人)	1. 球川村:包括原球川村、荷村村、溪边村、竹林村、桥头村、碧石坞村等 6 个行政村	原常周村、棋盘山村、东坑村、九都村、上安村、黄泥畈村、沙安村、王家村、杨家村、后弄村等 10 个行政村保持现状不变
	2. 西村村:包括原西村村、曹宅村等 2 个行政村	
	3. 东山村:包括原东山村、新屋村、草弄口村、太平村等 4 个行政村	
	4. 芙蓉村:包括原芙蓉村、前旺村、坞口村、新良村、百兴村等 5 个行政村	
	5. 红旗岗村:包括原红旗岗村、乌麦田村、塘岭村、黄家弄村、金荷村、山岭村等 6 个行政村	
	6. 馒头山村:包括原馒头山村、新丰村等 2 个行政村	
	7. 三溪村:包括原三溪村、新吴村等 2 个行政村	
	8. 吴家村:包括原吴家村、天井坞村等 2 个行政村	
	9. 龙绕村:包括原龙绕村、新民村、冯家滩村、新合村等 4 个行政村	
	10. 新店村:包括原三里江村、新店村等 2 个行政村	
十、何家乡(区域面积 56.9 平方千米,下辖 8 个行政村(原 14 个),1.3 万人)	1. 钱塘村:包括原金家村、琚家村等 2 个行政村	原何家村、樊家村、江源村等 3 个行政村保持现状不变
	2. 江湾村:包括原源口村、煤山村等 2 个行政村	

续表4

乡 镇(街 道)	已 调 整 行 政 村	未 调 整 行 政 村
	3. 长风村:包括原文图村、石门坑村、溪东村等3个行政村	
	4. 黄冈村:包括原黄岗村、璞石村等2个行政村	
	5. 双安村:包括原红旗村、蒋村村等2个行政村	
十一、东案乡(区域面积68.8平方千米,下辖10个行政村(原18个),1.5万人)	1. 高峰村:包括原梅树底村、淤里村等2个行政村	原弄坞村、田蓬村、前库村、东案村等4个行政村保持现状不变
	2. 金源村:包括原高角村、底角村、后宅村、外宅村等4个行政村	
	3. 呈东村:包括原东头村、呈村村等2个行政村	
	4. 白马村:包括原里村村、墅口村村等2个行政村	
	5. 万安村:包括原上初村、马初村等2个行政村	
	6. 朝阳村:包括原官池村、卢家村等2个行政村	
十二、大桥头乡(区域面积49.94平方千米,下辖8个行政村(原14个),1.5万人)	1. 濛桥村:包括原濛淤村、桥坑村等2个行政村	原客弄村、莲塘村、大桥村、新村村等4个行政村保持现状不变
	2. 友好村:包括原石村村、永旺村等2个行政村	
	3. 樟山村:包括原水牛坞村、古塘村等2个行政村	
	4. 浮河村:包括原上新屋村、花厅村、詹家村、大楼底村等4个行政村	
十三、新昌乡(区域面积110.6平方千米,下辖10个行政村(原24个),1.7万人)	1. 新昌村:包括原新锋村、葛畈村、吴家村、新昌村、下坑坞村等5个行政村	原对坑村、岩前村、黄塘村等3个行政村保持现状不变
	2. 郭塘村:包括原郭塘村、瑶岭村、蕉坞村等3个行政村	
	3. 辅辂村:包括原辅辂村、外辅辂村、鄢家村、谢家村等4个行政村	
	4. 达塘村:包括原达塘村、铜山村、祝家源村等3个行政村	
	5. 茶源村:包括原彤坑村、下徐村等2个行政村	
	6. 泰安村:包括原安坑村、对坞村等2个行政村	
	7. 西源村:包括原泮源村、西岭脚村等2个行政村	
十四、同弓乡(区域面积38.5平方千米,下辖8个行政村(原14个),1.1万人)	1. 同心村:包括原山明村、赤阳江村等2个行政村	原彤弓山村、山边村、湖石头村、胡村村等4个行政村保持现状不变
	2. 关庄桥村:包括原杜亭畈村、新虹村、关庄村等3个行政村	
	3. 金川源村:包括原伏江村、过坑村等2个行政村	
	4. 中和村:包括原下东山村、竹蓬底村、长圩村等3个行政村	

中国共产党常山县委员会

综　　述

2013年，面对严峻的宏观形势，中共常山县委坚持以科学发展为主题，以转型升级为主线，以“稳中求进、进中求转、转中求快”为工作基调，以“双十”（即“十大专项攻坚”和“十大专项整治”）行动为主抓手，提振信心，创新举措，狠抓落实，全县经济社会保持了平稳较快发展的良好态势。

常山县（下同）全年实现地区生产总值107.15亿元，比上年增长8.6%；完成全社会固定资产投资92.3亿元，增长16.1%；工业产值165.5亿元，增长6.4%，其中规模以上工业产值92.8亿元，增长2.5%；农业产值12亿元，增长3.8%；社会消费品零售总额43.6亿元，增长13.6%；外贸进出口总额1.47亿美元，增长38.5%，其中出口1.43亿美元，增长39.0%；财政总收入10亿元，增长11.3%，其中公共财政预算收入6.5亿元，增长13.8%；城镇居民人均可支配收入23036元，农民人均纯收入11542元，分别增长10.3%和11.4%。

把“双十”行动作为全年工作的主要抓手，强力推进重点项目攻坚和城乡环境整治，取得了比较明显的成效。聚力攻坚重点项目，紫港大桥连接线、东入城口景观改造等一批大、难、慢项目接近基本完工，产业集聚区“一纵四横”基础设施建设、48省道延伸线、独流入海一期、主干道路景观提升等项目按计划进度有序推进。全县110个重点项目完成投资64亿元，增长3.2%。狠抓城乡环境整治，强势推进“三改一拆”，全年共拆除违法建设3969处，面积95万平方米，拆后处置15.1万平方米；矿产资源整治成效明显，完成10孔石灰窑和16条石灰钙加工生产线的拆除；河道采砂整治年度目标基本完成，取缔非法砂场14家，规范提升砂场11家；城区交通、占道经营、户外广告、农村垃圾以及小区、企业、集镇等环境整治取得阶段性成效。

把调结构与稳增长有机结合，产业转型迈出新步伐。加快工业主导产业培育，实施领创产业、点将招商，产业发展方向更加明晰，一批在谈产业类项目有望落地。全力培育龙头企业，天子果业完成股份制改造，捷姆轴承升级为无区域名称企业集团，浙江佳熙在上海股权托管交易中心挂牌。扶持小微企业，完成“个转企”327家。加大科技创新力度，筹建轴承研究院，争取农机产业研究院落户，助推巴菲尔公司无氰碱铜电镀液市场推广，全年新增国家高新技术企业4家。推进“腾笼换鸟”，淘汰4家化工、造纸企业，盘活820亩闲置低效用地。

加速提升第三产业发展，编制国家休闲区规划，三衢石林成功创建国家AAAA级景区，中国观赏石博览园项目有序推进，旅游业呈现加快发展势头；浙西世贸城和浙江大正医药仓储配送中心动工建设，迅鸿国际商城投入运营，全县金融机构贷款余额首次超百亿，列入全省金融创新示范县试点，商贸、金融业形成集聚发展态势。

加大现代农业发展力度，农业“两区”建设扎实推进，产业化经营不断提升，流转土地7.4万亩，新增农业龙头企业14家、家庭农场342家、市级“一村一品”专业村10个，发展胡柚精品园5000亩，完成油茶新品种造林3014亩。农村经营管理工作成效明显，被农业部评为“全国一事一议规范管理县”。

围绕建设宜居常山，推进新型城市化，全力打造美丽新家园。加快城东新区开发，完成城东新区城市设计，滨江一期1.2平方公里土地房屋征收基本完成。深入推进老城区改造提升，启动城市慢行绿道建设，完成竹园等3个老小区综合改造，惠及群众1059户。加强城市管理，深化卫生保洁、绿化养护市场化改革，抓好步行街、农贸市场以及交通秩序、城市停车等专项整治，通过国家园林县城预检、省级生态县验收和省级卫生县城复评。

以“共建生态家园”行动为契机，推进新一轮美丽乡村建设，完成市级6个精品村和2个示范乡镇建设，全面提升3条美丽乡村风景线，推进彤弓山村历史文化村落保护利用工作，启动80个实施村水环境治理工作。实施农民集聚工程，赵家坪农房改造安置区一期安置房分配到位，球川、芳村农民集中安置区启动建设。

围绕实现“九连冠”，深入推进平安常山建设。坚持和发展“枫桥经验”，加强基层基础建设，全面实施重大事项社会稳定风险评估，扎实开展“走进矛盾排查整治、强基促稳共创平安”活动。实施信访“三量”工作法，化解一批历史遗留积案和重点疑难信访案件。严厉打击违法犯罪，成功破获公安部集群战役“1·15”生产销售假酒等一批大要案。深化“立体防控·警灯守护”工程，开展“三警合一”勤务模式改革，社会治安防控体系不断健全，群众安全感满意度进一步提升。全面落实安全生产责任制，扎实开展安全生产“打非治违”和大排查大整治专项行动，安全生产事故得到有效遏制。

深入学习贯彻党的十八大和十八届三中全会精神，广泛开展“中国梦”主题宣讲，提前谋划预热党的群众路线教育实践活动。顺利完成行政村规模调整，行政村由342个调整到180个，村级组织换届全面完成，换届风气显著改善，“树优促后”和“第一书记工作法”不断深化，农村基层组织建设得到加强。按照“凭实绩用干部、按岗位配干部”要求，加强干部队伍建设，出台乡镇干部队伍建设意见，推行周末自主选训，实施年轻干部成长工程，着力打造“狮子型、蚂蟥型、老牛型”干部队伍。严格执行“八项规定”“六个严禁”，严控“三公”经费支出，加大作风效能明察暗访力度，着力推进提神提速提效。深化惩治和预防腐败体系建设，全面实施一把手“七不直接分管”制度，强化廉政风险防控。以廉政越剧《清简樊莹》为重点的廉政文化品牌逐步打响。始终保持严惩腐败的高压态势，查处违反党纪政纪案件79件，处分党员干部79人。

（徐高飞）

纪检工作

【概况】 2013年，县纪委始终保持查办案件的高压态势，坚持依纪依法文明办案，成立案件监督管理室，全年共新立案70件，审结79件，给予党纪政纪处分79人，为国家和集体挽回直接经济损失50万元，其中查处农村党员干部违法违纪案件14件。注重发挥纪检信访监督作用，受理信访举报404件次，移交线索25条，为43名党员干部澄清问题。细化完善案件简易程序办理办法，缩短办案时限，提高办案效率。开展党纪政纪处分决定执行情况检查，纠正执行不到位问题20

个。继续加强案件审理和申诉复查工作，实现案件查办“零申诉”。

在全市率先推行一把手“七不直接分管”制度和“三重一大”廉政风险防控，细化规范用权，得到省市纪委领导的批示肯定。创新廉政教育载体，编排大型廉政历史剧《清简樊莹》，入选浙江省戏曲节精品节目，在全市巡演16场，发放廉政教材800余册。组织县管干部、中层干部等不同层面对象到省三监开展现场警示教育活动。对县农业局和人防办开展党风廉政评议，提升被评议单位党风廉政建设工作水平。

▲一把手“七不直接分管”制度：单位一把手不直接分管本单位财务、人事、资产投资与管理、项目计划安排、行政审批、行政执法和物资采购等七项工作，形成“正职监管、副职分管、集体领导、民主决策”的工作格局。

▲《清简樊莹》：樊莹（1434—1508），字廷璧，号澄江，浙江省常山县秀溪（今何家乡）人。明景泰七年（1456）中举人，天顺八年（1464）登进士。成化四年（1468），授行人，出使西川赈灾抚民，屡次拒收官吏金银礼物，当地人特建“却金亭”纪念。此后，历任山东道监察御史、云南巡按、直隶松江知府、河南按察使、应天知府、南京工部右侍郎、都察院左副都御使等职，政绩颇著。弘治八年（1495），因病辞官，家居授徒讲学长达七年。弘治十四年（1501），受内外大臣推荐复任原官，抚治湖北郧阳灾区，不久，升任南京刑部侍郎。弘治十六年（1503），云南景东卫地区地震、大火等天灾接连数起，贵州亦多灾情，莹复被荐，授都察院左佥都御史巡按云贵，救济灾民，整顿吏治，弹劾镇巡官之罪，罢撤不称职官员1700余人。查清赈灾指挥吴勇虚夸灾情、侵吞府库钱财一案，威名大震，是年，升任南京刑部尚书。正德元年（1506），为教子辞官回乡，诰封资政大夫。正德三年（1508），遭宦官刘瑾诬陷，追夺诰敕，削籍为民，是年十一月十八日病故，享年75岁。正德十四年（1519），樊莹冤案得以昭雪，朝廷追授太子少保，谥号“清简”，并重行敕葬礼仪。

【纪委全会】 县纪委十二届三次全体（扩大）会议于2月20日召开。县委常委、纪委书记朱素芳作题为《求真务实 凝心聚力 努力开创反腐倡廉建设新局面》的工作报告，会议回顾总结全县2012年党风廉政建设和反腐败工作，研究部署2013年主要任务，表彰2012年度全县纪检监察系统先进集体和先进工作者。

【监督检查工作】 2013年，县纪委围绕中心、服务大局，加强监督检查，保障政令畅通，推动县委县政府重大决策部署的贯彻落实。紧扣“双十”行动，积极参与矿产资源整治和非法采砂整治等工作。主动融入“三改一拆”，严明纪律，严格追责，实行党员干部违法建设“零报告”制度，查处党员干部违法建设信访举报33件，通报4名监管失职工作人员。加强工程招投标与建设管理领域监督，督促相关部门完善制度，认真履职，力促工程保障质量、加快进度、控制造价、预防腐败。开展项目审批“解剖麻雀”式调研，促使工业项目联合审批、分段集中验收，提高行政审批效率。强化安全生产责任事故调查处理，实现安全生产三个“零增长”。

【作风效能建设】 2013年，县纪委认真贯彻落实中央“八项规定”、省委“六个严禁”、市委“八条禁令”，修订完善机关单位及工作人员问责办法，成立作风建设办，对机关单位作风建设和商场、酒店开展常态化的明察暗访，公款吃喝行为得到有效遏制，“三公经费”支出比上年下降22%。开展作风效能专项督查40余次，问责8人，通报批评11人。制作“效能曝光”视频在全县领导干部大会上播放，反面典型警示作用得到充分发挥。发放作风建设提醒卡1000张，发送廉政短信2万余条。规范公车使用，查纠违规使用公车18辆。发挥“机关效能110”网站监督管理功能，受理投诉、咨询和建议1500余条，办结率99%。

【农村基层党风廉政建设】 2013年，县纪委提前谋划抓好村级财务清查，做好行政村规模调整和村级组织换届选举的纪律保障工作。严肃查处同弓乡金川源村党支部、村民委员会换届选举贿选行为，5名党员受到党纪处理，1名村委会主任自荐人被取消竞选资格。建立健全村（居）务监督机制，全面完成村监会换届选举工作，7个社区全部建立居务监督委员会。在全市率先出台村务监督委员会成员辞职、罢免、职务中止、补选暂行办法，8名村监会主任被罢免职务或中止职务、主动辞职。加强农村纪检信访工作，开展重信重访专项治理行动，化解重点信访积案12件。深化村级（社区）便民服务体系建设，培育省级示范中心12个。开展群众满意基层站所（服务窗口）创建复评工作，实现省级群众满意基层站所零突破。抓好基层站所主动对接村级便民服务中心工作，22个部门基层站所下放审批服务事项132项。深入推进村级“三务公开”网络平台建设，全县180个行政村实现全覆盖。

▲村级“三务公开”：指村级党务、村务、财务公开。

【执法纠风工作】 2013年，县纪委监察局加强对加快转变经济发展方式、保障性住房、水利改革发展政策执行情况的检查。深入推进“阳光工程”建设，重点抓好保障性住房、义务教育、医疗服务、减轻农民负担、涉企收费5个领域公开，公开部门行政权力3820项、重点事项62项，主动接受群众监督。开展银行系统民主评议行风“回头看”活动，在8家银行推行衢州市基层站所（服务窗口）满意度评价系统，对参评银行进行群众满意度背对背测评活动。

【纪检监察干部队伍建设】 2013年，县纪委监察局对38个部门实行派驻（出）纪检监察机构统一管理，充实力量，配备32名工作人员；完善工作机制，制定派驻（出）机构工作办法和派驻（出）机构对驻在部门实施监督暂行办法。加大交流和公开选调力度，增强队伍活力。加强教育培训，组织参加上级纪委业务培训112人次。开展“三比三争”活动、开设“周一讲坛”，提升纪检监察干部业务水平。完善机关内部管理制度，推动委局机关高效规范运行。举办“践行党的群众路线，做最美纪检监察干部”演讲比赛，在纪检监察系统弘扬“最美”正能量。

（樊燕萍）

县委办公室（政研室、保密办、督查考核办）

【概况】 2013年，县委办公室紧扣县委中心工作和工作重点，充分发挥参谋职能、综合协调、督查考核、后勤保障四项职能工作，不断完善服务理念，全面提升服务能力，高效完成县委全委会等各类重要报告及领导日常会议讲话、汇报材料，组织、协调重大课题的调研，做好县委重要文稿的起草或审核把关工作，完成《常山信息》《常山政研》《领导参阅》《每日要情》的编发，做好宣传报道、督查考评、会务接待和机要保密工作，确保县委各项工作的高效运转。

【政研工作】 围绕县委中心工作、经济社会发展的重点难点及群众广泛关注的核心问题，切实加强调研工作的组织、协调和重大调研课题的实施，认真抓好各层面的调查研究。重点组织实施实力工业、休闲城市、一村一品和家庭农场发展等专题调研，积极配合市委政研室完成百千万先锋行动等重大课题的调研。撰写完成《关于我县打造“实力工业”的调查与思考》《关于打造绿色休闲城市的调查和思考》等10余篇调研报告，及时向县委领导提供有重要参考价值的决策建议。编发《常山政研》20期，多次受到县委主要领导的批示，进入领导的决策视野。

【文字综合】 牢固树立精品意识，对县委重要文稿的起草，坚持深入调查研究，认真思谋策划，严格审核把关，力求做到重要文稿的思想内容贯彻上级党委的精神，体现县委意图；对一般文件起草，认真拟稿，严格审核，力求准确到位。高质量完成县委十二届四次、五次全会，全县领导干部大会和县委理论中心组学习会等重要会议材料的起草和省、市委领导到常山调研等重要综合材料的撰写工作。全年共完成县委及县委办公室发文600余件，其他各类纪要、通报等近100件，撰写重要会议报告、领导讲话、重要汇报材料共130余篇。

【信息服务】 挖掘信息素材，及时上报各类信息，全年共上报信息1000余篇，被省《工作情况交流》等刊物采用65篇，被市《衢州信息（工作动态）》采用28篇，其中《常山县“三量法”做好岁末年初信访维稳工作》信息被省委常委、省委秘书长赵一德批示肯定。注重发挥信息的参谋助手作用，全年编发《常山信息》普刊33期，增刊23期，业务通讯5期，《领导参阅》5期，《每日要情》155期。认真做好信访维稳类信息预判，确保在规定时间内准确及时上报。全年共处理紧急信息137起，其中上报6起。

【宣传报道】 坚持正确舆论导向，紧扣打造“实力工业、休闲城市、美丽乡村”等县委中心工作，高度关注“三改一拆”、重点项目建设、城乡环境卫生整治等重点工作，精心组织采访和宣传报道工作。全年在市级以上刊物上刊发稿件173篇，其中，《浙江日报》40篇、头版头条1篇，《衢州日报》119篇、头版头条16篇，《今日浙江》《衢州通讯》等其他刊物14篇。加强与省、市新闻媒体的协调和沟通，争取更多地展示和宣传常山经济社会发展的成就，推介常山良好的投资环境，及时消除影响常山发展形象的负面报道。

【督查工作】 不断完善工作思路，推动督考工作从不定期向定期、被动应付向主动出击、发现问题向查找原因转变，开拓督考工作新局面；强化把握实情，坚持以暗访、数据图片、通报问题为主，查明事实真相，保证督考事实掌握准确、可靠；注重确保实效，实行跟踪督办与考核扣分相结合，考评结果与资金拨付相挂钩，积极推动工作落实。2013年开展各种形式的督考活动共136次，在服务全县工作大局上起到了较好的推手和参谋作用，先后9次得到县委、县政府主要领导的批示肯定。

【综合协调】 围绕县委中心工作，正确处理“内与外”“上与下”“大与小”“急与缓”等各方面关系，加强与市委办公室的业务联系，及时了解市委、市委办公室工作重点和动态，为县委工作决策提供超前服务。按照县委总体工作部署，协助县委领导做好与县上几套班子、县级部门单位和乡镇间协调工作，使各方面关系更加和谐，工作步调协调统一。县委总揽全局、协调各方的政治领导核心作用得到充分彰显。

【会务接待】 坚持提前准备、分工负责、层层把关，做到会场布置整洁庄严，会场服务细致不马虎，会议材料齐备无差错。2013年共承担县委十二届四次、五次全会，全县领导干部大会及县（市、区）月度工作会议等各类会议280余场。接待方面，本着热情、周到、满意、节俭的原则，加强与上下级之间的沟通、协调，严格接待标准，规范接待程序，接待省委书记夏宝龙等省、市领导到常山视察60余次。加强车辆管理，明确岗位责任，车辆调度实行“车辆统一调度，保证工作用车”的原则，做到先急后缓，合理调度公务用车。

【机要保密】 严格落实各项规章制度，机要人员坚持24小时值班，确保密码通信畅通。8月份，在全县范围开展保密普查活动，推进保密工作规范化建设。建成并启动党政高清加密视频会议系统，进一步发挥应急密码通信设备的优势，以适应各种环境下的通信保障工作，全年未发生重大涉密事件，确保县委与上级党委机关工作联系和信息的畅通。全力做好公文交换系统服务器升级和维护，提升公文阅办效率。

【委办机关自身建设】 抓学习教育。完善县委办公室学习制度，采取集体学与自学相结合，专题讨论与主题辅导相结合的形式，组织委办机关干部学习中央、省、市和县委的一系列重大决策部署，提升办公室干部业务水平和综合素质，创建“学习型”机关。抓建章立制。完善机关干部联系乡镇（街道）、部门制度，及时收集和汇总所联系单位工作情况和对县委的意见建议，认真梳理、总结，提供县领导参阅。建立文字材料小组及相关运行制度，采取以老带新结对帮扶的方式，培养锻炼年轻干部，从整体上提升办公室文字材料水平，保持办公室文字材料队伍的连续性和稳定性。健全科室日常工作制度。对各个科室的职责任务、目标要求进行量化分解，责任到人，使办公室始终保持有序运转。抓干部培养。主动给年轻干部出题目、压担子，提高其独当一面的能力。鼓励参与各类培训、选拔考试，促进其快速成长。2013年，县委办公室2名干部提拔为副科领导干部，1名干部通过竞争性选拔考试走上领导岗位。深化干部人事制度改革，实行干部竞争上岗制，5名干部通过竞争上岗担任科室副科长。继续发扬办公室“5+2”“白+黑”的优良传统，保证各项工作高效运行。委办机关党支部积极开展“创先争优”活动，不断增强委办机关党建工作的凝聚力。

（徐高飞）

组　织

【概况】 2013年，全县组织工作以党的十八大精神为指导，以加强党的执政能力建设和先进性、纯洁性建设为主线，紧扣县委、县政府中心工作，在打造过得硬打胜仗干部队伍，从严加强干部日常监督管理，深入推进基层服务型党组织建设，切实抓好村级组织换届选举，培养集聚高层次人才，加强组织部门自身建设等方面取得了新成效。

在领导班子和干部队伍建设方面，常山县（下同）探索干部人事制度改革，推行“实战选将”，开展专项考察综合评价干部，加大结构性干部选拔力度，制定出台《常山县县管领导班子和领导干部考核管理办法》《关于进一步加强乡镇（街道）干部队伍建设的若干意见》《干部教育培训管理办法（试行）》，深化“机关干部工作日志系统”。全年共研究决定县管干部任免11批227人次。

在基层党组织建设方面，顺利完成行政村规模调整和村级组织换届选举工作；建立多领域多类型的基层党建项目库，以“项目化”引领基层党建工作；推行党员“先锋指数”考评，完善双向考评标准，严把党员“进出口”，规范组织关系接转、双向政审等工作，定期开展党员档案检查；深化“三民工程”标准化建设，开展社区党建“双走进”（即在全县社区推行驻地机关党组织和在职党员进社区参加社区统配的服务），推进“两新”党建“双覆盖”，探索建立“四位一体”党群工作一体化模式，符合组建条件的两新组织团、工、妇组织组建率达到100%；成立全市首个县级“两新”组织党务工作者协会；开展青春党建工作，以“1+N”模式实现青春党组织全覆盖；推进党代表工作室规范化建设，推动党代表工作室专业化、网络化发展，发挥党代表在闭会期间的作用；试行党内重要事项票决制、普通党员旁听制、代表民主评议制，推进党内基层民主建设。

在人才工作方面，启动“十百千”人才引进计划，对重点人才采取县领导“一对一”招才；完善人才住房保障机制，推出首批18套人才公寓供人才居住，采取“购房补助+公寓安置+租房补贴”的方式满足不同层次人才住房需求，已有4名优秀人才及家属入住人才公寓；解决高层次人才家属就业问题，及时帮助50多名人才解决了配偶就业、子女就学、租房购房等实际问题；实施轴承产业创新人才集聚工程，与洛阳轴研所共建常山轴承研究院；与陈蕴博院士专家团队合作建立首个市级轴承院士专家工作站，新建市级专家工作站3家，县级专家工作站4家；评选表彰首届“常山县百名优秀人才”97人，建立人才档案，设立“人才成长积分”，实行人才工作目标申报制，对考核优秀人才优先推荐为更高层次人才工程培养对象，2013年新入选衢州市“115人才工程”培养对象14人，入选市拔尖人才1人、市首席技师1人、市十佳农村实用人才1人，新选聘56名大学生村官。

在组工干部自身能力建设方面，按照“讲政治、重公道、业务精、作风好”的要求，推行组工干部“3+2”工作法；执行组织部门改进作风的各项具体措施，制定加强组织部门自身建设十项规定，涉及工作纪律、廉政建设、保密制度、个人重大事项报告、机关服务保障、加强党性教育、践行公道正派、提升业务素质、转变工作作风、争创一流业绩等；强化组织委员、组织员队伍管理。

至年底，全县共有县管干部481人，其中，部门326人、乡镇155人；女干部68人，党外干部17人，1980后干部32人。共有基层党（工）委41个，党组39个，党总支36个，党支部767个，党员18967人，其中行政村党员10687人。

【推行“实战选将”】 根据中心工作及干部队伍建设需要，采取上挂、外派、互派、下派、信访局顶岗等差异化锻炼形式，将干部选派到相应岗位进行“实岗锻炼”。推行“一线工作法”，选派近百名干部到“双十”专项行动、招商分局和企业服务一线提升能力、锤炼作风。开展专项考察，考实考准干部在推进中心工作上的现实表现，发现“好干部”，树立“凭实绩用干部、按岗位配干部”的用人导向。

【加强乡镇干部队伍建设】 出台《关于进一步加强乡镇（街道）干部队伍建设的若干意见》，严格住夜值班、包村联户、考勤日志、“六条禁令”，实行工作落实项目化、末位调整动态化、督查暗访常态化、激励关爱人性化。

【实施“年轻干部成长工程”】 遴选40名年

轻干部纳入党校进行针对性培养，开展课堂教学、学员论坛、读好书、社会实践、行为训练等教育培训活动，将“互学互看”引入课堂，建立学员个人成长档案，按照“优进拙退”原则进行动态管理。

【干部教育培训实行学分制管理】 出台《常山县干部教育培训管理办法（试行）》，按年度设置基础学分，其中，县管领导干部为50分、其他人员为20分，未达到基础学分的，当年度干部教育培训考核确定为不合格，并纳入县委、县政府工作目标考核，与干部年度绩效考核相结合。

【开设“周末自主选训”】 每周六安排半天时间，重点对“三改一拆”、计划生育、信访条例、征迁政策、招商引资、项目包装等进行专题辅导，采取提前发布培训信息、干部自主选课参训、年终统一申报学分的方式组织实施。全年共开课26期，参训人数9360人次。

【实施领导班子和领导干部季度分析研判制】 全面分析相关单位领导班子整体结构、功能发挥、实绩、能力、发展趋势等总体情况，纵横分析领导干部个体素质、德才表现、工作实绩、个性特征和心理素质，综合运用实绩分析、民意分析、比较分析、环境分析、案例分析相结合的办法，对领导班子和领导干部进行立体扫描、综合研判，突出选优配强“一把手”和结构服从功能。

【建立“机关干部工作日志制度”】 建立“机关干部工作日志系统”，该系统设有工作日志、月度计划、月度总结、工作建议、工作点评、考核评价等六大模块。在全县中层干部以上推行工作日志制度。按季度对日志系统使用情况进行通报，并将“日志制度”执行情况作为单位工作目标考核、机关作风效能建设、领导班子和领导干部考核管理的重要依据之一。

【开通干部谈心谈话“直通车”】 开展“我对组织说句话”活动，采用集中活动和平时沟通相结合的形式进行，集中活动一般每年开展一次，每次持续一周，全县机关干部均可通过专门开设的电子“直通车”向县委常委、组织部部长说“一句话”。

【从严加强干部日常监督管理】 做好省级干部日常监督管理示范点创建工作。建立干部管理信息系统，动态采集干部信息并录入信息系统。对干部个人有关事项报告迟报、漏报、瞒报等现象的26名领导干部予以书面函询。严格督查、通报，就干部教育培训参训、乡镇（街道）干部住夜值班、机关工作日志使用情况等进行通报。

【组织开展“三进三到”活动】 2—4月，结合“双十”专项行动，在全县机关干部中开展以“走进村居、走访到边，走进企业、服务到位，走进项目、推进到底”为主要内容的“三进三到”活动。集中活动两个月期间，全县34名县级领导、459名县管领导深入全县342个行政村、102家企业、76个重点项目开展工作，落实帮扶资金、帮助解决问题、兴办好事实事。3302名在职党员到社区报到，签订“八要八不”承诺书，开展认领微心愿、注册微义工、开展志愿服务等活动。

【行政村规模调整后新村组织设置和班子配备】 为确保全县行政村规模调整工作顺利进行，9月份对新成立的行政村与村级组织换届选举之间过渡期的组织机构设置、党组织设置、党员管理以及原村干部报酬待遇安排等方面进行明确规定。

【完成全县村级组织换届选举工作】 自9月初开始，在与行政村规模调整同步进行换届试点的基础上，按照先村党支部，再村民委员会，后村监会和村经社的顺序，完成全县行政村规模调整后的180个行政村村级组织换届选举工作。深化“事业选人”，严格任职条件，严打违法违纪，实现“过程平稳、程序合法、结果满意”的换届目标。全县180个行政村共选举产生村两委班子成员1254人，其中，交叉兼职25人，村党支部班子成员648人（包括党支部书记或党支部负责人173人），村民委员会班子成员606人（包括村委会主任177人）。

【实施基层党建项目化建设】 贯彻落实基层党委书记抓党建工作责任制，实施基层党建项目化建设。建立包括4种类型共47个课题的党建项目库，由基层党（工）委书记自主申报领办；采取立项分析、规划设计等项目化管理思路推进党建项目；实施标准化评审，按照29项指标进行标准化评审验收，共评选出6个基层党建优秀项目。

【开展农村党员“先锋指数”考评管理】 出台《关于开展农村党员先锋指数考评管理工作的实施方案》，设置基本指数、正向加分和反向扣分指数考评标准。采取个人自评、党员互评、组织评定、亮分公示的方法进行，每季度评定一次，年末开展总体评价。根据党员先锋指数评选出优秀党员、先锋党员、合格党员、警示党员和不合格党员五个等次进行管理。

【深化“三民工程”标准化建设】 全面落实“三民工程”标准化建设“三个三”标准体系，巩固创建市级示范乡镇2个、示范村7个。抓好“三民工程”标准化扩面工作，基本完成行政村创建达标，探索进一步向社区和“两新”组织延伸服务。试行“专职村务员”制度，建立完善选聘、培养、考核、管理等机制，提升为民办事服务效能。

【推进“两新”组织党建工作有效覆盖】 开展“两新”组织党建全覆盖“回头看”。推进小微企业固本强基，探索建立“四位一体”党群工作一体化模式，出台“两新”组织党费全额返拨和示范点创建以奖代补政策，成立全市首个县级“两新”组织党务工作者协会。全面开展“两新”组织青春党建工作，符合组建条件的“两新”组织工会、共青团、妇女组织组建率达100%；完善推优入党机制，以“1+N”模式实现青春党组织全覆盖。建立县委“两新”工委委员所在单位“一对一”联系双重管理“两新”组织党组织制度，新培育市级党建示范点3家。

【推进党代表工作室规范化建设】 建立乡镇（街道）、部门（代表团）、个人、网络等党代表工作室22个，创建省级示范点1个。落实党代表活动提案、提议、调研视察、列席党内重要会议、学习培训等五项制度，加快推动党代表工作室专业化、网络化发展，加大党代表培训力度，以个体或组团等形式组织党代表开展多形式惠民服务，发挥党代表在闭会期间的作用。试行党内重要事项票决制、普通党员旁听制、代表民主评议制，推进党内基层民主建设。

【高层次人才引进】 启动“十百千”人才引进计划，对重点人才采取县领导“一对一”招才，全年引进海外高层次人才1人，并入选省“千人计划”，实现省“千人计划”零的突破；引进常山县紧缺人才65人，其中，硕士研究生20人，“985”“211”重点高校本科毕业生12人；柔性引进高校院所教授专家30余人。

【建立专家工作站】 建立首个市级轴承院士专家工作站，浙江环宇轴承有限公司（中国工程院院士陈蕴博工作站）；新建市级专家工作站3家：浙江云泰纺织有限公司（嘉兴学院材料纺织工程学学院副院长、教授易洪雷工作站），浙江永合化工有限公司（南京圣和药业有限公司研发总监、博士、高级工程师徐信工作站），浙江科升电力设备有限公司（海军武汉工程大学教授崔汉国工作站）；县级专家工作站4家：浙江常山科润化学有限公司（浙江工业大学教授裴文专家工作站），浙江省常山纺织有限责任公司（嘉兴学院材料与纺织工程学院院长、教授薛元专家工作站），常山县教师进修学校〈教研室〉（衢州实验学校副校长、正高级教师、特级教师胡赵云专家工作站），常山县人民医院（浙大医学院附属妇产科医院院长、主任医师林俊专家工作站）。

【表彰首届“常山县百名优秀人才”】 按照分类评比的原则，以取得的成果、业绩和实际贡献为主要依据，通过自我申报、组织推荐、主管部门初审、相关部门政审、媒体公示、群众评选等程序，在全县企事业单位中评选出97名优秀专业技术人才、企业经营管理人才、高技能人才和农村实用人才。

【完善人才住房保障机制】 采取购房补助+公寓安置+租房补贴的方式满足不同层次人才住房需求。落实首批18套人才公寓房源，其中，实物安置房源14套，租转购安置房源4套。根据申报对象学历职称、获得荣誉、创业创新、紧缺专业、在常山工作年限等分类量化评分，经申报、审核、公示，最终确定4名高层次人才入住租转购人才公寓。

【首次面向人才家属招聘事业岗位】 首次从乡镇事业工作人员招考中拿出2个名额面向具有副高级职称、硕士学位、研究生学历优秀人才及援疆援藏人才的配偶招考，共有8名符合条件的人才家属报名。

【建立两家研究院】 8月，聘请15名轴承专家作为常山轴承特聘专家，与洛阳轴承研究所共建“常山轴承研究院”。10月，成立“常山县胡柚研究院”，作为县农业局下属全额拨款事业单位，常山县胡柚研究院和县农业局特产站合署办公。

【推行组工干部“3+2”工作法】 县委组织部机关每位组工干部联系1个乡镇、2—3个部门，每星期3天工作在部机关，2天工作在基层，开展一线调研、结对帮扶、干部平时考察，建立走访台账，建立健全组工干部联系基层、联系干部常态化机制。

（黄小春）

编制管理

【概况】 常山县机构编制委员会办公室（简称县编委办）是县机构编制委员会的常设办事机构，在县机构编制委员会的领导下负责全县行政管理体制和机构改革以及机构编制日常管理工作，既是县委的工作机构，又是县政府的工作机构，列党委机构序列。内设综合科（监督检查科）、行政机构编制科（行政管理体制改革科）、事业机构编制科等3个职能科室；下设事业单位登记管理局（参公）、实名制管理办公室等2个事业单位。2013年，全县编制管理工作坚持紧紧围绕县委、县政府的中心工作，深化机构改革，做好行政区划调整的后续工作，规范机关事业单位编制管理，加强编外用工管理，开展“政务”和“公益”中文域名注册，全面完成事业单位年检工作。

【深化机构改革】 县编委办开展行政区划调整“回头看”工作，检视街道办事处“三定”实施情况，做好行政区划调整的后续工作，如根据《地方组织法》在3个街道建立人大工作委员会，为县人大的派出机构；向上级编办报批乡镇行政编制跨层级调剂，以理顺街道的人员编制关系。开展县级政府机构和乡镇管理体制改革调研工作。平稳完成常山县食品安全监督体制改革，基本理顺“新农合”工作机构。根据国务院机构改革方案，开展对新形势下进一步转变政府职能和深化机构改革调研，为制定县级政府机构改革方案奠定基础。以乡镇体制改革试点为基础，以行政区划调整为契机，以精简高效、权责一致为原则，在乡镇开展基层公共安全监管体系建设试点工作，推行中心镇扩权改革和行政管理体制改革调研工作，以求建设一套适应乡镇运行的乡镇行政管理体制。

【中层职数审核】 为规范全县中层干部管理，县编委办联合县委组织部、县财政局、县人力资源和社会保障局印发《关于规范机关事业单位编制和中层干部职数使用申报核准工作的通知》（常编办〔2013〕4号）。此项制度实施后，全县共有20多个部门申报143个中层职数，县编委办核准职数使用数143个（含调整配备）。

【编制动态管理】 根据常山县事业单位分类目录，县编委办重点掌握部分职能弱化的事业单位实际运行情况，对已改制的县种子公司、县良种场等12家事业单位机构予以撤销，收回139名事业编制；收回因职能弱化的县工业办公室和县畜牧兽医联站2家单位共缩减的157名编制。同时，做好对涉及社会民生发展的事业单位的编制调整工作。

【日常编制管理】 2013年,全县共受理部门申报机构编制事项80多项,并就相关事项与各部门进行对接调研,逐个提出初步意见,条件成熟的提交县机构编制委员会审议。2013年共制发批复文件57个,解决了部分体制机制问题,精简了部分机构设置,充实、完善了部分民生事业发展所需的人员编制。

【编外用工管理】 2013年，全县各有关单位共提交编外用工需求计划数136人，县编委办按照常委办〔2012〕65号文件精神，经认真梳理汇总，共批准编外用工数101人。通过编外用工的审批，编外用工管理制度得到进一步规范。

【中文域名注册】 2013年,全县党政群机关中文域名注册工作,在2012年机关事业单位注册3年年限合计195个域名的基础上,在55个机关新增注册域名110个。

【事业单位年检】 全县2012年度事业单位年检工作于2013年1月1日至3月底进行，共有121家事业单位进行了年检，年检率96%。严格按照《事业单位登记管理条例》操作，对部分财务未独立，或不具备法人资格的事业单位不予年检，做到严格把关；对事业单位的设立（共17家）、变更（共23家）依法依规，规范程序，并及时向社会公告，办理准确率达100%。

【编办机关自身建设】 针对新上岗工作人员多的实际情况，县编办通过送出去培训、组织学习交流及开展实例商讨等多种形式提高编办工作人员的业务知识和政策理论水平。健全规章制度，建立编办学习制度、保密制度，制定工作人员岗位职责等，切实加强机关自身建设。

（李晓聪）

宣 传

【概况】 2013年，全县宣传思想战线认真学习贯彻全国、全省、全市和全县宣传思想文化工作会议精神，按照“深入群众，讲好常山故事；围绕中心，关注常山发展；面向基层，着眼惠民为民；突出重点，凸显常山特色；队伍建设，提升干部素质”的工作要求，组织形势政策宣讲团，开展党的十八大、中国梦、十八届三中全会精神宣讲活动。抓好全县各级党组织理论学习中心组的学习，推进学习型党组织建设，帮助选发书籍3000多册。举办主题征文活动，共征集理论文章82篇。围绕全县中心工作，开展系列主题宣传活动。联合上海美术电影制片厂等创意设计“胡柚娃”卡通形象，该项目被列入衢州市文艺精品工程扶持项目。策划做好三衢石林景区开园仪式、常山巴菲尔化学（衢州）有限公司在国内外率先研发成功BF无氰碱铜电镀技术的外宣活动；做好台湾旺旺中时媒体集团到常山采访接待工作。开展农村文化礼堂建设试点建设，全县17个农村文化礼堂通过省、市的验收。组织春节元宵系列文化活动，参与活动群众达2万余人次。完善公共文化服务体系，建成衢州市第一个中心镇图书分馆——辉埠镇图书分馆；推行“流动电影院”运行机制，累计放映电影2918场次。举办社会科学普及周活动，策划落实《常山县区域文化发展的实践与探索》等年度10项社科应用对策研究课题，挖掘一批地方人文典故，上报省级科普课题3项、市级应用对策课题2项，列入2013年省社科联社科出版资助项目1个。重视基层宣传文化干部队伍建设，在全县建立并培训骨干舆情信息员队伍；完善网络舆情监管机制，及时有效地做好涉及常山的网帖、网上舆情的处置工作。县委宣传部被省委宣传部评为“2013年全省社会舆情信息工作先进单位”。

【基层宣传文化干部队伍建设】 县委宣传部严格执行部机关周一学习例会制度等，先后开展党的十八大、“中国梦”、十八届三中全会，以及全国、全省、全市和全县宣传思想工作会议等内容的学习，鼓励机关干部赴乡镇、部门开展党的形势政策宣讲活动。开展“赛学习、赛技能、赛服务”，提升机关干部的理论水平、业务素质和服务能力。完善部机关干部工作考核奖励机制，调动部机关全体干部职工的工作积极性、主动性和创造性，增强干部职工的事业心和责任感。健全完善宣传系统例会制度、周一学习制度，突出业务要求，强调过程指导。在全县建立起一支由80多名骨干通讯员组成的舆情信息员队伍，并举办业务培训班。认真贯彻中央、省、市、县委关于改进文风、改进新闻报道的系列规定，深化“走转改”和“三项学习教育”，带头转作风、正学风、改文风，让更多的宣传文化干部扎根基层、熟悉基层、研究基层。积极参与“三进三到”活动。

【形势政策宣传教育活动】 围绕党的十八大、中国梦、十八届三中全会等重大精神，及时撰写宣讲提纲，组织讲师团队伍精干力量开展宣讲教育，借助图文并茂的课件、通俗易懂的事例，引导党员群众在党的重大政治理论上真学真懂、真信真用，增强基层党员群众的道路自信、制度自信和理论自信。2013年共协调组织各机关、学校、社区等层面宣讲80多场，参与人数7000余人次。

【学习型党组织建设】 县委宣传部坚持以县委理论学习中心组学习为龙头，拟订县委理论学习中心组学习计划，明确城镇化建设、文化旅游产业、媒体应对素养等10项重点内容，推荐《邓小平时代》等经典学习书目30多种。以“三衢讲坛”学习平台为依托，邀请同济大学教授杨贵庆、省委讲师团办公室主任李泽泉、省委党校副校长郑仓元等专家教授到常山作专题讲座。县委理论学习中心组被评为2010—2012年衢州市县（处）级党委（党组）理论学习中心组先进单位。下发乡镇、部门党委（组）理论学习中心组学习指导意见4次，明确学习重点。注重前沿性、可读性，精心编发《理论沙龙》简报24期，组织征订发放《党员读本》《理论热点面对面》等书籍3000多册，为全县广大党员干部提供上佳的学习资料。

【理论征文】 结合县委关于改进作风的要求，县委宣传部在全县组织“提振自信、提升激情”主题征文活动，引导全县党员干部“加快再造常山、推进绿色崛起”目标献计献策。活动共收到征文82篇，对其中的20篇优秀征文进行表彰奖励。组织参加全市“科学发展·富民强市”优秀文章评选，常山县上报的文章中有8篇获奖，其中，县委宣传部牵头负责的《打造“好人之城”，增强文化自觉自信的调查与思考》一文获二等奖。

【社会科学课题研究】 围绕县委、县政府的重大战略决策和中心工作，县委宣传部全面整合全县社科研究力量，策划落实《常山县区域文化发展的实践与探索》等年度10项社科应用对策研究课题，切实发挥县社科联的“智囊团”功能。加大地方人文研究，挖掘推出《方村·芳村·炉山庙》《王介与王安石的三次斗诗》等一批地方人文典故。组织上报《传统木榨山茶油技艺寻踪》等省级科普课题3项，《浙西山区生态旅游业绿色发展的路径选择》等市级应用对策课题2项。其中，《民间上梁喝彩习俗》书籍列入2013年浙江省社科联社科出版资助项目，是全省唯一的县级社科联资助出版项目。

【社会科学普及活动】 举办2013年常山县社会科学普及周活动，在街心公园展出科技展板50多块，接待咨询人数600多人次，发放科普资料3000多份。开设“社区茶坊”，因需制宜，主动为社区居民送上文化教育、卫生保健等不同主题的讲座20余堂。开通县社科联官方微博“常山社科”，更新常山宣传网“社科广角”，利用网络广泛宣传普及社科知识。公布县档案馆等10家县级科普示范基地，社科工作阵地进一步发展壮大。

【系列主题宣传活动】 围绕学习贯彻党的十八大精神、“三个年”活动、“双十”专项行动、“三改一拆”专项整治、“三进三到”活动、行政村规模调整、村级组织换届选举等重点工作，精心谋划，打好主动仗，开展一系列主题宣传，推出“开门红”“互看互学”“奋力追赶 科学跨越”“共建生态家园、打造美丽乡村”“打好翻身仗、不当落后者”等专栏。全力做好县两会、“中国梦”主题、“五城联创”、平安常山、义工家园、农村文化礼堂建设等工作的宣传报道。

【“胡柚娃”动漫作品创作】 为将常山胡柚注入独有的人文精神，2013年年初，县委宣传部联合上海美术电影制片厂等创意设计以“常山胡柚”为原型的“胡柚娃”卡通形象。创作“胡柚娃”动漫卡通作品，主要包括每部35秒的《文明出行》《爱城护绿》《清洁家园》3条公益广告片和一部时长16分钟的《胡柚娃之胡柚诞生记》艺术动画短片。其中，“胡柚娃”系列公益广告片还亮相上海的数字电视和各小区大屏幕，获得上海观众的好评。光明网、《浙江日报》、浙江在线、衢州日报、衢州晚报等对此进行了报道转载。艺术动画短片《胡柚娃之胡柚诞生记》的创作还得到中国动画学会秘书长贡建英、国家一级编剧姚忠礼先生，上海美术电影制片厂副厂长朱毓平等业内专家的高度评价，认为“‘胡柚娃’的主题、造型等非常优秀，不仅是浙江省内首个以当地特产为原型设计的城市动漫卡通形象，而且是近几年国内动画界电影短片的一次艺术创新”。上海东方卫视、上海电视台新闻综合频道、上海电视台星尚频道、上海电视台艺术人文频道等沪上知名媒体，以及《浙江日报》《宣传半月刊》《衢州日报》《衢州晚报》等都对此进行了大篇幅的宣传报道，优酷、爱奇艺、腾讯、凤凰网、浙江在线等新媒体网络平台及时报道和转载。2013年“胡柚娃”项目被列入第一批衢州市文艺精品工程扶持项目。

【三衢石林景区开园仪式宣传】 县委宣传部做好“5·19”中国旅游日·市长带你免费游暨三衢石林景区开园日氛围营造、媒体接待、对外宣传等工作。《今日常山》头版设置三衢石林专栏，刊登《“美丽中国、畅游三衢”2013中国旅游日“市长带您免费游”活动启动仪式在常举行》《三衢石林喜迎“开门红”》等文章、图片。《浙江日报》、今日衢州专刊、《中国旅游报》《江南游报》等纸质媒体刊登“三衢石林”旅游资讯，为三衢石林开园营造良好的舆论氛围。开园日当天接待中国网、浙江在线等市级以上媒体30余家，印制精美宣传册，发放三衢石林开园仪式通稿等。中国网、新浪网、浙江在线、搜狐网、衢州新闻网等20余家网站发表、转载《美丽中国 畅游三衢 2013中国旅游日“市长带您免费游”活动成功举行》《三衢石林喜迎“开门红”》等报道。

三衢夕照　　（杨靖　摄）

【做好台湾旺旺中时媒体集团到常山采访接待工作】 9月份，台湾旺旺中时媒体集团下属的《中国时报》《旺报》《中国电视》、城市网等媒体记者、编辑，到常山进行为期两天的采访。根据行程安排采访线路，县外宣办工作人员陪同到访媒体工作者登临国家AAAA级景区——三衢石林，拍摄神奇的“象形石动物园”，夜访球川古镇摄制市级非遗项目千年贡面的古老手工艺技法。

【新闻外宣助推巴菲尔化学公司做大做强】 常山巴菲尔化学（衢州）有限公司自主研发的BF无氰碱铜电镀技术，在国内外处于领先水平。为帮助企业做大做强产业，常山县委宣传部提前介入，打好宣传主动仗，帮助企业统筹谋划新产品、新技术的宣传推广工作。以巴菲尔化学在杭州举行“新型络合剂暨BF无氰碱铜电镀液的研发和应用专家研讨会”为契机和宣传突破口，研究制定周密的宣传报道方案。重点联系新华社浙江分社、浙江卫视、《浙江日报》、新华网浙江频道、浙江在线、《衢州日报》、衢州电视台等党报、党媒、党网，以及《钱江晚报》《都市快报》《浙江科技报》等重点都市类、专业类媒体，确保企业品牌宣传和新产品、新技术宣传发布的权威性。11月18日晚，浙江卫视《新闻联播》以1分15秒时长播出《浙江企业攻克无氰镀铜世界性难题》新闻；浙江在线以图文并茂的形式刊发《衢州常山的“巴菲尔化学”让电镀迈入“无氰时代”》。19日，《浙江日报》第3版以《常山镀铜迈入“无氰时代”》为题刊发消息报道，26日又推出《富阳人孙榆玮攻克世界性难题 让镀铜迈入无氰时代》人物专访报道；新华网、新华网浙江频道也相继刊文《浙江企业攻克无氰镀铜难题》《“巴菲尔化学”新型络合剂引发电镀行业“地震”》等报道。19日，《都市快报》在B1版以整版的篇幅刊发《应对电镀行业氰化物剧毒污染 浙江企业找到办法了!》报道；20日，《衢州日报》头版头条刊文《“巴菲尔化学”引发电镀行业“地震” 让镀铜迈入无氰时代》；22日，《科技金融时报》推出《衢州“巴菲尔化学”一鸣惊人 揭开无氰电镀“运铜”的秘密》等新闻报道。县政府主要领导对此次宣传报道十分肯定，在批示中称“县新闻外宣助推工业企业创新发展很有效果”。

【网络舆情监管机制进一步完善】 县网信办印制《常山县党政干部上网手册》2000册，向全县党员干部发放。通过严格选拔、建章立制和加强培训，组建起一支政治素质好、业务能力强、人数达500人的网军队伍，其中，核心网评员30人、专家网评员2人。举办网评员培训班1期，进行了模拟演练。做好网络值班，加大网络舆情监控收集力度，创新手机信息每日报送制度。处置“常山大东门菜市场流动摊贩噪音问题”等三衢问政平台的42条网帖，认真做好“乘长途车从湖北回台州在衢州常山一饭店遭遇强制消费”、常林纸业征地项目、东明湖花园违规建别墅等20余起涉及常山的舆情处置工作。

【农村文化礼堂建设经试点推开】 农村文化礼堂建设是2013年省政府10件为民办实事内容之一。按照要求，县委宣传部拟定《关于推进农村文化礼堂建设的意见》，整理并印发《文化礼堂操作手册》，通过文化礼堂试点建设，召开现场会，推动全县面上工作的开展。组织文艺志愿者进文化礼堂献艺活动。至2013年年底，全县完成18个农村文化礼堂建设任务，并通过省、市的验收。

【策划组织春节元宵系列文化活动】 县委宣传部组织开展2013年“金蛇报春·舞动常山”春节元宵系列文化活动，内容包括“三演”（全县排舞会演、社区文化艺术节文艺演出、广场电影展演），“一灯”（挂灯笼），一展（迎春书画展），参与活动群众达2万余人次。牵头举办“喜迎新春、爱我常山”常山历史文化主题知识竞赛，通过个人赛、团体赛和分层面比赛等形式，在全县掀起常山历史文化学习高潮。

【公共文化服务体系建设有成效】 常山县建成衢州市第一个中心镇图书分馆——辉埠镇图书分馆。实施“流动文化馆”培训计划，组织群文辅导180余人次，举办大型群众文化活动50多场次。推行“流动电影院”运行机制，累计放映电影2918场次。

（曾国平）

常山县新闻中心

【概况】 2013年，县新闻中心深入开展“作风建设年、新闻创新年”主题教育活动，在创新队伍建设、管理机制、办报理念等方面进行新的探索，取得较好成果。围绕县委、县政府中心工作，推出“学习贯彻十八大 再造常山新跨越”“‘双十’专项行动”“违法建设”整治、非法采砂整治、“加快推进新型城市化 全力打造美丽新家园”“中国梦，逐梦前行”“奋力追赶 科学跨越”等专栏。4月，常山新闻网正式上线运行，完成“一报一刊一网”三大主平台，“数字报、数字刊、官方微博、手机客户端”四大新媒体建设。全年共出版《今日常山》127期、《常山通讯》6期。常山新闻网获浙江在线新闻网站2013年度创新支站奖，“常山新闻网全媒体发展”项目获全县宣传思想文化工作创新奖；3人被授予衢州日报社2013年度优秀（积极）通讯员称号，1人被评为县劳模；获浙江省县（市、区）域报新闻奖、衢州新闻奖、浙江网络新闻奖的作品共17篇。

至年底，县新闻中心共有工作人员26人，其中，县委宣传部借调1人、非在编7人。徐良其任县新闻中心党组书记、主任，余国荣任党组成员、副主任。

【常山新闻网】 2013年4月28日举行开通仪式,开设新闻、民生、论坛等版块。4月,常山县"高标准 大平台 全媒体"的建网方针得到省、市网信办的高度评价,并在全省支站会议上作典型发言,代表全市参评全省文化传播创新十佳网站。同年,常山新闻网获浙江在线新闻网站2013年度创新支站奖。

（姜伟青）

统战工作

【概况】 2013年，全县统一战线工作围绕"发挥统一战线特有优势，服务经济转型升级"主线，加强民主党派、工商联组织建设，促进党外干部健康成长，提升服务非公经济水平，支持少数民族村经济发展，引导宗教与社会主义社会相适应，拓展侨务工作基础，发挥统战优势和作用，凝聚各方智慧和力量，正确定位，选准角度，创新方法，全力服务科学发展，推动统战事业新发展。推进统战工作制度化、科学化，着眼构建大统战工作格局，联合县委组织部制发《关于建立党外干部工作联席会议制度的意见》（县委统〔2013〕3号），共同做好党外代表人士的发现储备、教育培养、选拔使用等工作；联合县委宣传部制发《关于建立统战宣传工作联席会议制度的意见》（县委统〔2013〕4号）文件，把统一战线工作纳入党委宣传、新闻工作计划，建立重大统战活动新闻发布会制度。组织县内3个民主党派开展党派成员素质提升专题调研工作，形成《抓制度，提素质，全面加强民革党员自身建设》、《浅谈如何提升基层盟员的认同感与凝聚力》等调研文章，促进各民主党派成员素质的提升。推进常山县知识分子联谊会基层分会建设，成立常山县知识分子联谊会球川镇分会。开展党外代表人士队伍建设专题调研，扎实推进党外代表人士队伍建设。开展"三进三到"大走访活动，助力"三改一拆"、社会维稳等中心工作，及时调解宗教界的各种矛盾纠纷，全力配合做好邪教人员帮教转化工作。抓好《浙江省少数民族权益保障条例》的贯彻落实，印发《常山县新一轮少数民族低收入群众帮扶行动计划的实施方案》，开展新一轮帮扶。抓好侨情调查，加强与海外侨胞的联系沟通，热情接待回乡探亲、访友的海外人士。常山县委统战部荣获全市统战工作创新奖，连续第9年在全县"满意不满意"机关事业单位评选活动中被评为满意单位。

【重视统战队伍建设】 县统战部科学制定乡镇部门统战工作考核细则，细化考核评分办法，抓好乡镇部门的统战工作任务落实。加强统战干部自身政治理论学习和统战业务知识学习，针对全县新一轮行政区划调整，及时协调明确乡镇（街道）统战委员，并组织推荐7名乡镇统战委员和1名部机关干部参加全市统战干部培训，推荐辉埠镇、球川镇两个中心镇的统战委员参加全省统战委员培训。注重调查研究，县委统战部机关干部围绕民主党派代表人士队伍建设、宗教事务管理、总部基地建设等问题深入开展调研，完成市级调研课题5个、县级调研课题3个。

【助推非公有制经济发展】 县委统战部推进基层商会组织建设，至2013年年底，全县已建有7个乡镇商会、6个行业协会（商会）、2个异地商会，有1个行业商会和1个异地商会正在筹建；工商联会员达455家。抓好非公经济人士素质提升，组织12批50余人次非公有制企业负责人或主要管理人员到四川省及浙江省内各地学习参观，邀请浙江大学教授王曙光等专家到常山举办讲座6次，受训人员200多人次。县商会与相关金融机构合作，共为107家会员企业融资提供约2.7亿元的反担保贷款。联合县人力社保局、总工会、司法局等部门，多次开展送法律进企业活动，建立完善预防、应对与规避经济合同纠纷的防范机制。

【服务少数民族村发展】 县委统战部结合常山县少数民族村发展的实际，围绕基础设施建设、农业开发性生产和畲族文化挖掘传承等工作重点，包装上报招贤镇泉目山村110亩贝母开发种植等3个项目，争取到省民宗委少数民族项目资金40万元。在5个少数民族村开展经济收入和发展情况的调查，帮助少数民族群众尽快走上致富道路。做好少数民族学生的认定发卡工作，为少数民族户籍的学生求学深造开具15份学生优惠证明。

【依法加强宗教事务管理】 县委统战部抓好"和谐寺观教堂"创建，开展宗教活动场所的消防、安全生产大检查，完善县、乡（镇）、村（场所）三级宗教工作网络，健全宗教工作突发事件应急预案及责任追究制度，创建"和谐寺观教堂"6所。协调处理北门天主教堂迁建有关问题，确保教堂实现整体搬迁。加快石崆寺开发，对旧建筑设施进行修善，完成华严殿的主体工程建设；同时，整理古刹佛教文化历史资源，赴江西省南昌市湾里区翠岩寺考察学习、借鉴经验，从灵隐寺聘请大师傅担任石崆寺住持，提高寺观文化内涵品位，丰富古刹旅游资源。

【拓展台湾及海外联谊】 县侨办抓侨情调查，充实、完善侨情数据。加强与海外侨胞的联系沟通，关注海外侨胞的最新情况，热情接待回乡探亲、访友的海外人士，2013年共接待从美国、日本、墨西哥等国回乡探亲的侨胞共五批12人。围绕"侨商回归工程"，整理海外高层次人才信息库，开展"博士眷属行"活动，对50多名常山籍的海外博士眷属进行走访慰问，收集信息，建立专门档案。及时掌握海归人员创业创新动态，建立信息库，引导他们回乡创业回归发展。推进侨法进社区活动，天马街道文峰社区、金川社区成功创建三星级"侨界之家"。做好大陆新娘工作，开展涉台婚姻调查，为常山籍大陆新娘建立档案，将涉台婚姻列入日常规范化管理。组织常山县中小学生参加两岸（衢州—台南）中小学生论语书法比赛，并获得优异成绩。做好台湾5家媒体到常山采访的接待工作，向他们推荐拍摄国家AAAA级景区——三衢石林景区风光和市级非物质遗产项目——球川镇千年贡面的手工制法。

（付小明）

民族工作

【概况】 2013年年末，全县有少数民族19个，少数民族村5个。少数民族人口2035人，占全县人中的0.635%，其中，畲族1385人，占少数民族人口68%。少数民族基本特点是小聚居大散居，以畲族为主。

常山县争取省财政下拨给少数民族扶持资金40万元。为11人更改民族成分，为中考和高考学生审核确认民族成分32人。争取县财政下拨春节慰问少数民族贫困户专项资金，共发放慰问金和物资1.75万元。

是年，县民族宗教事务局获衢州市民宗局年度考核一等奖，球川镇坞口村被评为浙江省民族团结进步小康村。（周明仙）

宗教工作

【概况】 2013年，全县有宗教活动场所88处。其中，佛教活动场所12处，佛教僧尼3人，信徒（归依信徒）570人；天主教活动场所3处，信徒840人；基督教活动场所73处（其中聚会点21处），教职人员112人（其中牧师2人、长老7人、传道员52人），信徒1万多人。宗教团体有县佛教协会，县天主教爱国运动委员会，县基督教三自爱国运动委员会和县基督教协会。

是年12月，石崆寺大雄宝殿主体竣工，北门天主教堂搬迁至天马路285号。

（周明仙）

侨务工作

【概况】 2013年年末，全县有海外侨胞413人、海外留学人员47人，分布在39个国家和地区，其中，英国20人、美国136人、加拿大48人、澳大利亚28人、日本50人、新加坡51人。归侨侨眷和海外留学人员家属816人，归国留学人员32人，侨资侨属企业8家。

县侨办加强海外联络联谊，配合县人才办开展有奖征集海外高层次人才信息工作，共征集博士以上高层次人才40人；围绕“侨商回归工程”开展“博士眷属行”活动；做好美国杜克大学医学博士徐贞仲、墨西哥东太平洋贸易有限公司董事长汪荣林到常山考察的接待工作。热心服务侨眷侨企，开展“浙商之春”走访慰问和“访侨企、送服务”活动。开展全县基本侨情调查工作，县政府办公室下发《关于印发常山县基本侨情调查工作方案的通知》，并成立县侨情调查办公室，召开全县基本侨情调查工作动员会暨业务培训会。推进基层侨务工作，天马街道文峰社区、金川社区被衢州市侨联命名为三星级“侨界之家”，文峰社区被国务院侨务办公室命名为“侨法宣传角”，这是常山侨务史上获得的第一个国家级荣誉。常山双明轴承有限公司董事长徐小俊被省侨务办公室授予“浙江省侨联系统先进个人”称号，常山县侨联被市侨务办公室授予“全市侨联系统基层组织建设先进集体”称号。

（余金荣）

对台工作

【概况】 2013年，县台办认真贯彻中央对台工作的各项方针政策和上级台办的工作部署，主动服务经济建设，扩大两岸交流；开展节日走访慰问活动，表达党和政府对台属台胞的关心。做好对台考察交流服务，组织工作人员赴台探望旅台同乡，送上故乡亲人对寓台同乡的亲切问候。做好高雄市两岸友好经贸交流协会理事长郑明珠、副理事长王品璁到常山观光考察，以及中国台湾地区《时报周刊》副总编辑王圣文率10余名台湾媒体人员到常山采访期间的陪同接待工作。加强县台联会组织建设，支持县台联会召开理事会会议，完成理事、副会长的补选工作。

【开展对台属台胞的联谊活动】 春节期间，县台办开展对台属台胞的联谊联络活动，通过走访慰问等增加了解，增进感情。具体开展了“四个一”活动，即向在常山的台属、台胞、台资企业、台属企业、台联会会员等寄发一批贺卡，表达节日问候；走访慰问一批台属、台胞，特别是一些在农村的困难台属代表，表达党和政府的关心；召开一次县台联会理事会议，开展联谊活动，共庆新春佳节；向有关台属、台胞、县台联会理事等发送春节祝福短信，共贺新春佳节。

【参加衢州市赴台经贸交流参访活动】 4月8—15日，县台办派员参加衢州市赴台经贸交流参访活动期间，联系探望旅台同乡，拜会衢州旅台同乡会，参访台南《中华日报》社、走马濑农场、白河镇莲产业协会、鱼池乡农会等，探望了包文祥、林琴等在台湾的常山同乡，为在台湾地区的常山同乡带去故乡同胞的真诚祝福和亲切问候。

【县台联会组织建设】 5月30日，县台联会召开理事会议，全体理事出席。根据工作需要，会议补选常山鸿运化工有限公司副总经理、利华钙业有限公司董事长何晓铁为县台联会副会长，增补人寿保险公司常山互动部经理徐忠英为台联会理事。

【做好台湾媒体到常山采访的服务工作】 9月16—17日，以《时报周刊》副总编辑王圣文为团长的旺旺中时媒体集团下属的《中国时报》《旺报》《中国电视》《城市网》等10多名媒体记者、编辑到常山采访，登临国家AAAA级景区三衢石林拍摄风光美景，到球川镇摄制市级非物质遗产保护项目“千年贡面”的手工制法。这些台湾媒体自2008年起开设“大陆寻奇”“魅力城市”等栏目，在台湾拥有较大的影响力。衢州作为浙江省2013年被选中的唯一城市，台湾媒体共进行为期6天的采访活动。

（胡丽君）

党校工作

【概况】 2013年，中共常山县委党校举办县管领导干部培训班、青年干部成长工程培训班、副处级以上老干部读书会和公务员培训班等主体班10期；开展党的十八届三中全会精神和习近平总书记系列讲话精神专题辅导，围绕县委、县政府中心工作举办舆情信息员、新闻发言人、纪检、组织人事干部等专题培训班10期。配合做好周末自主选训活动的场地安排、后勤服务和活动主持等工作，确保周末自主选训活动顺利开展。全年共举办各级各类计划内培训班30期，培训人员2700人次；计划外办班17期，培训人数2425人次。采用研讨式、体验式、拓展式等多元教学方式，把十八届三中全会精神、习近平总书记系列讲话精神和面临的重点、热点、难点问题纳入干部教育培训内容，开展送教下乡，课堂教学力求体现“四个最新”和“两个转化”。

县委党校发挥作为党的哲学社会科学的创新型智库作用，围绕县委、县政府中心工作，开展课题申报和调研。完成省级课题《浙西山区农村现代化绿色发展问题路径研究——以常山县为例》，申报衢州市党校系统市（县、市、区）情研究中心第六批规划课题3个。围绕县重点课题，组织人员开展集体攻关，如：与县委组织部成立联合调研组，就村级换届选举后村级组织建设问题开展调研工作。同时，组织党校全体教师积极撰写调研文章和参加各类研讨会。全校教职工共在省、市、县级刊物上发表论文和调研文章7篇，其中，省级1篇、市级4篇、县级2篇。《县级党校深化理论教育和党性教育的实践与思考》一文获全省党校系统教改研讨会优秀论文提名奖，《农村群体性矛盾的成因和对策》和《县域轴承产业集群发展策略》在全市“科学发展、富民强市”优秀文章评选活动中分获二等奖和三等奖，《加强社区教育 创新群众工作方法——常山县紫港社区党的群众工作方法的创新经验及启示》一文在衢州市《领导参阅》上刊登。

【宣讲十八大及十八届三中全会精神】 2013

年，县委党校成立党的十八大和十八届三中全会精神理论宣讲组，组织干部教师分专题进行备课，通过菜单方式深入到有关部门、乡（镇）和学校开展宣讲，3人参加县柚都讲师团，全年共开展宣讲58场。

【举办乡镇、街道干部培训班】 2013年4月9—10日，县委组织部、县委党校联合举办乡镇、街道干部培训班，刚参加乡镇、街道工作一两年的64位干部参加培训。此次培训班开设“如何当好乡镇、街道干部”专题讲座。

【县管领导干部春季培训班】 县委组织部、县委党校联合举办2013年县管领导干部春季培训班，48名县管领导干部参加培训。此次培训分为三个阶段：第一阶段为4月9—11日在县委党校学习；第二阶段为4月14—19日在井冈山市委党校学习；第三阶段至5月上旬，为自主学习、撰写党性修养心得体会文章时间。培训内容包括马克思主义中国化的最新成果、党风廉政建设、党性修养、警示教育、审计与地方经济管理等。

【全县信访干部业务培训班】 2013年5月30—31日，县委党校举办全县信访干部业务培训班，全县各乡镇、街道办事处、重点部门信访工作分管领导和信访员参加此次培训。此次培训内容分为群众来访接待、疑难信访事项化解，接访件的办理、信访形势分析，《浙江省信访事项复查复核办法》和信访复查复核业务知识，要信办理及“十步工作法”业务知识，浙江省信访绩效考核办法解读等专题讲解。

【县管领导干部秋季进修班】 县委组织部、县委党校联合举办2013年县管领导干部秋季培训班，47名县管领导干部参加培训。此次培训分为三个阶段：第一阶段为9月21—26日在井冈山市委党校学习；第二阶段为9月27—29日在县委党校学习；第三阶段至9月上旬，为自主学习、撰写党性修养心得体会文章时间。培训内容包括马克思主义中国化的最新成果、党风廉政建设、党性修养等。

【城乡环境提升培训班】 2013年9月22—26日，县农办、县妇联、县委党校联合举办城乡环境提升培训班，全县部门、乡镇及重点村82名妇女干部参加培训。此次培训的内容涵盖城乡环境建设、清洁工程、文明农村创建、环境保护或环境卫生等专题讲座。培训班专门组织所有培训人员于26日外出实习考察，旨在响应深入开展“城乡环境提升年”活动的号召，推进城乡环境整治行动。

【常山县第五期初任公务员培训班】 2013年11月26日至12月9日，县委组织部、县人力资源和社会保障局和县委党校联合举办第五期初任公务员培训班，57名新录用公务员参加培训。培训内容为中国特色社会主义理论、公务员法、公务员修养、公共管理、依法行政、公文写作、经济发展形势等专题研究。市委党校副教授王强、徐丽宫为此次初任公务员培训班授课。

（刘学锋）

机关党务工作

【概况】 2013年，县直机关工委辖机关党组织146个，其中，党委1个、党总支15个、直属党支部104个、党委建制机关党支部26个。全年批准建立机关党（总）支部9个，撤销党支部1个，指导、审批3个直属党总支部、23个直属党支部进行换届选举和班子成员增补。按照“坚持标准、保证质量、改善结构、慎重发展”的方针，规范党员发展程序，发展新党员37人，办理预备党员转正

36人。开展2012年度机关党建“两优一先”（即优秀机关党务工作者、优秀信息员和先进机关党组织）评选活动，共表彰县委党校机关支部等15个先进机关党组织、李金富等12名优秀机关党务工作者和巫正霞等6名优秀信息员。创新开展“双进制”（即党员到居住地社区报到和党组织到所在地社区或结对共建社区报到）在职党员进社区活动，实施青春党建“1134”工作法，探索机关党组织班子建设新路子，强化党员培训教育和管理，抓好满意不满意单位评选活动等，机关党的政治、思想、组织、作风、制度建设和反腐倡廉工作取得新的成效，为推动常山“奋力追赶、科学跨越”提供有力的组织保证和作风保证。

【机关党员学习教育活动】 通过周一夜学、集中讨论、专题研讨、理论中心组学习等形式，各机关党组织切实加强党员干部的政治思想建设，加深党员干部对党的十八大和十八届三中全会的思想精髓的领会，指导实践，推动工作。通过组织民主生活会、新党员入党宣誓仪式、走访慰问困难群众等形式庆祝建党92周年。利用手机短信平台，开办机关党员“空中党课”，推进机关党员学习教育活动，全年开设“空中党课”16期，培训党员53100人次，对十八大报告、十八届三中全会、党风廉政建设等内容进行培训。完善周一夜学、理论学习中心组等学习制度，促进机关党员学习教育活动更加制度化、规范化。

【“双进制”走进社区志愿服务活动】 常山县实施“双进制”走进社区开展志愿服务活动。机关党员走进居住地社区报到，实行“五个一”，即：签订一张社区党员承诺书、认领一个“微心愿”、确定一项“微义工”、联系一户居民户、公开一块党员身份牌。社区根据党员填报的自身特长、确定的“微义工”等分类成立“水电维修义工队”“邻居纠纷调解服务队”“空巢老人服务队”等，抱团开展“微服务”，紫港社区开展的“每周一小时”在职党员“微服务”在全省创意PK大赛中获得省委常委、组织部部长蔡奇的肯定。机关党组织走进所在地社区或结对共建社区报到，签订“党建共建合约书”“党员志愿服务计划书”，并根据计划书开展组团“大服务”。2013年，全县共3302名在职机关事业单位党员已全部进居住地社区报到，认领“微心愿”1035个，完成“微心愿”862个，确定“微义工”3302项；全县119支党员志愿服务队，共开展志愿服务12258人次，为社区解决困难问题153个。3302名党员均参加“一小时义工”暨文明劝导志愿服务活动，在工作日早、晚高峰时段劝导闯红灯、越线停车等不文明的交通行为，彰显党员的先锋模范作用。

6月6日上午7时50分起，在工作日早、晚高峰期间，广大党员干部将通过“一小时义工”暨文明劝导志愿服务参与到文明交通劝导活动 （吕宁 摄）

【全面开展“1+N组团合约”区域化党建共建】 全县7个社区党组织与119家结对共建机关事业单位党组织抱团建立“党建共建理事团”，根据居民的需求形成服务菜单，签订“党建共建计划书”。党建共建理事团按“党建共建计划书”开展志愿服务活动，做到月月有主题、周周有活动。

【实施青春党建“1134”工作法】 探索“党建+青建+团建”共建模式的机关党建工作，将全县35周岁以下青年分成8支青年党员团员志愿服务队，全面推行青春党建“1134”工作法，即“一网一薄”和“三平台四活动”。“一网一薄”指一个机关党青团共建网络和一本青春党建活动记录簿。构建活力机关党青团共建网络，建好一网（机关青年网站）、一博（青年工作微博）、一群（青年QQ群）、一短信（手机短信）等平台，实时发布青年关注信息，收集青年反馈意见，构建网上互动机制，做好虚拟阵地建设，扩大党青团工作对青年的影响力和覆盖面。建立活动记录簿，机关事业单位35周岁以下的青年人手一册，按要求记录全年参与青春党建活动的时间、地点、内容及见证人签名。各机关青春党组织、青团组织也按要求相应建立活动记录簿。“三平台四活动”：（1）建立青年课堂平台，开展机关青年干部成长教育活动。（2）建立机关青年服务队平台，开展机关青年志愿服务活动，“七一”前夕，全县400多名35周岁以下青年参加“青年党建”志愿服务活动启动仪式；（3）建立机关青年联谊会平台，开展机关青年文体交流活动。（4）发挥机关党建资源、队伍优势，与“两新”组织开展结对牵手活动，选择一批机关青春党组织结对“两新”组织青春党组织，帮助指导“两新”组织青春党建的开展。

【“自信激情、实干克难”主题大讨论活动】 围绕县委提出的“提振常山自信，提升创业激情，全力苦干实干，聚力攻坚克难”的要求，组织开展“自信激情、实干克难”主题讨论实践活动。全县有46个机关党组织通过开展“大家谈”，认真查找问题，剖析原因，提出整改措施，提振干部精神、激情和自信，锤炼干部苦干实干的作风和攻坚克难的意志。

【满意不满意机关单位评选】 开展2012年度县级机关“满意不满意单位”评选活动。组织县级领导、党风廉政监督员、离退休老干部代表、县级及以上党代表、县级及以上人大代表、县级及以上政协委员、民主党派代表、机关部门领导班子成员、乡镇党政班子成员、经济主体代表、村两委主职领导代表、社区主要领导及居民代表等，对92个县级机关部门单位开展满意度评议，除9个评议工作单位不定满意度等级外，共评出满意单位12个、比较满意单位20个、基本满意单位49个。及时向各参评单位反馈原始书面意见，并组织各单位针对原始书面意见开展限期整改，共计350件次。

【县级机关党组织党风廉政建设】 《中央政治局关于改进工作作风、密切联系群众的八项规定》出台后，县机关工委狠抓公车管理各项规定的落实工作，及时开展会员卡清退活动。严肃查处违纪违法案件，对违纪党员不姑息、不迁就，发生一起处理一起。全年共计对广电总台等5个单位8名违纪党员作出开除党籍处分。

【机关党务工作者培训班】 5月份，县直机关工委组织全县42名机关党务干部进行关于规范党员发展和学习贯彻《中国共产党党和国家机关基层组织工作条例》等方面的培训，并赴井冈山开展党性教育，通过课堂教育和现场教学相结合的方式，让党务干部重温党的艰苦历程，进一步接受党性教育，提高自身党性修养。

【入党积极分子培训班】 4月份，县直机关工委对137名入党积极分子在文明礼仪、党性修养、入党知识等方面进行系统的培训。为全面掌握入党积极分子8小时内外的表现情况，在其居住地社区实行入党积分制，对积极分子8小时之外表现进行量化打分，作为吸收预备党员的标准之一，并在入党积极分子相对集中的单位开展党员发展对象差额遴选公开答辩活动。（周莹）

老干部工作

【概况】 2013年年末，全县有离休干部131人（含代管6人：国税5人、航管1人）。抗战时期入伍的17人，其中，抗战前期1人，抗战后期16人；解放战争时期114人。中共党员101人。异地安置6人，其中，安置在外省1人。享受两项副厅级待遇的1人，县处级待遇的49人，科级待遇的81人。无固定收入的遗孀有82户（红军1户，抗战时期16户，解放战争时期65户）。全县离休干部平均年龄85.61岁。90岁以上的16人，最高龄96岁；86岁（含）以上的53人；78—85岁的62人。身体尚好，能参加活动的47人，占35.9%；生活不能自理的25人，占20%。全县有担任副处级以上实职离退休干部27人，其中，离休1人，享两项副厅（生活、医疗）待遇；退休26人（含正县级7人）。

【落实老干部政治待遇】 常山县坚持老干部政治理论学习制度。坚持离休干部每月30日离休学习日制度、副处退休干部每月20日学习日制度和离休干部学习小组每季一次学习工作情况汇报制度。为各离退休干部学习小组提供党的十八大读本、《学习习近平总书记重要讲话》、“中国梦”等学习资料，为每位离退休干部订阅《浙江老年报》《半月谈·内部版》，局阅览室订有上百种报纸杂志并常年为老干部开放。年初，邀请县委党校常务副校长赵豪清为老干部作十八大精神学习专题辅导报告。坚持通报制度。1月，县委召开全县老干部形势报告会，县委副书记、县长毛建国向全县老干部通报2012年度经济社会发展情况和2013年工作重点。9月，县委常委、组织部部长吴利平参加县老年大学开学典礼，通报全县重点工作情况。10月22日至23日，举办全县副县（处）级以上离退休干部读书会，县委书记王良春作动员讲话，并向老干部通报全县经济社会发展情况和新的一年工作思路的谋划和工作重点。10月，县委常委、组织部部长吴利平出席全县副处级以上退休老干部座谈会，向老干部通报全县组织工作和干部队伍建设情况。在每次县委、县政府全会会议召开之前，县委、县政府主要领导都亲自参加老干部座谈会，广泛征求意见。坚持参观考察制度。4月中旬，组织副处以上退休干部参观考察球川镇工业功能区建设；5月底，组织70余名离休干部和副处级以上退休干部参观考察三衢石林国家AAAA级旅游景区。11月底，组织副处以上退休干部参观考察辉埠新区建设。发挥老干部作用。4月2日，县关工委与团县委、县少工委联合开展以“缅怀革命先烈、弘扬民族精神”为主题的清明节教育活动。组织开展“弘扬雷锋精神，学习‘最美浙江人’”暑期社会实践活动，开展“一万个梦想，一万个心愿”——浙江省万名儿童圆梦公益大行动，引导广大“五老”发挥余热。加大对县老年科技协会、老年书画研究会、老年诗词协会等老年社团工作的支持力度。10月，与县委宣传部共同主办衢州四县（市、区）老年书画联谊会。

【落实老干部生活待遇】 常山县做好医疗费预发、住院床位费标准调整、高龄服务补贴、死亡丧葬费等发放工作。根据浙江省人力资源和社会保障厅《关于开展离休干部全省异地就医联网结算工作的通知》（浙人社发〔2013〕121号）精神，及时做好离休干部全省异地就医报销信息联网工作。做好走访慰问工作。元旦、春节等重大节日期间，局全体干部职工分组或协助县四套班子领导进行走访慰问，共走访慰问老领导、长期患病、生活困难离休干部、生活困难遗属118人，发放慰问金9.18万元。赴山东省、三门、杭州、嘉兴、金华、诸暨等地走访慰问异地安置老干部7人，加强对易地安置离休干部的关心。为老干部办实事、送温暖。坚持住院看望、离休干部体检及信访接待制度。全年累计探望老干部90余人次。6月3日至7日，组织全县114位老干部进行年度体检。及时妥善处理离退休干部的来信来访，帮助解决老干部的实际困难，及时化解老干部思想情绪，提高老干部工作的满意度。

【老干部活动中心建设】 常山县发挥县老干部活动中心的主阵地作用，坚持以完善硬件、优化服务、规范管理为着力点，打造老干部活动的“满意家园”。结合重要节点、重大节日，举办特色鲜明的活动，5月14日至17日，举办常山县第十七届老干部（工人）趣味运动会。共有1446名老干部报名，其中，离休干部44人、退休干部489人、退休工人913人，年龄最长者为94岁。

【县老年大学规范化建设】 常山县以创建“全省教学管理先进单位”为抓手，坚持“政治建校、平安立校、质量兴校”的办学原则，进一步明确学校功能定位，满足老干部“老有所教、老有所学”的需求。3月21日召开的县老年大学校务委员会决定：(1)改善教学条件，夯实硬件基础；(2)调整学员收费标准：每人每科每学年80元，报两门以上课程优惠政策取消；电脑课每人每学年200元；(3)教师讲课费由50元/2课时逐步提至80元/2课时的省定标准。全年筹措资金30万元，对电脑教室35台电脑进行全面更新，增加两个多媒体教室设备，安装监控设备，铺垫塑胶地毯等，提升学校面貌。经过努力，县老年大学各项工作已达到“省级先进管理单位”标准。县老年大学被县老龄工作委员会授予“敬老文明号”荣誉奖牌。

【老干部局机关自身建设】 抓政治理论学习。建立学习日制度，坚持“周一夜学”、理论中心组学习制度，深入学习贯彻党的十八大精神，学习全省老干部局长会议精神，促进学习型机关建设，推动老干部工作。抓工作作风转变。认真学习贯彻《中央政治局关于改进工作作风、密切联系群众的八项规定》《省委关于改进工作作风和加强党风廉政建设“六个严禁”的纪律要求》等文件精神，结合“自信激情、实干克难”“三进三到”“走进乡村·基层结亲”“微心愿认领”等主题实践活动，切实把改进工作作风、密切联系群众的各项具体要求落实到实处，提高服务群众、服务中心工作的实效。加强党风廉政建设。建立健全规范用权的长效机制。单位内部层层签订党风廉政建设责任书，加强反腐倡廉宣传，加大自查力度，推进政务公开，完善监督，提高全体干部职工拒腐防变能力。以抓好一把手“七不直接分管”工作为重点，健全和完善党内监督制度，提高集体决策能力和工作透明度，形成“正职监管、副职分管、集体领导、民主决策”的工作格局。

（宁竞）

关心下一代工作

【概况】 2013年，全县各级关工委认真学习贯彻党的十八届三中全会精神，坚持“急党政所急、想青少年所需、尽关工委所能”的工作方针，围绕县委、县政府中心工作，服务“实力工业、休闲城市、美丽乡村”战略，发挥“五老”（老干部、老战士、老专家、老教师、老模范）的优势和作用，深入学校、行政村、社区、企业，宣讲党的十八大精神，开展以“弘扬雷锋精神，学习最美浙江人，同心共筑中国梦”为主题的社会主义核心价值体系教育活动,参与创新社会治理工作,为促进青少年健康成长做出新的贡献。

【青少年思想道德教育】 寒暑假期间，县爱国主义报告团成员深入学校、社区、乡村等基层给青少年作中国梦、思想道德教育等报告，全县各关工委组织面向未成年学生开展中国梦、思想道德和假期安全等教育；各社区关工委开设“红领巾”暑期学校、青少年读书会、免费才艺培训班、社区“中国梦”演讲比赛等一系列寓教于乐的“第二育人大课堂”活动，开放青少年活动室、阅览室，并组织有一技之长的关工委委员对学生进行书画、舞蹈、趣味英语、安全等知识义务培训；各村级关工委利用村活动室、书屋组织学生开展有意义的文体、读书活动等。

【开展清明祭扫革命烈士纪念碑大型活动】 4月2日上午，县关工委和团县委、县少工委联合在东明湖公园常山县革命烈士纪念碑前开展祭奠英烈活动，全县机关单位团组织、驻县城各中小学校的1000余名团员青年、少先队员参加了活动。县消防大队战士向革命烈士纪念碑敬献了花圈，参加活动的全体团员、少先队员向革命烈士默哀致敬，并进行了集体宣誓。县关工委爱国主义报告团宣讲员姜法四在活动现场作了一场精彩的《常山革命故事》报告。县委常委、组织部部长吴利平出席活动并作讲话，与青少年一起回顾了常山的峥嵘岁月,寄语全县青少年要永远不忘革命先烈的遗志和追求,为中华民族伟大复兴的“中国梦”的实现做出自己的贡献。

【举办“中国梦·我的梦”演讲活动】 10月30日上午，县关工委协助天马街道关工委举行“中国梦·我的梦”主题演讲竞赛。天马街道党工委书记姜雪峰、副书记何小建及县关工委领导和天马街道关工委老同志及各社区关工委负责人等100多人到场观赛。竞赛分小学、中学、大学3个层级组，每组产生3名优胜者，共有18名学生获优胜奖。同时，天马街道文峰社区还举办“点亮微心愿·唱响中国梦”专场文艺演出，帮助20名留守儿童实现了小小心愿。

【部署学雷锋活动】 县关工委转发《关于衢州市关工委在全市中小学生中开展“弘扬雷锋精神,学习‘最美衢州人’”主题教育活动的通知》(衢关工委〔2013〕2号),部署全县青少年学雷锋活动。3月4日,东案乡关工委学雷锋活动从尊老爱老做起,组织青年干部、大学生村官到乡敬老院为老人打扫卫生、清洗衣物；3月5日，县卫生系统关工委组织志愿者为群众免费测量血压，开展健康咨询和疾病预防指导，到饭店、超市等场所分发“光盘行动”倡议书，号召全县人民节约资源，珍惜粮食，杜绝浪费；天马中学关工委组织学生清理城市垃圾小分队，上街清除卫生死角垃圾；3月3日和5日，常山一中、常山三中关工委分别发起为常山县白血病学生募捐活动，他们行走在大街小巷，穿梭于店铺之间，手捧爱心箱，为白血病患者募集到5000多元费用；县交通局关工委组织交通系统青少年到县汽车站开展“争做当代雷锋，清洁车站卫生”活动，受到广大旅客的好评。

【深化普法和帮教工作】 全县各关工委会同有关部门积极开展“关爱明天，普法先行”活动，对青少年进行“六五”普法教育。全年共举办法制讲座12场次，受教育青少年达5000人次；结对帮教失足失范青少年5人，使其取得明显进步。政法系统关工委深入到监狱、学校、社区、村各个层面，开展家访和庭前帮教，积极维护涉案失足未成年人的合法权益。

【关爱帮困工作】 全县各级关工委和民营企业关工委积极开展助困、助学、助残、助孤、助医等“五助”活动，全年共募集资金约4万元，资助困难大、中、小学生86人。开展“五老”与农村留守儿童、单亲家庭子女、残疾儿童结对，从学习上、思想上、生活上倾注关爱。做好“一万个梦想，一万个心愿”——浙江省万名儿童圆梦公益大行动公益活动，五里、芳村、辉埠、钳口等4所中心小学上报入选，各选出100名贫困学生填写了微心愿卡，并与省关工委、省广播电台及企业代表、圆梦大使共同到各学校核实、采访、制作节目，在电台播出后，95%以上学生的微心愿已被爱心人士领认。开展老少同乐庆六一活动。六一期间，各关工委走访慰问部分小学及幼儿园，送去慰问金及各种节日礼物价值3万多元，亲切看望慰问少年儿童，并向教育工作者致以诚挚的问候。

【开展净化社会文化环境宣传教育活动】 县关工委开展“珍视生命、远离毒品”“反邪教”“反毒品”宣传教育活动，帮助中小学生明是非、知美丑、分清善恶。建立“五老”网吧监督员队伍，主动配合宣传、文化、公安等部门，对网吧等文化市场进行监督，用文明办网、文明上网和健康上网经常劝导教育业主和青少年；以出黑板报、举办法治讲座等形式进行法治宣传，监督网吧经营，预防青少年犯罪，维护未成年人合法权益。县文广新局关工委委员参与“送戏、送电影、办培训班”等活动，用先进文化占领青少年文化阵地。其中，参与编导的“清官樊莹”古装大戏下基层巡回演出8场，送戏进校园26场，送电影进社区160场，观众达4万多人次；建立青少年舞蹈、音乐、戏剧培训基地，开展各种培训班70期，全年受训学员达7000多人次。县交通、卫生、财政、经信、天马街道、大桥头乡等关工委的广大“五老”志愿者还在道路交通安全、暑期防溺水安全、防盗防窃等方面，加强宣传教育和巡逻巡防行动，为促进青少年健康成长做出贡献。

（王红平）

信　访

【概况】 2013年，县信访局坚持执行每周三和每月21日的县领导定点接待群众制度，将领导干部下访接访活动形成常态化、制度化。通过机关效能110网站、“5212345”便民服务热线等平台，方便群众提出信访事项，扩大信访渠道。以落实解决初信、初访为重点，按照首办负责制的要求，在第一时间把初信、初访解决好，提高办结率和群众满意度，对信访人的合理要求，积极帮助解决落实，确保初信、初访高质量地一次性办结。加大信访事项的督查、督办力度，2013年，共化解信访积案17件，其中，省级挂牌积案5件。安排化解疑难复杂信访问题专项资金32万元，争取省补助化解资金26万元。副省长毛光烈交办的新建村信访件处理基本结束，落实到位资金50万元。创新工作机制，提出信访“三量”工作法，获得省委常委、秘书长赵一德的批示肯定；成立县信访联合接待中心；建立信访事项集中交办制度，每周五召开集中交办会，由各乡镇、街道、相关部门专职信访员参加，对每周的来访、来信件进行集中交办；针对农村举报、检举类信访件较多的情况，专门建立农村信访问题分类处理办法；完成14个乡镇（街道），20个重点部门全国信访信息系统的连通应用工作。存在的主要问题是：（1）解决初信、初访的力度还不够大，2013 年重复信访件有较大幅度的增加，越级访的压力仍较大。（2）利益群体的稳控措施还需加强，全县排查出各类利益群体 40 多个，人数众多，且大多缺政策。利益群体常选择在国家重大政治活动、重要节日期间搞突击上访，制造较大影响。（3）全县信访队伍存在业务办理不熟练，应用信访工作规程和驾驭复杂局势的能力还不强，各乡镇、街道、部门信访干部身兼数职，很难一门心思做信访工作。2013 年，县信访局共受理群众信访事项 1706 件人次，比 2012 年下降 1.6%。其中，受理群众来信 210 件次，比 2012 年下降 26.5%；接待群众来访 677 批 1496 人次，比 2012 年批次上升 41.9%、人次下降 3.2%；实际进京上访 15 批 28 人次，批次、人次比 2012 年同期分别上升 66.6%、154.5%；赴省上访 60 批 90 人次，分别比 2012 年同期上升 42.8%、下降 10%；到市集体访 10 批 257 人次，分别比 2012 年同期下降 52.3% 和 20.6%。

▲信访“三量”工作法：坚持用群众工作统揽信访工作，加强源头防范、有效控制信访“增量”，坚持综合施治、积极控制信访“变量”，推动积案化解、努力减少信访“存量”。

【领导下访约访活动】 县级领导共接访、下访、约访群众 440 批 999 人次，批示交办 419 件，到期 419 件，按期办结 419 件，按期办结率 100%。2013 年 10 月中旬，县四套班子领导开展下访、约访接待群众活动，促进了信访工作领导责任制的落实，增进了干部与群众的感情，密切了党群干群关系。

（徐德成）

档　　案

【概况】 2013 年，县档案局接待来馆利用档案者 1923 人次，累计提供档案资料 4929 卷次，复印及提供证明 5808 页。举办全县数字档案室档案管理软件培训班和档案登记备份平台操作业务培训班，参训 200 多人次。县档案馆通过省级规范化档案登记备份中心创建工作，成为浙江省第 16 家通过验收的单位。档案文化、档案资源、档案安全体系、档案信息化建设均取得新成效。

【档案文化建设】 2013 年，县档案局进行档案网站改版升级，开辟档案文化板块和在线论坛板块，网站正式更名为常山档案史志网，同时，开设常山党史信息网和常山地方志信息网。牵头与县委宣传部、广电总台、新闻中心等单位联合制作《常山方言典藏》短片，以常山城市形象宣传片《行走常山》为参考，通过约 5 分钟的方言短片集中展现常山优美的地理环境、人文环境等内容。常山县烟草专卖局的“企业记忆之窗”示范点、辉埠镇大埂村的“乡村记忆示范基地”试点创建活动通过省级验收。“最美衢州”——第三届全市书画院作品展、第四届“翰动三山”（浙江省常山县、安徽省含山县、重庆市秀山自治县）书画作品联展等展览在县档案馆一楼展厅相继举办。10 月，县档案馆被县委宣传部、县社科联命名为“常山县社会科学普及示范基地”。

【档案安全体系建设】 2013 年，县档案馆对原中心机房进行升级改造，添置高可靠性防火墙、高性能交换机、高稳定服务器等设备；建立功能完善、操作便捷的登记备份系统，新增在线登记平台和电子业务数据档案日备、周备的自动采集功能；安排专项经费对全县 26 家县直单位重要传统档案进行数字化加工，并同步开展登记备份，数据量共 159GB；全市档案登记备份工作现场会在常山县召开，省局、市局领导及全市各县（市、区）档案局主要领导、分管档案登记备份工作领导、登记备份中心负责人参加会议,与会人员参观了常山县档案登记备份中心机房。10月,常山县登记备份中心联合县住房资金管理中心开展备份数据恢复测试应急演练,取得成功。

【档案信息化建设】 2013年12月,《常山县数字档案馆和档案登记备份中心建设项目》第一期工程通过验收,包括馆藏民国档案条目录入12万多条、全文扫描32万多页;中华人民共和国成立后140多个全宗400万多页的档案全文数字化扫描,录入、核对、修改条目71万多条。第二期工程被列入2013年县重点建设项目,政府投资400万元,年底前完成招标方案编制工作。

【基层档案室建设】 2013年,县社保局综合档案室通过档案目标管理省一级认定;县国税局综合档案室通过档案目标管理省一级复评。县人民医院整体迁建重点项目工程档案通过专项验收,县水利局开展全国第一次水利普查档案通过专项验收。

【档案资源建设】 2013年,县档案局接收县财政局土改时期土地清册档案移交进馆,共计117箱1531卷;接收全县供销社会计档案进馆,共计317箱38042卷。

(李媛媛)

党 史

【概况】 2013年,县委党史研究室为适应《中国共产党常山历史党史(第三卷)》的编写需要,9月份开始落实专人,开展《中共常山县委重要文件选编》编写工作。《选编(第一册)》拟收入1978年12月至1984年4月常山县第五次党代会召开前的县委重要文件,以后拟每届县委的重要文件各编一册,直至常山县最近召开的届次前。

整理、汇编1949年5月常山解放至2013年,历届常山县四套班子领导任职情况一览表。其中,历届县委书记一览表共17人,历届县长一览表共18人,历届县委领导班子任职情况一览表共229人次,历届县人大常委会领导班子任职情况一览表共73人次,历届县人民政府县长、副县长任职情况一览表共153人次,历届县政协主席、副主席任职情况一览表共54人次。

全面完成常山县党史资料的清查登记工作。从清查登记的结果看,常山县委党史研究室现存征集的图书863册、报刊4种23本,档案770份,口述史料150份,回忆录87份,还有光盘4张、照片346张。资料征编项目开展也比较好,现有文件汇编10册,《常山党史》第一、二卷2册,回忆录18篇文章,革命史资料选编、社会主义时期党史专题集各1册,人物传记1本,大事记2册,常山党史资料通讯45期,还有党史展览馆1个。编研资料的总字数超过225万字。

编制中共西源区地下革命联络点旧址保护项目书,年底争取到省委党史研究室和省财政下拨“中共西源区地下革命联络点旧址”保护资金10万元。

完成2013年常山县大事记的编写工作。

(李媛媛)

地方志

【概况】 县地方志办公室完成《常山年鉴(2012)》出版发行工作。2013年7月,《常山年鉴(2012)》由方志出版社出版,主编黄仙寿。精装16开,83.6万字,印数1000册,定价280元。全鉴由卷首、百科、卷尾三部分组成;百科按类目、分目、条目三个层次框架编排。卷首设彩页、特载、大事记、专记、县情概览，百科设中共常山县委员会、常山县人民代表大会、常山县人民政府、政协常山县委员会、民主党派、群众团体、政法、地方军事、工业、农业·林业·水利、商业贸易、信息传媒、交通、城乡建设与管理、国土资源·环境保护·气象、经济综合管理、财政·税务、金融·保险、人事·劳动·社会保障、教育、科学技术、文化·旅游、卫生·体育、社会生活、乡镇等25个类目，计174个分目（副分目）1223个条目、85张数据表、53张随文插图；卷尾设组织机构及负责人名录、荣誉录、重要文件目录、艺文、国民经济若干统计资料、附录、索引等。记载2011年常山县全面实施“工业立县、绿色发展”战略，深入落实“实干兴县、项目强县”总要求，以绿色发展、生态富民、科学跨越为主线，在加快项目建设、推进转型升级、统筹城乡发展、致力改善民生、创新社会管理、加强党的执政能力建设等各方面取得的成果和实效。到年底，《常山年鉴（2012）》发行工作全面完成。

《常山年鉴（2013）》的编纂工作有序推进。2月底，县地方志办公室向全县发出通知，对《常山年鉴（2013）》的编纂工作进行具体部署。全年共编发9期工作简报，及时通报年鉴编纂工作动态，将汇编的“大事记”“荣誉录”进行刊发，面向全县各乡镇、街道和县级机关征求意见。至2013年年底，《常山年鉴（2013）》初稿编辑修改已完成；重要图片的征集整理、目录中译英也已完成；各单位承编的文稿经一个月多的核对，多数单位的审定稿已报至县地方志办公室。

全县地方志信息化建设取得新进展。2013年，地方志办公室的档案实现全文数字化，条目全部录入电脑，开查找利用提供了快捷、便利的条件。县地方志办公室结合“常山县数字档案馆建设”项目，与县档案局完成“常山县档案史志网”升级改造相同步，通过“常山县档案史志网”首页就可进入“常山县地方志信息网”。主要模块有政策法规、规范指南、县情概览、常山县志、常山年鉴、人文研究。

（李媛媛）

常山县人民代表大会

【概况】 2013年，县人大常委会共召开常委会会议7次、主任会议15次，听取和审议“一府两院”工作报告17项、县人大常委会执法检查报告2项，作出决议、决定13项，任免国家机关工作人员19人次，组织代表开展工作考察11次；县人大常委会主任会议听取政府专项工作报告8项，完成对县环保局、县林业局进行的工作评议。

探索建立“一府两院”受命人员依法履职报告制度，全县41名受任人员书面报告履职情况。召开履职报告大会，听取10名受任人员的履职报告，开展满意度测评，提高监督实效。抓专题询问常态化建设，针对群众反映强烈的矿区环境污染、道路损毁严重等问题，县人大常委会组织外出考察学习、深入基层调研掌握情况，启动矿产资源管理工作的专题询问，将询问过程全程录像，在常山电视台和街面LED大屏幕连续多月滚动播放，营造矿产资源整治的良好氛围。

重要会议

【县十五届人大二次会议】 2013年1月17日至21日，常山县第十五届人民代表大会第二次会议在县城举行。会议应到代表192人，出席代表186人。会议听取和审议县人民政府县长毛建国所作的《政府工作报告》、县人大常委会主任徐建华所作的《县人大常委会工作报告》、县人民法院院长王小红所作的《县人民法院工作报告》、县人民检察院检察长郑慧胜所作的《县人民检察院工作报告》，审议《常山县2012年国民经济和社会发展计划执行情况及2013年国民经济和社会发展计划草案的报告》和《常山县2012年财政预算执行情况及2013年财政预算草案的报告》（书面），并通过上述工作报告决议。会议收到代表10人以上联名议案60件，根据地方组织法、代表法的有关规定及大会秘书长会议的报告，经大会主席团第四次会议研究，决定将周丽兵等11位代表提出的《关于加强园区周边环境综合整治，推进园区平台品位提升的建议》列为正式议案，其他59件改作建议、批评和意见，收到代表建议、批评和意见86件。县委书记李华在闭幕式上讲话。在常山的省十三届人大代表、市六届人大代表，不是代表的县委领导、县政府组成人员，县级有关部门（单位）主要负责人和在常的中央、省垂直管理单位、企业主要负责人，乡镇党委、政府、新都办事处主要负责人，驻常山武警部队主要负责人等200多人列席会议。

【县人大常委会会议】 2013年1月9日，召开县十五届人大常委会第九次会议。会议讨论通过县十五届人大常委会代表资格审查委员会名单，作出了《关于设立常山县第十五届人大常委会代表资格审查委员会的决定》，听取和审议《关于吴清芳代表因涉嫌危险驾驶罪请求许可采取强制措施的报告》，作出

《关于许可对常山县十五届人大代表吴清芳依法采取强制措施的决定》，表决通过了《关于免去姜樟仙同志的常山县十五届人大常委会教科文卫民侨工委委员职务的议案》，决定免去姜樟仙同志的常山县十五届人大常委会教科文卫民侨工委委员职务。会议听取并审议通过《关于吴利平等代表资格的审查报告》《关于代表变动情况的报告》，讨论并通过常山县第十五届人民代表大会第二次会议列席人员名单、县十五届人大二次会议预备会议日程和各代表组成人员名单，讨论提出县十五届人大二次会议有关事项的建议，听取了县十五届人大二次会议筹备工作情况的报告。

3月19日，召开县十五届人大常委会第十次会议。会议听取和审议县人民政府《关于我县农民饮用水工程建设情况的报告》《关于2013年我县政府性投资项目安排情况的报告》，听取县人大常委会主任会议提交的《关于设立常山县人大常委会天马、紫港、金川街道工作委员会的议案》，表决通过《关于设立常山县人大常委会天马、紫港、金川街道工作委员会的决定》，表决通过县政府提请的人事任免议案，表决通过有关辉埠镇、芳村镇相关事项的决定，讨论通过县人大常委会主任会议提请的县人大常委会有关工委委员的调整事项。

5月24日，召开县十五届人大常委会第十一次会议。会议听取和审议县人民政府《关于我县青少年事业发展情况的报告》、《关于我县2013年政府性债务收支计划的报告》，通过《关于批准常山县2013年政府性债务收支计划的决议》，听取和审议县人民政府《关于我县贯彻实施饮用水源保护相关法律法规施情况的报告》和县人大常委会执法检查组《关于我县贯彻实施饮用水源保护相关法律法规情况的执法检查报告》，表决通过县十五届人大常委会代表资格审查委员会提交的关于补选的县十五届人大代表的代表资格审查报告和关于代表变动情况的报告。

7月24日，召开县十五届人大常委会第十二次会议。会议表决通过县人民政府、县人民法院提请的人事任免议案，听取和审议《关于要求许可对犯罪嫌疑人王世道采取强制措施的请示》，作出《关于许可对常山县第十五届人民代表大会代表王世道依法采取强制措施的决定》，听取和审议县人民政府关于常山县2013年1—6月国民经济和社会发展计划执行情况的报告、关于常山县2013年1—6月财政预算执行情况的报告、关于常山县2012年财政决算的报告和关于常山县2012年财政预算执行和其他财政收支的审计工作报告，作出《关于批准常山县2012年财政决算的决议》。会议审议通过对县环保局、县林业局工作评议的审议意见。

9月25日，召开县十四届人大常委会第十三次会议。会议表决通过县人大常委会、县人民检察院提交的人事任免议案，听取和审议县人民政府关于县十五届人大二次会议议案建议办理情况的报告、关于常山县行政村规模调整工作情况的报告、关于常山县贯彻实施《中华人民共和国人民防空法》情况的报告和县人大常委会执法检查组关于常山县贯彻实施《中华人民共和国人民防空法》情况的执法检查报告。

11月28日，召开县十五届人大常委会第十四次会议。会议听取和审议县人民政府关于生态县建设情况的报告、关于县“十二五”规划纲要实施情况中期评估报告、关于县“十二五”工业发展规划实施情况中期评估报告、关于县“十二五”教育发展规划实施情况中期评估报告、关于县“十二五”环境保护规划实施情况中期评估报告和关于县“十二五”社会主义新农村建设规划实施情况中期评估报告。

12月11日，召开县十五届人大常委会

第十五次会议。会议初审了县人大常委会工作报告（征求意见稿）、县人民政府工作报告（征求意见稿）、县人民法院工作报告（征求意见稿）和县人民检察院工作报告（征求意见稿）。会议讨论通过关于召开常山县第十五届人民代表大会第三次会议的决定。

重要活动

【执法检查】 县人大常委会与省、市人大联动开展对饮用水水源保护法执法检查和食品安全法审议意见落实情况的跟踪检查，组织开展人民防空法执法检查。从4月份开始，县人大常委会通过明察暗访、随机抽查等形式，深入20多个水源保护重点单位，召开座谈会20余次，听取和审议饮用水水源保护执法检查报告。深化做好2012年食品安全法审议意见落实情况的跟踪检查工作，对县农贸城、商场超市等部分食品安全生产经营领域进行突击检查，推动政府进一步明确监管责任，切实保障食品安全。开展对《中华人民共和国人民防空法》的执法检查，提出以建为主，依法审批，发挥平战结合作用，提高全民防空意识等意见。

【考察和调查】 县人大常委会通过组织考察和调查，提出有针对性的意见和建议，推动"一府两院"工作水平的提升。组织代表视察重点项目建设，农业农村发展，电力事业发展，法院立案、审判工作，违章建设整治，三衢石林AAAA景区创建，城市洁化、绿化市场化改革，来料加工业，县公安局落实评议意见整改提升，工业平台及衢州绿色产业集聚区常山片区开发，矿产资源整治、紫港大桥连接线工程，乡镇街道养老院改扩建工程建设等情况。就常山县矿产资源管理、家庭农场发展、2013年财政预算编制、《浙江省计量监督管理条例（草案征求意见稿）》立法、中国·常山观赏石博览园创建、现代山水田园城市等课题开展调查，根据调查中存在的问题，提出相应对策。

【工作评议】 县人大常委会组织对县环保局、县林业局进行工作评议。专题研究、制定工作评议方案，召开动员大会，建立两个评议小组，深入调研，共收集意见和建议120余条。7月9日，县人大常委会召开工作评议大会，县人大常委会主任徐建华讲话，副主任王文达主持会议，副主任王小平、俞宝根、徐柯出席会议。县委副书记方法代表县委讲话，副县长严可兵、县政协副主席陈国珠应邀出席会议。会上，两个工作评议组和五个代表小组分别结合调研和代表小组活动情况，向被评议单位原汁原味地反馈了意见、建议，被评议部门负责人作表态发言；会议还对交通、卫生部门进行了满意度测评。会后，评议组全程监督被评议单位的整改工作。12月，两个被评议单位向县人大常委会呈报整改工作情况汇报。

【代表工作】 县人大常委会优化代表履职环境，发挥代表作用。县十五届人大二次会议提出的146件议案、意见或建议中，解决或部分解决的占53%，列入计划逐步解决的占30%，由于受客观条件所限暂时不能解决的占17%。对11件办理结果不满意的建议，县人大常委会领导领衔督办，其中有8件建议得到解决，对由于客观因素一时无法解决的3件建议，向代表做好解释说明工作，取得代表的理解。做好浙江省人大代表履职服务平台建设，成立县、乡两级推广工作领导小组，建好一批管理员和联络员队伍，加大履职服务平台运用培训力度，率先在全市完成四级代表的平台注册以及信息核查工作。建立县代表履职登记制度，加强和完善代表议案建议办理，优秀议案建议、先进代表小组和优秀代表评选等制度，激励代表履职的责任感和使命感。组织全体代表开展以“我县经济形势分析报告”为主题的履职培训，坚持县人大常委会组成人员联系代表工作制度，继续邀请县人大代表列席县人大常委会会议、参与县人大常委会重要活动，促进代表依法行使职权。健全人大代表辞职制度，全年共接受8名县人大代表辞去职务的请求，及时补选10名县人大代表；完成6名市人大代表的辞职与补选工作。

【信访工作】 县人大常委会全年共受理群众来信68件，来访169人次，督办重点信访15件。规范接待行为和办理程序，及时督促解决群众的合理信访诉求。县人大常委会领导参与县领导定期接访调解工作，促使一批群众反映的实际问题得到依法、妥善处理，努力化解社会矛盾，维护社会稳定。

（宁　歆）

常山县人民政府

综　述

【概述】 2013 年，全年实现地区生产总值 107.15 亿元，比上年增长 8.6%；财政总收入 10 亿元，增长 11.3%，其中公共财政预算收入 6.5 亿元，增长 13.8%；完成全社会固定资产投资 92.3 亿元，增长 16.1%；社会消费品零售总额 43.6 亿元，增长 13.6%；外贸进出口总额 1.47 亿美元，增长 38.5%；农民人均纯收入 11542 元，城镇居民人均可支配收入 23036 元，分别增长 11.4% 和 10.3%；城镇登记失业率为 3.32%，控制在 4%以内；人口自然增长率控制在 7.6‰以内；万元生产总值综合能耗与 2010 年相比累计下降 13.6%，主要污染物减排完成上级下达的任务。为民办实事各项目标任务基本完成。

项目工作破难而进。常山县排出“十大重点项目”聚力攻坚，持续开展系列“项目月”活动，切实加强公建项目管理，一批重大项目取得较快进展。杭新景高速公路、紫港大桥北接线、48 省道延伸线、东入城口景观改造、独流入海钱塘江治理常山段一期、油气管线等一批“大、难、慢”项目取得突破性进展，天然气热电联产一期建成，205 国道改造示范工程通过验收。110 个县重点项目实现投资 64.2 亿元，完成年度计划的 103.5%。8 个项目列入省级重点项目盘子，1 个项目列为省浙商回归重大项目。完善招商考核办法，创新招商工作模式，成立 4 个招商分局，实施点将招商，新引进项目 75 个，实际到位资金 21.3 亿元，其中亿元以上项目 16 个。

帮扶企业共渡难关。常山县开展“我为企业加油”“三进三到”等活动，组建专业服务组，以问题销号制方式帮助企业解决实际问题 100 多个。助推巴菲尔化学公司召开全国专家研讨会，推广无氰碱铜电镀液。落实结构性减税、社保金“五缓四减三补贴”等政策，兑现财政奖补资金 6350 万元。健全企业融资担保平台，为 232 家企业提供 4.46 亿元的贷款担保余额，比上年增长 65%；企业应急专项资金提高至 1 亿元，累计为企业提供应急周转资金 139 笔、5 亿元，有效缓解企业融资难题。妥善处理少数企业资金链断裂引发的矛盾，保障经济良性运行。

要素制约有效破解。常山县加强政府融资平台建设，建立资产与资源注入机制，县属国有公司融资能力得到提高，全年共融资 5.74 亿元。加大向上争取力度，争取各类补助资金比上年增长 19%。全县金融机构贷款余额首超一百亿元，增长 22.1%。被列为省金融创新示范县试点。推进土地资源开发，加强土地指标争取及土地征收，保障发展用地需求，共开发土地 1.2 万亩，新建高标准基本农田 3.1 万亩，争取各类建设用地指标 4816 亩，征收土地 2512 亩。加大人才培养和引进力度，引进紧缺专业人才 163 人，1 名高层次人才入选省“千人计划”。组织人力资源招聘会20场，帮助企业缓解用工难题。深入实施“蓝天三衢”生态治理工程，为经济发展腾出能耗、环境空间。

三次产业稳步发展。常山县实施县级领导领创产业，强化产业培育研究。出台钙产业转型升级政策，启动化工、造纸、轻钙行业专项整治，关停企业6家、生产线12条。实施“一企一策”，着重扶持龙头优势企业18家，新培育规模以上企业17家。完成“个转企”327家，在全市率先实现三年任务一年完成。天子果业完成股份制改造，捷姆轴承升级为无区域名称企业集团，银田化纤、双明轴承等一批企业“机器换人”步伐不断加快。新型农业主体不断壮大，新增农业龙头企业14家、家庭农场342家，建成市级一村一品专业村10个、专业乡镇1个。再生稻亩产吨粮高效种植模式在全省推广，成功引种中华竹稻。成立常山胡柚研究院，发展胡柚精品园5000亩。启动申报常山山茶油中国驰名商标，完成油茶新品种造林3014亩。成功创建三衢石林国家AAAA级景区，承办“5·19市长带你免费游”活动。编制《常山县国家休闲区总体规划》。新创建省市特色农家乐村点4个，实现农家乐经营收入7650万元，增长20.4%。电子商务等新型服务业态加快发展，浙江佳熙企业管理公司在上海股权交易中心成功挂牌。建筑业、房地产业持续健康发展。

平台建设扎实推进。常山县加大工业平台建设，投入建设资金3.69亿元，开发土地3301亩，盘活低效闲置土地820亩。产业集聚区完成城市设计，“一纵四横”主干道框架初步形成。工业园区完成新都大道亮化绿化改造提升。辉埠新区徐村片区土石方工程全面完成。常山—慈溪山海协作产业园完成公司组建并投入运营。球川、芳村等乡镇功能区基础设施进一步完善。农业“两区”加快建设，新增流转土地8000亩，建成省级主导产业示范区1个、粮食生产功能区6个。深入研究专业市场、物流、城市综合体等服务业空间规划布局，迅鸿国际商城开张营业，天地香格里拉广场全面竣工，浙西世贸城、大正医药仓储配送中心加快建设，老人民医院地块城市综合体、新都物流中心成功招商。

创新能力逐步提升。常山县贯彻落实省委十三届三次全会精神，推动企业科技创新，全年申报市级以上科技项目62项，争取科研经费739万元，其中列入国家创新基金项目2个。成立首个轴承院士专家工作站，积极筹建轴承研究院、中国农机研究院常山分院，新增省级高新技术研发中心2个、国家高新技术企业4家。申请发明专利30件、授权发明专利6件，分别增长150%和20%。加快新产品开发，实现新产品产值9.1亿元，增长40.9%，其中巴菲尔化学公司国内首创无氰碱铜电镀液，达到国际领先水平。推进农业标准化生产，新增“三品”农产品7个，获省农业科技成果奖、全国农交会优质农产品金奖各1项，“常山银毫”成功注册地理标志集体商标。

城市建设管理有序推进。常山县完成城东新区城市设计、地下空间利用、绿地系统等规划，城市绿道网、滨江公园一期景观带、文化融入城市建设规划编制有序推进。全面启动城东新区滨江一期1.2平方公里开发，征迁工作接近完成。常山大桥全面贯通，朱富线完成改造，外港大道一期工程加快建设，新区框架逐渐拉开。制订实施旧住宅区改造新三年计划，投资1200万元完成竹园、梅园单号等旧住宅区改造提升，惠及群众1059户。完成“数字城管”一期建设。深化卫生保洁、绿化养护市场化改革，城市森林公园一期游步道基本建成，大力实施老电信局大楼旧址、杭金衢高速公路常山出口等地块绿化景观改造提升工程，市容市貌明显改观，通过国家园林县城预检。

美丽乡村加快建设。常山县成功创建省级生态县。全面完成第一轮村庄整治工程，被评为省“千村示范、万村整治”工作先进县。开展以水环境治理为重点的“共建生态家园，打造美丽乡村”行动，制定实施方案，先行启动4个试点村生活污水处理设施建设。整治规范生猪养殖业，关停养殖场28家。“一港四溪”推行“河长制”管理。推进小型农田水利重点县建设，完成病险水库除险加固5座、山塘综合整治24座、灌区渠系改造36公里。开展“四边三化”行动，205国道、朱富线、常芳公路等主干道景观提升全面完成。3条美丽乡村风景线、6个美丽乡村重点提升村加快建设，新增市级示范乡镇2个、市级精品村6个。彤弓山村历史文化村落保护利用工作、大塘后村省级农房改造示范村建设进展顺利。启动常辉公路改造。加大农村电网建设，实现新农村电气化村全覆盖。大力实施农民集聚工程，赵家坪农民安置区一期安置房分配到户、三期工程竣工，球川、芳村两个安置区启动建设。

“十大整治”成效明显。常山县强势推进“三改一拆”，全县拆除违法建设3696处，面积95万平方米，拆后处置15.1万平方米；启动“三改”44.8万平方米。下决心开展矿产资源整治，启动石灰石矿山企业整合工作，已关停拆除石灰立窑10孔、石灰钙加工生产线16条，推行矿产品运输标准化。铁腕整治河道采砂，取缔非法砂场14家，规范提升砂场11家，河道采砂秩序实现根本性扭转。抓好农村垃圾整治，完善农村保洁制度，建成农村垃圾无害化处理设施17处，垃圾有效处理率达到85%以上。开展城区交通整治，新增公共停车场3个、临时货车停车场1个、停车位230个，完成3个十字路口渠化改造和文峰路交通示范街建设。抓好柚香城周边及步行街占道经营整治。户外广告、小区环境、集镇环境、企业环境等整治也均取得阶段性成效。

社会保障不断完善。常山县全年民生支出13.9亿元，增长10.8%，占财政总支出的73.6%。搭建就业信息平台，加强跨地区劳务合作，新增就业岗位5274个，实现再就业1769人。加强农民培训，累计培训农民1.1万人次。社会保险覆盖面逐步扩大，新增各类参保人员2.4万人，城乡居民社会养老保险、城镇居民医保、新农合参保率分别达到95.5%、98.6%、98.1%。加强低保规范化管理，城乡低保标准分别调整为每人每月480元和332元。推进城乡居民住房保障工作，完成126套保障性住房建设、4800户农村住房改造，发放住房公积金贷款1.48亿元。宋畈、同弓、东案敬老院改扩建工程顺利推进。建成城乡社区居家养老服务中心50个。完成大桥头乡、东案乡供水主管网建设，改善1.6万农民饮用水的基础设施条件。加快来料加工业发展，发放来料加工费4.1亿元。深入实施低收入农户收入倍增计划，基本完成特扶项目建设，农民收入不断提高。

社会事业发展力度加大。常山县坚持教育优先发展，启动创建省教育现代化县，新创建省级标准化学校8所。千方百计提升教育质量，设立并实施县级教师荣誉奖，加强校长队伍建设，强化生源外流控制，狠抓学校内部精细化管理，深化与外地名校合作，加大常山一中、三衢中学等“龙头”学校培育，高考上重点线人数同比有所增加。启动常山一中迁建，建成新教工幼儿园，完成14所中小学校舍、田径场、安全设施改造，撤并大桥头初中。县职业中专被评为省中等职业教育改革发展示范校。全面完成县级公立医院综合改革，实施药品零差率，破除以药养医机制。县人民医院与省妇保院、省中医院建立紧密型协作医院并成立专家工作站，医疗服务水平得到提升。重视做好人感染H7N9禽流感等重大传染病防控工作。通过省级卫生县城复评和省级文化先进县复评。建成18个农村文化礼堂。廉政越剧《清简樊莹》获省第十二届戏剧节新剧目奖。整体转换数字化电视用户4.2万户。开播民俗文化频道。开通常山新闻网。举办全县职工运动会等体育赛事。完成“十二五”规划纲要中期评估。人口计生、妇女儿童、残疾人、慈善、红十字等事业加快发展。统计、档案、气象、物价、工会、共青团、电大等工作切实加强。

社会大局和谐稳定。常山县开展领导干部大接访、矛盾大排查大调处等活动，实施信访“三量”工作法，一批信访积案有效解决。启动建设民防应急指挥中心。加强社会治安防控体系建设，严厉打击违法犯罪行为，破获公安部集群战役“1·15”生产销售假酒等一批大要案。实施安全生产大排查大整治行动，全年事故发生数、死亡人数、直接经济损失分别下降1.1%、2.5%、27.3%。平稳完成行政村规模调整和村级组织换届选举工作。推进食品安全监管体制改革，加强食品安全监管。防汛抗旱、森林消防、动植物防疫、道路安全等工作扎实推进，国防动员、双拥、民族、宗教、外事、侨务、对台等工作进一步加强。

常山县深化行政审批制度改革，推行企业审批代办和联合审批制度，规范中介机构管理，抓好非许可审批事项清理，精简比例达61%。完善科学民主决策机制，加强难题协调和督查督办，推动政府工作落实。自觉接受人大法律监督、工作监督和政协民主监督，288件议案建议和提案全部办复，满意率达96%。加强政府法制工作，开展“六五”普法教育。推进执法监察和审计监督，审计政府投资项目102个，核减投资额1856万元。全面推行“一把手七不直接分管”制度。加大惩治腐败力度，严肃查处违法违纪案件。加强政府性投资重点项目效能监察和招投标监管。常山县被农业部评为全国“一事一议”规范管理县。规范“三公经费”管理，行政运行成本大幅下降。

县政府常务会议

【县政府第16次常务会议】 会议于1月6日召开。会议由县长毛建国主持。会议的主要议题是：研究《2013年春节期间“访民情、送温暖”活动实施方案》（送审稿）、《常山县城东新区滨江一期房屋征收补偿实施方案》（送审稿）、《杭金衢高速公路常山互通至205国道连接线（紫港大桥连接线）房屋征收补偿实施方案》（送审稿）。

【县政府第17次常务会议】 会议于1月25日召开。会议由县长毛建国主持。会议的主要议题是：研究《关于进一步加强招商引资工作的若干意见》（送审稿）、《常山县城市建设三年行动计划（2013—2015）》（送审稿）、《常山县深化完善社会养老服务体系建设的实施意见》（送审稿）、《常山县困难群众临时救助实施办法》（送审稿）、《常山县人民政府关于进一步加强审计整改的实施意见》（送审稿）、《常山县政府投资项目审计监督办法》（送审稿）。

【县政府第18次常务会议】 会议于3月12日召开。会议由县长毛建国主持。会议的主要议题是：研究《关于加快农民集聚推进城镇化建设的若干政策意见（试行）》（送审稿）、《常山县2013年招商引资考核办法》（送审稿）、《常山县矿产资源整治提升方案》（送审稿）、《常山县“三改一拆”行动违法建设整治工作方案》（送审稿）、《关于鼓励投资现代农业园区的政策意见》（送审稿）、《2013年度农业发展项目专项资金安排方案》

（送审稿）、《常山县政府投资预算管理办法》（送审稿）、《常山县政府性投资基本建设项目财务管理规定》（送审稿）、《常山县县属国有投资公司资金集中管理统一调剂办法》（送审稿）。

【县政府第19次常务会议】 会议于4月22日召开。会议由县长毛建国主持。会议的主要议题是：研究《关于推进钙产业转型升级的若干意见》（送审稿）、《县长特别奖评选办法》（送审稿）、《常山县龙头优势工业企业认定办法》（送审稿）、《关于加强重大项目前期工作的若干意见》（送审稿）、《关于进一步提升发展来料加工业的若干意见》（送审稿）、《常山县一港四溪河道采砂规划（2013—2017）》（送审稿）、《关于加强全县砂石资源管理工作的意见》（送审稿）、《常山县2013年财政专项资金项目经费细化预算》（送审稿）、《2013年度工业发展专项资金安排》（送审稿）、《常山县2013年政府性债务收支计划》（送审稿）。

【县政府第20次常务会议】 会议于6月20日召开。会议由县长毛建国主持。会议的主要议题是：研究《常山县淘汰石灰立窑、石灰钙加工企业工作实施方案》（送审稿）、《常山县轻钙企业环境整治工作方案》（送审稿）、《常山县农村供水管理办法》（送审稿）、《常山县集体土地上房屋征收与补偿暂行办法补充意见》（送审稿）、《常山县城镇廉租住房保障实施细则》（送审稿）、《常山县公共租赁住房管理暂行办法》（送审稿）、《关于常山县金盾保安服务有限公司改制方案的报告》（送审稿）、《常山县国有公司2013年度经营业绩考核责任书》（送审稿）。

【县政府第21次常务会议】 会议于7月22日召开。会议由县长毛建国主持。会议的主要议题是：研究《县委十二届五次全会暨县十五届政府第四次全体（扩大）会议报告（征求意见稿）》《关于明确常一中迁建项目选址、建设规模等事项的报告》（送审稿）、《常山县人民政府关于设立教师荣誉奖项的意见》（送审稿）、《常山县县级农业龙头企业认定和运行监测管理办法》（送审稿）、《常山县人民政府关于鼓励家庭农场发展的实施意见》（送审稿）、《常山县集中式供水饮用水源保护管理办法》（送审稿）、《进一步推进化工、造纸行业整治提升工作的若干意见》（送审稿）、《常山县被征地村留地发展空间管理办法》（送审稿）、《关于授予连续三年年度考核获优秀等次的公务员三等功的决定》（送审稿）、《关于授予柴云妹同志三等功的决定》（送审稿）。

【县政府第23次常务会议】 会议于8月30日召开。会议由县长毛建国主持。会议的主要议题是：研究《关于开展行政村规模调整工作的实施意见》（送审稿）、《关于常山火车站站前规划相关问题的建议》（送审稿）、《常山县城市弃土管理办法》（送审稿）、《常山县重大项目前期工作经费管理暂行办法》（送审稿）、并听取了常山县广播电视有线网络“一省一网”整合发展实施方案、常山县涉矿产品运输车辆超载和“跑冒滴漏”专项整治工作实施方案情况汇报。

【县政府第24次常务会议】 会议于10月9日召开。会议由县长毛建国主持。会议的主要议题是：研究《常山县行政村规模调整方案》（送审稿）、《常山县城东新区城市设计》（送审稿）、《常山县关于“共建生态家园、打造美丽乡村”专项行动资金筹措和整合实施意见》（送审稿）、《关于调整我县事业单位绩效工资基数的意见》（送审稿）、《关于确定我县其他事业单位绩效工资水平上浮事项的意见》（送审稿）。

【县政府第 25 次常务会议】 会议于 11 月 8 日召开。会议由县长毛建国主持。会议的主要议题是：研究《关于进一步加强企业审批工作的意见》（送审稿）、《常山县政府投资项目联合审批实施办法（试行）》（送审稿）、《常山县政府投资项目施工图联合审查实施办法（试行）》（送审稿）、《常山县政府投资项目施工许可证联合办理实施办法（试行）》（送审稿）、《关于进一步加强乡镇（街道）学前教育管理的意见》（送审稿）、《关于进一步加快供销合作社改革发展的实施意见》（送审稿）、《关于要求行政、事业单位和社会团体残疾人就业保障金征收标准和征收范围与全市其他县（市、区）统一的报告》（送审稿）、《关于常山县“十二五”规划纲要实施情况的中期评估报告》（送审稿）、《常山县“十二五”工业发展规划中期评估报告》（送审稿）、《常山县“十二五”环境保护规划中期评估报告》（送审稿）、《常山县社会主义新农村建设规划（2011—2015）中期评估报告》（送审稿）、《常山县教育专项规划中期评估报告》（送审稿）。

【县政府第 26 次常务会议】 会议于 12 月 13 日召开。会议由县长毛建国主持。会议的主要议题是：研究《常山县2014 年重点项目和重大前期项目计划安排》（送审稿）、《关于推进工业用地节约集约利用的实施意见（试行）》（送审稿）、《常山县政府 2014 年为民办实事项目计划》（送审稿）、《常山县畜禽养殖禁养区、限养区划分方案》（送审稿）、《常山县城乡居民基本医疗保险实施办法（试行）》（送审稿）、《常山县 2012、2013 年冬季退役士兵安置方案》（送审稿），听取了常山县 2014 年财政收支预算情况汇报。

【县政府第 27 次常务会议】 会议于 12 月 23 日召开。会议由县长毛建国主持。会议的主要议题是：研究《2014 年政府工作报告》（送审稿）、《中国观赏石博览园项目投资建设协议书》（送审稿）、《关于促进电子商务产业发展若干政策的意见（试行）》（送审稿）、《常山县电子商务产业发展三年行动计划（2013—2015）》（送审稿）、《2013 年经济社会发展主要指标完成情况预计和 2014 年指标初步安排》（送审稿）。

政府办公室

【概况】 2013 年，县政府办公室办理各级各类文电 2447 件。其中，国务院及其办公厅文件 42 件，省政府及其办公厅文件 288 件，市政府及办公室文件 235 件，县政府及办公室文件 873 件，各乡镇及县直各部门主送件 1009 件。全年打印各类文电、领导讲话、汇报材料等 100 万字，复印 3.5 万张。做好保密和印鉴管理、资料订阅与管理。

【信息工作】 全年编发《常山政务》6 期、《政务参阅》1 期、《常山政务增刊》13 期、《要情快报》40 期。被省政府办公厅采用信息 17 篇，被市政府办公室采用信息 59 篇，获省、市政府领导批示 9 条次。

【督办工作】 牵头组织或参与配合督办活动 10 次，办理省、市领导批示 71 件，制发督办通知单 25 件、交办单 68 件。承办县十五届人大二次会议提交的议案建议 25 件，县政协八届二次会议提交的提案 57 件，办结率 100%。

【综合工作】 全年撰写综合文字材料 80 多万字，组织起草全县性重要会议上的县政府领导讲话材料，完成向省、市领导到常山考察调研工作时的汇报材料，协助县政府领导把关修改在全局性工作会议上的讲话材料以及其他综合文字材料。

【政工人事】 健全办公室党组理论学习中心组和全体干部职工的学习制度、计划与安排，坚持开展每周集体学习活动；协助党支部开展党务工作；办理全体干部职工调资补贴工作；搞好县政府办公室机关的党风廉政建设；组织职工参加经常性捐助和联系乡镇困难户；做好退休职工的慰问工作。

（姜　涛）

政府咨询工作

【概况】 2013年，常山县人民政府咨询委员会（以下简称“县咨询委”）坚持以开展课题调研、组织咨询活动为主要载体，拓宽县外特邀委员的参与面，提高咨询活动的针对性和有效性，较好地完成了县委、县政府交办的工作任务及年初制订的工作计划。根据群众反映及关注的热点问题，深入一线和部门开展面对面的咨询活动，先后提出以下一些建设性意见供县领导及有关部门参考：（1）调研杭新景高速公路常山段施工过程中将会给芙蓉水库带来的水质污染问题，形成《关于杭新景高速公路常山段施工过程中保护水源安全的建议》，向县政府提出建议；（2）实地察看南门溪水质污染问题，形成《关注南门溪水质污染，治理源头应有作为》，向县政府提出建议；（3）就常山县商标品牌建设工作向县工商部门提出建议；（4）向县发改局提出制定浙西省际产业承接平台规划的意见和建议；（5）深入碳酸钙企业调研，形成《建议从全省大局考虑常山钙产业的发展——根据行业特点调整能耗考核指标》，向省政府咨询委提出建议等。

【开展咨询论证工作】 按照“一事一请”的制度和县委、县政府领导指示和部门要求，全年共开展三次咨询活动：①为常山创建国家休闲区规划提出意见建议；②为常山行政村规模调整提出意见建议；③为全县项目谋划、入库、建设工作开展项目评审工作。

【优化县内咨询委员队伍结构】 3月，县政府新聘任县内咨询委员4人，涉及政法、卫生、经济、林业四个专业，使县咨询委委员队伍结构更加合理。

【完成5篇咨询报告】 通过赴县外考察学习和到县内有关部门开展走访、座谈，全年共完成5篇咨询调研报告，供县委、县政府领导决策参考。这5篇报告的题目是：《加快常山县工业转型升级的研究与思考》《我县中小企业融资现状与直接融资的路径选择》《关于我县油茶产业发展的调查与思考》《改“横向比较”为“纵向比较”——关于我县义务教育阶段教学质量评价的建议》《常山县统筹城乡发展水平较低的原因分析及其对策建议》。其中，《常山县统筹城乡发展水平较低的原因分析及其对策建议》刊登在浙江省人民政府咨询委员会《咨询研究》第2期，为省委常委、省政府领导提供了决策参考。《我县中小企业融资现状与直接融资的路径选择》与《关于我县油茶产业发展的调查与思考》两篇咨询调研报告获县长毛建国的批示。

（杨　登）

机关事务管理

【概况】 2013年，县机关事务管理局全力服务县委、县政府的中心工作，规范接待和会务后勤服务、车辆安全管理、保卫和消防管理、房产和设备管理工作。坚持把会务工作当作机关事务局服务工作的第一窗口、第一形象抓牢、抓实，落实服务“人性化、标准化、规范化”标准，全力提升会议服务水平。全年接待来宾552余批次，计2376人次；接待上访人数50余批次，2000多人次；累计举办各类会议467场；完成国家休闲区创建工作研讨会、“5·19”市长带你免费游及省主要领导到常山调研等重要活动和会务工作。认真执行《车辆管理规定》，坚持每月一次的道路交通法规宣传教育，安排驾驶员进行《中华人民共和国道路交通安全法》学习培训。全年各类车辆安全行驶60多万千米，无安全责任事故。筹集资金10余万元，对大院内的绿化、美化和亮化工作进行了全面提升。累计完成水电维修180多次。至年底，全局共有在岗干部职工59人，其中局机关22人、机关食堂8人、其他合同制职工29人。

（刘汉强）

政协常山县委员会

【概况】 2013年，政协常山县委员会围绕县委、县政府中心工作和人民群众最关注的问题，认真履行政治协商、民主监督、参政议政职能，切实发挥协调关系、汇聚力量、建言献策、服务大局作用，为推动科学发展、促进社会和谐做出积极贡献。

围绕城市管理工作、教育事业发展、生态文明建设开展专题考察调研，全年向县委、县政府提交建议案2篇。围绕全县经济社会发展各领域的突出问题，谋实招、献实策，着力为破解难题献计出力，召开主席会议12次。围绕涉及人民群众切身利益的热点问题，先后组织100多名政协委员，就城市管理工作、三衢山AAAA级景区创建、违法建筑整治、农民饮用水工程建设、紫港大桥连接线建设等重大民生项目开展各类考察14次，推动有关民生问题的解决和落实。

强化提案办理落实，建立委员提案网上办理平台和政协常委参与提案办理民主评议机制，扩大提案督办的透明度和参与面，促使反映民生问题的提案得到有效解决。深化民主监督活动，各民主监督小组重点围绕部门办理提案、为民服务的情况，开展监督活动28次，全年共编发社情民意信息70多条，促使一些群众普遍关注的问题得以解决。

探索新形势下发挥委员主体作用的途径和方法，健全完善委员规范管理办法，拓展委员参政议政渠道。坚持走访委员制度，开展优秀委员和先进委员小组评选活动，调动委员履职积极性。加强与兄弟地区政协的交流往来，促进区域间的合作。

坚持把推进自身建设作为一项基础性工作，通过抓班子、带队伍，强素质、树形象，注重理论学习，加强班子建设，推进“三化”（指履行职能的制度化、规范化和程序化）建设，不断提高政协工作的科学化水平。

【县政协八届二次会议】 2013年1月16—20日，政协第八届常山县委员会第二次会议在县城举行。会议听取和审议县政协主席林红汉作的县政协常委会工作报告、副主席罗诚剑作的县政协提案工作报告、提案委主任饶力勤作的县政协提案审查情况的报告。会议收到各民主党派、专委会、界别团体及委员个人提交的书面发言材料15份，陈江等9位委员围绕建设常山生态城、发展现代服务业、加强异地商会建设等经济社会发展有关问题作口头发言。会议在广泛民主协商的基础上，补选周吾定、胡明祥、饶力勤为政协第八届常山县委员会常务委员。大会表决通过县政协八届二次会议决议和关于县政协八届二次会议提案审查情况的报告。与会人员列席常山县第十五届人民代表大会第二次会议，听取并讨论《政府工作报告》及其他报告。

【县政协常委会议】 2013年，县政协召开常委会议5次，分别为：

1月20日，县政协召开八届六次常委会议，听取关于县政协八届二次会议各小组讨论情况汇报，审议通过县政协八届二次会议选举办法（草案），审议通过县政协八届二次会议选举活动总监票人、监票人名单（草案），审议通过县政协八届二次会议选举大会候选人名单、县政协八届二次会议决议（草案），以及县政协八届二次会议提案审查情况报告（草案）。

3月20日，县政协召开八届七次常委会议，专题考察城市管理工作。县委副书记、县长毛建国参加会议并讲话。县政协常委分组视察城区西门菜市场、城南小区、农贸市场、柚香城、桃园小区和香樟嘉苑、白马广场、东河北街、步行街、大东门菜场、紫港小区等，详细了解居民小区和专业市场的垃圾处置、道路保洁、环卫基础设施建设情况。会议就进一步加强全县城市管理工作提出了意见建议。会议审议通过有关人事事项。

6月28日，县政协召开八届八次常委会议，专题协商常山县教育事业发展工作。会议听取县政协教文卫体委作的《关于推进我县教育事业发展的调研报告》，向县委、县政府提交《关于推进我县教育事业发展的建议案》，提出要下大决心，打响教育翻身仗；加大投入，尽快完成布局调整；强化激励，激发全县教师积极性；部门配合，着力解决教育现实问题。

10月11日，县政协召开八届九次常委会议，专题协商研究全县生态建设工作。会议听取《常山县生态文明建设调研报告》和《建立芙蓉湖自然保护区，永续保护清洁水源》。就加快全县生态文明建设，建立芙蓉湖自然保护区，保护饮用水源提出意见和建议。向县委、县政府提交了《建立芙蓉湖自然保护区，永续保护清洁水源》的建议案。会议听取和讨论《关于行政村规模调整工作情况的报告》。

12月12日，县政协召开八届十次常委会议，专题协商民主评议、提案办理工作。会议听取县委常委、常务副县长夏建军代表县政府作的《关于县政协八届二次会议以来提案办理情况的报告》，协商讨论《政府工作报告（征求意见稿）》《政协第八届常山县委员会常务委员会工作报告（讨论稿）》《政协第八届常山县委员会常务委员会关于八届二次会议以来提案工作情况的报告（讨论稿）》，审议通过关于召开县政协八届三次会议的有关事项，审议通过有关委员调整事项。会议以书面形式学习贯彻中共十八届三中全会精神。

【县政协主席会议】 2013年县政协召开主席会议12次，分别为：

1月19日，召开八届十三次主席会议，审议提出县政协八届六次常委会议有关事项。

3月14日，召开八届十四次主席会议，专题协商社会保障体系建设工作，研究确定《关于切实加强芙蓉水库饮用水源保护的建议》《关于加强城市管理的建议》《加快我县钙产业转型升级的建议》为八届二次会议重点提案。

4月18日，召开八届十五次主席会议，专题调研协商城乡公交一体化建设工作。

5月24日，召开八届十六次主席会议，专题调研协商芳村镇集镇规划建设。

6月27日，召开八届十七次主席会议，专题调研协商养老服务机构建设工作。

7月18日，召开八届十八次主席会议，专题考察协商公安工作。

7月22日，召开八届十九次主席会议，专题考察协商外贸工作。

8月30日，召开八届二十次主席会议，协商物流产业发展工作。

9月27日，召开八届二十一次主席会议，专题协商国有资产管理工作。

10月31日，召开八届二十二次主席会议，专题协商绿色产业集聚区建设工作，部署县政协提案办理民主评议大会的有关事宜。

11月28日，召开八届二十三次主席会议，专题考察协商美丽乡村建设工作。

12月4日，召开八届二十四次主席会议，专题协商召开县政协八届三次会议的相关事项。

【政协专题考察】 2013年，县政协组织专题考察5次，分别为：

2月22日，组织在常山的第六届市政协委员开展会前考察，考察独流入海工程、48省道特大桥工程、城东新区建设工程（常山大桥）等县重点项目建设工作。

5月22日，组织部分委员考察三衢石林AAAA级景区建设工作。

9月6日，组织部分委员到辉埠镇、紫港街道、天马街道的违法建筑拆除现场，考察违法建设整治工作。

9月29日，组织部分政协委员到辉埠石灰钙园区和原宋畈乡石灰钙小区，考察立窑整治和矿山整治工作。

10月10日，组织部分委员考察县重点项目——紫港大桥连接线工程的建设施工情况。

【提案办理】 县政协八届二次会议收到以提案形式提出的意见建议183件。经审查、并案，共立案办理142件，另有22件转为委员来信处理。其中，《关于切实加强芙蓉水库饮用水源保护的建议》《关于加强城市管理的建议》《加快我县钙产业转型升级的建议》为八届二次会议重点提案。立案后，县政府召开提案交办会，将142件提案交由47家单位承办，截至2013年年底，全部办理答复完毕。12月12日，县政协召开八届十次常委会议，专题听取县政府关于重点提案办理情况的报告和县经信局、县国土局提案办理情况的汇报，并对全县各提案承办单位的办理情况进行了测评。

【民主监督】 2013年，县政协各民主监督小组重点围绕部门办理提案、为民服务的情况，开展监督活动28次，推动有关职能部门不断改进工作作风、提高为民办事效率。

【政协联谊】 配合完成省、市政协在常山的各项调研活动，参加三省五县市（即江西省德兴市、婺源县，浙江省开化县、常山县，安徽省休宁县）政协主席联谊会、全市政协主席读书会、市政协委员跨区域考察等活动，拓展了参政议政的领域，扩大了常山政协的影响。

【领创产业】 根据县委开展的县领导领创产业工作安排，县政协常委会领导班子围绕全县胡柚产业发展、纺织产业发展、水饮料产业发展、美丽乡村风景线建设等工作，开展调查研究，认真负责地为领创产业谋划思路、解决难题。

（熊爱华、顾哲洁）

民主党派·工商联

中国国民党革命委员会常山县总支委员会

【概况】 2014 年，中国国民党革命委员会（以下简称“民革”）常山县总支下设两个支部，新发展党员 2 人，至年底共有 22 名党员，每个支部 11 名党员，总支主委郑金仙。党员分布情况：教育行业 4 人，卫生行业 2 人，企业界 2 人，政府机关 10 人，从工作单位退休的有 4 人。党员中，有高级职称的 4 人，占党员总数的 21.7%；担任县党政机关、事业单位中层以上干部的民革党员共 15 人，占 68.2%，其中，处级干部 1 人、科级 2 人；共有政协委员 9 人，其中，省政协委员 1 人、市政协委员 1 人、县政协委员 5 人（县政协常委 2 人）；担任人大代表 5 人，其中，市人大代表 3 人、县人大代表 2 人。

民革常山总支组织支部党员到县财政局、富山纺织、三衢山、富山小额贷款公司、金川街道办事处等单位开展学习。开展 70 岁以上老党员“夏日送清凉”“重阳送温暖”活动和“新年送祝福”活动。组织党员积极为“五水共治”捐款。发动党员参与社区服务和扶贫帮困等慈善活动，民革常山支部成员朱渭山退休后，发挥祖传的针灸推拿医术，为许多肩周炎、肩椎盘突出病人解决痛苦；符和根与 10 多位贫困学生结对帮扶，资助“希望工程”和孤寡老人关爱项目等。做好祖统联谊工作，党员严作华、毛在贤、朱渭山等利用通信、通话、互寄贺年卡的方式与台湾朋友和亲属进行交流，宣传常山县经济社会发展带来的巨大变化，为促进两岸交流、祖国统一大业发挥作用。组织全体党员走进县培智学校，与师生开展结对帮扶活动，党员自愿捐资购买学习用品和生活用品送给学生，与学生谈心谈话，鼓励孩子们表演自己的拿手节目，以小奖品形式树立孩子的自信。党员王顺利举办个人画展。

【民革参政议政】 2013 年，民革常山总支积极鼓励党员针对群众关心的热点、难点问题，搜集社情民意，撰写调研文章。鼓励参加县委、县政府举办的各种座谈会、调研会，为常山的经济绿色发展和构建和谐常山建言献策。完成的提案、议案有：《关于推进我县纺织、轴承、钙产业转型升级的建议》《关于建立工业水厂的建议》《明确任务 落实举措，大力发展我县水饮料产业》《进一步优化养老服务体系 提升群众幸福感》《关于紫港街道牵头 加大紫港农民新村整治的建议》《关于落实农村公路养护地方配套资金的建议》《着力深化美丽乡村建设 打造宜居宜游宜业生态家园》《加大“三改一拆”复垦力度》《关于城区路灯管理体制改革的建议》《共建和谐社会、法律面前人人平等》，其中，《进一步优化养老服务体系 提升群众幸福感》列入县政协大会口头发言，《着力深化美丽乡村建设 打造宜居宜游宜业生态家园》列为县政协大会书面材料。（黄爱珍）

中国民主同盟常山县总支

【概况】 1982年，经民盟浙江省委员会批准，中国民主同盟常山小组成立，隶属衢州民盟支部领导。1994年1月6日，建立中国民主同盟常山县支部。2011年10月24日，建立中国民主同盟常山县总支，周芳华任民盟常山县总支委员会主委，下设两个支部，郑俊民任教育支部主委，陈青寿任综合支部主委。至2013年年底，民盟常山县总支共有28位盟员。姚义广被评为常山县首届“百名优秀人才”，陈青寿晋升为主任医师，严舍仙被浙江省红十字会评为“红十字公益性应急救护培训”民生实事项目工作优秀师资，曾晓燕被衢州市少工委评为“衢州市少先队工作先进个人”及共青团浙江省委授予“浙江省少先队先进工作者（星星火炬奖)”。罗诚剑、郑俊民撰写的《关于提升基层盟员凝聚力的几点思考》获得2013年民盟浙江省参政党理论研究会论文三等奖，并被汇编成册供全省盟员学习和参考。

【学习常态化】 坚持两月一次的学习制度。采用多种形式加强学习，不断提高自身水平。采取自学、下发学习材料、组织学习、参加培训、座谈等多种形式，了解先进的政治理论、方针政策、科技文化、市场经济等知识，学习盟章盟史，学习统战理论，提升自身素质，提高参政议政、促进社会和谐发展的能力。组织盟员参加盟市统战报组织的“同心·共筑中国梦”征文比赛活动。组织盟员学习中国共产党十八届三中全会精神，介绍常山县在经济和社会发展方面所取得的成就。

【发展新盟员】 在组织发展工作中，按照程序，严格要求，从有影响力的优秀人物中吸收新盟员，年内总支收到入盟申请书5份，批准发展新盟员2人，为民盟常山县总支注入了新鲜血液，增添了盟组织的活力。

【参政议政】 在县政协第八届二次全会上作题为《提高体育设施建设水平 提升广大市民的幸福感》的大会发言，向县政协提交提案9条，向市政协提交提案8条，向市人大提交建议3条。围绕百姓关注的热点问题撰写“社情民意”8份。郑俊民以县法院、县检察院民主监督小组成员的身份，积极参加各类检查、监督、评议活动，工作细致深入，求真务实，树立了盟员的良好形象，发挥民主党派的监督职能。

【总支活动多样化】 加强对口联系制度建设，组织盟员赴对口联系单位进行考察活动，增强盟组织的凝聚力。开展与兄弟盟组织的联谊活动，承接民盟省委医卫委员会、省直联三总支、民盟衢州市委会联合开展“走进常山，助推发展”送医疗、送科技调研帮扶活动。

【社会服务活动】 利用盟员中优秀教师多的优势，常山县民盟文化补习班建设得到加强，并在2013年高考中取得良好的社会效益。利用盟员电脑知识比较精通的优势，为社区居民无偿提供家庭电脑维护服务。

（郑俊民）

中国农工民主党常山县支部委员会

【概况】 2013年，中国农工民主党常山县支部委员会有党员22人，主任委员谢雨生，副主任委员汪卫东、何水清，委员陈江。全年组织党员开展中国特色社会主义核心价值观的学习教育活动，履行参政议政职能，加强自身建设，做到与中共常山县委同心、同向、同行。

【参政议政】 2013年，中国农工民主党常山县支部委员会党员中有市政协委员2人、市人大代表1人、县政协委员4人，共向市及县人大提交议案建议意见2件、市政协提案3件、县政协提案9件。

【专题调研】 组织支部党员调研市域内的水环境状况，针对水环境安全方面的问题，撰写了一篇题为《合力治水，确保水环境安全》的调研文章；该调研文章被农工党衢州市委会采用，并列入2013年市政协大会的大会发言。主委谢雨生带领县政协调研组开展“关于建立芙蓉湖自然保护区”的课题调研工作。

【捐资助学】 自2008年起，中国农工民主党常山县支部委员会牵线宁波农工党员与常山慈善总会联系结对捐资助学，累计已助学捐款18.5万元。

（县农工党支部供稿）

常山县工商业联合会

【概况】 2013年，常山县工商业联合会辖招贤、芳村、球川、青石4个基层商会和杭州常山商会和深圳常山商会2个异地商会，业务指导常山县钙产品工业协会、纺织服装行业协会、轴承行业协会、餐饮协会、物流协会、常山永康商会等组织。全年发展会员28个，共有会员483个。编发《常山工商联》刊物4期。常山义乌商会已完成前期筹备工作。

开展“进村入企服务基层”大走访活动。开展“学习贯彻十八大，争创发展新业绩”主题实践活动，把学习贯彻党的十八大精神与贯彻落实中央、省、市委关于加强和改进工商联工作的文件精神结合起来，坚持学以致用，用以促学。围绕提高领导班子的“政治把握、参政议政、组织领导、合作共事、经济工作和廉洁自律”等六个能力和机关干部“服务大局、服务会员、调查研究、组织协调及办事效率”等五个能力，切实加强县工商联领导班子和干部队伍建设，2013年组织理论中心组学习12次，完成调研文章两篇。

以“请进来、走出去”的方式多层面组织非公有制经济人士外出学习考察、专家讲座等教育培训活动。举办非公有制经济人士理想信念教育实践活动培训班2期，邀请中央党校教授和省工商联领导等到常山为非公有制经济人士讲课，紧密结合实际，以“解惑、解忧、解难”为活动重点，扎实地开展理想信念教育实践活动。邀请浙江大学教授王曙光到常山举办“转型期经济社会热点难点解析”。组织、参加市工商联举办的非公有制经济人士“企业经营管理提升和经济经营模式”培训班2期。组织县钙产品工业协会会员企业参加在四川省成都市举行的全国碳酸钙行业学术交流、研讨会，以及到江山天蓬有限公司学习企业管理和企业文化建设。组织县餐饮协会赴桐庐、建德、遂昌等地学习餐饮转型发展的经验和做法，以及协会党员于“七一”期间到西源革命根据地，为烈士纪念碑敬献花篮并捐款。组织一批企业家到宁波、温州、绍兴等地学习非公有制经济组织党建活动。

【工商联参政议政】 发挥工商联在非公有制经济人士参与政治和社会事务中的主渠道作用，推动非公有制经济人士参与社会主义民主政治，反映非公有制经济人士的愿望与诉求。在县两会期间，组织县工商联会员企业中的人大代表和政协委员建言献策，共提交各类提案和建议30余件。县工商联在政协会议上作《关于我县民营企业经济转变发展方式的建议》发言。

【扶贫济困捐资助学】 引导企业“义利兼顾，德行并重”，把公益事业当作企业的终身追求和社会责任。组织县内47家企业、杭州常山商会和宁波衢州商会的常山籍非公经济人士分别在春节、“七一”党建、新生入学期间开展“同心·送温暖”“扶贫帮困”“慰问三老”和“帮扶贫困生结对”等活动，捐助资金28万元，10多家企业成立慈善基金会，推动“光彩事业”发展；组织县餐饮协会会员企业负责人走访慰问县城7个社区的7家特困户，为每户送上1000元慰问金；组织常山龙山碳酸钙有限公司、常山明达线业有限公司、浙江云泰纺织有限公司、常山国际大酒店、常山太平洋大酒店等五家企业负责人与5位困难学生结对助学。

【维权服务工作】 2013年，会同县人力资源与社会保障局、县总工会、县经济开发区、辉埠新区等单位联合组成“用工、劳资服务组”，帮助企业解决用工短缺、劳资纠纷问题，调解纠纷31起，为95家企业达成劳动意向协议1039人；与司法、劳动监察等部门合作，创建法律维权服务平台，提升企业防范风险意识和能力，开展“法律服务进企业”“会员企业法律体检”，邀请律师到县纺织协会、县轴承协会、县钙产品协会的会员企业中，针对企业劳资纠纷中存在的一些突出问题进行分析和解答；与劳动部门合作，举办企业负责人与劳资管理人员培训班，帮助民营企业建立完善预防、应对与规避经济合同纠纷的防范机制等。

【县四套班子领导参加民营企业负责人座谈会】 11月18日，县工商联召开民营企业负责人座谈会，县领导王良春、毛建国、徐建华、林红汉、苏新祥、夏建军、张少华、朱素芳、祝建东等参加，县委统战部部长甘土木主持会议。县委书记王良春强调，越是在企业转型升级的困难时期，越要提振精神，围绕打造“实力工业”目标，找准出路，激发活力，改善环境，为常山的经济发展开辟出一条新路子。座谈会上，浙江四通轴承集团有限公司等13家企业负责人围绕转型升级主题，就产业发展、产品市场、技术改造、员工队伍建设等发言，就如何做大做强县域工业经济提出意见和建议。

（毛松林、陈芝兰）

群众团体

常山县总工会

【概况】 2013年，常山县总工会新建基层工会35家，新发展会员2705人。至年底，全县有工会组织778个，工会会员58059人，占职工人数的98%。其中，产业工会2个，局工会5个，乡镇（街道）工会14个（镇总工会3个），经济技术开发区总工会1个，基层工会706个；联合建、行业建工会的36家，覆盖小企业1291家、个体工商户1280家，小企业工会组建率达98%。单独建立工会的企业，开展工资协商的有448家，工资集体协商率为91%。区域性协商1家，行业性协商3家。已建工会的企业创建劳动关系和谐企业的有429家，参建率为87%。实行职代会厂务公开的企业有601家，建制率达487家，达标率为95.2%。在全县工会组织中深入开展会员评议职工之家活动，推进基层工会组织规范化建设。

根据县委关于党员干部开展“三进三到”活动的要求，县总工会机关干部分组下企业、进车间，听取企业工会、职工和企业管理层的意见建议，共收集到有价值的意见建议27条；开展送政策、释疑惑、融真情活动，发挥好工会组织作为党和群众的桥梁纽带作用及服务经济建设大局的作用。

在全县重点项目建设单位中开展比工程进度和工程质量、比管理水平和协调能力等立功竞赛活动，有效激发广大职工参加重点工程立功竞赛的积极性和创造性，确保高质量、高标准、高效率的完成各项任务。

组织开展常山县第六批劳模评选活动。经过部门推荐、系统联评、劳模办审核、考察、公示、劳模委审定等程序和环节，毛发根、甘礼荣、何水清、何绍林、余晓庆、张刚、陈和雨、季金全、周映民、赵五毛、胡红良、饶祖华、洪道良、徐芳、徐财清、徐金妹、徐金祥、揭雨兴、曾君、熊玉英、潘广丰、魏雨生等22人被评为常山县第六批劳模个人，常山县检察院公诉科、常山县质量技术监督检测所、常山县经信局企业服务科、常山县地方税务局第二税务分局、常山县大桥头乡社会服务管理中心等5个单位被评为劳模先进集体。

组织开展2013年“金锤奖——杰出职工”评选活动。王怀良、刘建华、华伟强、汪成智、曾君被评为常山县“金锤奖——杰出职工”，甘建德、江四平、张建军、林秋红、詹金发被评为常山县“银锤奖——优秀职工”。华伟强、汪成智获“衢州市金锤奖——杰出职工”称号，刘建华、王怀良、曾君获“衢州市优秀职工”称号；华伟强被评为“浙江省优秀职工”。

深化“文化共享工程进企业”工作。在全县规模以上企业中推进职工文化“八个有”（即有企业核心精神、有学习培训场所、有职工技能培训、有职工文化团队、有职工文体活动、有文体活动场所、有企业宣传窗口、有企业民主管理）建设，在农民工、外来务工人员比较集中的重点区域和企业开展"农民工文化家园"创建活动，改善农民工业余文化生活条件，推进工会文化阵地建设。浙江常山纺织有限责任公司被评为2012年度省级"农民工文化家园"，浙江四通轴承有限公司被评为2013年度省级"农民工文化家园"。

深化劳动关系和谐企业创建活动。健全职工利益协调、诉求表达、矛盾调处和权益保障机制，开展集体合同签订"春季要约"行动和"双爱"活动，推进工资协商集体合同签订工作；扩大职代会、厂务公开的覆盖面，促进厂务公开民主管理制度化、规范化。2013年，县烟草专卖局被评为省级劳动关系和谐企业；云泰纺织等5家企业获市级劳动关系和谐企业；县总工会获市级劳动关系创建工作先进单位；辉埠镇创建劳动关系和谐企业活动领导小组获浙江省创建劳动关系和谐企业先进组织。

开展困难职工情况普查，统一审核标准，建立规范档案库。开展春送岗位、夏送清凉、金秋助学、冬送温暖和"爱心助医"行动，全年共统筹资金79.66万元，走访慰问困难职工和困难劳模648户；困难职工大病救助专项关爱行动慰问68人，为12名尿毒症患者提供"爱心透析"专项慰问金计5.4万元，为26名困难职工子女就学提供帮助；为600名一线职工送"清凉"；为特困职工解决临时性救助资金2万余元。

加强工会法律援助，发挥信访、法律援助和职工热线的平台作用，为职工提供法律帮助。2013年共接待困难求助、下岗求职、法律援助、政策咨询等来访、来信、来电共288批件，其中，接待来访人员198人次、处理来信来电90件；为187人次提供法律政策咨询，为职工提供法律援助78人次；为职工办理劳动仲裁案件62起，支付法律援助经费1.2万元，积极参与安全事故调处、劳资矛盾化解、为农民工"讨薪"等工作，维护职工合法权益，当好职工"娘家人"。

【参加安康杯竞赛活动取得好成绩】 组织全县135家企业参与以"强化安全基础、推动安全发展"为主题、以"万名职工找隐患，集思广益金点子"活动为载体的安康杯竞赛活动。常山县正丽机电有限公司等3家企业获省安康杯竞赛优胜单位，县供电局变电运检二班获全国安康杯竞赛优胜班组。

【举办全县职工运动会】 4月26—27日，举办以"自信激情、快乐同行"为主题的常山县"信用联社杯"职工运动会，共有79支代表队的1519名运动员角逐5个项目的比赛。项目的设置既有"拔河、铅球、接力跑"等传统项目，又有"勇攀高峰""运转乾坤"等拓展运动项目。县金雄有限公司、县公安局、县教育局等单位分获拔河、勇攀高峰、运转乾坤三个团体项目的桂冠，江燕飞、张莹分获铅球男、女组桂冠，郑春吉荣获勇攀高峰个人项目桂冠。

【重启工会职校】 重新启用"常山县总工会职校"牌子，聘请高等院校专业老师授课，为不同需求的职工进行培训。与县质监局、县锦绣职业培训学校等机构联合举办质量安全管理培训班、纺织行业培训班等，与县住建局联合举办建筑业职业技能比武大赛，与有关乡镇、职业学校联合办班等。全年有118人参加会计从业资格证考前培训班，有59人参加园林施工员培训班，有240名工业园区企业员工参加了在浙江银田化纤有限公司举办的为期两个月的纺织企业农民工素质提升培训班；在浙江隽美服装有限公司举办服装制作培训班，对80名新进员工进行上岗技能培训；县锦绣职业培训学校开办职工计算机操作培训班，为80名企业员工进行计算机操作基础知识培训。2013年，县总工会用于职工职业培训资金8万多元。2013年11月11日，常山县总工会职工业余学校被中华全国总工会命名为全国职工教育培训示范点。

【市总工会领导到常山慰问困难教职工】 2月5日，衢州市总工会副主席任锦丽、市教育工会主席胡晓军、市教育工会女职委主任陈志芬一行到常山慰问特困教师徐文斌，认真了解家庭生活情况，仔细询问病情，送上慰问金3000元，并鼓励家属树立信心，祝愿徐老师能早日康复。徐文斌是城南中学一名普通教师，2011年8月因脑溢血动手术，之后一直处于昏迷状态，生活不能自理，在衢州住院治疗一年后，共产生医药费达70万元，家庭负债累累，全家生活陷入困境，因无力支付医药费而转回家中休养。徐文斌的妻子徐玉英一人承担全部家务，儿子徐敏浩在读高三。

【组织职工勇抗大雪】 2013年1月3日夜，常山县遭遇暴雪天气侵袭，造成广播电视节目信号中断、道路交通受阻。面对灾情，全县各级工会及时组织广大干部职工投入抗雪灾、保生产、保生活工作中。县广电总台组织技术人员顶风冒雪到芳村、东鲁、西张、才里、东湖等地查排故障，全力开展受损网络线路的抢修恢复工作，经连续3天抢修，全部修复全县因雪灾造成的所有网络故障，5000多户有线电视用户节目信号恢复正常。县公路段及时启动恶劣天气公路应急抢险预案，投入20余台机械、500余人工，抛洒40余吨除雪剂，对重要桥梁、隧道口、开挖路段、弯道及上坡易打滑等积雪冰冻比较严重的路段进行清扫积雪和撒盐融冰作业，并建立公路通阻表，加强交通节点交通调度，确保公路交通畅通。县公安局在施工路段、桥梁、隧道、风口等事故多发路段摆放警示标志，最大限度消除道路安全隐患，做好道路、车辆管控工作，妥善处置因冰雪造成的交通事故85起，消除安全隐患28处，化解矛盾纠纷15起。县经济技术开发区管委会组织县工业园区安全员加强园区重要路段的安全管控，20余人深入园区企业，检查企业安全隐患；同时组织园区党员、团员开展除雪活动，保障企业正常生产。

1月4日，县供电局第一时间启动恶劣天气应急处理预案，开展输电线路特巡，全力应对暴雪保供电

（乔华楠　摄）

（杨叶根）

共青团常山县委员会

【概况】 2013年，共青团常山县委（以下简称“团县委”）机关下设“一部一室”，即青少部和办公室；有下属事业单位1个，即县青少年活动中心。全县共有团支部742个，团县委直属团（工）委64个，其中，乡镇14个，机关部门和企业团组织40个，学校团组织10个；下属专职团干部64人，其中本科及本科以上学历的有50人、大专以上学历的有14人，团干部平均年龄为25.4岁。全县8—35周岁户籍青少年约11.84万人，其中团员31647人，少先队员21523人。全年新发展团员3283人，新加入党组织的团员有109人。全县各级团组织围绕“奋力追赶、科学跨越”的奋斗目标，抓落实，强基层，求突破，谋发展，在青年志愿服务、青

年创新创业、贫困学生关爱和团的组织格局创新等方面，亮点突出、成效明显，团的各项事业取得了新的发展。团县委被省委宣传部、省文明办、团省委、省教育厅、省学生联合会授予省级社会实践基地；县青少年活动中心被评为省二级青少年宫；县青年志愿者协会被评为“衢州市十佳志愿服务组织”。严薛猛被共青团浙江省委授予2013年度浙江省共青团信息工作先进个人；王颖被共青团衢州市委评为2013年度市级优秀团干部。

【青年志愿服务行动】 联合公安交警部门开展以“青春正能量、情暖返乡人”为主题的2013年春运青年志愿者集中服务活动，招募了300多名青年志愿者，共服务过境民工1200多人。5月，招募30余名青年志愿者，为“美丽中国·畅游三衢”2013中国旅游日“市长带你免费游”暨衢州旅游惠民活动启动仪式提供志愿服务。8月，开展“防旱抗旱·青年先行”专项活动，组建了一支由130余名志愿者组成的“中国梦·青春行”抗旱青年突击队，宣传防旱抗旱知识，开展“防旱抗旱·四走四送”系列活动。12月，开展以“共建生态家园·打造美丽乡村”为主题的“12·5”国际志愿者日系列活动，发动全县各级团组织开展系列集中志愿服务活动计16场，参与活动的志愿者有300多人。做好8名第10批“两项计划”大学生志愿者在常山开展志愿服务活动的协调工作。

【扶持农村青年创业创新】 2月，实施常山县2013年青年创业扬帆行动，提升青年创业自信，激发创业热情。“五四”期间，举办“联合村镇银行杯”2013年常山县青年创业达人秀共，吸引多个行业的57位农村青年报名参加，对入围决赛的选手提供优先优惠的信贷资金和1000元的现金奖励，为创业达人和其他优秀青年优先提供免费培训。4月，会同常山联合村镇银行启动农村青年信用户评选工作，共评选出农村青年信用户45户，发放创业贷款1734.2万元。6月，选派20余位优秀创业青年赴临安上市公司参观学习。7月，在衢州职业技术学院举办常山县第一期电子商务培训班，全县47名青年参加了培训。12月，举办第二期青年电子商务创业培训班，从杭州聘请具有丰富电子商务营销管理经验的讲师2人，全县40余名有志创业的青年参加了培训。

【统筹全县青少年助学工作】 2013年，团县委联合县慈善总会、县红十字会、县教育局、县工商联、县总工会等单位，统筹开展全县青少年助学行动，促进青少年成长成才。全年共募集资金113.05万元，资助大学生新生265人；全县农村低保户和城镇困难家庭基本得到资助，每位学生至少获得3000元的助学金。

【向上争取青少年发展资金226万元】 瞄准“青少年活动中心补助资金”“助学活动募集资金”等争取渠道，团县委全年共向上争取资金226万元，超额完成县委、县政府下达的任务，是衢州市6个县（市、区）团委向上争取资金最多的一个。

【团的组织建设】 新组建非公有制企业团组织18个。1月，联合县委人才办、县卫生局在县文化馆举办“牵手冬日·温暖同行”青年联谊会，吸引全县40余名单身青年参加。10月，共青团常山县第二十次代表大会胜利召开，选举产生新一届团县委领导班子，明确了今后三年的目标任务。指导乡镇（街道）团（工）委全面完成换届工作。11月，举办2013年度新任团干部培训班，培训团干部20余人。12月，在杭州淘迈电子商务有限公司成立驻外团支部，这也是衢州首家驻外团支部。

【青少年思想道德建设】 以重大节日和纪念日为契机，开展各类青少年乐于参与、便于参与的主题活动。3月，举行“学雷锋精神 汇青春能量”主题活动月活动，在全社会倡导“奉献、友爱、互助、进步”的时代精神。4月，开展“缅怀革命先烈，弘扬民族精神”清明节主题活动，祭奠革命先烈。6月，举办常山县第二届“六一”少儿游戏节，为全县广大儿童搭建娱乐、实践、展示的平台。10月，举办第一期“常山青年大讲堂”，邀请清道光帝嫡六代孙爱新觉罗·启翊主讲《如何培养贵族气质的孩子》，全县广大青年积极参与。举办以治安防范、消防安全、交通安全、网络文明、防灾避险等为内容的青少年自护保护教育活动，推广“流动少年宫”“自护训练营”“自护夏令营”等青少年教育实践项目。

4月2日，团县委、县关工委和县少工委组织学生与消防官兵到东明湖公园革命烈士纪念碑前举行清明祭奠仪式　　（吕宁、方均良、严薛猛　摄）

【青少年校外教育活动】 县青少年活动中心涵盖有艺术、体育、科技、文化5大类25个小项的培训活动，设有综合实践基地，全年开展教学活动238个班次，面向青少年、农民工子女等群体开展流动少年宫、主题教育活动、生命安全教育、青少年文化等公益活动20多次，参加各类培训活动的青少年达5070人次。全年共投入校外教育事业发展经费40多万元。

【少年先锋队活动】 5月，衢州市第九届体育舞蹈锦标赛在常山举行，衢州市各县（市、区）共37支代表队的1286名运动员分别参加了77项计141组的比赛，常山代表团夺得130个金奖、116个银奖、80个铜奖的优异成绩，常山县青少年活动中心代表队荣获优秀组织奖，常山青少年的艺术成果得到了集中展现。10月，“喜迎共青团常山县第二十次代表大会暨小柚苗艺术团10周年文艺会演”在县文峰广场举行，260多名少先队员参加晚会演出，节目精彩纷呈。11月，举办“我的中国梦——少先队员话成长”演讲赛，全县19个学校、约150名少先队员参加比赛。组织少先队辅导员暑期培训，举办少先队活动专题讲座，加强少先队辅导员队伍建设。

（章露曦）

常山县妇女联合会

【概况】 2013年，常山县妇联机关编制5名，其中，主席1名、副主席2名，科（股）级职数2名；另有后勤服务人员编制1名。内设办公室、妇女儿童工作部2个职能部室。实有工作人员10人，其中，公务员4人（副主席郑俊在编不在岗）、事业编制1人、临时工3人，顶岗培训人员2人。退休干部5人。党员16人，其中，在职党员10人（包括预备党员1人），退休党员6人。下属江滨幼儿园有在岗教职工26人，其中，在编教师13人、聘用教师10人、聘用职工3人；退休教师2人。至年底，全县共有基层妇女组织400多个，其中，乡（镇、街道）妇联14个，县级机关、事业单位妇委会32个，行政村妇代会180个，社区妇联组织7个，"两新"组织中的妇女组织有227个。

县妇联贯彻落实省第十三次妇代会、衢州市妇联第六届三次执委（扩大）会议精神，围绕县委、县政府工作中心，利用县财政每年500万元专项资金的政策优势，把服务和扶持来料加工业发展作为工作的重中之重，打响"浙西来料加工示范基地"品牌，加快来料加工转型升级步伐，全年有30多位经纪人成功实现"个转企"。按照"成熟一个发展一个"的原则和"先建立、后完善、再提高"的思路，推进"两新"组织妇女组织建设，组建率位居全市第一。其中，新经济组织应建妇女组织207个，已建195个，组建率达94.2%；新社会组织应建妇女组织32个，已建32个，组建率100%；同时，指导"两新"组织中的妇女组织开展岗位练兵、技术比武、节能降耗和"巾帼建功""巾帼文明岗"等创建活动，鼓励"两新"组织女职工爱岗敬业，争创一流，为推进企业发展献智出力，增强妇女组织凝聚力和战斗力。开展村妇代会主任分批轮训，提升村级妇女主任的综合素质。发挥广大农村妇女在"农村清洁工程"实施中的主体作用，完善农村环境卫生长效保洁机制，创新性开展"清洁家园、妇女先行"系列活动，以文化大篷车下乡形式，在全县7个乡镇人口集聚村开展文艺宣传活动，开展"农村清洁工程"相关知识竞答，提高妇女群众保洁意识。全县共评选出50个"洁美庭院"和5000个"洁美主妇"。开展"心手相牵、与爱同行"关爱留守儿童系列活动，营造全社会关注、关心、关爱农村留守儿童的良好氛围，促进留守儿童健康成长。开展"巾帼文明岗"创建和"双学双比"活动，引导和激励女职工爱岗敬业、建功立业，在提升女性综合素质，提高岗位服务质量，促进行业协调发展，推动和谐社会建设中做出突出贡献。

是年，常山县山哥粉葛产销专业合作社的华文音被授予"全国农村科技致富女能手"称号，常山县妇联被评为"浙江省三八红旗集体"，中国建设银行常山支行营业部、常山县供电局供电营业厅、常山县天马镇渡口社区居委会、常山县天马镇定阳社区居委会被命名为浙江省"巾帼文明岗"，常山县金英果蔬专业合作社被评为"浙江省农村妇女岗位建功先进集体"，常山县桃园果业专业合作社的仇利英被授予"浙江省农村科技致富女能手"称号，天马镇第一中心小学家长学校被命名为"浙江省示范中学、幼儿园家庭学校"，天马镇屏山社区家长学校被命名为"浙江省示范社区（村）家长学校"。

【县妇联十四届二次执委（扩大）会议】 2013年1月5日，县妇联召开十四届二次执委（扩大）会议，县委副书记方法作重要讲话，副县长郑金仙出席会议，县妇联执委、常委、各乡镇妇联主席、机关事业单位妇委会主任、"两新"组织妇建组织代表等70余人参加会议。会议回顾总结2012年妇女工作，部署2013年工作任务，补选县妇联执委2人、县妇联常委1人，通报表彰2012年度妇联系统获得省、市荣誉的先进单位和个人。

【推动来料加工转型升级】 2013年，全县共有来料加工经纪人402人，发展从业队伍3.5万人，累计发放加工费4.1亿元，培育来料加工集中点323个。出台《关于进一步促进来料加工转型升级的若干意见》和配套的信用贷款、贴息、税收优惠等"个转企"政策，开通环评绿色通道、简化审批程序，通过"宣传引导到位、扶持政策到位、办事服务到位"三项举措，积极引导来料加工转型升级。建设来料加工厂房，破解场地瓶颈。整合省特扶项目资金及县财政来料加工专项资金共750万元，在赵家坪移民安置区建设占地25亩的来料加工创业示范基地，一期建筑面积4000平方米已开始建设，届时将为安置区农民提供200～300个就业岗位。强化队伍素质培训，提升经纪人队伍素质和从业队伍技能。引导有条件的外出创业者和村干部（尤其是妇女干部）创办来料加工点，从源头上提升来料加工经纪人素质，全年新增的40多名来料加工经纪人中，50%以上来自返乡创业者和村干部队伍。对全县具有转型升级潜力的经纪人，进行5S现场管理培训和电子商务培训，已注册电子商务的来料加工企业共9家。各乡镇妇联依托万名农民素质培训工程，免费为各加工点开展平车、电子、皮具等加工技能培训30期3500余人次。引进义乌瑞腾日用品公司等5个企业到常山投资创办加工基地；组织7名经纪人参展义博会，签订协议订单59个，达成协议加工费900多万元。邀请省内各地24名客商到常山参加来料加工项目对接洽谈会，达成合作意向。

【妇女儿童合法权益维护】 “三八”维权周期间，县妇联邀请法官进村为妇女群众讲解婚姻法及妇女维权等方面的法律法规，联合公、检、法、司等7部门开展妇女维权法律咨询活动。在“11·25”国家反家庭暴力日，以文化大篷车下乡的文艺宣传形式，开展妇女维权和平安家庭方面的宣传。实施信访首问责任制，2013年共接待并调处来信来访60人次。顺利完成常山县发展妇女儿童“十二五”规划中期监测评估工作。

【开展“访民情、送温暖”活动】 县妇联走访慰问20年以上退职的村妇代会干部60人。为全县20名贫困留守儿童，争取博爱救助金10000元；主动整合资源，将农村妇女“两癌”免费筛查工作与“两新”组织妇建工作相结合，为已建立妇女组织的10余家企业争取到700多个免费筛查名额，为全县患有宫颈癌、乳腺癌贫困母亲争取上级妇联对“两癌”患者的救助款10000元，切实让广大妇女职工感受到妇女组织建立后的关爱。

【巾帼建功竞赛活动】 2013年，县妇联开展全国、省、市、县各级巾帼文明岗创建和评选工作，组织形式多样的岗位练兵、岗位成长活动。全县获评全国农村科技致富女能手1个，继续保留2010年前全国“巾帼文明岗”2个、省级“巾帼文明岗”14个、市级“巾帼文明岗”3个、县级“巾帼文明岗”10个 。

【“清洁家园”活动】 2013年，县妇联先后与天马街道屏山社区、芳村镇下牛角村联合开展“清洁家园清捡垃圾大比武”活动，100多名居民、村民参加比赛；在同弓乡彤弓山村、芳村镇下牛角村先后举办“清洁家园 妇女先行”卫生知识培训班，邀请县爱卫办专家陈老师全村在家妇女讲解卫生习惯的养成等清洁卫生知识；组织“清洁家园 妇女先行”文艺晚会巡回到芳村镇、金川街道、同弓乡等演出，晚会节目紧扣“清洁家园 妇女先行”主题，穿插清洁、卫生知识问答环节，激发农村妇女群众参与环境卫生整治工作的积极性和主动性，提高农村妇女的清洁环境卫生意识。

【“洁美”系列评选活动】 县妇联以提高家庭成员的综合素质、美化家庭生活环境、提高家庭生活质量和城乡文明程度为目标，开展“洁美”系列创建活动。2013年共评出县级洁美主妇5000人、洁美庭院50户、省级绿色家庭2户。

【庆“三八”系列活动】 3月7日晚，县妇联举办庆“三八”“魅力女性·美丽常山”文艺晚会，以“魅力女性·美丽常山”为主题，分幸福和谐颂、巾帼创业颂、魅力风采颂3个篇章，展现常山女性的激情和魅力。晚会现场，对10户“和谐幸福十佳文明家庭”进行了表彰。3月8日，县妇联组织县环保局、文化馆、气象局等单位的60多名巾帼志愿者，分别到同弓乡关庄村、招贤镇樊村村开展“清洁家园 妇女先行”环保知识进村庄活动，帮助村里清理卫生死角。3月初，县妇联与县文联联合举办“美丽女性·印象常山”女性摄影大赛，共评出一等奖1幅、二等奖2幅、三等奖3幅、优秀奖20幅、入围奖26幅，并在县文化馆举行颁奖仪式暨摄影展开幕式。

3月7日晚，庆“三八”文艺晚会在县青少年活动中心举行 （刘琳玲 摄）

【关爱少年儿童活动】 “六一”节期间，县四套班子领导分别走访慰问江滨幼儿园、实验小学及招贤中心幼儿园和招贤小学等10所学校，送去慰问金及节日礼物共4万多元。通过开展爱心明信片、母亲节鲜花等义卖活动以及争取企业赞助等方式，募集14万余元善款，注入在县慈善总会设立的“关爱贫困妇女儿童慈善基金”。通过全县走访排摸，掌握100名贫困留守儿童名单，面向社会招募“爱心妈妈”，共有38位贫困留守儿童找到身边的“爱心妈妈”。以企业冠名方式，在芳村镇下牛角村、球川镇芙蓉村建设爱心书屋。招募并筛选10名优秀寒门学子（其中7名为女大学生），由浙西世贸按照每人每年7000元标准进行助学，总金额达28万元。3月29日在常山县山哥粉葛产销专业合作社社长华文音农场召开2013年常山创业女性联谊会，开展女企业家结对留守儿童帮扶活动，共结成5对，并为白血病儿童徐衎、徐铁柳姐弟募捐仪式，共筹措爱心款2万元。

【妇女干部队伍建设】 常山县配优、配强乡镇、街道妇联干部，全县14个乡镇（街道）妇联主席平均年龄33.4岁，其中“80后”8人，占57%，学历均大专以上。指导县财政（地税）局等7个部门妇委会完成换届工作。在银田化纤、威诗朗等企业建成“两新”组织妇女组织示范点。以村级组织换届为契机，积极推进农村妇女参与基层组织民主管理工作，全县180个行政村共有48名女性当选村党支部委员。举办第二十一期基层妇女干部暨清洁家园培训班，提高干部的理论素养。做好优秀女干部推荐工作，全年推荐副科以上优秀女干部4人、6名女大学生村官参加为期2个月的衢州市优秀女干部、村两委主职女干部培训班。县妇联妇儿部1名干部参加为期一年的县年轻干部成长班。三是服务好女知识分子联谊会常山小组，组建女干部健身班，开展瑜伽、舞蹈等课程，为女干部提供健身活动及相互交流平台。

（温三英）

常山县科学技术协会

【概况】 2013年，县科协下属自然科学、社会科学和交叉学科学会（协会、研究会）28个，企业科协5个，乡镇（街道）科协14个。指导成立常山县预防医学学会和常山科润化工公司科协。联合县科技局、县老科技工作者协会组建首批老科技工作者工农业科技创新咨询服务团。

调整和充实常山县全民科学素质工作领导小组组成人员，召开领导小组成员会议，做好全民科学素质工作领导小组办公室各项工作；协助做好全民科学素质抽样调查工作；完成常山县《“十二五”全民科学素质行动计划纲要》中期实施工作的实地督查调研工作。

开展“三进三到”活动，县科协班子领导先后到14个乡镇（街道）、60多个村、13家企业、6个社区、17个县级科技学（协）会、3所学校、9个家庭农场和专业合作社走访；开展机关党员进社区参加“联创日”活动，参与屏山社区“1+N组团合约”式党建共建，为社区办实事2件，其中，投资约7000元改建社区科普宣传画廊，成功申报金川社区为全国科普示范社区。配合做好全县行政村规模调整和村级组织换届工作。争取国家级和省级科普项目各1个，向上争取项目资金27.8万元。开展建言献策工作，针对H7N9禽流感疫情，向市科协和县政协等部门上报关于禽流感后扶持养殖业发展等内容的建言献策；县老科技工作者协会提出《H7N9禽流感疫情对常山县家禽业的影响及相关建议》，县长毛建国批示：“老科技工作者为民致富发挥余热，精神可嘉。”

做好推进农村文化礼堂与农村科普工作结合文章。争取县委组织部领导的重视和支持，探索大学生“村官”兼任村（社区）科普宣传员工作机制。向县委宣传部提交增加农村文化礼堂科普元素的实施方案；配合做好“共建生态家园”行动科普宣传工作，将由衢州市科协统一编印赠送的共建生态家园宣传画送到全县所有乡镇、街道，由各乡镇、街道安排好驻村干部及时带下去发放到村，并在宣传栏、公开栏等处进行张贴，共200余套、每套10张；协调衢州市“共建生态家园”科普讲师团到常山为生态指导员及机关干部举办专题周末自主选训活动；与金川社区联合组建“共建生态家园”科普宣传队到各乡镇、街道进行巡回演出。

认真做好金川社区全国科普示范社区的实施落实工作。以“组、会、员”建设为重点，提升社区科普服务能力。成立和完善金川社区科普工作领导小组，成立金川社区科普志愿者协会，配齐社区科普员，组建社区业余科普宣传队。以“站、校、网”建设为重点，改善社区科普工作条件。

抓好农函大农民素质培训，全年共培训1100多人。浙江省农函大常山县分校直接办班2期，培训农村实用人才120人。

县科协牵头在县农村实用人才协会、县会计学会等10个学（协）会中，成立“两新”组织妇工委，扩大党、妇组织在县级科技学（协）会中的覆盖面。配合县委组织部对行业协会党政领导干部（含机关干部工作人员）兼任社会团体领导职务情况进行清理规范。全年选拔推荐市级科普惠农带头人2人，推荐命名省级优秀科技工作者1人。命名县级科技示范户25户。开展2013年农民技术职称评定推荐工作，推荐省命名高级农民技术人员职称6人，组织评定农民技术人员中级职称14人、初级职称18人。

举办2013年常山县科协系统专兼职干部培训班，县科协九届委员会常务委员、各乡镇（街道）科协主席、县级科技学（协）会秘书长、企业科协秘书长，社区科普站站长共60余人参加培训。

2013年，县科协被省科协评为科协工作先进县、2013年全国科普日活动优秀组织单位，县农函大分别被中国农函大评为优秀分校、被省农函大评为先进分校。

【成立常山县首家院士专家工作站】 组建浙江环宇轴承有限公司院士专家工作站。由中国工程院院士、机械工业先进制造技术研究中心材料热处理首席专家、北京机电研究所副总工程师兼材料工程技术中心主任陈蕴博院士为代表的专家团队与浙江环宇轴承有限公司签订院士工作站合作协议，甲、乙双方就共同参与研究开发“螺杆空压机转子轴承产品选材及热处理技术服务”项目事项达成协议，并开始实施。

【企业科协技术创新能手评奖活动】 依照《中华人民共和国科学技术普及法》《中华人民共和国科学技术进步法》《全民科学素质行动计划纲要》等有关规定，结合常山实际，2013年2月，县科协出台企业科协技术创新能手奖评选奖励办法，评奖活动每两年举办一次。首届评选出栾柏松等15人获“企业科协创新能手奖”并予以通报表彰。

【科技服务企业行动（走进常山）活动】 由衢州市科协、巨化集团公司科协主办，常山县科协承办的科技服务企业行动（走进常山）活动，2013年4月12日在常山县举行。巨化集团公司选派6位化工专家到常山相关企业开展一对一“保姆式”科技服务。衢州市科协主席毛桂文、常山县政府党组成员王全参加座谈会并分别作讲话和致欢迎词。

【主办衢州地区“2013年纺纱胶辊胶圈技术交流会”】 2013年5月10日，2013衢州地区纺纱胶辊胶圈技术交流会在常山华府大酒店举行。这次会议由常山县科协主办，常山县纺织服装行业协会、浙江常山纺织有限责任公司科协协办，无锡二橡胶股份有限公司承办。衢州地区纺织行业30多家企业、80多人（企业副总、总工程师，及技术和设备负责人）参加会议，浙江纺织服装职业技术学院教授桂亚夫、浙江省新型纺织品研发重点实验室高工章友鹤参加会议并授课。

【全国科普日活动】 2013年9月17日，常山县科协举办第十个“全国科普日”活动，在县城街心公园摆摊设点，开展科普联合行动，宣传科普知识，为市民提供便利科普服务。

【全国科技（科普）周活动】 2013年5月举办以“科技创新·美好生活”为主题，以科技下乡入企进社区为重点，举办丰富多彩的系列活动，在全县各行政村巡回放映《身边的科学》科普知识电影342场，宣传科技知识，增强科技意识，激发创新热情，提高创新能力。

【科普示范创建工作】 2013年，县科协公布县级科普示范乡镇1个，县级科普示范基地3个，县级科普特色学校1所，县级科普教育基地1个，社区科普学校7所，县级科普特色企业2家。

（汪予雷）

常山县文学艺术界联合会

【概况】 常山县文学艺术界联合会有文学、美术、书法、摄影、音乐、舞蹈、诗词、民间艺术、石艺术9个团体会员，会员450人。年度主要活动有：“迎新春·展警彩”书画篆刻摄影展、常山县癸巳新春书画作品展、纪念《毛泽东在延安文艺座谈会上的讲话》发表71周年常山书法邀请展、庆“六一”少儿书法展、迎“八一”文化进警营、中秋书法笔会、“墨韵文峰”书法作品展、“翰动三山”——浙江常山、安徽含山、重庆秀山书法联展（常山展）、“金柚飘香”常山书画活动月系列活动、常山县农民书法培训班等。多次组织文学、书法、美术、摄影、诗词、石艺术协会会员下乡采风，为农村文化礼堂创作书画摄影作品。出版的文艺专著有：《“翰动三山”书法联展作品集》（县委宣传部、县文联编）、《文峰艺丛·王庆芳书法》（姚肖忆主编、王庆芳著）、《常山县古诗词选》（樊玉明主编）、《文峰书画》（王阳君主编）、《乡村往事》（吴贤林著）、《那些人、那些事》（连中福著）、《鸿影楼诗词》（樊玉明著）、《袁冬华国画作品集》（袁冬华著）。

【常山县癸巳新春书画作品展】 于2月10—25日在位于塔山公园的常山书画院内展出，共展出全县书画爱好者为庆贺新春佳节创作的书画作品73幅。参展作者中，年龄最大的85岁，最小的10岁。此次展览由县委宣传部主办，县文广新局、县文联承办，县美协、县书协协办。县人大常委会主任徐建华观展并题写“万家春”，县书法协会顾问张增才题写“喜见清风徐来”条幅。共有3000多名游客观看。

【省作协知名作家到常山采风】 11月24—27日，省作协“走进柚都石城，体验生态家园”采风团一行，由浙江省作协党组书记、副主席臧军带队，到常山开展为期4天的采风活动。参加采风团的有浙江省作协党组成员、秘书长王益军，《人民日报》浙江分社副社长、浙江省作协副主席袁亚平，吉林省作协副主席薛卫民、吉林省作协副主席汤汤及衢州市作协副主席毛芦芦等20位省内外知名作家。作家们先后到奇石馆、青石花石市场、浙江天子果业有限公司、何家乡长风月亮湖、芳村油茶基地、新昌乡新昌村文化礼堂、新昌乡油茶土榨馆、常山武当太乙拳馆、塔山公园、常山书画园考察，到常山胡柚基地体验胡柚采摘，到泓影山庄观赏戏曲表演，向衢州母亲山、国家AAAA级旅游风景区省作家协会创作基地授牌。作家们畅游三衢石林后，还进行了现场微创作。

【“美丽女性·印象常山”摄影展】 由县妇联、县文联主办、县摄影协会承办、浙江衢州一片情纸业有限公司协办的“美丽女性·印象常山”摄影展，于“三八”妇女节期间在常山县文化馆一楼展出，共展出庆祝三八妇女节摄影作品50余幅，展现了在各条战线上常山妇女的风采。

【为东乡村举行“浙江书法村”授牌仪式】 10月24日，由省文联、省书协主办、衢州市文联、常山县委宣传部、县文联、辉埠镇承办的东乡村“浙江书法村”授牌仪式在东乡村举行。省文联党组成员、书记处书记柳国平，省书协副主席兼秘书长赵雁君，省书协副秘书长何涤非，市政协副主席，市文联主席欧阳建华，市文联党组副书记、市文联副主席严日旺，市书协主席毛嘉仁，市书协副主席邱红日，县政协主席林红汉，县委常委、宣传部部长苏新祥，辉埠镇党委书记何健，辉埠镇党委副书记、镇长叶剑明，常山县书协和东乡村农民书画协会会员共100余人参加了授牌仪式。柳国平代表省文联讲话，赵雁君代表省书协为东乡村授牌并赠书200套（本），苏新祥致辞。授牌仪式后，赵雁君现场为东乡村农民书法爱好者点评作品，毛嘉仁作书法讲座。

【县文艺志愿者服务队成立】 9月12日，县文联在金川街道徐村村举行常山县文艺家走进“农村文化礼堂”暨文艺志愿者服务队成立仪式。县委宣传部副部长王群峰、县文联主席姚肖忆、金川街道党工委宣传委员余志梅及县文联所属9个文艺协会的代表约50人参加。仪式后，9个文艺协会开展对接文艺村活动，到文艺村举办农民书法培训班、为文化礼堂创作书画作品、为村民拍摄全家福和全村福、举办农村摄影巡展活动等。

【县诗词学会10周年庆典】 6月22日，常山县诗词学会在金川社区举办成立10周年庆典活动，县文联、县诗词学会负责人及30余名诗词爱好者出席。县诗词学会会长赵木兰回顾总结县诗词学会成立10年的工作，县文联主席姚肖忆对县诗词学会成立10年的成绩表示充分肯定。常山县诗词学会成立于2003年，10年间，诗词队伍不断壮大，共编辑出版诗词专集7本、《常山诗讯》25期，累计创作200多首以常山胡柚和常山奇石和三衢山风景为题材的诗词。

【“最美衢州”第三届全市书画院作品展】 11月28日至12月5日，由衢州市书画院主办、常山县文联承办的“最美衢州”第三届全市书画院作品展在常山县档案馆一楼展厅展出。市委宣传部副部长杨苏萍，市文联党组副书记、副主席严日旺，衢州书画院院长田人，市书协主席毛嘉仁，县委常委、宣传部部长苏新祥，副县长郑金仙，全市10个书画院的书画家，县文广新局、县档案局、金川街道办事处、县农信联社、县文联的主要领导，县城约30名书画爱好者出席开幕式并参观展览。同时，举行“金柚飘香”常山书画活动月启动仪式。市人大副主任童建中参观了展览。此次展览是“金柚飘香”常山书画活动月系列活动之一，共展出全市10个书画院的书画作品77幅。展览期间，同时发行《“最美衢州”2013年全市书画院作品集》。

【“翰动三山”书法联展活动】 12月13—17日，由浙江省常山县、安徽省含山县、重庆市秀山县的县委宣传部主办，三县文联承办、三县书协和常山县档案局、金石资源集团协办的第四届“翰动三山”书法作品联展在县档案馆举办。衢州市政协副主席，市文联主席欧阳建华，市文联党组副书记、副主席严日旺，含山县人大常委会原主任谢毓梁，秀山县副县长陈丽萍，常山县委副书记方法，县委常委、宣传部部长苏新祥，副县长郑金仙及三县的书法爱好者近300人出席开幕式。展览期间，衢州市副市长朱建华、衢州著名画家周明明等参观了展览。此次展览是“金柚飘香”常山书画活动月系列活动之二，共展出的106幅作品，以“美丽常山”为主题，以常山古代诗词为内容。此次展览作品集同时发行。

【袁冬华国画展】 12月20—24日在常山档案局展出。此次展览由县文联主办，县旅游局、县档案局、县美术协会协办，是“金柚飘香”常山书画活动月系列活动之三，共展出袁冬华近几年创作的国画作品88件。

【王庆芳书法展】 12月26—30日在常山书画院展出。此次展览由县委宣传部、县文联主办，县交通投资发展公司、县公路段、县书协、常山书画院协办，是“金柚飘香”常山书画活动月系列活动之四，共展出书法作品60余件。市政协副主席、市文联主席欧阳建华，市书协主席毛嘉仁，书法家周继中、陈君平、邱红日分别为此次展览题词。

【王阳君“心仪魏晋”临帖展】 12月26—30日在常山档案局展出。此次展览由县委宣传部、县文联、县档案局、县书协主办，是“金柚飘香”常山书画活动月系列活动之五，共展出王阳君的临帖作品75件。副市长朱建华，市政协副主席、市文联主席欧阳建华，市书协主席毛嘉仁，书法家陈海良、曹元伟分别为此次展览题词。

（王阳君）

常山县残疾人联合会

【概况】 2013年，县残联继续围绕实现残疾人小康每年提高两个百分点的目标，完善党委领导、政府负责的残疾人工作领导机制；建立各部门密切配合残疾人组织、充分发挥作用的工作机制；把残疾人工作纳入国民经济和社会发展规划，建立财政资金投入稳定增长的保障机制。出台《常山县扶残助残爱心村（社区）创建办法的通知》《关于进一步加强和规范我县残疾人组织建设的实施意见》《开展残疾人“三基”工程的实施方案》《常山县残疾人专职委员公益性岗位管理办法（暂行）》《常山县无固定收入残疾人生活补贴实施细则（试行）》，初步建立起残疾人权益保障的长效机制。形成《常山县残疾人事业发展“十二五”规划中期评估报告》，为县委、县政府出台政策提供依据，推动“十二五”规划的如期全面实施。推进基层残疾人组织规范化建设，实施残疾人共享小康工程，巩固省级扶残助残爱心城市创建成果。开展助残服务专项行动，推进残疾人社会保障体系和服务体系，残疾人各项工作取得新成绩。常山县残疾人基层规范化建设的组织体系和科学工作方法，破解了残疾人组织建设的难题，其经验和做法被省残联领导称赞为富有特色和成效、对全省起到示范引领和推进作用。3月4日，在全省残联工作电视电话会议上，县残联作题为《规范基层组织建设 提升服务残疾人水平》的典型发言。4月9日，省残联在常山县召开基层残疾人组织建设规范化建设试点工作经验推进会。4月28日，省残联《关于印发〈浙江省基层残疾人组织建设试点工作方案〉的通知》，决定于4—9月在常山县开展基层组织建设试点工作。11月5日，衢州市残联在常山县召开全市基层残疾人组织规范化建设试点工作经验推进会。

2013年，全县有乡镇（街道）残联14个、残疾人专门协会5个、村（社区）残疾人协会组织187个。全县共有3600名二级以上残疾人纳入基本生活保障范围，比2012年增加329人。为693名重度残疾人实施托（安）养，2013年新增270人。其中，集中托养172人、居家安养521人，符合条件的贫困残疾人单独施保率达98%以上。完成86户残疾人的危旧房改造。根据《浙江省无固定收入残疾人生活补贴实施意见（试行）》，确定对全县839名18—60岁无固定收入的三、四级残疾人实施生活补贴，并为每人缴纳50元意外伤害保险费，这一做法得到省、市残联的肯定。

实施残疾人“三基”工程。与县财政局联合下发《开展残疾人“三基”工程的实施方案》的通知，申报县级残疾人扶贫基地3个、县级残疾人就业基地1个、县级残疾人来料加工基地2个。2013年，共培育县级残疾人基地15个、市级基地5个、省级基地1个，安置残疾人从业275人。

规范“残疾人证”办理，出台《常山县“残疾人证”办理补充规定》，进一步完善办证制度。2013年，全县共办理“第二代残疾人证”1205本，累计换发证9916本。其中，一、二级重度残疾人证3811本。

开展以“健康听力，幸福人生——关注老年人听力健康”为主题的第十四次全国“爱耳日”宣传教育活动。通过电视和报刊等媒体，广泛宣传听力健康知识，发放宣传资料1200多份。

开展主题为“帮扶贫困残疾人”的第23次“全国助残日”活动。开展“人人为我，我为人人”残健共融活动，为市民提供推拿按摩、理发、电器维修、电话机维修等服务；举办残疾人事业图片展；举办残疾人书画、盲人定向行走、摄影技术、康复家长等系列培训，丰富残疾人文化生活。

根据《浙江省财政厅、浙江省残疾人联合会关于做好残疾人机动轮椅车燃油补贴发放工作的通知》精神，为2013年使用机动轮椅车的残疾人，每人发放燃油补贴260元。

县残联在2012年度浙江省残联系统政务信息考核中名列第一，获省残联通报表彰；在中国残疾人网站举办的“我骄傲，我自豪，我是残联工作者”征文活动中，职工舒巧壮获三等奖，专职委员周优雅、天马街道残疾人工作者徐勋获优秀奖；县残联精心编排的残疾人小品节目《心愿》，荣获浙江省第七届残疾人艺术会演三等奖；县残疾人书法家詹肃龙在“兰亭杯”全国残疾人书法大赛上荣获优秀奖；由辉埠镇符红利等9位视力残疾人组成的省盲校足球队，在2013年全国盲人足球锦标赛中取得三等奖和体育道德风尚奖。辉埠镇东鲁村残疾人陈齐君的土猪养殖技术推广片《土猪还得土法养》，于2013年6月30日在中央电视台7套节目“科技园”栏目播出。

2013年，全县被中残联和省、市、县等新闻单位录用的残疾人信息共213篇。其中，中国残联网站7篇，省残联网站23篇，省残疾人动态3篇，省康复中心7篇，《浙江残联》杂志11篇，市残联网32篇，《衢州日报》2篇，《衢州晚报》5篇，《今日常山》16篇，常山残联网站65篇，县残联编发的《常山残联》简报42篇。

1家省级残疾人小康·阳光庇护中心通过省残联认定。

【县残联换届】 2013年3月1日，县残联第六次代表大会召开，进行换届选举。县委副书记方法出席会议并讲话，市残联党组成员、副理事长王文彪出席会议并致辞，县人大常委会副主任王文达、县政协副主席黄法云出席会议，副县长严可兵主持会议。县残联理事长李军代表第五届执行理事会作题为《抓住机遇，乘势而上，努力实现我县残疾人事业新跨越》的工作报告。会议选举产生县残联第六届主席团委员、副主席、主席，推举执行理事会理事长、副理事长、理事，选举产生市残疾人联合会第六次代表大会的代表和主席团委员候选人，方法受聘担任第六届主席团名誉主席，严可兵当选主席团主席，李军当选执行理事会理事长。会议期间，县肢体残疾人协会、县聋人协会、县盲人协会、县智力精神残疾人亲友协会完成换届工作。

【基层残联组织建设】 2013年1月23日，常山县召开常山县行政区划调整方案宣布大会。3月，调整后的11个乡镇残联完成换届，并依法组建天马、金川、紫港等3个街道的残联组织。聘请14个乡镇（街道）的党政领导为残联名誉主席，明确农业副乡镇长（街道副主任）任残联主席团副主席。选举产生残联理事长，14个乡镇（街道）残疾人专职委员担任所在乡镇（街道）残联副理事长。6月，对所有乡镇（街道）的办公设备予以更新：新购置办公桌椅、档案柜、照相机、打印机等办公用品；按照“有办公场所，有办公设施，有档案制度、有考核机制、有经费保障”的五有标准，规范建设，制度上墙。14个乡镇（街道）残联均实现在一楼无障碍办公，方便残疾人办事。

【提升县康复中心服务水平】 2013年，组织县康复中心5名工作人员到省、市有关部门培训。协调公交专线延伸到县康复中心门口设立乘客上下站，方便残疾人及其亲属往返。改善县康复中心食堂管理水平和服务质量。举办0—6周岁脑瘫、智力残疾儿童及其家长康复训练长期培训班1期。为42名脑瘫、智力残疾儿童进行康复训练，开展各类康复服务2000余人次，健全规范县康复中心服务实名制台账。

【残疾人康复工程】 2013年，全县共筛查白内障指征患者326人，实施白内障免费复明手术202例；筛查视力障碍者32人，免费配发助视器18副；筛查听障患者82人次，免费配发助听器61只；筛查下肢残疾者33人次，免费为14人安装普及型假肢15条；完成社区康复服务2000人次。开展1—6周岁人工耳蜗抢救性康复筛查工作，确定2名聋儿为2013年度人工耳蜗抢救性康复项目对象；开展6—17周岁成人人工耳蜗抢救性康复筛查，确定5名聋人为2013年人工耳蜗抢救性康复对象。转介1名孤独症儿童到省残联青苹果乐园爱心班进行康复训练。开展盲人定向行走训练60人次。为残疾人提供各种辅助器具150人次，其中，儿童配置辅助器5人（件），其他免费辅助器具145件。

【残疾人教育就业】 建立完善扶残助学制度，保障残疾学生和残疾人子女免费接受义务教育。2013年，全县共有88名残疾学生及残疾人子女获助学结对。全年共培训残疾人356人，其中，依托乡镇开展农技培训7期200人，选送参加省举办的各类培训班15人；选送4名残疾人工作者参加残疾人指导员远程教育培训。按比例安置8名残疾人就业，输送42名残疾人到嘉兴、义乌、绍兴等地福利企业就业。在常山县2013年春季人力资源交流大会上设立残疾人招聘专区，推出就业岗位120多个，有21名残疾人在招聘会上实现就业。为24名城镇残疾人个体工商户和9户盲人按摩机构发放个人社会养老保险补助金6.11万元。通过小额贷款贴息和一次性创业补助等形式，为121户残疾人和种养殖户、个体户，发放残疾人就业、创业补助金88万元。奖励超比例安置残疾职工的15家福利企业和2家工疗机构9.43万元。

【承办省市残疾人技术培训班】 承办全省残疾人花石盘景制作技术培训班1期，嘉兴、温州、绍兴、金华、丽水和衢州等地的45名学员参加学习；举办衢州市残疾人葡萄种植技术培训班1期，共46名残疾人参加培训。

【“爱心乡镇、村（社区）”创建活动】 开展“爱心乡镇、村（社区）”创建活动，巩固首批“扶残爱心城市”的成果。2013年，全县共命名“爱心乡镇（街道）”3个、“爱心村（社区）”14个、“爱心单位”26个，表彰“爱心家庭”10户、“创业之星”5个、“爱心企业”6家、“爱心人士”10人。

【残疾人信访维权】 完善领导接访、信访包案等信访工作。建立经常性的法律援助机制，确保需要法律援助的残疾人“应援尽援”。对全县15家福利企业、2家工疗机构进行年检、年审普查工作，维护残疾人合法权益。加强残疾人专门协会和志愿者队伍建设，发挥“代表、服务、维权”的职能。2013年，共接待残疾人来访252人次，受理来信5件，信访结案率100%。全年未出现残疾人去市上省进京等重大上访事件。

（蒋学渭）

常山县红十字会

【概况】 2013年，常山县红十字会注重弘扬“人道、博爱、奉献”的红十字精神，着力解决弱势群体最关心、最直接、最突出的问题，在组织建设、救灾救助、救护培训以及人体器官捐献等方面取得较好的成绩。9月30日，召开常山县红十字会第四次会员代表大会，县四套班子主要领导出席开幕式，市红十字会党组书记、专职副会长刘章华，县委书记王良春分别作重要讲话。会议听取并审议县红十字会第三届常务副会长郑定裕作的工作报告；选举产生以副县长揭政东为会长的新一届领导班子和理事会；聘请县委书记王良春、县长毛建国为县红十字会名誉会长。

【雅安地震募捐】 4月20日，四川雅安7.0级地震发生后，县红十字会迅速成立以常务副会长为组长的抗震救灾筹资募捐工作小组，第一时间公布接收捐款方式，联系企事业单位积极开展捐款活动，共接收44家单位爱心捐款84911元。

定阳社区在职党员爱心捐款

（金灵丽、吕宁 摄）】

【博爱救助】 1月17日，市红十字会党组书记、专职副会长刘章华一行到常山开展“情暖三衢·红十字会博爱送万家”活动，向60户城乡困难群众发放价值4万余元的慰问款物。元旦春节期间，县红十字会开展“博爱送万家”活动，为城乡100多户困难群众送上了价值3万多元的慰问款物。抓好金佰汇博爱基金规范运作，全年共发放助学金19.4万元，救助大学新生30人，在校贫困学生104人。与江苏苏酒集团合作，开展“中国梦·梦之蓝”义卖捐资助学活动，募集爱心助学款20万元，资助义务教育阶段贫困学生100人。

【博爱送健康】 2月，县红十字会从省红十字会争取到价值79.8万元的康恩贝药品，用于无偿救助常山县贫困心脑血管患者。在各乡镇（街道）、县卫生局的配合下，药品足额发放到900多名患者手中，患者反响良好。9月，常山县被省红十字会列入“母婴平安”基金项目实施县，确定县人民医院为项目实施定点医院，对贫困外来孕产妇进行救助。

【救护培训】 县红十字会深入开展救护培训进机关、农村、社区、学校、企业活动，举办普及培训27期，培训市民群众1100人次。与县教育局、县农办、县职业中专等单位合作，举办救护员培训12期，培训救护员715人。通过培训，受训人员的应急避险意识普遍增强，初步掌握了基本的自救互救知识。

【人体器官捐献】 县红十字会全年实现器官捐献1例、角膜捐献2例、遗体捐献1例。9月21日，辉埠镇路里坑村黄笑去世后，家人按照其生前意愿捐献眼角膜和遗体；11月7日，大桥头乡大桥村宁龙仔去世后自愿捐献了眼角膜；10月1日，在省、市、县红十字会的共同努力下，常山县一村民因意外死亡自愿捐献一肝两肾器官，全县首例器官捐献成功。

（何水龙）

法　　治

综　　述

2013 年，全县政法工作严格落实“抓好平安报表”的要求，以省级平安县创建“九连冠”为总目标，以“走进矛盾排查整治、强基促稳共创平安”活动为主载体，积极应对经济形势波动、信访形势严峻等各种困难挑战，主动参与、服务、保障中心工作和急难险重任务推进，全面加强和创新社会治理，巩固和发展社会和谐稳定的良好局面。

守牢大局稳定底线。坚决查处影响政治安全、大局稳定的案事件，严密防范各类渗透破坏活动和网上谣言的传播，及时制止、妥善处置非正常上访行为和特殊利益群体非法集聚行为。健全化解矛盾纠纷的维稳机制。完善信访维稳“三量”工作法、矛盾纠纷排查网络和定期排查化解、领导包案调处等一系列办法，实行每周情报信息会商和重点敏感时期每日社会稳定形势分析研判机制，开展涉稳问题排查整治，强化应急处置工作，管牢重点事、盯牢重点人、控住重点物，完成全国、省两会、毛泽东批示“枫桥经验”50 周年纪念大会、党的十八届三中全会期间的维稳安保任务。

抓牢服务中心主线。始终站在全县发展大局的角度来谋划和推进法治工作，针对 2013 年全县中心工作任务重、困难多、涉及面广的形势要求，政法战线积极担负责任，深入实施护航“三改一拆”、政法干警组团服务项目、“铁拳二号”护选等专项行动，全面推行社会稳定风险评估、“百警第一书记”等一系列服务保障措施，有力保障了项目建设、“三改一拆”、行政村规模调整、村级组织换届等中心工作的顺利推进。同时，深入推进非访、闹访、医闹和“逢死必闹”“逢事必闹”等问题的综合治理，妥善处置“3 · 30”“4 · 23”“5 · 24”多起非正常死亡案件，以及集体访、医闹等 10 余起突发事件，未发生群体性事件。

筑牢基层基础防线。坚持和发展“枫桥经验”，深化细化“网格化管理、组团式服务”，推进乡镇（街道）社会服务管理中心和较大村、社区、企业社会服务管理站规范化建设，规范化建成率 100%。创新实施政法各家班子成员联系乡镇（街道）制度，探索建立乡村维稳（信访）情报信息员队伍，基层平安综治维稳力量进一步夯实。完善“横向到边、纵向到底”的平安建设组织领导体系、督查考核体系、宣传动员体系，坚持问题导向，开展模拟测评，狠抓问题整改，平安建设的基础更加扎实。强化乡镇（街道）政法综治维稳干部队伍规范化建设，7 月 29—30 日举办了一期综治、维稳、反邪教等内容集中教育培训。完善基层维稳机制建设，实施县政法各部门班子成员联系乡镇（街道）、县政府大院非正常上访处置、信息收集研判预警等机制。球川镇后弄村 10 年矛盾不出村的经验受到市委书记陈新批示肯定，并在全市推广。紫港社区被评为全省首届“群众最满意的平安社区”。

护牢群众安全生命线。加强重大活动、重点场所、重要部位和敏感时段的安全管理，严格落实安全生产责任和公共安全各领域的安全措施。始终保持对违法犯罪活动的严打高压态势，深化“立体防控·警灯守护”工程，集中开展“打盗抢保民安”“打四黑除四害”、打击电信诈骗等系列专项行动，社会治安水平稳步提升。加强群众反映强烈安全问题的治理，强化社区矫正人员、易肇事肇祸精神病人等特殊人群管理，有效防范解决一大批治安突出问题，群众安全感满意度不断提高。

常山县连续9年被省委、省政府命名为平安县。县委政法委被评为2012—2013年度全省社会管理综合治理先进集体，紫港街道黄小兵被评为2012—2013年度全省社会管理综合治理先进个人（浙委办发〔2014〕25号）。同弓乡被评为2004—2013年度平安创建工作先进单位（浙委办发〔2014〕24号）。县委政法委在2013年度县（市、区）委政法委（平安办）工作目标考核中荣获一等奖，并被评为2013年度全市政法宣传工作先进单位。县妇联、县环保局、东案乡、球川镇荣获全市2013年度平安建设暨综治维稳工作先进集体称号，杨春柳、廖伟民、陈金龙、王军被评为先进个人。

【深化平安创建】 2013年，常山县先后6次召开全县层面专题会议传达贯彻落实上级要求部署，并通过层层签订综治、维稳、信访、安全生产等责任书，科学修订完善平安建设考核指标，建立健全抽查、督查等制度，健全完善了“横向到边、纵向到底”的平安建设组织领导体系、督查考核体系。进一步健全平安建设查漏补缺机制，就我县平安“三率”、系统平安创建、民商事案件执行率、消防、禁毒等扣分事项将整改责任落实到各具体部门，并建立“平安动态月报月评”制度。深化基层平安创建和系统平安创建，通过抓乡镇带村居、抓系统带单位，有力推动了平安建设向全社会覆盖，以小平安汇聚大平安。组织开展平安综治“双月”宣传、“进企入户”大宣传等活动，深入推进平安宣传进社区、进乡村、进学校、进机关、进企业、进单位、进家庭，全年累计走访农户7万多户，发送宣传短信1万余条，印制发放《平安常山建设倡议书》12万份，举办各类讲座、培训和文艺演出23场，并在320国道朱家渡大桥路段设置大型平安公益广告牌、城区设置25块滚动广告牌，浓厚共建共享平安和谐的良好氛围。开展实施“围绕三率提升、推进平安建设”主题集中宣传活动。

【“走进矛盾”大排查大调处】 3—6月，开展领导“走进矛盾”大排查大调处活动，分析梳理32件涉及征地拆迁、劳动争议、民间纠纷的案事件，经报县委常委会审定，分别由32位县处级领导一对一包案联系、集中攻坚。其中，9件市领导包案联系的案事件已成功化解8件，由市长联系的东案原墅口村道路通行问题采取了稳控措施；32件县领导联系案件全部化解；299件乡镇（街道）、部门领导联系案件成功化解257件。5—10月，开展为期6个月的“走进矛盾排查整治、强基促稳共创平安”专项活动，集中力量排查化解社会矛盾纠纷、排查整治“五大安全”隐患、排查解决基层基础建设中存在的突出问题和薄弱环节，全县共排查矛盾纠纷938起，化解929件，化解率达99.04%；对46件重大隐患进行挂牌督办，成功解决问题38个。

【加强社会管理】 健全肇事肇祸精神病人监管收治协调机制。2013年全县共排查掌握肇事肇祸及倾向重性精神病人76人，通过财政专项救助资金开展精神病人医疗救助 7 人 3. 6 万元。开展专项执法检查和案件评查，加大司法救助力度，全年共评查涉法涉诉信访案件 2 起，办理司法救助案件 10 件，救助金额 22. 5 万元。

【无邪教县创建工作】 在荣获全省防处邪教工作先进集体的基础上，进一步做好防范控制、深挖打击、教育转化、无邪教创建等工作。9 月 5 日，邀请省委反邪教专家楼志浪到常山开展专题讲座。修改完善《常山县“法轮功”等邪教重大突发事件应急处置预案》，强化应急处置邪教活动的能力水平。以“全能神”邪教专项整治为重点，举办走读式和封闭式相结合的法律和宗教知识培训班方式，落实帮教人员，开展教育争取工作，成功转化“全能神”人员 62 人。其中，9 月 15—30 日，成功转化将 8 名“全能神”骨干人员。通过转审结合，审查出 4 名教会带领，2 名教会骨干，完全摸清 3 个教会的组织体系，该做法经验书面印发在全省予以推广。

（丁远进）

政府法治建设

【概况】 2013 年，全面开展行政规范性文件“三统一”工作，出台《关于推行行政规范性文件“三统一”制度的实施意见》和《关于明确在推行行政规范性文件“三统一”制度中有关问题的通知》。严格按照计划制定规范性文件，对涉及广大公民权利、义务、社会公共利益以及技术规范的行政规范性文件，实行公开征求意见和专家论证制度。推进规范性文件合法性审查制度化、规范化建设，加强合法性审查工作。做好省市规章、规范性文件草案征求意见的反馈工作，全年共反馈意见、建议 10 次。审查部门提交备案的规范性文件 10 件，对县政府出台的 5 件规范性文件，按规定及时报送上级法制部门和县人大常委会备案。及时清理、修改、废止已不适应的行政规范性文件，及时汇编现行有效的年度规范性文件，下发乡镇、部门等有关单位。抓好对行政执法人员的法律知识培训工作，对新申领行政执法证人员进行综合法律知识培训，对行政执法人员进行依法行政和法律知识培训。开展依法行政调研工作，对 10 多个行政执法单位进行实地调研，撰写调研文章 2 篇。向上级法制部门报送各类法制信息 40 多篇，刊发法制简报 3 期。

参与县领导信访接待，解答信访中的法律问题，及时依法处理县领导批转的信访件。提前介入县重点工作和中心工作，对涉法事务提出法律分析意见书，为领导决策做好参谋。参与各类纠纷的解决，起草法律文书、开展法治宣传、提出意见建议，确保正确、依法解决纠纷。在规范性文件管理、重大行政决策合法性审查、依法行政工作的组织和协调、行政管理权限下放、行政审批制度改革、行政许可项目清理、行政执法监督、行政村调整和村级组织换届、信访接待、法治宣传、法治服务、涉法事务的处理，以及行政争议的预防和化解等方面都发挥了积极和良好作用，全年共处理完毕县政府领导交办的涉法事务 32 起。认真解决乡镇、部门提交的纠纷，切实把好纠纷处理的法律关，全年处理此类事项 20 多起。

【行政复议】 县政府法制机构认真执行《行政复议法》和国务院《行政复议法实施条例》，全面加强行政复议工作。依法受理行政复议申请，保障行政相对人的救济权，全年共受理行政复议申请 2 件，没有出现应受理而不受理的情况。修订、完善行政复议工作制度，采取协调和调解等途径，妥善审理，严格把关，全面严格审查具体行政行为，做到案结事了，切实维护行政相对人合法权益。

【指导行政执法监督】 常山县强化法制监督和指导工作，规范行政执法行为。加强规范行政处罚自由裁量权工作，探索行政许可自由裁量权工作。加强重大行政行为备案审查工作，全年共审查上报备案的重大行政处罚案件113件。建立重大行政强制案件备案制度。对20个行政执法单位的400多卷行政许可、一般程序行政处罚和行政强制案卷进行评查，对乡镇、部门的行政执法工作进行检查。对法院、检察院的意见建议高度重视，督促部门及时处理和反馈。加强行政执法监督体系建设，探索建立行政执法投诉举报处理机制，及时办理县政府涉法议案、提案。加强行政执法指导工作，召开行政执法例会，对行政强制措施、行政强制执行、房屋征收补偿、违法建筑处理、采矿采砂整治、说理性行政处罚决定书的格式和内容等进行指导，对行政执法中存在的问题进行统计、分析，深入剖析问题产生的原因，认真研究解决问题的措施。加强执法证件和人员资格管理，做好行政执法人员综合法律知识培训、考试、证件申领和证件年审工作，组织开展已到期的浙江省行政执法证的换证工作，确保行政执法证件合法有效使用。深化省级依法行政示范单位创建活动，完成创建任务。

【预防化解行政争议】 常山县深化完善行政调解工作机制，开展行政调解工作调查，建立行政调解工作领导小组、联席会议制度以及行政调解统计分析报告制度，加强行政调解规范化建设。全面实施《政府与法院共同预防化解行政争议工作机制》，召开府院联席会议，加强行政复议、行政诉讼、行政执法的良性互动，形成行政和司法预防化解行政争议的合力。完善行政执法与刑事司法互动机制，与检察、监察机关联合开展“两执法平台”调研，形成调研分析报告，健全行政执法与刑事司法互动机制。完善行政合同监管机制，防止出现行政争议。深化政务公开，加强政府法制网络平台建设，整合优化信息公开数据，开展便民服务，接受群众监督。

（吴业勤）

法　院

【概述】 2013年，县法院按照“努力让人民群众在每一个司法案件中都感受到公平正义”的目标，坚持司法为民、公正司法主线，围绕全县工作大局，立足执法办案第一要务，履行维护和谐稳定第一职责，各项工作取得较好成绩。全年共受理各类案件4697件，办结4395件，分别比上年上升7.9%、9.4%，一线法官人均结案140件。获市级以上集体和个人荣誉9个，被评为全省阳光司法优秀法院、全省法院民事审判工作先进集体、全省法院司法行政装备管理工作先进集体等。

健全管理机制。以制度管事、管人，共修订完善审限管理、财务工作等11项规章制度。狠抓制度落实，以干实事、抓落实为核心要求，把从严管理落到实处。实行质效数据月通报制度，对长期未结案进行专项清理。

加强队伍建设。重视思想政治建设，采取院领导作辅导讲座、理论中心组学习等多种形式，开展党的十八届三中全会精神学习活动。加强机关党建工作，新设两个人民法庭支部。重视司法能力建设，出台专门意见，从思想政治、业务能力、廉政作风、干部储备和人才环境五个方面，加强青年干警培养；采取专家讲座、法官教法官的形式，开展岗位培训。重视作风廉政建设，开展作风建设年和改进司法作风教育活动，结合“正风肃纪”警示教育、司法作风大检查和专项治理活动，营造浓厚的作风建设氛围。院领导率先垂范，落实一把手“七不直接分管”规定；纪检监察部门经常性开展明察暗访，先后就司法礼仪、庭审规范、上下班纪律等进行专项检查，及时通报纠正。

加强后勤保障建设。坚持科技强院方针，推进信息化建设，购买服务器、存储器等设备，完成常山法院外网和相关应用软件的升级。开展档案电子化工作，完成2000年以来4万册190万页档案的电子扫描，为档案网上借阅、查询打下基础。强化基层建设，完成红旗岗法庭庭园绿化，芳村法庭审判楼迁建项目取得新进展。加强安保工作，开展法警达标训练，严格执行安检、法警双休日值班等制度。

拓宽监督渠道。主动接受人大、政协监督，配合人大常委会调研新刑诉法实施、代表视察立案审判工作，抓好代表委员意见建议的整改落实。将走访企业与听取企业界代表委员的意见相结合，主动接受监督。加强日常联络，邀请代表委员参与执行听证、旁听案件庭审。依法接受检察机关法律监督。联合县政法委、县检察院出台加强人民法庭诉讼监督的意见；落实检察长和本院纪检组长列席审判委员会制度，邀请检察长列席审委会5次。自觉接受市中院和社会各界监督，配合市中院对县法院近五年工作的司法巡查。

【刑事案件审判】 2013年，县法院共受理刑事案件324件，审结315件，分别比上年下降5.3%和5.7%，判处罪犯516人。坚持宽严相济刑事政策，重点打击多发性犯罪，审结盗窃案61件140人、赌博案28件59人、故意伤害案24件27人。严厉打击破坏市场经济秩序的犯罪，审结非法经营、虚开发票等案件30件67人。参与反腐败斗争，审结贪污、贿赂、渎职案件9件13人。发挥刑罚的教育预防功能，对具有从宽情节的初犯、偶犯、未成年人犯等，依法适用缓刑、管制或单处罚金刑，其中，对8名未成年被告人依法从轻、减轻处罚。加强刑事附带民事案件调解工作，促使被告人与受害人达成赔偿协议，审结此类案件25件，受害人获赔332万元，全部履行到位。

【民商事案审判】 2013年，县法院受理民商事案件2197件，审结2027件，结案标的金额2.5亿元。发挥民事审判保障民生、协调社会关系的作用，审结财产损害、雇员受害等物权、侵权纠纷519件。注重妇女、儿童、老人合法权益的保护，审结婚姻家庭案件449件。维护诚实守信的市场环境，审结买卖、建设工程等合同纠纷216件。保障金融秩序，依法规范民间借贷行为，审结金融借款、民间借贷案件633件，解决争议标的金额1.5亿元。坚持调解优先、调判结合原则，把调解工作贯穿于案件处理的始终，民商事案件调解撤诉比例达66.4%。

【行政类案审判】 2013年，县法院受理行政诉讼案件6件，审结4件。结案中，涉治安处罚、财政管理、工伤确认、土地登记各1件。以协调和解的方式解决行政争议，经法院协调后原告撤诉、双方和解的有3件。履行审查职能，支持依法行政，办结计划生育、国土等行政非诉案件345件。参与县重点项目、重点工程建设，为行政决策提供多项法律意见和建议。

【执行收案情况】 2013年，县法院受理执行案件1821件，执结1700件，执结率93%，到位标的金额9088万元。推进执行“五大系统”建设，实现存款、房产等财产的网上“点对点”集中查控，通过集中查控执结案件903件，标的额4810万元。加大强制执行力度，对有履行能力而逃避执行的被执行人，依法坚决运用强制手段，拘留被执行人20人次，冻结存款、查扣拍卖财产600余次。开展民工工资、金融债权类案件专项执行活动，执结案件81件，标的额220万元。积极创新执行措施，在全市率先公布了12名失信被执行人员名单。为降低执行成本，推行网络司法拍卖工作，利用淘宝网平台完成拍卖6件，总成交额738万元，实现了零佣金。借助村级组织换届选举时机，配合参选人员资格审查，督促履行执行案件66件，标的额365万元。执结生育案件206件，征收社会抚养费310万元。

【能动司法】 县法院主动服务中心工作，通过参加工作组、提供法律意见等方式，为中国观赏石博览园建设、城东入口改造、矿山和非法采砂整治等重点工作献计出力。选派精干力量，指导联系村规模调整、村级组织换届和生态家园建设。发挥司法保障职能，调解11件租赁合同纠纷，支持原县人民医院地块项目的土地出让等前期工作。妥善处理涉企案件。审结两被告人窃取常山县重点企业天子果业有限公司生产技术的案件，以侵犯商业秘密罪对2人判处刑罚。在刑事案件办理中，运用和解程序，促使各方就知识产权和赔偿问题达成协议，确认生产技术归天子公司所有，帮助挽回经济损失391万元。严厉打击侵害企业权益的犯罪，审结盗窃南方水泥有限公司直供煤案，判处罪犯26人。慎重应对浙江稳发、华叶等五家铜业公司关停引发的群体性案件138件，总标的金额1.2亿元。通过财产保全、司法拍卖、引导破产清算等方式，依法处置部分铜业公司的土地厂房，盘活企业闲置资产。分析审判工作中发现的经济发展、社会管理问题，提出6篇书面司法建议。重视信访维稳工作，主动配合城投公司、芳村镇等化解多起意外伤亡引起的信访案件。

【为民司法】 县法院深化交通巡回法庭“刑民一体”的审判模式。2013年，交通巡回法庭结案385件，其中，审结刑事案件95件，包括对67名“醉驾”人员全部判罪入刑；审结交通事故引起的赔偿案件290件。历时一年多，妥善处理涉省第一监狱干警“8·12”特大交通事故案件44件，判决赔偿1100万元。坚持刑民结合，94.8%的案件服判息诉，只有13%的当事人申请强制执行。结合审判实践，汇编《醉驾的伤痛》普法手册向社会发送，增强群众的法制意识和交通安全观念。“刑民一体”审判模式得到市领导的肯定并在全市法院推广。加强人民法庭便民服务工作。红旗岗、芳村两个人民法庭共审结案件638件，化解一大批矛盾纠纷。完善便民措施，落实干警值班、巡回办案等“十条规定”。加强立案窗口建设，提供导诉咨询、立案受理、信访接待等“一站式”服务。实行繁简分流，对事实清楚、当事人争议不大的案件从快审理，79%的案件通过简易程序审结。加大司法救助力度，依法缓、减、免收诉讼费21件3万元，对9名生活困难的当事人发放司法救助金15万元。

【阳光司法】 县法院推进审判流程、裁判文书和执行信息三大公开平台建设，常山县法院被评为全省阳光司法优秀法院。加强法院内外网站管理，满足群众对司法活动的知情权、参与权和监督权。通过门户网站公布生效裁判文书915份，公开诉讼须知、审务信息226条。开展法治宣传，对外发表宣传稿件140篇，其中，在全省法院司法好新闻评选中获二等奖1篇。联合团县委、交警等部门举行公众开放日活动，组织青少年学生、驾校学员等400多人次走进法院、旁听庭审，举行新闻发布会1次。加强人民陪审员工作，民商事案件陪审率达 83.7%。

（郑志东）

检　察

【概况】 2013 年，县检察院以党的十八大和十八届三中全会提出的新思想、新观点、新论断统领检察干警的思想和行动，大力服务全县经济社会发展大局。服务“产业转型突破年”活动，加大对危害经济转型升级、创新发展等犯罪活动的打击力度，共批准逮捕非法经营、合同诈骗等案件 8 件 8 人，对非法经营、侵犯商业秘密、生产销售伪劣产品等案件提起公诉 8 件 9 人，重点办理浙江天子果业有限公司商业秘密被侵案、常山南方水泥公司特大被盗案，为企业发展挽回经济损失 500 多万元。建立健全联系服务企业制度，主动深入到天子公司等重点企业开展调研，及时了解企业需求，服务企业发展；结合开展“双十”专项行动，多次深入联系乡镇指导“三改一拆”工作，多次派出干警参与现场整治行动；结合行政村规模调整和村级组织换届选举工作，深入何家乡、大桥头乡、球川镇、招贤镇开展专项指导工作，主动向乡镇党委、政府提出指导性意见，推进工作谋划，切实保障专项工作顺利开展。以强化班子建设为重点，着重加强干警思想教育、党性教育、职业教育，针对年轻干警开展“我与检察事业”“自信激情、实干克难”主题讨论等理想信念教育，不定期地组织院领导与年轻干警开展对话会，巩固从检理念。以深化学习型、服务型、效能型、廉洁型、创新型党组织建设为载体，深化“崇德崇法、常检常新”的常山检察精神，加强检察文化载体建设，凝聚检察文化元素，统一干警从检执法思想。认真贯彻中央、各级党委和上级检察院关于改进作风建设的规定、实施意见，全面落实党风廉政建设责任制，制定《县检察院 2013 年度自身反腐倡廉建设工作要点》《县检察院关于“人、财、物”等重大事项管理规定》，夯实检察队伍管理基础；全面推行干警廉洁承诺制，出台《干警八小时以外重大事项报告制度》，适时对“一岗双责”落实情况进行回访，将队伍管理延伸至社区家庭；推行干部工作日志制度，认真开展作风整改工作，院班子成员首先带头对照检查，边学边改、边整边改，建立干部看领导、领导看班长的队伍形象建设制度，确保干警“零违纪”。围绕提升新时期群众工作能力，以化解群众矛盾为抓手，健全培训、实践、服务、考评四项工作机制，深入开展“党员进社区”“三进三到”活动，选派干警参加县农村工作指导员。围绕修改后刑事诉讼法和民事诉讼法的贯彻实施，开辟“常检论坛”由业务骨干讲授经验交流，开展岗位练兵和“辅岗锻炼”活动，组织参加上级检察机关业务培训 50 余人次，营造出学业务、比技能、共进步的良好氛围。县检察院被县文明单位联谊会评为 2012 年度优秀会员单位，县检察院党总支被县直机关工委评为 2012 年度全县机关党建工作先进单位，县检察院纪检组被评为 2012 年度县纪检监察系统先进集体，县检察院公诉科被评为县第六批劳动模范集体，县检察院反贪污贿赂局和反渎职侵权局被衢州市人民检察院记集体三等功。杨建新、王伟被市委政法委评为全市办案能手，张如通被县委授予 2012 年度县优秀农村工作指导员荣誉称号，陈利东荣获 2012 年度常山县党建工作优秀信息员荣誉称号，王小刚、江良荣荣获 2010—2012 年度常山县个人三等功，黄王振被团县委授予常山县青年岗位能手称号，陈芳荣获全县“提振常山自信、提升创业激情”主题征文优秀奖和全省检察机关“聚集真善美，展示检察风采”主题摄影比赛一等奖。郑超群荣获常山县2012年度部门决算编报先进工作者，樊讳璟荣获全县“为祖国喝彩，为青春增色”学习宣传贯彻十八大精神主题演讲比赛三等奖和“中行杯”“常山精神大家谈”优秀理论征文三等奖。

【依法打击刑事犯罪】 2013年，县检察院共受理提请逮捕的刑事案件125件187人，经审查批准逮捕161人；受理移送审查起诉的刑事案件330件459人，经审查，依法向县人民法院提起公诉321件539人。加强法律文书说理性审查力度，全面推行批捕阶段“双向说理”制度，严格把握逮捕条件，全年共作出不批准逮捕决定26人，不捕率13.9%；深化刑事和解机制，全面、慎重把握审查起诉关口，不断加强和改进未成年人犯罪案件办理工作，全年共作出不起诉决定22人，促成轻微刑事案件和解1件。

【查办和预防职务犯罪】 县检察院贯彻党中央反腐倡廉工作的决策部署，突出检察机关反腐倡廉职能优势，推进反腐败工作向纵深发展。2013年全县共查办各类职务犯罪案件10件14人，其中，贪污贿赂案件7件10人，渎职侵权案件3件4人，重点查办了高速交警系统渎职、贿赂犯罪窝案4件6人；立案查办村干部职务犯罪案件3件4人，为后期村级换届选举营造良好法治环境。在全县开展矿山生产监管领域职务犯罪分析及预防举措的调查研究工作，形成预防分析报告，为党委决策提供参谋作用。加强检察职能宣传，深入到质监、林业等机关单位开展预防讲座7次，组织水利部门中层干部深入省三监开展现身说法警示教育活动。

【加强诉讼活动的法律监督】 县检察院注重日常监督与专项监督相结合，依法对侦查、审判、刑罚执行活动进行监督。2013年共监督刑事立案1件1人，监督撤案5件5人，追捕1人，追诉漏犯6人、漏罪2人，针对刑事诉讼和侦查活动中存在的违法问题发出纠正违法通知书9份。办理民事诉讼、民事执行申诉案件7件，经法院再审改判2件，调处结案2件；针对司法不规范的问题发出9份纠正违法通知书并予以纠正。全年共对7件减刑不当案件、1件假释不当案件建议暂缓呈报或调整减刑幅度；开展各类安全防范检察20余次，对存在的事故隐患提出整改建议4次，均被执行机关采纳。注重监督效果，在常山南方水泥公司特大被盗一案中，犯罪嫌疑人毛某虽有自首情节但涉嫌盗窃数额特别巨大，县检察院以不符合取保候审条件而予以追捕，其后，毛某被二审法院认定主犯，获判5年有期徒刑，实现了法律效果、社会效果和政治效果有机统一。

【化解基层信访矛盾】 县检察院开展“走进矛盾排查整治、强基促稳共创平安”专项活动，全面排查群众关注、反应强烈的社会性矛盾。坚持检察长接访、下访和约访制度，落实定期排查制度。2013年，县检察院共受理各类信访89件次，件件做到落实反馈。加强控申与反贪、反渎、民行、监所等科室的衔接，健全案件线索管理机制，加强对各类信息的整合能力，及时掌握涉检信访案件动态。完善检调对接机制，加强与纪委、信访、法院等部门的沟通协调，合力开展矛盾化解工作，成功调处市检察院督办的叶某某人身损害赔偿纠纷一案。全年有2件案件获评“全省检察机关优秀民行申诉调处案件”，2件案件获“全省检察机关典型民行抗诉案件”。县检察院连续7年实现刑事案件“零申诉”、涉检涉诉案件“零上访”。

【参与社会管理创新】 县检察机关探索参与

社会管理新途径，落实法律监督效果。2013年，以“两执法平台”为载体，加强对行政执法机关的法律监督，监督安监部门向公安移送并立案侦查1件重大责任事故案件；发放检察建议18份，监督县交警部门对县金川街道王某等13名戒毒人员的机动车驾驶证依法进行处理；帮助县消防部门对两家存在消防设施建设违规的企业开展整改工作。通过开展检察建议回访督促工作，督促国土资源部门分期缴回62.36万元国有土地出让金。依托基层检察室的前沿阵地，加强对辖区内基层执法单位的法律监督工作，开展法治宣传活动20余次，推动检察职能向基层延伸。

（陈利东）

公　安

【概况】 2013年，常山县公安局内设机构27个，下辖城关、外港、城郊、招贤、新都、球川、芳村、大桥头等8个派出所；实有民警293人，协辅警249人，文职人员32人。全县公安机关坚持“提升常山公安核心竞争力”的奋斗目标，开展“经济发展护航年、基层基础建设年、警队作风提升年”活动，围绕执法质量欠优、管理能力欠强、执行力度欠足等“问题警务”，以突出队伍精细管理、业务创先争优为目标，以“经济发展护航年、基层基础建设年、警队作风提升年”活动为载体，完善“问题警务”工作模式，以倒逼干、加压干、引领干，实现队伍业务建设质效的提升，总体工作实现“两建”（即建成新都所、外港所两个正规化建设“常山样板”，建成新都所、看守所两个廉政文化教育“示范基地”）、两破（即破基础薄弱难题，破警力紧张、年龄老化难题）、三推（即推行小地方办大案，推行素质强警工程，推行主动警务、持续创新）、三先（即县局三次被选为先进单位在全市公安机关作典型发言）、四创四优（即被推荐为全省公安队伍正规化建设优秀单位，被推荐为全省信访工作优秀单位，群众安全感、满意度均达95%以上，综合业务绩效全市第三）。全年立刑事案件1324起，比上年下降0.08%；破804起，比上年上升1.39%；抓获各类犯罪嫌疑人448人，逃犯103人，其中，刑事拘留267人，提请批准逮捕196人，取保候审283人，移送起诉447人。县公安局监所连续25年无安全事故。实现县公安局历史上首次集体被推荐报批公安部集体一等功1个，实现3个集体被省公安厅荣记二等功，8个集体被市公安局、县政府荣记三等功；有22名民警荣获三等功，20个单位和个人受到省级奖励，44个单位和个人受到市级奖励，28个单位和个人受到县级奖励。县公安局在2013年度全市“网上作战”比武中荣获第一名，在全省重点人员团伙研判实战比武中被评定为优秀团队、报送的案例被评定为优秀案例；破获“1·15”生产、销售假冒品牌白酒案荣获公安部经侦局第二战区精品集群战役银奖；打击电信诈骗、打毒品、打假冒、信访、城市治堵等工作成效列全市第一，大情报工作成效列全市第二，“打四黑除四害”工作成效列全市第三，综合业务绩效列全市第三。县公安局连续第二年被县政府荣记三等功。

坚持维稳第一根基，促社会大局和谐稳定；坚持打防第一责任，促社会治安平安有序；坚持服务第一要务，促经济发展快速有力，推进“三百”亲民工程，“进千村、访千企、排千难”，护航县“双十”专项行动等工作，为全县经济社会发展提供有力的治安保障和服务保障。2013年，共组织安全宣传活动34次，发放宣传材料5000余份，为企业及重点项目建设外来务工人员办理居住证800余本，回应各类咨询650人次。

开展公安信访“抓源头、打基础、强机

制、促规范”活动。全年共受理信访件30件，化解30件，化解率达100%，其中，上级交办重点信访件20件全部化解，办结率100%，整体绩效居列全市前列。县公安局荣获2013年度全省县级公安机关信访工作考评优秀单位。

开展廉政文化“三进”活动，全年开展学习教育活动246次，发布局域网提醒邮件4320余封，发送提醒短信15960条，排查廉政风险防控点1184个，召开民警家属廉政座谈会294次，开展廉政文化写作、摄影等活动40次。2011—2013年，全县公安民警共56人次拒收34.3万余元的现金礼品价值，树立了常山公安公正廉明的“铁警”形象。县公安局被评为全省廉政公安机关廉政文化“三进”活动先进单位。

【村级换届选举安保工作】 2013年，开展“雷霆”“铁拳二号”系列治安大整治行动，保障村级换届选举工作顺利进行。共出动警力1850余人次，打击处理各类违法犯罪人员135人，约谈社会闲散人员413人，排查化解各类矛盾纠纷315起，消除各类治安隐患78条，查处破坏选举秩序案件6起，行政拘留9人;查处贿选案件1起,行政处罚4人,追缴违法所得11万元;处置涉选闹事事件5起。

【推行“百警第一书记”工作机制】 规范制度，建好基础信息“收集点”；延伸职能，做好社会维稳“前哨站”；集聚合力，架好服务群众“连心桥”，提升群众对公安工作满意度。2013年，全县100名党员民警进村担任“第一书记”，征求各类意见建议156条，掌握社情民意1475条，各类涉稳信息线索125条，回访案件当事人278人，走访重点人员252人，发放公开信和安全防范手册7452份，排查化解行政村撤并、项目推进等矛盾纠纷546条，结对帮扶困难户36户，成效明显。

【筑牢浙西安全屏障】 2013年，县公安局根据辖区地处闽、浙、赣、皖四省边界特殊地理位置和社会治安情况，秉承“布点、建制、明训、勤查、导侦”“十字”要诀，夯实省界卡口基础建设，优化协作机制，创新查控举措，科学部署警力，构建起“高效布局、信息引领、团队运作”的卡口查控堵截工作体系。利用卡点成功堵截抓获公安部督办特大涉枪贩毒案、瑞安“12·12”绑架案、宁波市鄞州区“3·29”盗窃案、温岭“5·26”故意杀人案、宁波江北分局特大贩毒案等重特大案件犯罪嫌疑人9人，破获公安部集群战役“5·30”生产销售伪劣产品案、公安部目标案件“5·2”涉枪贩毒案等案件56起，抓获各类犯罪嫌疑人34人，处置突发性案（事）件12起。

【保安公司完成脱钩改制】 2013年，经清算组成员与市产权交易中心反复沟通，县公安局多次修改，制定了县金盾保安服务有限公司脱钩改制、资产拍卖的具体方案。拍卖会上，底价248万元拍出505万元成交价，资产增值214%，确保了国有资产的保值增值。截至11月28日，完成保安服务公司资产整体移交，部分民警、职工撤回县公安局归建。

【全县社会应急联动工作体系建成】 2013年，县公安局依托县委、县政府设立在110指挥中心的应急联动指挥中心，从健全组织、规范机制、强化保障等入手，逐步建成了政府主导、统一指挥，56个联动成员单位分工负责、规范运作、高效快捷的110社会应急联动工作体系。投入280万元，建成应急联动指挥大厅并配齐相关装备；投入650余万元，新增监控探头376个，建成交通智能卡口6个、高清视频监控点14个、治安监控探头总数达 595 个，实现县城主要街道路口、两个工业园区以及乡镇人员聚集区全覆盖。县应急联动指挥中心全年共调度联动成员单位处置各类群众报警 4065 起，占 110 指挥中心处警总数 40%，所有警情均得到有效处置，群众满意率达 97%。

【大情报体系建设】 2013 年，县公安局着力推进大情报体系建设，强化基础保障，实现实体化运作；强化信息采集，夯实专业支撑；强化研判会商，凸显实战实用；强化制度建设，催生发展后劲。共采集各类社会资源信息 50 余万条，通过重点人员动态管控系统接收逃犯有效预警 24 人次，缉捕在逃人员 33 人，打处重点人员 89 人。上报各类线索 1658 条，其中，公安部采编 7 条、省公安厅采编 74 条、市公安局采编 21 条，分别比上年上升 61.28%、45.83%、12.5%；破获案件 26 起，抓获各类违法犯罪嫌疑人 84 人。

【城区警务机制整合】 2013 年，县公安局针对全县发案集中城区、警力紧张、勤务机制存在重叠交叉等现状，对症下药，改革机制，整合警力资源，推出城关所接处警中队、交警城区中队、特巡警大队警力“三警合一”警务机制，弥补警力不足，增加城区见警率和管事率。全年共抓获各类现行违法犯罪嫌疑人 76 人，城区刑事案件立案数比上年下降 39.58%，其中，侵财案件下降 42.07%，街面打架斗殴等违法犯罪案件下降 50%。城区未出现一次较长时间的拥堵现象。

【110 接处警】 2013 年，建立动态警务机制，共投入资金 1000 多万元，完成三期治安视频监控探头建设 376 个、新建街面警务室 4 个、新购巡逻处警车 5 辆、摩托车 10 辆、自行车 50 辆，所有车辆均安装 GPS 定位系统、车载 3G 无线视音频传输系统、350 兆无线通信系统，配齐专门单警装备及随车处警装备。做到快速反应能力加强，见警率提高，接处警规范，110 接处警群众满意率名列全市前茅。全年接报有效报警 12339 起，比上年下降 2.08%。其中，盗窃“三车”“两抢”等侵财型案件警情数比上年下降 38.93%，110 接处警自动回访平均满意率均达 97% 以上。开展 110 接处警回访工作，全年共电话回访报警人数 268 人次，满意率 98%。

【打造“三百”亲民工程】 2013 年，县公安局按照县委、县政府“百千万先锋行动”的工作标准，创新实施“三百”亲民工程（即百警驻百村、百警访百户、百警助百民），率先为民警百分之百配备移动警务终端，实时核对和采集基础信息，集全局警力进村入户“听民意、解民忧”，开展基础信息实时采集。共走访行政村 72 个，采集建筑物地址 43692 幢，虚拟建房 43639 幢，建房间数 190496 间，人户关联数 158244 幢，采集照片 46379 张。掌握社情民意 1575 条，排查各类不稳定因素 68 条，化解矛盾纠纷 745 件。该项工作得到省委组织部的肯定，省、市多家媒体报道，浙江省电视台公共频道党建专栏专门报道。

【建立咨询投诉常态督办制度】 2013 年，县公安局遵循“快速受理、迅速查处、及时反馈”的原则，建立咨询投诉常态督办制度，及时办理有关涉及公安职能的投诉，做到件件有着落，事事有回音，次次有反馈，把群众投诉和反映的问题解决好。全年共受理县机关效能 110 咨询投诉件 173 件，比上年上升 4.07%，办结率 100%。

【侦破“1·15”制售假酒案】 2013 年 1 月 15 日，根据芳村派出所走访排查获得的制售假酒线索，县公安局即成立专案组开展侦查。

6月份，该案件被省厅确定为省督案件；同时也被公安部确定为部督案件。通过几个月的侦查，摸清由横跨浙江、北京、江西、福建、安徽、湖北、山东等14个省（市）的生产、销售假冒伪劣品牌白酒的犯罪网络。县公安局于6月4日发起集群战役攻势，抓获以北京市刘洋、杭州市张天保为首的生产、销售假冒伪劣品牌白酒案犯罪团伙60余人，捣毁产、储、销窝点30余处，缴获假冒“茅台”“五粮液”等品牌成品白酒2.3万余瓶，假冒“茅台”“五粮液”等品牌全套包装1.4万多套，假冒“茅台”“五粮液”等品牌商标标识3万多个，涉案价值6000多万元。彻底摧毁一个跨地域制售假劣品牌白酒犯罪网络。该案被公安部评选为第二战区2013年专项行动精品集群战役银奖。

【创新微直播社会管理工作】 2013年2月，县公安局深化公安官方微博建设，以微直播为主要工作载体和活动平台，深入推进群众工作。采用团队运作，上下联动，连续开展“蛇年春运”和“三警合一”警务机制改革两个与群众生活密切关注的话题的微直播活动。在新浪、腾讯官方微博共发表图文并茂博文146条，被网民转发352次，网民发表各类评论367条，通过电视、广播、报纸和LED等发布各类微直播预告、春运和“三警合一”信息1225条，发布各类预警防范信息2358条。

【“治乱保畅”专项行动】 2013年2月，县公安局开展城区交通“治乱保畅”专项行动，加强基础建设、交通管理、路面防控工作，确保全县城区春节期间道路安全畅通，社会治安持续稳定。共出动警力700余人次，出动警车140余辆次，引导和纠正车辆、人员通行740余次，查获酒驾28起、各类违法违规行为163起，盘查可疑人员532人、车辆146辆，发放宣传资料4.2万多份，悬挂横幅32条。城区未发生重大交通事故和道路长时堵塞现象，街面“两抢”、寻衅滋事、聚众斗殴等恶性案件“零”发案。通过电视、报纸、网络等媒体宣传交通法律知识60余次。

【“扫毒害·保平安”行动】 2013年2月，开展“扫毒害·保平安”严打整治行动。全县共查破涉毒犯罪案件35起，抓获涉毒犯罪嫌疑人52人，查处涉毒违法人员75人，缴获“冰毒”130克、“麻果”12颗，扣押毒品运输车辆4辆，完成市公安局下达破案基数的389%、打击基数的127%。在浙江省人民政府网、浙江在线、省市公安网等刊发专项工作情况，其中，中央媒体刊发13篇、省级媒体刊发15篇、市级媒体刊发7篇。

【旅游惠民活动安保工作】 2013年5月19日，常山县举办2013中国旅游日“市长带你免费游”暨衢州旅游惠民活动启动仪式，活动期间共有4000多辆车来往活动现场，2万多人畅游三衢石林景区。县公安局共出动警力900多人，并与其他安保人员强化沟通、密切协作，圆满完成此项活动的安保工作。

（王宏军、汪浩）

消　防

【概况】 常山消防大队为一级普通消防站，共配备行政车辆2辆，执勤车辆6辆，战勤保障车1辆；有干部7人，士官9人，义务兵8人，合同制10人，文职人员10人，厨师2人。2013年，根据公安部的统一部署，以提升火灾防控和灭火救援能力为重点，推动政府、部门落实工作责任，全面推动消防安全“网格化”建设，提升火灾防控水平；推行重点单位消防安全“户籍化”管理实行动态监督机制，建立全县113家消防安全重点单位三项备案报告制度和“四个能力”建设自查制度，并及时上报三项备案情况。通过媒体等宣传方式向社会公告火灾隐患举报投诉电话“96119”及受理范围、奖励办法，落实专门运作机制，对群众举报的火灾隐患，做到及时核查处理、及时反馈答复、及时按标准奖励，最大限度地发动群众查找、举报身边火灾隐患。开展重大火灾隐患整治活动，排查出一批存在突出火灾隐患的单位，责令限期完成整改，通过制定整改方案，日常跟踪督导，重点帮扶指导等形式，确保年内全部挂牌整治单位完成整改销案。推进乡镇消防专职队伍建设，辉埠、球川两个专职消防队营房设施、车辆装备已基本配备到位；加强与相关镇领导的经常性沟通、协调，明确专职队员配备要求。开展全县多种形式消防队伍“三个一”、消防队伍大比武等活动，提升全县乡镇专兼职队伍的初战能力，促进各单位配备的车泵操作、维保工作走上常态化。全年共检查单位1133家，发现火灾隐患1105处，整改隐患1097处，下发责令改正通知书587份，下发处罚决定书46份，责令“三停”5家，罚款45.37万元。办理消防设计备案项目115个，抽查项目70个；验收备案项目133个，抽查项目83个。县消防中队举行熟悉演练108次，接警236起，出动消防车辆641车次，出动消防官兵2673人次，抢救被困人员26人，疏散人员161人，抢救财产价值642.7万元。

【“6·9”事故灭火救援】 2013年6月9日凌晨5点左右，杭金衢高速公路常山往杭州方向五里互通地段一辆满载木材的半挂车突然起火，接到报警后，县消防大队立即出动一辆A类泡沫车和一辆曼重型水罐车，共12名消防官兵赶往现场扑救。消防官兵到达事故现场发现满载木材的半挂车车头已全部过火，火势向车体迅速蔓延、在距离现场数公里处，熊熊的火光及滚滚浓烟直冲云霄，而高速公路上因事故被堵的汽车排成长龙。由于车上所载的货物是极易燃烧的木材，为尽快将车上大火扑灭，以及保住半挂车后面货物。现场指挥员迅速下达指令，一组人员先对道路进行封行禁止车辆过往，确保周围群众的安全，另一组人员出泡沫水枪对火势压制和冷却油箱，防止爆炸。20分钟后，现场明火被基本扑灭。但是由于车上的木材下渗，不少的火光及烟雾还是不断从车体上冒出，为彻底将火势扑灭。现场指挥员指挥救援人员一边利用消防水带用漫流进行灌注熄灭火势，同时一组人员用捞钩将货物一一扒开。早上7时许，半挂车上的火势被彻底扑灭。

【消防宣传教育工作】 2013年，县消防大队以消防宣传“六进”活动为载体，开展消防宣传教育活动。在社区、街道、车站、歌舞厅、商县场等人员密集场所和消防安全重点单位广泛张贴消防安全宣传标语、图画；开展全民疏散演练，举办消防知识、技能竞赛等系列宣传教育活动。开办广播节目《消防在线》，在常山信息港开设消防专栏，开设微信公众平台“柚都红门”，在电影院影片播放前加播消防宣传内容。规范消防站开放工作，拓展教育功能，突出体验互动，增强教育效果。全年各消防站共对外开放19次，总计900多人次到消防站参观学习。完善消防志愿者行动工作机制，成立宣传服务队、培训服务队、隐患排查队、抢险救援队，全年开展志愿服务所必须具备的消防安全知识和技能培训20余次。

（蔡　飞）

司法行政

【概况】 2013年，全县司法行政系统围绕建设“平安常山”“法治常山”的目标，发挥法律保障、法律服务和法治宣传的职能作用，主动服务“三改一拆”等中心工作，建立乡村聘用常年法律顾问制度，为村级组织换届选举提供法律服务，实行社区矫正程式化规范管理，开展“社区矫正信息化建设年”活动，实施农民工法律援助“金手杖”工程，以开展“法律六进”活动为契机，全面推进法治宣传教育。

为“三改一拆”工作提供法律服务，制定下发《关于认真做好“三改一拆”法律服务工作的通知》，组织全体法律服务人员签署《常山县律师、法律工作者、公证人员为维护社会稳定、服务县委、县政府中心工作的承诺书》；印制发放宣传单3万多份，发送普法手机短信1万条；到重点乡镇街道开展专题法治宣传、法律咨询活动8次，解答群众相关法律咨询2000多件；安排法治宣传车到各乡镇街道办事处巡回播放相关法规政策；组织局机关、司法所、村调委会工作人员仔细排查化解涉及“三改一拆”行动的纠纷，现场进行公证10多次，办理涉及“三改一拆”公证事项10件，对拆违公证事项采取优先受理、现场公证、优先出证、减半收费。

加强10个行业性专业调委会和各乡镇、街道调解中心的业务指导、协调和联动。组织开展人民调解化解矛盾纠纷“大排查、大调解”“走进矛盾排查整治强基促稳共创平安”专项活动。全年发生民间纠纷8067件，调处8067件，调处成功8012件，调处成功率99%；防止民转刑案件90起274人次，防止群体性上访106起1126人，制止群众性械斗52起654人。行业性专业调委会受理纠纷313件，调处成功300件，成功率96%。其中，医调会受理医患纠纷18件、成功16件，患者要求赔付173万元，通过调处实际赔付53.5万元，有效缓解了医患矛盾和冲突。

开展社区矫正程式化规范管理活动，贯彻执行省矫正办《关于开展“社区矫正信息化建设年”活动的若干意见》，全国社区矫正信息管理系统常山县子系统建成并投入使用，完成了信息录入任务。同时，加强信息监管平台建设，完善“电子围墙”，扩大覆盖面。从接收、信息录入、制定方案、实施措施、到解矫、归档等环节，推进社区矫正工作程式化管理，提高社区矫正工作的法制化水平。全年共接收社区矫正人员336人，解矫305人，收监执行7人，警告12人次；全年共办理审前社会调查262件，其中，纠纷调解2件。至年底，全县共有在册社区矫正人员482人，无脱漏管、再犯罪现象；对188名重点监管对象实施了手机定位监控，重点监管对象手机监控率100%。

加强刑释解教人员的管理服务，开展2012年度归正人员大排查，落实衔接核查机制，及时为有困难的归正人员解决有关问题和困难。全县回籍的归正人员387人，其中，刑释期满384人、解教3人。

全县律师事务所办理各类案件586件，其中，刑事案件139件，民事诉讼代理409件，仲裁代理14件，行政诉讼代理8件，非诉讼法律事务16件，解答法律咨询2983人次，担任法律顾问93家。全县法律工作者办理各类案件318件，其中，民事诉讼代理233件，非诉讼事务代理58件，调解纠纷27件，解答法律咨询1350人次，担任法律顾问232家。全年办理公证案件550件，其中，民事类523件、经济类20件、涉外7件。

开展法律援助工作，对符合法律援助条件案件及时受理、指派。全年接待来电来访群众1198人次，其中，来电420人次、来访778人次；办结法律援助案件662件，其中，刑事34件、民事案件602件、调解26件，避免和挽回经济损失720万元。组织法律援助听庭40件，回访案件当事人60人次。发放办案补贴14.34万元。

开展“百场法制电影进乡村”活动，选取100部与百姓生活密切相关的法制题材电影在全县农村巡回放映。

是年，县司法局获市司法局2013年度重点目标工作考核一等奖；社区矫正程式化规范管理获工作创新奖；李青被县委办、县府办评为全县建设“平安常山”（综治、维稳）工作先进个人。

【调整、充实基层司法机构及人员编制】 1月11日，县编委同意成立天马街道司法所，核定司法行政专项编制数2名（从原新都司法所划转）；成立金川街道司法所，核定司法行政专项编制数1名；成立紫港街道司法所，核定司法行政专项编制数1名。原天马镇司法所、新都司法所、新桥司法所、宋畈司法所机构撤销。同时，核定何家司法所、同弓司法所、东案司法所、大桥头司法所、新昌司法所司法行政专项编制各1名。增核辉埠司法所司法行政专项编制1名，合计2名；增核芳村司法所司法行政专项编制1名，合计2名（常编复〔2013〕13号）。11月20日，县编办增核青石司法所专项编制1名，合计2名（常编办〔2013〕34号）。

【乡村聘用常年法律顾问制度建立】 采用政府补贴的方法，组织法律工作者和全县所有行政村、社区签订常年法律顾问协议，为新农村建设和基层依法治理提供法律服务。

【村级组织换届选举的法律服务工作】 从2013年10月底开始到选举结束，共安排两辆法治宣传车到全县各乡镇、街道行政村开展村级组织换届选举相关法律法规纪律宣传，每周集中发送与村级组织换届选举工作相关的法律法规短信，组织编印“村级组织换届选举法治宣传提纲”1万份，把相关法律法规宣传到户、到人。严格把关，认真及时做好村两委候选人自荐名单的审核工作。

【“广场普法园地”法治文艺会演活动】 2013年，县司法局与县文化馆、文峰社区合作举办法制文艺会演活动，组织文艺骨干参与相关法律知识学习培训，编排制作与“三改一拆”“双十”行动、居民工作生活密切相关的法律法规知识的小品、相声、三句半等节目，其中，县司法局自编自导文艺作品6部，在县文峰广场举办文艺晚会6场，文艺演出大篷车下乡巡回演出6场，受教育群众3万多人。

【“民主法治村（社区）”创建工作】 2013年，走访10个行政村、1个社区，确定条件相对较为成熟的紫港社区作为创建省级“民主法治村”的社区，与乡镇司法助理员沟通，在业务上给予指导。11月，紫港社区通过省级“民主法治村（社区）”的验收。

（王　瑛）

浙江省第三监狱

【概况】 2013年，浙江省第三监狱以深入开展党的群众路线教育实践活动为抓手，严格执行中央八项规定和省委28条办法及六条禁令，加强领导作风建设，深入查摆“四风”问题，共查摆出问题133个（262条次），逐条逐项落实整改措施，业务接待费比上年下降51%。开展“党员进社区”共建和谐山村活动，增进监地协作。注重提升民警素质，全年举办各类培训101次，参训人员1514人次。建设文化橱窗，筹建监狱陈列馆，利用内网、内刊宣传阵地，宣传身边的好人、好事、好做法，监狱内网、内刊刊出稿件1100篇，省局以上刊稿370篇，激发民警队伍正能量。举办第十七届“常新杯”职工篮球赛、第二届“三监是我家”摄影大赛及“三监吉尼斯、炫出你的色彩”全民健身活动，选派节目参加地方演出3场，被省总工会授予“省级模范职工之家”称号。抓好党风廉政责任制的落实，制定《关于改进工作作风密切联系群众厉行节约的具体规定》和《车辆管理规定》，实现招投标工作全覆盖，强化对大宗物资采购、重点工程领域的过程监督，加大内部审计力度，完成各类招投标项目130宗，审计项目7个，严厉查处各类违法违纪案件，进一步纯化民警队伍。监狱持续实现无罪犯脱逃16年1个月，无罪犯自杀身亡12年4个月，无重大安全生产事故12年10个月，监狱各项工作保持良好的发展态势。

【创新监狱教育】 以教育质量年活动为抓手，不断深化“5+1+1”教育模式。组建女警讲师团，坚持每周一节心理健康课，普及心理健康教育，举办心理健康文化节和“绽放美丽心灵”情景剧大赛，邀请社会心理专家到监狱辅导2次，凯展团体辅导18期，心理咨询335人次。为心理健康指导中心添置音乐放松椅等设施，新建入监教育中心、出监教育实训基地，以及狱内电视台，改（扩）建常新文化广场，为提升教育改造质量提供硬件保障。开设“双证制”初中班八个，“双证制”高中班6个，高级服装定制培训班1个，共有428人获得初中毕业文凭，280人获得高中毕业文凭，906人获得缝纫初级工证书，284人获得服装定制中级工证书。启动思想教育社会化认证考核工程，将高等自学考试的公共课程《思想道德修养与法律基础》作为服刑人员思想政治教育的主要内容，10月首批169名学员参加《思想道德修养与法律基础》课程的自学考试，合格率达91%，被《法制日报》报道。坚持“一假日一主题一竞赛”的假日文化活动，举办首届常新文化艺术节，首届《大墙好声音》大赛等，达到“艺术感人，文化育人”的良好效果。

【监狱后勤保障明显改善】 通过监狱核心区块环境整治工程和胡柚基地灌溉水源水库环境整治工程的实施，对环境进行绿化、美化、洁化、亮化，绿化覆盖率达90%以上，一所园林式生态型监狱已初步形成。2013年，共完成基建项目投资1234万元，新建监内小广场工程，就业大队养老人员住房改造工程，老医院整修工程，核心区块环境整治工程，胡柚基地灌溉水源水库环境整治工程，自筹建设9号、10号厂房工程，完成其他小额基建项目52个。改善民警办公条件，完成省局下达的“一桌一椅一柜一电脑”工程，内网已连接到监管区域；改善民警职工食堂就餐环境，实行自助式就餐流程，降低菜价，提供水果，新建面点间，增加花色品种；实行民警职工上下班班车接送社会化租赁服务；不断改善备勤条件，为每套备勤房配置数字电视，为每位新民警配置相关的生活用品，切实增强广大民警职工的归属感。

（郑东标）

武　装

人民武装

【概况】 2013年，县人武部把学习贯彻党的十八大精神作为人武部工作中的头等大事、首要政治任务，带上宣传展板和党的十八大读本资料，进村入户宣传党的十八大精神，深受群众欢迎。认真学习中央八项规定，军区、省军区和军分区关于加强作风建设一系列措施规定，组织党员干部重温入党誓词，对照党章和职责要求查摆思想问题，召开民主生活会和党小组会，开展好批评与自我批评，统一思想，振奋精神，凝聚力量，干部职工的政治信念进一步坚定。开展党的新形势下强军目标专题学习教育，第一时间组织学习习近平总书记在全国宣传思想工作会议上的讲话精神，学习《中共中央关于全面深化改革若干重大问题的决定》。抓好民兵预备役人员思想教育，印制党的十八大报告全文和习近平强军战略思想手册并下发至每名基干民兵手中，组织民兵观看《忠诚》教育片，利用民兵整组、点验、集中训练等时机，开展我军光荣传统、职能使命、形势战备和国防义务等教育，筑牢思想政治基础。

完成战备规范化试点。以作战值班室、作战室、战备资料室、战备器材库、战备图库、作战数据库等“三室三库”为重点内容，严格建设标准，在军分区范围率先完成战备规范化建设，建成一套完善的战备制度规定、一套初具规模的指挥信息化系统、一套配套齐全的库室器材设施。3月份，市军分区在县人武部召开战备规范化建设现场观摩会。

深化民兵工作整组改革。围绕压缩基干民兵组训规模、规范组建秩序、落实政治要求、提高训练质量的目标任务，在年初广泛调研的基础上，完成编配含1个县属民兵应急连、9个应急分队、15个支援队伍、9个储备队伍，接受军分区拉动点验和实地考核，到点率98％。

抓好民兵训练落实。全年共完成6支民兵分队的训练任务，突出抓好专武干部组织指挥和民兵水上应急分队、森林防火分队、公路养护分队、反恐维稳分队的基本技能训练，提高专武干部、民兵连长的能力素质，提升民兵遂行任务的能力，确保任务来临时应急分队拉得出、用得上、起作用。

5月23日，县民兵应急连拉动点验暨课目汇报演示在三衢中学举行　　（李祯、何成　摄）

加强专武干部队伍建设。召集全县专武干部进行业务训练考核，抓好日常机关帮训、一对一带训，有意安排新入队专武干部参加民兵专业训练；针对专武干部结构搭配不够合理，部长队伍流动少、趋于老化的实际，主动与县委组织部商讨措施，从规范人员进出、考核、交流、晋升等环节，研究、出台相关对策措施。在市军分区组织的抽考中，10名专武干部取得总分第三，3人排名进入前15名。5月，连续第5年承担全省民兵维稳骨干跨区联训。

运用现代传媒开展国防教育。在常山电视台、城区街道和广场两块LED大屏，滚动播出国防教育公益广告；在“八一”节、征兵、国防教育日等时机，通过手机短信搞好教育宣传。注重发挥好典型引领作用，组织宣扬常山县东案乡武警战士杜峰峰“一枪击毙持枪劫匪”和县属民兵水上应急分队“常山港上的生命之舟”先进事迹，水上应急分队当选十佳“最美衢州人”。利用开展第十三个全民国防教育日之机，抓好国防教育进学校活动，突出《中华人民共和国国防法》《中华人民共和国兵役法》和我国周边安全形势及中国钓鱼岛局势，制作成宣传教育图板，先后到5所中学进行巡回展出；同时，在各校区设立国防教育橱窗，以“最可爱的人”“最骄傲校友”为主题刊登5名常山籍现役军人先进事迹，强化中学生的国防观念。

开展拥军宣传。“八一”前夕，组织开展“大走访”活动，县、乡两级分头走访全县300余户军人家庭；在县属报刊、电台、政府门户网站、户外LED液晶屏，立体式刊发“常山儿女建功军营光荣榜”，营造全社会关心国防、支持国防、参与国防的良好氛围。

抓好征兵工作。提前对全县5所中学的高中应届毕业生开展问卷调查。在整个征兵过程严把“四关”，即“文凭关、身体关、政审关、定兵关”，严格按征兵命令要求执行。全县共征集中国人民解放军85人，中国人民武装警察部队58人。其中，初中学历8人，占5.6%，高中学历86人，占60.1%，大专学历以上49人，占34.3%。

狠抓安全管理。以“人、车、枪、弹、密”等重点内容，抓好经常性的教育。严格安全隐患排查，落实每周一次安全检查，每月一次安全形势分析，每季一次隐患排查等制度，突出作战值班、仓库值勤、车辆审批管控、涉密载体“三个定制”、家庭上国际互联网、保密办公的排查整治，强化干部职工教育安全管理。按条令和规章制度规范一日生活和工作秩序，突出加强“八个以外”的管理，使各项安全管理制度落实在末端，单位安全发展基础更加稳固。

【徐云法到常山检查安全保密工作】 1月21日，省军区副司令员徐云法率检查组到常山县人武部检查安全保密工作。市军分区参谋长董太群陪同检查，主要检查军政业务口子保密办公秩序。军事科检查保密、涉密信息、印章使用及管理登记、作战室；政工科检查党的十八大精神学习、安全保密教育、理论学习、学习心得；后勤科检查车辆管理与派遣、车辆派遣规范审批权限，驾驶员行车安全教育、营院环境整治、安全用水、用电等内容。

【专武干部业务基础集训】 3月12日至18日，县人武部组织全县专武干部进行为期7天的强化训练。训练内容为：队列基础动作、基本理论、本职业务、军事技能、军事教学法、轻武器装备操作。

【全县民兵工作调整改革部署会】 4月2日，县人武部组织召开民兵工作调整改革部署暨业务培训会议。会议由县人武部副部长陈智军主持，全县29名专武干部及相关人员参加。县人武部部长毛慧飞传达市军分区整组工作指示精神，安排部署年度民兵调整改革工作，并总结2012年民兵整组工作。县人武部政委吴福贵就如何高标准完成年度民兵调整改革工作提出要求。

【新任民兵连长集训】 4月16日至21日，县人武部在民兵训练基地对全县新任民兵连长组织为期 6 天的业务集训，训练分两批进行。第一批为天马街道、金川街道、紫港街道、球川镇、芳村镇、青石镇；第二批为辉埠镇、同弓乡、何家乡、白石镇、招贤镇、大桥乡、新昌乡。训练内容有民兵业务知识、征兵工作、民兵参建、森林消防等。

【承办全省民兵干部骨干应急维稳专业跨区联训】 6 月 13 日至 19 日，县人武部在衢州中专承训为期 1 周的全省民兵干部骨干应急维稳专业跨区联训，全省 12 个师级单位 72 名民兵干部骨干参加。常山县人武部部长毛慧飞任集训队队长，常山县人武部副部长陈智军、衢州军分区作训科科长周利建任集训队副队长。此次集训采取“理论辅导与示范教学相结合、传统手段与现代媒介教学相结合、集中讲解与编组训练相结合、个人训练与互帮互学相结合”的方式进行。还邀请两名衢州市武警中队的士官班长担任教员，确保训练期间不走过场、不搞形式，不打疲劳战。

【参加“衢动 2013”战时行动演习】 7 月 18 日至 19 日，县人武部组织进行国防动员战时行动演习，演习分平战转换阶段、首批动员阶段、持续动员阶段等 3 个阶段。常山县国动委决策委员会各成员单位参加演习。

【赴余姚参加抗洪救灾】 10 月 9 日晚，市军分区紧急命令常山县出动 4 名应急队员赴余姚市参加水上应急救援。县人武部部长毛慧飞接到命令后，30 分钟内调集 4 名精干民兵水上应急分队队员整装出发，于当晚赶到余姚市。经过 5 天 5 夜的连续奋战，共转移群众 200 多人，分发救灾物资 20 多车，帮助抢救受灾群众财产几十万元。在全省参加抗洪救灾应急分队中，常山县应急分队被浙江省军区评为“十大新闻人物”，被衢州市评为第二届“十佳最美衢州人”。

（叶良金、何　成）

人民武警

【概况】 中国人民武装警察衢州支队一大队由一大队部、一大队三中队、常山县中队、开化县中队、江山市中队组成，管辖常山、江山、开化三县片区工作。驻地武警以努力建设一支听党指挥、能打胜仗、作风优良的现代化武警为目标，强化思想建设，采取理论学习、重大主题教育、经常性思想教育等形式，引导官兵自觉树立忠诚于党、热爱人民、报效国家、献身使命、崇尚荣誉的当代革命军人核心价值观。

常山县中队坚持“以人为本、信息主导、正规执勤、确保安全”的执勤工作思路，执勤和处突的中心地位突出。每天进行执勤检查和执勤登记；每周进行执勤方案演练，召开安全形势分析会；每月进行执勤研究、执勤教育和联系联防。与用兵单位联合制定防逃、制逃预案，定期进行联动演练。在重大节日、敏感时期、恶劣天候时，县中队采取措施进行有效防范。开展“送清凉”活动，落实岗楼哨兵每半小时向监控哨兵汇报一次，有效解决因暑期天气炎热，执勤人员易困乏、易打瞌睡的问题。落实奖惩制度，在每周的好人好事评比、每月红星士兵评比、优秀评比过程中，坚持执勤工作“一票否决制”，也就是在执勤中履职不好的人员一律不纳入推荐和评比范围；把评比的情况和个人的进步荣誉直接挂钩，每季提供一定的物质奖品作为优秀人员的奖励。对违反哨位纪律的人员进行严肃处理，强化官兵的履职意识。常山县中队连续第 18 年被省总队评为基层建设“先进中队”，其中，3 次被省总队评为“标兵中队”。

强化军事训练，提升部队官兵军事素质

和部队遂行多样化任务的整体能力。加强应急建设，抓好应急备勤训练，提高大队应急处置能力。2013年从地方政府争取到专项资金69万元，在各中队建立应急班。应急班成立后，紧贴任务实际，围绕以基础技能、射击、障碍、攀登、防暴弹投掷、体能和情况处置等为主要内容的军事技能进行训练。全面完善应急班组织指挥、处置方法和战法，为满足驻地的反恐斗争需要和处置其他突发性事件提供有力保障。

开展拥政爱民活动，提升为人民服务水平。发扬武警部队光荣传统，坚持全心全意为人民服务的宗旨，努力践行当代革命军人核心价值观，继承和发扬"听党指挥、服务人民、英勇善战"的优良传统，牢记使命，做到"视人民如父母"，把驻地当故乡，全力支持和投身驻地的各项建设，主动与驻地乡镇、农村、企业、学校等结成对子，开展军民共建活动。2013年，共植树2000多棵，官兵义务献血1.6万多毫升，军训员工、学生5000多人。学雷锋小组常年活跃在城乡基层开展便民活动，开展清扫道路，清理垃圾，清除"牛皮癣"活动，组织捐款、资助驻地贫困学生和孤寡老人。开展"警民共建"活动，与省三监、常山县文化馆、常山县邮政局、驻地政府和驻地小学等共建单位开展体育比赛和文艺晚会。

（常山县中队供稿）

人民防空

【概况】 2013年，常山县人防工作坚持"发展大融合、能力大提升"的理念，推进人防与经济社会发展的全面融合，推进人防应急应战核心能力的全面提升，推进人防工作人员的效能建设和廉政建设，民防应急指挥中心建设稳步推进，辉埠、球川两镇民防应急指挥中心建成并通过省市验收。规范开展人防指挥系统的日常维护，日常应急救援指挥通信畅通保障有力。完成《常山县中心城区地下空间开发利用专项规划》编制。做好结建人防工程管理工作，实施《人防工程建设资金保全》办法。开展人防知识宣传教育活动，筹备建设人防教育基地。配合县人大常委会做好《中华人民共和国人民防空法》执法检查工作；配合县纪委做好党风廉政评议工作。

【县民防指挥中心项目建设】 常山县完成县民防指挥中心一期项目土建、监理招标，以及土方平整工作，及时转入基础施工阶段。依托该项目，共向上级争取补助资金1150万元。县民防指挥中心项目建筑总面积1.04万平方米，其中，地上0.6万平方米、地下0.44万平方米，总投资6576万元；分二期实施，其中，一期投资4936万元，建地面指挥中心和民防宣传教育中心0.6万平方米，地下5级人防工程建筑面积0.2万平方米。

【人防重点镇民防应急指挥中心建设】 常山县根据省、市人防部门的要求，综合考虑乡镇行政区划调整等因素，在辉埠、球川两镇建设民防应急指挥中心，总投资100余万元。2013年3月，两镇民防应急指挥中心建设全面完成，并通过省、市人防部门的验收。

【应急指挥平台建设】 县人防办配备专职人员对指挥通信设备进行日常维护，确保指挥平台系统完好率达98%。发挥人防单边带短波电台作用，坚持每周三与市人防办进行沟通联络，出联率100%，连通率在95%以上。确定每月第一周为警报测试联通日，确保无线指挥平台能随时投入使用。组织县人防办指挥通信人员参加市人防专业通信队训练。全年新增警报器2台，并对已有布点的警报器进行维护、调整和更新，扩大警报鸣响覆盖率，警报器的完好率和鸣响率均达100%。

【应急应战队伍建设】 常山县加强人防专业队、民防应急救援队和社区志愿者等3支队伍规范化、制度化建设，对3支队伍进行编组和整训，提高民防应急救灾和处置突发事件能力。结合“5·12”防空警报试鸣，在东明社区进行人口疏散演练。

【加强结建人防工程管理】 常山县严格执行县人防工程控制性详细规划，多途径、多手段、多形式地体现人防工程平战结合的功能，使人防工程最大化地服务社会，服务民众。全年通过竣工验收的结建工程1个，面积3424平方米；在建工程5个，面积8142平方米；审批易地建设项目10个，审批面积4821平方米，全部足额收取人防易地建设费。

【推进地下空间开发】 坚持规划引领，县人防办与县规划中心完成《常山县中心城区地下空间开发利用专项规划》编制；同时，地下管线普查和城市停车设施专项规划完成时序进度。拓展人防建设项目融资渠道，积极争取项目开发，从单纯依靠政策抓建设向吸引社会投资抓建设转变，发挥人防行业的优势，通过招商引资、合资融资、联合开发等渠道，鼓励社会资本参与大型人防工程建设。至2013年年底，社会融资在谈项目2个，拟投资5亿元。

【县人防应急指挥保障中心成立】 根据《关于同意成立常山县人防应急指挥保障中心的批复》（常编复〔2014〕29号）文件精神，县编办核定该中心编制数2名，为县人防办下属全额拨款事业单位，负责承担保障中心的职责。

【人防宣传教育】 县人防办开展进学校、进社区、进党校、进企业、进网络“老五进”，以及进广场、进市场、进商场、进菜场、进车站码头“新五进”的宣传教育活动。全年印制人防知识宣传资料5000多册，订购人防教材2100册。3月，在紫港社区开展以“防灾减灾、普及防空知识”为主题的“国际民防日”宣传活动，发放资料500余册；5月，在县城闹市区举行“5·12”防灾减灾日民防知识大型图片展，现场解答群众咨询的问题；9月，结合全国第一个法定“老年节”，在屏山社区发放人防宣传资料，接受市民咨询，使广大居民群众融入社区人防建设之中。

【筹备人防教育基地】 县人防办与县城多所学校对接商洽，最后将常山县第一小学列入县人防教育基地，并做好相关前期筹备工作。

【开展“人防进社区”创意大赛】 县人防办做好相关组织、协调、实施工作，通过市人防办、县文峰社区及县广电总台的支持，历时3个多月，顺利完成剧本编写、视频拍摄，并及时将《打造人防教育文化园，共筑人防中国梦》成果推荐到省人防办参赛，受到上级领导的好评。

（周　蕾）

工 业

经济和信息化

【概述】 2013年，全县完成工业总产值165.5亿元，比上年增长6.4%；实现工业增加值45.5亿元，按可比价计算，增长9.3%。规模以上工业（即主营业务收入2000万元以上）106家、净增6家，实现工业总产值928012万元、增长2.5%；规模以下工业完成产值727300万元，增长11.7%。全年规模以上工业完成销售产值895566万元，增长3.8%，产销率96.5%、比上年提高1.2个百分点。完成工业出口交货值60578万元，增长5.2%；完成新产品产值96224万元，增长48.4%。全年规模以上工业企业实现利税56332万元，增长4.4%，其中，实现利润30879万元，下降2.6%。全县销售产值1亿元以上的工业企业22家（净增1家），实现主营业务收入55.9亿元，占规模以上工业的60.2%；主营业务收入超5亿元的工业企业有1家，2亿元~5亿元的工业企业有9家。

全县完成工业投资50.71亿元，增长5.7%，其中，制造业投资40.29亿元，下降11.9%。造纸及纸制品业、印刷业和记录媒介的复制业、文教体育用品制造业、化学原料及化学制品制造业、橡胶和塑料制品业、金属制品业、专业设备制造业、金属制品机械和设备修理业等8个行业的投资增速均在50%以上。

全县工业投资完成投资额中，技改完成投资15.4亿元，下降22.2%；32个市重点工业项目完成投资20.85亿元，增长40%。截至2013年年底，全部项目均已开工实施，开工率100%，其中，20个项目已部分投产或已试生产。天子果葡糖浆项目新增投资1.2亿元，累计总投资3.3亿元，完成计划的90%以上。

常山县重视做好企业信息化工作，增加对电子信息制造业等行业的指标监测，为开展后续扶持项目做好前期基础资料收集备案工作。常山万谷电子有限公司、常山县迈特电子有限公司等7家企业纳入电子信息制造业年报统计工作。做好2013年度衢州市信息化示范企业的申报工作，捷姆轴承集团有限公司、浙江省常山纺织有限责任公司等4家企业成为市级信息化示范企业。

积极培育和发展新兴产业。常山县重点以新一代信息技术产业化为主，关注IGBT、消费类电子、生物医药等项目的产业转移动向，培育消费类电子产业，加快发展一批拥有自主知识产权和知名品牌、核心竞争力强、行业领先的大企业，加快重大产业转移引进项目建设，确保实现骨干企业稳定增长、核心技术重点突破、产业规模迅速扩大。

【主导产业产值五增一降两持平】 2013年，全县轴承、成套装备制造、金属加工、新材料及新能源等四大主导产业规模以上企业共60家，实现工业总产值386232万元；纺织、水泥建材、农产品加工、化工等四大特色产业规模以上企业共35家，实现工业总产值415312万元。八个主要行业产值五增一降两持平：轴承、成套装备制造、金属加工、纺织、农产品加工产值分别比上年增长14.9%、12.6%、6.0%、12.6%、8.5%，水泥建材产值分别比上年下降16%，新材料新能源、化工两大产业产值与上年大致持平。

2013年常山县规模以上工业企业分行业生产经营情况

表5（此表数据为直报数据）

行业	工业总产值（万元）		销售收入（万元）		利税（万元）		利润（万元）	
	累计	同比（%）	累计	同比（%）	累计	同比（%）	累计	同比（%）
轴承	145706	14.9	133438	11.56	5060	4.18	2425	21.00
成套装备制造	61017	12.6	51283	1.57	1131	414.94	-159	48.69
金属加工	93179	6.01	87584	11.90	-220	转亏428	-871	1053.51
新材料及新能源	86329	1.27	83529	2.81	4846	15.24	3286	24.91
纺织	126511	12.65	136380	19.92	1860	175.69	-150	-85.68
水泥建材	172236	-16.04	168392	-11.90	34034	6.68	22937	4.98
农产品加工	39128	8.55	41519	7.26	4130	-31.47	3626	-35.68
化工	77437	-0.18	75595	0.77	1089	134.81	-990	2.14
其他	126468	5.35	124747	1.67	4399	-21.61	776	-56.2
合计	928012	2.51	902467	3.63	56036	3.46	30879	-2.57

2013年常山县规模以上工业企业主要产品产量

表6（此表为统计年报数据）

产品名称	单位	2013年	同比（%）
水泥	万吨	452.8	18.4
水泥熟料	万吨	458	-2.1
纱	万吨	4.4	4.5
轴承	万套	5895	19.2
铜材	吨	6861	-5
半导体分立器件	万只	759	51.2
印制电路板	万平方米	32.7	5.4
发电量	万千瓦时	4381	-15.7

常山县规模以上工业企业主要经济指标

表7（此表为统计年报数据）

指标	计量单位	2012年	2013年
企业单位数	个	100	106
其中：亏损企业	个	11	35
工业总产值（当年价）	万元	872899	928012
工业销售产值	万元	828515	895566
年末资产总计	万元	766767	856402
年末负债合计	万元	475883	506057
产品销售收入	万元	844934	902467
利润总额	万元	69262	30879
亏损企业亏损额	万元	3504	9309
利税总额	万元	106270	56332
全部从业人员数	人	13555	14536

【企业生产经营平稳】 2013年，全县工业生产指标呈现前高后低的态势，一季度开局良好，规上工业产值同比增长12%；二季度后增速开始回落，增速降为6.8%；三季度继续回落，降为0.01%；四季度回升至2.5%。1—12月，全县完成规上工业总产值92.8亿元，增长2.5%；实现工业销售产值89.6亿元，增长3.8%，增速比三季度提高2.5个百分点；产销率96.6%，提高1.2个百分点。工业出口交货值呈“U型”增长趋势。自三季度开始，全县规模以上工业出口交货值止跌回升。1—12月，全县实现出口交货值6.1亿元，增长5.2%，比三季度提升5.1个百分点，其中，轴承、纺织、化工三大出口行业出口情况持续好转，轴承和化工行业分别实现出口交货值3.2亿元、0.5亿元，分别下降9.6%、6.8%，降幅分别比三季度收窄0.4个百分点、9.7个百分点；纺织行业实现出口交货值1.0亿元，增长67.1%，比三季度提高29.6个百分点。

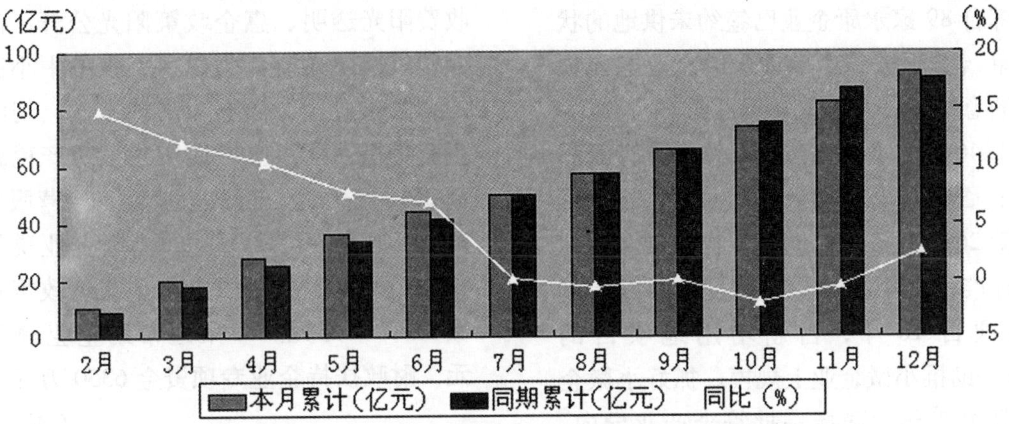

2013年各月累计产值及同比增速走势变化图

【工业投资平稳增长】 一季度工业投资的各项指标开局良好，工业投资增速22.4%，但二季度开始增速不断下滑，二季度增长23.5%，三季度下滑至-5.1%。2013年，完成工业投资50.7亿元，增长5.1%。32个市重点工业项目已完成投资21.5亿元，完成年计划投资的105%，增长41%。项目开工率100%，其中，22个项目已投产或已试生产。投资增长主要得益于大项目的支撑，全年完成投资额在1亿元以上的项目有3个，即：计划投资17.5亿元的浙能常山天然气热电联产工程全年完成投资7.2亿元、计划投资4.9亿元的浙江紫晶矿业有限年产30万吨萤石矿项目全年完成投资1亿元、计划投资3.1亿元的天子果业有限公司年产30万吨果糖浆项目全年完成投资1.2亿元。

【创新驱动渐显成效】 2013年，全县规上工业企业科技活动经费支出2754万元，增长6.3%，高于主营业务收入增速2.7个百分点。规上工业累计实现新产品产值9.6亿元，增长48.4%，比三季度提高3.5个百分点，高于规上工业产值增幅45.9个百分点。新产品产值率10.4%，比上年提高3.2个百分点。对“无氰碱铜电镀液关键技术研究”“钕铁硼一次成型技术”“节能工业粉体烘干设备”“精密数控成形设备”“高精度量具量仪”等重大技术创新专项进行重点跟踪服务，推进新技术、新产品的产业化发展。以国家、省级鼓励的产业发展方向为宗旨，做到创新项目“申报一批、培育一批、储备一批”，全年列入省级各类技术创新类项目13个。推动产学研合作，全年获省成长型中小企业称号10家，新增国家高新技术企业4家、省级研发中心2

家、认定市级企业技术中心3家，引导建设院士工作站1家、省“千人计划”企业1家。

【转型升级有序推进】 2013年，全县盘活存量土地1138亩，腾出1.39万吨（标煤）用能空间，完成衢州市下达给常山县的目标任务；推荐市“机器换人”项目15个，组织10家企业参加全市“机器换人”现场会，组织4家企业外出考察学习全省“机器换人”典型企业。加大闲置土地和未供地项目处理力度。综合89家永康企业已签约未供地的状况，起草《关于进一步推进永康企业抱团项目建设的意见》，劝退永康项目23个，减少用地911.46亩；回购土地1宗，回购面积30.5亩；否决政策享受企业2家，暂缓兑现优惠政策269.73万元。同时，提高新增用地的利用标准，全年明确要求建设三层以上多层厂房项目18个，占新增用地项目的26.09%。助推小微企业上规模。抓好小微企业规范升级工作，选择一批符合产业导向、成长性好、创新性强、发展前景广阔的小微企业，在政企联动、责任落实、创业辅导、信用担保、投融资服务、税费优惠、专项资金等方面加强引导和政策扶持，全年完成17家企业上规目标；完善小微企业融资机制，加强融资性担保行业监管，推动融资性担保机构整合提升，引导中小企业担保公司为企业发展服务，全年担保机构累计担保额为5亿元，增长30%；建立覆盖全县主要中小微企业的工业企业监测大数据平台，已有180家企业入库，为今后与能源监察库、项目库、培育库、融资库相结合打下了基础。

【服务保障机制不断健全】 实现涉工部门服务企业制度常态化，做好“走进企业”“企业服务月”“工业宣传月”等一系列服务活动，及时掌握企业、项目建设面临的困难和问题。2013年，全县累计走访和调研企业438家次，梳理企业发展中碰到的问题和困难276项，实际已协调解决问题194个，累计为企业提供咨询服务245次。组织企业参加国家中小企业银河培训工程“知识产权管理培训班”、全省“两化”深度融合宣讲会、红五环集团学习考察等；组织企业参加浙江省投融资大会和中国义乌国际装备制造业博览会等，利用这些平台帮助企业展示推介企业产品、提升企业的知名度、挖掘新的客户，帮助企业做大做强。以中小微企业为重点，以涉企收费阳光透明、惠企政策阳光公开、涉企不合理负担阳光监督为抓手，维护中小微企业的合法权益。加强五项治理工作，切实减轻企业负担，全年土地使用税、房产税减免金额251.39万元，行政事业性、经营服务性收费项目减免49.21万元，高新企业税收优惠625.72万元，省级以上其他减负政策减免金额2222.4万元。多渠道帮助企业融资5亿元，财政扶持企业专项资金6350万元。

（刘　洋）

经济技术开发区

【概况】 2013年，县经济技术开发区（以下简称“开发区”）以“平台大建设、经济大发展和形象大提升”为抓手，狠抓各项工作落实，园区“实力工业”稳步推进。全年实现工业产值48.67亿元，增长8.2%；上缴税收10324万元，增长8.1%；新增规模以上企业6家，其中，1亿元产值以上企业1家；新增投产企业12家；新增开工企业12家，15个重点在建企业项目完成投资7.02亿元，超额完成年度投资目标。完成重大项目谋划5个，完成5个重大项目前期工作，2个重大前期项目开工建设。衢州市绿色产业集聚区常山片区低丘缓坡综合开发项目成功申报列入2013年度省重点建设项目，获上级补助资金239

万元。接纳招商引资项目 23 个、总投资 20.8 亿元，其中，开发区引进项目 9 个（含 1 亿元以上项目 5 个）、总投资 7.72 亿元；接纳内资到位资金 7.05 亿元、完成年度目标任务的 176%，其中，开发区引进项目到位资金 3.1 亿元、完成年度目标任务的 103%。常山—慈溪山海协作产业园正式运行，产业园位于衢州市绿色产业集聚区常山片区，首期开发 6.1 平方公里；申报并获批省级山海协作产业园，常山与慈溪两地各出资 1 亿元人民币注册成立常山县柚桥山海协作产业园开发有限公司，负责产业园开发建设。常山—慈溪山海协作产业园规划同步推进，编制完成常山—慈溪山海协作产业园控制性详细规划、专项性规划、产业园发展规划和基础工程配套项目可行性研究报告等规划；产业园绩效运行良好，常山—慈溪山海协作产业园获 2013 年度绩效考核全省二等奖。

【集聚区和园区平台建设】 2013 年，产业集聚区城市形象设计会审完成，并获规划成果。全年 12 个重大基础设施项目完成投资 2.2 亿元，开发熟地 1500 亩；常山工业园区完成新都大道绿化提升与亮化修复，鑫宏电镀主体厂房竣工验收、新都物流完成土地出让；特种纸园区完成土石方回填。

【资金和土地要素保障】 2013 年，园区获银行授信贷款 5 亿元，银行实际放贷 2.2 亿元；获山海协作慈溪方 1 亿元注册资本金；获批土地指标 3157.98 亩。

【提升服务企业水平】 2013 年，开发区开展入园企业"保姆式"全程代办服务，为 23 个项目全程代办项目决策会审资料报送、土地挂牌、企业注册等。服务在建企业，为 29 家企业提供临时用电、用水等服务；调处企业劳资纠纷 5 起，经济纠纷 2 起。加强园区管护，累计处理园区垃圾 2160 多吨；维修拆换检查井 38 套、收水井 32 套；依法拆除违法建筑 15000 平方米，拆除违法广告牌 8 处。

【园区社会治安综合治理】 2013 年，开发区与园区 141 家企业签订平安综治工作目标考核责任书，创新"网格化"管理机制，建立开发区、企业间、企业内部三级管理网格，受到市政法委肯定与表扬。同时建立有专职"24 小时"动态巡逻队。结合"三进三到"及"走进矛盾排查整治、强基促稳共创平安"等活动，办理信访案件 4 起和化解经济纠纷事件 9 起。开展安全生产巡排查 280 次，及时处置重大安全隐患 3 处、一般隐患 110 处；开展企业安全生产标准化和诚信体系建设，达标企业申报率达 100%；加强化工园区整治，投入 300 万元完成化工园区污水厂改造提升，做好 4 家关停企业 6 条关停生产线的评估、拆除等工作；园区安全生产形势稳定，未发生重特大安全生产事故。

【园区企业党建工作】 2013 年，开发区新建非公有制企业党组织 3 家，新发展企业党员 69 人，新组建企业工会 10 家，创建"青春党建"示范点 3 家。加强企业党员队伍管理，依法办理企业党员违规案件 3 起。协助相关部门引进"省级千人计划"专家 1 人，实现常山县千人计划"零"的突破。

【开发区管委会自身建设】 2013 年，开发区管委会机关开展岗位"双向选择"，有 11 人交流到新的工作岗位。严格执行"三公"经费和"七不直接分管"等有关管理制度，年度内未出现违法、违纪、违规行为。对管委会机关科室职能进行调整，设立预算科，加强工程项目预算审计。全年节约资金 339.92 万元。

（王　伟）

招商引资

【概况】 2013年，县招商局贯彻“实力工业、休闲城市、美丽乡村”总战略，坚持招商引资“一号工程”不动摇，及时制定《2013年招商引资考核办法》《2013年招商引资考核细则》，完善“招商能手”“招商引资特别贡献奖”等激励政策，强势推进招商引资工作。坚持产业招商主体方向，创新产业招商思路，围绕“x+y”工业发展体系建设（“X”指重点培育的产业，如轴承、食品加工、农机、纺织等；“Y”指重点培育的产品，如钙产品、特种汽车、无氰碱铜电镀液、钕铁硼等）和“大好高”项目，组建专业招商分局和开展点将招商。为招商企业、招商项目、招商单位提供优质服务，促进招商引资项目早开工、快投产。发挥经济技术合作功能，多次开展与杭州市上城区、拱墅区，绍兴市嵊州市，嘉兴市平湖市，宁波市镇海区等地的走访对接活动，主动邀请各对接地到常山访问交流活动，落实一批新农村建设对接帮扶项目，拱墅区有4个街道与常山县的4个乡镇（街道）开展全面结对帮扶。帮助浙江绿也金属有限公司申报山海协作工程贷款贴息计426.33万元人民币。全年招商引资落地项目131个，实际到位县外资金20.11亿元、完成年度任务的114.26%；新引进1亿元以上项目18个，完成年度任务的120%，其中，新引进10亿元以上项目1个；新引进外资723万美元，完成年度任务的80.33%。通过多次密切洽谈，总投资12亿元的老县人民医院城市综合体项目于7月31日被杭州中商控股集团摘牌。全县年度招商引资工作任务全面完成，并在市对县招商引资年度排名考核中有所进位。

【建立招商引资项目图片资料库】 县招商局会同县督考办开展招商引资项目督查，对每个列入考核的招商引资项目实地进行拍照，收集、整理每个招商引资项目情况，已初步建立招商引资项目图片资料库，掌握招商引资项目第一手材料，制订项目推进计划和推进项目尽快落地。

【山海协作产业园获省级命名】 按照《关于推进山海协作产业园建设的意见》（浙委办〔2012〕83号）文件要求，常山、慈溪双方通过多轮协作谈判，于2013年8月6日签订“常山—慈溪山海协作产业园”合作共建协议，并通过省级审查，11月27日被省政府命名为首批省级山海协作产业园。2013年，该产业园共完成基础设施投资2.3亿元，新入园企业6家，协议总投资9.2亿元；投产企业1家，实现产值4524万元，上缴税收374万元。

【组团参加各类经贸活动】 组织2家企业哈洽会、6家企业参加义博会、1家企业参加义乌国际装备制造业博览会现场签约活动，以及参加厦洽会活动。承接省级合作交流活动，组织“2013浙商之春”活动，筹备参与“第二届世界浙商大会”“首届衢商大会”等。筛选山海协作工程贷款贴息项目并做好申报工作，帮助浙江绿也金属有限公司申报山海协作工程贷款贴息计426.33万元人民币。

（谢 成）

主要工业产业

·轴承产业

【概况】 2013年，全县轴承企业130多家，其中，规模以上轴承企业25家。规模以上轴承企业实现产值14.57亿元，比上年增长14.87%，增速提高31个百分点；产值下降的企业有5家。全年累计产销率96.5%，比上年提高1.2个百分点。实现利税总额5059.8万元，增长4.18%；利润2424.6万元，增长21%，企业亏损面16.7%，下降13.7个百分点；主营业务收入利润率1.8%，提高0.2个百分点。双明轴承有限公司投入5000万元从上海通用轴承公司引进800吨和1600吨的两条锻造生产线，填补了浙江省不能锻造大型轴承套圈的空白。

12月20日，双明轴承有限公司员工对新引进生产线进行最后的检查　　　（吕宁　摄）

【轴承企业选介】　捷姆轴承集团有限公司位于常山辉埠新区，是一家集专业圆锥滚子轴承研发、制造及进出口贸易为一体的浙江省国家高新技术企业。公司占地面积150亩，拥有轴承专业制造设备150多台，检测、检验、试验等设备110多台套，注册资本1.215亿元；该公司已通过ISO14001环境管理体系认证和清洁生产验收，年可生产圆锥滚子轴承1500万套，80%的产品出口美国、欧洲、南美、印度等国家；2013年，该公司实现销售收入1.41亿元，增长22.62%。浙江省四通轴承集团有限公司位于常山辉埠新区，是一家集科、工、贸于一体的具有自营进出口权的高新技术企业，前身系国企常山轴承总厂，于1998年改制，2003年组建集团公司，下设文庆、东风、双明等10家子公司，“浙西”牌轴承被认定为中国驰名商标、浙江省著名商标，2010年获得衢州市政府质量奖荣誉称号，成为常山县首家获此殊荣的企业；2013年，该公司实现销售收入3.03亿元，增长22.16%。

·装备制造业

【概况】　2013年，以常山液压机、华夏汽车、正丽机电、石轴数控等代表规模以上企业共6家，实现规模产值6.10亿元，比上年增长12.6%；实现利税1131万元，增长415%。随着已有企业的快速发展，以及基本确定的以承接产业转移为主的汽车产业园项目的不断入园，全县装备制造业的发展规模和生产效益将不断扩大。

【装备制造企业选介】　浙江中商汽车有限公司位于衢州绿色产业集聚区常山片区，成立于2004年，是省人民政府“山海协作”重点项目之一。2007年9月，收购衢州华夏汽车有限公司，成为一个完整的专用汽车生产、销售企业。公司拥有90多个公告品牌，拥有一个新产品研究开发机构和遍布周边四省的销售服务网络，拥有一支技术熟练过硬的职工队伍，完成年产1万台重型汽车改装项目，年生产销售专用车能力达2000台。2013年，该公司实现销售收入3.20亿元，增长6.18%。

·新材料新能源产业

【概况】　2013年，全县新材料及新能源产业拥有规模以上企业14家，实现利税4845.9万元，比上年增长15.23%；实现产值8.63亿元，增长1.27%，如不考虑“光益硅业”同期数影响，行业实际增长22%。电子类、高端钙产品生产企业保持强劲增长态势。整个行业盈利水平不断提高，全年实现利润3285万元，增长25%，利润、利税增幅自9—12月连续4个月实现两位数的增长。

【新材料企业选介】 浙江富丽新材料有限公司位于生态工业园区，建于2004年，是省科技型企业，与浙江大学宁波理工学院建立了工程塑料联合开发中心，专业从事合成树脂的着色和改性加工，生产的ABS、PP、聚酯等改性产品，技术水平均属国内领先。2013年，该公司实现销售收入6675万元，增长20.61%。

·金属加工业

【概况】 2013年，金属加工业拥有规模以上企业15家，实现规模产值9.32亿元，比上年增长6.01%，增速回落19个百分点。主要产品中，铜材产量下降5.0%；铜材价格震荡下行，缺乏回升动力。整个行业持续处于亏损状态，全年实现亏损871万元，增亏795万元；企业亏损面为33.3%，扩大1个百分点。

【金属加工企业选介】 浙江润发金属有限公司是从永康引进的招商引资企业，占地面积113.4亩，总投资2.2亿元，主要生产各种型号的冷轧钢。2013年，该公司实现销售收入8828.8万元，增长88.85%。

·水泥建材产业

【概况】 2013年，全县有水泥建材类企业5家，均为规模以上企业，实现规模产值17.22亿元，比上年下降16.04%，低于整个规上工业产值增速18.5个百分点，其中，南方水泥有限公司、江山虎水泥有限公司两大企业产值分别下降15%、20%；实现利税34034.3万元，增长6.68%。在新增产能得到有效遏制、市场供需矛盾有所缓解的情况下，8月份起水泥价格基本呈现小幅回升态势，价格与年初相比每吨上涨80元左右，每吨约340元，企业效益状况有所好转。全县水泥行业实现利润2.3亿元，增长5%，增速提升54个百分点。

【水泥企业销售收入选介】 2013年，常山县南方水泥有限公司实现销售收入9.09亿元，下降11.29%；该公司实现利税19727.1万元，增长0.91%。常山江山虎水泥有限公司实现销售收入4.43亿元，下降21.08%；实现利税12028.5万元，增长10.51。浙江常山虎跃水泥有限公司实现销售1.70亿元，下降9.95%；该公司实现利税1618.1万元，增长65.72%。

（刘　洋）

·矿山开采业

【概况】 2013年，县国土资源局严格控制采矿权指标，全县实际在册矿山52个，控制在省、市下达的年度采矿权总量控制指标以内；从业人员589人，年产矿量1139.51万吨，工业总产值19884.7万元。全年共征收采矿权出让金741.31万元、矿产资源补偿费245.29万元、矿山生态环境治理备用金247.28万元。推进重点项目，完成紫晶矿业萤石矿项目探矿权转采矿权工作，豪美钒业石煤提钒综合利用项目进入矿山出让程序。2013年3月，《常山县无风险采矿权设置方案》通过浙江省国土资源厅审批，并报国土资源部备案。

2013年常山县矿产资源开发利用情况（按矿种分列）

表8

矿种	矿山企业个数（个）					从业人数（人）	矿石产量（万吨）	工业总产值（万元）	实际生产能力（万吨/年）	年投资额（万元）	年利税总额（万元）
	合计	大型	中型	小型	小矿						
合计	**52**	**7**	**14**	**21**	**10**	**589**	**1139.51**	**19884.7**	**1139.51**	**3419**	**5462.2**
钨矿	1	0	0	0	1	4	0	0	0	10	0
普通萤石	2	1	0	1	0	45	0	2	0	80	0
叶蜡石	7	1	6	0	0	83	18.36	1101	18.36	661	347
方解石	2	0	1	1	0	11	0.26	60	0.26	15	51
水泥用灰岩	4	2	0	2	0	117	722.58	7446	722.58	681	2372
建筑石料用灰岩	1	0	0	1	0	12	28.07	421.5	28.07	35	110
制灰用石灰岩	5	0	0	3	2	75	258.07	3591	258.07	209	800
水泥配料用砂岩	2	0	2	0	0	17	33.75	510	33.75	70	118
砖瓦用页岩	7	0	1	5	1	61	22.13	2439	22.13	1244	677
水泥配料用页岩	2	0	2	0	0	14	2.17	30	2.17	6	13
砖瓦用黏土	7	0	0	1	6	57	18.1	2078	18.1	170	496
饰面用花岗岩	2	0	0	2	0	28	3.19	509	3.19	75	112.8
建筑用凝灰岩	4	1	1	2	0	34	29.35	593	29.35	35	163.4
饰面用大理岩	1	1	0	0	0	8	0.33	97	0.33	35	35
饰面用板岩	5	1	1	3	0	23	3.15	1007.2	3.15	93	167

（黄家法、徐雪梅）

·电力工业

【概况】 根据国网浙江省电力公司统一部署，2013年7月，常山县供电局更名为国网浙江常山县供电公司，是国网浙江省电力公司直供直管的县级供电企业，下设10个职能部门，19个基层班组以及4个供电所。2013年底，国网浙江常山县供电公司在编职工229人，资产总额3.11亿元。常山电网拥有220千伏变电所1座，变电容量33万千伏安；110千伏变电所7座，变电容量49.45万千伏安，其中，用户变2座、容量7万千伏安；35千伏变电所8座，主变容量11.07万千伏安，其中，用户变2座、容量2.88万千伏安；10千伏配变1836台，38.86万千伏安。拥有10千伏及以上线路125条，长度1499千米；低压线路3906千米。县供电营业厅被评为浙江省创建“群众满意基层站所（服务窗口）”先进单位，新都供电所被评为省公司创建“群众满意基层站所（服务窗口）”示范单位，芳村供电所被评为衢州市群众满意基层站所。

【供电所机构优化设置】 2013年，县供电公司按照国网浙江省电力公司统一部署和批复，结合常山县域地理、交通、行政区划，按照“管理集约化、机构扁平化、作业专业化”和便于管理、方便客户、经济合理、稳定有序的原则，将原新都、招贤、芳村、辉埠4个供电营业所整合为新都、招贤、芳村、辉埠4个供电所，优化配电与营销专业末端业务运作流程，提升供电所服务“三农”水平。供电所为县供电公司派出机构，属副股级单位。

【电网规划建设】 2013年，全县完成电网投资4334万元。35千伏及以下线路开工211千米，投产176公里；变电容量开工23630千伏安，投产17330千伏安。加快新农村电气化建设，2013年9月，全县实现镇镇电气化、村村电气化。开展农用电力线路改造移交，签订框架、移交协议144份，完成资金364万元。围绕建设常山城东新区、建设绿色产业区等发展战略，完善县“十二五”电力设施布局规划，并通过县政府评审。落实属地责任，配合做好110千伏金畈变扩建、常山热电联产220千伏送出工程建设和110千伏湖东变前期工作。抓好35千伏新桥变扩建工程建设。

【优质服务与行风建设】 2013年，全县共完成94台配变超、过载治理和8556处进户线隐患整改，更换了全部高耗能配变，完成新一轮536户“低电压”综合治理，全年因“低电压”引起的质量工单下降40%。开展故障表计综合抢修，故障平均修复时间减少26.3%。成立晓庆营销服务工作室，提供专业用电咨询、“电工学堂”技能培训、现场延伸服务累计100余次。建立重点业扩项目应急响应机制，履行各环节承诺时限，做到业扩报装项目100%回访。倡导“你用电、我用心”服务理念，实施供电服务提升工程，配合县重点工程建设工作得到政府和用户的高度评价。深化农村台区设备主人与台区经理“1+1”网格化管理，供电所与全县180个村级便民服务中心对接，实现便民中心全覆盖。配合县政府依法做好治沙、“三改一拆”、石灰窑整治工作，先后完成7项重大节庆和重大活动保电任务。

2013年全社会用电量、售电量指标完成情况

表9　　　　电量单位：千瓦时

全社会用电量	售电量	线损率	工业用电量	农业用电量	居民生活用电量
11.83亿	7.915亿	2.78%	9.52亿	717.33万	1.289亿

（廖爱连）

其他主要产业

【纺织产业概况】 2013年，全县纺织产业规模以上企业13家，实现规模产值12.65亿元，比上年增长12.65%；实现利税1859.8万元，增长175.69%。受国内外棉花差价较大、人工成本过快上涨等因素的影响，该行业运行呈现“U型”曲线。1—5月，产值增幅逐月下滑，增幅由年初的14.7%下滑至5月的-2.6%；6—12月，在波动中缓慢回升，增幅由6月的-0.9%增至12月的12.6%。出口形势持续回暖，1—12月，纺织行业实现出口交货值1.0亿元，增长67.1%，增幅较三季度提升30个百分点。

【化工产业概况】 2013年，全县有规模以上化工企业15家，基本集中在县化工园区和辉埠新区内，实现规模产值7.74亿元，比上年下降0.18%；实现利税1088.8万元，增长134.8%。受行业专项整治及市场需求不足的影响，2013年全县化工行业持续处于低迷状态。第一、第二、第三季度化工行业产值降幅分别为2.4%、8.6%、8.9%，基本呈直线下滑态势；四季度略有回升，产值下降0.2%，较上半年收窄8.4个百分点。

【农产品加工产业概况】 2013年，全县农产品加工产业规模以上企业2家，即浙江天子果业有限公司和常发粮油食品有限公司，实现规模产值3.91亿元，比上年增长8.55%，增速回落47个百分点；实现利税4125.9万元，下降31.47%。受原材料供应成本上升和2012年基数前低后高的影响，该产业各项主要指标均呈逐月下滑态势。天子股份有限公司已完成股份制改造，企业年产30万吨F55果葡糖浆技改项目建设基本到位，为今后带动整个行业产值的快速增长打下了坚实基础。

（刘　洋）

农业·林业·水利

综　　述

2013年，全县实现农业增加值7.9亿元，农民人均纯收入达11542元，比2012年增长11%。常山县被评为全国“一事一议”规范化管理县、省“千村示范、万村整治”工作先进县，荣获全省“千万农民素质提升工程”考核优秀县，通过省级生态县验收，三衢石林成功创建国家AAAA级景区，获省农业科技成果奖、全国农交会优质农产品金奖各1项。实现新农村电气化村全覆盖。平稳完成行政村规模调整，行政村总数由原来的342个调整为180个，缩减162个。完成村级组织换届选举工作，选拔出大学生村官、农村优秀人才等一大批新生力量进入村两委班子，班子结构更加优化。

人居环境持续改善，全面完成第一轮村庄整治。启动“共建生态家园、打造美丽乡村”行动，4个试点村建设有序推进。开展“四边三化”行动，完成绿化造林8000多亩、林相改造1.2万亩，创建省森林城镇1个、省市级森林村庄6个。3条美丽乡村风景线、彤弓山村历史文化村落保护利用、大塘后村省级农房改造示范村建设进展顺利，新增市级美丽乡村示范乡镇2个、精品村6个。开展生猪养殖、河道采砂、“双清行动”、三改一拆等专项整治，关停养殖场28家，削减生猪饲养量1.4万头；取缔非法砂场14家，限期处置17家，规范提升砂场15家，打击查处偷盗采砂9次、依法逮捕3人；清理河道235公里，清淤4万立方米；建成农村垃圾无害化处理设施17处，垃圾有效处理率达到85%以上；拆除违法建设4037处96.5万平方米，拆后处置16万平方米；关停化工、造纸企业6家、生产线12条；拆除石灰立窑10孔、石灰钙加工生产线16条，签订拆除协议并移交37孔、108条。城乡规划体系不断完善，完成2个乡镇总体规划、13个中心村、7个基层村规划编制。赵家坪农民安置区一期安置房分配到户，启动球川、芳村两个安置区建设。

产业转型步伐加快。扶持培育农业经营主体，新增农业龙头企业14家、家庭农场342家（其中市级示范性家庭农场8家）、市级规范化农民专业合作社20家。实施品牌战略，成功注册“常山银毫”地理标志集体商标，新增无公害农产品6个、绿色食品3个。新增流转土地8000余亩。建成省级主导产业示范区1个、粮食生产功能区6个，天马蔬菜精品园通过省级验收。引进落地农业项目13个，到位资金1.76亿元。改造胡柚“三低园”1.01万亩，提升精品园6000多亩；建成油茶新品种基地3000多亩，完成油茶低改1万余亩；扩建“耳—稻”轮作基地面积250亩，年栽培黑木耳200万棒。

农民收入较快增长。全年兑现各类惠农资金3.27亿元。发放扶贫小额贷款1865万元。农民转移就业步伐加快。实施农民素质提升工程，全年累计培训农民1.1万人次，实现转移就业2900余人。扶持发展来料加工、农家乐乡村休闲旅游等短平快非农项目，出台提升发展来料加工业的政策意见，全年累计发放加工费4.1亿元，比上年增长17.5%，从业人员人均年加工收入1.17万元；新增省、市级农家乐特色村点4个，实现农家乐经营收入7650万元，增长20.4%。推进胡柚残次小青果综合利用，实现“变废为宝”，农民因此增收5300万元。

民生保障不断加强。城乡居民社会养老保险、新农合参保率分别达95.5%、98.1%。为新农合参保患者报销医药费用1247万元。农村低保提高到每人每月332元，发放低保金958万元。建成农村社区居家养老服务中心43个。完成农村住房改造4800户、困难群众住房救助600户。实施小型农田水利重点县建设，完成病险水库除险加固5座、山塘综合整治32座、灌区渠系改造72公里。建成林区道路100公里。完成大桥头乡、东案乡供水主管网建设，1.6万农民饮用水条件得到改善。推进城乡教育、卫生、文化事业均衡发展，完成14所中小学校舍、田径场、安全设施改造，新建3家农村卫生服务中心（站）、18个农村文化礼堂，新创建省级体育强乡镇1个。

全县农业农村工作中还存在许多问题和不足：一是统筹城乡发展水平滞后。《浙江省2012年统筹城乡发展水平评价报告》显示，全省综合评价得分为87.3分，处于整体协调阶段，而常山县只有69.6分，处于基本统筹阶段。其中，核心指标之一的城市化率仅为41%，低于全省平均水平22个百分点。二是农民持续增收难度大。农民收入水平低，2013年仅为全省平均水平的71.4%，增速低于全市平均水平，且结构不尽合理，受常山胡柚、油茶等农产品价格波动、禽流感疫情等影响大。不少农民专业合作社与农户联系不够紧密，带动增收能力不强。三是农业现代化水平不高。缺乏农业示范性大项目和龙头型大企业，农业发展方式比较粗放，农民组织化程度、农产品深加工率、农机装备率仍然偏低。四是体制机制创新整体推进不够。在土地流转、产权、金融、户籍等方面改革创新有待深化。

农业和农村工作

【概况】 2013年，县农业和农村工作办公室按照“绿色发展、生态富民、科学跨越”的战略思路，以调查研究为基本工作方法，为县委、县政府起草关于异地搬迁、美丽乡村建设等工作的多个指导性文件；以综合协调为基本职责，配合县委、县政府抓好新农村建设的督查和考核工作，参与全县新农村建设工作各个会议的筹备。全年编发《常山农村工作》简报12期，及时更新“常山三农网”。开展“十二五”新农村建设规划中期评估工作。每季度做好全县“三农”形势分析，提出合理化的意见建议。全面启动“共建生态家园，打造美丽乡村”行动，推进美丽乡村四级联创，在全县实现“千村示范、万村整治”工程全覆盖。推进农民异地转移安居工程建设，全年完成农民异地搬迁3357人。全面开展农村垃圾整治专项行动，乡（镇）、街道集镇、行政村、农村公路和河道（沟渠、池塘）的垃圾处理覆盖率均达100%、有效处理率达85%。加快实施特别扶持项目，全面启动低收入农户收入倍增计划。启动省级农家乐精品区块（“长风—三衢山”）建设，全年农家乐接待游客、经营收入分别比上年增长30%和20.4%。出台《常山县“一村一品”扶持政策》，推进3条美丽乡村风景线建设，推动“产—景—村”联动发展。全年创市级特色乡镇1个（青石镇），创市级“一村一品”最佳村2个、优秀村8个。县农办被评为2012年度全省农办系统先进单位、常山县2012年度社会主义新农村建设优秀单位、常山县2012年度来料加工先进单位。县扶贫办被评为全省低收入群众增收行动计划先进集体。

【美丽乡村建设】 2013年，常山县继续推进美丽乡村四级联创。深化美丽乡村风景线建设，青石花石艺术长廊已基本完成，乡村休闲旅游长廊、花卉苗木博览大道形象进度达95%以上。县城至三衢石林景区的通景大道，开展沿线环境综合整治。推进6个美丽乡村重点提升村建设，创建2个市级示范乡镇、6个市级精品村。开展历史文化村落保护利用工作，省级首批重点村彤弓山村全面完成前期工作，有序做好不协调建筑物拆除、现代建筑墙体外立面改造、徐氏宗祠修缮、村庄文化整理等工作。省级首批3个一般村，即招贤镇樊村村、辉埠镇大埂村、球川镇球川村相继开展古建筑修葺工作。完成8个待整治村建设，在全县实现“千村示范、万村整治”工程全覆盖。成立“共建生态家园，打造美丽乡村”行动领导小组，下发实施方案和三年行动计划，召开动员会进行全面部署。完成全县农村生态环境现状调查。选择4个农村生活污水治理试点村先行先试。

【农民异地转移安居工程】 2013年，常山县出台《关于加快农民集聚推进城市化建设的实施意见（试行）》。全年完成农民异地搬迁3357人。赵家坪安置示范区第一期530套房屋已交付使用496套，第二期工程正在加快建设。球川镇、芳村镇完成农民集聚安置区规划设计、项目建议书、可研报告等前期工作。

【农村垃圾整治行动】 2013年，农村垃圾整治被列入全县“城乡环境十大整治行动”，共安排专项资金895万元，完善乡村两级垃圾处理设施建设。县农办、县妇联联合举办“巾帼洁美示范村”“洁美庭院”“洁美主妇”创建活动，清理陈年垃圾，完善农户门前三包、保洁员定薪定责等保洁制度，乡（镇）、街道集镇、行政村、农村公路和河道（沟渠、池塘）的垃圾处理覆盖率均达100%、有效处理率在85%以上；培育卫生清洁乡镇5个、卫生清洁村100个和卫生清洁户5000多户。

【扶贫开发】 至2013年年底，全县特别扶持项目总投资约7.2亿元，占三年总投资的95%。全面启动低收入农户收入倍增计划。开展新一轮低收入农户和扶贫重点村调查工作，认定新一轮扶贫重点村120个、低收入人口7.19万个。加快实施低收入农户发展资金项目，加强金融扶贫工作，对全县互助资金试点20个村进行深入指导。

【农家乐休闲旅游】 2013年，全县农家乐接待游客151万人次，经营收入7650万元，分别比上年增长30%和20.4%。启动省级农家乐精品区块（“长风—三衢山”）建设。梅树底村成功创建市级特色村，蛇头山休闲农庄等4个单位成功创建创建省市级特色点。与省农家乐休闲旅游网站（《乡旅杂志》）全面合作，宣传常山农家乐的特色、亮点。

招贤镇大溪沿村农家乐融入原生态树林

（刘琳玲　摄）

【农民素质提升工程】 常山县加强培训基地

建设，创办常山农民学校。2013年累计培训农民11082人次，其中，农村实用人才培训1856人次，转移就业2941人。建立由各培训基地共享的动态数据库，定期发布农村劳动力就业需求现状、就业招工信息。

（徐礼贤）

·农业综合开发

【概况】 2013年，县农业综合开发办公室(以下简称县农发办)以项目建设为中心，以农业发展为目标，结合生态家园和农业“两区”建设，推进全县高标准农田建设、农业特色产业发展。严格执行《衢州市国家农业综合开发土地治理项目操作流程》《衢州市国家农业综合开发财务治理操作流程》,强化项目管理与财务管理的有机结合，确保项目和财务管理操作的规范性和可控性。由县财政局设立“农业综合开发财政资金专户”,县农发办设立“农业综合开发财政无偿资金报账专户”,保证县配套资金的筹集和及时入账。加强土地治理项目资金支付的管理，工程进度款和竣工决算严格按施工合同要求支付，必须提供经监理、乡镇和农发办工作人员签字盖章的各阶段在建工程明细表和进度表；科技推广费实行县级报账制，要求项目单位对科技推广资金的使用范围作出详细说明，以保证报账凭证的真实性、合法性、有效性和完整性。规范产业化项目资金报账程序，产业化补助项目报账、贷款贴息项目报账须由县农发办和县财政局部门根据项目实施计划、建设进度及报账原始凭证进行审核，批准后才能拨付资金，保证资金使用的规范性和安全性。全年实施国家农业综合开发土地治理项目2个，实施国家农业综合开发产业化经营项目4个；国家和省批复县农发办2013年度计划总投资1699万元。项目区基础设施建设共完成扩建、加固小型蓄排水工程16座，新修和维修拦河坝两座，开挖疏浚渠道1.02千米，衬砌渠道67.1千米，埋设管道2.8千米，微灌200亩，溪流护岸6.06千米，配套渠系建筑物1429座，改良土壤0.7万亩，新建和扩建干道5.78千米（其中，硬化干道3.96千米），新建支路11.46千米，新建机耕路11.79千米。全年项目区共投入科技经费75万元，示范新品种、新技术373亩，举办各类农业科技讲座，累计培训430人次。通过2013年度以及2012年结转项目的实施，全县增加和改善灌溉面积0.39万亩，增加和改善除涝面积0.32万亩，增加节水灌溉面积0.24万亩、年节约水量33万立方米，增加机耕面积0.79万亩，增加农田林网防护面积0.1万亩；扶持农技服务站3个，优质农产品种植面积0.05万亩，优质农产品率达95%，增加粮食生产能力53万公斤、油料4.5万公斤，其他农作物18.05万公斤；项目区直接受益农民年纯收入增加总额约145万元。

【国家农业综合开发项目建设情况】 常山县实施上年结转的2012年农业综合开发土地治理项目暨三溪畈和上安畈两个子项目。两个项目共分12个标段，至2013年年底共计投入资金1024.98万元(财政资金完成1024.98万元),其中，三溪畈投入248.61万元，上安畈投入776.37万元。实施2013年农业综合开发菱湖畈项目，该项目在建工程分为4个标段，至年底共计投入资金838.98万元（财政资金完成753.98万元）。完成常山县40亩优新水果栽培基地建设项目和常山县500亩优质稻米种植基地建设项目建设任务，共投入资金221万元，其中，财政补助100万元。完成常山县年产10万吨胡柚柑橘综合深加工项目和常山县毛竹收购流动资金贷款贴息项目323万元财政贴息资金的报账工作。

【国家和省批准的开发任务】 国家和省批复县农发办2013年度计划总投资1699万元，其中，中央和省财政资金1279万元，县财政资金184万元，自筹资金236万元。实施国家农业综合开发土地治理项目2个，其中，常山县菱湖畈山区小流域农业生态工程项目总投资1105万元，土地治理开发任务0.5万亩；常山县铁皮石斛林下生态立体栽培技术示范推广项目总投资50万元，土地治理开发任务0.01万亩。实施国家农业综合开发产业化经营项目4个。其中，产业化经营财政补助项目2个，分别是总投资85万元的常山县40亩优新水果栽培基地建设项目、总投资136万元的常山县500亩优质稻米种植基地建设项目；产业化经营财政贴息项目2个，分别是财政贴息275万元的常山县年产10万吨胡柚柑橘综合深加工项目、财政贴息48万元的常山县毛竹收购流动资金贷款贴息项目。

【2014年度农业综合开发项目编报完成】 常山县完成2014年度农业综合开发土地治理项目彭川畈高标准农田建设项目和洁湖畈高标准农田建设项目的可行性研究报告的编制及其工程测绘和设计工作，并通过省农发办会审。彭川畈项目计划总投资936万元，其中，省以上财政资金720万元（中央财政资金360万元、省财政资金360万元），县配套资金144万元，村及群众自筹资金72万元；洁湖畈项目计划总投资936万元，其中，省以上财政资金720万元（中央财政资金360万元、省财政资金360万元），县配套资金144万元，村及群众自筹资金72万元。完成常山县1000吨胡柚柚子干加工建设项目可行性研究报告的编写工作，并上报省农发办，项目预计总投资285万元，其中，省以上财政资金90万元（中央财政资金50万元、省财政资金40万元），县财政资金10万元，企业自筹资金185万元。完成常山县年产10万吨胡柚柑橘综合深加工固定资产贷款贴息项目申报材料，并上报省农发办，项目预计申请贴息总投资332万元，其中，省以上财政资金332万元（中央财政资金166万元、省财政资金166万元）。完成常山县农业综合开发胡柚特色园项目三年总体规划的编写。完成2014年度胡柚特色园项目3个子项目的可行性研究报告的编写，上报省农发办并通过会审，该项目2014年预计总投资1140万元，其中，常山县800亩优质胡柚标准化栽培基地新建项目（云雾果蔬专业合作社）预计投资280万元，其中，省以上财政资金118万元（中央财政资金66万元、省财政资金52万元），县财政配套资金14万元，企业自筹148万元；常山县800亩优质胡柚标准化栽培基地项目（丰裕果蔬专业合作社）预计投资340万元，其中，省以上财政资金154万元（中央财政资金86万元、省财政资金68万元），县财政配套资金18万元，企业自筹168万元；常山县1000吨速冻胡柚加工建设项目（常山县爱佳果蔬开发有限责任公司）预计投资520万元，其中，省以上财政资金228万元（中央财政资金126万元、省财政资金102万元），县财政配套资金24万元，企业自筹268万元。

（郭　锋）

农　业

【概述】 2013年，全县粮食播种面积20.86万亩，粮食总产量7.98万吨，推广再生稻面积2.1万亩，再生稻“一季+再生季”亩产吨粮首创浙江农业吉尼斯纪录。常山胡柚产值4.05亿元，增长11.5%；食用菌栽培加工产值2.26亿元，增长2.3%；蔬菜产值2.49亿元，增长4%；小水果产值1730万元，增长7%；茶叶产值1100万元，下降4.6%；西甜瓜产值1.93亿元，增长9%；生猪产值3亿元，下降20%。实施常山胡柚产业提升发展三年行动，新改造提升“三低”胡柚园1.3万亩，销售胡柚落地小青果（干胡柚籽）1400吨、残次果干片3700吨。引进食用菌新品种、新技术，全县食用菌栽培总量0.91亿袋（瓶），其中，“耳—稻”轮作黑木耳200万棒。畜禽特种养殖加快发展，建立园地养鸡县级示范点13个，温氏养鸭合作户153户。农业产业化水平提高，发展县级以上农业龙头企业达173家，示范性农民专业合作社157家。农业品牌建设有新成效，全县新增绿色食品2个、无公害农产品5个，“常山银毫”集体商标成为常山县注册的首件集体商标。常山县被农业部认定为“全国一事一议规范管理县”。

·粮油生产

【概况】 2013年，全县粮食播种面积20.86万亩，比2012年增加700亩；粮食总产量7.98万吨，增加500吨。水稻播种面积15.91万亩，减少1400亩；单产431公斤，增加4公斤；总产量6.85万吨，与2012年持平。其中，早稻面积7.26万亩、平均单产398公斤、总产量2.89万吨；单季稻面积5.55万亩、平均单产474公斤、总产量2.63万吨；连作晚稻面积3.1万亩、平均单产430公斤、总产量1.33万吨。全县种植玉米7500亩、单产282公斤、总产量2100吨，面积增加600亩，总产量增加100吨。大豆1.72万亩，总产量2700吨。番薯9700亩，总产量3800吨。全年夏收油菜5.68万亩，增加2700亩；总产量6500吨，增加100吨。

【新品种和新技术推广】 2013年，县农业局从省内外农业科研单位引进高产、优质水稻良种8个，其中，早稻品种准两优608和单季稻品种甬优12、甬优15作为主推品种广泛种植，水稻良种覆盖率97%。早稻万亩示范片被农业部列为部级示范片。全县建立省级千亩水稻高产创建示范片5个，总计6200亩，涉及4个乡镇13个村，带动辐射周边面积5万亩。示范片内推广旱育秧技术4000亩次，抛栽技术4000亩次，机插秧技术8000亩次，直播技术2000亩次，测土配方施肥技术1.8万亩次，无公害稻米栽培技术2万亩次，带动周边农户应用旱育秧、塑盘抛秧、机插秧和病虫统防统治技术。

【粮食生产功能区建设】 2013年，全县共建设粮食生产功能区6个，面积5500亩。建设区域主要分布于何家、辉埠、芳村、新昌、球川、金川街道等6个乡镇（办事处）的6个田畈。其中，何家乡二凉亭畈600亩，辉埠镇宋畈畈1000亩，芳村镇雅塘畈137亩，新昌乡葛畈畈2100亩，球川镇常周畈1088亩，金川街道十五里畈575亩。

10月22日，种粮大户洪木土在同弓乡金川源村收割水稻 （姜翔鹤 摄）

【实施水稻产业提升项目】 2013年，全县建成5个水稻育秧、烘干中心，育秧用房1200平方米，烘干用房1400平方米，仓库400平方米，晒场2000平方米，购置播种流水线8条，育秧硬盘9万只，插秧机1台，建秧田作业道1500米，10吨烘干机8台，床土整理机1台，热风炉1台。建立水稻高产示范方18个，示范面积1.88万亩，培训2000人次，推广新品种新科技1.2万亩，开展水稻生产新技术试验5项。

·经济特产

【概况】 2013年，常山经济特产主要有水果、茶叶、蚕桑、食用菌、蔬菜瓜果等。水果以常山胡柚为主，梨、李、桃、杨梅、葡萄、枇杷、柿子、猕猴桃等水果面积、产量均不大。2013年全县拥有水果面积13.52万亩、产量157190吨，分别比2012年减少2800亩(-2%)、产量增加1020吨(+0.6%)，其中，常山胡柚种植面积10.3万亩、产量12.75万吨，面积与上年持平、产量增加9280吨(+7.8%)；其他水果面积3.22万亩、产量29690吨，减少2800亩(-8%)、减少8260吨(-22%)。茶叶面积8315亩、106吨，分别比2012年增加100亩、减产9.5吨。全县茶叶面积8315亩、增加100亩，产量106吨、减产9.5吨。春茶早芽种3月2日开采，鸠坑群体种3月10日开采，茶叶开采时间比上年提前11天，茶叶开采后，气温回升平稳，茶园进入盛采期较慢，茶叶品质好于往年。受礼品茶市场的影响，明前茶的价格和销量下降幅度较大。

3月25日，绿玲珑茶叶专业合作社社员在茶园里采摘春茶 （樊淑敏、章霞霞 摄）

【引进柑橘新品种"爱媛28"】 2013年，引进小水果新品种，发展柑橘新品种"爱媛28"面积350亩。"爱媛28"种植模式和管理方法类似常山胡柚，是一种食用与药用为一体的凉性保健水果，市场经济价值高。

【高温干旱造成茶叶减产减收】 7—8月，全县部分地区遭受异常高温干旱，茶园受灾较严重。据统计，全县茶园受灾面积5000亩，成灾面积1050亩，成灾茶园为新发展的无性系茶园，灾害造成损失355万元。

【常山县首件集体商标核准注册】 8月14日，由常山县常山银毫名茶协会申报的"常山银毫"集体商标通过国家工商总局商标局核准注册，成为常山县注册的首件集体商标。

·常山胡柚

【概况】 2013年，常山胡柚生产按照"种植优质化、加工精深化、管理专业化、营销品牌化"的思路，调减部分品质差及历年易受冻的柚园，种植面积有所减少。常山胡柚产量小幅度增长，增产的主要原因是开花坐果期风调雨顺，气候适宜。由于10月份天气较干燥，胡柚可溶性固形物（糖度）较往年高出30%，品质大幅度提高，优质果率在90%以上。常山胡柚销售价格比较稳定，统货果平均收购价1.6元/公斤。启动实施《常山胡柚产业提升发展三年行动计划（2013—2015年)》，实施2013年常山县胡柚精品园及"三低园"改造项目，推进常山胡柚社会化统一管理。7月，县农业局特产站参与完成的"出口柑橘综合技术研究与集成应用"项目成果获浙江省农业丰收奖二等奖。

【常山胡柚产业提升发展三年行动计划】 3月，县政府印发《常山胡柚产业提升发展三年行动计划（2013—2015年)》，按照"三类园地"（即优质精品园、提升改造园、淘汰园）的划分标准，全面开展"三低"（即产量低、品质低、管理水平低）胡柚园的提质改造，实施"三个一批"（即建设提升一批、改造淘汰一批、转型规范一批），三年计划改造提升“三低”胡柚园5万亩，建立常山胡柚优质精品园3万亩，社会化统一管理5万亩，柚园流转1万亩；品牌使用率80%以上；小柚果综合利用2万吨，深加工系列产品8个以上，产量3万吨以上。经各乡镇申报和部门审核，共确定2013年度常山胡柚优质精品园建设基地1个、“三低”胡柚园改造示范基地9个。

【常山胡柚社会化统一管理】 2013年，常山胡柚社会化统一管理全面实施，统一大枝修剪、统一配方施肥、统一病虫害专业化防治，实施果园控水、生草覆盖、完熟采收等技术规范。全县共有47个服务组织开展病虫害统防统治等胡柚社会化统一管理，服务面积3.1万亩。

【常山胡柚灰霉病防治研究课题项目】 县农业局协助省柑橘研究所开展常山胡柚灰霉病防治研究，根据常山胡柚的病害特性，进行田间试验分析，最终明确常山胡柚灰霉病的发生、发展规律和有效防治措施。

·常山食用菌

【概况】 2013年，全县食用菌生产总体情况是：稳定发展主导品种秀珍菇，推广黑木耳“耳—稻”轮作，稳步扩大猴头菇、灵芝、竹荪等特色品种，传统品种金针菇自然减量。全县食用菌栽培总量0.91亿袋（瓶），年产鲜菇3.61万吨，食用菌栽培加工产值2.26亿元。通过平整土地、项目资金扶持等优惠条件，引进福建省古田县翁天培入驻县食用菌科技示范园区，5月份注册县天培菇业有限公司，占地13亩，投资600多万元，实施周年栽培茶树菇100多万袋。依托县盛源食用菌专业合作社代加工黑木耳菌棒、提供技术服务，带动盛轩食用菌专业合作社、金仙家庭农场等4家主体新发展“耳—稻”轮作黑木耳基地4个，全县“耳—稻”轮作黑木耳规模由2012年的100万袋（棒）扩大到200万袋（棒）。县宝新果蔬菌有限公司成功开发猴头菇贡面，产品畅销市场。6月24日，县豪锋农业发展有限公司“森力”牌灵芝（干）被中国绿色食品发展中心授予绿色食品；11月26日，县森力家庭农场的“森力”牌灵芝获2013年浙江省农博会金奖；12月3日，县豪锋农业发展有限公司“森力”牌灵芝获第十一届中国国际农产品交易会参展产品金奖。黄良水荣获省人民政府“2012年度浙江省农业科技成果转化推广奖”（浙政办发〔2013〕131号）、被省151人才工程联席会议办公室聘为省151人才工程培养人员导师（浙联办〔2013〕7号）。

县森力家庭农场员工在精心准备参加省农博会的灵芝盆景 （朱爱良 摄）

【食用菌重点项目】 2013年，县天乐食用菌研究所主持实施省“十二五”食用菌新品种选育协作攻关重点项目“优质抗病金针菇新品种选育”，参与实施“优质抗病秀珍菇新品种选育”等重点育种专项。12月底，县豪锋农业发展有限公司承担的2012年省级现代农业生产发展资金项目“灵芝规范化生产基地建设”通过验收；县金童食用菌专业合作社实施的“金针菇工厂化瓶栽生产线”特别扶持项目通过验收，年金针菇工厂化瓶栽达

500 万瓶。

【《图说金针菇栽培》出版】 1 月，黄良水主编的《图说金针菇栽培》一书由浙江科学技术出版社出版发行。该书共分 7 章，重点阐述金针菇的自然季节常规袋栽、再生法工厂化袋栽、工厂化瓶栽，以及病虫害防治和保鲜加工技术，内容新颖，图文并茂，实用性强。

【食用菌技术培训】 4 月 16 日，县食用菌办组织在县农业局召开食用菌质量安全技术培训会，县食用菌业主代表等 30 人参加。7 月 12—13 日，在县委党校举办“常山县食用菌生产新技术高级研修班”，县食用菌业主代表、乡镇（街道）食用菌辅导员等 68 人参加。8 月 29 日，在新昌乡黑木耳基地召开“耳—稻”轮作黑木耳菌棒下田现场会，新黑木耳栽培大户等 10 人参加。9 月 13 日，在金仙家庭农场黑木耳基地召开“耳—稻”轮作现场会，黑木耳栽培大户、有关种粮大户等 30 人参加。10 月 14—18 日，县食用菌办组织有关乡镇（街道）食用菌辅导员共 7 人到丽水市参加省农技推广人员知识更新培训班（食用菌产业）。

·蔬菜瓜果

【概况】 2013 年，全县蔬菜瓜果播种面积 68235 亩。其中，蔬菜 54135 亩，单产 1700 公斤/亩，总产量 9.21 万吨，总产值 24488 万元，总产值比 2012 年增加 713 万元，蔬菜总体上呈现出面积稳定、单产增加、产值和效益增加的局面；西甜瓜面积 14100 亩，单产 5500 公斤/亩，总产量 7.75 万吨，总产值 19280 万元。蔬菜瓜果在现代农业中的地位进一步提升，规模化蔬菜基地发展迅速，产业集约化程度明显提高。球川镇上安畈瓜菜新品种展示示范基地，引进示范适合常山栽培的瓜菜新品种，促进蔬菜新品种、新技术的推广，推动全县蔬菜产量和质量的提高。销售模式不断优化，与生产环节的质量安全措施应用相互促进，初步形成无害化生产、规模化经营、品牌化销售的发展势头。

【山地蔬菜】 2013 年，全县栽培面积 24060 亩，生产商品菜 3.86 万吨，产值 10476 万元。山地扁豆、四季豆、黄瓜、茄子、番茄、辣椒、冬瓜、包心菜以良好的产地生态环境、适当的上市季节受到消费者的普遍欢迎。

【设施蔬菜】 2013 年，全县大棚设施栽培蔬菜面积 2265 亩，单产 77363 公斤/亩，总产量 11682 吨，总产值 2250 万元。球川镇上安畈、天马街道五联村建成 700 多亩设施蔬菜基地。大棚设施蔬菜单位面积产值不断提高，为全县蔬菜产业乃至整个现代农业的发展提供了样板和方向。大棚、配套小拱棚、遮阳网覆盖、微蓄微灌、测土配方施肥、高效栽培模式等新型技术有效推广，促进了全县蔬菜产业的转型升级。

【大棚西瓜】 2013 年，全县大棚西瓜播种面积 13830 亩，比 2012 年增加 630 亩；总产量 7.72 万吨，增加 0.66 万吨；总产值 18740 万元。实施西瓜品质提升工程，每亩西瓜产值达 13550 元。

·畜牧业

【概况】 2013 年，全县生猪出栏 18.55 万头，比上年增长 0.6%。年末存栏 12.25 万头，比上年下降 4.9%；其中，能繁母猪存栏 1.05 万头，下降 0.9%。家禽出栏 272.76 万羽，增长 4.27%；存栏 147.94 万羽，下降 6.07%。牛饲养量 0.23 万头，下降 14.8%。羊饲养量 1.2 万头，下降 14.3%。畜牧业总产值约 3 亿元，畜牧业产值比上年略有下降。推进生猪养殖污染治理和规范提升，推进柚园养鸡规模化、规范化发展，新建婷婷柚园“虫—草—鸡”和三衢山“三园”土鸡养殖生态循环示范基地。组织循环农业示范工程建设，争取省级资金补助80万元。全县发展温氏养鸭户153户，出栏肉鸭130万羽以上。落实家禽业扶持政策，帮助养禽场户度过H7N9禽流感难关，争取省级扶持补助资金103.7万元。总投资1200万元的北京嘉博文生物科技有限公司“畜禽排泄物高效资源化工程研究中心”落户常山。总投资1620万元的衢州瑞丰生物科技有限公司“年产1万吨生物有机肥项目”,已启动综合楼、生产车间、仓库建设。

【生猪养殖污染治理】 出台《常山县畜禽养殖禁养区、限养区划分方案》：在2015年年底前，全面完成禁养区生猪养殖户的关停转迁，完成限养区、宜养区生猪养殖的污染整治和规范管理；全县生猪饲养量控制在28万头，病死猪无害化处理长效机制基本建立，生态养殖方式普遍推行，养殖污染得到全面治理。2013年，通过“三改一拆”“水环境整治”行动，全县累计关停退养猪场15户，面积6190平方米，削减生猪存栏2600头、能繁母猪存栏146头。

【重大动物疫病防控】 2013年，全县未发生重大动物疫情。共使用高致病性禽流感疫苗191万毫升，猪口蹄疫疫苗76.69万毫升，牛羊口蹄疫疫苗6.5万毫升，高致病性猪蓝耳病疫苗20.4万头份，猪瘟疫苗156.2万头份，新城疫疫苗127万羽份，狂犬疫苗835头份，抗体合格率均达省、市标准。奶牛布病和结核病病原学监测均为阴性。

【禽流感防控】 2013年，全县未发生H7N9禽流感事件。做到部署防控及时，执行24小时值班制度，完善应急方案，备齐应急物资，全面开展疫情排查和病毒监测，全年共出动1095人次，排查鸡342350羽、水禽265758羽、鸽子27202羽，抽检家禽、野鸟样品3000多份。配合卫生局做好常山籍在杭务工人员感染H7N9病例排查；联合商务局、工商局、市场办等部门对活禽交易市场、屠宰场家禽检疫证、产地等进行查验，规范消毒防疫措施，规范凭检疫证明入场交易制度；及时建议政府采取暂停活禽调运和关闭活禽交易市场等果断措施，阻断病原从城市向农村、从活禽市场向养殖环节的传播。

【病死动物无害化处理】 常山县制定以规模猪场自行处理为主和乡镇（街道）统一收集、集中处理为辅的病死动物无害化处理模式。将8个重点乡镇无害化处理设施建设纳入浙江省动物防疫基础设施建设“十二五”规划，争取省级资金补助30.8万元。印发《生猪养殖场病死猪无害化处理补助实施方案》，完善补助政策。规范病死猪无害化处理，建立处理台账，完善处理制度。2013年全县共规范处理并向上申报病死猪无害化处理数8095头，争取省级资金补助92.97万元。印发《关于加快构建病死畜禽无害化处理和监管长效机制的通知》，制定病死动物无害化处理监管办法。强化属地管理职责和联防联控机制。各乡镇（街道）明确驻村干部、村书记、村主任为养殖场户监管责任人，各乡镇（街道）动监员、村防疫员为养殖场户病死动物无害化处理和动物防疫技术指导员。成立应急工作小组，落实24小时值班制度，做好漂浮死猪防控。安排部署各乡镇（街道）开展沿江流域巡查，共清理打捞、无害化处理病死猪、狗、家禽等800多头（羽），发放《病死畜禽无害化处理告知书》2000多份。全县未发生漂浮死猪事件。

【省际动物防疫】 2013年，常山县完成监控设施、减速带安装，大幅提升硬件设施。建成配套隔离场，为拦截的违法车辆和查获的疑似染病动物提供良好的隔离场所，也为突发动物疫情情况下提供了良好的无害化处理场所。全年消毒、查验运载动物及其动物产品车辆22789辆；查处各类违法违规劝退车辆30辆，涉及动物15780头（只、羽），其中，无检疫证明9辆、证物不符1辆、无标识13辆、来自风险区域7辆；查办违法运输案件9个，罚款8000多元，比上年增长300%。

【畜产品安全监管】 2013年，全县未发生一起畜产品安全事件。与537个规模养殖场（户）签订出栏保证书，使各养殖场户明确违禁药物种类和法律责任。在央视曝光的“速成鸡”药物严重超标事件后，及时在全县范围内开展兽药、饲料添加剂等生产投入品排查清理工作。全年共抽检盐酸克伦特罗5156份、莱克多巴胺5082份、沙丁胺醇2869份，总抽检样品数比例比上年提高33%。

【动物卫生监督队伍建设】 2013年，县动物卫生监督所由挂牌机构改为与畜牧兽医局合署办公，县动物卫生监督所执法主体资格通过县法制办的确认，并设立独立账户。建立球川、招贤、芳村3个动物卫生监督分所，编制6名。

【畜牧行政执法】 2013年，全县共查处违法案件10件，涉及无检疫证明运输动物案、调入动物未申报备案等违法情况，查处无检疫证明猪、牛281头，家禽6000羽，罚款7600元。办理的案件被省畜牧兽医局评为“浙江省动物卫生监督行政处罚优秀案件。”

·农业科技

【概况】 截至2013年年底，全县有各类农业技术人员166人。其中，县农技推广部门70人，高级职称13人，中级职称43人，初级职称14人。乡镇农技服务站15个，农业技术人员96人。创建基层农业公共服务中心4个，并通过省农业厅认定，其中，大桥头乡为示范性基层农业公共服务中心。至年底，全县累计有10个基层农业公共服务中心通过省级认定。加快有机食品、绿色食品、无公害农产品（简称“三品”）建设，全县新增绿色食品2个，无公害农产品5个。开展现代农业园区无公害农产品产地整体认证，通过认证面积34320亩。

【名特优新农产品展示展销】 2013年11月30日至12月3日，第十一届中国国际农产品交易会在湖北武汉国际会展中心举行，浙江天子股份有限公司、浙江柚都生物科技有限公司和常山县森力家庭农场3家企业参展，“森力”牌灵芝盆景荣获农交会“金奖”。11月22—26日，浙江省农业博览会在浙江新农都会展中心（萧山）和浙江农业展览馆（杭州和平国际会展中心）举行，全县参展企业24家，展示展销常山胡柚、山茶油、食用菌、胡柚茶、胡柚果脯、贡面、畜禽产品等农产品34只。其中，常山县森力家庭农场的“森力”牌灵芝、常山县欣然家庭农场的“大苞山”牌常山胡柚和常山县富而康山茶油有限公司的“千峰月”牌山茶油等3只产品荣获浙江省农博会“金奖”，5只产品获浙江省农博会“优质奖”。12月20—24日，浙江（上海）名特优新农产品展销会在上海光大会展中心举行，常山县参展企业11家，展示展销常山胡柚、食用菌、山茶油等为主的农产品22只。5月10—12日，第九届中国（广州）国际食品饮料展在广州笆洲保利世贸博览馆举行，常山县柚乐食品有限公司的胡柚原浆和果脯等产品参展。

【农业龙头企业培育】 至2013年年底，全县有农业产业化组织631个。其中，国家级农业龙头企业1家（浙江天子股份有限公司），省级农业龙头企业3家，市级农业龙头企业31家，县级农业龙头企业138家。

·农业执法

【概况】 2013年，全县农业行政执法工作以保障农业生产安全、农产品质量安全为中心任务，提升综合监管水平。开展“三进三到，进村入户大服务”活动和农资打假宣传，发放宣传资料2500多份，张贴标语横幅2条，接待咨询群众500多人次。发布执法信息19篇，其中，被县级刊物采用执法信息3篇，公开假劣农资投诉举报电话“12316”，受理农民的投诉举报。开展“绿剑”春季集中执法行动、“绿剑”保安全专项执法行动、饲料质量安全专项执法行动、农资经营户“农药经营许可证”专项整治工作，在各类执法行动中立案查处的农业违法行为21起，罚没款40772元。加强食用农产品和农业投入品的抽样检测工作，对检测不合格的7个产品进行立案查处。保护农民合法权益，全年共受理农民有关水稻、油菜、西瓜种子质量、药害有关质量等投诉咨询66起，全部予以答复和解决。处理农业生产事故7起，补偿农户经济损失4500元。

【农业执法行动】 常山县开展2013年“绿剑”春季集中执法行动，共检查种子经营户38家，种植户38家，出动执法人员42人次，对检查中发现的1起擅自引种，2起未审先推的违法行为进行了立案查处。检查农药、化肥经营户236家次，出动执法人员135人次。发现1起肥料经营违法行为（未取得登记证），1起经营销售过期农药，1起未附标签的农药产品案的违法行为。检查养殖场22家，兽药饲料经营店16家，农机经营维修店20家，蔬菜生产基地8家，食用菌12家，养殖场22户，共出动执法人员55人次，抽检蔬菜样品22份。开展“绿剑”秋季集中执法行动，共检查养殖场20家，饲料经营店16家，农药、肥料经营店202家，种子店15家，生产基地14家，出动执法人员167人次。开展“绿剑”保安全专项执法行动工作，共出动执法人员72人次，检查种粮合作社（家庭农场）10家，果蔬生产基地7家（其中果品基地2家、食用菌基地2家），茶叶基地1家，养殖场10家，抽检水稻样品9个，蔬菜样品30个，猪尿样品30份。开展饲料质量安全专项执法行动，共检查饲料经营户25户，出动执法人员15人次，未发现违法经营行为。开展农资经营户“农药经营许可证”专项整治工作，共出动执法人员56人次，检查经营店144家，为5家达到办理条件的经营户办理了经营许可证，对14家无许可证的经营户下达了整改通知书，责令其停业。

【食用农产品和农业投入品的抽样检测】 根据“浙农专发〔2013〕8号”文件精神，全县随机抽取样品60个，其中，化肥10个、农药15个、种子15个、兽药10个、饲料10个，另检查农药标签15个，送省农业厅有关部门检测。对检测不合格的7个产品进行立案查处，其中，种子3个、化肥2个，移送2个兽药案件给江山大队及市执法支队。抽取蔬菜样品60个、胡柚样品36个、草莓样品3个、水稻样品39个，送省农业厅有关部门检测全部合格。

·植保植检

【概况】 2013年，县农业局坚持“预防为主，综合防治”的植保方针，贯彻落实“公共植保、绿色植保、现代植保”发展理念，全县开展农作物病虫害统防统治、病虫害预测预报、春季农村统一灭鼠、农业植物检疫防疫等工作，农作物重大病虫害及植物疫情得到有效控制。全年未出现重大植物疫情大面积扩散蔓延现象，全面完成植物检疫防疫目标任务，常山县被浙江省重大农业植物疫情防控指挥部评为“2012 年度重大农业植物疫情防控工作优秀单位”（浙植防指〔2013〕1 号）。

【农作物病虫害预测预报】 坚持定点监测与大面积普查相结合，落实“三日一查，五日一报，关键时期随查随报”的农作物病虫害预测预报工作制度，准确掌握主要病虫发生情况及发展趋势，2013 年共发布《农作物病虫情报》16 期，指导农户科学防控病虫害。全县主要农作物病虫草鼠害发生面积 249.13 万亩次，防治面积 336.57 万亩次，挽回损失 116520.23 吨，实际损失 7291.72 吨。

【农作物病虫害统防统治】 2013 年，全县 86 家植保社会化服务组织实施水稻病虫害统防统治 46172 亩、常山胡柚病虫害统防统治 32022 亩。与农民自防区相比，早稻统防统治区平均每亩减少防治次数 1 次，减少农药用量 39.5 克（折纯，下同），减少防治成本 19.5 元，增产 33.2 千克；单季晚稻平均每亩减少防治次数 2 次，减少农药用量 48.4 克，减少防治成本 33.2 元，增产 52 千克；常山胡柚平均每亩减少防治次数 1 次，减少农药用量 50.8 克，减少防治成本 45.2 元，增产 70.5 千克。

【实施病虫绿色防控项目】 县农业局成功申报“省级农作物病虫害绿色防控示范区试点建设项目”，争取省补资金 20 万元。在球川镇红旗岗、同弓乡山边村 2 个胡柚基地建设省级胡柚病虫害绿色防控示范区（1400 亩），通过应用以生态调控、生物农药、杀虫灯、黄板等为代表的绿色防控技术及产品，配合使用高效、低毒、环境友好型农药，实现病虫害的综合治理，化学农药使用量比农户自防区减少 31%，降低了对农产品质量和农业生态环境的不良影响。

【春季农村统一灭鼠行动】 4 月 22—28 日，全县组织实施春季农村统一灭鼠行动，发放溴敌隆 420 瓶，配制毒饵（大米）21210 千克，印发《溴敌隆毒饵配制要点及注意事项》《春季农村统一灭鼠毒饵投放技术及注意事项》等资料 6.9 万余份，灭鼠农田面积 16.5 万亩，灭鼠农户 6.72 万户。

【农业植物检疫防疫】 2013 年，全县共设立 11 个植物疫情监测点，形成适合常山实际的重大农业植物疫情阻截带。建立以产地检疫和调运检疫为重点，以检疫执法为抓手，集中整治与常规检查相结合的植物检疫防疫机制。积极开展疫情监测与防控工作，将柑橘黄龙病（柑橘木虱）、黄瓜绿斑驳花叶病毒病、梨树疫病等植物疫情阻截于县境之外，未新增植物疫情；将已在县内发生的加拿大一枝黄花、柑橘溃疡病控制在可防可控的范围之内。全县加拿大一枝黄花发生面积为 8.9 亩，比 2012 年减少 44.38%；柑橘溃疡病发生面积为 1152 亩，比 2012 年减少 39.11%。

· 村级集体经济管理

【概况】 2013 年，健全村内“一事一议”筹资筹劳制度，争取一事一议省级财政奖补资金，推动村级公益事业发展。鼓励家庭农场发展，制定《常山县人民政府政府关于鼓励家庭农场发展的实施意见》文件。联合农村信用联社制定《家庭农场信用体系评价办法》，将家庭农场划分为五个等级，从一星到五星分别授予信用贷款额度5万元、10万元、20万元、30万元、50万元的信用贷款；采用有效资产抵押、林权抵押、承包经营权质押、大棚抵押、保证等形式申请综合授信，综合授信额度为授予信用贷款额度的10倍，贷款利率在同等条件同档次利率上下浮10%。全年共向102家家庭农场发放信用贷款3327万元。确定7个行政村为第二批发展村级物业经济扶持村，争取省补资金224万元。

【村级公益事业“一事一议”项目】 截至2013年11月（全县行政村区划调整前），全县共报项目275个行政村，其中，222个行政村获省级立项，省级财政奖补项目资金5076万元。据农经发〔2013〕13号文件，经农业部审核认定，常山县被认定为“国一事一议规范管理县”是农业部首批认定的100个县（市、区）“全国一事一议规范管理县”之一。

【家庭农场试点建设】 2013年，全县共注册登记各类家庭农场303家。按行业类型分，种植类153家，养殖业13家，种养结合类137家，涉及全县14个乡镇（街道），流转面积6.8万多亩。首先是开展试点示范，制订家庭农场试点建设工作方案，试点方法、内容和要求，筛选确定永文家庭农场等11个不同类型的主体列入首批试点家庭农场。其次是做好业务培训和工商登记，组织试点家庭农场主参加现代家庭农场主培训班、工商注册登记培训课，选送45家农场的负责人到杭州参加家庭农场主高级研修培训班；组织两批20人次参加市局组织的家庭农场主相关培训；组织264名家庭农场主参加全县培训和县家庭农场协会筹建大会。与县环保部门协调，帮助办理畜禽养殖场的环保评估，会同工商部门为试点农场办理相关注册登记。

【发展村级物业经济】 2013年，县农业局确定青石镇砚瓦山村、招贤镇古县村、辉埠镇路里坑村、新昌乡黄塘村、白石镇小白石村、何家乡黄冈村、同弓乡竹蓬底村等7个行政村为第二批发展村级物业经济扶持村，项目主要修建来料加工厂房及综合楼，共申报、争取省补资金224万元。经县政府统一协调，按照7村联建模式，与县妇联来料加工资金整合，在赵家坪安置区建造来料加工综合楼，按村股份数进行分红。

·农村能源

【概况】 至2013年年底，全县已建各类沼气池2504处（户），总容积4.5万立方米，年可处理畜禽粪尿污水81.2万吨，年产沼气175.5万立方米，折合标煤1250吨，年产沼肥47.4万吨，供9000亩农田做有机肥使用。其中，户用沼气池2275处，总容积1.9万立方米；中小型沼气工程136处，总容积1.55万立方米；农村生活污水净化沼气池93处，总容积1.05万立方米。全县共建成农村沼气后续服务网点9个，覆盖沼气用户1883户；沼气集中供气项目可供气户数共368户；沼气年发电量28.8万千瓦时。

·农业机械化

【概况】 至2013年年末，全县农业机械总动力153175千瓦，比2012年下降11.06%，主要是运输型机械报废造成。机耕面积29.0734万亩，机播面积2.6814万亩，机收面积16.8828万亩。其中，粮食作物机耕面积18.0924万亩、机耕率86.7%，机播面积2.6814万亩、机播率12.86%，机收面积15.0505万亩、机收率72.16%，耕种收综合机械化率为57.3%，比2012年提高3.5个百分点。全年组织18天执法检查、160人次隐患排查和进村入户宣传，查处违法违章126台次，排查治理安全隐患175个，发放宣传资料6000份。衢州市农业局《关于公布2013年度“平安农机”示范单位的通知》(衢农专〔2013〕55号)，认定白石镇小白石村、白石村、新塘岭村为“平安农机示范村”，常山县大马农机专业合作社为“平安农机示范合作社”。

【农机补贴政策】 全县组织实施农机惠农政策资金612.45万元，其中，农机购置补贴资金266.12万元、农机作业补贴资金160.56万元、设施农业设备补贴资金168.27万元、农业机械报废补偿（更新）资金17.5万元。

【先进适用农机发展】 全县发展先进适用机具317台套，其中，轮式拖拉机19台、联合收割机29台、粮食烘干机7台、水稻插秧机15台、育秧机械设备9套、手扶拖拉机14台、微耕机85台、茶叶机械5台、动力喷雾器4台、简易保鲜冷库2套5200立方米、其他机具128台套。新建设施农业设备22万平方米，其中，连栋钢架大棚6万平方米、避雨棚11.4万平方米。

【农机化示范】 2013年，全县新建烘干中心5个，新增烘干机7台，累计烘干中心14个，烘干能力206吨/批，实际烘干粮食5480吨。新建育秧中心1个，累计育秧中心(点)10个，育秧能力2.5万亩/年，实际育秧23768亩。

【农机检验及驾驶员教育】 2013年，县农业局首次在《今日常山》、农业信息网公布实地检验方案。全年免费检验农业机械368台，其中，上道路拖拉机149台、农田作业拖拉机97台、收割机84台、插秧机38台。拖拉机、收割机、插秧机综合年检率85.3%。960名农业机械驾驶员参加安全教育学习。

【农机管理机构】 2013年2月4日，浙江省公务员局关于同意衢州市柯城区林业种子种苗站等17家单位参照公务员法管理的批复（浙公局函〔2013〕4号），批准常山县农机管理站参照公务员法管理。2013年7月9日，衢州市人力资源和社会保障局关于同意常山县散装水泥办公室等8家单位工作人员参照公务员法管理的批复（衢市人社公〔2013〕175号），批准常山县农机管理站9名工作人员参照公务员法管理。

【县田野农机作业服务站注销】 常山县田野农机作业服务站依据县农业局《关于同意成立常山县田野农机作业服务站的批复》（常农业〔2013〕3号）2003年3月4日登记注册，为贯彻落实《国务院关于促进农业机械化和农机工业又好又快发展的意见》（国发〔2013〕22号）精神，2011年1月1日停止经营业务，2011年6月14日县国资委办公室批准清算，2011年10月24日县农业局开始清算工作，2013年10月21日清算结束，2013年11月27日完成登记注销。

（郑　君）

现代农业园区

【概况】 2013年，县现代农业园区管理委员会在确保完成建设1个综合区、3大主导产业示范区、12个省级特色农业精品园的工作目标的基础上，编制了综合区产业布局规划，将园区建设目标提升为“一心、二轴、六区”。“一心”，即同弓柴家畈核心区；“二轴”，即依托太公山胡柚文化博览园，同弓山历史文化村，棋盘山古树群，沿上红线打造30里休闲农业观光长廊和依托长风、黄岗农家乐，璞石畈彩色农业园，同弓东山畈、柴家畈四季采摘农业园沿钳何线打造一条大型休闲观光农业长廊；“六区”，即胡柚、瓜果蔬菜、食用菌三大主导产业示范区，优质粮油产业区，特色农业精品园区，珍稀动物养殖区，中药材种植区和农业观光体验区。实现工作由点向线、面推进，农业生产由种植向加工、流通、销售延伸，农业功能从农产品生产向观光、休闲、服务业拓展，园区建设向彩色农业、美丽常山融合，形成既有经济价值，又有观光价值的农业景观。截至年底，建成设施农业4450亩、大棚基地3200亩；建成铁皮石斛种植精品园1000亩、稻田养鱼精品园408亩、曼地亚红豆杉精品园1000亩，建成2000亩的柴家畈特色种养精品园和龙翔、金桥标准化规模生猪养殖精品园等现代设施农业，使“猪—沼—果(菜、稻)”“柚畜结合”等多种循环农业模式竞相发挥作用。2013年4月，县现代农业园区管委会被常山县委、县政府授予“2012年度重点建设项目先进单位”。

【现代农业园区招商】 园区管委会推进常山胡柚文化博览园的招商工作，引进浙江怡园集团，项目洽谈历时一年多，进行了合作方式与条件的商讨，商议起草了项目合作框架协议，项目建设初步规划编制和土地征用及流转的前期调查、政策处理摸底工作已完成。引进3个项目并落地建设，总投资6000多万元，其中，沃田农业发展有限公司红心火龙果、美青葡萄精品化

3月22日，何家乡璞石畈省级粮食生产功能区内，占地100亩的油菜花套种小麦形成的“和美常山”巨幅创意图案 （刘琳玲 摄）

栽培、平原香榧等一批项目已落地建设。推动浙江卉通园林工程公司投资1.85亿元的浙西农业旅游休闲观光项目落地。

【县第三届提子采摘节】 2013年8月下旬，县现代农业园区管委会、同弓乡政府、县旅游局联合开展第三届葡萄提子采摘节活动，在文峰广场、同弓乡柴家畈核心区和衢州南湖广场举办现场推介会，拓宽销售渠道。提子采摘节期间，自助采摘游客量达3000多人次，带动精品园内30%提子采摘销售，销售完成时间较往年提前半个月。

（江舒洋）

林 业

【概况】 2013年，全县林业工作围绕“再造常山，绿色崛起”目标，以建设森林常山、美丽常山为中心，以彰显森林为民为根本，以弘扬森林文化为引领，以加快转变发展方式为主线，促进造林绿化、森林保护和林业产业的发展。全年完成省级重点防护林工程建设项目3063亩，其中人工造林2478亩、平原林带林网人工造林585亩，迹地人工更新1798亩，一般面上人工造林更新4702亩，荒山造林1996亩，平原绿化3220亩，其他造林116亩。林业经济健康发展，全年实现林业总产值32亿元。编制《四边绿化工程规划设计》，成立“四边绿化”工作领导小组和实施小组，对048省道、黄衢南高速公路、县城周边等山体做出12个节点造林绿化407亩；通过补植阔叶树种和彩色树种，改造沿线山体林相12180亩。完成320国道绿化景观提升工程项目，实施绿化39千米，种植水杉、红叶石楠、香樟等6000多株。招贤集镇路段增设防腐木树池106只，提升美观度。按照县委、县政府关于建设花卉苗木博览大道的要求，选定十五里、

十八里两个新建苗圃的节点，共新建花卉苗木基地254亩。球川镇成功创建省级森林城镇，招贤镇古县村和球川镇后弄村成功创建省级森林村庄；此外，全县创建市级森林村庄4个、县级森林村庄20个、市级绿化示范村10个。

【防旱抗灾保绿】 2013年，全县受罕见高温干旱天气影响，林业受灾面积达18万多亩，林业直接经济损失6234万元。县林业部门共争取省林业厅救灾补助资金80万元，用于林业生产自救。向全县发布《高温干旱保绿工作要点》，落实林木、油茶林保苗、保树减灾措施。组织林业技术人员150余人次深入现场作技术指导，对道路绿化、村庄绿化以及山地绿化新栽植树木进行浇水灌溉，采取早、晚定时浇水，力保地面潮湿；对没有浇水或灌水条件的地块、苗圃采取树体部分修枝、摘叶，地下部分遮阴、盖草、压石片、人工浇水等各种抗旱保墒措施，减少树干蒸腾和地面水分蒸发散失，预计挽回经济损失1674万元。

【森林资源保护】 2013年，常山县重新修编《常山县林地保护利用规划（2010—2020）》并通过省级评审。开展古树群保护设施建设，通过对古树分布区域内的树种确定、环境清理和立宣传牌等措施，将古树群保护融入美丽乡村建设中，使名木古树保护环境得到有效改善。开展第二次全县古树名木调查，据调查统计，全县有各类古树和名木18科32属计2233株，比2002年调查数据多出1129株。完善森林消防值班、森林消防挂联督查制度和通报制度。全年共发生森林火情16起，其中，森林火灾5起，过火面积64公顷。实施浙西钱江源重点林区松材线虫病防控基础设施建设和浙江省第五期有害生物工程治理项目，做好松材线虫病疫情监控工作，查处未办检疫证调运松方料377立方米，全年无公害防治面积6630亩。加强48万亩重点公益林管护，完善护林队伍考核管理机制，为170名专职护林员配置专用手机。开展“亮剑一号”“亮剑二号”、森林火灾专项打击等行动，加大执法力度，做好森林资源保护和林区社会稳定工作，查处各类案件71起。强化野生动物疫情监控防治工作，针对H7N9流感疫情，加强对迁徙候鸟停歇地、野生鸟类驯养繁殖场所等人与野生鸟类近距离接触区域的观测和巡护，确保野生动物病死等异常情况第一时间发现、第一现场处置。

【林权制度改革】 常山县推进以“明晰产权、放活经营权、落实处置权、保障收益权”为主要内容的集体林权制度改革，以林权中心为平台，做好流转办理服务工作。2013年，全县共进行林地林木评估11起，评估面积2887亩，涉及林木蓄积7425.6立方米，评估值926.7万元，其中林木评估值549.5万元、林地评估值377.3万元。按照“依法、自愿、有偿”的原则，引导推进林权依法、有序流转。全年共流转林地17起，面积6102亩，流转金额766万元。采取多种模式推进林权抵押贷款工作，林权抵押贷款余额7562.66万元。完成森林保险53万亩，48万亩生态公益林全部纳入林业保险，公益林火灾险政府统保面达到100%。政策性林木综合保险覆盖面占商业林总面积的30%以上。

【林业特色经济】 2013年，常山县推进林业园区建设，完成何家特色种苗精品园、黄塘油茶丰产示范林精品园、马溪江食用竹高效示范精品园等3个精品园的申报。实施现代林业园区建设2800亩，完善北部林业综合园区基础设施建设。实施林区道路主干道建设50千米，辅助道建设50千米，涉及全县10个乡镇、街道41个实施主体，其中，竹林区3.7千米、经济林区26.1千米、用材林区15.4千米、公益林区4.8千米、省级现代园区19.1千米。完成油茶新品种基地造林3014亩、油茶低产林改造1.5万亩，繁育新品种油茶苗木210万株。实施竹类造林364亩、竹类低改3677亩。

【林业产业发展】 2013年，全县实现林业总产值32亿元，第二、第三产业发展平稳，森林旅游发展较快。林产品加工产值达到8.6亿元，比上年增长14.6%。其中，以山茶油加工为主的森林食品加工产值达1.2亿元，林产化工加工产值0.53亿元；木加工产值5.3亿元，增长15%；竹加工1.6亿元，增长12%。林业第三产业总值1.6亿元，增长23.5%，其中，森林旅游业产值375.6万元，林产品市场交易额1.5亿元。全县7家林产公司共申报2012年度林业贷款财政贴息资金184.63万元；2012年度林业小额贷款总额为1215万元，申请贴息额36.45万元。森林资源资产抵押贷款（林权抵押贷款）贴息资金17.62万元；省财政农业产业化贷款贴息资金26万元。完成“浙江笋竹产品齐鲁行”活动任务。在第6届中国义乌国际森林产品博览会上，常山县与会企业实现现场交易额10万元、订单交易额20万元。获森林产品金奖1个、优质奖2个。培育家庭农场260多家，其中，经营林业和林业相关的家庭林场100多家。

（谢志龙）

水　利

【概况】 2013年，全县水利工作按照“防汛保安、项目建设、产业发展、管理创新”工作思路，以强化管理为主线，以项目建设为抓手，以骨干工程为支撑，以助农增收为目标，推进“小水利”向“大水利”转变。新建独流入海钱塘江常山港一期工程防洪堤3千米。实施大桥头、东案乡农村饮水安全工程建设，为2.86万农村人口解决了饮用水安全问题。基本完成中小河流治理芳村溪治理二期工程，新建堤防2千米。完成5座水库除险加固和2012年度小型农田水利重点县建设，实施山塘综合整治32座、灌区渠系改造72公里、高效节水3900亩。完成独流入海天马电站至长圩大桥段、龙绕溪左岸段、青石护岸和2013年小型农田水利重点县招投标工作，开展阁底水电站和龙潭水库的前期工作。全年发展稻田养鱼面积1580亩，培育3个200亩以上的省级养鱼稳粮增收示范基地。全年共完成水利投资3亿元，向上争取资金1.15亿元。

【防汛抗旱】 2013年，全县14个乡镇、街道，3座中型水库，长风工程和天马电站重新建立防汛领导小组，建立防汛值班制度。全县305座水库塘坝全部落实安全责任制、管理责任人、巡查人员和报酬。完成水库塘坝巡查员、小流域预警员等责任人协议的签订。中型水库责任人，小型水库、乡镇基层防汛责任人，塘坝、村级基层防汛责任人在省市县各级媒体公告。编制完成县、乡、村三级完善山洪灾害防御预案，组织《防御特大洪水方案》等6个预案的修编工作，完成芙蓉、千家排、狮子口等中型水库和长风工程控制运用计划的初审。对防汛抗旱应急救援专家组进行充实，提高水利事件应急救援的水平。初步建成覆盖全县的集信息汇集、信息服务及预警信息发布等功能于一体的小流域监测预警系统，在中型水库、沿江重要河道断面建设6处防汛视频监视系统，建立51处水雨情监测体系。规范县级物资和仓库管理工作，对县防汛抢险队和县水上救生小分队人员进行调整充实。储备麻袋2.3万条，编织袋1.6万条，救生衣80件，编织布1200平方米，桩木3立方米，发电机、移动式照明灯、浮动式大功率水泵等防汛抢险物资，落实专人管理。

【抗洪抢险】 2013年，各乡镇调整成立防汛指挥部，落实人员和办公场所，县防指为14个乡镇街道购置配备电脑、打印机、传真机等设备，提高信息化水平。各村成立防汛抗洪指挥所，制定岗位工作职责和制度，签订防汛工作责任书。各乡镇、行政村编制完善各类防汛防旱应急预案，安装水位尺、警示牌、预警公告牌等设施，配置手摇警报器、扩音器、铜锣等预警设备，落实小流域预警员108人，水库巡查员302人。建立应急抢险救援队伍，设立防汛物资仓库，分级储备一些防汛抢险必需物资。把学校、会堂、敬老院、村级办公楼等公共设施作为集中避灾场所，设立安全转移路线和避灾标志牌，基本实现乡镇、村避灾场所全覆盖。5月31日，全市基层防汛体系现场会在球川镇东坑村举行，副市长毛建民对常山县的防汛工作予以高度肯定。7月、8月，常山县平均降雨量仅为常年同期的11%，全县江河水库水位持续下降，县水利局共组织抗旱服务队救灾18多次，解决群众饮水困难1200多人，临时浇灌农田1250亩，派出抗旱设备维修组到各乡镇帮助群众维修抢修抗旱设备260多台，确保抗旱设备有效使用；组织水利技术人员深入田间地头，推广喷灌、管灌、滴灌等田间节水灌溉技术，解决高效经济作物在旱情中的灌溉问题。

【中小河流治理项目】 中小河流治理芳村溪二期工程，新建防洪堤4.77公里，河道整治3.54公里，投资2841万元。二期工程实施地段为芳村溪芳村段、大桥乡段。开展芳村溪芳村洁湖段治理工程前期工作，完成项目初步设计批复。

【除险加固工程】 水库除险加固工程，通过大坝防渗加固、溢洪道拓宽衬砌、隧洞开挖等工程措施，完成芳村镇雅塘水库、同弓乡神塘后水库、球川镇十亩塘水库、招贤镇箬溪水库、辉埠镇箬岭水库等5座水库除险加固工程，完成工程投资1688万元。开展白石镇荷花塘、辉埠镇平林坑、青石镇木棉岭、金川街道花塘等4座水库除险加固工程前期工作，完成项目初步设计批复。

【小农水工程】 2013年，常山县主要实施灌区节水改造、山塘整治、高效节水、低丘红壤开发治理等农田水利建设项目，投入资金5148万元，累计完成1万立方米至10万立方米山塘综合整治32座，改造渠道长度85.5公。通过实施芳村镇山圣油茶生产基地滴灌工程、新桥乡岩背蔬菜基地滴灌工程、球川镇东山畈苗木基地喷灌工程等工程，新增高效节水面积3920亩。

【农民饮用水工程】 2013年，实施东案乡、大桥头乡农村饮水安全工程主管道工程：从县箬岭水厂取水，沿常山县城到东案公路铺设主管道至东案，各行政村从村口主管道接支管引水，完成投资2950万元，解决农村人口安全饮用水人数2.87万人。建议县政府出台《农村供水办法》，明确部门职责，加强工程建后管护。

【钱塘江治理工程】 钱塘江治理工程常山县常山港治理一期工程是独流入海钱塘江治理工程组成部分，新建防洪堤总长16.754千米，共分6段，包括赵家坪左岸、赵家坪右岸、城西延伸段（龙绕溪右岸）、城北延伸段、渣濑湾、青石堤。工程总投资4.4亿元，工程实施期为2012—2015年。2013年，钱塘江治理工程常山县常山港治理一期工程完成防洪堤建设3千米，在建2千米，完成投资15190万元。

【水资源保护】 严格按照《建设项目水资源论证管理办法》《浙江省取水许可制度实施细则》的规定，完成恒强农业发展有限公司办理的取水许可，开展浙江能源集团金衢丽天然气有限公司、浙江省豪美钒业、浙江紫晶矿业有限公司进行水资源论证的前期工作，对年取水量10万立方米以上9家取水户进行取水计划管理，安装实时监控系统。同时，做好取水许可证延续、换证工作，2013 年重新续证、换证34 家，取水许可发证率 100%，年审率100%。“世界水日”“中国水周”宣传期间，县水利局积极开展水法宣传，在芳村镇新桥小学，联合县团委、县少工委举办中小学文明用水巡回展出，通过观看影片图片、知识竞答、节水宣誓等形式，使文明用水知识深入到每一个在场师生。在学校、街道、广场、乡镇等处发放“文明用水、保护水资源人人有责、水——黄牌警告”为内容的水法宣传单，以及省水利厅下发的宣传图片，共 3500 多份，向过往群众宣传水法和“五水共治”知识。利用“常山水利”微博与网友互动，及时播报活动实况和文明用水知识；通过衢州、常山共八套电视频道播放“五水共治、建设水生态文明”宣传口号；通过农技 110 农民信箱发送“加强河湖管理，建设水生态文明”等宣传信息 10 万余条，在县水利局大门前悬挂“加强五水共治，建设水生态文明”为内容的横幅。

【水保监督】 落实开发建设项目水土保持“三同时”制度，完善和规范水土保持审批机制，将水土保持方案审批作为开发建设项目审批前置条件，全年开展水土保持日常巡查 80 余次，下发《监督检查通知》《监督检查反馈意见》《整改通知》《告知通知书》及各类文书 25 份。完成 3 项水土保持方案报告书，3 项水土保持方案报告表，39 项水土保持登记表的申报和备案。完成 1 项生产建设项目水土保持设施验收，完成 35 项矿山类生产项目水土保持方案的年检，开展国家水土流失动态监测固定站点—常山天马径流场的各项日常监测，初步完成马车溪小流域水土流失卡口站建设的设计，全年征收水土保持补偿费 86.5 万元。

【阳光工程网建设】 2013 年，推进阳光工程网建设，完成录入重点公开事项 2 个、信息 22 条、行政权力事项 332 项，其中，行政许可 25 项、其他行政审批 4 项、行政监管 39 项、行政强制 17 项、行政征收 7 项、行政处罚 196 项、其他行政行为 43 项。在县行政服务中心窗口专门派驻首席代表和 2 名专职人员，实行一站式行政许可审批，全年共办理行政许可 11 件，办结率 100%，收取各类规费 90 余万元。已办结案卷基本材料齐全，均装订成册，及时归档。

【稻田养鱼稳粮增收】 2013 年，全县水产品产量达到 5300 吨，渔业总产出达到 1.55 亿元。发布《2013 年常山县水产养殖主推品种和主推技术》，累计推广面积 14000 余亩，其中，稻鱼共生面积 2100 亩、池塘底部增氧技术 70 亩、新型混养生态结合养殖模式和技术 1.2 万多亩，发放技术资料近 200 份。新建设乌石壳休闲垂钓基地 100 亩、麦坞泥鳅养殖基地 50 亩、官家蓬水库甲鱼混养基地 100 亩、辉埠甲鱼温室养殖基地 30 亩，改建白石荷花源莲田甲鱼休闲垂钓 50 亩，芳村石蛙养殖基地 2000 平方米，筹建东案清水鱼基地规划面积 50 亩。全县新发展稻田养鱼面积 2200 亩，棋盘山、江源和大麦淤等 3 个新建基地被列入省养鱼稳粮增收示范基地，示范基地面积 700 亩，开展了稻鳖混养试验。制定《常山县 2013 年新型稻田养鱼示范县建设实施方案》和《常山县新型稻田养鱼基本操作规范》，开展“新型稻田养鱼技术”培训班，培训学员 50 人次。带领种养大户到德清、富阳、衢江参观考察稻田养鳖，接待杭州市、富阳市、江山市和龙游县等稻田养鱼考察团 30 人次。

【采砂整治】 2013 年，开展全县采砂专项整治行动，将全县的 46 家砂场分为非法坚决取缔、不符合规划限期处置、符合规划要求规范提升三类进行整治。至 7 月底，依法取缔并拆除14家非法砂场，提前5个月完成市委、市政府下达的年度任务；对原已颁发采砂许可证但不符合河道采砂规划的17家砂场，责令其停采并纳入限期处置，全部签署限期处置协议，有12家砂场完成处置并退出；责令规范提升15家中，投入试生产12家，其余3家通过经济杠杆倒逼机制已退出、不再经营。通过整治关停29家砂场，开展执法巡查208次，公安出警30余次，扣押非法作业设备11台(辆)，立案查处10起，逮捕3人，取保候审1人，行政处罚22万元，追征45万元税收，收缴采砂管理费227万元，比上年多收200多万元，收取治理保证金380万元。探索建立长效管理机制，制定《常山县规范化砂场建设和管理标准(试行)》《常山县制砂、洗砂企业联合审批暂行办法》《常山县非法采砂联动处置机制》《常山县采砂巡查报告制度》，确保采砂管理工作有序开展。

【河道清理】 在全市率先推行“河长制”。通过在“一港四溪”显要位置设置“河长”公示牌，主动接受群众的监督，推动河道保洁、排污口封堵、违章清理、河道疏浚、生态修复、水质改善等综合治理工作，河道管理得到加强。建立县乡级河道保洁、渔业渔政、河道采砂管理、水域占用“四位一体”的河道管护机制。出台《常山县河道保洁实施方案》，细化部门、乡镇保洁分工。河道清理行动以“一港四溪”5条河道为主线并向其支流、其他小流域进行延伸，总计清理河道235公里，清淤4万立方米，清除严重影响行洪安全、有碍景观、影响环境卫生的违章建筑、河道障碍物50余处3000多平方米，打捞及清理河道水面、堤防垃圾16吨，河道面貌明显改观。

（樊　宙）

· 中型水库管理

【概况】 常山县中型水库管理局负责芙蓉、千家排、狮子口等中型水库大坝和三大灌区及红旗岗水库下游安全和防汛工作；协调灌区范围内的防汛抗旱、供水灌溉工作；负责水库库区水土保持、山林防护、水资源开发利用和水库饮用水源保护等工作；负责水库枢纽工程的安全管理工作以及监督日常维修加固、配套改造建设；协助调处水库及灌区水行政、渔业行政执法的相关工作；配合有关部门做好辖区的社会治安综合治理工作；承办县委、县政府及主管部门交办的其他事项。中型水库管理局归口县水利局管理，为副科级全额拨款事业单位。2013年，县中型水库管理局内设综合科、工程管理科2个职能科室，全额事业编制25名，在职在编人员22人。年度重点项目有：实施国家农业综合开发常山县千红灌区节水配套改造、柴家畈排水渠改造、金川弄水库除险加固项目。千红灌区节水配套改造工程于6月份全面完成并通过3个标段审计；利用千红灌区节水配套改造结余资金，帮助县现代农业园区实施柴家畈排水渠改造工程，并于年底基本完成；金川弄水库除险加固工程二标10月24日开标，10月30日进行施工图技术交底，12月6日通过工程完工验收。

【千红灌区节水配套改造项目单位工程通过验收】 1月21日，国家农业综合开发常山县千红灌区节水配套改造项目单位工程验收会议召开。会议由县中型水库管理局主持，县水利局、县水利水电质量监督站、业主单位（县农业综合开发办公室、县中型水库管理局）及各参建单位相关负责人参加会议。在踏看工程现场后，召开会议研究成立验收组。经听取并审议建设、设计、监理、施工单位的工作报告，征求与会者意见、建议，验收组讨论后一致同意千红灌区节水配套改造1～6标段单位工程验收通过。国家农业综合开发常山县千红灌区节水配套改造项目工程总投资2680.89万元，其中中央资金1000万元，省财政1000万元，省水利272万元，县财政配套408.89万元（不含政策处理、环境保护、水土保持等费用79万元）。工程分两期实施。工程于2010年5月27日开工，于2013年6月全面完工并通过三个标段审计。建设内容包括千红总干渠衬砌改造3.56千米，北干渠衬砌改造18.5千米，支渠7千米，排水渠2.64千米。

1月21日，县中型水库管理局主持召开国家农业综合开发常山县千红灌区节水配套改造项目单位工程验收会议 （王海松 摄）

【水资源保护宣传】 3月22日至28日，县中型水库管理局开展以“节约保护水资源，大力建设生态文明”为主题的水资源保护宣传周活动。其间，集中组织芙蓉水库水面漂浮物打捞、库岸污染物清理，在库区张贴、分发《坚持从我做起、自觉保护饮用水源》宣传单

4月27日，市人大常委会饮用水源保护执法检查组检查芙蓉水库饮用水源保护工作情况

（王海松 摄）

300多份、水法律法规知识和“世界水日”“中国水周”宣传图片资料500多份。

【市人大常委会检查芙蓉水库饮用水源保护工作】 4月27日，市人大常委会副主任童建中率饮用水源保护执法检查组检查常山饮用水源保护工作。副县长严可兵、县水利局长胡姣良等陪同检查，县环保局、县中型水库管理局作芙蓉水库饮用水源地在线自动化监测、水库概况及饮用水源保护情况介绍。在执法检查组实地察看芙蓉水库饮用水工程、听取饮用水源地建设及运行情况汇报后，童建中对常山县委、县政府重视饮用水源保护及取得的工作成绩给予肯定，并且对杭新景高速公路建设、突发交通事故对芙蓉水库饮用水源地污染防范进行交办，就进一步加强饮用水源保护提出两点要求：一要坚持综合整治与重点管理相结合，加强对千家排、芙蓉水库等水源地的水质保护，全面改善和提升水环境质量；二要坚持群众参与与专业管理相结合，强化水源地居民的环保意识，提高专业监测管理能力，防范饮用水源污染。

【县政协委员考察芙蓉水库生态建设】 5月27日，县政协副主席谢雨生、陈国珠率政协教育、医疗卫生组委员30余人，考察芙蓉水库生态建设。县中型水库管理局局长封小平介绍芙蓉水库基本情况并指出饮用水源保护面临的困难和问题。在集体参观芙蓉水库大坝工程后，全体委员乘船察看了芙蓉库区生态环境。随后，委员们在芳村镇党校召开会议，就芙蓉水库水源保护面临的6个方面的问题进行讨论研究。

【2013年度灌区抗旱协调会议召开】 7月31日在千家排水库管理站召开。会议由县政府办公室副主任唐锡军主持，县水利局、中型水库管理局、县防汛防旱指挥部办公室、县

供电局领导及相关负责人，球川镇、同弓乡、何家乡乡镇长、分管领导及水利员参加会议，副县长严可兵出席会议并讲话。会上，县防汛办通报了降水及旱情形势，中型水库管理局介绍了灌区基本情况、用水调度计划并提出渠道清淤、灌区用水管理注意事项；灌区3个乡镇领导就本乡镇用水计划及保障重点交换意见。会议根据与会各方意见研究确定灌区用水调度方案。严可兵就灌区抗旱提出四点要求：一要管好宝贵水源，做好长期抗旱的思想准备；二要谋划好灌溉用水计划，开好抗旱部署会，做好宣传发动工作；三要加强协调，科学调度，当好参谋，深入一线检查督查；四要统筹考虑，随机应变，节约用水，确保饮用供水，不能突破底线。会议要求灌区各乡镇务必在8月1日前做好动员部署与渠道清淤工作。

7月31日，全县2013年度灌区抗旱协调会议在中型水库管理局千家排水库管理站召开（王海松 摄）

【芙蓉水库和千家排水库禁止游泳垂钓】 8月22日，常山县人民政府颁布《关于禁止在芙蓉水库千家排水库游泳垂钓的通告》（常政发〔2013〕53号）。《通告》指出："自通告发布之日起，禁止在芙蓉水库、千家排水库饮用水水源一级保护区内从事游泳、垂钓，以及其他可能污染水源的活动。对违反本通告，拒不服从管理、不听从教育和劝阻、妨碍执行公务，构成违反相关法律法规的行为，将依法予以处罚；情节及后果严重的，移交司法机关依法处理。"

【芙蓉水库获有机鱼产地、有机产品"双项"认证】 9月5日，北京五洲恒通认证有限公司颁发"有机转换产品认证证书"（证书编号115OP1301100）：芙蓉水库被命名为有机鱼生产基地，芙蓉水库水产品（鳙鱼、鲢鱼）及生产过程符合国家《有机产品认证实施规划》（CNCA－N－009：2011）的要求，为有机产品，有效期为2013年9月5日至2014年9月4日。此前，芙蓉水库2007年底获浙江省海洋与渔业局"无公害农产品产地认证证书"；2008年3月芙蓉水库鳙鱼获农业部农产品质量安全中心"'无公害'农产品证书"。

（王海松）

贸　易

国内商贸

【概况】 2013年，全县累计实现社会消费品零售总额44.6亿元，比上年的38.8亿元增加5.8亿元，增长13.6%。一批重大商贸项目建设取得明显成效，迅宏国际商城、东方大酒店、良友酒家湖中居、良友酒家改造提升等4个项目建成使用，天地金佰汇商贸综合体、正大医药仓储配送中心等项目顺利推进。全县商贸经济总量不断提升，结构明显优化，对周边地区的辐射能力逐步增强。着力培育规模以上商贸企业，提升规模以上商贸企业对社会消费零售总额增长的贡献率。继续推进“万村千乡市场”建设，繁荣农村市场，保障农村市场食品安全，促进农村现代流通网络建设和城乡统筹均衡发展。打击非法违法生产经营成品油，加强加油站（点）安全管理。加强散装水泥管理，推进发展散装水泥。高度重视生猪屠宰食品安全工作。牵头全县电子商务产业政策制定和规划编制，起草并出台常山县电子商务扶持政策及推进工作相关文件。建立县电子商务产业推进工作领导小组，明确部门职责。加强与县农办、团委、经信、市场监管等部门沟通衔接，抽调业务骨干开展工作；掌握全县电子商务企业和个体情况，加强与申通快递、启恒物流等物流企业联系，推动电子商务配套产业发展。引进杭州常山籍客商在常成立浙江佳熙企业管理有限公司，成为常山县首家第三方电子商务交易平台，致力打造成常山县首家电子商务龙头型企业，该企业经营理念和模式受到衢州市领导的肯定。

【培育规模以上商贸企业】 2013年，全县新增规模以上商贸企业7家，其中，批发企业3家（即浙江大正医药有限公司、常山县南阳粮油综合商行、常山县汇丰商贸有限公司），零售企业4家（即常山东方大酒店、常山美凯龙家具有限公司、常山韵达食品有限公司和常山科朗商贸有限公司）。至此，全县共有各类规模以上商贸企业39家。

【“千万工程”建设】 2013年，全县有14个行政村共新开连锁加盟便利店21家，342个行政村累计开设连锁加盟便利店416家。

【成品油管理】 2013年，全县共完成38家加油站（点）年度检查。推进城北、箬岭和红旗岗等3个加油站筹建。

【散装水泥管理】 2013年，全县水泥总产量422.67万吨，比上年提高11.19%；散装水泥供应量192.53万吨，增长21.85%；散装率45.6%，比上年提高4.1个百分点。推行散装水泥、预拌混凝土和预拌砂浆“三位一体”发展。全年新增商品混凝土生产企业1家、预拌砂浆生产企业1家。至此，全县共有商品混凝土企业3家，预拌砂浆企业1家。

【生猪屠宰食品安全】 全年共开展执法检查335次，出动人员1498人次，检查经营户13431余户次。全县累计宰杀生猪51196头，无害化处理120.1头。城乡私屠滥宰现象得到有效控制，肉品市场净化成效明显，生猪无害化处理工作趋向规范。城区生猪定点屠宰率100%，乡镇定点屠宰率96%以上。城区屠宰场迁建启动，该项目采取政府公建，企业管理的模式，得到省商务厅领导的高度肯定。城区屠宰场将迁建于周塘片内，按照“满足需求，适度超前”原则，建设规模按近期年宰杀生猪7.5万头，远期16.5万头生猪标准确定。项目分三期实施。一期工程投资1243万元，主体已建成，相关设备在逐步完善。

（张 帅）

对外贸易

【概况】 2013年，全县商务工作坚持“稳增长、促转型、惠民生”的主线，克服国际市场需求萎缩、主要出口国家经济复苏缓慢和国内经济增长放缓等不利因素的影响，统筹内外贸经济发展，着力市场开拓，推动全县外向型经济逆势增长。据海关统计，常山县全年外贸进出口总值14710万美元，比上年增长38.46%，完成市政府下达进出口11470万美元目标的128.25%；其中，出口14257万美元，增长38.95%，完成市政府下达出口11080万美元目标的128.68%，提前一个月完成市政府下达的年度考核任务，出口增幅位居全市第二。全年利用外资604万美元，完成市政府下达的利用外资400万美元考核任务数的151%，完成率位居全市第二；全县新批外资项目4个，即浙江佳熙企业管理有限公司、浙江大旺工贸有限公司、衢州尼拉贸易有限公司和浙江嘉瑞琪家居有限公司。

【外贸出口逆势增长】 传统企业稳定出口，化工出口实现正增长，轴承出口由一度下降9.6%回升至正增长13.1%。实施“常商回归”和“外贸回流”工程，2013年，全年新增3130万美元出口，占出口总额的21.9%。制定外经贸各类报表，监测外经贸运行情况，及时、准确、全面反映全县对外贸易状况和发展趋势，为外经贸宏观管理和科学决策服务，为基层和企业服务，促进外贸出口形势逆势增长。

【培育新的出口增长点】 全县自营进出口资质企业132家，新增获权企业15家；自营进出口实绩企业61家，新增进出口实绩企业17家，其中，出口实绩企业16家，创历年新高。

通过实施“常商回归”工程，引进金丰工贸有限公司，扩大出口规模，推动常山县外贸增长回稳。通过调查，掌握常山县外贸企业委托外地公司出口情况，鼓励企业开展自营出口，促使县威诗朗照明、宝新果蔬菌、玛丽莎工贸、恒特机械等9家出口企业“外贸回流”，新增外贸出口700万美元。

【外贸业务的指导服务】 市贸促会常山商务局联络处成立，搭建企业开拓国际市场“直通车”，鼓励企业在巩固传统市场的同时积极拓展新兴市场。全年共发动组织23家企业、100多人次参加10多个国内外展会和洽谈会。利用外贸企业服务月活动平台，重点走访行业出口规模、潜力大的出口企业，在展会摊位争取、市海关和商检等涉外部门协调、政策解释、资金项目申报等方面帮助32家企业协调处理问题27个，有效解决企业的后顾之忧。在国内外市场开拓、商贸流通发展、境外参展、农产品基地、出口品牌等方面给予企业项目指导和包装，向上争取资金支持，实际争取到位资金566万元，完成年度下达争取资金任务数349万元的162%。利用衢州市轴承产品对外贸易省级预警点和外贸QQ群，为企业提供政策法规、外贸预警等各类信息累计900余条。

2013年自营出口业务统计

表10　　单位：美元

企业名称	出口额	主要出口产品	主要出口国或地区
合计	142574579		
常山县进出口公司	157956	轴承	美国
四通进出口	392787	轴承	阿联酋、日本
海诚化工	17837061	对胺	印度
爱浓进出口	0	印章、无纺布	澳大利亚、美国
中商进出口	67595	半挂车、运输车、油罐车等	日韩、中东、非洲
嘉立进出口	83051	铅笔	美国、加拿大
科妍化工	0	颜料	美国、欧洲
聚科化工	392067	化学品	印度
欧鹏进出口	2149870	轴承等	中东
富豪进出口	0	工艺品烟嘴	
威科进出口有限公司	82116	柴油发电机组以及配件，工业洗衣机，制冷机组	马尔代夫
立凯进出口	1449217	皮手套	欧美
博韵进出口	479154	五金器件	欧美
瓦斯多克贸易	70116	电器	俄罗斯
中晧国际贸易	0	化学品	欧盟
四通轴承	11491922	轴承	中东
捷姆轴承	11715391	轴承	欧美
环宇轴承	4940794	轴承	中东
屹克轴承	0	轴承	中东
中贯轴承	1885269	轴承	伊朗、俄罗斯
一伟汽车零部件	110332	轴承	俄罗斯
万方轴承	62116	轴承	美国、巴西
精诚轴承	250573	轴承	中东、南非、印度
东晟轴承	11595	轴承	捷克斯洛伐克
鑫茂轴承	6111	轴承	中东
常山纺织	8105584	棉纱线	孟加拉国、印度尼西亚
银田化纤	2925334	纯涤纶线	印度、巴基斯坦
云泰纺织	1337402	色纺纱	
隽美纺织服饰	423482	服装	北欧、中东、加拿大
常发粮油	127035	茶粕、山茶油	泰国、日本
天子果业	5015591	蜜橘	加拿大

续表10

企业名称	出口额	主要出口产品	主要出口国或地区
常山化工	0	邻氯苯胺、对酚	日本、英国、俄国
巴菲尔化学	1825	化学品	欧洲
欧皇木业	32480	木制实用品	美欧、东南亚
美亿佳木业	0	木衣架	美国、欧洲
嘉铭文体	2450039	软体沙发、笔、文具套装	美国、加拿大
正方园工艺品	2309020	实木及板式家具、家具配件	美国、欧洲
金典工艺品	85698	木制衣架	瑞典
豆豆文体	1385772	无纺布制品	美国
金旭工艺	384604	塑料首饰盒、人造皮革首饰陈列品	美国、阿联酋
常山绝缘材料	0	覆铜板	日本、韩国、印度
万谷电子	86581	温度计、制冷器	美国、日本、韩国、欧洲
迈特电子	112740	制冷器	欧美
米合电子	136440	镇流器	孟加拉
博泰塑胶	248157	PVC 软管、PVC 透明粒	欧洲、非洲
迈峰宠物	3300022	狗咬胶	欧美
宏丰管件	829655	铜管件、阀门	美国
恒业卫生	105，804	卫生巾	非洲
开拓休闲家具	6037141	户外家具	欧美
木艺佳工艺品	0	木衣架	韩国
玛莉莎工贸	2363340	铝锅	德国
恒特机械	214175	液晶显示屏、太阳能灯塔	澳大利亚、马尔代夫
威诗朗照明	2559167	路灯灯杆	中东
爱丽莎装饰	73704	墙纸	非洲、印度
雄狮工贸	43548	保温杯	日本
一片情纸业	59568	卫生巾 纸尿裤	南非
皮尔轴承	14009863	轴承	美国、欧洲
盈特轴承	228036	轴承	阿联酋、日本
常信精细	3441025	MOCA	日本、美国、巴西、秘鲁、韩国
时庆化工	4105924	MOCA	日本、美国、巴西、秘鲁、韩国
爱科化工	0	对胺、邻胺	
三泰克思毛巾服装	22512	毛巾制品	加拿大
百花服饰	554278	环保袋	日本
卡罗莱纳纺织	421371	纱线	
金丰工贸（含泛远）	25162801	日用品	中东、欧美

2013年主要出口产品出口量

表11

产品及企业	出口量（万套）	企业及产品	出口量（吨）
轴承产品小计	**3637**	**化工产品小计**	**6860**
四通轴承	2309	常信（MOCA）	1018
皮尔轴承	568	时庆（MOCA）	772
捷姆轴承	600	海诚（化学产品）	5070
环宇轴承	160	常化（邻硝基苯胺）	0

2013年出口产品分类

表12

类别	出口额（万美元）	占全县出口总额（%）
全年出口总额	**14257**	**100.00**
轴承类	4620	32.40
家具工艺品类	1265	8.90
化工类	2576	18.06
农产品类	513	3.60
纺织服装类	1376	9.70
金属加工及照明	598	4.20
其他	3309	23.14

2013年常山县“三资”及港澳台资企业一览

表13

企业名称	法定代表人	注册日期	投资方名称	总投资额（万美元）	注册资本(万美元)			主要产品
					合计	外商认缴	比例（%）	
浙江常信精细化工有限公司	余建伟	1992.06	香港精良化工股份公司	116	100	52	52	硫化剂莫卡（MOCA）
常山皮尔轴承公司	唐裕荣	1999.06	美国皮尔轴承公司	190	142	85	60	英制圆锥轴承
常山三泰克思毛巾服饰公司	杜笑春	2001.08	澳大利亚阳光织物贸易公司	7.8	6	3	48	毛巾、服装产品
浙江常山爱科化工公司	余建伟	2002.07	台湾帆信企业有限公司	143	109	53	49	硝基氯苯系列产品
常山时庆化工有限公司	余建伟	2004.12	台湾崇舜股份有限公司	142	100	52	52	硫化剂莫卡（MOCA）

续表 13

企业名称	法定代表人	注册日期	投资方名称	总投资额（万美元）	注册资本(万美元)			主要产品
					合计	外商认缴	比例（%）	
浙江盈特轴承有限公司	占端平	2005.08	美国 winⅡuc 公司	121	85	42	49	汽车轴承
浙江宏毅轴承有限公司	徐挚明	2006.06	菲律宾徐挚明、徐小强	1000	500	400	80	轴承加工装配成品
浙江常山海蕴服装有限公司	闻伟钦	2011.06	三黄（上海）有限公司	81	67	17	25	各类服装服饰、针纺织品、床上用品、鞋帽、纺织用品
浙江卡罗莱纳纺织有限公司	薄颖中	2010.11	美国泛太平洋联营公司	1081	500	245	49	新型纤维及精纺羊绒纱线
常山百花服饰有限公司	原田希	2011.04	原田希	10	10	10	100	服饰、各类购物袋、环保袋的生产与销售
衢州永盟进出口有限公司	沈国海	2012.05	蔡镇宇	125	125	100	80	轴承、工程机械配件、汽车零部件、小五金配件、羽绒、家纺、酒类等货物的进出口业务
浙江泽惠化工有限公司	彭沛咏	2012.10	福克斯颜料股份有限公司	100	100	100	100	颜料、助剂、色片、色浆、化工产品、树脂、机械设备货物及技术的进出口业务
浙江佳熙企业管理有限公司	高兴仁	2013.03	鼎森贸易有限公司	167	167	150	90	企业策划图文设计日用百货针纺强品
浙江嘉瑞珙家居有限公司	程根土	2013.12	中国晟彤发展有限公司	1600	660	600	90	软体家具实木家具板式家具
衢州尼拉贸易有限公司	郑建华	2013.11	鼎森贸易有限公司	120	120	100	83	家用电器五金配件装饰材料日用百货

2013 年规模以上“三资”及港澳台资企业经济效益指标完成情况

表 14

指标	金额	指标	金额
资产合计	34658 万元	税金	1027 万元
流动资产小计	23082 万元	利润总额	557 万元
固定资产小计	10350 万元	应交所得税	281 万元
所有者权益	18808 万元	利税总额	1584 万元
港澳台资本金	1124 万美元	应交增值税	499 万元
外商资本金	2009 万美元	全年平均人数	946 人
产品销售收入	22271 万元	产销率	89.21%
产品销售税金及附加	357 万元		

（严　君）

供销合作

【概况】 2013年，常山县供销合作社联合社（简称县供销联社）转换模式开放办社取得新进展，全县供销系统实现经营总收入5.4亿元，商品销售总额3.95亿元；新发展农民专业合作社3家，总数达到64家；连锁经营总额1.2亿元；专业合作社总经营收入2.21亿元。

召开中药材产业发展推进会，组织现场观摩，以基地示范帮助有种植意向的农户投身种植中药材。制订全年中药材生产计划，统一联系预订种子；指导低丘缓坡垦造土地培肥及提取土样检测。从省中药研究所、省中药材协会、嘉兴美克斯公司聘请教授为全县中药材创业主体开展专业培训。常山县中药材协会被省中药材协会吸收为理事单位。

8月，县农产品协会组团赴深圳开展农产品销售对接活动、参加衢州市名特优新农产品展示展销合作签约会，共促成18个农产品的产销合作，交易额达18350万元。深圳客商率12家企业专程赴常山考察洽谈，与县内7家农村专业合作社达成长期合作关系。

9月，县烟花仓库建设新址落定于白石镇蒋莲铺村，拟建面积约1166平方米。

【中药材产业发展】 2013年，全县中药材种植有20多个品种，种植面积达5000亩。其中，县荣跃百合专业合作社从湖南省龙山县引进卷丹百合播种成功，亩产达1000公斤，每亩净利润1.23万元，带动其他乡镇农户引种面积达500亩。金华客商投资5000多万元在何家乡黄冈村建成全县最大珍稀中药材铁皮石斛种植基地。新昌乡黄塘村、紫港街道孔家弄村两个中药材种植专业村和招贤镇泉目山村中药材购销专业村初步形成。

【专业合作社建设】 2013年，指导建设云鹿中药材、济仁康中药材、凤舞土鸡等3家专业合作社；指导成立超然、莺歌、云龙、阿富等家庭农场。青石农产品专业作社被列入全国供销总社“千品千社”富农工程专业合作社；大宝山柑橘专业合作社成为浙江省“百名优秀农产品经销商”；山哥粉葛专业合作社葛根基地被选入2013年浙江省森林食品基地。

县供销联社领办专业合作社情况（截至2013年年底）

表15

序号	名　称	负责人	地　址	从事产业	成立时间
1	转头湾龙虾专业合作社	吴樟富	同弓乡彤弓山村	水产养殖	2009.07
2	兰家山胡柚专业合作社	曾连福	东案乡东案村	胡柚	2002.09
3	青石农产品专业合作社	孔　炯	青石镇溪口村	柑橘（胡柚）	2001.09
4	大宝山柑橘专业合作社	彭国方	东案乡朝阳村	柑橘（胡柚）	2002.10
5	天一胡柚专业合作社	郑松有	青石镇阁底村	柑橘（胡柚）	2002.10
6	三立胡柚专业合作社	余泽军	青石镇阁底村	胡柚、山茶油	2002.09
7	绿玲珑茶业专业合作社	廖红俊	新昌乡新昌村	茶叶、山茶油	2002.09
8	太公山生态胡柚专业合作社	姜云峰	同弓乡金川源村	胡柚	2002.10
9	利卿果业专业合作社	樊利卿	招贤镇樊村村	柑橘（胡柚）	2002.12
10	富康胡柚专业合作社	俞水良	青石镇阁底村	柑橘（胡柚）	2002.09

续表 15

序号	名　　称	负责人	地　　址	从事产业	成立时间
11	大胡山果业专业合作社	王海凤	金川街道新建村	柑橘（胡柚）	2003. 09
12	富子果业专业合作社	徐玲玲	辉埠镇宋畈村	柑橘（胡柚）	2003. 08
13	天丰果业专业合作社	郑东方	大桥头乡浮河村	柑橘（胡柚）	2003. 12
14	阳光庄园胡柚专业合作社	郑开福	大桥头乡浮河村	柑橘（胡柚）	2004. 07
15	百信胡柚专业合作社	董水英	新都工业园区	柑橘（胡柚）	2004. 01
16	纯真果蔬专业合作社	黄晓华	青石镇阁底村	柑橘（胡柚）	2004. 09
17	常青胡柚专业合作社	方家维	青石镇大塘后村	柑橘（胡柚）	2004. 09
18	天仙胡柚专业合作社	蒋必忠	金川街道	柑橘（胡柚）	2004. 10
19	宝新食用菌专业合作社	季宝新	招贤镇招贤村	食用菌	2002. 06
20	毛良坞高山蔬菜专业合作社	王水基	芳村镇新桥村	高山蔬菜	2002. 11
21	园林跑土鸡专业合作社	陈招弟	白石镇政府内	土鸡	2002. 11
22	金色田野小西瓜专业合作社	徐金祥	金川街道	西瓜	2002. 12
23	白湖口禽蛋专业合作社	王治友	辉埠镇彭川村	禽蛋	2002. 12
24	山哥粉葛专业合作社	华文音	辉埠镇才里村	粉葛	2002. 12
25	农保姆植保专业合作社	戴建新	紫港街道紫港小区	农作物病虫害防治	2010. 02
26	金灿灿果蔬专业合作社	董卫军	天马街道天安村	柑橘（胡柚）	2004. 09
27	英姿果蔬专业合作社	王良英	东案乡呈东村	柑橘（胡柚）	2004. 09
28	仙丽胡柚专业合作社	赵五毛	青石镇大塘后村	柑橘（胡柚）	2004. 07
29	怡静果业合作社	刘新智	新昌乡新昌村	胡柚、山茶油	2006. 01
30	朝兴胡柚专业合作社	郑朝芝	东案乡集镇	柑橘（胡柚）	2006. 04
31	大坞蓬甘蔗专业合作社	郑金仙	芳村镇芳村村	甘蔗种植销售	2006. 12
32	官塘养殖专业合作社	金美君	招贤镇官塘水库边	淡水养殖、销售	2007. 04
33	欢庆肉禽蛋专业合作社	魏国庆	天马街道柳泽塘54号	家禽养殖；火腿、彩蛋、香肠加工销售	2007. 04
34	天龙果业专业合作社	张虎山	新都工业园区	胡柚种植、加工销售	2006. 06
35	金丰畜禽专业合作社	吴宪水	白石镇小白石村	家禽养殖、销售；肉制品加工销售	2005. 07
36	农家香土鸡专业合作社	何爱仙	天马街道钳口村	土鸡养殖、收购销售	2007. 09
37	奶宝山胡柚专业合作社	李德和	白石镇白石村	胡柚	2007. 09
38	倚山久胡柚专业合作社	廖晓骏	金川街道常桥村	胡柚	2007. 08
39	岭头食用菌专业合作社	郑建文	白石镇新塘岭村	食用菌种植、收购、销售	2007. 09
40	宏膺胡柚专业合作社	李红英	同弓乡中和村	胡柚种植销售	2007. 12
41	雨生茶叶专业合作社	王长法	何家乡黄冈村	茶作物种植经营、茶青收购	2008. 01
42	新畈紫甘薯专业合作社	刘良友	新昌乡新昌村	紫心甘薯种植、销售	2008. 04

续表15

序号	名　　称	负责人	地　　址	从事产业	成立时间
43	芙蓉旺水果专业合作社	段辉根	球川镇芙蓉村	胡柚、柑橘销售	2008.06
44	章家栝楼专业合作社	章建昌	同弓乡山边村	栝楼种植销售	2008.06
45	金柚果业专业合作社	谢五土	东案乡呈东村	胡柚、柑橘销售	2009.01
46	桑农蔬果专业合作社	郑建良	芳村镇井河村	水果蔬菜种植、销售	2009.09
47	粒粒粮食专业合作社	黎　明	新昌乡新昌村	粮食种植、销售	2009.01
48	兴农畜禽养殖专业合作社	徐志坚	芳村镇下畝角村	家禽畜养殖、生产加工；家禽屠宰、分割、速冻销售，净菜包装、速冻销售	2009.01
49	腾翔山鸡养殖专业合作社	汪雨华	球川镇球川村	山鸡养殖、收购销售	2009.01
50	益林毛竹专业合作社	徐益林	新昌乡黄塘村	毛竹种植	2008.04
51	国荣食用菌专业合作社	徐国荣	白石镇十八里村	食用菌种植	2009.05
52	绿田西瓜专业合作社	林秉水	球川镇东山村	西瓜种植	2010.04
53	井坞生猪养殖专业合作社	李小林	招贤镇古县畈村	家禽畜养殖	2010.01
54	荷花湖水产专业合作社	吴小君	白石镇十八里村	水产养殖	2010.01
55	卢家植保专业合作社	郑耀良	东案乡朝阳村新蓬	农作物病虫害防治	2010.06
56	培元食用菌专业合作社	李云根	红旗岗水库旁	食用菌种植	2011.02
57	金童食用菌专业合作社	汪爱月	金川街道湖东村	食用菌种植	2011.05
58	天垂果蔬专业合作社	龚建祝	辉埠镇大埂村	水果、蔬菜种植	2011.02
59	铜信中药材专业合作社	王仙英	球川镇芙蓉村	中药材种植	2012.03
60	家兴蔬菜专业合作社	徐家兴	球川镇黄泥畈村	蔬菜种植	2012.12
61	荣跃百合专业合作社	郑荣国	东案乡东案村	百合种植	2012.05
62	云鹿中药材专业合作社	廖云云	新昌乡黄塘村	中药材种植	2013.02
63	凤舞土鸡专业合作社	沈　宾	球川镇三里江村	土鸡养殖	2013.01
64	济仁康中药材专业合作社	陈三仁	紫港街道孔家弄村	中药材种植	2013.08

（黄雪风）

粮食购销

【概况】 2013年，全县粮食工作按照“推进依法管粮，保障粮食安全；稳定订单规模，促进粮农增收；加大招商引资，推进项目建设；创新绿色发展，提高经济效益”的工作思路，围绕“创新、提升、加速、稳定、促进”五个重点，全面实现“粮食安全、粮农增收、粮企发展”三大目标。严格依法行政，重点开展粮食行业安全生产大检查百日行动，开展“打非治违”专项行动“回头看”，全县重点粮食行业安全现状明显改善；加强库存粮油质量管理和检查，加强粮食收购企业资格证办理和年检管理，粮食市场监督检查和监测预警工作运行正常；严格执行地方储备粮管理条例，县级储备管理实现规模、仓储、费用“三落实”，完成当年储备轮换和储备调拨任务。认真做好社会粮油统计基础工作，完成全县社会粮油购销平衡调查；争取省级粮食早稻订单，订单奖励资金助粮农增收695.4万元。全面开展城镇粮油供应网点经销、库存情况调查，粮食质量监测工作规范有序；定期和不定期开展质量、品质检测工作，为粮食安全体系建设提供科学数据和监管保障。开展创建省级星级粮库活动，常山县中心粮库继续保持“★★★”水平，“一符四无”粮仓维持为100%，科学保粮率达90%，全年实现仓储安全无事故。开展领导干部“进村入企”“三进三到”大走访活动，为联系村办实事4件；参与联系企业管理，帮助谋划企业走出困境的思路和方法。参与“五城联创”活动和爱国卫生工作，所辖区域环境优美、整洁。开展“双拥”活动，提升军供服务水平。全力做好应急管理、抗灾防灾工作，做到“人员、物资、预案、措施”四到位，确保国家粮食和财产的安全。

▲“一符四无”：“一符”指账和物相符，就是粮食的数量和账本相吻合；“四无”是指无虫、无鼠雀、无霉变、无事故。

【引种“中华竹稻”】 在球川镇三里江村成功引进试种“中华竹稻”30亩，实测亩产570千克，每亩增收719元。同时，取得“中华竹稻”在北京、上海、江苏、福建四省（市）和美国的竹稻销售市场总代理权。常山县试种的竹稻，因其米质口感在同类中突出，被广东“中华竹稻”总部作为礼物，赠给泰国商务部部长诗丽娜，并转赠泰国总理英拉，由此，具有“竹子清香”的常山竹稻米，走进享誉世界、具有“茉莉花香”的“泰国香米”的国度。

【种粮大户融资改革】 采取早稻“预订单”形式，为种粮大户提供订单质押贷款。2013年，全县共发放大户粮食订单质押贷款39户，发放贷款557.2万元，比上年增加14%。县粮食收储公司发放粮食预购定金13户，发放金额133万元，比上年增加9%。同时，引进竞争机制，把订单质押贷款业务拓展到民营银行及其他国有储蓄银行，开展50亩～99亩种粮农户的订单质押贷款业务。其中，浙江泰隆商业银行常山支行发放订单质押贷款5户、计78万元；中国邮政储蓄银行常山支行发放订单质押贷款3户、计35万元。

【玉米代储业务】 2013年，首次办理6000吨玉米代储业务，由此填补了常山县从未保管玉米的空白。这一业务可新增年仓储效益42万元。全县代储规模维持在2.4万吨以上，实现仓储效益168万元。

【粮食职工队伍建设】 鉴于全县粮食部门职工队伍人员老化、技术骨干青黄不接的现状，为实现粮食干部职工队伍年轻化、知识化、技能化、专家化的目标，县粮食局启动实施“企业导师制人才五年培养规划”，即以粮食仓储10项基本职业技能和4项专业技术为内容，采取送出去培训，自学、考核和奖罚相结合的机制，在五年内培养一支通晓粮食业务、熟练技能操作的“通才”和“专才”后备骨干。

【启动扩库改点项目】 根据《浙江省粮食流通发展“十二五”规划》，县粮食局开始实施“库提升、站改点”项目建设。主要内容有：（1）合理布局县级中心粮库，提升储粮容量和科学保粮水平。“十二五”期间，通过“拆改建”，增建中心粮库有效仓容量15000吨～20000吨；增加仓储科技设施投入，推广实施应用控温储粮、富氮低氧气调储粮、综合防治等先进储粮技术和仓外自动测虫、粮库智能通风、数字化粮库等先进储粮装备，提升中心粮库科学保粮水平。（2）将部分业务量少、仓储条件差、仓储设施简陋、交通运输不方便的粮站，改为“收购点”，不再承担储粮保管任务。2013年已完成“扩库改点”的项目规划工作和白石粮站的“站改点”工作。

2013年常山县粮食收储企业购销、费用及利润

表16

项　　目	数量（吨）	项　　目	金额（万元）
收购总量	21742	各项补贴收入	654
其中订购	11591	费用支出	695
		利　润	128

（许为民）

烟草专卖

【概况】 2013年，常山县烟草专卖局(分公司)实现卷烟销售量11046箱，实现销售额4.05亿元，比上年增长2.79%；应缴国税1604.64万元，应缴地税1457.95万元。共查处各类涉烟违法案件64起，卷烟2.43万条，案值363.62万元。其中，假烟案件3起，假烟2931条，标值31.84万元；走私烟案1起，走私烟2548条，案值36.15万元。查获5万元以上真烟案件15起，其中，50万元以上真烟案件2起、5万元以上假烟案件1起；移送公安追究刑事责任案件13起；破获假烟网络案件1起、非法经营网络案件1起，逮捕6人，刑事拘留6人；移送工商部门处理案件4起，查获真烟窝点案件11起。

荣获“浙江省创建和谐劳动关系先进单位”“衢州市工人先锋号”“衢州市先进团支部(总支)”“2013年度县长特别奖”“衢州市烟草系统2013年度安全保卫工作先进集体”。荣获“常山县优秀团干部”称号1人，荣获“常山县青年岗位能手”称号1人，荣获“县优秀共青团员称号”3人。荣获全市第二届卷烟物流竞赛理论知识测试项目三等奖1人，荣获全市烟草专卖、法规管理人员集训“训练标兵”3人，荣获“衢州市烟草系统2013年度安全文明驾驶员”1人，荣获“衢州市烟草系统2013年度安全保卫工作先进个人”1人。《缩短查扣烟喷码抄录时间》QC课题先后获得全省烟草行业第三届优秀质量管理小组成果三等奖、市质协质量管理发布二等奖,《提高零售客户分类有效性》QC课题获市质协质量管理发布二等奖。获2013年“现代流通和现代零售终端建设”主题论坛优秀论文三等奖1个。

【企业管理】 探索行政许可档案电子化管理。优化企业管理体系和对标工作，完成企业、部门、岗位三级目标管理的分解，实施目标每月动态管理和监督。编印《2013年工作指南》，基层部门负责人岗位人手一册。印发《实物资产出租管理办法》，规范实物资产出租行为。推进采购制度落实，深化“阳光烟草”规范水平效能监察项目，规范采购流程。完成芳村所（部）延伸项目立项报告、省局及地方政府审批、土地购买等工作。以“384”达标工作为抓手，全面落实安全生产责任制；全年共进行安全检查14次，共查出问题项48处，实现无火灾事故、无工伤亡人事故、无交通事故、无被盗抢事故、无治安责任事故。通过安全生产标准化达标评估验收。

【队伍建设】 干部管理和教育方面，完成基

层、中层部门负责人竞聘工作，坚持和改进每月党组中心组理论学习制度，召开学习会12次，召开领导干部民主生活会1次，加强领导干部勤政、廉政建设；开展“作风建设”大讨论、“市场转型、管理提升”主题交流座谈会和“干部月写一文”活动，包括班子成员在内17名干部都撰写改进作风心得体会。参加县委组织部组织的干部周末选训教育学习。组织5批共25人赴上海交通大学素质拓展培训；举办全员培训班12次，党员学习会1次；举办内管、报销系统、信息写作、视频制作等方面的专题培训；分线参加省、市、县组织的各专业岗位培训。在全省第八届专卖管理岗位技能竞赛（衢州赛区）复赛暨全市第一届专卖科所队长技能竞赛中获团体二等奖，9人进入前50名，3人荣获“衢州市十大优秀专卖岗位技能标兵”称号，3人进入单项奖前三名，包揽全市第一届专卖科所队长技能竞赛前三名。

【企业形象】 以文体活动促凝聚力，开展羽毛球、篮球、登山、钓鱼等多个兴趣小组活动，参加全县职工运动会；以党群活动聚人心，开展妇女小组活动、养老院送慰问活动、“党员干部进社区”“联创行动日”活动。完善“平实”企业文化园、图书室、健身房建设。创建全县首个“企业记忆之窗”示范点。开展“阳光使者”进店堂送服务活动11次，服务客户530余户。在东案乡清秀希望小学设立“精实希望书库”，捐赠书籍1286册。单位员工拾金不昧、路遇车祸挺身而出、公交起火勇于灭火等事迹，树立了常山烟草的良好社会形象。

（吴　菁）

通　信

邮　政

【概况】 2013年，常山邮政坚持以“信息引领、文化养人”的总体思路，建立健全适应公司化运作的责任明确、执行有效的管理方法和管理制度，促进管理制度化、规范化。创新经营和强化业务经营，推进实物网、金融网及信息网的融合，发展电子商务业务，服务中小企业。注重业务结构调整，强化营销，促进业务多元化发展，邮政金融、特快专递、报刊发行、商务期刊等业务健康发展；商业信函、广告明信片、企业广告、代理信息等新业务呈现稳步发展的势头。年末，全县共有邮政局所8处，邮政储蓄网点10处，空白乡政局所5处，信筒信箱37个，用户信报箱1584只，全部从业人员为133人。固定资产净值1347.2万元，邮政生产用房2732平方米，非生产用房12319平方米，邮政生产用计算机102台，邮政邮运汽车5辆。邮运路线29条，其中，乡邮19条，总长度1296公里。承担了普遍服务的义务，从常山出口的信件和物品可以递送世界各地，特快专递通达200多个国家和地区。全年邮政业务收入完成1856万元，比上年增长12.41%，完成年计划的100.08%。

【农村邮政服务】 2013年，完成溪口、芳村两个镇邮政局网点标准化改造；完成同弓、何家、东案、新昌、新桥5个空白乡镇邮政局的建设运营工作。全县共建成村邮站201个，三类站完成86个，建站率和运营率均达100%。一类村邮站主要以报刊、信件投递为主；三类村邮站已开办信函包裹寄送、机票车票预订、报纸投递、电费缴纳、话费充值、小额取款、预约挂号、村邮网购等服务，方便了农村老百姓的生活，社会效应良好。

【邮政储蓄】 2013年，通过加强宣传、拓展市场、抢抓旺季、壮大客户等措施，提高点均余额，做大做强储蓄业务。年末，储蓄余额为47463万元。全年实现余额净增3616万元，较去年增长82.44%；实现代理保险标保5553万元，代理金融实现业务收入787.3万元。通过开展“网沙”“激情夏日”“金秋大走访”等一系列营销活动，借助村邮站、助农点为平台，开展理财、防诈骗等金融知识下乡行的向善利民举措，进一步服务于广大农村市场。

【集邮业务】 2013年，尝试企业形象化年册发展新思路，开发邮储银行5周年邮册600册，产生业务收入38.4万元；开发旅游局AAAA景区邮折1000本、纪念币300个，产生业务收入24.7万元。在全国青少年集邮基地——县实验小学开展“中国梦”“教师节”等邮票首发活动及邮品销售，组织“文峰少年邮局”的工作人员，为纪念封现场加盖纪念章和日戳，用流动信箱现场收寄，为学生上一堂生动的实践课。举办第二十届集邮夏令营活动，发挥邮协老会员的作用，在各学校分会开展集邮知识讲座，普及集邮知识，培育青少年集邮爱好者。

【电子商务业务】 2013年，加速发展邮购分销及电子商务业务，形成以邮掌柜、惠民优选、车险、分销、代收费、短信等为重点支撑，票务等为补充的业务结构模式。全年共销售机票755张，汽车票1674张；实现电力缴费卡销售额19.745万元。

【函件业务】 2013年，开发常山县最美人物明信片册，并举行首发式。策划举办常山县首届胡柚采摘节。开发常山县旅游美食礼品三十佳明信片礼品册；代理全国排球赛常山站的门票销售及现场广告招商；与县村镇联合银行合作少儿书信比赛活动，开发贺卡3000枚。设立县人民路广告一条街，并完成招商。设计并施工3个村的文化礼堂建设项目。

【小包业务】 2013年，常山邮政推出邮政两包业务，即国内小包与国际小包。该类包裹主要是针对电子商务业务的需求而推出的。全年常山邮政局实际寄递国内小包7312只，产生业务收入57774元，国际小包959只，产生业务收入35350元。

【报刊发行】 主动服务2014年度全县党报发行“集订分送”工作。按时完成2014年度全县党报党刊征订计划，实现报刊一次性收订流转额609万元，实现报刊收入189万元。完成2014年报刊大收订任务。

【举行《桃花》邮票首发式】 2013年3月16日，常山县邮政局与县集邮协会在县城街心广场联合举行《桃花》邮票首发仪式，全县众多集邮爱好者和数百过往群众的到现场参观。现场还出售《桃花》邮票及相关邮品，实现业务收入1.7万多元。

【常山邮票走进三衢山】 2013年5月19日，以“美丽中国·畅游三衢”为主题的2013中国旅游日“市长带您免费游”启动仪式在三衢山AAAA景区举行，邮票营销活动深受欢迎，活动现场人气火爆，许多景区游客纷纷上前购买邮品并加盖景区风景纪念戳。

【信报箱建设项目通过验收】 2013年9月25日，由县发改委牵头，县财政局、邮政局、监察局和住建局组成的信报箱验收小组，对常山县信报箱建设项目进行抽查验收。对信报箱的质量、棚设置、安装位置以及美观度进行全面检验，同时就信报箱项目的建设和小区居民进行沟通，小区居民普遍认可信报箱的建设和使用。

【全市邮政先进事迹巡回报告会】 2013年10月11日晚，纪念第44届世界邮政日暨全市邮政先进事迹巡回报告会在常山举行。报告会采用先进集体及个人代表报告和文艺节目相结合的形式举行。

常山县2013年邮政业务收入情况

表17

项目名称		金额（万元）	比上年增长（%）
邮政业务总收入		1855.96	12.41
其中	函件收入	294.13	15.51
	包件收入	6.16	-12.86
	汇兑收入	4.22	-25.83
	报刊收入	221.95	15.12
	储蓄收入	795.78	8.87
	集邮收入	147.47	11.35
	分销业务	64	45.92
	信息业务	89.06	-13.05
	特快邮件	12.42	-11.84
	机要通信	0.44	-5.82
	其他收入	220.33	33.69

（徐志慧）

电　信

【概况】 2013年，中国电信股份有限公司常山分公司(简称“电信常山分公司”)围绕企业“创新服务双领先，规模效益双提升”的目标，建立健全精确管理、信息化应用、客户维系保有三个基础体系，优化资源配置，不断提升创新、服务、集约、运营四大关键能力，加强网络建设，提升光网覆盖率；推进渠道门店建设，深化市场运营机制改革，实现收入持续增长。在整体投资紧缩的前提下，共完成新建光小区13个、农村EPON下移改造5个、农村FTTH村落改造31个。全力支撑新业务发展，接入缆线总投资601.61万元，其中，接入缆线投资590.81万元、管道投资6.4万元、C网投资4.4万元，业务接入问题得到有效解决。全年数据核心网新增拨号服务器2台，新增传输IP－RAN环网4个，新增GPON OLT布局6台，确保每个乡镇都有GPON业务接入。推进无线网络建设，新增C网基站3个；4G网络建设加速推进，新增4G站点30个，主城区已全面覆盖；完成主要乡镇业务全覆盖，确保业务放号支撑到位。电信常山分公司全年累计完成主营业务收入4474万元，比上年增长1.6%，其中，移动业务收入完成1780万元，增长45.06%。至年底，全县农村信息化村共16个。

【市场运营】 2013年，电信常山分公司在市场运营及业务发展上，贯彻中国电信集团公司“一去两化”(“一去”就是去电信化，“两化”分别为市场化、差异化）的战略部署，突出移动规模发展、宽带保有、欠费、强渠计划、农村信息化工作、天网工程项目等重点工作，改革一线运营机制，加大农村支局的资源配置，促进农村支局向销售、服务职能转变。建立农村整体社会化、城区以卖场和网格门店覆盖的公众市场服务销售体系，强抓社会渠道的拓展和培育工作，支局网点覆盖基本达到“一镇一店”的建设规模。

【基础建设】 客网建设全面升级，智能管道性能初显。以支撑业务发展为模式建设的纯物理PON网效果初显，公安三期治安监控、天网工程等视频高流量业务顺利挂接，在提升用户感知的同时，有效确保业务内容承载。正在建设的纯物理千兆教育城域网进展顺利，以大网之优势，确保客户通信质量与安全。电信常山分公司与县政法委联合开展平安联防建设，加强治安监控建设，电信常山分公司荣评2013年度衢州市“治安安全先进单位”。在应急通信和防汛抗台等重大事件中，做到早布置、早落实，确保通信畅通。

（刘长风）

移　动

【概况】 2013年，中国移动通信集团浙江有限公司常山分公司(简称“中国移动常山分公司”)着力打造统一服务理念、统一服务标准、统一服务用语、统一形象宣传、统一服务标志。注重员工的业务培训、服务培训、技能培训，提高员工整体素质，在营业厅设立引导员、意见本、意见箱，设立自助服务区、新业务体验区，引进手机大卖场，设立一村一点、一小区一点模式为客户提供全面服务。建设集维修、销售、服务为一体的手机4S服务中心，提升手机售后服务品质。新增TDS(3G)基站95个，累计224个，实现县城区全覆盖、乡镇78%覆盖，县城区和规模较大的乡镇网络质量均达中国移动集团制定的“双优”标准。光宽带建设累计覆盖4.5万户，实现城区全覆盖、城郊连片覆盖、乡镇基本覆盖、农村集聚区重点覆盖，户籍覆盖率达30%以上。新增GSM(2G)基站5个，累计277个，覆盖质量进一步提升。TDL(4G)基站已覆盖核心城区。完成保障春节、元宵节等重大节日以及三衢石林AAAA级风景区开业典礼等集会通信保障工作。中国移动常山分公司在职员工94人，固定资产1.5亿元。中国移动常山分公司通过省级文明单位复评，被授予“第九届浙江省消费者信得过单位”“浙江省省级模范职工小家”“浙江省‘安康杯’竞赛优胜班组”等荣誉。

【移动信息化建设】 ICT业务从低黏性、高投入的视频监控类向与主业相关的移动办公类转型，新签约项目数比上年增长200%，其中，与手机终端相关的行业信息化类项目开发了手机号簿、移动工作台等产品，使客户能够通过手机随时随地的查询单位通讯录、处理、批阅公文，突破空间与时间的限制。

【重视公益活动】 参与县“创卫城市”工作，挂联江滨小区三幢居民住宅楼周边的环境卫生工作，每月组织员工参加“巾帼创卫日”活动。开展学雷锋志愿服务行动。组织员工义务献血、为贫困大学生义务捐款、慰问结对村贫困村民等。

（章国芳）

联　　通

【概况】 2013年，中国联合网络通信有限公司常山县分公司（简称“常山联通”）主业务收入比上年增长9.12%，通信服务收入增长8.3%，固定电话和宽带业务收入（不含ICT）增幅16.9%，上缴税金50万元。全年累计投资600万元，移动网新建WCDMA基站16个、分布系统8套，室分A类楼宇覆盖率98%，3G乡镇设站率100%。接入网新增宽带端口923个，新增小区接入2个，扩容片区6个。

围绕“提速度、调结构、优质量、强支撑、增活力”工作主线，提升客户感知，深化实施宽带装移机“无条件受理”和限时修障公开服务承诺，落实宽带“一日通”承诺制度，实行宽带24小时限时修障服务，申诉率下降2个百分点。完成党的十八届三中全会、常山县两会和抗击台风重要通信保障任务。

按照“小机关、大市场、强支撑”要求进行机构改革，所属机构从6个降至3个，精减人员5人。从市场拓展能力、盈利能力、客户感知能力、综合管理能力等6个方面，总结12类26个管理提升点，全面整改提升。压缩会议和文件数量，严控“三公”经费支出。会议数量比上年下降27%，文件简报减少10.8%，业务招待费、会议费分别比上年降低40.36%和57.44%。

【完成205国道数字化改造示范工程建设】 205国道浙江段全部位于衢州市境内，其中常山段23.32公里。205国道(浙江段)“智慧交通”项目于2013年9月下旬开工，建设内容包括数据中心和车辆超限超载检测系统、情报信息发布系统、视频监视、交通量检测、“96266”系统延伸5大系统建设，至12月初项目竣工。该工程在交通运输部考核验收中，列参评13个省的第二名，被列为全国公路数字化改造示范工程，并获得浙江“最美公路”称号。

【可视化“警务通”平台实现科技强警】 2013年2月，常山联通与常山县公安局开始合作，承建可视化“警务通”平台。平台融合移动警务和PGIS（警用地理）技术，实现对实有人口、实有单位、实有房屋的可视化、现场化采集，住手海量信息开展基于大人员轨迹、大案件轨迹、大车辆轨迹的比对碰撞等实战应用。至6月底，平台终端已普及全县100%的民警，有效提高了民警执法办案的效率。

（陈妙芳）

交　通

【综述】 2013年，全县重点交通建设项目有7个，涵盖高速公路、国道、省道及重要县道，完成投资共6.9亿元，为2012年投资数的267%，是常山县重点交通建设项目数量最多、投资最大的一年。其中，杭新景高速公路征迁和工程进度走在全市前列，多次得到省、市领导的肯定；48省道延伸线工程L1、L2两个标段顺利推进；常山大桥实现全线贯通，打破全市没有双塔矮塔斜拉桥的历史；三衢山通景公路工程，仅用69天实现全线贯通；205国道改造示范工程通过交通部验收；公路边“三化”工作完成20余处景观点建设和改造。全年累计向上争取资金20718万元，为16180万元任务基数的128%。完成嘉豪精品酒店项目引进，成功引入资金约2200万元，超额完成目标任务。做好205国道服务站招商洽谈工作，引进金属配套板、豪华铝金属等项目。加强交通行业管理，对全市及省内具有代表性的城市公交运营模式进行调查研究，牵头起草常山县城乡公交一体化暨营运线路招投标方案，启动农村客运班线招投标工作。开展“平安交通”创建工作，突出工程建设、客货运输、节庆假日等重点领域、时段进行安全生产大排查大整治，完成公路病危桥修复改造5座，完成省、市级临水临崖危险路段整治4处，完成市政府确定的安全隐患整改点2个，公路、水路全年安全生产工作形势平稳。规范客运驾驶员培训，共有226名驾驶学员参加培训。治理城市公共交通拥堵。进一步扶持引导大物流。对常芳线、常辉线涉矿产品运输车辆超载和“跑冒滴漏”行为进行专项整治。全县发放2012年下半年和2013年上半年度农村公路养护“以奖代补”经费共计45.5万元，发放2012年度全县8条线路的农村客运班车“以奖代补”经费47.10万元

规范依法行政，通过信息公开，利用政务公开栏、政府门户网站、行业性网站等信息渠道公开工程项目招投标、各大工程项目的详细情况、重点建设项目形象进度等政务信息，便于群众办事。规范行政审批服务事项和行政执法程序，取消非行政许可事项1项，调整日常管理服务事项19项，非行政许可事项精简至57%。加大群众要事、急事、难事办理力度，2013年办理人大、政协提案议案34件；受理各类信访68件，满意率为100%。注重精神文明建设，参与“五城联创”，创建“平安工地”“文明公路”；加强作风建设，提升交通队伍形象。

公　路

【概况】 至2013年年底，全县境内有国家高速公路2条、国道2条、省道1条、县道22条、乡道34条、村道318条，公路通车总里程975.899千米，公路密度88.96千米/百平方千米，其中，高速公路72.757千米，一般国道63.453千米，省道（S221江溪线）8.63千米，县道257.645千米，乡道168.115千米，村道405.229

千米。国道、省道干线公路里程 144.84 千米，占公路总里程的 14.84%，县道占公路总里程的 26.40%，乡道占公路总里程的 17.23%，村道占公路总里程的 41.53%。全县从事公路旅客运输的单位（含个体联户）10 个，公路旅客营运车辆拥有量 261 辆（包括出租车 54 辆 216 座），合计 5050 座位，其中，大型客车 54 辆 2040 座、中型客车 100 辆 1837 座、小型客车 107 辆 1173 座，全年完成旅客运输量 1173 万人次，客运周转量 47289 万人千米。拥有营运货车 2087 辆 16058 吨位，全年完成货物运输量 904 万吨，货运周转量 120487 万吨千米。全县道路客运线路 33 条，日发班次 1125 个。其中，跨省线路 1 条，日发班次 12 个；跨地（市）线路 14 条，日发班次 39 个；跨县线路 3 条，日发班次 138 个；县境内线路 15 条，日发班次 936 个。全县等级客运站 4 个，其中，二级站 1 个、四级站 1 个、五级站 2 个，港湾式停靠站 54 个。农村客运班线通行政村率 92.8%。客运出租汽车经营户 1 户，经营车辆 54 辆。全县机动车驾驶培训机构 4 个，从业人员 181 人，其中，二级驾培机构 1 个、三级驾培机构 3 个。全县教练车 118 辆，教练员 142 人，全年培训驾驶员 3470 人次，教学场地（含租赁场地）46854 平方米。全县各类机动车维修企业 58 个，其中，一类机动车维修企业 1 个、二类机动车维修企业 10 个、三类机动车维修业户 46 个、摩托车维修业户 1 个。全年维修各类车辆 12091 辆次。全县汽车综合性能检测站 1 个，全年检测车辆 4461 辆次。

【杭新景高速公路常山段建设工程】 截至 2013 年年底，该工程在全市率先完成红线范围内的“三线”迁移、土地征收、房屋拆迁三项任务，累计完成年度投资 3.2 亿元，占年度计划投资额的 106.7%，工程建设走在全市前列。

【常山大桥改建工程】 至 2013 年年底，该项目已完成接线沥青路面摊铺及人行道外侧护栏钢筋安装；完成景观亮化工程的招投标，并进入开工建设阶段。累计完成年度投资 1640 万元，总体形象进度 97%。

【48 省道延伸线常山溪口至宋畈公路工程】 至 2013 年年底，该项目完成青石特大桥钻孔灌注桩基 1 根，累计完成钻孔灌注桩 140 根，占总数的 84%，青石特大桥下部结构完成 75%，超额完成年度计划；Ⅱ标段开始清表工作。累计完成年度投资 1.162 亿元，总体形象进度 21%。

【宋畈至三衢石林通景公路工程】 该工程于 2013 年 3 月 11 日开始施工，仅 69 天就实现全线贯通，被上级领导誉为创造了“常山交通速度”。

【农村联网公路建设】 2013 年，省里下达常山县农村联网公路建设计划项目工程 26 个，建设里程 31.1 千米，总投资 2013 万元，其中，省补助 643.5 万元、地方配套 1369.5 万元。该工程由县农管中心组织实施，至年底全部完成。

【常辉线公路改建工程】 该工程原线路走向，全长 7.529 千米，工程预算约 6745 万元，于 2013 年 11 月完成招投标工作，年底开工建设。施工标中标单位是浙江登峰交通集团有限公司，监理标中标单位是浙江通衢交通建设监理咨询有限公司。

【县客运中心建设工程前期】 该项目业主单位是县交通运输局，选址在紫港街道（朱家渡大桥西北侧），占地面积 48333 平方米，主要建设客运大楼、候车室、保养修理间等，配套建设加油站、地下空间利用等，总建筑面积33122平方米，工程造价21042.8万元，资金来源为招商引资、业主自筹、向上争取等。2013年11月15日，县交通运输局向县发改局提请立项审批，年底完成概念性方案。

【205国道改造示范工程】该工程全长23.49千米，总投资2.1亿元，2012年8月18日开工；至2013年10月9日完成路基工程、路面工程、安保工程、桥隧维修工程绿化景观工程等改造建设。服务站综合楼完成95%。12月，主体工程通过省公路管理局组织的交工验收，在全路段8个省份评比中位居第二。

7月2日，205国道常山段改造示范工程现场，筑路工人正在安装新型防撞护栏

（谢那你、谢军　摄）

【205国道路域环境整治】截至11月底，清理205国道路域堆积物31处35405立方米，取缔非法废品回收站点22处1365平方米，拆除违法建筑63处6018平方米，破旧建筑121处12911平方米，粉刷墙面10950平方米，改造花坛1862平方米，公路文化宣传480平方米，12月路域环境专项整治工作通过省公路局的验收。长风渔家乐路段的集中整治成为全市205国道改造示范工程的出彩点，得到省厅和市委领导的高度称赞；同时，长风渔家还作为FM93交通之声现场直播点做专题宣传，在全省范围打响“长风渔家”名片。

【朱富线改造验收合格】即205国道连接线路面大修及配套设施工程，该项目经省公路局立项（浙公路〔2012〕6号）和批复（浙公路〔2012〕36号），总投资为4515万元，全长8.604千米，砼路面改造为沥青砼路面，由县交投公司负责实施，2012年9月开工，2013年10月完工，11月27日，经市公管局验收后评定为合格工程。按照县政府办2011年10月18日第162号抄告单，朱富线建成后移交给县住建局管养。

【国省道公路管养工作】2013年，累计完成人工清扫路面2555千米，清理边沟13.79万米，路肩10.06万平方米，塌方160多处计9222.6立方米。清运堆积物152.5平方米，路肩排水83.7千米，修补坑槽陷8342平方米，其中，利用320沥青废料修补常河线坑洞约4000平方米，路面撒防滑料35.76吨。公路沿线绿化区块补植2153株，浇水8383千米，绿化修枝1021千米，绿化打草6067平方米，化学除草7351平方米，清理绿化带53平方米。行道树灭蚜5400株，修枝7640株，刷白16063株，补植9521株。清洁隧道2900米、桥面774座。处理桥涵跳车40座，油漆桥栏杆9801根。补缺百米桩346根，刷新百米桩1717根。

【公路边“三化”工作】2013年，将公路边“三化”与全县“三改一拆”行动紧密结合，开展公路沿线清理与绿化工作，完成杭金衢高速公路常山出口绿化提升工作；同时，在全省范围内率先将县道常芳线的景观提升工程纳入2013年“三化”提升目标任务，对重要节点的景观点开展改造提升。通过与其他部门的协同努力，全县形成205国道“交通大道”、320国道“林业大道”、48省道“青石大道”，以及常芳线“环保大道”组成的四条“绿带”，“三化”工作成果显著。公路沿线累计种植各类苗木达33万株，种植草灌31万平方米，粉刷赤膊墙近8万平方米，拆除违法建筑（棚）99处9000多平方米，累计投资资金3900万元。11月18日，市交通运输局组织全市交通公路部门在常山205国道长风路段召开公路边"三化"暨"三改一拆"工作现场交流会。

【危桥改造工程】 G320沪瑞线官庄小桥，县道常辉线的童家公铁立交桥、X501常山至新桥的长厅桥、X510常山至河东的山头桥，Y514宋畈至彭川的彭川桥、Y512芳村至马初的洁湖桥等6座桥梁列入市公管局4月8日下达的2013年公路危桥修复改造计划常山县共有修复改造。5月23日，官庄小桥修复施工图设计通过审查（市公管局会议纪要〔2013〕6号）。9月4日，县交通运输局印发《关于2013年农村公路县道危病桥梁加固维修工程预算的批复》（常交〔2013〕61号），原则同意县公路段上报的2013年农村公路县道童家公铁立交桥长厅桥樊村桥加固维修工程的预算方案，核定工程预算合计286.4万元，其中童家公铁立交桥审核金额137.2554万元，长厅桥审核金额33.1584万元。11月19日，县交通运输局组织2013年农村公路县道危病桥梁加固维修工程质量鉴定，评为合格工程。

【桥梁检查】 根据市公管局下达2013年普通国省道桥梁定期检查计划（衢市公路〔2013〕71号）通知精神，县公路段组织技术力量配合浙江公路技师学院试验检测中心的专家，对G320沪昆线长圩大桥、蒲塘分离、马家排桥、马家排互通、下涓桥进行定期检查，于11月底完成检测报告。

【2013年国省道公路安保工程计划及实施】 3月21日，市公管局下达《2013年国省道公路安保工程（含公路灾害防治工程）计划》（衢市公路〔2013〕50号）通知，常山县G320沪瑞线实施里程11千米，边坡处治19000平方米。县公路段组织实施，4月11日，市公管局召开施工图设计会议，专家组提出改良建议（衢市公路〔2013〕74号），8月8日，市公管局批复该工程设计及预算（衢市公路〔2013〕175号），核定工程预算201.76万元。县公路段按照要求在11月底完成国省道公路安保工程任务。

【48省道江溪线常山段水毁重建工程获评优良工程】 该项目经省公路局立项（浙公路〔2012〕6号）和批复（浙公路〔2012〕5号），投资2261万元。由县公路段负责实施，衢州市交通设计有限公司设计，浙江登峰交通集团有限公司承担工程施工，浙江通衢交通建设监理咨询有限公司负责监理。2012年5月开工，同年10月底完工，2013年2月5日市公管局组织竣工验收，工程质量等级评为优良（衢市公路〔2013〕28号）。

【农村公路大中修计划实施】 4月9日，市公管局下达2013年农村公路大中修工程计划（衢市公路〔2013〕60号）通知，常山县共10个项目，其中，县道6个项目28.144千米，总造价583.1万元；乡道3个项目3.6千米，总造价305万元；村道1个项目1千米，总造价70万元。县公路段，县农管中心分别负责部分项目的实施，5月23日通过市公管局施工图设计会审（纪要〔2013〕5号），到11月初全部完成农村公路大中修施工任务。11月19日，县交通运输局组织7名专家对2012年县农村公路大中修工程进行竣工质量鉴定，评为合格工程。

【2013年农村公路安保工程实施】 3月21日，市公管局下达《2013年农村公路安保工程计划》（衢市公路〔2013〕49号）通知，常山县道X501常新线、X511鲁芳线、X415大白线、

X506东龙线5处里程6.8千米，安装钢质护栏580米，边坡处治17500平方米；Y511新西线、Y512芳马线、Y534砚天线3处10.1千米，安装钢质护栏10050米；村道C089辉鸭线至山背1处，0.4千米，安装钢质护栏427米。工程总投资541万元，其中省补资金431.2万元。该工程由县公路段、县农管中心分别进行部分工程的组织实施。8月20日，县交通运输局批复县农管中心提交的安保工程设计预算方案，核定工程预算费用215.63万元。9月30日，市公管局批复县公路段提交的安保工程（边坡处治）预算方案，核定工程经费330万元，其中，常新线180万元、鲁芳线150万元。11月底，工程施工全面完成。

【第一个乡级农村公路管理站成立】 9月13日，市公管局《关于下达第一批规范化乡级农村公路管理站计划的通知》（衢市公路〔2013〕222号），东案乡农村公路管理站成为常山县第一个乡级农村公路管理站。东案乡农村公路管理站按照“六个一”（即落实一个专门机构、组建一支养护队伍、安排一处办公场所、筹措一笔管养经费、健全一个运行机制、完善一套内业台账）标准推进建设，10月底通过市公管局组织的建站验收。

【创建交通建设工程标准化工地】 2013年，县交通运输局按照《浙江省普通国省道公路工程标准化工地建设管理和考核办法》规定，扎实抓好G205浙江段示范工程建设。浙江登峰交通集团有限公司G205浙江段示范工程第三合同段项目部，被评为2012年度全市交通建设工程标准化优秀项目部，县公路段G205浙江段示范工程常山段被评为2012年度全市交通建设工程优秀建设单位（衢市交〔2013〕2号）。

【县交通质监站建成】 2013年，县交通运输局确定交通大楼五楼部分办公室为质监站办公用房，配备组织机构人员、办公设备和试验检测设备及车辆，制定《常山县交通建设工程安全生产监督管理实施细则》和《常山县交通建设工程质量监督实施细则》等。至10月中旬，县交通质监站筹备工作基本完成，并向市交通运输局提请验收。11月1日，县交通运输局同意县交通质监站内部设立综合办公室、质量监督科、安全监督科。

【超限治理工作】 12月9日，县政府办公室印发《关于常山县涉矿产品运输车辆超限超载和“跑冒滴漏”专项实施方案的通知》（常政办发〔2013〕222号），成立以县委常委、常务副县长夏建军为组长，县委常委兼公安局局长张少华、副县长顾建华为副组长，县政府办、县监察局、县宣传部、县交通运输局、县矿管办、县法制办、县公安局、县经信局、县物价局、县安监局、县环保局、县财政局、县工商局、县农业局、县质监局、县交警大队、辉埠镇等17个部门（乡镇）的领导为成员的领导小组，下设综合协调组、联合执法组、环境治理组、宣传报道组4个工作小组，统一进行集中整治工作。主要措施有：由公安、交通、农业等部门抽调28人，其中，交警8人、路政8人、运管8人、农机4人，组成执法组实行24小时不间断执法检查，对货源企业、运输车辆牌证、从业驾驶员的管理，严厉打击阻碍执法行为。整治步骤分为宣传发动、集中整治、长效治理三个阶段。时间从12月1日开始至2014年1月15日结束。

【交通运输行业“打非治违”专项行动】 4月22日，印发《“打非治违”专项行动实施方案》（常交〔2013〕18号），在全县道路和水路运输行业集中开展打击非法违法生产经营建设行为专项行动（以下简称“打非治违”专项行动）和隐患排查治理，重点范围是交通运输行业交通基础设施建设（养护）项目、道路运输、水路运输等非法违法生产经营行为，时间从4月开始到12月结束。6月8日至22日，交通运输局组织运管、路政，联合公安交警进行为期15天联合集中执法。据统计，“打非治违”专项行动共悬持横幅8条，张贴标语26张，出黑板报8期，发放宣传单1200余份，LED电子显示屏10天。成立3个专项检查组，组织检查人员700多人次，检查企业25个，对非法违法、违规违章行为警告2次，责令整改3起，教育违规驾校1家，打击违反安全生产法律、法规、规章的生产经营行为行政处罚1251起，其中，擅自改装已取得营运车辆56辆、无证经营8辆次，罚款112万元。

【规范车辆维修】 2013年，全县车辆维修企业共完成车辆二级维护2674辆次，送检率97%；推行《浙江省汽车维修合同》示范文本使用，一类车辆维修企业使用率达98%。

【2013年春运工作】 2013年春运工作从1月26日开始至3月6日结束。春运前，运管、海事部门对拟参加春运的客车、客（渡）船进行技术性能检测，参检率和合格率均达100%。县运管所成立“打黑”突击队，查获非法营运车辆9起，站外违规经营3起。春运期间，全县共投入营运客车165辆4284座，出租车54辆216座，客运站始发各类客运班车计10361班次，始发运送旅客242578人次，客运站日均始发班车312班次，最高峰日发班次491班次，日均始发运送旅客6383人次，最高峰日运送旅客达10003人次。城市公交车42辆，运送旅客达87万人次，6艘渡船共渡运旅客1.5万人次。管理部门开展督查260多人次；公路段共清理路肩、路面堆积物249平方米，增补示警柱209根（包括柔性示警柱200根），新增标志牌2幅，更换标志牌2幅，冰雪天气启动应急抢险预案，组织4支抢险突击队290人次；长运公司增设2个售票窗口，开通电话订票、电话查询客运班次等服务，方便旅客购票。

【“平安交通”创建工作】 7月31日印发制定《常山县交通系统“平安交通”创建活动实施方案》，主要活动内容包括“平安公路”“平安车辆”“平安车站”“平安渡口”“平安工地”等五项创建活动，创建时间为2013年至2017年，分宣传发动组织实施（2013年）、重点突破全面推进（2014—2016年）、总结经验巩固提升（2017年）三个阶段。

【发展县级物流龙头企业】 11月25日，县交通运输局《关于公布县级交通物流龙头企业的通知》（常交〔2013〕82号）文件，确定常山县安心物流有限公司为2013年县物流龙头企业。县安心物流有限公司成立于2012年6月，至2013年年底，有在职员工12人，车辆46辆730吨，开通衢州、江山、江西上饶等物流专线，累计安全运输货物250万吨，创产值3520万元，税收80万元。

【上红线文明公路创建】 上埠至红旗岗公路是继常山县苦狮线文明公路创建成功后的第2条农村文明公路，路线全长16.229公里。2013年5月至12月，县公路部门对照《浙江省文明公路创建管理办法》，严格组织实施上红线文明公路创建工作，推进“四改八提升”，共清理淤积边沟23270米，修复边沟长4512米（折合1082.9立方米），整修土路肩48000平方米，硬化路肩5620米（折合5058平方米），设置穿村镇路段盖板暗沟650米，路基边坡修复填土9877立方米，砌筑和加高路田分界墙长8072米（折合1447.2立方米）。至年底，上红线成功创建文明公路。

【路政管理】 2013年，全县累计清除路面、路肩堆积物1.44万立方米，路肩非法农作物2300多平方米；拆除违章建筑2172平方米，非公路标牌476块（其中公益广告牌11块），非公路宣传横幅13条；接办“110”“96266”举报电话25次；送达、签发各类限期拆除和整改通知书161份；受理行政许可审批20件，行政处理案件81件，行政处罚案件1389件。全年未发生一起行政诉讼和复议案件。

【执法站所形象建设】 根据省交通运输厅《加强全省交通运输行政执法形象建设工作实施方案》（浙交〔2012〕121号）的要求，县交通运输局以公路路政、道路运政等行政执法领域为重点，实现行政执法形象“四个统一”（即统一执法标志、统一执法证件、统一执法工作服装、统一执法场所外观）。县运管所依照《全省道路运政基层执法站所外观统一工作的要求》（浙运〔2013〕21号），对照《浙江道路运政基层站所外观形象规范手册》，将所办公大楼、红旗岗运管站、招贤运管站、320国道运政稽查站（检查站）4个直接面对行政相对人，履行行政服务、监管和执法职能的场所确定为实施对象。

水　路

【概况】 2013年，全县水路交通围绕水上交通运输行业管理和渡口安全管理等中心工作，在春运、汛期、农忙庙会、重要节假日等重点时段突出现场的安全监管和巡查，利用“大排查、大治整”“打非治违”等一系列活动，加强水上交通运输行业的监督、检查和指导工作，全年共实施检查管理96天次、巡查200人次、检查船舶296艘次，现场纠正违章6艘次，签发安全隐患整改通知书2份，责令停航整改1起、限期整改1起。至年底，渡口运输连续保持30年安全无事故，文明创建、社会维稳、队伍建设等各项工作均取得较好的成绩。至年底，全县在册经营水路砂石采挖运输业主7家，采砂船数7艘，各类营运船舶21艘；县内共有渡口7处，渡船7艘；水路运力84载重吨。

【渡口基础设施建设】 县港航所通过向上争取项目资金，实施新一轮渡口基础设施的建设改造。至2013年年底，完成象湖渡口的渡船更新及何家渡口北岸渡埠的改造任务。

【配合河道采砂行业专项整治】 2013年，县港航所抽调1名管理人员，到县河道采砂管理办公室临时协助办公，配合河道采砂行业专项整治工作。严格控制采运砂石船舶的新增量，对全县境内的采运砂石船舶统一实施停业整治，迫使10余处手续不全的采运砂石点退出经营，至年底，有7处仍在停业整治过程中。

（朱月亮）

铁　路

【衢常铁路概况】 2013年，衢常铁路有限公司围绕“全力推进后续项目前期，确保资产设备安全可控，努力维护企业经营正常运作”的三大目标，发扬“务实高效、创新致远”工作精神，深化“家门口的铁路，自己人的服务”的运输经营服务理念。衢常铁路整体状况良好，没有出现较大范围的路基坍方和线路故障事件。截至12月31日，衢常铁路有限公司实现安全运营2290天，完成运输总收入129.9万元，运输营业收入49.1万元，分别完成年度指标的129.9%、92.6%。至年底，衢常铁路有限公司长期贷款金额4.22亿元，实际产生利息3427.4万元，累计亏损2.6亿元，资产负债率98.35%。

【九景衢铁路概况】 2013年9月14日，为配合实施九景衢铁路项目，县政府决定建立县铁路建设指挥部（常政办发〔2013〕160号），夏建军任总指挥，王全任副总指挥；指挥部下设办公室，樊月标兼任办公室主任。12月4日，九景衢浙江有限公司成立大会召开；12月25日先行段招投标工作开标。2013年，九景衢铁路项目先行开工段施工图的审查、站前工程的现场勘查、施工组织的编制、报批以及先行段的施工标、监理标的招投标等一系列工作圆满完成。

九景衢铁路自沪昆线衢州站引出，经衢州绿色产业集聚区、柯城区、衢江区、常山县、开化县至江西省境内，设计标准为国家I级、双线、电气化铁路，设计时速为200千米/小时。线路正线全长333.26千米，浙江段正线全长88.38千米，总投资约62.95亿元。常山段全长35.324千米，占浙江段主线的39.6%，其中，26千米利用已建成的衢常铁路新增二线。用地总面积2690.768亩，涉及征收体土地1018.466亩，其中，何家乡约180亩，辉埠镇约215亩，金川街道约2.3亩，紫港街道约230亩，青石镇约196亩，招贤镇约195亩。常山段共设置辉埠货站和常山客站2个站点，工程总投资约21.25亿元。

（朱红明、洪元倩）

城乡建设与管理

综　述

2013年，常山县城乡规划建设管理工作按照“建设绿色新城、打造宜居常山”要求，优化城市空间布局，推进新型城市化建设，城市人居环境得到显著改善。以创建国家级园林县城为契机，加大城市园林绿化建设力度，城市园林绿化总量、质量、特色明显提升。落实国家促进房地产市场健康发展的政策措施，发展房地产业。中心城市建成区面积达19.15平方千米，城市化率42.13%。全年完成常山县停车设施专项规划、绿道网专项规划和地下空间开发利用专项规划编制；基本完成城东新区城市设计，中心城区的5个功能区通过规划整合；启动《常山县滨江景观带（滨江公园）规划设计方案》编制及《常山县城东新区滨江一期控制性详细规划》修编工作。全面推行阳光规划，实行依法行政工作报告制度，审批承诺时限比法定时限提速80%以上；出台《关于加强规划编制单位备案管理工作的通知（试行）》等规范性制度，提升规划项目的审批质量和管理水平。

城市规划

【概况】 2013年，全县实施规划编制项目7项，完成《常山县中心城区地下空间开发利用专项规划》《常山县停车设施专项规划》《常山县绿道网专项规划》等规划。县中心城区的控规覆盖率和城市总体规划用地范围内控规图集覆盖率均达100%。启动《常山县滨江景观带（滨江公园）规划设计方案》，基本完成《常山县城东新区城市设计》，中心城区的5个功能区通过规划整合。全面推行阳光规划，实行依法行政工作报告制度，审批承诺时限比法定时限提速80%以上；出台《关于加强规划编制单位备案管理工作的通知（试行）》《建设项目批后管理实施办法》《房地产项目规划验收实施细则》《常山县建设项目规划（建筑）设计方案审查管理办法》等一批规范性制度，规划项目的审批质量和管理水平明显提升。

【常山县规划管理机构沿革】 2011年8月，《常山县机构编制委员会关于部分单位机构整合及机构设置的通知》（常编〔2011〕19号），建立“常山县城乡规划中心”，为县住房和城乡规划建设局所属副科级全额拨款事业单位，和常山县测绘与地理信息局实行两块牌子一套班子。2012年7月，《常山县机构编制委员会关于印发常山县城乡规划中心主要职责内设机构和人员编制规定的通知》（常编〔2012〕39号），明确县城乡规划中心为县住房和城乡规划局（县测绘与地理信息局）所属副科级全额拨款事业单位，受县住房和城乡规划局（县测绘与地理信息局）委托具体负责全县城乡规划、测绘管理等工作；县城乡规划中心设4个职能科室：办公室（法规科）、规划编审科、测绘管理科、计财科，核定人员编制数8名（含县测绘与地理信息管理中心编制），其中，主任1名、副主任2名，后增设总规划师1名，科（股）级职数4名；县测绘与地理信息管理中心机构、编制并入县城乡规划中心；县城市规划管理所、县村镇建设管理总站、县测量队、县城乡规划设计院等4家单位由城乡规划中心进行统一管理；县住房和城乡规划建设局规划管理科（测绘管理科）与县城乡规划中心规划编审科合署办公。2012年12月，经衢州市编办批准，同意确定常山县城乡规划中心机构规格为相当于正科级。2013年5月，县城乡规划中心独立运作，为县政府直属事业单位。

【常山县中心城区地下空间开发利用专项规划】 此次规划范围包含常山县主城区、城东新区、辉埠产业发展片区、衢州绿色产业集聚区常山片区及常山工业园区，其中，各个规划范围分别按照《常山县主城区控制性详细规划》《城东新区城市设计》《常山县“绿色新城”城市空间布局规划》及工业园区相关规划确定。规划范围内用地面积约70平方千米。此次规划期限与《常山县“绿色新城”城市空间布局规划》规划期限一致，即：近期至2015年，远期至2020年，远景至2030年。

一、规划目标。结合城东新区的建设与老城区的更新，分阶段、分层次、分地区、分功能地下空间开发，有效利用城市地下空间，缓解中心城区用地紧缺、交通拥堵混乱等各种城市病，提高土地利用效率，增加城市活力；同时，通过地下人防设施工程规划增强城市综合防灾能力，促进城市稳定、健康、快速的发展，提高综合竞争力，成为全国县城地下空间开发利用典范。

二、“一主两次多区域”地下空间网络化布局结构。“一主”，指城东新区城市行政文化商业中心，位于城东新区滨江区域；“两次”，指城东新区火车站片区中心、老城片区综合中心；“多区域”，指各区组团地下空间。

三、地下空间开发规模。（1）地下空间需求规模：通过分系统预测法、空间协调系数法预测法分别从城市用地布局、各地经验取值对县城地下空间需求进行预测，两种计算方法面积较为接近。取中间值则在规划期内常山县主城区新增地下空间开发需求为213万平方米。（2）地下空间开发规模：综合考虑地下商业综合体与老城区现状保留地块的地下空间再开发的潜力，此次规划确定的地下空间开发规模为216万平方米。

四、近期建设规模。近期重点建设用地面积（不包括道路用地）约100万平方米，近期地下空间可开发面积41.29万平方米。其中，地下一层面积为37.59万平方米，地下二层面积为3.7万平方米。

【常山县停车设施专项规划】 此次规划范围包括现状的主城区功能片、城东新区功能片、产业集聚区发展片、辉埠产业发展片、新都产业发展片。其中，主城区功能片包括老城片、鲁里片、赵家坪片、城西片、城南片、后坊—大弄口片。规划总用地面积约70平方千米，重点规划范围为主城区，约24平方千米。此次规划期限为2013—2020年，远景至2030年，近期建设至2015年。

一、规划目标。始终贯穿“以供定需，分区管理”的原则，建设规模适宜、结构合理、布局均衡并与城市土地利用、道路交通、公共交通、对外交通以及货运物流设施相协调的停车系统，满足机动车的合理出行需求。近期可有效缓解老城区停车难、停车乱的问题，远期从根本上解决停车供需矛盾，改善城市投资与生活环境，实现城市综合交通效益最大化。

二、路外公共停车设施规划。规划路外停车设施共44处，共提供路外公共停车泊位4775个，占地规模约15.7公顷。其中，主城区规划22处，提供路外公共停车泊位2945个，占地约10公顷；城东新区规划路外公共停车设施8处，提供泊位660个，占地面积约2.3公顷；产业集聚区规划路外公共停车设施4处，提供停车泊位600个，占地面积约2.3公顷；辉埠产业发展片区规划路外公共停车设施8处，提供停车泊位470个，占地规模约1.9公顷；新都产业发展片区规划公共停车设施2处，共提供路外公共停车泊位600个，占地规模约0.3公顷。

三、路内停车设施规划。常山县中心城区共规划40处可设置路内停车泊位路段，提供路内停车泊位3675个。其中，主城区共设置路内停车泊位2165个，城东新区设置路内停车泊位980个，产业集聚区发展片设置路内停车泊位420个，新都产业发展片设置路内停车泊位100个，辉埠产业发展片设置路内停车泊位160个。

四、地下空间公共停车设施规划。规划16处可开发利用的地下空间公共停车场设施开发，共提供地下公共停车泊位2620个，建筑面积约10.5公顷，其中，设置9处预留开发用地，在远景停车设施发展紧缺的情况下，可以进行弹性开发。

五、公共交通停车设施规划。规划公交首末站9处，综合停保场2处，公交枢纽站和城乡换乘站共6处，公共交通停车设施占地约8.4公顷。其中，公共交通首末站占地约4公顷，共提供245标台的停车泊位；停保场占地约2.2公顷，共提供140标台的停车泊位；公交枢纽站和城乡换乘站共占地约2.2公顷，提供105标台的停车泊位。

六、近期重点实施项目。根据近期城市和人口发展规模，对应远期城市和人口发展规模，规划近期建设完成远期规划公共停车泊位的25%～30%，提供总停车泊位约8500—10210个，其中，路内停车泊位850—1020个，路外公共停车泊位约1660—1995个，建筑配建停车泊位约5990—7190个。

【常山县绿道网专项规划】 规划范围为常山县行政区域所辖范围，总面积1099.1平方公里。其中，中心城区规划范围70平方公里为重点研究区域。此次规划期限至2020年，其中，规划近期为2013—2015年；规划远期为2016—2020年。

一、绿道概念。浙江省对于绿道的定义：绿道是以自然要素为基础，以自然人文景观和休闲设施为串联节点，由慢行系统、服务设施等组成的绿色开敞空间廊道系统。浙江省的绿道构成：由绿廊系统、慢行道、驿站、标志、节点五个要素构成。

二、规划目标。通过规划建设城市绿道，并与省域绿道有机衔接，共同构建连续、完整的绿道网络，充分发挥其生态、环境、民生、经济等功能，将绿道网打造成为常山县贯彻落实科学发展观、建设生态文明和美丽常山的标志性工程。

三、规划立意。常山县绿道网专项规划的规划立意为“生态园林绿山水、柚都石城道相连”（将常山打造成为山水相连的生态柚都、园林石城）。

四、常山县域绿道网结构：“一心三带五连”。一心，指常山县中心城区绿道形成的绿道核心。三带，指常山县域体现水、山、田不同特色的带状绿道；“山带”沿线资源：赏山石，游古镇，吃喝休闲之旅，从芳村镇桃花源景区、浙西大峡谷、三衢石林景区、黄岗山景区到球川古镇“三十六天井”；“田带”沿线资源：采胡柚，寻白鹭，踏青田园之旅，从东案乡梅树底景区、胡柚油茶基地、狮子口水库、太公山白鹭自然保护区到球川镇浙西省级产业承接平台；“水带”沿线资源：揽绿水，观城景，运动生态之旅，从何家乡黄岗山—长风港景区、樊家村古村落、观赏石博览园到招贤镇。五连，指常山县域五条连接主要景观节点的连接性绿道。

五、中心城区绿道网结构：中心城区绿道形成“一带两环”的主干绿道结构。一带，指沿常山港绿道，两环，指老城区绿道环与城东新区绿道环。绿道环内部结合水系、绿地、道路形成连接次干绿道来连接主干绿道。

【常山县城东新区城市设计】 规划总面积15平方千米，规划期末人口为7.5万人。规划紧扣“创新、活力、休闲、体育、生态、宜居”等主题，从提升和完善城市功能、挖掘浓郁地方特色风貌、营造现代城市气息、打造特色城市角度出发，将新区总体定位为“创新高地、活力港湾、康体新区、旅居新城”。城东新区分为六个片区，滨江一期、狮子口片区、富足山片区、梦之岛片区、火车站片区、城市绿核片区。

一、滨江一期功能定位为城东新区的商业商务核心，集居住、休闲游憩、文化综合等多功能为一体的复合型城市片区。规划建设商业金融中心、星级酒店、滨江公园等。

二、狮子口片区主要围绕行政综合功能区块进行，布局了行政中心、文艺中心、住宅商业配套、居住组团等。

三、富足山片区规划布局了常山一中，商业休闲街区，同时结合客运站的选址，布局了服务商业。

四、梦之岛片区规划建设湿地生态公园，恢复最佳的生态原始环境，并建设高端的主题酒店和会所，以及配套居住，滨水游艇码头等。

五、火车站片区主要以火车站为中心，沿站前大道向南延伸，布置有大量商业办公、高级公寓等设施。片区结合商业开发一定量的住宅以拉动区域发展。

六、城市绿核片区，场地内有八里塘水库，和山坞水库，自然植被资源丰富，山体绵延起伏，有完整的村落。规划以自然休闲，运动为理念，建设成集旅游、居住、疗养为特色的综合片区。

规划管理

【概况】 2013年，全县办理建设项目选址意见书1070份，面积183.4万平方米；办理建设用地规划许可证386份，用地面积164.8万平方米；办理建设工程规划许可证422份，建筑面积15.73万平方米；办理乡村建设规划许可证1797份，建筑面积49.61万平方米。

【土地规划设计制定】 完成9宗土地的规划设计条件制定，即常山县周塘片市场A、B地块，徐家坞二期地块，常山辉埠新区U2013－1号地块，县原人民医院地块，浙江常山工业园区205国道与纬二路交叉口地块，以及赵家坪04－01－26地块。

【项目规划管理】 完成常山205国道服务区、北屏山菜棚安置房1—2号楼、南门溪左岸景观提升工程、赵家坪安置区来料加工基地一期、县第七期保障性用房工程、常山县周塘片仓储中心、城市森林公园（西峰山—展依山）一期、浙西世贸商城等公建项目的方案审查和工程规划许可等。

【城市交通规划管理】 根据省委、省政府五年治堵工作的部署，切实改善县中心城区道路交通状况，提高道路通行能力。2013年，对城区现有地下空间建设情况进行梳理，提出地下空间建设性意见。完成市民小广场公共停车场建设，完成地下空间建设42723.68平方米，其中，50%以上设置为停车场所。开展项目建设交通影响评价分析。

【城区和城郊建房规划管理】 结合主城区控规整合工作，提出城区、城郊农民建房用地布局，并在各片区控制性详细规划中予以落实。对私人建房审批难问题，就如何加快农民建房审批、减少审批环节、加快审批时效提出新的办法和思路，联合县国土部门和各街道出台常规〔2013〕7号文件，实行规划员、国土员联合踏勘制度，建房户只需提供联合踏勘表即可办理规划选址和乡村建设许可。同时，配合各街道对已建未审批、但符合相关技术规定的建房免于处理的要求。对主城区外的住户申请修缮许可，只需提供修缮施工图即可办理修缮工程许可；主城区范围内则按修缮管理办法执行。

【景观建设规划管理】 加强城市景观工程的规划管理，从方案设计、方案审查、规划审批、施工现场、规划验收等多环节、全方位参与并严格把关。2013年，对湖畔嘉苑等项目规划验收时出现的绿化配置不达标情况要求整改，对常山县后坊高速公路出入口景观提升工程提前介入，提速审查程序，使项目尽快实施建设。

【违反建筑整治规划管理】 2013年，共配合相关部门查处违法建设项目39件，结合规划工作进行日常巡查，积极参与整治、拆违工作，掌握违法建设发展动态，牵头研究违法性质，及时形成书面材料，及时提出规划意见，对违法建设起到一定的遏制作用。

村镇建设

【概况】 2013年，指导乡镇开展村庄规划编制及美丽乡村建设的规划编制与实施工作，对全县600户农村困难群众实施农村危房改造。全县各乡镇(不包括3个街道办事处)共审批公建及工业项目选址31项，用地许可30项，工程许可32项，竣工验收规划核实23项；农村私人建房许可(乡村规划许可、工程许可)1959户，选址（用地）1178户。

【球川镇规划建设】 2013年，《常山县球川镇总体规划（2012—2025年)》通过评审。完成芙蓉、前旺、坞口、新良、百兴、后弄美丽乡村建设。实现行政村规模调整，由原有45个行政村合并为20个。

【芳村镇规划建设】 2013年，编制农民集聚安置区工程修建性详细规划及建筑方案设计，并办理规划选址，对工业功能区部分控制性详细规划进行修编。对芙蓉湖村、修书村和井河村的新一轮村庄规划进行修编，为组织评审做好准备。

【辉埠镇规划建设】 2013年，以提升农村整治建设和美化环境为重点，经辉埠镇党委、政府委托，完成集镇总规和控规的编制工作。加快省级农房改造示范村——东乡村的建设工作，重点实施卫生改厕和污水治理、绿化等三大项目，完成卫生户厕建设75户，待整治村卫生户厕普及率达90%以上；采取生活污水净化和联户式、单户式人工湿地分散处理两种技术模式治理农村生活污水，建设人工湿地处理池75只，受益农户100户；绿化种植树木1300多株，村庄人居环境有效改善。加快村庄规划修编，完成鸭坞村、东乡村的规划编制。完成石木岭村矿区周边农房拆迁工作，共拆除、拆迁房屋15幢。

投资约30万元，建设500米集镇通透式围墙，规范集镇小区管理。投资3万多元对集镇围墙边进行绿化，并定期对集镇绿化进行修剪、统一维护。投资50多万元建设面积达19亩的集镇停车场及其围墙，制定集镇停车场的规章制度，会同县交警部门出台“集镇机动车规范性停车管理公告”，会同县物价部门出台“集镇停车收费标准”等一系列相关制度。在集镇主要道路划设停车位30多个，多次邀请交警部门到集镇开展车辆停放引导，规范集镇停车秩序。投入50多万元，开展集镇农贸市场提升改造。

【招贤镇规划建设】 2013年，启动集镇控规以及泉目山村和溪上村的村庄规划编制，并进入规划会审阶段。完成上级部门下达的全年审批180户农民私人建房的审批任务。

【青石镇规划建设】 2013年，编制完成《桥亭中心村规划》《阁底中心村规划》《飞碓基层村规划》，并上报主管部门审批；开展砚瓦山村、大塘后村两个美丽乡村提升建设及大塘后村农房改造示范村工程建设，村容村貌焕然一新。

【白石镇规划建设】 2013年，完成白石镇城镇总体规划修编和白石镇镇区控制性详细规划的编制，并已通过上级主管部门的审批。完成白石镇草坪村（原白马弄村居民点）村庄规划的编制，并上报上级主管部门审批。完善集镇污水管网建设，新建污水主管1000米，进行集镇改造，完善集镇道路网建设，修缮集镇路面1500平方米。

【农村危房改造】 2013年，全县有600户农村困难群众获得农村危房改造项目的资金救助，其中，新建住房54户、改建住房183户、修缮房屋348户、置换住房5户、租用住房10户，合计发放救助资金450万元。

测绘地理信息

【概况】 2013年，出台《关于进一步加强测绘企业备案管理工作的通知（试行）》等一批规范性制度。一批重大项目建设扎实推进，完成数字常山地理空间框架建设项目立项申报工作；成立常山县第一次地理国情普查工作领导小组，全面启动第一次地理国情普查工作；实施CORS站建设项目，在城东新区建设CORS卫星定位基站，土建工程已顺利完成；启动常山县似大地水准面精化项目；对1∶500县城数字地形图进行相应的更新。

【数字城市地理空间框架建设】 2013年10月，完成数字常山地理空间框架建设项目立项申报工作，取得《浙江省测绘与地理信息局关于数字常山地理空间框架建设项目立项的批复》（浙测〔2013〕149号），同意将常山县列入浙江省2013年度（市、区）数字城市地理空间框架建设计划，设立数字常山地理空间框架建设项目。

【第一次地理国情普查工作全面启动】 根据全国第一次地理国情普查工作的统一部署，及时成立常山县第一次地理国情普查工作领导小组及其办公室，办公室设在常山县城乡规划中心。开展普查工作宣传、重要地理县情量测、发布工作，为后期常态化地理国情监测营造良好的舆论环境。

【实施CORS站建设项目】 2013年12月初，CORS卫星定位基站土建工程已在城东新区完成，标志着常山县的测绘工作在突破传统操作，实现和利用现代科技成果转换方面已经为期不远。

【启动似大地水准面精化建设项目】 常山县似大地水准面精化是常山县重大基础测绘项目，该项目由全省范围具有唯一大地测量甲级资质和相关保密要求单位的浙江省第一测绘院实施。常山县似大地水准面精化项目已正式启动，技术设计书和可行性报告均已完成。

（徐美星）

城市建设

【概况】 2013年，常山县坚持以新型城市化建设为主线，按照“功能完善，宜居惠民”的城市建设方针，统筹城乡发展。基本完成县城东入城口和西入城口景观改造工程；城南小区西片、桃园小区、桑园小区等县城老小区综合改造提升工程续建项目全部完成，并通过验收；完成竹园小区一期、二期市政配套，梅园小区单号市政配套，竹园小区二期房屋修缮和梅园小区单号房屋修缮等县城老小区综合改造提升工程新建项目及两个游园提升改造工程。定阳桥全面加固工程量完成95%。县城市森林公园建设工程已进入第二阶段的亭、台施工图和第三阶段的四贤广场施工图的设计。桃园小区排涝泵站工程已完成施工图设计、预算审核。液化气供应站点建设工程的4个站点的选址已完成3个站点和规模的确定，城南泵站旁边的站点因设置茶吧而没有最终确定规模，而影响后续工作的开展。滨江三期、四期道路南侧绿化工程的绿化种植已全部完成，并通过验收。城南排涝泵站绿化配套工程的施工图设计等前期工作已启动，因液化气供应站点规模没有确定，影响绿化总体布局。朝阳路（天马桥—山背岭桥）绿化改造提升工程已完成绿化种植，并通过验收。朝阳路（建材市场—蒲塘桥）绿化改造工程一期完成部分乔木银杏和灌木的更换，并通过验收；红线外部分尚未开展调查，主要原因要求是富足山大桥—金朝阳建材市场段建筑违章与土地调查同步开展。南门溪景观（天马桥—定阳桥）沿江绿化景观提升工程已开展调查摸底，结合桃园小区排涝泵站工程同步推进。人民路的好人林停车场完成施工图设计，预算已上报审核。常山县苗圃建设工程已完成苗木种植。金佰汇超市边停车场因产权问题示未解决而搁置。

文峰路和定阳路十字路口设置花坛100坛，内河种植扶岛1000平方米，做好环境卫生管理和公共设施维修，全年未出现大面积城市内涝现象。推进森林城市建设和生态县建设，完成东明湖公园慕仙亭—名人林道路建设，总长度约为1540米，总投资20万元。修剪绿地草坪约7万平方米，修剪花坛、灌木4.5万平方米，乔木2.3万株；补植灌木1万株、乔木110株、草皮2800平方米；清运垃圾200多吨，填埋树枝树叶60多吨。

全年开工城市建筑工程137个，比上年下降17%，其中，房建113个、市政24个；施工总面积93.3万平方米，比上年增长18%；竣工项目129个，合格率100%，备案工程129个。

全县有建筑施工企业39家，注册人员共有280人，建筑从业人员约2.3万人。全县施工企业完成建筑业总产值42.46亿元，比上年增长15%，上缴税收9106万元。全县房地产开发共完成投资额5.88万元，比上年增长28%。商品房新开工面积24.78万平方米，共计批准预售商品房面积23.28万平方米，比上年增长60.55%。办理商品房预售合同备案1789件，销售面积14.84万平方米，比上年增长43.52%。房产测绘209宗，建筑面积52.82万平方米。

全年完成制水总量1231.67万吨，出厂水质九项指标综合合格率为100%；完成工业销售产值1007万元，安装产值739万元，实现利润总额57万元；水费回收率99.65%。完成污水处理量702.7万吨，出水水质综合合格率99.8%，城市污水处理率86%。

【市政设施管理】 做好市政道路养护管理，确保市政公用基础设施完好。2013年，共完成窨井清理1300只次，疏通下水管道2000米，维修人行道700平方米，维修破损路面约3500平方米，维修更换窨井盖板28套，电缆管80米，侧石维修200米。完成道路挖掘行政审批15项。

【园林设施管理】 2013 年，共修剪草坪 7 万平方米、清理色块 23 万平方米、种植行道树 8000 株，清理内河漂浮物杂 700 多次。种植莳令鲜花 20 多万株，美化城市环境。5 月，举办第二届园林修剪技能大比武活动，有 18 位园林行业的技术人员报名参赛，与 2012 年相比，参赛人数增加 5%，促进园林工人不断提升修剪技能。

【内河整治疏浚】 加强内河管理工作，2013 年，共清理内河漂浮物、杂物 1300 多次，落实 4 名工作人员每天对内河进行清理。内河种植水上扶岛 1000 平方米。

【城市亮化设施管理】 提高亮化率，丰富县城夜市景观。朝阳路、东入城口新增路灯 240 盏，维修各种景观灯、庭院灯、小区照明灯 140 盏。

【公共绿地管理】 城市园林绿化养护管理自 2013 年 1 月份开始，分两个标段，采用招投标方式，由江山贝林和江山艺景园林公司取得养护管理权，单位实行定期考核、日常巡查相结合的管理方式，其中，日常巡查考核占管理的 40%，定期考核占管理的 60%。考核分数在 90 分以上，当月拨付全额养护经费；90 分以下，每下降 1 分，扣 5% 的养护经费；85 分以下取消当月养护经费。2013 年，共向养护管理单位发出日常巡查记录 65 份，整改通知书 20 份。

【设立民情热线】 完善社会服务承诺制，设立民情热线，接受市民电话咨询、投诉有关市政、园林管理、养护、老小区改造等方面的问题。2013 年，共接受来信、来电咨询业务约 100 起。成立市政、园林应急维修小分队，做到随叫、随到、随修和高效服务。全年解决道路“窨井盖”晚间抢修事件 20 起。

【城市防汛抗洪抢险】 做到抗洪抢险责任制、工作预案、物质储备、设施检查维护四个到位，即抗洪抢险领导小组 24 小时随时待命等待指挥；完善《市政园林管理处抗洪抢险工作预案》；配备编织袋 1000 条、救生衣 30 件、抢险竹筏 2 条等防汛物资，并统一保管，统一调度；加强设施巡查管理。2013 年共投入防汛机动抢险人员 30 人次，确保城市防汛安全，对一些压弯的树枝及时进行清理。做好应急机制，投入 120 多人次参加抗雪灾工作，清理绿化带积雪 1 万平方米。

【城市桥梁管理】 2013 年，按照《浙江省公路桥梁养护与管理办法》，对城区范围 9 座桥梁进行检测、评定。经有关部检测，定阳桥总体评定为 D 级，属不合格桥梁（危桥）。为确保安全，9 月定阳桥加固工程全面启动，至年底基本修复。

【东入城口道路景观建设造工程】 2013 年，完成除拆迁处外的地下管线、道路沥青路面浇筑、人行道铺设、中央隔离带的绿化种植；行道树和机非隔离带种植。完成总工程量的 86%。完成 110 千伏和 35 千伏高压管道铺设、路灯工程安装、给水工程安装、红线外绿化部分种植完成 60%。

【县城老小区综合改造提升工程】 2013 年，城南小区西片、桃园小区、桑园小区等续建项目已全部完成，并通过验收。竹园小区一期、二期市政配套、梅园小区单号市政配套；竹园小区二期房屋修缮、梅园小区单号房屋修缮；两个游园提升改造工程等新建项目全部完成。

【常山县城市森林公园建设工程】 分三个阶段实施：第一阶段游步道工程于 2013 年 10 月 18 日分路段开工建设，已完成长 860 米，宽 1.5 米的红砂石园路铺设；篮球场、汽排场开始施工；第二阶段亭、台施工图和第三阶段四贤广场施工图设计已完成。

城市天然气

【概况】 常山县天然气有限责任公司于2012年1月17日注册成立，由浙江省能源集团城市燃气有限公司和常山县城市投资发展有限公司合资组建，注册资本金3000万元，项目计划总投资1.5亿元，是一家致力于为全县民用及工业用户提供管输天然气的国有企业。常山县天然气有限责任公司下设综合办公室、市场工程部、安全生产部，员工28人。近期管输气的服务范围为主城区、辉埠工业园区、新都工业园区、绿色产业集聚区等，远期扩大至白石、青石、芳村、球川、招贤、辉埠6个建制镇。

【县城市天然气利用工程】 2013年，久泰弄门站土建、设备基本完工，与常山末站高压管道完成对接。南门溪LNG临时瓶组站通过竣工验收，具备通气。敷设中压管道8公里、低压管道25公里，完成老旧住宅小区配套12个，建立工业及公建用户3个。

园林绿化

【城市公园建设】 2013年，围绕森林城市建设和生态县建设，完成东明湖公园慕仙亭—名人林道路建设，总长度约为1540米，总投资20万元，主要种植黄山栾树、红叶石楠、春鹃、茶梅等乡土树种，并根据地形地貌、空间分布、土壤等因素，做好相关小品工程。补植东明湖公园、塔山公园绿化面积850平方米，投入资金约5万元。

【城市公园养护】 2013年共使用各类优质化肥达10多吨、杀虫剂600多斤；修剪绿地草坪约7万平方米，修剪花坛、灌木4.5万平方米，乔木2.3万株；补植灌木1万株、乔木110株、草皮2800平方米；清运垃圾200多吨，填埋树枝树叶60多吨。

【广场公园公共设施维修】 2013年，投入8万多元对公共设施进行维修，共维修园内游步道300多平方米、广场铺砖70多平方米、照明设施维修800多次、公厕设施维修150多次、健身设施维修15多次；更换照明设施2600多盏（件）、供水配件200件、护栏220米；新增垃圾筒60个（东明湖公园更新垃圾筒30个）、警示牌、指示牌80多套。

【公园森林防火】 2013年，在公园各主要登山入口处树立森林防火指示牌及张挂防火标语，向周边单位派发森林防火倡议书，提高市民森林防火意识。储备充足的灭火器材，定期检查器材的完好使用性，对过期、失效部分消防器材及时更换。对保卫人员进行消防培训。坚持24小时巡逻制度，实行定点、定片、定人集中管理。定期对园区山顶及整个园区内人行道路两侧8米宽防火隔离带内的杂草、灌木进行翻铲，杂草一律全部除根，共计约5000米。全年没有发生大的火灾情况，也未发生重大安全事故。

【十佳景点评选】 2013年，文峰古塔、东明湖公园被评为“县十佳旅游景点”。从“综合管理、绿地建设、建设管控、生态环境、公共设施、人居环境”六方面严格管理公园广场，利用城市地形地貌及周边山水环境，抓好园区山体绿化美化，充实园区植物景观，改善周边环境，不断提升园区的整体景观和品位。

环境卫生

【环境卫生管理】 2013年，加强城区96万平方米主次道路保洁管理，进一步深化环卫作业机制改革。按照“管干分离、监督考核、试点推行、全面推广”的思路，结合上年推行的道路保洁作业市场化试点经验，加大推广城区道路保洁市场运作。2013年1月起，将主城区69.4万平方米主次道路保洁作业推向市场化运作，实行市场化经营、竞争性运作、绩效化考核，环卫工作逐步实现“管干分离”，由先前的管人为主逐步变为抓质量和管事为主。强化环卫作业质量考核和环卫管理，城区主要道路的清扫保洁、垃圾收运、公厕保洁和洒水冲洗等方面的作业质量明显提高。城区主次道路清扫保洁率达100%，机扫率达35%。城区公厕保洁作业实施定人、定岗、包质量管理，公厕设施设备完好，卫生整洁，全年共清运处理粪便0.08万吨。城市生活垃圾采取定时清运和机动清运相结合方式，确保城区每天生活垃圾日产日清，垃圾收集清运实现密闭化、机械化。全年清运处理城乡生活垃圾3.38万吨，其中城区生活垃圾2.56万吨、农村生活垃圾0.82万吨，城市生活垃圾无害化处理率100%。开展省级卫生县城创建工作，城区整体保洁质量不断上升，加大环境卫生整治和环卫设施设备维护，提高环卫工作管理水平，确保省级卫生县城环境卫生工作顺利通过复查。

【环卫基础设施建设】 2013年，完成常山县建筑垃圾消纳场前期工作，项目进入土地征收阶段；完成西门公厕建设和天马路两座一类公厕改造提升，总投资47万元；投资45万元对大东门垃圾中转站实施提升改造，优化城区垃圾收集系统；投资11万元对城区3座中转站及13座公厕进行修缮，确保环卫设施设备完整美观，提升公厕使用功能。全年增加垃圾压缩车1辆、垃圾运输拉臂车1辆，采购垃圾桶200只，共投资70万元。

建 筑 业

【概况】 加强建设工程日常监督、检查，加强工程质量检测、监督、管理。严格执行保障性安居工程“阳光监督”和“分户验收”制度，规范行业管理。2013年，全县开工建筑工程137个，比上年下降17%，其中，房建113个、市政24个；施工总面积93.3万平方米，比上年增长18%；竣工项目129个，合格率100%，备案工程129个。2013年有建筑施工企业39家，其中，具有一级总承包企业1家、二级总承包企业6家、三级总承包16家、专业承包企业9家、劳务企业7家；园林绿化企业5家；中介机构2家；注册人员共有280人，注册造价师6人，一级建造师32人，二级建造师230人。建筑从业人员约2.3万人。全县施工企业完成建筑业总产值42.46亿元，比上年增长15%，其中，完成市内总产值18.88亿元，全县建筑业上缴税收9106万元。召开提升全县建设工程质量座谈会，通过省质监局对建设工程质监站试验室计量认证复查和扩项评审工作，开展“7·12”同期危旧房屋回访复查及维修改造工作和动态监控工作，强化日常监督检查进一步规范行业管理，加强建设工程质量检测管理工作和见证取样送检制度，加强建设工程日常监督、检查，工程质量检测、监督、管理。

【工程质量监管】 2013年，全县新开工受监工程111个（其中，建筑工程93个，市政工程18个），比上年下降19.6%。建筑总面积59.1万平方米，比上年下降32.1%。竣工验收工程项目200个，备案工程200个，备案率100%。试验室共完成常规试验项目18277组次，其中，混凝土10816次、砂浆1553次、钢材力学1450次、钢筋称重1371次、焊接

1035次、砖1123次、水泥356次、稳定层无侧限81次、混凝土抗渗129次、混凝土抗折75次、钢管扣件22次、配合比194次、混凝土砌块7次、砂石分析48次、岩石抗压17次；室外现场检测共完成658次，其中，房建457次（包括实体检测145次）、市政201次。加强工程建设日常监督巡查，按季度组织大检查和各类专项检查。全年共下发整改指令单26份，停工通知书2份，对检查中发现的一般问题，责令立即整改，对发现的其他质量问题，限期整改。加强建设工程质量检测监督管理，强化检测机构和勘察企业入场备案登记管理，建立监管信息平台，规范全县建设工程质量检测和工程勘察工作。以创优夺杯为载体，提升全县建设工程质量水平，1个项目获得常山县“优质结构”工程奖，1个项目获得衢州市“优质结构”工程奖，1个项目获得“衢江杯”优质工程奖。浙江宏图建筑工程有限公司获2013年度政府质量奖。

【“7·12”期间房屋回访复查、加固修缮】 2013年，共回访复查共检查“7·12”事故后重点整改加固的房屋157幢。从5月上旬开始，对“7·12”事故后重点整改加固的房屋，以及同期未列入整改加固的房屋进行为期半个月的回访复查。2012年，通过招投标比选确定浙江有色测绘院为项目承担单位，对常山县主城区137幢共计778点进行变形（沉降）观测，项目每年观测3次，及时掌握了房屋的动态沉降变形情况，确保房屋、居民生产生活等安全运行。2013年，又增加一次对137幢居民楼的倾斜观测，加测总工作量为609点次，以保证房屋质量的安全性。

【房屋投诉事件处置及时】 2013年，全县受理房屋质量投诉总计27起，其中，受理县长信箱转办单1起，受理机关效能110转办投诉11起，受理“三访”信访件3起，受理主管局转办件3起，来站投诉件9起，均在规定时间内办结。

房地产业

【概况】 2013年，县房地产管理处落实动态巡查监管责任制，建立健全长效机制，督促各房开企业在办理预售许可证时严格执行一次性公开全部准售房源及明码标价制度。完成每月的房产分析内参数据上报工作，将每月房地产信息制成简单的报表供领导参阅。至年底，全县共有房地产开发企业15家：常山安厦房地产有限公司、浙江谷茂房地产有限公司、浙江贝林房地产有限公司、浙江恒润房地产有限公司、衢州天地房地产开发有限公司、常山县润和房地产有限公司、浙江常山万通房地产有限公司、衢州市博鳌房地产开发有限公司、常山嘉禾置业有限公司、常山成坤房地产有限公司、常山润城房产开发有限公司、常山县经纬置业有限责任公司、常山嘉建房地产开发有限公司、浙江常山精密房地产有限公司、常山坤达实业有限公司。全县房地产开发共完成投资额5.88万元，比上年增长28%。商品房新开工面积24.78万平方米，共计批准预售商品房面积23.28万平方米，比上年增长60.55%。办理商品房预售合同备案1789件，销售面积14.84万平方米，比上年增长43.52%。房产测绘209宗，建筑面积52.82万平方米。推进廉租住房项目建设，解决困难低保家庭住房难问题。采取措施，推动小区物业管理工作。提高服务质量，做好房地产产权产籍管理工作。加大公房安全检查力度，促进直管公房管理工作规范、严谨、高效。主动服务，切实加强房屋白蚁虫害的防治工作。

【商品房销售】 2013年，全县新建商品房销售面积14.84万平方米，比上年增长43.52%；销售均价有所下降，商品房交易均价6441元/平方米，比上年下降23.23%。其中，住宅销售913套，销售面积12万平方米，比上年增长56.66%；住宅均价6741元/平方米，比上年下降15.76%；商业销售115套数，销售面积9069平方米，比上年下降49.05%；商业均价16302元/平方米，比上年提高40.29%。

【解决低保住房】 2013年，全县新开工建设保障性安居工程168套，建筑面积1.12万平方米，项目坐落于后坊大弄口柚苑小区。发放廉租住房补贴132万元，受益家庭791户。成立县住房保障工作领导小组，加强对住房保障工作的领导。组织开展常山县住房保障成效回顾与展望工作，为落实住房保障土地指标、编制规划、制订建设和资金计划打基础；制定《常山县公共租赁住房管理暂行办法》，为常山县公共租赁住房的发展起到指导性作用；修订《常山县城镇廉租住房保障实施细则》，推动全县住房保障工作法制化和规范化；制定《关于城镇住房保障阳光工程建设的实施方案》，成立县住房保障阳光工程建设领导小组，设立住房保障专栏，规范保障性住房的阳光分配和管理。

【小区物业管理】 至2013年年底，全县从事物业管理的企业共14家（衢州可安物业管理有限公司、江山市贝林物业管理有限公司、常山县睿泰物业管理有限公司、湘阴县精密物业管理有限公司、常山五鑫物业管理有限公司、常山县贝林物业管理有限公司、常山县物业管理有限公司、常山县三衢物业有限公司、常山县茵春物业有限公司、常山县天发电力集体资产经营中心物业服务部、衢州我爱我家物业管理有限公司、衢州长友物业管理有限公司、衢州市华盛物业管理有限公司、衢州市光标物业管理有限公司）。其中，本地企业9家，外地企业5家；二级资质企业1家，三级资质企业12家，暂三级1家。全县物业管理除14家物业公司外，另有7个社区分别担负着老小区的卫生保洁工作。物业管理总面积195多万平方米，10万平方米以上住宅小区3个，其余均为1万平方米以上、10万平方米以下的住宅小区。敞开式住宅小区物业服务费6元~12元/月/户，封闭式住宅小区物业服务费0.4元~1.2元/平方米/月。全县归集物业专项维修资金701万元，拨付使用专项维修资金18万元，归集物业保修金124万元；全年物业管理服务收入300多万元，平均收费率72%。物业企业亏损率在60%左右，从业人员260多人。

【房地产产权产籍管理】 2013年，全县共办理房产登记12046件，建筑面积316万平方米。其中，初始登记374件，建筑面积67.37万平方米；转移登记2508件，建筑面积30.75万平方米；变更登记2196件，建筑面积25.66万平方米；他项权利登记4565件，建筑面积158.23万平方米；办理预告登记（含商品房抵押预告登记）共计2463件，建筑面积34.04万平方米；组织房屋登记人员参加房屋审核登记官考核。

【直管公房管理】 常山县实现直管公房模式从传统粗放型管理向规范、严谨、高效模式的转移，推进非住宅房屋市场化经营的步伐。2013年共完成1间营业用房的招拍租工作，共收缴租金190.83万元；规范非住宅公房租赁的管理，办理发放租赁许可证702户，收费67350元。加大公房安全检查力度，定期检查与不定期检查、汛期重点检查相结合，及时掌握公房的安全情况，对存在安全隐患的公房及时进行维修。全年共维修公房245户（处），对20户将公房转租、转借、转让的行为进行查处。

【白蚁虫害防治工作】 完善白蚁防治站内部制度，职责明确，管理规范。主动与建房户联系，了解工程内容及进度，及时编制施工方案，做到白蚁虫害防治与工程同步施工。将工程项目建房地址、建房单位、工作内容等用进度表方式明示，使工作开展情况一目了然，有效地杜绝漏防现象。做好回访复查，凡是在复查中发现蚁害的及时进行治理。2013年共签订白蚁预防合同46份，预防房屋136幢，面积40.75万平方米。

城乡供水

【概况】 2013年，全县共完成制水总量1231.67万吨，出厂水质九项指标综合合格率为100%；售水总量903.57万吨；管网漏水率为13.84%，产销差218.47万吨；完成工业销售产值1007万元，安装产值739万元，实现利润总额57万元；水费回收率99.65%。完成污水处理量702.7万吨，COD消减量2102吨，氨氮消减量107.5吨；运行负荷率达到94.9%，出水水质综合合格率达到99.8%以上，城市污水处理率达到86%。承建DN110以上管道安装工程57个；完成一户一表改装及新装1360户；完成各类用户报修1120次。

【启动后坊水厂改造启用工程】 该工程总投资1200万元，2013年计划投资720万元，对水厂日供水3万吨技术改造以及新建DN400源水输水管道3公里。至年底，已完成总工程量的45%。

【千家排取水口改造工程】 该工程总投资400万元，需建设浮坞式泵站一座并更换源水输水管道。至2013年年底，已完成泵船建造总工程量的50%。

【污泥加钙稳定干化处理工程】 污泥干化处置工程：该工程总投资560万元，于2013年3月份竣工，7月份完成综合验收，并进入正常运行。工程运行后，使污泥含水率从原来的80%降到60%以下，减少二次污染，达到对污泥处理的减容化、无害化、资源化的目的。

【新都园区第二供水通道工程】 该工程总投资3984万元（其中甩项部分造价353.29万元）。至2013年年底，管网部分除枧头、后坊、大弄口甩项外，其余均完工。泵站部分土建、设备完成竣工验收。

【内河以东片管网改造工程】 该工程总投资807万元。至2013年年底，跨桥部分完成80%工程量，白马路段完成60%工程量，文峰东路段完成60%工程量。

【天马污水处理厂二期扩容工程】 该工程总投资5317万元，新建污水厂二期日处理能力2万吨，提标改造一期，使总日处理能力达到4万吨。2013年已完成可研报告。

【城乡供水一体化二期工程】 该工程总投资37400万元，箬岭水厂新增5万吨/日，铺设DN1200输水管道24.7千米，DN1000配水管道6.55千米。2013年已完成项目建议书。

【招贤、青石片农民饮用水工程】 该工程总投资3400万元（其中招贤2123万元，青石1294万元），管网总长103千米，工程完成后总受益人口4万余人。已完成总工程量的97%以上，其中外港转盘沿朱富线、渣濑湾、五里至泉目山方向的管道已全部安装完成；东入城口沿320国道、青石、招贤集镇方向管道安装已基本完成；村主管网安装已完成80%以上。

【大桥、东案农民饮用水工程】 该工程总投资1696.79万元，管网总长50千米，工程完成后总受益人口2.3万人。至2013年年底，已完成总工程量的90%以上，箬岭水库底沿丁家坞、莲塘、大桥至东案方向的主管道已基本安装完成，村主管网安装已完成60%以上。

【管网管理工作】 县自来水公司以减少水损为重点，制定供水管网巡查、维护管理制度，突出重点查漏减损，采取对城区管网进行分片巡查、白天巡查、夜间探漏。2013年，共安排查漏248次，查出漏点136处，其中，DN100以上61处，综合漏水率为13.89%。加强全县消防设施维护管理工作，会同县消防大队，对全县消防栓进行调查摸底，向上争取改造资金，对损坏的及时进行更换、修理。

【供水稽查工作】 城市不断发展，供水规模日益增大，但仍存在个别单位和个人置城市供水法规于不顾，利用各种手段盗用自来水或破坏供水设施等等。2013年，供水稽查人员加大巡查力度和违章用水的管理力度，组织人员巡查县城消防栓30余次，处理违章用水户21户，罚补水费4.8万元。

【管道安装、改装和维修工作】 2013年，完成竹园小区、梅园小区、城南小区单号等改造工程7个，DN110以上管网安装6千米；完成衢州绿色产业集聚区、周塘片2号路、辉埠园区2号支路等新建在建工程50个，DN110以上管网安装47千米。完成各类用户管线报修1120次，报修完成及时率100%。

（冯莉莉）

住房公积金管理

【概况】 2013年，全县共归集住房公积金18579万元，比2012年增长2.1%，职工住房公积金余额4.67亿元，住房公积金归集率100%。办理职工个人住房贷款453户，发放贷款15474万元，比2012年增长77.9%，支持购房面积40770平方米。年末职工个人住房贷款余额3.96亿元，比2012年增长33.3%，住房公积金增值收益764万元，比2012年增长9.1%。全年新增50个单位1411名职工建立住房公积金制度；审核办理164个单位1963名职工的住房补贴，提取住房补贴315万元；审核职工提取公积金13872万元；审核确认189套房改房进入二级市场。

县政府出台《常山县公共租赁住房管理暂行办法》，把缴存住房公积金作为申请公租房条件之一，促使企业主重视职工权益，推进住房公积金制度扩面。县房改办向未按要求建立住房公积金制度且职工人数10人以上的非公企业，以及没有为编外合同制职工缴存公积金的机关事业单位，发出催建催缴函和政策法规宣传资料。全年新增非公企业47家，其中，规上企业9家，企业扩面职工658人。机关事业单位为编外合同制职工新办理缴存237人，其中，县人民医院协议护士及编外人员新增缴存152人。公积金归集到位率100%。至2013年年末，缴存单位627家，正常缴存职工13258人。累计归集住房公积金12.68亿元，归集余额4.66亿元。

县房改办被评为全省住房公积金管理先进单位，被市档案局授予“规范化数字档案室”称号，荣获县级“群众满意基层站所（服务窗口）”。县房改办在全县“满意不满意单位”评选中被评为“比较满意单位”；荣获2012年度县乡镇、部门领导班子绩效考核二等奖。

【开展农民安置房贷款】 县住房公积金管理中心在支持职工购买商品房、二手房、经济适用房、拆迁房及建房基础上，主动与县有关部门衔接联系，落实公积金贷款手续，在全市率先开展农民职工安置房公积金贷款。

办理农民工在赵家坪（锦翠花园）异地转移安置房住房公积金贷款。有14户符合公积金贷款条件的职工家庭办理了农房拆迁购房公积金贷款，贷款额168万元。

【解决职工购建房资金困难】 公积金支取条件继续放宽，支持职工购房，允许“先支后贷”，单职工最高可贷40万元，双职工最高可贷70万元，延长还款期限等，二套房首付50%。职工购买经济适用房，由于商业银行不贷款，对符合公积金贷款条件的职工家庭，县住房公积金中心给予政策支持，帮助低收入职工解决安居资金困难。2013年，办理经济适用房贷款47户，贷款额476万元，截至2013年年末，累计办理经济适用房公积金贷款129户，贷款额1199万元。全年非公企业职工家庭申请公积金贷款161户4608万元，累计为524户非公企业职工家庭发放贷款12019万元。一大批中低收入职工家庭，通过住房公积金贷款购置了经济适用房或商品房，圆了安居梦。

【住房分配货币化改革】 根据县住房分配货币化有关规定，一次性住房补贴申报到位后，2013年，继续办理正常职级晋升补贴和少数事业单位补报工作。全年对164个单位1963名职工的住房补贴进行了审核上报，审核金额572万元，其中，申报住房公积金补贴1708人。审核确认189套房改房上市交易。

（黄海彤）

城市综合管理

【概况】 2013年，常山县城市管理综合执法大队开展“三改一拆”违法建设、占道经营专项、户外广告三大专项整治工作。全年共办理案件168起，其中，一般程序案件109起，简易程序案件59起。全年实现“零错案”，无一起行政复议案件、诉讼败诉案件，未发生暴力抗法事件。受理各类投诉307起，比上年上升43.4%。常山县“数字城管”建设工作启动，并完成招投标工作。面向社会公开招考公务员2人、协管员2人。

【“三改一拆”违法建设整治工作】 县违法建设整治办印发《关于下达全年违法建设拆除任务的通知》和《关于违法建设拆除面积折算系数的补充说明》文件，创新性地提出对违法建设按类型进行划分折抵。除重要节点、重要区域、重要沿线的违法建筑按100%计算任务数外，其余的违法建筑按50%折抵计算任务数。同时，印发《关于进一步推进违法建设整治工作的通知》《关于下达第一批第二批违法建筑拆除指令性任务的通知》等文件，实现由面到点的指令性拆违，推动拆违工作从重视数量到量质并举的工作转变。截至年底，全县共拆除违法建筑3969处、面积95万平方米，复垦面积15万平方米。

【户外广告专项整治行动】 根据县委办、县府办《关于开展“双十”专项行动的通知》（常委办〔2013〕9号）和《常山县“双十”行动城市户外广告专项整治实施方案》（常住建〔2013〕48号）文件精神，县城市管理综合执法大队开展一系列的户外广告专项整治工作。2013年，全县共整治拆除各类违规户外广告及设施340处，其中，大型高炮广告2处、大型平面广告88处，约6000平方米；清理软体条幅780余条、移动落地灯箱420个。下发各类执法文书及户外广告设置规范性文件共计300余份，一般程序案件立案查处23起；将城市“牛皮癣”专业化清理工作逐步扩展到主城区范围内，清理大小城市“牛皮癣”广告6000余处；会同各相关部门重点开展205国道沿线、朱富线沿线和人民路户外广告的专项集中整治活动。

【占道经营专项整治工作】 根据县“双十”专项行动工作部署，以及“常山县占道经营专项整治项目工作任务计划推进表”的安排，县城市管理综合执法大队对定阳北路、文峰路两条创建路段先后开展7次集中重点整治。对文峰西路、法院街3家水果棚亭进行提升改造，并安置下岗职工、残疾人、低保户等社会弱势群体临时摊位105个。2013年，在县城区范围内共取缔越门、占道经营行为为625起，警示教育纠正违章行为1500人次。清理店外乱堆乱放156起，取缔流动摊贩65户，一般程序立案查处25起，申请法院强制执行2起。会同相关职能部门对县城各主要路段、柚香城市场、大东门农贸市场周边开展多次集中清理整治活动，安置自产自销农户120余户。从12月10日开始，根据省级卫生县城复评相关反馈意见，结合柚香城、大东门农贸市场周边环境大整治，会同相关部门进行专项整治，取缔两大市场周边越门经营行为300余起，拆除乱搭乱建棚亭130余处，面积2300余平方米，暂扣物品100余起，清理垃圾杂物计73车。

【“数字城管”建设工作启动】 2013年，常山县“数字城管”建设工作启动，“数字城管”建设工作列入《常山县城市建设三年行动计划》和《2013年度为民办实事项目建设》。6月，完成“数字城管”建设工程立项及批复；8月，成立常山县数字城管领导小组；12月，完成“数字城管”项目建设招投标工作，并通过市级专家组的考核验收，为下年“数字城管”系统全面投人运行打下了基础。

（叶　健）

服务业规划建设

【概况】 2013年，县服务业办公室扎实推进建材市场二期项目（迅鸿国际商城）、常山仓储配送中心项目、浙西世贸市场项目、新都物流中心项目、原常山人民医院地块项目、香格里拉精品广场建设项目的开发建设；推进蒲塘口原三化地块项目、中国常山观赏石博览园项目的前期工作；配合完成省、市、县的各项审计，以及柚香城等农贸市场卫生县城创建工作。

【建材市场二期项目开张营业】 规划面积42.55亩，总投资2亿元，主营建筑装饰材料。商城8月18日试营业，9月20日正式营业。

【常山仓储配送中心项目开工建设】 即浙江大正医药仓储配送中心项目，位于常山周塘片，总用地43亩，投资1亿元。主要建设内容为仓储用房、电子商务、仓储综合服务配套设施。4月开工建设。

【浙西世贸市场项目成功招拍挂】 位于县城南区块，规划用地90亩。定位以常山胡柚等农副产品为主，小商品、办公、酒店、餐饮等为辅的专业市场。5月29日挂牌，年内已开工建设。

【新都物流中心项目完成招拍挂】 位于新都工业园区205国道附近，9月3日开标，浙江合发物流有限公司中标。已完成项目备案、规划许可、环评审批等工作。

【原常山人民医院地块项目完成招拍挂】 该项目规划总用地面积近40亩，主要建设小高层商住楼、地上（下）停车位（库）、大商场及商业街等。项目由衢州中商置业有限公司以4.63亿元摘得土地使用权。

【香格里拉精品广场项目基本完成】 该项目位于县城文峰广场南侧，规划面积15亩，总建筑面积2.4万平方米，总投资3.8亿元，主要建设集大型商场、超市、KTV、影视城等于一体的高端品牌商品交易场所。累计投资已达2.09亿元，配套设施正在建设。

【蒲塘口地块招拍挂前期完成】 该项目用地约23亩，总投资约1.5亿元，已完成招拍挂前期相关工作。

【中国观赏石博览园项目前期工作】 该项目被列入2013年常山县“双十”专项行动，规划用地总面积70公顷，拟建成集专业市场和休闲旅游为一体的国家AAAA级景区。已完成规划方案的控规评审，并与投资主体达成初步投资协议，完成招商和项目签约工作。

【完成服务业三项审计】 配合县审计局完成对市场开发有限公司2006—2012年服务业项目的审计，配合省、市统计局完成对劳动工资的审计，配合省地税督查组对2009—2012年摊位费税收的审计。

【市场秩序整顿管理】 县服务业办公室做好柚香城综合市场、大东门农贸市场、西门菜市场卫生秩序整顿。完成柚香城市场新一轮招租工作。

（琚伟红）

城东新区（城市发展投资公司）

【概况】 根据常编〔2013〕56号文件《关于县城市发展投资公司成建制并入县城东新区管委会的通知》，常山县城市发展投资公司成建制并入常山县城东新区管委会，编制数保持不变，并入后原城市发展投资公司在编人员身份保持不变，重新核定县城东新区管委会领导职数1正、5副，内设机构设置另行研究确定。原与县城市发展投资公司合署办公的常山县政府投资项目建设中心调整为和县城东新区管委会合署办公，机构级别、人员编制保持不变。城东新区管委会同时履行原城市发展投资公司的相关职责。

2013年，县城东新区管委会负责实施的建设项目共31个，年度计划总投资5.13亿元。其中，县重点建设（续建）项目5个，年度计划投资15490万元；县重点建设（新建）项目6个，年度计划投资22900万元；非重点建设（续建）项目7个，年度计划投资5420万元；非重点建设（新建）项目8个，年度计划投资3107万元；代建工程5个，年度计划投资6520万元。引进招商引资企业2家：常山天然气公司，总投资1.6亿元；常山县意达笔业有限责任公司，总投资3100万元。安排重大前期项目5个，预计投资总额71956万元。引进招商引资企业2家：常山县益达笔业有限责任公司，总投资3100万元；常山天然气公司(续建项目)，总投资15064万元。

【外港大道建设工程】 县城东新区外港大道新建工程为城市主干道工程，总用地面积197亩，规划宽度50米，设计时速40千米/小时，南起常山港大桥北侧桥头，北接048省道，全长1704.6米；沿线与狮子口路、规划道路（原朱富线）、纬三路、纬二路、纬一路、048省道平交。按照县城市规划和城东新区建设的目标要求，外港大道工程建设采用BT投资模式，2012年4月份签订BT合同，开始实施朱富线以南段建设工程。BT投资人为浙江天荣鑫建设投资有限公司，建设工程造价暂定人民币6350万元，项目施工单位为浙江中程建工集团，项目监理单位为浙江求是咨询监理工程有限公司。2013年6月底，该道路的土地征用和房屋征收等工作全部完成，7月复工，至年底，完成土石方挖运总工程量的40%，完成桥头段、达煤车队段石方破除，并开始雨水、污水管施工。

【滨江一期建设工程】 城东新区滨江一期建设项目，包括东、西两个区块基础设施配套工程，位于城郊外港，东起富足山大桥，南至常山港，西至石家槽自然村，北至朱富线，总面积约1平方千米。征用土地约1200多亩，其中，林场700多亩、外港村180多亩、东方红村32亩、富足山村200多亩；征收房屋72户，其中，个人住宅59户、企业10家、仓库3家；征收用地面积15.8万平方米，房屋总建筑面积3.98万平方米。至2013年年底，区块内约800亩土地的征用工作基本完成；迁移坟墓1454穴。

【滨江路（滨江公园）建设工程】 至2013年年底，项目立项、建设项目选址意见书、建设项目用地预审意见书、建设项目环境影响报告书审查意见、可行性研究报告编制、可行性研究报告会审、方案设计初稿、方案设计会审等项目前期工作已完成。基本完成300多亩土地的征用工作，完成个人住宅房屋征收19幢23户，仓库3家，收储企业4家。

【紫港大桥北接线（经四路）建设工程】 该工程位于紫港街道大弄口村，起点位于紫港大桥北岸，终点位于经四路与朱富线的交叉口，路线全长745.678米，是连接后坊大弄口区块和赵家坪区块的城市次干道。工程总投资约1350万元，采用混凝土沥青路面。2013年5月完成全部21幢30户协议的签订工作，完成道路红线范围内、安置区80亩土地征收及10穴坟墓的迁移工作。至年底，雨污水管100%，路基回填100%，强弱电管道铺设完成，砂砾石填层，开始水泥稳定层浇筑。

【赵家坪A12地块农房改造安置区工程】 该工程位于天马镇赵家坪区块，西邻205国道，北侧为天马路，南侧为西峰山。总用地面积254.8亩，总建筑面积约17.7万平方米。可安置1988户。根据县农村住房改造指挥部专题会议纪要，设计四种户型，其中，50平方米（单身公寓）占5%，70平方米占15%，90平方米占40%，110平方米占40%；该项目于2010年9月由“常发改审批〔2010〕212号”《关于常山县赵家坪农村住房改造安置区项目初步设计的批复》文件核定投资为33801万元，后因第二、第三期需增设地下车库，又经“常发改投资〔2012〕66号”《关于常山县赵家坪农村住房改造安置区地下车库工程初步设计的批复》文件核定投资为10857万元，由此，该工程核定总投资为44658万元。至2013年年底，一期503套房屋签订协议，完成448户安置房交付；二期二区地下室上部房屋阁楼层楼面施工，一区地下室上部完成三层楼面施工。22号、23号楼完成阁楼层楼面施工，24号楼完成二层楼面施工。25号、26号楼完成桩基子分部验收；三期工程完成竣工验收。

12月25日，赵家坪农房改造安置区建设工程现场施工人员正在施工　　（陈睿溪　摄）

【柚苑小区经七路、纬二路建设项目】 该项目总用地38.76亩。其中，经七路南起纬二路、北至朱富线，全长295.18米，宽20米，横断面为3米(人行道)+14米机非混合车道+3米(人行道)；纬二路东起经四路、西至经七路，全长664.63米，宽30米，横断面为4米(人行道)+9米(机非混合车道)+4米(中央绿化隔离带)+9米(机非混合车道)+4米(人行道)。道路等级均为城市次干道III级，设计车速30公里/小时，采用沥青混凝土路面，设计年限15年。工程概算5207.21万元，资金自筹。至2013年年底，沥青浇筑完成，枧头溪桥部分因政策未到位暂不能施工，纬二路二期、经七路人行道砖铺装完成。

【周塘片基础设施及配套工程】 该项目总用地290亩，包括区块内土石方平整，施工道路、施工用电、用水的接入以及3条城市次干道等配套基础设施建设，工程总挖方量约14.8624万立方米，总填方量7.5632万立方米。3条城市次干道规格分别为803米×16米、548米×12米、311米×12米，设计时速30千米/小时~40千米/小时，采用沥青混凝土路面，设计年限15年。工程概算5207.21万元，资金自筹。至2013年年底，已完成工程竣工验收。

【北屏山菜篷安置房建设工程】 该项目位于北屏山菜篷地块，北临天马路，南侧为西峰山，西靠赵家坪区块，东临县天马中学。总用地面积13480平方米，建设3幢安置房，总建筑面积19371.5平方米，分二期施工，一期完成后实施二期，一期计划工期17个月，二期计划工期8个月。工程总投资概算核定为4114.84万元。至2013年年底，2号楼完成四层楼面施工，1号楼完成后浇带以西四层楼面施工，以视政策处理情况进行施工。

【县教工幼儿园迁建项目】 该项目位于天马镇石峣地块，用地面积7326平方米。按照"常山一流、省一级示范"的标准进行设计建设，设计办学规模为15个班的大型幼儿园。教学楼由3幢不同体量的建筑用走廊连接组合而成，并利用现状山体高差，设置局部架空层。教学楼高3层，局部4层，建筑基底面积2176平方米，总建筑面积6292.7平方米，总投资3099万元，其中直接工程费1859万元，设计使用年限50年。由县城投公司负责代建，浙江久天建筑工程有限公司施工建设，浙江求是监理咨询有限公司监理。该工程于2012年9月10日开工建设，于2013年8月完成竣工验收。

【6个重大前期项目】 常芳公路（定阳北路延伸线）建设项目、城东新区府前路建设工程项目立项、建设项目选址意见书、建设项目用地预审意见书、建设项目环境影响报告书审查意见、可行性研究报告已完成；常山县文化传媒中心建设工程、常山县全民健身中心建设工程、常山县金融服务综合楼建设工程完成立项。

【土地及房屋征迁工作】 县城投公司完成滨江一期范围内私人住宅征收完成49户；完成9家企业的征收补偿协议签订；完成了北门一期剩余煤球厂地块的收储工作。2013年共征收山林、土地681.132亩，房屋52幢86户，企业12家，迁移坟墓共1685穴。开展城中村改造项目的前期摸底调查工作。

（黄婷婷）

国土资源·环境保护

国土资源

【概况】 2013年，全县国土资源工作面对土地利用率偏低、土地供需矛盾突出、违法用地形势严峻等问题，围绕保障发展和保护资源两大主题，以实际行动推进“双十行动”（即“重点项目十大攻坚行动”和“城乡环境十大整治行动”）。在保障发展上，积极向上争取指标，土地配置结构得到优化；做好存量挖潜工作，严把用地门槛关，提高节约集约用地水平；加快低丘缓坡综合开发利用，推进土地开发整理和农村土地综合整治，垦造耕地工作取得显著成绩。在保护资源上，严格落实耕地保护责任，狠抓“三改一拆”违法建筑整治，土地违法现象得到有效遏制；切实规范矿政管理，矿山自然生态环境得到有效保护；深化各类便民服务举措，地质灾害防治初显成效。县国土资源局被评为常山县县级机关满意单位、全县信访工作目标管理考核优秀部门，2013年度乡镇（街道）和部门工作目标考核一等奖。

【保障发展用地】 全县共获得各类新增建设用地指标6685亩，其中，计划指标388亩，中期追加计划指标200亩，特别扶持指标150亩，异地搬迁指标150亩，重大产业奖励追加指标42亩，历史文化村落保护利用指标15亩，城乡建设用地增减挂钩指标790亩，低丘缓坡试点指标3080亩，常山港钱塘江一期治理工程指标1870亩。有效保障全县经济社会发展项目用地的需求。

【耕地保护】 全县耕地保护共同责任机制进一步完善。至年底，全县耕地实有面积29.13万亩。全县基本农田、标准农田实有面积分别为25.25万亩、14.62万亩。开展2012年度土地、矿产卫片执法检查工作，对47宗违法用地进行查处或整改到位，违法占用耕地比例为3.89%，实现违法用地“个位数、零问责”目标。

【阳光规划】 贯彻落实省纪委、省监察厅、省纠风办《关于进一步深化“阳光工程”建设的意见》（浙纪发〔2013〕7号）精神，开展土地利用规划“阳光工程”建设。成立局土地利用规划“阳光工程”联动工作小组，制定落实《常山县土地利用规划“阳光工程”建设实施方案》，建立健全“定岗定责”制度、规划管理公开运行及监督管理机制、公开运行工作制度。完善土地利用规划管理信息公开平台，开设土地利用规划“阳光工程”建设专栏。至年底，已完成土地利用总体规划实施评估，为进一步优化国土空间布局打下基础。

【土地资源开发】 健全完善土地资源开发等一系列政策制度，通过分片联系、倒排时间、督查考核等工作机制，推进土地资源开发迈入持续发展轨道。至年底，全县土地资源开发立项13770亩，完成县级验收9247亩，建成标准农田11089亩，完成高标准基本农田建设认定31000亩，实施中的农村土地综合整治项目22个，复垦总面积1824亩。通过外调耕地指标争取资金，总计外调3904亩，到位资金8226万元。

【土地市场管理】 全县完成供地97宗，面积1889亩，其中，划拨供地28宗，面积430.7亩；挂牌出让工业用地57宗，面积1048亩；经营性用地12宗，面积410.3亩。完成国有土地使用权交易1025宗，其中，日常交易897宗，交易面积2.77万平方米；划拨转出让交易128宗，面积4.07万平方米；全部交易共补缴土地出让金567.19万元。规范土地储备程序及管理行为，完善土地收储制度和收储土地的利用规划。

【节约集约用地】 严格贯彻《闲置土地处置办法》和省政府《关于推进低效利用建设用地二次开发的若干意见》(浙政发〔2012〕35号)，开展国土资源节约集约模范县创建活动，集中开展批而未用土地清理，提高供地率。2013年，全县共消化利用批而未供土地1756亩，盘活存量建设用地1138亩，前三年总供地率为82.13%，居全市第二位，全省第34位，前三年新供应建设项目用地开工率为100%，各项指标均超过省、市下达的目标任务。围绕"亩产倍增"行动计划，实行亩均税收承诺制度。开展项目用地全程监管，提高产业集聚区准入条件，挖掘存量工业建设用地利用潜力，促进增加工业有效投入。

【违法建筑整治】 推进"三改一拆"行动违法建设整治工作。2013年3月22日，全县召开"三改一拆"行动违法建设整治工作推进会。针对"八先拆、一必拆"等整治重点，指导实施强拆、助拆工作，全年共拆除违法建筑956590平方米，拆后处置159666平方米，打击违法建筑嚣张气焰。坚持疏堵结合，加快农村建设用地审批，2013年全县共完成农村建设用地审批2036宗，其中，农村私人建房审批1943宗，面积89674平方米，村镇公益用地及乡镇企业用地审批17宗，设施农业用地审批76宗。完善长效管理机制，贯彻落实《常山县土地共同监管和责任追究办法》，把土地监管责任落实到县有关部门、乡镇（办事处)、村和每个监管职能岗位。

【矿产资源管理】 严格控制采矿权指标。2013年，全县实际在册矿山52个，控制在省市下达的年度采矿权总量控制指标以内。规范各项规费征管，征收采矿权出让金741.31万元、矿产资源补偿费245.29万元、矿山生态环境治理备用金247.28万元，矿产资源国家所有权得到较好体现。严厉打击非法盗采行为，出动巡查60余次，查扣非法盗采车辆4辆，维护全县矿产资源的开发秩序。推进重点项目，紫晶矿业萤石矿项目完成探矿权转采矿权工作，豪美钒业石煤提钒综合利用项目进入矿山出让程序。2013年3月，《常山县无风险采矿权设置方案》通过浙江省国土资源厅审批，并报国土资源部备案。

【矿山生态环境治理】 全县完成废弃矿井治理110个，建成绿色矿山3家。配合开展"蓝天三衢"生态治理工程，以铁的手腕对全县石灰立窑、石灰钙加工企业开展集中整治。至年底，已关停石灰岩矿山企业3家、石灰立窑49孔、石灰钙加工生产线122条，正在开展18家轻钙企业环境整治。

【地质环境保护和灾害治理】 贯彻《国务院关于加强地质灾害防治工作的决定》和省、市相关文件精神，强化部门分工协作，完善地质灾害调查评价体系、监测预警体系、防治体系和应急体系。加大地质灾害搬迁治理力度，消除各类隐患8处，2013年未发生地质灾害责任性人员伤亡事故。与县气象局共同签订《地质灾害气象预警预报协作协议》，同时与水利、交通、教育等部门加强横向联系，建立“信息共享、预报会商和预警联动”的地质灾害预警预报体系，全面提升地质灾害预警预报水平，开展地质灾害预警“大喇叭”工程建设，并在两个重点地质灾害隐患村安装气象大喇叭。实施县地质灾害防治规划，加强基础工作，建立健全防治机制和群测群防体系，完成“五到位”国土所创建工作，常山县成为首批地质灾害防治高标准“十有县”。

【地籍管理】 落实地籍管理制度，做到土地登记权属清楚、程序合法。2013年，全县共办理土地登记4013宗，面积627.48万平方米，其中，国有土地使用权登记3186宗，面积374.33万平方米；集体土地使用权登记695宗，面积6.31万平方米；抵押登记132宗，面积246.84万平方米。开展农村集体土地所有权确权登记发证工作，全县共完成集体土地所有权地籍调查3610宗，面积100701.43公顷，已完成确权登记发证3430宗，面积98483.7公顷。2013年5月，启动1:500村庄数字地籍调查项目，该项目调查涉及180个行政村，测区面积约30平方公里。至年底，已完成测图面积17平方公里，拍照储存6.2万宗地籍档案资料。规范地籍成果运用，提供土地登记资料公开查询154宗141人次。做好土地权属复核，配合滨江一期、东入口和山背岭道路拓宽项目拆迁工作，共复核土地权属和违法用地认定89宗，审核农户迁建安置3宗，面积224.84平方米。

【征地拆迁阳光工程建设】 推进实施征地拆迁补偿安置政策公开、工作程序公开、实物指标公开、补偿安置结果公开、监督电话公开等“五公开”制度，18项工作流程全部上图。落实征地拆迁“阳光工程”建设，组织开展“阳光征地拆迁一张图”上墙、征地信息公开和公告工作。指导独流入海钱塘江治理工程、东入城口景观改造及320改城市道路工程、城东新区外港大道建设及205国道连接线路面大修及配套工程、48省道改建工程、杭新景高速公路建设工程、紫港大桥连接线、青石花石市场、九景衢铁路建设工程等县重点项目征地、借地工作。做好被征地农民基本生活保障，维护被征地群众合法权益。2013年，全县共办理被征地农民基本生活保障2906人，办理“4050”失地农民认定审核745人。完善被征地村留地发展政策。提请县政府出台《常山县被征地村留地安置发展空间管理办法》，提高被征地村留地比例和留地安置货币兑现标准，维护农民利益，保障村集体长远发展。

【国土资源信访工作】 严格落实领导信访接待日制度、风险评估制度、信息反馈信访答复制度等，开展矛盾纠纷大调解，维护群众权益和社会稳定。全县涉土涉矿初信初访及时受理率100%、一次性解决率95%、息诉息访率90%以上，全部按时办结。2013年，累计在省国土资源厅信访受理量65件。全年实现“零进京和零集体赴省上访”目标，无新增省国土资源厅挂牌的信访积案。

【国土资源法制宣传】 推进“六五”普法宣传教育，以全国土地日、世界地球日等主题宣传日为载体，采取送法下乡、开设咨询台等形式，开展国土资源法律法规政策的社会宣传工作。

（徐晓萌、徐雪梅）

环境保护

【概况】 2013年，常山县生态环保工作以保障全县环境安全，推进行业污染综合整治为主线，以实现污染物减排、解决危害人民群众利益和影响可持续发展的突出问题为重点，强化环境执法监管，有序推进各项生态环保工作。常山港出境水水质100%达到国家III类水质标准，芙蓉水库集中式饮用水源、常山港枧头备用水源、千家排水库乡镇农村饮用水源均100%符合GB3838－2002《地表水环境质量标准》的II类以上水质标准，溪东、枧头、富足山、招贤等监测断面水质均符合相应的水质功能区要求；城区环境空气质量达到二级标准，日空气优良天数占实测天数的87.6%；城区交通干线的平均噪声为69.1分贝，总体水平符合城市区域交通噪声标准要求。城区环境噪声昼间等效声级平均值为53.1分贝，总体水平符合国家城市区域声环境质量总体水平的二级要求。2013年9月，常山县通过省级生态县创建现场验收，经媒体公示后，被授予“省级生态县”称号。

【蓝天三衢生态治理工程】 以矿产资源环境综合整治工作为载体，常山县全面推进蓝天三衢生态治理工程，2013年合计关停石灰窑47孔，关停石灰钙生产线124条，完成轻钙企业整治验收2家。

【化工造(纸行)业整治】 县环保局按照《常山县化工、造纸行业整治工作方案》《进一步推进化工、造纸行业整治提升工作的若干意见》，牵头推进化工(造纸)行业整治工作，2013年合计关停化工(造纸)生产线15条，保留整治提升生产线10条。

【污染减排】 经核定，全县化学需氧量、氨氮、二氧化硫、氮氧化物等四项主要污染物指标分别比2012年削减3.75%、2.92%、4%、4%，全面完成2013年度污染减排工作目标。

【水泥脱硝工程】 2013年，完成常山南方水泥二线日产4000吨熟料低氮燃烧工程、江山虎水泥日产4500吨熟料生产线脱硝工程建设。

【畜禽养殖综合治理】 县环保局牵头制定《常山县畜禽养殖禁养区、限养区划分方案》，按照属地管理、分类指导、分步推进的原则，配合县农业部门全面开展禁养区、限养区内畜禽养殖场为重点的农业面源污染治理专项行动。

【环境监管】 2013年，全县出动执法人员930多人次，检查企业150多家次，责令限期整改企业20家，立案查处环境违法行为25起，罚款总额89.8万元，依法关停非法企业4家

【环保公安联合执法】 2013年，县环保局以环保、公安联合执法平台为依托，对环境违法行为实施“零容忍”打击，共开展联合执法5次，移交公安机关刑事立案2起，其中，完成法院审判1起。

【环保信访调处】 2013年，县环保局共接待各类环保来访来信来电投诉110（件）次，处理率100%，结案率100%，辖区内无因环境污染而造成群体性上访事件的发生。

【危险废物与辐射环境管理】 2013年，县环保局定期开展辐射环境安全检查，强化辐射环境管理；指导长盛化工、永合化工、鸿运化工等5家企业开展危险废物产生企业创建“双达标”工作。

【主干道景观提升工程】 2013年，县环保局牵头推进主干道景观提升工程，顺利完成常芳线、205国道、320国道、048省道四条主干道沿线景观综合整治工作。

【排污收费】 2013年，全县共收缴排污费460万元，为整治区域环境、改善环境质量提供资金保障。

2013 年常山港控制断面水质主要监测项目情况统计

表 18 单位：毫克/升

项　　目	高锰酸盐指数				氨　　　氮			
断　　面	溪　东	枧　头	富足山	招　贤	溪　东	枧　头	富足山	招　贤
测值范围	1.01—1.91	1.03—2.31	1.03—2.27	1.19—2.22	0.042—0.295	0.061—0.271	0.122—0.258	0.086—0.424
年平均	1.32	1.44	1.48	1.66	0.129	0.145	0.186	0.205
年均水质情况	Ⅱ类	Ⅱ类	Ⅱ类	Ⅱ类	Ⅱ类	Ⅱ类	Ⅱ类	Ⅱ类
水功能区要求	Ⅲ类	Ⅱ类	Ⅲ类	Ⅲ类	Ⅲ类	Ⅱ类	Ⅲ类	Ⅲ类

2013 年常山县城区环境空气质量统计

表 19 单位：毫克/立方米

项　　　　目	测　值　范　围
二氧化硫	0.006—0.073
二氧化氮	0.020—0.090
可吸入颗粒物	0.015—0.233

（詹　勐）

综合管理与监督

发展和改革

【概况】 2013年，县发展改革局围绕“实力工业、休闲城市、美丽乡村”总战略和“奋力追赶，科学跨越”总要求，以“项目建设攻坚年”活动为主载体，开展市、县重点项目建设“三进三到”“互看互学”等活动，全县项目工作有效推进。全县共安排重点建设项目110个，总投资252.87亿元，年度计划投资62.02亿元，全年完成投资64.19亿元，完成年度计划的103.50%。51个新建项目中，除5个项目因政策、选址、能耗等客观原因取消实施外，宋畈至三衢石林通景公路等46个项目全部开工建设。59个续建项目中，205国道改造示范工程、县教工幼儿园迁建等31个项目已建成或基本建成。全县实现地区生产总值107.15亿元，按可比价格计算，比上年增长8.6%。全社会完成固定资产投资92.27亿元，增长16.1%。实现工业总产值165.53亿元，增长6.4%。财政总收入10亿元，增长11.3%；实现税收收入9.67亿元，增长13.4%，其中，地税收入4.94亿元，增长19.9%。全县有自营进出口企业132家，外贸进出口总额1.47亿美元，增长38.5%。实现社会消费品零售总额43.59亿元，增长13.6%，其中，农村实现零售额11.37亿元，增长12.4%；实现金融机构本外币存款余额127.17亿元，增长20.5%；金融机构本外币贷款余额105.07亿元，增长19.1%。城镇居民人均可支配收入23036元，增长10.3%；农村居民人均纯收入11542元，增长11.4%。

【重大前期项目】 2013年，全县共安排重大前期项目43个，总投资88.34亿元。县110千伏湖东输变电等8个项目已转实施。县级异地搬迁安置区建设等5个项目完成可研报告。县污水处理厂二期完成初步设计。杭金衢高速公路常山互通西移改造、天马一小改建等13个项目完成项目立项或备案。县老医院地块整体开发项目完成地块规划设计，已挂牌出让。

【省重点建设项目】 2013年，全县共有18个项目列入省重点建设项目。浙能常山天然气热电联产一期、浙江豪美石煤提钒与综合利用一期等项目建成或基本建成。杭新景高速公路常山段建设工程，征迁工作已完成，路基形象进度完成50%。48省道延伸线常山溪口至宋畈公路征迁工作已完成，桥梁下部完成70%，路基形象进度完成40%，完成投资1.26亿元。钱塘江治理工程常山段一期完成新建防洪堤3千米，在建2千米，完成投资1.58亿元。浙能常山热电配套天然气管道、中石化浙江龙游—常山成品油管道、浙西现代农业旅游休闲观光园、衢州绿色产业集聚区常山片区低丘缓坡综合开发、常山县第一中学迁建、浙江大正医药仓储配送中心、浙江赛得健康产业园、浙江常林特种纸业年产2.8万吨半透明纸及年产8万吨特种耐湿涂布广告纸等项目为2013年新批省重点建设项目。

【重大项目谋划】 2013年，县发改局面向全县社会各界，全面征求意见，开展项目谋划工作，共征集、谋划项目573个，经论证，确定储备入库项目200个，筛选出50个重大项目进行前期深化研究。出台《关于加强重大项目前期工作的若干意见》，完善项目前期管理机制；制定《重大项目前期工作经费管理暂行办法》，每年安排1000万元专项资金，强化前期工作经费保障，支持项目资金争取、进入上级重点建设盘子和有效推进项目工作。

【国民经济运行监测】 县发改局加强季度经济形势分析，注重与全省欠发达地区及周边县市横向比较分析，深入企业开展调研，形成分析报告。做好省工业企业经济运行网上监测平台常山县企业名单调整工作，将部分较具代表性规下企业纳入监测体系，丰富监测样本，使经济形势分析更有针对性。2013年，共完成经济运行分析及监测报告6篇，为县领导了解经济形势、项目动态、投资运行提供数据。完成国防动员经济动员办公室各项工作，按上级要求开展年度经济动员潜力统计调查工作，此次调查统计单位共39家，其中，服装日用品5家、加油站19家、供水企业2家、建材企业4家、医疗机构1家、医疗器械企业1家、发电厂及变电站5家，给养物资和农林牧渔统计各1份。

【“十二五”规划中期评估】 专项规划中期评估以专项规划编制单位自评估为主，并把《“十二五”规划纲要》评估与专项规划评估结合起来。经历前期准备、起草报告、修改完善、正式报送四个阶段，中期评估报告于11月经县人大常委会审议通过。制定调研计划，组织力量重点围绕浙西省际产业承接平台建设、县社会养老体系建设、科学规划引领城市发展——球川小城市培育特色竞争力的塑造等重大问题开展深入研究，分析提出针对性较强的措施建议，共完成各类调研报告3篇，为制定政策、编制规划提供科学依据。与上级发改部门、省发规院、周边县（市、区）衔接沟通，开展省际产业承接平台规划调研工作，推进规划的实施。

【能源工作】 推进油气管道建设。省级天然气管在县境内包含金衢配套支线和电厂专线两部分，县境内设计长度28千米，2013年已基本完成管道沿线土地借用工作，大部分管道已完成敷设。中石化成品油管道常山段是甬绍金衢成品油管道龙游—常山段的组成部分，常山境内设计长度46千米，与西二线及省级天然气管道平行敷设，线路用地为临时借地，除部分节点外，2013年基本完成了管道敷设。基本建成浙能常山天然气热电联产工程项目主体工程。开展油气管道工程安全生产大排查大整治活动，对压在西二线上的同弓乡新虹村家具厂围墙进行拆除，杭金衢高速公路大弄口出口绿化林木进行移植。

【体制改革工作】 县发改局牵头协调行政审批改革，实行企业投资网上备案，推进审批提速。开展非行政许可事项清理工作，2013年共清理非行政许可事项207项，占总数的58%，其中，取消61项、下放3项、调整143项。有序开展社会事业改革工作，加强中心镇工作研究，为中心镇培育工作争取更多政策与资金扶持，为辉埠、球川两个省级中心镇做好项目储备，推动芳村镇申报省级中心镇工作，完成对芳村镇的总体规划调研，为申报省级中心镇打好基础。完善农业保险和农村住房保险两项政策性保险工作。开展深化改革的前期调研工作，撰写常山县深化改革工作建议。

小资料：

浙能常山天然气热电联产项目

浙能常山天然气热电联产项目位于衢州绿色产业集聚区常山片区鲁里地块。该项目于2012年8月经浙江省发改委核准，计划建设2台9F级燃气联合循环供热发电机组，设计供气量165吨/小时，分二期实施，总投资30亿元。一期将建设1套400兆瓦级燃气—蒸气联合循环热电联产机组，工程动态总投资17.11亿元，用地10.2公顷。该项目被列入省政府“十二五”重大电力项目实施计划，天然气热电联产项目抢建行动计划和2012年省重点工程。项目于2012年10月开工，预计2014年7月建成投产。工程投产后，将成为衢州市单机容量最大的电源项目，可就地平衡衢州当地220千伏电网电力缺口，提高地区电网安全稳定水平，满足常山县工业园区、绿色产业集聚区产业发展对热负荷的需求，优化电源结构，提高能源利用率。

（金挺东）

行政审批工作

【概况】 2013年，县行政服务中心围绕“工业立县、绿色发展”总战略，以“项目建设攻坚年、产业转型突破年、城乡环境提升年”活动为载体，以“双十”专项行动为抓手，开展“我为企业加油”“三进三到”等活动，牵头抓好“营造优质高效的政务环境”各项工作任务的落实，推进行政审批制度改革，创新联合审批机制，优化审批流程，压缩审批时限，提升审批效率，为全县经济社会又好又快发展营造更加优良的环境。全年“中心”共办理事项10万余件，按期办结率100%，即办率达80%以上，承诺件提前办结率达95%以上，群众测评满意率达99.5%。被市委市政府授予“市级文明单位”称号(衢委发〔2013〕1号)，被县委、县政府授予“重点项目工作先进单位”(常委办〔2013〕34号)，荣获2012年度领导班子绩效考核一等奖(常委办〔2013〕39号)。

【开展非许可审批事项清理和规范】 根据常审改办〔2013〕1号《关于开展非行政许可审批事项清理和规范工作的通知》精神，县行政服务中心组织非行政许可审批事项清理和规范工作，对各部门上报的清理结果进行评估论证，对不符合要求的单位及时反馈并指导做好清理工作。至5月底，全县2009年公布的375项非行政许可审批事项，经清理后仍保留145项，取消75项，调整为日常管理服务事项155项，精简比例为61.4%。

【全面推行企业审批代办制度】 县行政服务中心设立企业审批代办专窗，为县域内新设立的企业免费代办注册验资、工商营业执照、机构代码证、税务登记证等服务。全年共为150多家企业提供了代办服务。实施企业审批代办保姆式服务，组建55人的代办员队伍，并进行集中培训。新引进的招商引资企业均由引进单位的代办员全程免费代办。拟定并提请县政府办公室印发《企业审批代办工作实施细则》（常政办发〔2013〕112号），进一步明确代办员职责、代办服务流程和有关要求，规范代办服务行为，提高代办服务效率和质量。会同县委组织部对企业审批代办员工作进行了检查，从检查情况看，执行情况良好，业主较为满意。

【创新联合审批机制】 县行政服务中心针对以往企业多头申报、部门多次办理的问题，研究制定《常山县工业项目施工图联合审查实施办法》《常山县工业企业建设工程竣工联合测绘实施办法》等2个联合审批办法，实行一门受理、同步办理、限时办结，变“串联”审批为

“并联”审批，减轻企业负担，提高审批效率。

【优化企业审批流程】 11月，拟定并提请县委办公室印发《关于进一步加快企业审批工作的意见》（常委办〔2013〕82号），对工业企业审批流程进一步优化，加大并联审批力度，对审批部门和涉批中介机构的办事时限进行再压缩和明确，有效提高审批效率，企业从预审到取得施工许可证开工阶段共102天，其中行政审批19天，前期准备和中介服务时间83天。

（郑小琴）

公共资源市场化配置监督管理

【概况】 2013年，县公共资源市场化配置监督管理办公室（简称“县监管办”）、县公共资源交易中心组织各类招投标活动1106次，交易金额达19.3亿元（含60次非公企业直接发包52166.9万元）。其中：(1)建设工程项目招投标活动(不含非公企业直接发包)449次，预算造价76953.9万元，中标价64743.7万元，降低造价12210.2万元，资金节约率15.9%；(2)举行政府采购486标次，预算价5582.8万元，中标价4980.3万元，节约资金602.5万元，资金节约率10.8%；(3)国有土地拍卖4次，起拍金额37122万元，成交价70960万元，增额33838万元；(4)国有资产拍租107次，起拍金额375.9万元，成交价433.8万元，增额57.9万元。

【“一办三中心”建设】 根据县政府批复“一办三中心”即县公共资源市场化配置监督管理办公室（简称县监管办）、县公共资源交易中心（简称县交易中心）、县政府投资项目建设中心（简称县建设中心）、县政府投资项目评审中心（简称县评审中心）的“三定”方案，县监管办配合县纪委（监察局）推进“一办三中心”建设，推动工作人员逐步到位。每季度召开一次“一办三中心”工作例会，大力规范全县公共资源交易监管工作，提升全体公共资源监管干部的工作执行力。

【招投标理论研究】 县监管办组织招投标重点课题调研工作，实行领导领题制度，采用召开座谈会、深入走访、外出考察等形式，深入服务对象和基层一线开展调研。围绕提升公共资源交易监管效能、提供优质招投标服务、规范招投标交易市场、推进项目建设等主题展开。全年共撰写《发挥“一办三中心”功能 促进公共资源交易提速、提质、提效》《我县村干部承揽项目工程建设的现状和思考》《规范投标保证金管理 提升工作效率的思考》《优化和创新政府采购工作机制》《浅谈我县公共资源交易诚信体系的建设和思考》《我县乡镇（街道）公共资源交易平台规范化建设的实践和思考》《工程项目拆分招标现状分析与对策》《我县招投标业务档案管理的现状与思考》等8份调研报告，探索解决问题的措施、办法，为领导决策提供参考。

【项目工程招投标监管】 2013年，建设工程项目招投标活动（不含非公企业直接发包）计449次，预算造价76953.9万元，中标价64743.7万元，降低造价12210.2万元，资金节约率15.9%。注重标后监管，县监管办会同相关部门对中标价在200万元以上的108个项目进行了多批次的专项检查，进一步规范了项目施工合同履约行为，推进了施工企业在工程质量、施工安全、工程进度等方面诚信履约，促进了全县工程建设领域健康有序发展。

【完善招投标制度】 县监管办制定和完善一批招投标制度，进一步规范全县公共资源市场化配置市场秩序。如会同县住建局、县水利局制定外进企业管理制度，用可量化操作的措施，增加借用资质投标、挂靠投标等不良市场行为的难度；出台常山县公共资源交易平台招标代理机构考核办法、参与招投标活动施工企业约谈和履约承诺制度、政府投资项目建设工程投标保证金年金制度等管理制度，维护招投标各方主体的合法权益，提高工程项目招标代理质量，强化投标企业的履约意识，提升投标保证金管理效率；进一步完善建设工程招投标评标办法。

（唐必明）

物价管理

【概况】 2013年，县物价局围绕“稳增长、调结构、惠民生”这条主线，履行价格监督检查职能，落实价格调控监管措施。科学制定价格政策，支持社会经济发展。慎重制定常山县住宅小区管道燃气设施预埋和改造费收费标准定价方案，报经市物价局批准后，向新建住宅项目开发企业收取管道燃气设施预埋费为普通住宅楼2800元/户，排屋、别墅3800元/户；向居民用户收取管道燃气改造费为普通住宅楼2600元/户，排屋、别墅3800元/户。制定三衢石林AAAA级景区门票80元/票的试行价格；制定辉埠镇宋畈水厂农村居民生活用水价格为1.10元/吨（属政府指导价，实际用水价格在此基础上可上下浮动20%）；制定出台幼儿园收费管理办法，调整幼儿园保教费收费标准，规范幼儿园收费。加强收费管理，规范收费秩序。完成2012年度行政事业性收费验审，年审率达100%；换发全县49家行政事业单位的“收费许可证”，全面实现行政事业性收费电算化管理；开展小微企业负担调查和政府定价经营服务性收费专项调查。成功申报浙江省重要商品和服务价格监测报告定点县，价格监测预警工作迈上新台阶。在全县新增10个价格监测点，定期向省物价局上报农业生产资料价格监测、农村居民服务价格监测、瓶装石油液化气价格监测信息；注重农产品成本调查成果运用，开展油菜籽、早籼稻、晚籼稻、规模生猪养殖等成本调查，分析农产品成本变化规律及其对农业生产的影响，为农业增收提供服务；开展浙赣省际价格信息监测扩面工作，参与单位由两省三县扩展至三省八县（市），扩大了省际间市场价格信息的交流共享范围，提高了边际价格监测灵敏度。严格价格行政执法，开展涉农涉企价格和收费、农村客运票价、餐饮行业明码标价、商品房明码标价等专项检查。全年共查处各类价格违法案件4件，实行经济制裁总额6万元，其中，罚款4.1万元、退还用户1.9万元；受理价格举报和咨询件201件，其中，价格举报件51件、咨询件150件，办结率100%。提升价格公共服务能力，全年共受理价格鉴证业务142件，标的总额为5887.86万元，其中，刑事案件63件，标的额为627.56万元；民事案件4件，标的额为19.95万元；交通事故车辆损失案件32件，标的额为146.65万元；价格认证39件，标的额为229.50万元；价格评估4件，标的额为4864.20万元。开展建筑用石材和石灰石开采成本认证工作。

县物价局被省物价局授予2012年度“全省价格检查工作先进集体”称号；姚峰被省委、省政府授予“浙江省优秀农村工作指导员”，周映民被县政府授予“常山县第六批县级劳动模范”称号。

【查处农村客运中巴车擅自提价行为】 根据群众举报对全县4家公司共7条线路的农村客运中巴车进行监督检查。对擅自提价行为和不提供价格监督检查所需材料的价格违法行为进行严肃查处，分别处以0.2万元—1万元不等的罚款。这是常山县首次对不提供价格监督检查所需资料的价格违法行为而实施的行政处罚。

【价格调节基金建立】 整合困难群众基本生活价格补贴和粮食安全调控资金两项专项资金，建立价格调节基金。价格调节基金规模为350万元，主要用于稳定市场、扶持生产、平抑价格、补贴困难群众。价格调节基金的设立增强了政府调控市场价格能力。

【调整幼儿园收费】 调整后的幼儿园保教费收费标准为：省一级260元/人·月，省二级220元/人·月，省三级160元/人·月，准办园及以下110元/人·月。

（徐先宏、郑书明）

审计工作

【概况】 2013年，常山县审计局完成审计及调查项目119个，查处违规金额185万元，管理不规范金额3620万元，上缴财政金额185万元，核减政府投资项目资金1856万元。提出审计建议162条，被采纳审计建议124条，采纳率76%。

以全部政府性资金审计为主线，构建以财政同级审为核心的全部政府性资金审计平台，摸清全部政府性资金的总量、结构、投向、收支管用绩效和变动趋势。从审计项目管理、管理质量控制、审计技术手段转换、审计结果运用等方面着手，深入推进全部政府性资金审计。对各类资金进行研究分析。特别是对财政专项资金管理中存在的部分专项资金预算不细，资金使用效益不高等问题进行了剖析，提出了审计意见和建议，促进了政府各项资金规范化管理。

组织中介机构对87个已竣工政府投资建设项目进行造价审计，送审金额2.3亿元，核减工程造价1590万元，平均核减率7%。

完成经济责任审计项目8个，审计党政领导干部8人，查出管理不规范金额230万元。借助经济责任审计联席会议平台，宣传经济责任审计新规定，将经济责任审计宣传培训进党校常态化。创新审计思路。在领导干部经济责任审计中，把审计思路转向民生、绩效等重大问题、重大决策上。对审计评价体系进行探索，重点是领导干部任职期为民办实事情况、各项资金的使用绩效情况、本身廉政建设情况。以财政财务收支审计为基础，融入绩效审计、专项审计调查、项目投资审计的“1拖N”的经济责任审计模式。实行乡镇长、书记一体化审计，在一体化审计中，对党委书记的责任审计侧重于经济决策和宏观经济管理，重点关注当地重大经济和社会发展决策的程序和效果，对乡镇长的责任审计侧重于重大经济决策事项的执行情况、财政财务收支活动和有关经济活动的真实性、合法性和效益性。

【固定资产投资审计】 县审计局按照“全方位覆盖，有重点审计”原则，切实组织好政府投资项目审计。已经完成102个项目的审计，核减资金1856万元。在工作中着重把好“三道关”：⑴把好重大投资项目必审关。对政府重大项目实行必审，列入年度审计计划，由县审计局组织人员参加审计。⑵把好工程项目程序关。从招投标程序的规范性、概预算的真实性、工程相关资料的完整性等方面入手对建设项目程序进行审计，有效地控制工程不按规定招标等现象，促进建筑市场的规范。⑶把好工程结算造价审计关。在审核过程中坚持做到理论计算工程量与审核人员现场勘测结果相结合，以实际完成工程量为依据；同时把好取费标准、材料价格和套用定额等关口。

【专项审计及审计调查】 县审计局开展水利资金投入、保障性住房等民生资金和项目的审计和专项审计调查。从体制、机制层面深入分析问题的成因，提出有针对性的对策建议，为政府宏观管理和科学决策提供服务。

常山县2013年审计工作情况

表20

署定项目	省定项目	县定项目	项目合计	违规违纪资金	管理不规范资金	上缴财政资金
3个	3个	113个	119个	185万元	3620万元	185万元

（方效圆）

统计工作

【概况】 2013年，全县统计工作围绕市统计局提出的“七大工程”建设和县委、县政府中心工作，坚持以提高统计数据质量为核心，强化统计队伍建设，夯实统计基层基础，加强对经济运行和社会发展的统计监测；以开展“双十”专项行动、“项目建设攻坚年、产业转型突破年、城乡环境提升年”活动为契机，转作风、干实事、抓落实，不断增强全局凝聚力、战斗力和执行力，为全县经济社会的发展、和谐社会的构建提供优质高效的统计服务。建立健全统计基本单位名录库、工业统计、服务业、GDP核算、固定资产投资等5项联席会议制度。开展调查研究，及时撰写分析材料和统计信息，确保在第一时间提供全县经济运行情况及存在的问题的分析材料。全年完成统计信息分析46期，其中，《常山县统筹城乡发展水平较低的原因分析及其对策建议》《常山县工业经济发展现状存在问题及对策思考》《加快轴承产业培育推动工业转型升级》《衢州市流动人口问题研究及管理对策》《常山县实现“四个翻番”可行性的调查思考》《当前全县经济运行简况及走势预测》等调研文章，分别在《政务参阅》《常山政研》《领导参阅》上刊载，做到“用数字说话，为发展服务”。全年上报信息220条，其中，被省统计局办公室采用10条，比上年增加6条；被市统计局办公室采用80条，比上年增加33条；被县“两办”采用46条。按照有关制度规定，及时向社会发布各类统计资料，为社会各界和各级领导提供迅捷的统计服务。按时在《今日常山》简报上发布《2012年度常山县国民经济和社会发展统计公报》；每月20日前向公众发布《统计数字月报》，向党政主要领导提供横向比较的月度塑封数字卡片。完成《常山统计年鉴（2013）》的资料编印工作。成立“常山县普查中心”，结束常山县无专职统计普查机构的历史。开展县统计局中层干部竞争上岗工作，对局机关各科室业务力量进行合理配置。

【第三次全国经济普查前期工作】 2013年，根据《第三次全国经济普查工作方案》及各级经济普查领导小组办公室统一部署，县统计局及时组建工作机构，落实人员和经费，制定各项制度，开展规范单位基础信息工作专项试点、规范单位基础信息工作业务培训等，把握时间节点。各项前期准备工作有序进行，并走在衢州市前列。

【各项常规统计工作】 县统计局做好2013年“国家一套表”改革的衔接工作。突出统计监测、预警、服务功能，完成工业、投资、商贸、城镇住户调查等专业月报和服务业、农业饲养、农村住户调查、劳动工资、工业企业景气调查等专业季报的上报工作。有序推进粮食生产安全统计监测、浙江省农业转移人口基本情况、衢州小型微型工业企业发展扶持政策落实情况、5‰人口抽样、平安浙江等专项调查，粮食生产安全统计监测获得省级先进单位。参与并完成市政府对常山县的经济社会发展目标、政府工作目标等考核工作。

【拓展统计调查新领域】 2013年，县统计局拓展妇女儿童中期监测、浙江省农业转移人口基本情况调查、衢州小微工业企业发展扶持政策落实情况调查、旅游消费前后调查、公民素养调查等工作，开展全省的全面小康水平评价和统筹城乡发展水平评价，客观准确评价常山经济社会发展水平，分析与兄弟县市区的差距并提出相应对策建议，为统计监测经济和社会发展水平提供了新的方向与平台。

【统计法制建设】 2013年，县统计局依托5月“统计执法月”、6—7月国家统计局和省统计局“三查”东风，分3个工作组对固定资产投资、工业、能源、服务业等重点领域统计数据开展执法检查，对严重统计违法行为予以曝光，对5家企业进行统计罚款。全县共稽查企事业单位41家，其中，罚款并警告5家，总计金额6.4万元；当场警告12家，完成市局下达任务的100%，其中，服务业单位4家、工业企业6家、建筑业1家、房地产企业1家、村统计站5家。配合做好常山县“六五”普法规划的实施工作，以领导干部、企业负责人、基层统计人员为重点，开展多层次的《中华人民共和国统计法》普法宣传活动。全年共举办统计普法讲座8期，其中，县统计局局长胡思连给县副处级领导、企业负责人、年轻干部成长班和新任公务员上统计法制课，受到县委领导和各界好评。

【统计机构与人员配置】 2013年，成立“常山县普查中心”，常山县无专职统计普查机构的历史宣告结束。规范乡镇、街道统计站建设，3个街道均成立统计站，其他乡镇重新恢复统计站并挂牌，14个乡镇（街道）的统计站分管领导与组成成员全部确定。开展中层干部竞争上岗工作，对各科室业务力量进行合理配置；充实乡镇（街道）的统计力量，首次增配5名新任公务员或事业编制人员为专职统计员。

【部门统计工作加强】 2013年，县统计局在2012年由县政府下文建立3个联席会议制度的基础上，又争取县政府重新修订并新建立5个联席会议制度，分别是基本单位名录库、工业统计、服务业、GDP核算和固定资产投资等5项联席会议制度。部门统计工作得到加强，部门统计调查制度进一步规范和完善，部门统计数据质量明显提高，实现统计信息资源共享。

【乡镇统计基础建设】 规范基层统计机构和调查单位统计基础工作；加大检查指导力度，督促基层单位严格执行统计制度方法，建立健全规范的原始记录、统计台账等基础资料，保证源头统计数据质量。加强县政府统计部门，乡镇统计站，部门和企业、村级的基层统计人员等3支队伍建设，进一步充实基层统计力量，改善基层统计的软硬件环境，强化基层统计人员业务技能培训，严格落实统计从业人员资格考试、持证上岗和继续教育制度。2013年，全县参加统计从业资格考试、统计专业技术资格考试的人数均有较大增长，其中，参加统计从业资格考试108人，再创历年新高。同时，首次在全县开展统计继续教育培训工作，全年两期培训班共培训各乡镇、街道、部门、企业统计员280人。

【统计文化宣传工作】 2013年，第三次全国经济普查工作开展后，县经普办既巩固传统宣传阵地，又创新载体，扩大经济普查宣传效果。在市、县专项试点期间，利用常山统计内外网、宣传车、滚动屏、常山统计微博、宣传印刷品等掀起经济普查宣传阶段性高潮。在全市率先建立第三次经济普查工作QQ群，QQ群成员延伸至村级普查人员。加强普查信息的发布，全县共发布普查工作动态41条，位列全市第一，其中，70%以上被省经普办采用；编印经济普查专刊12期。

（郑　燕、占慧臻）

工商行政管理

【概况】 2013年，全县完成“个转企”322户，超过年度目标272.9%，超额完成三年278家的目标任务。建立转型企业《成长档案》，开展全县“个转企”企业后续培训。搭建银企合作桥梁，联合县农信联社、村镇银行、泰隆银行等金融机构，为“个转企”企业量身打造特色化信贷业务，117家“个转企”企业共获银行贷款6417万元。

清理不符合行政许可法规定的前置条件，依法简化审批环节和程序，工商行政审批事项总体审批时间在法定幅度内压缩85%以上。办理一址多照30户，办理筹建企业延期3户，引导公司网上登记10家。推进“金融服务通”运用，与县内四大金融机构合作，完成59户企业新设或变更网上验资19107万元。

全县新增注册商标138件，其中，新增地理标志集体商标“常山银毫”1件；累计有效商标商标总量为983件，其中，地理标志商标3件。申报中国驰名商标1件（“天子”牌胡柚）、浙江省著名商标2件、衢州市著名商标6件，申请国际商标注册1件，延续确认省著名商标4件。品牌指导站进驻现代农业园区（同弓乡）。建立全县商标电子档案和智能商标库，发布《常山县商标品牌发展年度报告》，完善《商标商号品牌创建梯级培育三年计划》。开展特色人文资源知识产权化保护工作，首批37件“常山符号”55只商标的注册申请被国家商标局受理。

开辟绿色通道，全年办理债转股、股权出质登记等89件，助企融资4.9亿余元。创新性在全市率先开展农信联社股权出质登记，办理20件融资2619万元，破解中小企业担保难问题。联合泰隆银行常山支行为县信用促进会授信5000万元，全年共有39个次成员单位获得信用贷款2286万元。帮助农民专业合作社开展信用评定，共获信用贷款2000万元。办理动产抵押登记200份，担保主债权2.6亿余元。

解决民众纠纷，保护消费者权益，受理消费投诉74起。整顿和规范市场经济秩序，查办各类违法案件303起，其中，大要案76起。全年新注册登记企业714家，新发展个体工商户1265家。至年底，全县有私营企业2332家，个体工商户9381家，各类市场23家。

【“3·15”消费者权益日活动】 2013年“3·15”消费者权益日期间，全县共组织城乡两级14名消费维权义工开展“四进”（指进广场、进商超、进市场、进校园）活动，普及消费维权意识，并对5名优秀消费维权义工进行公开表彰。推进学生消费维权教育，在球川镇中心幼儿园设立全县首家幼儿消费教育基地，开展展板展示、模拟消费等活动，引导幼儿及幼儿家长安全、适度、理性消费。开展消费知识宣传，倡导安全、科学、适当、和谐消费理念，共发放宣传资料1500多份，受理各类咨询270人次，接收咨询建议40余条。公开销毁家用电器、服装、红酒、白酒等50余个品种、案值80余万元的假冒伪劣商品和不合格食品。

【农贸市场改造提升】 至2013年年底，辉埠镇灰山底农贸市场完成提升改造，并投入试营业，市场面积1528.45平方米，投资额160万元，市场商位总数59个。红旗岗农贸市场完成修规方案设计、公示，规划设计条件编制评审、公示，以及附属物评估等相关工作。主动介入，全程服务县商品交易市场提升发展。

【“强网清源”流通食品安全检查】 2013年，开展“强网清源”流通食品安全检查，张贴《食品安全“九不”准则》2057份，约谈重点食品生产经营企业180家，发出责令整改通知书58份。开展美素丽儿奶粉、毒生姜、假牛羊肉、“家禽脱毛剂”等专项整治行动18次，查处各类食品案件48件，为全县流通环节食品安全提供保障。开展流通环节食品抽样检测212个批次，其中，地产山茶油抽检10个批次8个品牌，合格率100%。

【整顿和规范市场经济秩序】 2013年，全县共查办各类违法案件303起，大要案76起。围绕“亮剑保民生”，开展房地产、驾驶学校、汽车领域、金融房贷4类行业规范整治，促使相关行业开展自身检查整顿并规范经营，维护群众利益。其中，金融行业停止房贷费用转嫁，为广大消费者房贷每年节约费用50余万元。加大广告领域监管，查办违法广告案件12起，开展广告经营者培训和行政约谈，维护广告秩序。以“霸王条款”专项整治为契机，全面推进合同信用建设，检查房地产公司18家，抽查合同60份，纠正商品房买卖合同29条，查处一起“霸王条款”合同案件。牵头无证无照综合治理，发现无证无照对象652户，向查无成员部门发出抄告87份782户次，查获各类无照经营户466户，引导办照357户，立案查处38起。开展省际边界合作，以合作防控为主、宣传教育为辅，巩固“打传”效果。

（柴素芳、柳　慧）

质量技术监督管理

【概况】 2013年，县质量技术监督局（以下简称“县质监局”）按照主攻一条主线、守牢一条底线、实现两个改观、提升三项能力的总体思路，深入开展“服务型机关建设年”暨“转作风、守纪律、优服务、干实事”大教育活动，加快推进“质量强县”建设，确保食品、特种设备和产品质量三大安全。以“三强”示范创建、政府质量奖申报、名牌培育为主要载体，不断夯实质量管理基础。组织90多人次参与质量管理培训，培育首席质量官4人，完成15家企业的各级政府质量奖、名牌产品及管理创新项目等的组织申报工作，新增省标准创新型企业1家、市首批质量管理孵化基地2家。完成84家规模以上企业产品质量状况调查工作，部署完成常山轴承产业质量提升工程实施意见和2013—2017年质量提升规划。开展QC小组活动、“双百工程”、质量创新劳动竞赛等活动，激发企业自主意识、浓厚质量管理氛围。全年出动执法人员402人次，查处立案案件14件，涉案产品货值达120万元。

是年，县质监局成功创建省级依法行政示范单位，被县纪委评为廉政风险防控机制标准化建设A级单位；检测所被评为市质监局科技工作先进集体、县劳动模范集体；《山茶油的脂肪酸组成及其掺假鉴别的快速测定方法研究》和《常山胡柚功能性天然苦味物质检测及地域分布规律研究》2个项目获市质监局优秀科研项目成果三等奖，《山茶油的脂肪酸组成及其掺假鉴别的快速测定方法研究》项目获常山县科技进步三等奖。

【标准化实施与监督】 2013年，县质监局帮扶浙江时代计量科技有限公司参与制定的国际标准《测量螺纹用米制系列量针》，成为衢州市第一家为主制定国际标准的企业，实现衢州市国际标准制定零的突破。结合县消防大队农村消防安全事故防范创新体系建设、常山三衢山国家AAAA级景区创建等工作，做好标准化试点申报，深化服务标准化建设。

推广实施农业标准化项目，何家乡食用竹项目列入2014年省级农业标准化推广年培育项目；确定3个县级农业标准化示范项目，联合县农业、林业等部门开展《油茶栽培技术规程》《常山县家庭农场建设规程》县地方标准的编制工作。

【计量监督管理】 2013年，县质监局组织10家重点用能单位的计量管理负责人参加能源计量培训，深化能源计量管理，加强节能工程指导，全县市级能源计量节能企业达6家。开展对民生计量器具的监督检查行动，组织有关单位开展对社会各层面的免费服务活动，创建“2013年诚心计量示范单位”5家。对9家化工企业及开展安全防护用压力表检定情况进行专项监督检查，完成辖区6家检验检测机构的检查、简介编制等工作，对全县通过“3C”认证的7家企业进行核实。

【食品质量安全监管】 2013年，县质监局结合食品安全生产大检查大整治百日行动、533方案、“强网清源”专项行动，以食用油、饮用水、月饼、酒类、肉制品等为重点，开展有针对性的专项监督检查，抽查样品78批次，立案查处食品企业5家。对高风险、重点产品企业开展分批次约谈、签订责任书，并对相关法律法规进行培训，组织参加换发证和新取证前食品安全知识应知应会上机考试企业19家，化验员培训12人次。全年共有72家次企业的巡查情况录入监管平台，完成44家食品企业的年度风险等级评价工作。

【特种设备安全监察】 2013年，县质监局深入开展特种设备安全生产大检查大整治百日行动，共出动310人次，检查企业191家，提出整改意见270条，下达特种设备安全监察指令30份。开展农村小锅炉安全、电梯安全管理、液氨和其他危化品储存、使用单位安全隐患排查整治、活性钙企业有机热载体锅炉安全检查、快开门式压力容器以及对重点乡镇和开发区的全面排查等专项工作。构建大监管体系，出台《常山县人民政府关于推进特种设备安全大监管体系建设的实施意见》，相关部门联合下发《常山县超市、商场电梯安全管理办法》《关于加强旅游业特种设备安全管理》等文件。

【产品质量安全监管】 2013年，县质监局开展“蓝剑1号”“蓝剑2号”“蓝剑3号”“蓝剑4号”、百日行动、危险化学品及包装物、防水卷材产品、食品等专项行动。建立风险监测制度，提升产品质量安全监管能力。针对涉及行业质量安全问题的产品进行重点排查，加强“12365”举报投诉工作。建立联合打假工作机制，联合公安、食品药品、工商、卫生等部门，加大联合行动力度。全年共出动执法人员402人次，查处立案案件14件，涉案产品货值达120万元。

【技术机构建设】 县质监局深化“送检测、送咨询、送培训、送标准、送安全”等质量帮扶活动。2013年共服务企业75家、帮扶企业次数206次、帮助企业解决问题150多个，组织免费培训43人次。加快新检定项目建设，新增12个项目的计量检定能力，完成全省质监系统检定基本项目27项的要求，报送省级科技项目1个、市局科研项目1个、县科技项目2个，其中，《山茶油的脂肪酸组成及其掺假鉴别的快速测定方法研究》和《常山胡柚功能性天然苦味物质检测及地域分布规律研究》2个项目获市局优秀科研项目成果三等奖。检测所被县政府评为常山县第六批共5个劳动模范集体之一。

【文明创建和机关作风建设】 县质监局落实“简政放权和审批流程再造”两项工作要求

开展“服务型机关建设年”暨“转作风、守纪律、优服务、干实事”大教育活动、“提神、提速、提效”专题剖析活动，“三进三到”“我为企业加油”等；提升服务企业、服务项目水平。加强执法监督工作；开展6次“五懂三会”法律考试；选送人员参加省、市局组织的专业培训58人次。通过省级依法行政示范单位创建。建立一把手“七不直接分管”机制，严格执行中央“八条规定”、省委“六项禁令”，控制“三公经费”支出。推进质监文化建设，实施凝聚力、和谐力、创新力、影响力“四个力”工程。聘请行风监督员，自觉接受政协民主监督小组的监督。在衢州市基层站所满意度评价系统测评中，检测所满意度达97%。

（付琳芸）

食品药品监督与管理

【概述】 2013年，全县食品药品监管工作坚持科学监管、为民监管、依法监管、人文监管理念，打造“平安药监、法治药监、数字药监、效率药监、清廉药监、和谐药监”，切实保障区域饮食用药安全。完成上一轮食品药品监管机构改革；落实食品安全监管责任；推进食品放心工程，成功创建3家流通环节食品安全电子监管示范单位；推进示范创建工作，完成1家省级餐饮服务食品安全示范街——何家乡文图村渔家乐一条街创建工作，完成6家省级餐饮示范单位的创建工作，成功创建省级餐饮服务食品安全示范县。

按照“上下对口，运作高效”的要求，县食安办由临时机构改常设机构，为正科级行政机构，与县食药监局合署办公。从6月15日开始，原由县卫生局承担的餐饮服务、保健食品、化妆品监管“三项”职能，正式移交给县食药监局，并划转5名工作人员。同时，增设县食品药品检验所（药品不良反应监测中心），核定全额拨款事业编制3名。至此，上一轮改革基本做到机构、人员、场地、经费、装备“五到位”。

制发《常山县2013年食品安全工作要点》《常山县2013年食品安全重点工作分工抓落实安排》等文件，明确全年食品安全工作的主要任务、重点措施和责任单位。6月初，县政府专题召开食品安全工作会议进行部署，与各乡镇、街道、各食品安全监管部门签订考核责任书。各乡镇、街道办事处、各监管部门与辖区食品生产经营企业、监管相对人，层层签订责任书，做到责任落实纵向到底、横向到边。

全县建立健全农产品“三级监管网络”，在县级层面组建农产品质量安全监督管理中心，在乡镇层面配备乡镇农产品质量安全监管员，在企业层面实施产地准出规范化管理，农产品省、市抽检合格率100%，生猪尿样检测合格率100%。推动农业标准化发展，围绕常山胡柚、山茶油、食用菌、水稻、生猪、蔬菜、茶叶等特色产业，制定农产品质量标准、生产技术规范和示范区管理规程，形成产前、产中、产后全过程综合标准体系，认定无公害农产品产地24家、无公害农产品30个、绿色食品12个、有机农产品6个。深化食品生产加工企业分类监管，结合企业评价等级、产品风险等级和生产时节特点，开展分级监管。推进生活性商贸流通和农村现代商贸流通体系建设，继续推行“万村千乡市场工程”，完成1家农贸市场改造提升工程。加强生猪定点屠宰管理，完善生猪溯源制度建设，实行定点屠宰场月报制度，城区定点屠宰率达100%，乡镇定点屠宰率96%以上。新建屠宰场项目启动实施。实施《常山县千万学生饮食放心工程2013—2015年实施计划》，全面完成省、市下达的2013年度工作任务和目标。

全县各食品安全监管部门重点开展百日行动“回头看”、农产品质量安全、乳品质量安全、肉品质量安全、粮油质量安全、黄酒产品、集中消毒的餐饮具、校园食品安全、食品标签标识、食品安全“强网清源”集中行动、食品安全扫雷行动、餐饮环节、保健食品打“四非”、节假日和重大活动期间食品安全、药品“两打两建”、中药饮片、基本药物、含麻黄碱复方制剂、抗菌药物、特殊药品、定制类义齿、计生用品、高风险医疗器械产品、贴膏剂类产品、药包材、非法添加药物和非药品冒充药品等专项整治工作。全年各食品监管部门出动执法人员5000多人次，检查各类生产、流通、消费等企业（店）1.2万多家次，查获、销毁违法食品涉案总值50余万元。全年药品医疗器械案件立案16起，结案16起，货值金额14.4万元。

县食安办制定《常山县创建省级餐饮服务食品安全示范县工作实施方案》，通过部署、培训、宣传、检查、指导，提高餐饮单位管理能力，全面提升餐饮服务食品安全总体水平。各乡镇按照创建工作要求，规范开展各项餐饮服务协管工作，完善资料台账。开展省级餐饮服务食品安全示范街创建工作，完成县何家乡文图村渔家乐一条街创建。开展餐饮示范单位创建工作，指导东方大酒店、柏丽大酒店、华府大酒店、杭金衢高速服务区、紫港中学、县第一小学等6家单位完成省级餐饮示范单位创建工作，一闻香、阁底小学等14家单位完成市级餐饮示范单位创建工作。开展保健食品化妆品示范创建工作，完成5家保健食品经营示范单位、3家化妆品经营示范单位创建。

县食安办完善食品安全举报奖励制度，建立“96317”举报电话专人值班受理、督办、反馈工作制度，并加大举报奖励制度宣传力度。建立信用等级动态评定制度，实施生产经营企业食品安全诚信“红灰黑”榜制度建设，开展餐饮服务单位量化分级评定活动。建立食品安全行政执法与刑事司法衔接机制，与公安部门加大沟通交流，达成“有线索必追、有案件必查”的共识。建立食品安全监管责任政府指定制度，如针对地沟油、豆芽菜等监管边界不清问题，以县政府文件明确监管责任部门。深化学校食堂食品原料统一配送制度，全县所有公办学校食堂实行了配送制。完善食品安全应急预案，牵头修订《重大食品安全事故应急预案》《重大食品安全事故应急预案操作手册》。加强技术支撑体系建设。建立食品污染以及食品中有害因素监测点，按期完成市级食品安全风险监测任务，指定常山县人民医院为食源性疾病监测哨点。牵头制定《常山县食品检测资源整合方案》，开展食品检测资源整合工作。建立发展志愿者队伍，面向全县范围征集食品安全工作志愿者150人。

县食安办利用县电视台、农民信箱等载体，每月播发开展食品安全监管工作举措、食品安全消费知识宣传内容。定期组织药学服务队开展“进村入居送健康”宣传活动，每季度开展活动1—2次。抓好主题日宣传。各部门联合开展以“社会共治、同心携手维护食品安全”为主题，以“诚信做食品、理性看安全”为宣传主线的食品安全宣传活动，开展了“3·15”宣传活动。结合多渠道宣传。举办食品生产经营者培训班17个班次，培训食品生产经营者2402人次；督促指导食品生产经营者（企业）举办培训班7个班次，培训人员956人次；制作展板19块，组织“四进”（进社区、学校、农村、企业）活动26次，受益人数25271人次。

【食品安全检测资源整合】 由县食安办、卫生局牵头，各相关职能部门和检测机构共同参与实施，实施全县食品安全检测资源整合工作。开展全县食品检测资源调研，制定

《常山县食品检测资源整合方案》，整合全县食品安全检验检测技术资源和力量，实现食品安全检测“六统一”，即统一制定检测计划，统一检测检验，统一配置食品检测设备，统一检测标准，统一汇总检测结果，统一信息报告和发布。

【学校食堂食品原料配送制完善】 自2009年起，常山县在全市范围率先实施全县各中小学校食品原料统一配送。为进一步加强学校食品安全管理，从源头上严把食品原料进货关，2013年，全县进一步完善学校食品原料统一配送制度，健全配送企业统一招投标机制，加强对2家配送企业的日常监管，全县所有公办学校均实行食堂食品原料配送制。

【食品安全监管责任政府指定制度建立】 对食品监管职责不清的，由政府指定部门负责，着力消除监管盲区。如针对地沟油、豆芽菜、食品生产小作坊、食品摊贩、初级农产品、食品储存运输环节等监管边界不清问题，2013年以县政府文件明确了监管责任部门。

【新版餐饮单位量化分级管理全面实施】 2013年6月18日起，按照新版“餐饮服务食品安全监督动态等级评定表”，开展餐饮服务单位监督量化动态等级评定。检查评定内容包括：许可管理、人员管理、场所环境、设施设备、采购贮存、加工制作、清洗消毒、食品添加剂、检验运输等9个方面。执法人员现场填写“餐饮服务食品安全监督动态等级评定表”上的相关内容及得分情况后，由被检查餐饮服务单位陪同人员签字，当场张贴悬挂食品安全等级公示牌，在明显位置公示。存在问题的，立即出具监督意见书，督促其整改。全年共检查餐饮单位826家，评定为优秀等级的7家、良好等级245家、一般等级477家、待评定15家、不予评定82家。评定汇总结果将在报纸、网站公布。

【省级餐饮服务食品安全示范县创建】 2013年，制定《常山县创建省级餐饮服务食品安全示范县工作实施方案》。召开各乡镇（街道）食品药品安全监督员会议2次，进行餐饮监管业务培训，部署示范创建、农村集体聚餐管理工作任务。召开城区大中型餐饮单位、B级以上小餐饮单位、机关企事业单位食堂负责人培训会议和学校食堂管理人员培训会议，各有60余人参加，部署餐饮量化等级评定、示范单位创建工作。执法人员结合摸底排查、量化等级评定、创卫迎检等工作，逐家逐户上门，进行宣传、检查、指导，发现问题督促整改，消除隐患，提高餐饮单位管理能力。各乡镇按照创建工作要求，规范开展各项餐饮服务协管工作，完善资料台账。

【省级餐饮服务食品安全示范街创建】 2013年，确定常山县何家乡文图村渔家乐一条街创建省级餐饮示范街，开展示范街餐饮单位基本情况调查分析、进行内部卫生设施改造提升。示范街各餐饮单位餐饮服务许可证、食品安全管理制度与承诺书、食品安全等级公示牌统一上墙，建立采购索证、登记制度并进行日常登记，改造厨房防蝇防尘设施、完善清洗水池、生熟食品标识等。

【餐饮服务食品安全示范单位创建】 2013年，完成东方大酒店、柏丽大酒店、华府大酒店、杭金衢高速服务区、紫港中学、县第一小学等6家省级餐饮示范单位创建工作；一闻香、阁底小学等14家市级餐饮示范单位创建工作。

【餐饮单位摸底和隐患大排查行动】 2013年，对全县餐饮单位开展基本情况摸底和隐患大排查行动，发放宣传资料，进行现场指导。通过排查，全县共有餐饮单位826家，其中，城区

443家、农村383家，查出无证和许可证过期经营单位248家，查出一般性隐患562条次，发出监督意见书316份。至年底，大部分整改到位，新办餐饮服务许可证175家。

【药械安全风险防控机制建立】 2013年，常山县在全市率先制定实施《药品医疗器械质量安全风险管控办法》。按照风险对象、风险环节、风险品种、风险时段等环节，进行为期4个月的药械质量安全风险大排查活动，共排查出各类药械质量安全隐患25个，提出整改措施25条。

【规范药品购销行为】 2013年，常山县出台《关于加强药品购销活动中票据管理的通知》。重申药品生产、经营企业和医疗机构在药品购销活动中的票据管理，严厉打击“挂靠经营”违法行为和经销假劣药品的违法活动。对在常山县从事中药饮片销售人员实行登记备案制度，确保中药饮片安全有效。

【药品信息化建设】 2013年，常山县印发《关于药品零售企业做好药品监管信息化系统使用的通知》，制度建设进一步完善。对全县处方类药品零售企业质量负责人和驻店药师进行指纹考勤，保证药师在职在岗。开展全县零售药店GIS地理位置坐标定位工作，方便公众在网上查询药店地址。

【常山县药品不良反应和医疗器械不良事件监测专家库建设】 2013年，县食品药品监督管理局牵头成立常山县药品不良反应和医疗器械不良事件监测专家库。该专家库由全县医疗机构、药械生产、批发企业的17位专家组成，为全县药械不良反应监测相关工作提供技术咨询服务。

【“药学服务进村入居送小药箱”活动】 2013年，县食品药品监督管理局在全县建立4个“饮食用药安全科普宣传站”，定期组织县药学服务队开展“进村入居送健康”科普宣传活动；在6个乡镇（街道）、7个社区、15个行政村开展上门送健康活动，为60位长期生病、生活条件较差的居民赠送常用药品和家庭小药箱，帮助清理过期失效药品，受到居民的一致好评。

（林卫红）

安全生产监督与管理

【概况】 2013年，全县安全生产监督管理工作贯彻“安全第一、预防为主、综合治理”的方针，牢固树立科学发展、安全发展理念，全面落实安全生产责任制，开展安全生产“打非治违”和大排查大整治专项行动，深化安全隐患排查治理，注重事故防范创新体系建设，不断夯实安全生产基层基础，确保全年无较大以上事故发生，全县安全生产形势的平稳。全县生产安全事故三项指标均比上年有所下降，全年共发生各类生产安全事故97起，死亡39人，直接经济损失107.8万元，分别比上年下降1.02%、2.5%、27.3%。其中，工矿企业发生事故3起，死亡3人，直接经济损失80万元；道路交通发生事故94起，死亡36人，直接经济损失27.8万元。

【落实安全生产三个责任】 (1) 严格落实政府部门安全生产监管责任。推进安全生产目标责任制管理，落实行政首长负责制和安全生产“一岗双责”“属地管理”责任，严格执行“一票否决制”。印发《常山县安全生产委员会成员单位安全生产工作职责规定》。(2)严格落实企业安全生产主体责任。强化企业安全生产主体责任和自律意识，督促建立、健全安全生产规章制度和岗位操作规程；依法建立健全生产管理机构，加大安全投入，加强安全教育培训，提升企业安全管理水平。（3）严格落实安全生产责任考核。按照市政府与县政府签订的安全生产责任书的内容，结合常山实际，下发《常山县2013年度安全生产目标管理责任制考核指标》。落实县政府与全县14个乡镇（街道）、41个部门年度安全生产目标管理责任书和工贸企业安全生产标准化及全员安全培训工作单项责任书的签订。督促各乡镇（街道）与所辖村（社区）、企业签订安全生产责任书，推进责任落实。

【安全生产隐患排查治理】（1）深化大排查大整治专项行动。按照"全覆盖、零容忍、严执法、重实效"的总要求，结合"打非治违"，在全县各行业、各生产经营企事业单位及人员密集场所开展大排查大整治专项行动，突出重点地区、重点环节，着重检查制冷、消防、危险化学品、矿山、烟花爆竹和道路交通等14个行业领域。县安委办牵头组织公安、质监、商务、交通、消防等单位，对全县各乡镇（街道）、部分重点部门专项行动开展情况进行督查。全年共出动检查组296个，组织检查人员1950人次，检查生产经营单位2540家次，发现隐患3032条，整改2920条，整改率96.3%，责令停产停业整顿11家，共处罚款141万元。（2）深化涉氨制冷企业液氨使用专项治理。县安委办先后下发涉氨企业安全检查通知和液氨使用专项治理实施方案，召集开发区管委会、质监、农业、商务、消防等部门研究部署涉氨企业安全专项治理工作，并多次牵头组织消防、质监等部门对全县涉氨企业开展专项检查。（3）深化油气化工输送管道安全专项检查。根据习近平、李克强对青岛"11·22"中石化东黄输油管道泄漏爆炸特别重大事故的一系列批示精神和省市有关文件要求，积极参与县政府组织的八部门联合油气化工输送管道安全专项检查。（4）深化挂牌隐患整改。2013年年底，省级挂牌督办重大隐患点（常山县东湖萤石矿），市级3处挂牌督办重大隐患点（320国道485K+100－485K+900四都段、常辉线0K－2K朱富线路口—童家、常山太平洋大酒店），县级挂牌督办重大隐患点（衢州一片情纸业有限公司、浙江裕田商贸有限公司友好大厦），均通过整改验收。

【安全生产基层基础建设】（1）推进安全生产标准化和诚信机制建设。先后制发《关于全面推进工贸行业企业安全生产标准化建设的实施意见》和《关于开展企业安全生产标准化和诚信机制建设相互融合同步推进的实施意见》，两次召开会议专题部署。按照"政府主导、行业推动、企业落实、部门联动"的原则，同步推进这两项工作。2013年，全县规模以上工贸企业中80%完成创标，其中常山南方水泥有限公司通过国家一级标准化验收。全县规模以上企业安全管理水平得到有效提升。（2）推进业务能力建设。进一步深化"干部素质提升"工程，把全县基层安监员业务培训作为重点，组织乡镇安监员赴兄弟县（市、区）学习先进经验和方法，聘请专家授课，开展系统性的业务培训。不断创新学习模式，县安监局机关利用周一夜学，开展"业务讲坛"活动，由各科室、大队负责人轮流授课，每堂业务知识讲授结束组织局干部闭卷考试，提升安监干部理论水平、业务素质和监管能力。（3）推进安全监管网络建设。开展以推动基层落实监管责任、健全管理制度、强化基础保障、深化隐患治理为重点的安全生产规范化乡镇（街道）创建工作。全县14个乡镇（街道）安监站均按要求完成创建，其中辉埠镇还配备了安全监管专用执法车。（4）推进安全生产应急救援体系建设。修订完善危险化学品、烟花爆竹、矿山等专项应急救援预案。牵头在常山南方水泥有限公司开展建材行业煤粉爆炸事故应急救援演练，提升政府应急救援水平和事故处置能力。

【安全生产宣传教育】（1）突出安全文化建设。利用电视、网络等平台宣传安全生产法律法规，弘扬安全文化。选取浙江常山科润化学有限公司作为试点单位，开展安全文化建设示范企业创建活动，切实加强企业安全文化建设，强化职工的安全意识，推动企业落实安全生产主体责任，促进企业安全管理工作规范化、制度化和科学化，营造安全生产人人关注、人人参与的浓厚氛围。（2）突出专项宣传活动。围绕“强化安全基础、推动安全发展”的主题，组织“安全生产月”活动，开展领导谈安全、六一“童护平安之梦”系列安全宣教、安全生产宣传咨询日、万名职工找隐患、规上企业晒安全、安全演讲比赛等7项活动，共悬挂标语（横幅）107条，发放安全宣传资料1万多份，张贴宣传画700多张，群发安全生产提示短信4000多条，播放警示教育片130场次，接受安全咨询2000多人次，提升群众对安全生产的认识。（3）突出安全教育培训。不定期召开全县矿山、危险化学品企业主要负责人会议，组织企业主要负责人学习安全生产法律法规和政策文件。开展乡镇（街道）安全生产分管领导、安监员、高危企业负责人、安全管理人员、特种作业人员的安全生产教育培训，对非高危规模以上企业负责人和安全管理人员进行集中培训。督促企业切实发挥好安全员的宣教作用，开展三级培训。2013年，全县共培训2.2万多人次，完成市政府下达的目标任务。

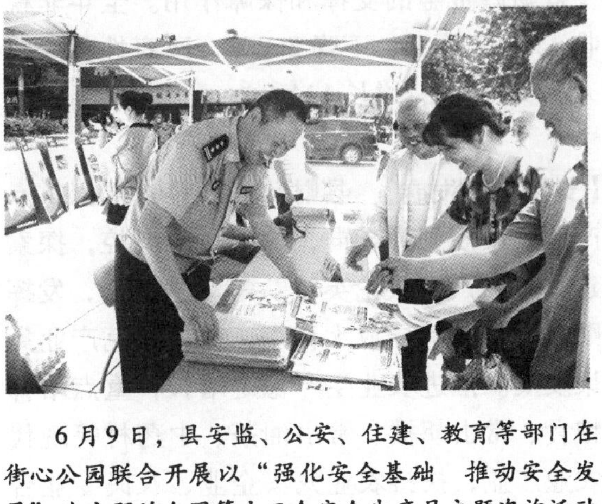

6月9日，县安监、公安、住建、教育等部门在街心公园联合开展以“强化安全基础　推动安全发展”为主题的全国第十二个安全生产月主题咨询活动
（吕宁　摄）

【构建安全事故防范创新体系】（1）注重事故防范创新体系建设。全面推进农村消防安全试点工作，所有乡镇、街道均成立消防安全委员会和消防工作站，配备消防安全专兼职管理人员和消防器材装备。探索创新大型市场安全管理模式，确定常山天地金朝阳装饰材料市场为消防安全管理创新试点单位，制订工作方案，建立消防巡查机制，成立市场义务消防巡查队和义务宣传队，开展值班巡查、消防知识培训、应急救援演练。（2）注重智慧安监建设。健全完善企业安全生产基础数据库，及时更新基础数据，动态掌握企业安全培训、设施设备、隐患处置、安全管理等情况，实现科学、高效监管。（3）推进企业“互查联防”活动。在辉埠镇建材企业试点推行安全生产“互查联防”的基础上将活动推广至纺织、金属加工、轴承等行业。由各企业抽派安全管理人员组成“互查联防”小组，定期开展本行业企业安全隐患互查互治。2013年共检查企业56家次，查处整治隐患126处。④推进安全监管机制创新。发挥专家检查、指导作用，建立危化、矿山专家库，聘请专家全程参与安全检查，针对存在的问题，指导帮助企业落实整改。

（汪　莹）

财政·税务

财　政

【概况】 2013 年，全县财政总收入首次突破 10 亿元，比上年增长 11.3%。其中，公共财政预算收入 6.51 亿元，增长 13.8%，占财政总收入的 65.0%；上划中央"四税"（增值税、消费税、企业所得税、个人所得税）收入 3.50 亿元，增长 6.8%。全县公共财政预算支出 18.88 亿元，增长 8.8%，其中，一般公共服务支出 2.6 亿元，增长 0.49%，主要是压缩政府运行成本；国防及公共安全支出 1.2 亿元，增长 6.37%；教育支出 3.93 亿元，增长 3.8%；科学技术支出 0.57 亿元，增长 9.8%；文化体育与传媒支出 0.44 亿元，增长 1.65%；社会保障和就业支出 1.6 亿元，增长 20.6%；医疗卫生支出 2.0 亿元，增长 18.8%；节能环保支出 0.53 亿元，增长 9.6%；城乡社区事务支出 0.87 亿元，增长 45.4%；农林水事务支出 3.27 亿元，增长 15.0%。全年财政收支平衡。

全县向中央、省争取各类补助资金 13.8 亿元，相当于全年公共财政收入的 212%；争取 7 年期省级地方政府债券 5000 万元，向省财政厅争取调度资金 8.9 亿元。

【组织财政收入】 财政收入规模取得新突破。加强税源分析研判，面对严峻的经济形势，密切关注国家财税改革动向，分析对地方财政收入的影响，及时做好收入变化的应对。建立全县规模以上工业企业季度财务数据分析制度，加强收入的预测、分析和信息反馈，重点税源企业入库金额占全部税收收入比重达 80% 以上。完善收入征管措施，编制乡镇（街道）、征收单位税收计划，建立月度通报制度，并将完成情况纳入县委、县政府目标考核。探索风险预警管理模式，对建安、钙类企业实行企业所得税预警管理。优化资源税管理，推进存量房、自建厂房评税工作。深化《税友龙版》应用，加强以票控税，全面推广应用网络发票。规范非税收入管理，加强行政事业性收费、罚没收入等政府非税收入征管，完善非税收入管理办法和财政票据管理办法。全面统筹政府财力，发挥财政资金的支撑和保障作用。全年非税收入 6297 万元，下降 8.2%，政府性基金收入 6.98 亿元，增长 124.9%。

【支持经济发展】 县财政（地税）局以重点产业发展规划为导向，加强财政调控，探索建立"亩产税收论英雄"等激励机制，发挥财政资金的引导放大作用，推动绿色产业集聚发展。推进农业生产稳定增长，重点培育粮食、常山胡柚、常山油茶、中药材等现代农业产业，扶持农业龙头企业、农民专业合作社、家庭农场等农业新型主体。支持工业产业结构优化，安排专项资金，配合开展石灰窑、矿产资源、化工企业专项整治，组建国有公司经营石灰石矿产资源，加大节能减排和淘汰落后产能的扶持力度，推进钙产业转型升级。保障服务业发展壮大，安排旅游等服务业发展专项资金，支持三衢石林AAAA级景区创建，促进旅游、金融、物流等现代服务业发展。优化企业发展环境，深化行政审批制度改革，推进简政放权和审批流程再造；建立服务企业长效机制，定期召开企业家座谈会；加强部门沟通协作，合力推进金融、办证、个转企、浙商创业创新等工作；落实结构性减税和清费减负政策。2013年，全县共兑现涉企扶持资金6350万元、各类税费减免3829万元，为企业提供应急专项资金5亿元、信用担保贷款3亿元，有效缓解企业融资难，促进实体经济发展。

【保障社会民生】 县财政优化支出结构，在财政收支矛盾突出的情况下，重点保障和改善“三农”、教育、医疗卫生、社会保障和就业等基本公共服务领域，推进民生工程稳步实施。支持“三农”建设，整合梳理各类涉农资金，健全农业投入增长机制，2013年，全县农林水支出3.27亿元，增长15.0%。重点支持属于公共财政范畴的农村土地综合整治、重点水利工程等农业基础建设，推进以农村村庄清洁工程为重点的“美丽乡村”建设。支持教育优先发展，2013年，教育支出3.93亿元，增长3.77%。完善弱势群体就学机制，落实贫困学生资助政策，推进困难家庭学生资助扩面工程和爱心营养餐工程；全面改造农村中小学校舍，启动常山一中迁建项目，推进省中小学和幼儿园标准化建设；完善教育奖励资金，全面推进省教育现代化县创建。支持医疗卫生体制改革，全年医疗卫生支出2.02亿元，增长18.8%。提高新农合筹资标准至450元，扩大城镇职工和城乡居民医疗保险参保覆盖面，健全基本医疗保障体系。支持社保体系健全完善，全年社会保障和就业支出1.62亿元，增长20.6%。构建养老服务体系，推进城乡低保、农村住房改造、农村“五保”集中供养等工作，做到有保有压，保障城乡群众基本生活权益。

【推进财政改革】 常山县完善政府公共预算、政府性基金预算和社保基金预算编制，科学细化项目资金预算，推进全口径预算编制。推进预算信息公开，县文广新局、县林业局2个部门预算上会接受县人大代表公开审议。建立健全绩效管理考核办法，开展18个项目绩效评价，项目绩效纳入县委、县政府目标考核。落实上级有关增收节支、厉行节约的规定，实行会议费等6项费用预算支出控制制度、公务接待报销制度、公务用车“三定”制度等。严格预算执行，在确保急需、必需和合理支出的基础上，从严控制预算追加，2013年，全县“三公”经费支出下降20.6%。加强政府投资预算管理和财务管理，强化政府性投资项目概预算、招标控制价和设计施工图评审，2013年政府投资项目净核减资金3960万元，净核减率7.5%。加强政府采购监管，对集中、分散采购实行报备制，全年政府采购计划8448万元，实际采购金额7129万元，节约率15.6%。建成乡镇公共财政服务平台并上线运行，实行乡镇财政资金就地就近监管，探索乡镇财政国库集中支付模式并着手试点。完善财政资金预算绩效管理的评价体系和运行机制，推进预算绩效管理。规范财政结转结余资金管理，清理整顿财政专户，盘活财政存量资金。细化国有资本经营收支计划，全面清理整顿乡镇部门创办经济实体。建立国有公司年报审计制度，开展国有公司年度经营业绩考核。不断注入国有公司资产，全年新增银行贷款5.55亿元，确保政府投资项目建设需要。

常山县2013年公共财政预算收入执行情况

表21 单位：万元

预算科目	2013年		2012年	完成预算数（%）	比2012年执行数增减（%）
	预算数	执行数	执行数		
合计	**60018**	**65063**	**57160**	**108.4**	**13.8**
一、税收收入	50888	58766	50299	115.5	16.8
（一）主体税种收入	27342	34668	30784	126.8	12.6
1. 增值税	8500	9532	5788	112.1	64.7
2. 营业税	13778	17531	14746	127.2	18.9
3. 企业所得税（40%）	3280	6046	8595	184.3	-29.7
4. 个人所得税（40%）	1784	1559	1655	87.4	-5.8
（二）小税种收入	15136	15038	13769	99.4	9.2
1. 资源税	3636	2787	3071	76.7	-9.3
2. 城市维护建设税	2600	2812	2213	108.2	27.1
3. 房产税	1550	1832	1610	118.2	13.8
4. 印花税	750	857	749	114.3	14.4
5. 城镇土地使用税	4000	3767	3563	94.2	5.7
6. 土地增值税	2200	2527	2198	114.9	15.0
7. 车船税	400	456	365	114.0	24.9
（三）农业两税收入	8410	9060	5746	107.7	57.7
1. 耕地占用税	4410	4752	2407	107.8	97.4
2. 契税	4000	4308	3339	107.7	29.0
二、非税收入	9130	6297	6861	69.0	-8.2
（一）专项收入	3559	1905	1825	53.5	4.4
1. 排污费收入	400	398	484	99.5	-17.8
2. 水资源费收入	59		87	0.0	-100.0
3. 教育费附加收入	1500	1507	1254	100.5	20.2
4. 探矿权、采矿权使用费及价款收入	1600			0.0	
（二）行政事业性收费收入	2365	1203	1141	50.9	5.4
（三）罚没收入	3126	3100	3840	99.2	-19.3
（四）国有资源（资产）有偿使用收入	80	89	55	111.3	61.8

说明：2013年水资源费收入和探矿权、采矿权使用费及价款收入转入基金，本表反映执行数为零。

常山县2013年公共财政预算支出执行情况

表22 单位：万元

预算科目	2013年		2012年	完成预算数(%)	比2012年执行数增减(%)
	预算数	执行数	执行数		
合计	**197801**	**188772**	**173567**	**95.4**	**8.8**
一、一般公共服务	23041	26031	25903	113.0	0.5
二、国防	193	202	212	104.7	-4.7
三、公共安全	12294	11650	10930	94.8	6.6
四、教育	36949	39333	37904	106.5	3.8
五、科学技术	5836	5700	5193	97.7	9.8
六、文化体育与传媒	5526	4375	4304	79.2	1.7
七、社会保障和就业	15914	16249	13469	102.1	20.6
八、医疗卫生	19345	20269	17062	104.8	18.8
九、节能环保	4178	5316	4852	127.2	9.6
十、城乡社区事务	4250	3321	3210	78.1	3.5
十一、农林水事务	37089	32676	28409	88.1	15.0
十二、交通运输	10294	11676	9204	113.4	26.9
十三、资源勘探电力信息等事务	5327	2650	3851	49.8	-31.2
十四、商业服务业等事务	2238	1849	3001	82.6	-38.4
十五、金融监管等事务支出	228	91	865	39.9	-89.5
十六、国土资源气象等事务	3309	679	1212	20.5	-44.0
十七、住房保障支出	2329	5403	2788	232.0	93.8
十八、粮油物质储备事务	759	779	634	102.6	22.9
十九、国债还本付息支出		429	521		-17.7
二十、其他支出	8702	94	43	1.1	118.6

常山县2013年政府性基金预算收入执行情况

表23 单位：万元

预算科目	2013年		2012年	完成预算数(%)	比2012年执行数增减(%)
	预算数	执行数	执行数		
合计	**67168**	**69775**	**31016**	**103.9**	**125.0**
一、地方教育附加收入	880	998	838	113.4	19.1
二、残疾人就业保障金收入	333	382	346	114.7	10.4
三、国有土地使用权出让收入	59200	59202	18595	100.0	218.4
四、城市公用事业附加收入	290	329	341	113.4	-3.5

续表 23

预　算　科　目	2013 年		2012年	完　成 预算数 （%）	比2012年 执行数 增减（%）
	预算数	执行数	执行数		
五、森林植被恢复费	231	210	1488	90.9	-85.9
六、地方水利建设基金收入	1300	1298	1131	99.9	14.8
七、散装水泥专项资金收入	215	291	185	135.4	57.3
八、新型墙体材料专项基金收入	194	97	59	50.0	64.4
九、福利彩票公益金收入	87	33	20	37.9	65.0
十、体育彩票公益金收入	55	98	54	178.2	81.5
十一、其他政府性基金收入	4383	6837	7959	156.0	-14.1

说明：2013 年转入基金的水资源费收入和探矿权、采矿权使用费及价款收入执行数在本表其他政府性基金中反映，分别为 57 万元和 619 万元。

常山县 2013 年政府性基金预算支出执行情况

表 24　　单位：万元

预　算　科　目	2013 年		2012年	完　成 预算数 （%）	比2012年 执行数 增减（%）
	预算数	执行数	执行数		
合　计	**95439**	**70059**	**36485**	**73.4**	**92.0**
一、教育	3038	520	2816	17.1	-81.5
1. 地方教育附加安排的支出	3038	520	2816	17.1	-81.5
二、文化体育与传媒	36	2		5.6	
1. 文化事业建设费安排的支出	36	2		5.6	
三、社会保障和就业	1979	2412	1956	121.9	23.3
1. 大中型水库移民后期扶持基金支出	1515	1876	1633	123.8	14.9
2. 残疾人就业保障金支出	464	536	323	115.5	65.9
四、城乡社区事务	72196	56142	19598	77.8	186.5
1. 国有土地使用权出让收入安排的支出	62291	50796	17867	81.6	184.3
2. 城市公用事业附加安排的支出	332	290	299	87.4	-3.0
3. 国有土地收益基金支出	1776				
4. 农业土地开发资金支出	497	246	258	49.5	-4.7
5. 新增建设用地土地有偿使用费安排的支出	7300	4800	1174	65.8	308.9
6. 城市基础设施配套费安排的支出		10			
五、农林水事务	8472	4626	5506	54.6	-16.0
1. 森林植被恢复费安排的支出	964	885	377	91.8	134.8
2. 中央水利建设基金支出	150	3	60	2.0	
3. 地方水利建设基金支出	7208	3738	5069	51.9	-27.1
4. 大中型水库库区基金支出	150				

续表 24

预 算 科 目	2013 年		2012 年	完 成 预 算 数 (%)	比2012年 执 行 数 增减(%)
	预算数	执行数	执 行 数		
六、交通运输		142			
1. 车辆通行费安排的支出		142			
七、资源勘探电力信息等事务	447	272	279	60.9	-2.5
1. 散装水泥专项资金支出	242	143	196	59.1	-27.0
2. 新型墙体材料专项基金支出	205	129	83	62.9	55.4
八、其他支出	9271	5943	6330	64.1	-6.11
1. 彩票公益金安排的支出	1243	702	464	56.5	51.3
2. 其他政府性基金支出	8028	5241	5866	65.3	-10.7

说明：2013 年转入基金的水资源费和探矿权、采矿权使用费及价款收入安排的支出执行数在本表其他政府性基金中反映，分别为 36 万元和 1230 万元。

常山县 2013 年社会保险基金收支执行情况

表 25 单位：万元

	预 算 科 目	合 计	一、企业职工基本养老保险基 金	二、失业保险基 金	三、城镇职工基本医疗保险基 金	四、工伤保险基 金	五、生育保险基 金	六、居民社会养老保险基金	七、居民基本医疗保险基金
	上年结余	52335	29275	2838	9231	506	907	4325	5253
收入数	2013 年预算数	49638	19630	1486	8826	851	414	7080	11351
	2013 年执行数	53207	21514	1476	11046	847	460	6834	11030
	完成 2013 年预算数(%)	107.2	109.6	99.33	125.15	99.53	111.11	96.53	97.17
	上年执行数	48204	20897	1435	9692	863	405	5155	9757
	比上年执行数增减(%)	10.38	2.95	2.86	13.97	-1.85	13.58	32.57	13.05
支出数	2013 年预算数	47036	20085	1310	8641	971	190	6375	9463
	2013 年执行数	50909	20896	798	9668	1130	229	5647	12541
	完成 2013 年预算数(%)	108.24	104.04	60.92	111.89	116.37	120.53	88.58	132.53
	上年执行数	40736	16190	1103	7858	897	156	5020	9512
	比上年执行数增减(%)	24.97	29.07	-27.65	23.03	25.98	46.79	12.49	31.84
	年末	54633	29893	3516	10609	223	1138	5512	3742

地方税务

【概况】 2013 年，全县地税系统组织各项收入 8.69 亿元，比上年增长 14.3%。其中，地方税收收入 4.95 亿元，增长 19.8%；基金（费）收入 3.75 亿元，增长 7.6%。

县地税局培育固有财源，组建国有公司经营石灰石矿产资源，推进钙、水泥、轴承等产业转型升级；建立入企服务长效机制，推进简政放权和审批流程再造，合力推进个转企、浙商创业创新及浙商回归等工作；开展经济税收调研，探索建立“亩产税收论英雄”等激励机制。拓展新财源，推动绿色产业体系集约集聚发展，发展新兴产业、高新产业和装备制造业，淘汰高能耗、低产出的产业，推进“生态常山”建设；支持三衢石林AAAA级景区创建，促进旅游、金融、物流等现代服务业发展。依法落实结构性减税和清费减负政策，全年共兑现涉企扶持资金6350万元、减免各类税费3829万元，促进实体经济转型发展。

县地税局加强税源分析研判，建立规模以上工业企业财务数据分析制度，监控县级以上重点税源企业485家，重点税源企业入库占全部税收收入比重达80%以上。按照“科学、合理、公平、谨慎”的原则，优化资源税管理，探索风险预警管理模式，对建安、钙类等企业实行企业所得税预警管理。编制乡镇（街道）、征收单位税收计划，建立通报制度，并纳入县委、县政府考核。加强部门协作，扩大委托代征范围，推进税收征管社会化。

县地税局推进税收执法责任制，加强行政许可和行政审批事项管理，规范税务行政处罚裁量权，落实重大案件审理制度。定期开展税收执法督察，自觉接受外部监督，落实问责制度。健全矛盾纠纷防范和化解机制，探索纳税服务投诉处理方法。严格执行税收规范性文件管理办法，做好规范性文件“三统一”工作。加强普法宣传教育，围绕“六五”普法，开展税收法制培训。

县地税局加强与国税、国土、工商等部门协作，实现数据信息共享。深化《税友龙版》应用，加强以票控税，全面推广应用网络发票。推广不动产、建筑业项目管理软件，开展存量房评税数据采集。深化“一户通”电子缴库业务，加强办税大厅、行政服务中心窗口及其他代征单位的对账监督。

县地税局健全纳税服务体系，落实办税服务厅规范化管理的各项规定，完成办税服务厅综合管理系统应用和“示范办税服务厅”创建工作。开展纳税服务志愿者、纳税人之家及“四个日”主题活动，推进“同心汇聚”纳税服务品牌建设，开展纳税服务之星考评。围绕“税收·发展·民生”主题，开展税收宣传月活动，借助“以税说事（法）”“最美地税人”等活动，提升税收宣传质效，其中，“微系列”税法宣传、咨询服务活动，被评为全省税收宣传月活动创新项目，税收动漫公益短片《税收之火》获得全省地税系统第三届“以税说事（法）”税收动漫大赛三等奖。

【规费征收】 2013年，县地税局单设规费管理科。加强与县社保部门“多险合一”系统联网，推进“五费合征”，完善灵活就业人员社保缴费业务“一站式”服务。完善社会保险缴费登记，将行政区域内的各类企业纳入社会保险费征缴范围，减少漏管漏征户，企业社会保险缴费登记率达94.2%，企业社会保险费申报率全年平均值为94.3%，五项社会保险费征缴率均达到95%。全年社保基金（费）收入3.75亿元，增长7.6%，规费收入保持持续稳定增长。

【税务稽查】 县地税局按照“打击与建设相结合、治标与治本相结合”的原则，把握稽查工作方向、进度、力度，发挥稽查震慑作用，打击税收违法，促进税收征管，规范税收秩序。重点开展对多年未查的工业企业、商贸企业；房地产业及相关企业、建筑安装业；采掘业（石灰石、叶蜡石等开采销售）；高污染高能耗企业（钙类、制砖、选矿等）；金融、证券业；医药及电信通讯等行业的检查。2013年，对70多户企业开展税务稽查，查补入库收入417万元。

附：税收特点和税源分析

【税收特点】 ①税收收入持续平稳增长，三大主税种“两升一降”。其中，营业税、企业所得税、分别比上年增长22.7%、18.6%，个人所得税下降5.8%。小税种除资源税外，其他均实现不同程度增长。②收入结构持续优化。地方税入库41578万元，增长23.4%，地方税比重达83.9%，在连续7年保持七成以上较高水平的基础上，2013年又突破八成，继续保持全省领先水平。③耕地占用税和契税增长较大。耕地占用税本期入库4752万元，增长97.4%，增收2345万元。耕地占用税是2013年全县地税税收增长的主要因素。契税受“国五条”宏观调控政策影响，一手房、二手房成交数量明显放大，契税入库4308万元，增长29.0%。

【税源分析】 1. 营业税入库1.74亿元，比上年增长22.7%。增收原因：①建筑业重大项目开工建设较多。营业税增长较快，入库6860万元，增长38.3%，增收1898万元；②房地产业受“国五条”调控影响，无论是一手房还是二手房成交量都放大。全年入库6336万元，增长64.9%，增收2493万元，成为营业税增收的最主要原因；③金融业营业税稳定增长，入库971万元，增长24.2%，增收189万元。主要是县农村信用合作联社不断做大和新引进的县联合村镇银行、温州银行常山支行增收等。

2. 企业所得税入库4079万元，增长18.6%。增收因素：从行业入库上看，建筑业采取核定征收，同期项目结算入库较多，入库1532万元，增收599万元；房地产业受调控影响，成交量放大，企业利润增长，入库1350万元，增收1062万元，是最大的增收因素。制造业等实体经济未有好转，企业利润下降，所得税减收1323万元。

3. 个人所得税入库3897万元，下降5.8%。减收因素：分项目看，利息、股息、红利所得入库587万元，减收479万元，是下降的主要因素。其中，虎跃水泥公司减收314万元，精密机械减收140万元，两家公司合计454万元；工资、薪金所得入库1193万元，增收76万元；个体工商经营所得入库1316万元，增收342万元；劳务报酬所得入库209万元，增收49万元。

4. 其他税收入库2.42亿元，增长24.0%。总体实现增长，但各税种走势不一：资源税减收284万元，下降9.3%，主要是水泥行业保价限产，石灰立窑和轻钙行业整治造成石灰石开用量减少而减收。城市维护建设税增收599万元，增长27.1%，主要是增值税和营业税的增长。房产税增收222万元，增长13.8%，属正常增收。城镇土地使用税增收204万元，增长5.7%。其中，衢州市山海投资有限公司自查补税68万元。印花税增收108万元，增长14.4%。土地增值税增收328万元，增长14.9%，主要是房地产业受政策影响增收较快，其中，成坤房开公司增收306万元，贝林房开公司增收196万元，谷茂房地产公司增收138万元，安厦房屋开发公司增收125万元。车船税增收91万元，增长24.9%，主要是执行新车船税法征收标准增收。耕地占用税增收2345万元，园区报批工业用地入库增长，而同期基数较小，增长97.4%。契税增收969万元，增长29.0%，主要是房地产业成交量放大。

（毛小勇）

国家税务

【概况】 2013年年底，常山县国家税务局（简称“县国税局”）在编干部职工90人，其中，国家公务员85人，机关工人5人；离退休干部32人。内设机构有12个科室，即办公室、人事教育科、监察室、机关党委办公室、政策法规科、税源管理一科、税源管理二科、税源管理三科、税源管理四科、征收管理科、收入核算科、纳税服务科；直属单位1个，即稽查局；事业单位1个，即信息中心。2013年，县国税局坚持“应收尽收、应退尽退、坚决不收过头税”的组织收入原则，组织国税收入47292万元，比上年增收3256万元、增长7.39%，完成年度收入计划的106.33%。落实增值税免税销售收入66324万元，固定资产、设备抵扣增值税5829万元，福利企业、工疗机构增值税先征后退887万元，资源综合利用企业减免退税2596万元，出口退税5030万元。开展资源性行业税收专项整治，对全县164家资源开采、加工、经营销售、使用企业进行检查，查补收入150多万元。对45家涉及成品油发票异常企业开展专项检查，抓好虚开增值税专用发票案件的检查，全年共对15户企业进行立案检查，累计入库查补收入721万元。组织专题政策宣讲会、入门辅导会、“营改增”政策宣讲会等宣传会8场，税收管理员定点联系企业180余户。

是年，县国税局通过全国“巾帼文明岗”、省级文明单位、省级青年文明号、省一级档案管理的复评；管理创新项目《建立全局联动机制提高预算执行效率》被省国税局评为优秀项目；管理创新工作、打击发票违法活动工作分别荣获省国税局集体嘉奖；局办税服务厅被认定为浙江省国税系统标准化办税服务厅；办税服务厅、稽查局被评为市级群众满意基层站所（服务窗口）；纪检组被评为县纪检监察系统先进集体；驻行政服务中心国税窗口被评为“红旗窗口”，国税分中心被评为“先进分中心”。姜治水、刘基清、徐建华、徐之明获市国税局三等功。

【“营改增”试点改革】 2013年，县国税局按照省、市国税局“营改增”试点工作的统一部署，做好“营改增”试点政策、业务的培训和宣传，辅导纳税人做好申报、抵扣、缴税等各项业务。推进广播影视行业、邮政和铁路运输业“营改增”试点扩围工作。至年底，“营改增”试点纳税人户数438户（包括临时开票户），正式办理税务登记的有188户，其中，企业109户、个体79户，累计组织“营改增”增值税1683万元。

【接受省国税局巡视执法督察】 2013年，县国税局先后接受省国税局巡视办、督察内审处的延伸巡视督查，对综合工作、业务工作等进行全面自查和整改；根据巡视督查组的反馈意见，对相关问题进一步开展落实整改。

2013年度全县国税主要税种征收情况

表26 单位：万元

序号	税 种	税 额
1	增值税	35410
2	消费税	26
3	企业所得税	9914
4	存款利息个人所得税	2
5	车辆购置税	1940
	合计	47292

2013年度全县分经济类型国税征收情况

表27 单位：万元

序号	企业类型	税 额
1	国有企业	3875
2	集体企业	19
3	股份合作企业	2533
4	股份公司	24110
5	私营企业	11807
6	外商投资企业	238
7	港澳台投资企业	1956
8	其他企业	218
9	个体经营	2536
	合计	47292

（余 鑫）

金融·保险

银行业综述

2013年，全县金融机构围绕“奋力追赶、科学跨越”总要求，以实现经济增长速度和结构质量效益相统一为目标，以贯彻落实稳健货币政策为主线，开展“金融支持实体经济深化年”活动，发挥金融资源配置作用，强化落实金融支持实体经济的各项举措，确保资金流向实体经济，着力解决县域实体经济融资问题；深化“普惠金融推进年”活动，推动金融服务民生工作深入开展。全年共走访企业435户，发放贷款逾9.30亿元，走访“一村一品”农户81户，支持有困难农村经济组织71家，发放贷款0.32亿元。全县金融机构为“融资难”企业量身定做“一企一策”发放贷款1.80亿元，全县金融机构为55家企业追加贷款2.10亿元，企业融资难得到有效缓解。全县金融机构利用常山县春季人力资源招聘会，通过挂横幅、设展板、发放宣传资料、咨询等形式开展金融知识宣传。发放支付结算等各类宣传资料3000余份，接受咨询解答1000余人次，观看展板超过万人。依托银行卡助农服务点开展反假货币宣传，先后组织服务点300余人次，通过现场讲解、群众提问、播放反假宣传片及案例等形式组织培训20多次。金融服务实体经济发展的工作得到县长毛建国批示：“县人行深入企业调研、帮助，作风实、成效明，值得肯定。望继续指导各金融机构加强服务、合作共赢、积极有为。”全县金融机构本外币各项存款余额127.17亿元，比年初增加21.62亿元，比上年增长20.48%；本外币各项贷款余额105.08亿元，比年初增加16.46亿元，增长18.57%，存贷款总量创历史新高。

【列入省级金融创新示范县试点】 2013年，全县金融机构不断推陈出新，在全市率先被列入“省级金融创新示范县”试点，就企业普遍反映的“抵押难”和“周转难”问题，在县人行的指引下，有针对性地开展金融创新。创新还款方式，推出转贷“无缝对接”；创新信贷产品，开办“家庭农场信用贷款”，综合授信额度50万元~500万元；创新新型主体评级，对全县156家家庭农场开展信用等级评定，评出81家星级家庭农场，综合授信金额0.95亿元；创新利率优惠，在原有利率优惠基础上推出利率再优惠。推出股权反担保质押融资，盘活存量资本，全年发放股权反担保质押贷款12笔，金额0.26亿元。创新“抵押物余值项下信用贷款或二次抵押贷款”，为符合条件的4家小企业办理0.11亿元的抵押物余值项下信用贷款支持。开办票据融资业务，盘活企业存量资金，全年金融机构票据融资余额1.47亿元。

【农村支付体系建设】 2013年，全县增加POS机602台，比年初增64%，总量1549台；增加ATM30台，比年初增加29%，总数134台。单位网银开通0.32万个（基本户开户单位总数为0.41万个，单位网银开通数占基本户总数的78%），个人网银开通14.17万个，分别比年初增加100%和93%，交易量分别比上年增长4.7%和90.6%。通过劳动竞赛，推进刷卡无障碍示范区建设，向上级行申报网上支付示范区5个，完善了农村支付体系建设。

【“普惠金融推进年”活动】 2013年，全县开展创建“一村一品”金融服务示范点。创新“公司+农户+银行”小额支农信贷模式，以与常山温氏畜牧养殖有限公司及其合作的养殖户开展业务为主，全年支持温氏公司合作农户58户，累计发放贷款800万元。“一村一品”初具规模。市级重点创建村，以3个专业乡镇为中心，15个特色村为集群；县级重点创建村，共有57个创建点，范围涵盖种、养殖业，农产品、来料加工业等。与县农办协作在全县选取5个村作为“一村一品”手机支付示范点创建。开展“普惠金融”宣传，开展“6·14”信用记录关爱日宣传咨询活动，发放宣传资料2600余份。制定《征信业管理条例》专项宣传活动方案，组织金融机构悬挂宣传横幅、运用电子屏滚动播放征信宣传口号、上街宣传咨询等活动。配合上级行开展“学条例、讲诚信”专题征文、图片工作。举办6期反假货币、反洗钱和支付结算业务培训，提升辖内金融机构人员的业务素质。开展9期有关业务培训，参训人员400多名，组织账户管理员和反假资格证考试7场。开展中小学生义务宣传队培训、银行卡助农服务进千家万户活动，在寒假期间完成2万份银行卡助农服务资料发放。

2013年常山县金融机构本外币存贷款余额

表28

机构名称		存款		贷款	
		年末余额（万元）	比年初增长（%）	年末余额（万元）	比年初增长（%）
全县金融机构		127.17	20.48	105.08	18.57
中其	农发行	1.94	61.17	7.04	20.52
	工商银行	20.97	11.17	17.82	2.53
	农业银行	14.78	6.49	10.67	13.45
	中国银行	10.09	14.17	13.00	17.70
	建设银行	15.22	12.70	12.56	23.84
	农村信用社	41.66	24.20	30.80	23.88
	邮政储蓄	8.64	11.78	2.44	-7.34
	村镇银行	5.27	36.40	7.14	23.19
	泰隆银行	3.05	54.35	2.38	58.67
	温州银行	0.93	100.00	1.22	100.00

中国人民银行常山县支行

【概况】 2013年，中国人民银行常山县支行（简称“县人行”）认真贯彻落实全国金融工作会议和上级行工作会议精神，围绕“固本强基、细化管理、突出特色、协调发展”的总目标，以贯彻落实货币政策为主线，加强窗口指导和信贷政策引导，推进金融服务的创新和提升，完善资金投向结构，争取政策满足企业信贷需求，大力支持实体经济转型升级。召开“常山县银企对接暨金融政策通报会”，邀请相关经济部门、40余家各类企业参会。县辖9家银行业金融机构与25个县重点项目签订银企合作协议书，协议信贷金额13.30亿元，签约项目涉及主导行业、传统行业及新兴行业。利用金融联席会、季度信贷例会、银企座谈会等有效平台，健全政银企三方交流机制，货币政策传导的有效性得以有效提高。主动对接发改、经信等部门，积极向上级行争取政策和资金支持各类重点项目。全年安排支持各类重点大型项目19个，授信额度19.13亿元，实际投放贷款9.19亿元，有效保障县域一批在建、续建、新建项目的资金需求。加强与新闻媒体的交流合作，县人行在《今日常山》报上开辟金融宣传专栏，及时报道常山金融支持县域经济具体做法。创新进市场、进农村、进企业的“三进”金融宣传。

【金融消费维权】 2013年8月，常山县成立以分管副县长为组长的“常山县金融消费权益协调保护领导小组”，下设协调维护中心，领导小组下设“常山县金融消费权益协调维护中心”，由县人行负责日常管理工作。10月，“常山县金融消费权益协调维护中心”正式揭牌。县人行邀请中国人民银行衢州市中心支行有关职能部门的专业人士为辖内金融机构约50人开展金融消费权益知识讲座。至年底，辖内各金融机构均已成立金融消费权益保护领导小组。

【政策支农力度加大】 2013年，积极争取支农再贷款额度，增强涉农金融机构支持“一村一品”、专业合作社、家庭农场等支农能力。为两家涉农金融机构争取支农再贷款1.25亿元，全年发放支农再贷款9笔，金额2.70亿元，总余额达1.45亿元。执行下调存款准备金率政策，鼓励两家涉农金融机构加大对“三农”和中小企业的信贷支持，增加可贷资金近0.50亿元。加大“三农”扶持，全年涉农贷款达73.95亿元。引导全县金融机构支持“家庭农场”和“个转企”发展，全县金融支持“个转企”217家，达成融资意向1.27亿元；支持“家庭农场”224家，综合授信0.51亿元。

【基础金融服务加强】 2013年，温州银行入驻常山。县人行履行“两管理、两综合”职责，在开业前后积极沟通，及时开展开业对接前期指导。密切与上级行请示沟通，做好金融管理和服务项目准入的对接，为新设机构的运行和规范化管理提供保证。开展综合执法检查，对中国建设银行股份有限公司常山支行和浙江泰隆商业银行常山支行开展综合执法检查；对常山县农村信用合作联社开展支农再贷款和票据兑付后续监测考核检查；对两家法人金融机构开展年度稳健性考核检查。

【国库管理】 县人行根据国库岗位内控制度要求，制定《常山县国库会计岗位标准化方案》，对各岗位重新进行设置、对国库会计核算业务流程进行分拆再造。组织国库业务内部培训9次、内控风险点分析5次、国库会计岗位标准化讨论学习2次，帮助每位国库人员掌握易出现错误的环节和操作方法，国库核算规范性由刚开始的92%提升到99%，业务差错率大大降低。利用国库专项检查与业务检查相结合的方式，对集中收付代理银行、国库经收处等开展依法行政检查。针对检查中发现的问题责令限期整改，严格对代理银行实行考核奖惩，确保监管工作得到实效。根据《代理国库业务考核办法》等考评办法，对辖内各银行业金融机构代理国库业务工作各方面工作进行考评，提升金融机构国库管理水平。

【党风廉政建设】 2013年，县人行狠抓内部监督，完善党风廉政建设责任制，行领导与股室负责人、员工层层签订廉政责任书。班子成员加强对分管部门党风廉政建设的检查监督，促使全行员工牢固树立廉政风险意识。在开展对银行业金融机构依法检查前，组织检查组成员进行党风廉政教育，严肃检查纪律，防范违规行为。落实“廉政风险防控”，完成风险点梳理、制定岗位廉政风险指南、职权目录等工作。围绕“权、钱、人”等重点环节，加强从源头治腐力度。开展行风建设和效能建设，严格执行中央“八项规定”和省委“六个严禁”等有关规定，严防行风建设违规行为。加强公务用车管理，完善公务用车制度，杜绝公车私用。加强廉政文化建设，开展廉政风险主题教育实践活动，组织全行员工观看《警戒线》等录像片。坚持纪检监察职能作用，全过程监督年内提拔任用的一名中层干部，确保透明、规范操作。

（王日文）

衢州银监分局常山办事处

【概况】 2013 年，中国银行业监督管理委员会衢州监管分局常山办事处（简称“县银监办”）按照管风险、管法人、管内控、提高透明度的要求，围绕“严守监管底线、服务实体经济”的主基调，开展“提升信用品质、服务实体经济”及“小微金融服务宣传”等主题活动，督促银行优化信贷结构，创新信贷产品，推进金融支农支小。加强对法人机构的监管，做好机构引进、管理、服务和农村网点优化工作。整顿银行业金融机构不规范经营，督促提升风险防范水平。做好来信来访工作，维护好辖内金融秩序，提升银行业服务质量和效率，促进辖内经济金融的平稳健康发展。至年末，全县金融机构各项人民币存款余额 127.03 亿元，比年初增加 21.63 亿元，增幅 20.52%；各项贷款余额 105.02 亿元，比年初增加 16.55 亿元，增幅 18.71%；余额存贷比及新增加存贷比分别达 82.67%、76.51%；存贷款增速位列全市第一。

督促辖内银行加大小微企业金融倾斜力度，完善小微企业金融服务。会同县政府相关部门研究制定《金融支持“个转企”提升发展意见》政策文件，助推县域金融机构支持“个转企”转型发展工作。全县 114 家“个转企”企业共获得银行融资 5900 万元。推进信用贷款和还款方式创新，实现小微企业贷款到期与续贷的无缝对接。截至年底，两家法人机构信用贷款余额 1970 笔，1.5 亿元；无缝续贷贷款 81 笔，余额 1.56 亿元。

深化涉农基础金融服务建设。引导村镇银行下沉服务重心，稳步向中心乡镇铺设分支机构，批准在青石、芳村新设两家支行；支持常山农村信用联社规范设立微贷中心、农村地区金融服务基础设施等，布设农村乡镇助农服务点 207 个、在行式 ATM39 台、离行式 ATM7 台、便民自助终端 5 台，村级金融便民服务中心覆盖面率达 100%，基本实现农村金融服务全覆盖。优化金融支农政策环境。加强与涉农主管部门沟通联系，落实国家强农惠农有关政策。推广农民专业合作社贷款、林权抵押贷款（法人机构 603 笔，余额 7210 万元）和农村青年创业贷款等涉农信贷新产品，做好小额保证保险贷款（37 笔，余额 1126 万元）试点情况调研，提出相关对策。开展“送金融知识下乡”活动，督促和引导银行加大“三农”信贷倾斜，实现两家法人机构涉农贷款“两个高于”的目标。

【法人机构日常监管】 2013 年，县银监办采取“一行一策”措施，做好常山农村信用联社、常山联合村镇银行两家法人机构的日常监管工作。把控监管重点，督促常山农信联社提高资本充足率，督促村镇银行关注流行性比例等。督促各银行开展全面风险大排查、一把手排查活动，布置常山农信联社开展EAST疑点数据自查工作；对常山联合村镇银行开展全面现场检查，对经营中发现不合规问题予以纠正。对被检查单位下达现场检查意见书，对检查的问题责令予以纠正。

【金融机构管理与服务】 2013年，县银监办做好对常山农信联社、常山联合村镇银行、工商银行常山支行、中国银行常山支行、建设银行常山支行、泰隆银行常山支行等6位拟任高管人员的任职资格考察或谈话。做好辖内金融机构的合理布局，完成常山农信联社城关分社升格、建行常山支行城区分理处升格、邮储银行常山西门支行迁址更名验收等初审工作。推进商业性银行机构引入、农合机构和村镇银行网点下沉，布设银行自助设备、自助银行、农村金融服务点、金融便民服务中心等工作。2013年6月，批准温州银行常山小微企业专营支行开业。

【来信来访核查和处理】 2013年，县银监办对辖内银行金融机构房产抵押登记付费情况进行快速调查，并与县工商局进行沟通，叫停银行违规做法。联合公安等部门对全县银行机构网点进行年度安保检查，确保银行网点安全，防止案件发生，保障存款者利益。会同公安部门开展两年一次的金融机构安全评估工作。做好来信来访核查、处置工作，全年接办完成4件。

【辖内银行业金融机构案件防控】 2013年，督促银行业机构做好金融服务和应急预案，研究客户参与民间借贷行为的识别方法，强化企业资金链、担保链的风险防控，建立健全银行与非法集资、高利贷、金融传销、民间融资等领域的"防火墙"，严防风险传染。

（曾锦康）

中国工商银行股份有限公司常山支行

【概况】 至2013年年末，中国工商银行股份有限公司常山支行（简称"常山工行"）各项本外币存款余额21.16亿元，比年初增加2.28亿元；余额四大国商行占比达34.54%，新增额四大国商行占比达37.13%。年末各项本外币贷款余额17.82亿元，余额四大国商行占比达32.97%。年末不良贷款率1.88%。全年实现拨备前利润7936万元。常山工行与浙江天子果业有限公司等3家企业签订银企合作协议，为企业提供融资支持5200万元。针对网络诈骗、电信诈骗等新动向，加强员工业务培训，提高与客户沟通能力，提升防诈骗的技能，全年共制止3起诈骗事件，为客户避免损失1.2万元。

是年，常山工行团支部被浙江省分行评为2012年度五四红旗团支部，常山工行麦田爱心志愿者服务小组被浙江省分行评为2012年度优秀青年小组，常山工行营业场被衢州市分行评为2012年度"最放心网点""红五月"服务提升月活动优胜单位，常山工行青年柜员代表队在衢州市分行组织的青年柜员业务技能比赛中获得综合团体第二名。

【常山工行办理首笔工银聚业务】 2013年3月15日，浙江开拓休闲家具用品有限公司获准入驻工商银行工银聚电子商务平台。这是常山工行办理的首笔工银聚业务，也是常山县金融业的首创。这项业务可以满足传统品牌渠道商与销售终端在商品流通过程中库存、运输、展示、零售、服务等环节的信息协同及电子化管理的需要，并通过增值服务体系及网上销售体系的联合应用，实现品牌渠道及整个销售渠道线上线下相结合的商业模式，是一种全新的电子商务云平台。工银聚为企业建立了专一门户的“精品专卖店”，可依托工商银行强大的品牌优势为其做免费宣传。

【常山工行办理首笔易保贷业务】 2013年4月15日，浙江华硕钙业有限公司获准发放易保贷100万元，这是常山工行办理的首笔易保贷业务。易保贷是工行浙江省分行结合全省小微企业众多、有融资需求但又缺乏有效足值抵押物的实际情况而推出的特色产品。该产品通过小额贷款保证保险的新型保证方式，如客户通过投保保险，银行与合作的保险公司即可为企业提供融资业务，银行与保险公司按一定比例承担贷款损失的风险，客户无需提供贷款抵押物，从而突破小企业抵质押和传统担保的限制，一定程度上破解小企业担保难题，减轻企业负担，有效解决企业的融资难题。

【抵押物余值项下小企业信用贷款业务】 2013年7月，常山工行创新推出抵押物余值项下小企业信用贷款，为浙江开拓休闲家具用品有限公司发放抵押物余值项下小企业信用贷款400万元。该项业务是使用抵押物价值中超出折率的部分（余值）进行抵押，从而发放贷款，使得抵押物的价值能100%得到利用，为破解小企业融资担保难题提供了新的解决方案。

【常山工行渠道建设】 2013年，香樟嘉苑及小东门24小时自助银行服务网点相继投入使用，常山工行在分流柜台业务、改善客户服务、减轻柜面压力等方面的服务力、辐射力、影响力和带动力进一步提升。

【常山工行客户服务体验】 2013年，常山工行成立由10名常山工行员工组成的服务体验员队伍，从客户的角度深入到网点及他行体验服务，查找服务中存在的问题及差距，对金融产品改进和创新收集信息和建议。全年共征集上报服务金点子8个，为流程改进和产品优化提供良好的建议。

【常山工行服务积分制管理】 2013年，常山工行完善服务考核机制，强化监督检查措施，对全行服务窗口进行服务积分排名，并与上年度排名对比，评选星级员工，设立“最快进步奖”，扩大激励面，提升整体服务水平。同时，将服务排名作为员工岗位晋升和职务晋升的重要因素，全年共收到“95588”表扬工单41次。

【常山工行“惠企便民”活动】 2013年，常山工行组织业务人员深入企业、机关、社区、农村举办职场营销，为客户提供办理工资卡、启用公务卡、网上银行现场指导、农村理财、养生讲座、出国留学服务等服务项目。组织大学生开展暑期社会实践活动，在7—8月组建了一支10人左右的宣传队，前往农村、机关、社区等开展网上支付、手机支付等新型电子支付业务宣传活动，送金融服务到社区、机关、企业、乡镇等。

（赵丽雅）

中国农业银行股份有限公司常山县支行

【概况】 2013年，中国农业银行股份有限公司常山县支行（简称“县农行”）机关设有综合管理部、风险管理部、公司业务部和个人金融部，营业机构有县农行营业室、红旗街分理处、芳村分理处。在全县设有4个24小时自助银行，配有自动取款机（ATM），存取款一体机，自助转账机等自助设备25台。年末，县农行各项存款余额147834万元，比年初增加9010万元；其中，对公存款比年初增加11839万元，个人存款比年初下降2829万元。

对公存款日均增量全市农行系统排名第二的好成绩。各项贷款余额106727万元，比年初增加12650万元。实现拨备后利润4719万元。完成中间业务收入987万元。不良贷款余额为437万元，比年初下降57万元，贷款不良率0.41%，法人贷款持续保持零不良。

县农行出台《2013年个贷发展考评办法》，优先考虑客户经理配置，优先考虑个人生产经营性贷款、个人助业贷款和小微企业贷款投放。支持赵家坪农民安置房建设工作，全年共放发农户购户贷款125笔，金额1600多万元。5—6月，开展小企业服务月活动，在芳村、球川等集镇开展“送金融进社区”“送金融进农村”等专题现场业务咨询活动；由分管副行长带队，走访企业20多家，了解企业金融需求，全年新增小微企业贷款户6户，发放贷款2000多万元。

县农行认真梳理全行的中间业务产品，对新发生的贷款、理财业务等服务收费情况开展自查，规范收费行为，清退不合理收费。全年让利企业100多万元。通过全员营销，促进中间业务的稳定发展，做好理财产品组合营销，积极与证券、基金、保险等公司开展合作。在全部网点设置防范电信诈骗的提示牌，提高客户安全意识，全年共阻止7起因客户不明真相而到县农行网点汇款的电信诈骗案件，挽回客户经济损失2万多元。

【基础管理与风险防控】 2013年，县农行深入开展信贷、运营和财会三大领域精细化管理，做好风险防控，不良贷款余额和贷款不良率保持四大行低位。开展员工参与经商办企业、民间借贷和非法集资“三项治理”活动，多次进行“员工行为排查调查问卷”。加强信贷管理，防止不良反弹。实行“一会一看一问”制，“一会”即按每周一召开信贷管理例会，按周进行业务营销及风险防控的布置；“一看”即客户经理按月到企业车间进行现场察看，掌握第一手的资料；“一问”即支行按季开展贷后管理专题会议，对客户经理进行询问。加强党风廉政建设和案防工作。

【提升员工业务素质和技能】 2013年，县农行多次组织员工进行商惠通、基金定投、手机银行等零售产品培训，提升网点员工的业务素质，提高营销能力。二是注重系统应用培训。针对县农行个人贵宾客户管理工作基础较为薄弱和网点经理对于CFE、PCRM等系统工具的应用不熟练、意识不强的情况，县农行邀请兄弟行的专家为网点经理提供小班化培训。开展运营主管、个人客户经理、大堂经理、理财经理四种重要岗位的公开竞聘和选拔，加强专业人才队伍建设，提高网点重要岗位人员的履职能力。通过晨练、晚练，加强柜员基本功训练。在全市业务技术擂台赛上，县农行年轻的一代选手取得阶段第一、团体总分第二的好成绩。

（季雨根）

中国建设银行股份有限公司常山支行

【概况】 2013年年末，中国建设银行股份有限公司常山支行（简称“常山建行”）实现拨备前利润4469万元，完成计划的110.15%。本外币一般性存款余额152323万元，比年初新增16898万元，新增当地四大国商行占比达28.4%；其中，对公存款余额98389万元，比年初增加12679万元，新增当地四大国商行占比达24.44%。储蓄存款余额53934万元，比年初新增4219万元，新增当地四大国商行占比达55.26%，一般性存款、对公存款、储蓄存款新增当地四大国商行占比均居第二名。各项本外币贷款余额125601万元，比年初新增24180万元，新增当地四大国商行占比达39.79%，居第一名。其中，对公贷款余额

71822万元，比年初新增10111万元，新增当地四大国商行占比达80.83%，居第二名；个人贷款余额53779万元，比年初新增14069万元，新增当地四大国商行占比达29.15%，居第二名。不良贷款余额80万元（考核口径），不良贷款率0.06%，常山建行的不良贷款额和不良贷款在全市建行系统最低。提升物防、技防、人防水平，全年实现零案件、无重大风险事件、无重大违纪违规行为、无重大安全生产事故、无群体性事件。

常山建行积极参与“双十”专项行动、“三进三到”活动和“我为企业加油”活动等，开展“提升信用品质普及金融知识万里行”“第二届小微企业金融服务月”“提升信用品质、金融知识进万家”等活动。加强与县中小企业担保公司的合作，主动为小微企业牵线搭桥，解决担保难融资瓶颈，有效发放贷款，帮助企业渡难关，全年新拓展企业贷款客户8户，新增贷款14170万元，对存量21家企业新增贷款8040万元。

支持地方重大建设、城镇化建设，服务大项目融资。全年完成常山一中迁建项目2亿元的额度授信审批工作；常山县低丘缓坡有限公司3亿元项目贷款获批，实现投放1亿元；完成浙能常山天然气项目7亿元固定资产贷款的审批。

是年，常山建行行长孙晖波荣获2013年常山县“项目功臣”荣誉称号，受到县委、县政府的通报表彰，成为唯一获此殊荣的县域金融机构主要负责人；王怡荣获2013年度常山县“年度榜样”荣誉称号，成为全县金融系统唯一获此殊荣的员工。

【国际结算业务】 2013年，常山建行国际结算业务快速发展，累计完成国际业务结算量4160万美元，比2012年增加1944万美元，增幅达46.73%，四大国商行占比达30.01%，比2012年提高12.89个百分点，系全市建行系统内唯一结算量与市场份额占比双提高的支行。

【常山建行渠道建设】 2013年，完成县城人民路和文峰路自助银行的选点和装修开业工作，定阳北路自助银行装修有序推进。营业部装饰改造工作全面启动并顺利完成，装修一新的营业部成为衢州建行系统内设计合理、功能齐全的形象网点。电子银行、手机银行业务全面推进，以“开门红”旺季营销活动和专项营销活动为契机，以电子银行和手机银行等业务拓展为突破口，组建团队深入各目标单位面对面宣传推介、现场签约、即时激活。至年末，常山建行自助渠道交易量比达67.74%，比年初提高4.05百分点；电子渠道交易量比达28.05%，比年初提高4.76个百分点。

【学雷锋传递正能量】 在毛泽东主席“向雷锋同志学习”题词发表50周年前夕，常山支行团支部和工会联合倡议，为常山县患“白血病”的困难小朋友王郑杰和徐铁柳举行捐款活动，得到全行员工和团员青年的积极响应，3月5日、6日两天时间有47名员工捐款共计3922元，并通过县慈善总会或当面转交到患者手中。

（施唐荣）

中国银行股份有限公司常山县支行

【概况】 2013年，中国银行股份有限公司常山县支行（简称“常山县中行”）在公司信贷投放方面坚持有保有压的原则，客户及行业授信结构持续优化，在公司客户实现较快增长的同时，主动退出非不良类客户3户。拥有授及客户数量107户，比年初增加7户，其中，大公司客户增加1户、中小企业客户增加6户，公司客户数和贷款余额在常山四大行中位列第二。至年末，常山县中行人民币各项存款余额

100251万元，比上年增加12939万元，增长14.826%；人民币各项贷款余额125817万元，比上年增加17947万元，增长16.64%；实现本外币净利润2688万元，人均创造净利润61万元。中小企业新增贷款余额占比41%，小企业贷款余额占比上升近1个百分点；政府背景类贷款余额新增11300万元，占比较年初上升12个百分点，有效地缓解了财政性存款压力；个人贷款比年初增加6230万元，增长32.96%，且个人贷款不良控制较好，全年实现0不良。坚持不懈地抓好内控管理工作，通过合规经营，确保支行全年无案件及重大差错。全年共上报重大突发事件5起，涉及授信金额5318万元，已妥善处理4起，通过现金清收等方式，化解风险隐患3340万元，正在处理过程中1起，金额1978万元。

（叶剑明、刘忠民）

中国邮政储蓄银行常山县支行

【概况】 2013年，中国邮政储蓄银行常山县支行（简称“县邮储银行”）开展民主评议行风活动“回头看”工作，推进行风建设；开展“合规大讨论”活动，倡导合规文化；加强劳动纪律管理，推进效率建设和队伍建设；加强资产质量管理，提高风险管理和市场经营能力。组织员工参加省分行柜员标准化培训，组织员工羽毛球比赛、歌咏比赛及气排球比赛等。推进邮储阳光行动，加大信贷投放，助农支小，继续加大涉农信贷业务，服务实体经济和农村经济，加强业务信息员队伍建设工作。招贤镇支行通过团县委“青年文明号”复评验收，营业部通过“群众满意基层站所”复评验收。招贤镇支行被邮储银行浙江省分行授予“明星团队”称号，一名员工被邮储银行衢州市分行评为优秀党员。年末，县邮储银行各类存款余额8.65亿元，新增发卡18347张，结存卡户数119180户，POS消费金额3932.46万元，代理理财业务8165.2万元，代理保险5827.39万元，代销基金755.35万元，国债372.05万元；全年累计发放贷款2.33亿元，贷款结余38539万元。至年底，县邮储银行从业人员数45人，包括在职教育学历全部达到大专及以上。县邮储银行被衢州市公安局和衢州市社会治安综合治理委员会办公室评为“衢州市治安安全先进单位”。

【拓展业务】 3月，县邮储银行公司业务系统版本升级，业务处理能力进一步提升。电子银行业务取得较快发展，个人网上银行新增6821户，结存20226户，累计账户类交易52176笔，交易金额12562.55万元；手机银行新增7353户，累计账户类交易25985笔，交易金额2394.17万元。11月，县邮储银行招贤支行举办理财沙龙活动。至12月底，县邮储银行全年累计发放小额贷款1368万元、个人商务贷款19242.50万元、综合消费贷款2789.30万元；小企业累计放款30923万元，贷款结余14515万元。

【金融服务创新】 5月，推出二手房业务；11月，推出小额保险保证业务。银行卡助农服务功能在小额取现基础上增加了结算支付功能。8月，出资协办“2013年常山县第三届邮储银行杯中职学生技能大赛暨常山县职业中专第六届技能节”，支持青年学生职业技能成才工作。9月，开展银行业金融知识宣传服务月活动。10月，在杭金衢高速服务区更新投放两台自助取款机，提升离行金融服务能力。10月28日，举办常山县政、银（邮储）、企对接会，扩大业务影响。

【企业管理】 2013年年初，开始实行业务生产与行政办公计算机网络分网运行。5月，开始施行信息工作考核办法。9月，根据省、市分行的统一部署，完成县邮储银行内部机构改革工作。11月，组织对网点窗口服务实时状态点评，推进服务优化。4月、10月共组织两轮优秀劳务工转聘为合同工工作，共有3人的用工形式由派遣制转为合同制，派遣制人员占比由最高的58%降为40%，企业人力资源进一步优化。

（王柯文）

中国农业发展银行常山县信贷组

【概况】 2013年年末，中国农业发展银行常山县信贷组各项贷款余额70425万元，比年初增加11989万元，增幅20.52%；各项存款余额19431万元，比年初增加7375万元，增幅61.17%；实现中间业务收入56.41万元，比上年增加10.01万元，增幅21.55%；银行承兑汇票余额150万元。全年累计发放各项贷款37192万元，累计签发银行承兑汇票2370万元，无不良贷款和应收未收利息。

（陈蓓红）

常山联合村镇银行股份有限公司

【概况】 2013年，常山联合村镇银行股份有限公司（以下简称“常山联合村镇银行”）有员工83人，设综合管理部、合规风险部、运营管理部等3个管理部门，设客户一部、客户三部两个业务部门，在球川镇设立1家支行。通过兴业银行的系统平台，接入大小额支付系统、县域金融城域网、银行承兑汇票、查询查复业务等。截至12月31日，全行各项存款余额5.27亿元，各项贷款余额为71366.12万元，比年初增加13433.88万元，增幅为23.19%；信贷客户数801户，比年初增加606户。累计发放涉农贷款69442.11万元，占比97.3%；发放小微企业贷款50571.07万元，占总贷款额的70.86%；累计发放小微企业贷款144227.93万元。全年实现营业收入6758.05万元，贷款减值损失3450万元，营业开支4902.23万元，税前利润2930.38万元，净利润2218.39万元，年末净资产78283.36万元；共引进县外资金1.43亿元，其中，向人行申请支农再贷款资金3000万元，向杭州联合银行拆借资金1.13亿元。至2013年年末，不良贷款余额1362.42万元，不良率1.91%，存贷比135.37%；流动性比例38.86%，符合银监的监管要求；核心资本充足率12.36%，资本充足率15.56%，均高于监管4%和10%的要求，贷款损失准备充足率113.33%。各项监管指标均达到或高于银监会的好银行标准，具备较强的抗风险能力。

截至年底，全行共完成周转性贷款1393笔，金额64861.3万元。支持“441”工业企业转型升级企业99家，合计20938.48万元；支持“无信贷记录”小微企业20家，合计2175万元；为36户存量客户新增信贷资金2143万元。

【支农信贷产品】 2013年，继续推出农户、个体工商户互保、联保贷款，小企业信用保证贷款、农业专项贷款等信贷产品，提高支农支小的效率和质量。全年共发放保证贷款1923笔，贷款余额58251.32万元，占比81.62%；发放信用贷款283笔，金额2098.31万元，占比2.94%。创新“公司+农户+银行”的小额支农信贷模式。累计支持温氏公司合作养殖户80户，金额866万元；贷款余额356万元，养殖户31户。推出“柚农贷”“柚商贷”“柚佳贷”等“柚乡贷”系列产品，共发放“柚乡贷”系列贷款63户，贷款余额1110万元。向全县15个行政村的1083户农户进行星级村集中授信，授信金额6193万元；已用信213笔，金额达1265.5万元。结合县政府《开展小额贷款保证保险试点工作的实施意见》的精神，与中国人民财产保险股份有限公司常山支公司合作推出小额贷款保险业务，在青年示范户中加以推广，全年累计发放65笔小额贷款保险业务，金额931万元；贷款余额440万元，共26笔。7月推出“农场乐”贷款,对立志自主创业的“三农”客户发放的用于解决家庭农场资金需求的流动资金贷款，贷款投向对象主要是从事经营家庭农场的自然人、个体经营户、法人客户。全年累计支持家庭农场客户206户，累计金额4294.1万元；贷款余额1758万元，87户。

【推出“无还本续贷”】 2013年，对符合条件的小微企业在贷款到期后，只需付息、无需还本即可以获得新的贷款，以满足实体经济融资需要。全年办理该业务20笔，金额4058万元；余额2710万元，共13笔。

【林权抵押贷款业务】 2013年，开展林权抵押贷款业务，为在常山县域内从事林业生产经营并依法取得“林权证”的公民、法人或其他组织提供专项信贷支持。共发放林权抵押贷款7笔，金额310万元。

【推出“转企乐”贷款业务】 2013年，推出“转企乐”贷款业务，支持个体经济转型升级为企业。其适用群体为常山县域内个体经济转型升级为企业的法人及非法人。全年共支持“个转企”客户14户，金额590万元。

（璘　晶）

浙江泰隆商业银行常山支行

【概况】 2013年，浙江泰隆商业银行衢州常山支行（以下简称“常山泰隆银行”）坚持“立足社区、服务三农”的宗旨，致力于开发农村市场，实施“小额、流动、分散”的经营战略，强化对“三农”的支持，改善城乡的金融服务，积极推出适合农村经济环境的信贷产品，如乐农贷、易农贷等。根据总行和分行运营管理部创建标杆网点建设的要求，启动创建标杆网点工作，从业务知识、业务技能、实务操作以及加强风险防范意识等各个方面对柜面人员进行培训，提升柜面服务水平。至年末，常山泰隆银行存款33110万元，贷款29605万。信用卡967张，总授信10110万元，透支额6722万元；承兑余额2860万元，承兑保证金1890万元。开展风险排查，有效防范和化解不良贷款的发生，全年仅发生不良贷款1笔，金额26万元。积极参加社会公益活动，履行作为企业的社会公益责任，如重阳节期间启动关爱困境空巢老人专项行动，向衢州市助老、助残、助学“三助”协会捐赠5万元善款。2013年，常山泰隆银行被共青团衢州市委授予市级“青年文明号”称号。

（徐　望）

常山县农村信用合作联社

【概况】 2013年，常山县农村信用合作联社（简称“常山农信联社”）坚持创新服务机制、深化支农支小、专注实体经济、深耕小微市场、精力放在本土、贷款投在实体、税收缴在当地，支持城乡一体化建设。按照省政府办公厅转发浙江农信普惠金融工程三年行动计划（浙政办发〔2013〕99号）文件精神，制定常山农信普惠金融工程三年计划落实方案。9月12日，县政府批转《常山农信普惠金融工程三年行动实施方案（2013—2015年)》，并成立常山县普惠金融工作领导小组，由分管副县长任组长，相关乡镇（街道）、部门负责人为成员。围绕“创业普惠、便捷普惠和阳光普惠”三大目标，开展“网络覆盖、基础强化、扶贫帮困、感恩回馈和创新升级”五大行动，推进制度创新、产品创新和服务创新，构建

"基础金融不出村、综合金融不出镇"的服务体系。

年末，常山农信联社各项存款余额为41.66亿元，新增8.12亿元，增幅为24.20%，分别高于全省、全市农信系统和县域金融机构8.83、2.81和3.68个百分点；市场份额提升1.51个百分点，达34.03%。贷款余额为30.8亿元，新增5.94亿元，增幅为23.88%，分别高于全省、全市农信系统和县域金融机构10.17、2.54和5.18个百分点；市场份额提升1.14个百分点，达29.33%。五级不良贷款余额4559万元，不良率从年初的2.15%降至1.48%。四级不良贷款余额2771万元，不良占比为0.9%。成本收入比为39.93%，比上年降低4.45个百分点；贷款损失准备充足率360.90%，比年初增加114.62个百分点；拨备覆盖率279.25%，比年初增加98.21个百分点；资产损失准备充足率352.07%，比年初增加110.47个百分点；资本充足率为10.98%，达到10.5%以上的监管要求。主要指标全面达到监管的"好银行"标准。全社在职职工272人，营业网点数量达到25个，助农服务点209个，服务覆盖全县21万客户，为16万人提供政府惠农资金的收缴和发放业务。

【金融产品创新】 2013年，常山农信联社推出股权反担保质押贷款、"星贷通"微小贷款、家庭农场信用贷款、转型升级优秀来料加工经纪人贷款、水库移民创业致富贷款、农户住房按揭贷等产品，推广丰收小额贷款卡和丰收创业卡，加快中间业务拓展，中间业务品种达34个，位居全市农信系统第一。

【电子渠道建设】 2013年，常山农信联社加大电子渠道建设力度，创立4个网上支付应用示范区，分别占全市和全县示范区总量的23.5%和66.7%，居全市金融机构之首。全年新增个人网银695户、企业网银49户、手机银行639户；特约商户(含助农)增加178户、ATM增加10台，全社离柜率达43%。

【阳光信贷工程】 2013年，常山农信联社推动农户小额信用贷款增户扩面工作。截至年末，全县建立农户经济档案62933户，占辖内农户总数的79.55%；系统授信农户49808户，占辖内农户总数的62.96%；采集农户头像指纹14119户，占辖内农户总数的17.85%；系统放贷农户数4435户，占辖内农户总数的5.61%。

【社会公益活动】 2013年，常山农信联社举办"常山农信联社圆梦行动暨助学贷款和助学金发放仪式""牵手留守儿童"、争当"爱心妈妈"、成立"丰收星"基金等社会公益活动。

（胡金红）

中国人民财产保险股份有限公司常山支公司

【概况】 2013年，中国人民财产保险股份有限公司常山支公司（简称"人保财险常山支公司"）坚持落实总公司"以客户为中心"转型年各项举措，围绕"坚持一个前提，抓好两项重点，紧盯三个目标，提升四大价值"的工作总要求，推行品质战略，坚持依法合规经营，加强制度建设，把合规经营的意识提升为每位员工的自觉行为，抓好内外合规，维护公司经营利益。领导干部深入市场一线调研，加强与同业公司的沟通交流，提升公司的市场竞争力和市场变动应对能力，执行好保监局规定和行业自律公约，协力同业公司抓好外合规，达成发展共识，维护良好的发展环境。推广"人保之友"客户俱乐部，构建常态化客户增值服务模式，针对客户需求，结合公司自有的服务能力和第三方公司的服务资源，有重点地开展统一性和个性化相结合的增值服务项目，将"代办年检、短信关怀”等打造成公司最具竞争力的服务产品。强化客户投诉管理，推动服务监督管理流程，依托客户满意度调查和神秘人测评指标，推行定期服务通报分析会制度，实现对主要服务表现指标的常态化监控和对标管理。创新理赔服务操作形式。通过移动查勘定损系统、网上自助理赔、电子理赔员、“微理赔”服务等新技术手段的应用，加大对各理赔环节的考核力度，缩短理赔周期，提升理赔服务效率，提升客服水平。人保财险常山支公司全年实现保费收入5257万元，比上年增长22.36%；支付各类赔款2767万元，比上年增长48.54%；当年实现承保利润640万元。

（陆华娟）

中国人寿保险股份有限公司常山县支公司

【概况】 2013年，中国人寿保险股份有限公司常山县支公司（简称“中国人寿常山支公司”）在编员工25人、劳务派遣人员2人，业务员168人；设有综合部、客户服务部、个险销售部、团体业务部、银行保险部等5个职能部门。在芳村、招贤、青石、白石4个乡镇分设营销服务部。开设人寿保险、企业年金、意外伤害保险等险种100多种，形成完善的展业、服务、理赔等管理系统和高素质的专业管理人员。中国人寿常山支公司全年实现保费收入7283.53万元（含集团公司保费），比上年下降10.9%；市场份额为73.6%，比上年下降3.08个百分点。根据中国人寿保险股份有限公司衢州市公司下达的年度预算指标，中国人寿常山支公司按照效益和规模并重的原则，确定全年的业务工作以个险十年期期交、短险、规模业务为重点，全年完成新单保费3041.04万元，短险保费1038.45万元，新单期交保费947.34万元。全年共为近7万人次提供各种保险保障服务，支付满期金及赔款共2572.65万元，其中，106人获得大病保险金共计赔款332万元，学生幼儿614人次获赔计72万元。全年共产生1231笔保单质押借款，为保户提供借款金额2868万元。中国人寿常山支公司客户服务中心被中国人寿保险股份有限公司衢州分公司分别授予的“2013年集团代理业务考核优胜奖”“2013年客户服务质量考核优胜奖”。周鸿鑫被中国人寿保险股份有限公司授予“全国团险销售精英”称号，叶志军被中国人寿保险股份有限公司授予“2013年度满期给付先进个人”称号，叶枫被中国人寿保险股份有限公司浙江省分公司授予“2013年度满期给付先进个人”称号。

（丁　琪）

人力资源和社会保障

【概述】 2013年，全县协议引进各类人才300余人，其中硕士研究生22人，培养高技能人才936人；城镇登记失业率3.13%，新增就业5274人，其中，失业人员再就业1769人，就业困难人员再就业497人；农村劳动力转移就业7123人。失业人员再就业培训426人，创业培训170人；新增参加职工基本养老保险9746人、医疗保险4510人、工伤保险1398人、生育保险2105人、失业保险1997人。全县城镇居民医疗保障参保人数达19095人，参保率98.55%。

县人力资源和社会保障局新增直属事业单位1个，即常山县职业技能鉴定中心。

就业创业

【概况】 2013年，全县以未就业高校毕业生为重点，着力解决特殊群体的就业问题。探索由政府购买服务，实施就业援助帮扶工程，通过建立就业援助基地、拓宽公益性岗位范围、提供社会保险补贴等措施，加大对就业困难人员和困难企业的帮扶力度。城镇新增就业5274人，其中，城镇失业人员实现再就业1769人，帮助就业困难人员实现再就业497人。办理“4050”人员缴社保的补贴1248人，支出资金512.79万元；安排未就业高校毕业生到社区、村从事人力社保岗位工作35人；建立13家就业、创业见习基地；设立1个高校毕业生创业园。发放失业保险金3093人次，计278万元；发放农民工生活补助732人，计79.60万元；发放医疗补助3079人次，计37.92万元。发放稳定就业中小微企业失业保险补贴43家，计34.87万元。

【企业招工服务】 加强与企业联系，建立企业用工网上监测系统，完善企业用工空岗报告制度，掌握企业用工信息，拓宽信息发布渠道，引导民工回乡创业，返乡就业。举办春、夏两季人力资源交流大会，不定期地到乡镇、县外组织专场招聘活动，缓解企业招工难题。2013年，全县组织各类人力资源招聘会20场，达成就业用工意向1.3万人次。组织企业参加衢州市本级、江西上饶劳务招聘大会，到外招基地参加现场招聘，参与武汉、杭州、嘉兴等地校企对接活动及浙江省高校毕业生招聘大会，组织职业学校和企业参加省职业指导中心举办的专场校企对接活动。

【技能培训】 主动与企业联系，及时掌握企业开工不足、员工待岗、培训需求等情况。对没有实行经济性裁员，生产经营遇到暂时困难的企业，支持其通过开展在岗、转岗和技能提升培训，避免规模裁员，稳定企业就业岗位。2013年，全县开展紧缺工种培训41期，培训人数2860人。开展进城务工人员培训，增强劳动者职业素质，提高就业能力，组织培训27期，培训人数1571人。以企业为培养重点领域，在10家企业开展高技能人才自主评价工作，有581名企业员工参加培训；通过鉴定，高级工发证430人。

社会保障

【概况】 2013年，全县职工养老、医疗、工伤、生育、失业等五大保险参保人数分别达58632人、55070人、34762人、23881人、20808人，当年分别新增9746人、4510人、1398人、2105人、1997人；城乡居民养老保险共计147953人，当年新增502人；被征地农民基本生活保障做到即征即保，参保人员达23126人，当年新增4774人；城镇居民医疗保障参保人数达19095人，参保率98.55%，完成社保卡制发数175136张。

【统筹城乡居民基本医疗保险制度】 2013年6月，县编委发文，整合县新型农村合作医疗管理办公室和县城镇居民医疗保障工作领导小组办公室，成立“常山县城乡居民医疗保险管理中心”，由县社会保险事业管理局代管，将县新型农村合作医疗管理办公室的职责业务从县卫生局划入县人力社保局所属的县城乡居民医疗保险管理中心。10月18日，完成新农合的移交交接手续的办理工作。12月，出台《常山县城乡居民基本医疗保险实施办法》，城镇居民和农村居民在医疗保险制度上实现六个统一，即：政策统一、缴费统一、经办统一、补助统一、待遇统一、信息统一，实现医疗保险“同城同权、同城同保、同城同待”，实现了城乡居民医疗保险经办统一、制度统一。

【解决特殊群体利益】 深入落实《关于解决未参保集体企业退休人员及其他相关人员基本养老保障等遗留问题的实施意见》《关于调整城乡居民社会养老保险部分参保人员待遇政策的通知》《关于进一步解决部分精减退职人员生活困难补助问题的通知》(简称“三项政策”)，做好相关人员参保的资格审查、认定和参保缴费工作。至2013年年底，全县累计受理办结参保等手续5671人，其中，221号文件相关人员3092人、222号文件相关人员2225人、223号文件相关人员354人。

人事人才

【概况】 2013年，全县组织各种外出招聘达7批次，其中，组织省外招聘4批次，省内招聘3批次。协议引进各类人才300余人，其中，硕士研究生22人，较往年有较大幅度的增加。10月，组织全县轴承企业赴洛阳招聘，与200多名机械轴承专业毕业生达成就业意向，缓解全县轴承企业专业技术人才缺乏的矛盾。共组织申报引进国外专家项目5个，其中，国家级项目1个、省级项目2个、市级项目2个。县万谷电子科技有限公司的《大功率热电制冷芯片技术开发项目》聘请的韩国专家徐龙云博士入选2013年浙江省“千人计划”，成为常山县首个入选省“千人计划”者。

全县党政机关招考录用公务员67人，其中，公务员53人、参照公务员14人；乡镇机关15人、村干部2人。部分事业单位统一招考录用工作人员209人，其中，教育系统69人、卫生系统62人、其他事业单位78人(含乡镇18人)。招考大学生村官55人、招考国有企业管理人员和专业技术人员22人。在招考过程中，严格按照“公开、公平、公正、择优”原则，实现零差错。

【完善事业单位绩效工资政策】 2013年，全县事业单位绩效工资基数及时进行调整，其中，义务教育学校绩效工资基数由上年的43180元调整为48180元，“两卫”事业单位和其他事业单位的绩效工资基数由 42070 元调整为 45070 元。确定常山一中、紫港中学、县职业中专、县教师进修学校和县人民医院等 5 家事业单位绩效工资进行上浮。其中，常山一中上浮比例为 23%，县紫港中学、县职业中专、县教师进修学校上浮比例为 15%。

劳动关系

【构建和谐劳动关系】 2013 年，全县受理劳动监察投诉 87 件，办结 87 件，结案率为 100%，涉及人数 721 人，涉及金额 452.6 万元；受理各类劳动争议案件 200 件，结案 200 件，结案率为 100%，其中，裁决结案 18 件，调解结案 179 件，撤诉结案 3 件，调解结案率为 91%。

【“双爱”活动集中宣传月】 常山县成立“双爱”（即企业关爱职工、职工热爱企业）活动办公室，抽调县总工会、县人力社保局和县工商联工作人员，具体负责活动的组织实施工作。制定印发《常山县“双爱”活动实施方案》，重点以“八个一”（开展一次广场宣传咨询、发出一封“双爱”倡议书、发送一条“双爱”宣传短信、开展一次送法律进百企活动、举办一次职工运动会、开展一次职工技能竞赛、举办一期企业主劳资干部集中培训、开展一次劳动执法大检查）为载体，开展“双爱”活动集中宣传月活动，推动广大企业关爱职工，实现企业“六有”（即劳动有合同、工资有增长、五险有保障、生产有安全、管理有民主、精神有关怀）关爱职工，职工“六要”（即工作要敬业、技能要提高、经营要关心、纪律要遵守、维权要理性、身心要健康）热爱企业。推进工资集体协商“要约行动”，推进全县各类企业工资集体协商的速度，促进企业建立和谐的劳动关系，使全县职工从中受益。

（胡志良）

教 育

综 述

2013年，全县教育工作围绕教育现代化建设主题，着力在公平均衡上强保障，在办学水平上迈大步，在内涵质量上求突破，在师资队伍上促提升，各方面工作都取得了较为明显的成效，全县教育发展呈现出良好的发展态势。

教工幼儿园迁建工程通过主体竣工验收，为城区幼儿园布局调整打下坚实基础。加大乡镇中心幼儿园建设力度，完成4所乡镇中心幼儿园基本建设，农村幼儿园的办学条件得到极大改善。多渠道筹措资金，争取并使用好省教育厅下达的540万元幼教资金补助，推动民办幼儿园“三防”建设全覆盖。修订《学前教育专项资金使用管理办法》，推动学前教育办学水平提升。健全城乡幼儿园结对帮扶机制，促进城乡学前教育公平发展。

加快义务教育段标准化学校创建步伐，完成常山三中、五里小学、宋畈小学、大桥头小学等4所学校的创建任务，全县省标准化学校占义务教育阶段学校比例为46%。撤并大桥头初中，将大桥头小学搬迁至大桥头初中校区；完成江家小学、岩前小学两个教学点的撤并工作，教育布局更趋优化。投入3148万元，完成6所学校的校舍维修改造工程、4所学校校园安全设施改造工程和4所学校田径场改造提升工程。全县30所小学（含6所完全小学）和9所初中均达到省定义务教育阶段学校基本办学要求，实现100%达标的预定目标，办学条件明显改善。重视生源防控、教育教学管理、教学评价机制建设，有效遏制全县义务教育阶段教学质量下滑的态势，实现了各学段教学质量的明显提升。

深化高中走校教学改革，常山一中、紫港中学与常山职业中专进行对接合作，探索“选课走班走年级走学校”教学模式。2013年全县高考第一批上线人数为162人，其中，文理科第一批上线人数为85人。

县职业中专成功创建“浙江省中等职业教育改革发展示范学校”。职业中专的中意合作汽修专业建设入选全市教育系统亮点工作。职业中专实训基地建设、机电实训设备购置两个项目分别获得中央财政补助资金500万元、省财政补助资金410.50万元。

开展农民职业素质培训，提升乡镇成人文化技术学校的建设水平。2013年，完成成人双证制培训807人次，农村预备劳动力培训500人次。

2013 年常山教育概况一览

表 29

类别 \ 人数 \ 项目		学校数（个）	班级数（个）	毕业生数（人）	招生数（人）	在校生数（人）	毕业班学生数（人）	升学率（%）	巩固率（%）	流生 人数（人）	流生 流生率（%）
普通高中		4	100	1627	1420	4382	1526	81.33	99.48	24	0.52
初　中		11	187	2536	3079	8610	2508	96.02	100	—	—
职业高中		2	41	464	521	1590	573		98.16	29	1.84
小　学		30	471	3188	2870	17978	2995	100	100	—	—
培智学校		1	4	22	13	139	21	—	—	—	—
其中社会力量办学	小　计	3	72	1521	1222	3790	1338	—	—	—	—
	普通高中	2	22	394	416	1146	394	—	99.39	7	0.61
	职业高中	1	6	99	0	157	122	—	96.36	10	3.64
	初　中	—	44	845	806	2351	774	—	100	—	—
幼儿园		142	366	3153	3156	9372	—	—	—	—	—

2013 年大中专（技）、普高、职高招生录取情况

表 30

单位：人

项目 \ 类别	普通高校	高等职校	小　计	中　专	中　技	普通高中	职业高中	小　计	合　计
报考人数	1625	132	1757	2536				2536	4293
录取人数	1303	107	1410	264	112	1268	791	2435	3845

2013 年常山县师资力量和办学条件概况

表 31

类别 \ 人数 \ 项目		教职工数（人） 合计	专任教师 小计	专任教师 学历达标	专任教师 高级	专任教师 一级	专任教师 二级	专任教师 三级	专任教师 未评级	专任教师 其中女	行政人员	工勤人员	教辅人员	其他	学校占地面积（万平方米）	校舍建筑面积（万平方米）	学校藏书量（万册）
总　计		**3013**	**2612**	**2577**	**247**	**1095**	**625**	**115**	**530**	**1561**	**118**	**54**	**119**	**110**	**117.9**	**45.6**	**107.2**
教育部门办	小　计	2209	2007	2002	238	1071	556	51	91	1043	56	26	79	41	92.3	36.5	97.0
	普通高中	352	312	312	308	115	79		10	127	9	7	24		22.4	9.6	11.9
	初　中	567	518	518	73	297	131		17	208	15	8	26		20.9	8.0	19.0
	职业高中	92	83	82	10	42	26		5	45	3	2	4		8.0	3.4	4.2
	小　学	1085	1031	1031	21	594	311	47	58	630	27	5	22		39.8	14.9	61.9
	进修校	32	25	25	25							4	3		—	—	—
	幼儿园	29	28	28	1	18	7	2		27	1		—		0.4	0.3	0.3
	培智学校	11	10	10		5	2	2	1	6	1		—		0.8	0.2	0.1
	其　他	41	—	—	—	—	—	—	—	—	—	—	—	41	—	—	—

续表 31

类别		合计	专任教师 小计	学历达标	高级	一级	二级	三级	未评级	其中女	行政人员	工勤人员	教辅人员	其他	学校占地面积（万平方米）	校舍建筑面积（万平方米）	学校藏书量（万册）
社会力量办学	小　计	804	605	573	9	24	69	64	439	518	62	28	40	69	25.7	9.2	10.1
	普通高中	91	64	58	7	13	16		28	31	1	26	—		14.2	3.7	4.4
	初　中	76	76	76	2	5	29		40	41			—				
	职业高中	19	16	9		1	3		12	4	1	2	—		4.0	0.7	0.6
	幼儿园	618	449	430		5	21	64	359	442	60		40	69	7.5	4.8	5.1

说明：①教职工人数中的其他41人，系教育局机关行政编制17人，机关事业编制24人；进修校（教研室）33人。②全县学前三年入园率为95.02%，小学入学率100%，初中入学率100%，义务教育入学率100%；15周岁初等教育完成率为100%，17周岁初中完成率为99.85%；“三残”儿童少年入学率99.44%，15年教育普及率97.40%。③全县由教育经费支付工资的退休人员1085人，离休人员4人。④表中数据源于2013学年初常山县教育事业统计报表

【省教育厅厅长刘希平到常山调研教育工作】 3月13日，省委教育工委书记、教育厅厅长刘希平到常山调研教育工作。副市长罗卫红，县领导李华、毛建国等参加调研，副县长揭政东汇报全县教育工作情况。刘希平深入青石小学、阁底小学江家教学点、阁底中心幼儿园、阁底初中和阁底小学进行实地走访，仔细察看学校的教学设施和教师、学生的生活情况。

【省教育厅副厅长蒋胜祥赴常山开展走亲连心活动】 9月4日至5日，省委教育工委副书记、省教育厅副厅长蒋胜祥一行3人，赴常山开展“千名干部进校园 万名教师访家庭”走亲连心活动，实地走访常山三中、新桥中心小学和新桥前山教学点，重点检查学校乱收费、减负提质、安全以及义务教育均衡发展等工作；召开专题座谈会，征求基层一线对省委教育工委和省教育厅在“四风”方面的意见建议。

【县教育局举办暑期师德巡回报告会】 8月26日至27日，县教育局开展以“践行为人师表，争做人民满意好教师”为主题的师德典型事迹巡回报告活动。报告会在全县8个分会场巡回进行，全县41所学校的2100多位教师参与活动。师德典型事迹报告团的老师们结合亲身的经历，通过朴实的语言，感人的事迹，将“爱生、敬业、奉献”的精神传递到在场每一位教师的心中，让全体参会人员深受教育和感染。

【县教育局富养“新苗”出新招】 9月30日，县教育局举行青年教师成长俱乐部成立暨师徒结对活动仪式，拉开青年教师成长俱乐部富养“新苗”的序幕。此次，县教育局确定市县名师、省市教坛新秀、市学科带头人、县百优人才等39位名优教师为导师，确定72位“新苗”为徒弟。通过建立帮扶结对关系，帮助“新苗”向“好苗”发展；同时，挖掘区域内优质教师资源，探索区域内教师流动工作，引导城区学校名师和骨干教师对口支援农村学校，通过教学、教研、讲座、讨论等方式开展教育教学指导，通过现场指导、电子邮件、电话沟通等方式进行交流研讨，让农村青年教师能及时得到名优骨干教师的指导。

【衢州市青少年科学调查体验活动走进常山】 9月27日，由市科协组织的衢州市青少年科

学调查体验活动走进常山。天马一小、天马二小、县一小、实验小学和招贤小学等5所学校的孩子们，参加主题为“节约粮食，从我做起”的体验活动。

【常山县创建省教育现代化县动员大会召开】 9月10日上午，全县庆祝第29个教师节暨创建省教育现代化县动员大会在县第一小学召开。县委书记王良春，县长毛建国讲话，县政协主席林红汉出席会议，县委宣传部部长苏新祥主持会议，副县长揭政东宣读表彰文件并部署省教育现代化县创建工作。会上，县先进教师代表作典型发言，县领导与全体先进教师合影留念。县政府与乡镇（街道）、部门代表签订《创建省教育现代化县责任书》，乡镇（街道）、部门代表作表态发言。

【衢州市少儿乒乓球冠军赛在常山举行】 10月10日至12日，衢州市少儿乒乓球冠军赛在常山县体育馆举行。全市四县二区的6支代表队共102名选手参加激烈角逐。最终，柯城代表队包揽了男子单打甲、乙、丙组的第一名；女子单打的第一名则被衢江、江山、和柯城三支代表队瓜分。双打比赛，男甲和女甲被江山代表队和衢江代表队夺得；男乙和女乙则被柯城队独享。常山代表队共获得2个第二、1个第三、2个第四、1个第五和1个第六的较好成绩。

【全省第七届中学生篮球联赛（衢州赛区）在常山举行】 11月18日至23日，浙江省第七届中学生篮球联赛（衢州赛区）在常山举行。此次比赛设高中男子组、女子组，初中男子组、女子组4个组别，全市共有29支队伍参赛，其中，高中男子9支、高中女子7支、初中男子7支、初中女子6支。江山城北中学、柯城白云学校、衢州三中、常山一中分别荣获初中男子组、初中女子组以及高中男子组、高中女子组冠军，冠军队将代表衢州市参加全省联赛。

学前教育

【概况】 2013年，全县有幼儿园142所，计366个班。在园幼儿9372人；新入园幼儿3156人，离园幼儿3153人。除这1所公办（教工幼儿园）、7所其他部门和集体办幼儿园之外，民办幼儿园有134所，幼儿园数比上年减少12所。学前教育基础设施建设力度加大。按照省级幼儿园标准，新建实验幼儿园和辉埠、芳村、同弓、金川、宋畈等5所乡镇中心幼儿园，保证大部分乡镇基本有一所规范的中心幼儿园，提前完成“十二五”规划等级幼儿园入园幼儿覆盖率达85%以上的目标，全县学前教育的硬件水平明显提升。规范办园行为，严格执行幼儿园资格准入和等级管理制度。完善幼儿园年检制度，以民办幼儿园三年换证为契机，对全县幼儿园的办学资格和办学条件进行了全面的审查和核实。联合县财政局、县物价局下发《关于调整常山县公办幼儿园收费标准的通知》，进一步规范幼儿园的收费标准及招生秩序。重新修订《常山县学前教育专项资金使用管理办法》，将专项资金用于公建中心幼儿园和民建幼儿园的补助、升等奖励、非事业编制教师的奖励及补助等方面。开展城乡幼儿园结对帮扶活动，发挥城区省一级、二级幼儿园的辐射引领作用，促进全县城乡幼儿园均衡发展。借助400万元省财政性学前专项奖补资金，实现全县民办幼儿园“三防”建设全覆盖。用好每年200万元的学前教育专项资金，提升全县民办幼儿园的整体办园水平。开展《3—5岁儿童学习与发展指南》培训、全县幼儿园教师业务测试、幼儿园“一日活动”方案设计评比及“半日活动”展评等活动。通过集中培训、园本培训、个人学习等多种形式，提升幼儿教师的业务素质。全年新增幼儿园专职男教师2人。

2013年常山县学前教育幼儿园情况

表32

类别		园数（个）	班数（个）	入园（人）	在园（人）	离园（人）	教职工数（人）累计	园长	教师	保健员	其他	园长、专任教师学历、职称（人）本科	专科	高中	初中	小高	小一	小二	未评
合计		**142**	**366**	**3156**	**9372**	**3153**	**647**	**61**	**477**	**40**	**69**	**46**	**386**	**86**	**20**	**25**	**37**	**50**	**394**
县镇办	小计	45	180	1817	5260	1710	398	35	287	24	52	42	252	24	4	25	26	42	199
	教育局	1	16	159	496	136	49	1	38	0	10	20	16	3	0	20	9	2	8
	民办	43	154	1506	4404	1399	305	31	213	24	37	17	208	15	4	0	15	34	182
	其他部门	1	10	152	360	175	44	3	36	0	5	5	28	6	0	5	2	6	9
农村办	小计	97	186	1339	4112	1443	249	26	190	16	17	4	134	62	16	0	1	8	195
	集体	7	28	316	836	268	22	1	21	0	0	4	8	8	2	0	1	8	8
	民办	90	158	1023	3276	1175	227	25	169	16	17	0	126	54	14	0	0	0	187

义务教育

【概况】 2013年，全县义务教育阶段学校的办学行为更趋规范，以学生课业负担监测制度、学生课业负担公告制度、办学行为查处制度为载体，严格规范全县义务教育阶段学校的日常教学行为。探索中小学“减负提质”的有效举措，并在实践论证的基础上进行逐级推广。以承办衢州市第三次小班化教学试点工作现场会为契机，探索小班化教学的成功经验，促进高效课堂建设。全县义务教育招生制度不断完善，深化考试招生制度和人才培养模式改革，探索尖子生的选拔培养制度；完成高中会考和学业水平考试管理职能转变交接工作。全县义务教育课程改革全面推进，立足课堂，全面实施高效课堂创建工程，掀起“向课改要质量、向课堂要效率”的教改热潮，探索“以学定教、自主合作”的高效课堂教学模式。

【天马二小教师全国科技创新大赛中获二等奖】 8月6日，第28届全国青少年科技创新大赛在南京落下帷幕。天马二小张国华老师的科技辅导员项目《种植跳舞草专题研究》，在大赛中脱颖而出，荣获全国二等奖。

【天马二小获多项省、市殊荣】 5月11日，2013年CCTV“希望之星”英语风采大赛衢州选拔赛暨首届衢州市中小学英语风采大赛举行。天马二小5名学生跻身小学组51强，晋级省决赛，其中，陈露阳获省决赛一等奖，徐若备等3人获二等奖。天马二小选送的《那一抹生命的嫣红》在第四届衢州市中小学教师普通话大赛中获一等奖。天马二小乒乓球项目入选市阳光体育后备人才基地，这也是全县唯一被认定的学校项目。

【2所小学婺剧节目荣获市婺剧展演赛金奖】 11月26日，“2013衢州市婺剧进校园展演大

赛”举行。共评出10个金奖和10个银奖。常山县选送的五里小学代表队《取经还乡》、天马二小代表队《樊梨花巡营》分别获得金奖。此次活动，由衢州市委宣传部、衢州市婺剧促进会、衢州市教育局、衢州市文化广电新闻出版局等多家单位主办。全市参加此次展演赛的共有20多个中小学、幼儿园的校园婺剧节目。

11月26日，五里小学代表队《取经还乡》节目获2013衢州市婺剧进校园展演大赛金奖

（余根良 摄）

【实验小学开展“家长开放周”活动】 实验小学于5月13日至17日举办一年级、五年级的“家长开放周”活动，加强家校沟通。家长们亲身经历子女在校的学习和生活，走近孩子，倾听心声；走进课堂，关注教育；走入学校，参与评价，共同关注孩子的健康成长。

【龙绕小学联合杭州市三墩小学开展教学研讨活动】 3月17日，龙绕小学联合杭州市三墩小学开展以“以生为本，打造高效课堂”为主题的教学研讨活动。龙绕小学通过“攀亲”推动学校课堂教学改革的进一步发展。

【《衢州晚报》第20个爱心书屋落户阁底中心小学】 6月6日，中国狮子会亭林先锋服务队和《衢州晚报》记者一行到阁底中心小学，为孩子们送上价值5000多元的课外图书，并举行《衢州晚报》爱心书屋挂牌仪式，这是《衢州晚报》的第20个爱心书屋。

普通高中教育

【概况】 2013年，全县高级中学2所（常山一中、紫港中学），完全中学2所（三衢中学、天马中学，均为民办学校）。深化普通高中课程改革，明确普通高中课程改革的目标、重点工作、实施步骤和保障措施，重点抓“选课走班走年级走学校”教学模式探索，常山一中、紫港中学与常山职业中专进行合作，深化走校教学改革。

是年，全县参加高考1757人，其中，普通高校考生1625人，高职单考单招132人。全县第一批上线162人，其中，文科6人、理科79人、体艺类77人；132名考生参加高职单考单招，有112人上线，上线率84.85%。普高毕业生1627人，招收新生1420人；全县高中计100个班，在校生4382人。

【金丽衢高三联考教学质量分析会】 2013年1月7日，2013届金丽衢12所学校高三第一次联考教学质量分析会在常山一中举行。永康一中、兰溪一中、浦江中学、武义一中、金华二中、磐安中学、缙云中学、龙游中学、金华八中、开化中学、衢州三中、常山一中等12所学校的校长、副校长、教务主任等90余人汇聚一堂共同探讨2013届高考，细致研讨高三后阶段教育教学管理、高考复习和有效备考等方面工作。

【常山一中开设校外选修课程】 3月29日，常山一中60位学生在老师的带领下前往县职业中专学习校外选修课。此次校外选修课程是由县职业中专提供课程菜单，再由常山一中学生自主选课后确定，主要有实践性强、趣味性高的“平面设计”“汽车维修”“电工”等课程。

【浙江金永玲歌剧院到紫港中学献演《江姐》】 9月25日下午，浙江金永玲歌剧院编排的经典歌剧《江姐》在紫港中学报告厅上演。著名女高音歌唱家、国家一级演员、浙江理工大学教授金永玲，携全体演职人员为该校440余名高一年级新生献上一场红色经典的视听盛宴。

职业高中教育

【概况】 2013年，全县职业高中有2所，即县职业中专和定阳中学，其中，定阳中学为民办。在校生共计36个班1433人，其中，民办6个班157人。县职业中专依托661万元国债项目和400万元中央财政项目，实现多媒体设备进教室、视频监控校园全覆盖、轴承生产线进基地，办学条件得到极大改善，并成功申报为浙江省中等职业教育改革发展示范建设学校。职业学校专业建设取得新突破。县职业中专进一步加强中意合作汽修专业建设，建成了衢州市乃至浙江省第一流的汽修专业实训设施；同时，配强师资力量，常年驻校外教有3人，汽修专业品牌效应逐步显现。成功承办浙江省中职课改现代家政专业项目，在轴承加工技术等特色专业建设蜂方面也取得新进展。社会培训进一步深化。县职业中专在2013年举办数控高级工和电子商务创业人才培训活动，全年共开设各类社会培训班52期，接受培训人数计4128人次，其中，培训残疾人367人次，就业率超过80%。创办常山县农民学校，荣获“市新型农民培训示范基地”称号。

【县职业中专承办县第三届中职学生技能大赛】 4月26日至28日，县职业中专承办县第三届“邮储银行杯”中职学生技能大赛。组织技能比赛活动，激发广大学生苦练技能的热情，提高学生的技术技能水平和就业创业能力。

【县职业中专获省级课改项目承办权】 6月27日，浙江省教科院公布2014年浙江省中等职业教育课程改革项目，县职业中专承办的“现代家政”专业（护理方向）榜上有名。据悉，该项目的科研成果将以家政调研报告，家政专业课程标准和家长专业学科指导方案的形式解题，将作为浙江省开设家政专业的指导性文件，对家政专业的开展具有普遍性的指导意义。

【创建省中等职业教育改革发展示范学校】 8月2日，县职业中专成功创建省中等职业教育改革发展示范学校。浙江省中等职业教育改革发展示范学校，代表着全省中等职业教育的最高水平，对全省的中等职业教育将起到示范带动作用。

【县职业中专合唱团荣获全市经典歌曲合唱比赛银奖】 8月18日，2013中国梦“最美衢州梦”经典歌曲合唱比赛在衢州市工人文化宫举行落下帷幕，县职业中专合唱团赢得银奖，并获得9月15日代表衢州市参加全省美丽中国经典歌曲合唱比赛的资格。

民办教育

【概况】 2013年，全县社会力量共办幼儿园133所，在园幼儿7755人。民办中学3所，其中，普通完中2所，职业高中1所。在校生3576人，其中，普高1068人、初中2351人、职高157人。招生1181人，其中，普高375人、初中806人。除三衢中学外，民办学校、幼儿园绝大多数教师未评定专业职称。

2013年常山县民办中学情况

表33

单位：个、人、万平方米、台、万册、万元

学校 \ 项目		班级数	招生数	在校生数	毕业班人数	教职工数	专任教师	学校占地	校舍建筑	计算机	学校藏书	仪器设备
三衢中学	初中	32	635	1738	544	154	96	10.0	2.87	246	1.9	64
	高中	10	90	393	153		32					
天马中学	初中	12	171	613	230	69	36	4.2	0.87	150	1.3	12
	高中	12	285	675	160		32					
定阳中学		6	0	157	122	13	10	4.0	0.68	200	0.6	44

成人教育

【概况】 2013年，全县共组织中职学校培训农村预备劳动力500人次，组织参加成人“双证制”教育培训807人次。以乡镇（街道）为单位组织开展全县范围的“扫盲”工作。对各乡镇（街道）成人学校教育工作进行指导，其中，县职业中专、天马街道成人教育学校被评为省级新型农民培训示范基地，新增芳村镇、东案乡两所省级标准化乡镇成校，天马街道屏山社区学校还被评为市社区教育示范学校。

【常山县农民学校挂牌成立】 6月6日上午，常山县农民学校成立大会暨授牌仪式在县职业中专举行。县领导方法、王文达、揭政东、陈国珠参加成立大会。县农民学校的成立，对“万名农民素质提升工程”具有重大推动意义。常山县将依托这一新平台，开展大规模的农村初级实用人才培训工作。同时还将着力培育一批符合产业发展需求、符合农民自身需求、符合新型城镇化需求的中、高级实用人才。

（陈少钢）

浙江广播电视大学常山学院

【概况】 2013年，浙江广播电视大学常山学院（以下简称“常山电大”）开放教育共招收各类新生517人，其中，开放教育本科262人、开放教育专科220人、“一村一名大学生”35人；奥鹏学习中心共招生38人；各类在校生合计共1415人；全年共培养开放教育本、专科毕业生359人，其中，开放教育本科146人、专科175人、“一村一名大学生”38人。利用常山电大先进的远程教学设备和网络资源，通过常山县社区学院平台，为社会各界举办各种形式的短期培训活动。面向定阳、渡口、金川等社区，免费举办面点烹饪、编织、舞蹈、美容等培训班7期，累计培训280多人；与县人力资源和社会保障局、县民政局等单位合作培训4期。通过面向社会公开招聘，常山电大新招录教师2人。

是年，常山县社区学院被衢州电大评为“衢州市社区教育示范学校”，常山电大被浙江广播电视大学评为“2012年度全省电大教材发行管理先进单位”，1位老师获得2012年度全省电大教材发行管理先进工作者，2位教师获省电大奖教金，1位教师获省电大“育人奖”，1位教师获全省电大系统2012年度招生工作先进个人荣誉。

（郑肖福、方　虹）

科学技术·气象

科学技术

【概况】 2013年，全县共申报市级以上各类科技项目62项，其中申报国家级项目13项、省级项目22项、市级项目27项。列入市级以上各类科技项目32项，其中国家级3项、省级14项、市级15项。新增省级高新技术研发中心2家，国家高新技术企业4家，市级高新技术企业5家，市级科技型中小企业2家，市创新型企业3家。借助“市科工会”平台，征集发布技术难题和需求31项，技术合作项目15项。组织企业参与网上技术市场交易，参加成果竞价拍卖和成果布展，申报实施网上技术市场产业化项目。开展团队科技特派员和企业法人科技特派员申请工作，获批3个团队特派员和3个企业法人特派员，申报实施科技特派员和团队特派员项目13项。全县全年申请专利203件，授权专利138件，新增市级专利示范企业2家。申报列入省级试制计划新产品4个，省级农业科技成果奖1项，组织参与新产品成果鉴定8项。组织开展县科技进步奖评选，16个项目获奖，组织参加市级科技进步奖，2个项目获奖。

【组织申报科技项目121项】 全县申报国家级科技项目13项，其中创新基金7项、农业科技成果转化2项、重点星火计划1项、科技富民强县专项行动计划1项、国家重点新产品2项；申报省级科技项目22项，其中公益性研究项目4项、农业科技成果转化项目1项、省科技特派员专项项目8项、重大科技专项4项、科技型企业专项贷款项目5项；申报市级科技项目27项，其中市级指导性科技计划项目22项、市科技特派员专项5项。列入国家级科技项目3项，其中创新基金2项、农业科技成果转化1项；列入省级科技项目14项，其中公益性研究项目2项、农业科技成果转化项目1项、省科技特派员专项项目8项、重大科技专项2项、科技型企业专项贷款项目1项；列入市级科技项目15项，其中市级指导性科技计划项目10项、市科技特派员专项项目5项。列入市级指导性科技计划项目中，工业2项、农业2项、医药卫生6项。组织申报县级科技计划项目59项，立项34项。

【扶持培育一批科技创新型企业】 着力提升企业自主创新能力，加快培育研发平台和创新载体。帮助捷姆轴承集团有限公司、浙江富丽新材料有限公司2家企业建成省级高新技术研发中心，培育浙江常山科润化学有限公司、浙江四通轴承集团、浙江威诗朗照明有限公司、浙江常发粮油食品有限公司4家企业成为国家高新技术企业；培育浙江焕亮半导体科技有限公司、浙江柚都生物科技有限公司、浙江华盛钙业有限公司、浙江常山德讯达电子科技有限公司、浙江玉马机械有限公司5家企业成为市级高新技术企业；培育常山县雪村制冷设备厂、浙江欧凯板业有限公司2家企业成为市级科技型中小企业；培育浙江常山科润化学有限公司、浙江威诗朗照明有限公司、捷姆轴承集团有限公司3家企业成为市创新型企业。

【推动产学研合作】 县科技局借助衢州市“科工会”平台，推动科企技术交流合作。2013年，共征集上报技术难题及需求项目31项，招标研发经费1410万元；征集科技合作项目15项，引进省内外技术成果成交额1993万元。组织企业对接科研院校，寻求技术合作，全年组织4批次科企对接活动。组织企业参加网上技术市场交易，参与浙江省网上技术市场活动周成果竞价拍卖，组织4家企业的“LED移动便携灯系列产品”“轴承标准件测量仪器”“常山胡柚系列保健品”“曼地亚红豆杉盆景”4种新产品参与成果布展。帮助浙江豪美钒业有限公司成功申报网上技术市场产业化项目1项。

【知识产权保护工作】 县科技局开展专利知识普及教育培训活动，举办知识产权座谈会、培训会，全年培训企业技术管理人员90人次。开展企业专利申请服务活动，做好专利代理服务，全年共申请专利203件，其中发明专利32件、实用新型61件、外观专利110件；授权专利138件，其中发明专利5件、实用新型59件、外观专利74件。加大专利示范企业培育力度，培育浙江焕亮半导体科技有限公司、浙江省常山宝新果蔬菌有限公司2家企业成为市级专利示范企业。开展授权专利资助工作，兑现2012年全县授权专利奖励206件。

【科技成果鉴定和保护】 县科技局开展省级新产品申报，列入省级新产品试制计划4项。组织参与省级科技成果鉴定4项，其他新产品成果鉴定4项。推荐县农业局黄良水、县林业局杜红亮申报浙江省农业科技成果奖，其中黄良水获省农业科技成果奖。组织推荐工业、农业、卫生等领域4个成果申报衢州市科技进步奖，其中2个成果通过评审获奖。组织县科技进步奖评审，共有16个工业、农业、医卫领域的科技成果获县科技进步奖一、二、三等奖奖项。

【科普宣传和培训】 开展科技知识普及工作。通过举办科技活动周、培训班、专家咨询、科普下乡等形式多样的活动，宣传党和国家有关科技方面的法律、法规，普及科技常识和实用技术。加强防震减灾和应急救险知识的科普宣传，在“科技活动周”和“5·12”“7·28”纪念日期间，深入社区、乡村、学校，开展《防震减灾法》及防震减灾知识的宣传，发放《防震减灾法》及地震宣传资料2000多份，利用信息网站发布防震减灾知识，会同有关部门开展防震减灾科普知识和法律法规宣传活动。

【科技特派员管理和服务】 完成2013年度科技特派员轮换交接工作。组织推荐省优秀科技特派员、功勋特派员评选，其中推荐人选孙华被评为省优秀科技特派员、功勋特派员，沈建福被评为功勋特派员。开展团队科技特派员和企业法人科技特派员申请工作，组织3个团队科技特派员和5个企业法人科技特派员申请，获批3个团队特派员和3个企业法人特派员。组织各级科技特派员项目申报，全年共实施科技特派员及团队特派员项目13项，其中省科技特派员专项项目5项，省级团队特派员项目3项。

【地震监测管理】 县科技局加强地震台管理工作，坚持日常巡查制度，做好检查数采、供电电源、通信传输、避雷器等仪器设施巡查，做好地震观测站的无线上网畅通工作。加强相关的法律法规及知识的宣传，依法对观测站的监测设施和观测环境进行保护。地震管理工作在省地震工作评比中多次获奖，其中在地震台观测质量综合评比中获资料质量第三名，在地震台钻孔应力应变观测质量综合评比中获优秀奖。在地震工作综合评比中连续第三个年度被评为先进集体。

（徐 晖）

气 象

【概况】 2013年，常山县气象工作以做好气象防灾减灾和公共气象服务为重点，加强气象基础业务、气象现代化建设。推进气象人才队伍建设，履行气象社会管理，推进依法行政。做好联系乡镇、企业结对工作，加强“三农”气象服务。印发《常山县（突发）气象灾害预警信息全网发布实施细则》和《常山县雨雪冰冻灾害应急预案》。县气象局获衢州市公共气象服务先进集体等荣誉称号。

2013年，常山县遭受高温干旱、大雪、台风、雾霾等一系列极端天气，是阶段性气象灾害频发的一年。自7月1日出梅后，全县出现罕见的连续高温干旱天气，高温天数多，持续时间长，降水明显偏少，雨量不到常年同期的二成，为近40年最少，给人民群众生产生活带来严重影响。从受影响的行业看，主要对农林业造成了较大的影响。全县受旱面积12.37万亩，高温干旱农作为直接经济损失7500万元，因旱人畜饮水困难7130人。为应对灾害性天气，县气象局全年共发布高温、台风、道路结冰、雾霾等各类预警信号66次。配合省、市数次启动“重大气象灾害业务服务应急响应”，及时启动人工增雨作业。

【公共气象服务】 县气象局坚持秉承“千方百计满足千家万户对千变万化气象服务需求”的服务理念，在认真做好公众公益服务的同时，主动为全县各级各单位做好决策服务。切实做好2013年降雪、连阴雨、梅汛期暴雨、雷电大风、高温和台风等灾害性、关键性、转折性天气预报和趋势预测，提高气象预报准确率和精细化水平，做好节假日和重大活动的气象保障服务。全年共发布电视气象专题节目材料46期、重要天气气象信息10期、农业气象信息32期、节假日气象信息材料2期、专题气象服务信息13期、气象呈阅件9期、气象信息内参92期、专题气象服务短信84次、气象灾害预警信号60次、台风报告单5次。

【气象现代化建设】 县气象局改建黄坞岭四要素自动气象站地址为三衢石林自动气象站，同时在三衢石林景区新建气象信息预警显示屏，在显示屏上增加景区天气实况和未来10天天气预报的显示，提升旅游景区气象服务能力。改建县现代农业园区四素自动气象站为六要素自动气象站，对园区的气温、降水、气压等实况进行实时播发，并及时提供10天的预报，增强为农气象服务能力。在一些气象灾害易发区或重点区域新安装4套气象信息预警大喇叭和5块气象信息预警电子显示屏，截至年底，全县共建有气象信息预警电子显示屏32套和预警大喇叭18套，有效缓解了气象灾害预警信息发布“最后一公里”问题。负氧离子监测常态化开展，有助于“清洁空气”行动计划的实施。2013年，县气象局在展衣山公园附近建设负氧离子监测站，通过不间断的采集数据，实现实时监测城中公园的空气质量，为“清洁空气”行动计划提供依据。

【基层气象服务社会化管理】 县气象局通过召开乡镇气象协理员工作会议，对协理员、村信息员进行气象科普知识专题培训。开展气象防灾减灾标准化乡镇（村）创建和气象灾害应急认证工作。全年共有6个乡镇（街道）和1个社区通过省级气象防灾减灾标准化乡镇（村）创建验收，有3个重点单位通过气象灾害应急认证。利用各种传播手段，大力宣传气象防灾知识，在“3·23”世界气象日、气象防灾减灾日和安全生产宣传日，开展气象科普宣传工作，发放气象防灾减灾资料，提升老百姓防御气象灾害的能力。

【防雷安全管理工作】 县气象局依照《中华人民共和国气象法》《气象灾害防御条例》和《浙江省雷电灾害防御条例》等法律法规赋予的职责，按照相关文件通知要求，忠实履行防雷安全管理职责，把好防雷行政许可关。完善审批流程，缩短审批时限。县气象局与县平安办联合发文公布全县防雷重点单位，并对危化、人员密集等防雷重点行业和重点单位进行防雷专项检查。

（童监萍）

文化·旅游

文化广电新闻出版

【概况】 2013年，全市第一个中心镇图书分馆——辉埠镇图书分馆建成。《欠发达地区特色群众文化活动持续开展模式与机制研究》项目通过省级公共文化服务体系示范项目评审，成为全市唯一通过评审的首批10个省级公共文化服务体系示范项目之一。总长度810米、以南宋“四贤”故事为题材、由张挂近百幅由影雕石刻和砂岩浮雕组成的“四贤”文化墙建成。“常山之歌天天唱”“激情广场月月唱”“文艺竞赛年年红”“一乡一节处处红”等群众文化蓬勃发展。发挥省级文保单位（里择祠）功能，创办武当太乙拳馆，为省级非遗项目“武当太乙拳（宋氏门）”传承人开展武术研究推广、把武术馆建设成省级传承教学基地、示范推动全县非物质文化遗产的保护与传承工作提供了优良环境。选择“常山喝彩歌谣”“传统榨油技艺”等省级非遗项目作为重点包装项目申报国遗，其中“常山喝彩歌谣”进入省人民政府推荐上报的60个国遗项目之一。

是年，县文化广电新闻出版局内设办公室、文化艺术科、广播影视管理科、新闻出版科（行政许可科）、文物监督管理科5个职能科室，下辖文化市场行政执法（文物监察）大队、非遗保护中心、文化馆、图书馆、文物办、影剧院等6个事业单位。年末，有工作人员53人，其中，机关8人、直属单位45人，具有高级技术职务资格4人、中级15人。

10月19日，武当太乙拳馆开馆仪式在省级文物保护单位——里择祠举行。图为开馆仪式后表演武当太极球 （吕宁、杨靖 摄）

【群众文化活动】 2013年“金蛇报春·舞动常山”春节元宵系列文化活动举行，内容包括“三演”（全县排舞会演、社区文化艺术节文艺演出、广场电影展演），“一灯”（挂灯笼），一展（迎春书画展）。开展“文化让生活更精彩”全县百姓舞台才艺大赛活动，报名参赛的组合达123个，共举办初赛8场、复赛2场、决赛1场。开展“激情广场月月唱”全县群众文艺展演活动，全年共举办19场演出，由14个乡镇（街道）和5个部门为主举办。开展“常山之歌天天唱”活动和“一乡一节”特色群众文化活动。

【文艺精品创作与表演】 县文化广播新闻出版局挖掘常山历史文化和特色文化，开展群众文艺作品创作，编写《常山县文艺作品创作规划（2013—2017）》。完成衢州市文艺精品扶持工程第一批项目（作品）申报工作。2013年，共申报《清官樊莹》《琼奴与苕郎》和《“四贤”文化墙》等3项作品，其中，《清官樊莹》入选衢州市文艺精品扶持工程第一批项目（作品）。编写出版《常山宗祠》《民间上梁喝彩习俗》《常山四贤》《美丽心声·詹昌春歌曲选编》等4部书籍。《常山民俗》《古渡文萃》2部作品被省文化厅、省教育厅评为省优秀非物质文化遗产学校读本，并分别荣获二等奖和三等奖。

【公共文化服务体系建设】 2013年，全县共完成18个符合标准的农村文化礼堂建设任务。县文化馆、图书馆、非遗展馆全面向公众免费开放，实现乡镇综合文化站的常规化免费对外开放工作。县图书馆免费接待读者8.6万多人次，书报刊外借9.1万册次，县文化馆开展免费文化艺术培训1080人次。建成总投资53万元，总面积约300平方米，藏书10000多册的常山县图书馆辉埠分馆，并实现正式对外开馆。组织撰写、谋划公共文化服务示范项目——《欠发达地区特色群众文化活动持续开展模式与机制研究》，并通过省级公共文化服务体系示范项目评审。以“流动文化馆”“流动图书馆”“流动电影院”为抓手，构筑流动文化服务平台，全年开展群众文化辅导活动180多人次，培育基层文艺骨干1079人，组建各类基层文艺团队100多支，创作群众文艺作品40余件，组织举办大型群众文化活动43场，送书下乡12016册，提供农业技术信息资料500多份，送展览讲座6场，送电影下乡3129场，观影观众达90多万人次。

【文化遗产保护工作】 2013年，县文物办认真开展第一次全国可移动文物普查工作，完成全县国有单位文物收藏情况调查摸底和上报工作。完成省级文保单位“徐氏旧宅”周边环境整治、“尚书坊”局部抢修及周边环境整治。完成“兴贤塔”前期测绘相关工作、“底角王氏宗祠”修缮工程设计方案报批工作。完成新增的3处省级文保单位、12处县级文保单位的文物保护标志碑竖立工作。完成新公布的35处县级文保单位保护范围及建设控制地带的划定工作。选择省级非遗项目“常山喝彩歌谣”“传统榨油技艺”“琼奴与苕郎”“武当太乙拳（宋氏门）”和“新桥十番锣鼓”等项目进行包装提升，开展国遗申报工作，其中“常山喝彩歌谣”进入省政府推荐上报的60个国遗项目之一。利用省级文保单位“里择祠”创办武当太乙拳馆，指导开展武当太乙拳（宋氏门）武术馆建设，进一步推动全县非物质文化遗产的保护与传承。10月，武当太乙拳馆正式对外开馆。

【发展文化产业】 2013年，浙西地区首家拥有3D巨幕厅的五星级数字化、国际化影院——常山金马国际影城建成使用。推进文峰广场LED大屏幕走市场化运作，探索走出一条合作、共赢的发展路子。

【文化市场监管】 2013年，县文广新局开展“扫黄打非”工作，加强网吧检查监管，制定网吧和娱乐场所营业行业规范，开展消防安全知识培训。全年共执法检查文化市场经营单位547家次，出动检查人员242人次，收缴非法音像制品、出版物178盒（册），没收非法卫星电视地面接收设施10只，立案查处违法违规经营单位5家次，关闭或取缔黑网吧2家。规范实施行政许可，全年受理审批事项92件，文化市场新增注册资金累计1550多万元。县文广新局窗口被县行政服务中心评为2013年度“红旗窗口”。

（邹志锋、王　威）

广播电视

【概况】 2013年，县广播电视总台坚持以党的十八大精神为指导，以科学发展观为统领，围绕县委、县政府的中心工作，坚持正确舆论导向，按照“三贴近”原则，发挥广播电视舆论宣传主阵地作用，为实现县委、县政府提出的“再造常山、绿色崛起”的奋斗目标提供强有力的舆论支持。加快事业建设和产业发展，有序推进农村有线数字电视建设。常山电视台三频道开始试播。在县广电新闻频道开播“e网常山”栏目。7月，实现电视音频单声道向双声道的转变；在电视荧屏上推出节目预告，从此结束常山电视台无节目预告的历史。

【常山电视三频道试播】 1月1日，常山电视台三频道开始试播。常山电视三频道立足常山本土文化特色，坚持来自基层、面向群众，自办“常山三地带”“常话常说”等栏目，突出娱乐性、文化性、观赏性三大特色。7月10日，举办文化民生频道“常话常说”节目座谈会，广泛征求社会各界建议，为文化民生频道更好的发展寻找对策。

【鲜花送雷锋活动】 2月，县电视台启动“最美常山人”大型公益活动——“鲜花送雷锋”活动。活动通过热线电话、微博、微信、网络等平台，征集百姓身边的“活雷锋”，采访“活雷锋”的事迹，传承弘扬雷锋精神、常山好人精神。

【“e网常山”栏目开播】 3月18日，“e网常山”栏目在县广电新闻频道开播。“e网常山”栏目主要搜罗微博、网络等媒体上大家关注的热点话题。

【西峰监看机房更新改造】 4月，县广电西峰监看机房的供电线路、照明线路及监看设备，按照规范、安全的要求进行更新改造。改造后的西峰无线发射基础设施焕然一新。

【赴长兴传媒集团学习考察】 7月，县政府办会同县广电总台组织人员赴长兴传媒集团学习考察对农节目服务工程建设工作，探索对农节目的长效运作和保障机制，促进常山广播电视对农宣传更好地服务“三农”工作。

【举行少儿才艺比赛】 6月29日，由常山广电文化民生频道主办的“信用联社杯2013年常山县少儿才艺比赛”在华府大酒店举行，全县各幼儿园和小学不同年龄段的68位小朋友参加了比赛。小朋友们通过唱歌、跳舞、民族器乐、西洋乐器等多种形式展示才艺，享受艺术快乐。

【举办“寻爱七夕”晚会】 8月13日，由常山电视台文化民生频道主办的“迅鸿之夜寻爱七夕”大型公益交友晚会在常山华府大酒店举行。此次活动共吸引80多位的单身青年报名参加。

【查处地面卫星非法销售点】 8月13日，由县工商局、县文化广电新闻出版局执法大队、县广电总台3个部门组成执法检查组，到招贤镇、东案乡，对非法销售、安装、使用地面卫星接收设备进行联合执法，对3家非法销售点进行依法查处，当场没收非法地卫设施近30台。

【主办秋季汽车博览会】 10月11日至13日，由县广电总台主办的天地金佰汇·2013年常山秋季汽车博览会在文峰广场举行。此次汽车博览会共有40多个品牌200多辆汽车参展，成交新车150余辆。

【开办“技术大讲堂”】 10月，县广电技术保障中心开办“技术大讲堂”，由技术保障中心8位同事主讲，每周一下午将各自准备的课题内容、见解通过讲课的方式与同事分享。课程内容包括前端机房业务、广电工程验收、通信管道工程等业务知识。

【“广电之夜”暨文化民生频道开播仪式】 10月19日晚，“广电之夜”激情广场月月唱文艺晚会暨常山电视台文化民生频道开播仪式在县城文峰广场举行。县委常委、宣传部部长苏新祥，副县长揭政东，县政协副主席胡震云到场观看晚会，并为频道开播启动感应球。

（鲁晓飞）

新华书店

【概况】 2013年，常山新华书店有限公司（以下简称“新华书店”）以聚畅销为主线，做好“5+2”工程（即每周一至周五推新书、周六和周日搞促销活动）；开展门市图书推荐工作，发动员工推销图书；增加少儿读物的征订销售；抓数码产品和非图商品的销售；设计符合各个节假日特点的活动，开展主题营销，围绕“世界读书日”、5月的鲜花主题书屋、读名家名作、浙版千种畅销图书精品展等，组织大量经典图书满足各界群众需要。配合学校读书节活动，开展流动供应；扶持小连锁网点，在球川镇新增一家图书小连锁书店，发展农村图书市场。全年完成销售额2008万元，实现利润86万元。教材、教辅书销售额1346万元，比2012年增长10.34%，人均购书排名全省前列。

（徐忠孝）

旅游

【概况】 2013年，全县共有A级旅游景区（点）2家，其中，AAAA级景区1家，即三衢石林景区；星级宾馆饭店3家（见表34），其中，四星级酒店1家、三星级酒店2家；旅行社8家（见表35），其中，三星级旅行社2家；“农家乐”143户，床位320张。全县接待旅游总人数391.27万人次，比上年增长33.5%；实现旅游总收入21.89亿元，增长30.09%。接待入境游客5710人次，下降38.13%；旅游创汇246.04万美元，下降35.10%。常山东方大酒店通过四星级饭店评审。

【旅游项目建设】 2013年，三衢石林景区游客中心、大型停车场、景区游步道等基础设施配套建设完成。4月25日，三衢石林景区被全国旅游景区质量等级评定委员会评定为国家AAAA级旅游景区。引进华东第一滑道、浙江首家360度环幕5D影院两个休闲项目，于9月份建成并对外开放。启动金钉子自然保护区的总体规划的修编，完成《常山县国家休闲区总体规划》。做好项目谋划工作，启动省级旅游度假区的申报创建工作。做好中国观赏石文化博览园、胡柚文化博览园等项目创建AAAA景区前期工作，按照AAAA景区标准，指导业主单位科学编制规划。

【旅游市场促销】 县旅游局在城区主入口、公路沿线等醒目位置，设置户外大型旅游宣传标牌。组织旅游企业分别参加2013年浙江省（湖南）旅交会、2013中国国际旅游交易会、“山水浙江·诗画江南”推介会等旅游交易会，在衢州、开化、常山等地开展旅游周末大派送，赴上海、江西、浙江金华等地旅行社推介常山旅游，邀请150多家旅行社到常山踩线，与112家旅行社签订合作协议。通过网络平台面向全社会开展三衢石林景区景点命名活动。

【旅游节庆活动】 常山县多角度展示常山县丰富的旅游资源和旅游产品，先后举办“美丽中国·畅游三衢”2013中国旅游日市长带您免费游活动启动仪式、“名嘴”舒中胜与您共话衢州母亲山、“爸爸去哪儿”胡柚采摘节等活动。中秋、国庆等节假日期间，在景区开展猜灯谜、登山、石林寻宝等丰富多彩的游客参与性活动。

【旅游安全】 县假日办与各涉旅单位签订《常山县旅游行业安全生产目标管理责任书》。先后下发常假日办〔2013〕1号、2号，常旅〔2013〕24号、25号、28号、42号、46号等有关旅游安全生产的文件，多次召开旅游系统安全生产工作会议。结合“安全生产月”活动，开展安全生产法律、法规和规章学习，开展安全生产大检查，督促旅游企业建立安全生产管理制度，完善完全生产管理工作台账，制定应急预案，开展各类安全生产演练活动，提高各单位安全生产意识。抓好元旦、春节、清明、五一、端午、国庆等节假日前的安全生产整治，由县假日办牵头联合县消防、卫生、安监、市场监管等部门在节前开展安全检查，消除安全隐患，保证各项安全生产措施及时到位。全年无旅游安全事故发生。

6月27日，县旅游局组织全县星级酒店、旅行社、景区负责人参加消防安全演练

（吕宁 陈安龙 摄）

【旅游行业管理】 举办三衢石林景区志愿者培训班和讲解员素质提升培训班，讲授常山民俗历史文化知识、三衢石林景区景点、导游业务知识等内容。开展三衢石林景区讲解大赛，评选“三衢石林景区十佳讲解员”。指导常山东方大酒店创四星级饭店。

【乡村旅游】 常山县推动乡村旅游发展，开展创建省级旅游强乡镇、旅游特色村、旅游模范经营户活动。成功举办“爸爸去那儿”为主题的胡柚采摘旅游活动。培育乡村旅游新亮点，重点做好组团采摘游、自驾采摘游、胡柚文化节宣传营销等工作。

常山县旅游星级饭店一览

表34

名称	地址	星级
东方大酒店	常山县天马街道金石东路1号	★★★★
华府大酒店	常山县天马街道定阳南路169号	★★★
常山国际大酒店	常山县天马街道白马路168号	★★★

常山县旅行社一览

表 35

名称	地址	星级
天马旅行社有限公司	常山县人民路 34－38 号	★★★
华夏旅行社有限公司	常山县人民路 277 号	★★★
青年旅行社有限公司	常山县天马街道健康弄 19 号	
春秋旅行社有限公司	常山县龙门路 10 号	
衢州中国旅行社常山分社	常山县定阳北路 42 号	
江山绿业旅游有限公司常山分社	常山县天马街道大桥路 20 号	
衢州都市假日旅行社常山门市部	常山县人民路 58 号	
衢州飞扬旅行社常山门市部	常山县红旗街 54 号	

小资料：

常山三衢石林景区成功创建
国家 AAAA 级旅游景区

常山三衢石林景区位于常山县辉埠镇，总面积 13.49 平方公里，最高海拔 518.8 米，由大古山、三衢山、小古山三部分组成，以喀斯特地貌景观为主要特征，被国内外地质学家称为“世界上罕见的地质地貌景观”“世界最大的天然盆景”“世界最大的象形石动物园”。同时，三衢山也是奥陶纪晚期的一个巨大古生物礁，是研究华南古生代地史的重要地区，在地质学术上被称为“三衢山组礁灰岩”。2001 年，景区被国土资源部批准为国家级地质公园，2005 年，被国家林业局批准为国家级森林公园，2006 年，被浙江省人民政府批准为第六批省级风景名胜区。同时，被衢州市民推举为衢州十大景点之一。省委原书记铁英曾赞誉道：“三衢石林，江南一绝”，省政协原主席商景才也赞誉三衢石林为“江南第一石林”。三衢石林景区距县城 9.8 公里，距杭金衢高速常山出口，黄衢南高速芳村、东案出口均在 10 千米范围内。2013 年年初，投入 1200 多万元，启动常芳公路至三衢石林景区道路建设。同年 4 月 25 日，三衢石林景区被全国旅游景区质量等级评定委员会评为国家 AAAA 级旅游景区。

近几年，常山县委、县政府依托三衢山得天独厚的旅游资源，大力贯彻衢州市委、市政府提出的“一个中心，两大战役”精神，旅游产业步入持续、健康发展的快车道，三衢石林景区成为常山县旅游业的龙头和全市旅游的重要组成部分。为创建 AAAA 级旅游景区，县委、县政府举全县之力抓创建，把三衢石林景区创建国家 AAAA 级旅游区工作作为重大任务，列入重要议事日程和目标管理体系。2012 年 6 月，成立以县委书记为主任，县长为第一副主任，县四套班子 7 位副处级领导为副主任，县发改、财政、林业、交通、国土、农业、旅游等 33 个部门和有关乡镇组成的旅游发展委员会，形成“党委统揽，政府组织，部门参与，齐抓共建”的工作格局，根据《旅游景区质量等级的划分和评定》国家标准（GB/T7775－2003）的相关规定，修编《三衢石林风景名胜区总体规划》《三衢石林省级风景名胜区天坑景区控制性详细规划》，重新确定三衢石林旅游发展目标。根据创建任务，每年专门安排 3000 万元旅游建设发展资金，推动国家 AAAA 级景区创建工作，并把任务分解到各责任部门和单位。

2012年至2013年，共投入资金6000多万元，对三衢石林景区的各项基础设施进行建设和改造，修建了停车场、游客接待中心、游步道、公共厕所等配套设施，开发了天坑、紫藤峡谷、露营基地、紫藤漫道、仙人洞等景点，修筑了18千米长的游步道，在叉路口、独立景点等设置标识标牌400多块，切实做到布局合理。景区共有生态停车场3处，总面积1.35万平方米，景区内育贤山庄面积600多平方米，设7个豪华包间，能同时提供300个餐位用餐。

（余晓芬）

卫生·体育

卫　生

【概况】 2013年，全县卫生工作以深化医药卫生体制改革为主线，统筹城乡卫生发展，着力做好医疗卫生服务体系建设，推进公共卫生服务均等化，促使卫生事业全面发展。巩固“浙江省卫生示范县”创建成果，加强应急工作领导组织、应急队伍建设，全面加强医疗纠纷预防和处置工作。在全系统开展矛盾纠纷排查化解工作，针对排查的矛盾纠纷，逐条逐项进行分析研究，落实整改措施，有效解决。对于反映较为集中的医疗纠纷存在问题，积极加大医疗纠纷依法依规处置的宣传力度。不断健全医疗纠纷应急机制，建立医疗纠纷责任赔偿社会保险制度，健全完善医疗纠纷处置联动机制。以提升医疗服务质量为抓手，组织实施“卫技大比武”“卫生大培训”活动，组织开展专业比武10项，实行统一点评，全县卫生系统参加不同专业的技能比武的医务人员达662人次，占全县卫技人员的71.57%。开展“三好一满意”活动，通过采取优化医疗服务环境和流程，畅通急诊绿色通道、优化诊疗服务流程、实现按病情分类诊疗等综合措施，方便群众就医，为病人提供温馨、热情、周到、细致服务。通过省级卫生县城复查工作，结合“双十”专项整治行动，实施联动创建，开展专项治理。加大城东、城西及城南入城口景观改造工程力度，提升城市品位。实施“联创行动日”“党员干部义工一小时”等活动，引导广大市民参与创建，通过边查边改，全面改善城市卫生状况。开展省市级卫生乡镇（村）、无烟单位创建工作，成功创建省级卫生村2个，卫生强乡镇（街道）2个，市级卫生乡镇1个，市级卫生先进单位1个，市级卫生村1个，县级卫生先进单位（村）8个，省、市级无烟单位3家。

是年，县卫生局被省卫生厅评为浙江省药械集中采购工作先进集体、浙江省卫生应急工作先进集体、全省卫生政务信息先进单位；被市卫生局评为衢州市无偿献血工作二等奖、全市卫生信息工作先进单位、衢州市卫生系统自然科学优秀论文评选活动组织奖；被县人民政府评为2012年度全县安全生产工作先进集体。县人民医院被省防艾办评为浙江省艾滋病性病爱心企事业单位；被市总工会评为2012年度工会财务先进单位；被县人民政府评为2013年度全县消防工作先进单位。县人民医院、县妇保院被省爱卫会评为浙江省无烟单位。县疾控中心在浙江省艾滋病检测实验室、梅毒血清学室间质量评价中被评为成绩优秀。球川镇中心卫生院、芳村中心卫生院、招贤中心卫生院被省爱卫会命名为2012年度浙江省卫生先进单位。新昌乡卫生院被市爱卫会评为2013年度衢州市无烟单位。鲁周清、黄兴土、徐青华、樊国芳、金保红等5人被省卫生厅评为2012年度浙江省疾病预防控制工作先进个人。朱锦霞被省卫生厅评为浙江省卫生规划财务工作先进个人。叶小俊被共青团浙江省委授予浙江省2012年度优秀共青团干部荣誉称号。徐丽琳、叶绿行等分别被省卫生厅评为2012年度浙江省实施基本药物制度先进工作者、浙江省药械集中采购工作先进工作者。裴海仙被省卫生厅、省妇女联合会评为2012年度重大公共卫生妇幼项目先进个人。陈军被省爱卫会评为“浙江省爱国卫生远东60周年先进个人”。樊海笑被省皮肤病防治研究所评为2012年度全省麻风病性病防治工作先进个人。章小兵、何小君分别被浙江省新生儿疾病筛查中心评为2012年度浙江省新生儿疾病筛查先进工作者。曾晓群被省委统战部、省知识界人士联谊会评为浙江省“知联之星”。祝震被中共新疆维吾尔自治区委员会、新疆维吾尔自治区人民政府评为“第七批省市优秀援疆干部人才”，被中共浙江省对口支援新疆阿克苏地区指挥部委员会授予2012年度全省援疆指挥部系统“优秀共产党员”称号。曾红祥被市人民政府、衢州军分区评为2012年冬季征兵工作先进个人。孙剑虹、王谦信、高玲娟分别被市人民政府命名为衢州市名中医、专家。

截至年底，全县共有医疗卫生机构292家，其中县属医疗卫生单位6家，乡镇（中心）卫生院（社区卫生服务中心）14家，民营医院2家，村卫生室（社区卫生服务站）222家，个体诊所29家，厂矿医务室17家，县计划生育指导站和省第三监狱医院各1家。卫生系统在编人员1050人，其中，高级职称专业技术人员56人、中级职称专业技术人员290人、初级职称专业技术人员648人。全县医疗单位业务用房9.8万平方米，床位841张（含民营医院），每千人拥有床位2.55张（按户籍人口数计算）。全年收治门急诊病人89.33万人次，住院病人23173人次；业务总量2.87亿元。

【省卫生厅领导到常山调研卫生工作】 3月6日、6月8日，省卫生厅副厅长马伟杭、叶真分别到常山县调研分级诊疗工作、县级公立医院综合改革推进和代谢综合征项目试点工作情况。

【县级公立医院改革稳妥推进】 县人民医院和县妇保院两家县级公立医院从2012年12月31日起正式实施县级公立医院综合改革。此次改革的主要内容是“一减二调一补”即减少药品品种、总量和差价，调整医疗服务收费，调整医保支付政策，建立政府对公立医院财政投入补偿机制。2013年，两家县级公立医院业务总收入25220.03万元，比2012年增长18.36%；门（急）诊总人次518883人次，增长9.93%；住院总人次21934人次，增长5.97%；药占比39.62%，下降9.28个百分点；平均住院日8.16天，下降1.29天。

【乡镇卫生院绩效考核机制不断完善】 县卫生局组织人员外出实地考察，对乡镇卫生院医疗、公共卫生和体检等业务进行成本核算，在与县财政等部门衔接沟通，基本确定财政补助总额后，提出乡镇卫生院新的绩效考核目标和新一轮绩效考核办法。实施绩效收支结余奖励办法，将收支结余（绩效工资总额的20%内）列入奖励性绩效予以发放，并在芳村卫生院、大桥头卫生院率先试行。

【实施省县医院合作工程】 县人民医院借省级医疗单位“双下沉（专业人才下沉、优质资源下沉）”的东风，主动强化与省级医疗机构联系和对接，扩大与省级大医院新一轮合作。11月22日，县人民医院与省妇保院、省中医院紧密型合作医院正式挂牌。2家协作医院在县人民医院建立专家工作站，重点托管妇产科和消化科，通过不定期选派专家开展教学查房、疑难病例会诊、手术示教、专家专科门诊与科研合作。至年底，与县人民医院有协作关系的省级医院已增至4家。

【公共卫生均等化建设】 2013年，常山县做好人感染H7N9禽流感防控工作，成立全县人感染H7N9禽流感防控工作领导小组，制发防控工作应急预案，组建疾病控制、医疗救治和卫生监督3个专项工作组，明确各医疗卫生单位工作职责。强化物资储备、健康知识宣教和人员培训，全县未发现人感染H7N9禽流感病例。做好增补叶酸预防神经管缺陷工作，提高待孕妇女的优生优育的意识；开展农村孕产妇住院分娩补助项目，分娩补助2191人，金额109.55万元。开展农村妇女“两癌”筛查工作，完成3442名农村妇女宫颈癌、乳腺癌检查项目。创新高危孕产妇管理模式，采取分片包干、责任到人、一对一的指导方式，强化高危孕产妇管理，实现全年孕产妇“零”死亡目标。

【卫生监督执法管理】 规范行政执法工作，依法开展卫生行政许可。2013年，共受理卫生许可事项756件，依法许可728件。加大公共场所卫生监督工作力度，采取量化分级的管理模式，对全县281家公共场所进行量化分级，重点加大对评定等级较低公共场所的日常监督。强化生活饮用水卫生监督，对集中式供水单位出厂水、管网末梢水进行采样监测和管理。加强对学校卫生、职业卫生、医疗机构、母婴保健卫生全行业监督，强化现场监督落实，严厉打击违法行为。6月初，完成餐饮、化妆品、保健品职能交接，相关职能调整划入食品药品监督管理部门。

【卫生重点项目建设】 2013年，共投入资金434万元，完成招贤、白石和辉埠卫生院改扩建项目；开展大桥头和东案卫生院迁建项目前期准备工作，基本完成征地、公告、项目意见书和选址意见书的审批、地质灾害评估、压覆矿的评估等工作。启动县公共卫生服务中心项目（妇幼保健院）建设前期工作，着力解决县妇保院发展空间不足的难题。

【人才和卫生科技工作】 完善卫生紧缺人才引进制度，降低紧缺引进条件，下放引进权限，简化引进程序，明确县人民医院可以自主招聘、自定紧缺人才引进计划数，实行人才引进“绿色通道”，便于及时录用紧缺人才。实施卫生系统领导干部换岗交流工作，2013年，共上派2人、下派1人、换岗交流17人。推行县人民医院中层干部全院“整体竞聘”，有66人担任科室主任或主持工作的科室负责人。坚持“送出去”的形式，送52人次到省、市级部门进行上岗证培训，12人次到省、市各级医疗机构进修学习。重点加大基层医务人员和新进医务人员的培训学习，全年累计开展医疗业务专题培训34期，培训人员达2100多人次。加快特色学科建设，县人民医院的儿科、感染科被市卫生局评为第四批衢州市重点建设学科。

【社团组织建设】 2013年，组织召开县卫生系统第六次团代会和第五届妇代会，完成全系统团组织和妇女组织换届选举工作。加强卫生学术社团组织建设，组织召开卫生系统医学会等学会代表大会，选举产生县医学会、县护理学会、县中医学会新一届班子，成立预防医学会，发挥各学术社团在提升医疗服务质量和科技兴医方面的作用。

【医德医风制度建设】 2013年，县卫生局在县卫生系统实施一把手“七不直接分管”工作，5月起在全系统推行，明确人事、财务、项目计划安排、资产投资与管理、物资采购、行政审批和行政执法等7项权力交由副职分管，并以职权运行流程图的形式重新理顺权力运行架构。深化“阳光工程”建设，严格执行药品总控、药品集中采购、零差率销售，医用耗材、医疗设备阳光采购和“三知道、九公示”制度，细化告知服务，尊重患者知情同意权。严格落实合理检查、合理用药、合理治疗，实行药品用量动态监测和前10位使用量药品排名、超常预警和合理用药与医师定期考核、医德考评挂钩制度，全年共暂停使用120个品种。

【县人民医院与省级医院远程会诊量居全省第一】 2013年，县人民医院与省级医院远程会诊量达821例，数量居全省第一。据悉，2013年全省共有190多家医院与省级医院开通远程会诊，平均每家医院会诊25.8例。

【全县城乡联动医疗服务大义诊活动】 2013年2月25日上午，县卫生系统在城区文峰广场、县影剧院门口、白马广场和所有乡镇共16个义诊点开展城乡联动医疗服务大义诊活动。包含病历解析、医疗咨询、护理指导、血压测量及宣传资料发放等多项服务。200多名市、县医护和卫生管理人员参加了活动，共发放各类宣传资料21500多份，展出各类宣传展板200多块，受益群众5500多人。

2月25日，全县城乡联动医疗服务大义诊活动（吕宁、卢斌、陈思珊 摄）

【“5·12”国际护士节文艺会演】 2013年5月12日晚，县卫生系统举行文艺会演活动纪念第102个“5·12”国际护士节，对奋战在医疗卫生一线的优秀护理工作者进行了表彰，县委副书记方法，县委常委、宣传部部长苏新祥，副县长揭政东出席观看。

5月12日晚，护士节文艺会演在县青少年活动中心举行（吕宁 摄）

【全市首台GE双能X线骨密度仪落户县人民医院】 2013年9月，县人民医院投入资金57万元，引进美国GE双能X线骨密度仪并正式启用。该仪器被世界卫生组织认定为是当今国际学术界公认的最准确的骨密度检查仪器，其测定值被称为骨质疏松症诊断的金标准。不仅可以早期诊断骨质疏松症、预测骨质疏松性骨折，还可用于骨折风险的评估，治疗效果的随访监测以及肌肉/脂肪的评估分析，代谢性骨病的评估等，还可广泛应用于内分泌科、骨科、老年医学科、妇产科等临床骨质疏松症诊断和防治的骨密度检测。

·疾病预防控制和监测

【疫情概况】 2013年，全县共报告法定传染病18种3096例，发病率为922.04/10万。无甲类传染病报告，报告乙类传染病12种1239例，丙类6种1857例，发病率分别为368.99/10万和553.04/10万。发生聚集性疫情6起，均未达到突发公共卫生事件报告标准，疫情均得到有效控制。

【手足口病防控】 2013年，全县共报告手足口病1182例，报告发病率为353.84/10万，无重症和死亡病例报告。对64例临床诊断病例采集标本进行实验室诊断，结果3例为EV71型病毒阳性，13例为COXA16型肠道病毒阳性。对报告的3起聚集病例疫情按规范进行处置，疫情得到有效控制。

【不明原因肺炎监测】 积极应对可能出现的非典、人感染禽流感疫情，开展不明原因肺炎疫情监测工作，2013年未监测到相关病例。除开展聚集性流感病例病原学监测外，与省第三监狱联合开展在押人群及干警流感疫苗接种工作，共接种1200人。

【人感染H7N9禽流感防控】 落实人感染H7N9禽流感各项防控措施，在第一时间向全县各级医疗机构下达人感染H7N9禽流感防控预警。强化培训，对县疾控中心应急处置人员、各医疗机构防疫医师、学校校医及安全员等举办培训4场。加强应急室物资储备工作。开展健康教育，正确引导社会舆论。

【霍乱等肠道传染病防控】 2013年，县人民医院开设肠道门诊，招贤、天马、球川和芳村、新桥等五家卫生院5—10月开设肠道门诊。县疾控中心每月对监测医院肠道门诊开设情况进行督查。全县共检测腹泻病人609例，采集粪便标本607人份，采便率99.67%，“三线”培养607例，“三线”培养率达100%；从业人员健康体检采集标本4727人。开展伤寒、副伤寒及细菌性痢疾等感染性腹泻病例监测及环境危险因素监测工作，共监测到食物中毒事件1起，检测到阳性菌株11例，其中，鼠伤寒沙门氏菌4株，副溶血性弧菌5株，丙型副伤寒沙门氏菌、志贺菌各1株。

【肺结核防治】 2013年，全县结防门诊初诊病人848例，确诊肺结核病人403例，其中，新发涂阳病人108例，复治涂阳病人21例，涂阴病人274例。发现的病例均已纳入常规管理。学校结核病疫情：全年共发现常山籍学生结核病例9例，教师病例2例，疫情发生后对597例师生密切接触者进行症状筛查，对12例有疑似肺结核症状者，进一步进行胸片检查，未发现肺结核病例。加强结核病的宣传力度，在“3·24”世界结核病宣传日期间，举行多种多样的结核病防治知识宣传活动。

【艾滋病防治】 加强监测及时发现病人。2013年，全县共检测30516人次，其中，在押监管人员1828人、孕产妇4313人、婚前检查3573人、术前检测7551人，受血（制品）前检测5070人次、性病门诊2177人次、其他就诊者检测2055人次；开展艾滋病知识自愿咨询检测767人，娱乐场所人员体检535人次，专题调查1576人次，其他941人，阳性者配偶或性伴检测3人次，职业暴露检测7人次，强制/劳教戒毒人员检测120人次。规范病例管理，新发现HIV阳性者10例，其中，1例为暗娼人群干预中发现，均按规定进行了告知，采集感染者血液送省疾控中心做CD4检测，开展详细流行病学调查，对感染者的密切接触者进行追踪调查和采样检测，未发现阳性感染人员。至年底，在管HIV感染者及病人24人，对感染者及病人实施定期随访。加强暗娼人群的干预工作，主要针对辖区内娱乐场所、美容厅（店）等公共场所的艾滋病高危人群进行艾滋病健康知识宣传、行为干预、检测咨询、安全套发放等干预工作。开展特殊人群的艾滋病宣传。与省第三监狱联合举办服刑人员预防艾滋病健康宣教活动，1200多人接受性病艾滋病防治等方面的知识宣教。

【疫苗接种与管理】 2013年，全县卡介苗接种率为99.93%（3064/3066）；脊灰接种率为99.80%（3055/3061）；百白破接种率为99.80%（2995/3001）；MV或麻风二联接种率为99.81%（3161/3167），HBV接种率为100%（2500/2500），甲肝接种率为99.78%（3184/3191），A群流脑接种率为99.76%（3325/3333），A+C流脑接种率为99.82%（3273/3279），乙脑接种率为99.76%（2908/2915）。1.5—2岁儿童麻腮风加强免疫接种率为99.81%（3184/3190），百白破接种率为99.70%（2943/2952），4岁脊灰加强接种率为99.85%（3382/3387），6岁儿童白破接种率为99.71%（3092/3101），A+C流脑接种率为99.71%（2402/2408）。

【麻风疫苗查漏补种及强化工作】 2013年，开展第二轮麻疹脊灰疫苗集中式查漏补种工作，全县共摸底调查17892人，麻疹补种201人。初三年级学生麻风疫苗强化工作中共摸底调查到学生总数2135人，初三学生应种数2102人，实种数2007人，接种率95.48%。

【国家免疫规划督查】 2013年，采用批质量检验抽样方法（LQAS）和系统抽样方法，借助居民健康档案资料，对全县14个乡镇、342个村进行了抽取。累计调查适龄儿童546人，规定疫苗均达到接种率要求，省中心组织接种率抽查情况也合格。

【疫苗针对性疾病防控】 开展麻疹、AFP、新生儿破伤风监测。2013年，报告疑似麻疹病例12例，实验室确诊麻疹2例，10例为其他疾病；监测到疑似AFP病例2例，现场调查后均予以排除。无新生儿破伤风、流脑、乙脑等其他免疫针对性疾病报告，按规范要求开展疫苗针对性疾病主动监测，每季度对监测单位开展漏报调查，未发现有漏报现象。

【食源性疾病监测】 2013年，全县共完成280例的监测要求，并监测到食物中毒事件1起，检测到阳性菌株11例，其中鼠伤寒沙门氏菌4株，副溶血性弧菌5株，丙型副伤寒沙门氏菌、志贺菌各1株。

【钩体监测】 2013年，全县无钩体病例报告；宿主动物：选取大桥、白石、宋畈3个乡镇作为监测点，共采集鼠肾92对、蛙肾212对、采集猪肾30对、鸭肾10对、鸭血10份，共计肾培养标本344份，血标本10份送省中心检测。结果检测到钩体菌株3株，一株为S87号，一株为S88号，均为O1群（1∶6400），为白石镇小家鼠；另一株为S3号，为O1群（1∶6400），为白石镇黑线姬鼠。鸭血清10份，阳性4份，分别为Y2（08群）1∶80，为白石镇鸭血清标本；Y6（01群）1∶20，为宋畈乡鸭血清标本；Y9（08群）1∶80及Y10（01群）1∶20，均为大桥头乡鸭血清标本。

【血防查灭螺和查病工作】 2013年，全县春季共计查螺投工10148工，查螺面积4621190平方米，查出有螺乡镇11个，有螺村38个，查出螺点130个，有螺面积48400平方米，捕获活螺4412只，解剖4412只，全部阴性。在10个重点环境设置了10个假螺点，假螺点检出率为90%。灭螺投工共计3041工，灭螺面积45300平方米，反复扩大灭螺面积大154.816万平方米，其中，土埋灭螺投工80工，土埋灭螺面积1990平方米。血吸虫病综合治理环境改造工程3个，投资570万元，环改面积5.9万平方米，环境改造治理灭螺面积 4.7 万平方米。查病工作：全县血吸虫病血清学查病 5244 人，IHA 阳性 113 人，阳性率 2.16%；其中，流动人口监测 757 人，阳性 12 人，阳性率 1.59%。IHA 阳性 113 人，粪便标本送检 112 人，送检率 99.12%，经尼龙绢袋集卵孵化法检查，结果全部阴性。

【痢疾监测】 2013 年，全县共监测疟疾“三热”病人 958 人，未发现可疑病人。

【碘缺乏病防治】 2013 年，全县随机抽取 5 个乡镇 20 个行政村 300 个居民食用盐 300 份，经检测发现合格碘盐 288 份，非碘盐 1 份，不合格碘盐 11 份，碘盐合格率 96%，碘盐覆盖率 99.67%。

【地氟病防治】 2013 年，县疾控中心监测岩前村、对坞村外环境水氟含量，结果均小于 1.02 毫克/升；8—12 岁儿童氟斑牙患病率为 8.7%，氟斑牙指数为 8.7%；采集 8—12 岁儿童尿样 23 份，尿氟含量中位数为 1.68 毫克/升，均值为 1.58 毫克/升，尿氟最高含量达 2.18 毫克/升。

【土源性线虫监测】 2013 年，全县共采集大便标本 1016 人份，采用改良加藤厚涂片法对其进行了粪检，共查出 5 人感染土源性线虫，总感染率为 0.49%，低于 2005 年卫生部公布全国的 19.56% 水平。

【犬伤门诊工作】 2013 年，全县共接诊患者 1637 人次，其中，农保患者 885 人，城镇居民 73 人，参保患者占犬伤就诊总人次的 58.52%，实际报销金额 18.46 万余元；门诊处置急诊患者 513 人次，占就诊人数的 31.34%。配合处理 2 起群体性犬伤事件。9 月，常山县通过省级对规范化犬伤门诊现场复核评审工作。

【食品与公共场所卫生管理工作】 2013 年，全县共完成从业人员体检 4188 人次。其中，公共场所从业人员 589 人次，食品从业人员 3467 人次，外出务工 62 人次，查出 1 例戊肝阳性。

【职业病管理工作】 县疾控中心根据《浙江省职业病危害信息报告与监控处置工作的通知》要求，开展职业病网络报告、统计、汇总工作。2013 年，全县共报告农药中毒病例 85 例，其中，男性 42 例、女性 43 例、死亡 2 例；报告尘肺病例 58 例。无职业病急性中毒事故发生。

【食品安全风险监测】 2013 年，全县对肉及肉制品、水产品、乳制品、蛋类、蔬菜等 12 类食品进行采样，共采样品 174 份，检测其有害元素、环境污染物、真菌毒素、农药残留等指标，其中，微生物检测采样 40 份，理化检测样品 134 份，样品分别送省、市和县疾控中心实验室进行检测。

【伤害监测】 2013 年，全县继续开展全国医院伤害监测和国家产品伤害监测工作。3 个监测点医院共上报伤害个案 15238 例，典型案例 306 例。其中，县人民医院 14513 例，招贤卫生院 451 例，辉埠卫生院 274 例，典型案例均由人民医院报告。

【死因、慢病监测】 2013 年，全县共报告户籍死亡个案 1671 例，网络直报系统共报告 4 种慢性病 4428 例，其中，糖尿病 2168 例，恶性肿瘤 1132 例，冠心病急性事件 72 例，脑卒中 1056 例；全县户籍当年发病数 3875 例，其中，糖尿病 1946 例，恶性肿瘤 899 例，冠心病急性事件 53 例，脑卒中 977 例。

报告新发发病率（按照2012年年底平均人口数计算）分别为：糖尿病581.04/10万，恶性肿瘤268.43/10万，冠心病急性事件15.82/10万，脑卒中291.71/10万。慢性病发现管理工作，全县累计发现高血压病人19452人，发现率8.1%，累计发现糖尿病人4441人，发现率1.84%，电子健康档案系统已录入高血压患者15683人，糖尿病患者3117人；省重性精神病管理系统登记管理重性精神病患者718人，发现率为2.97‰。

【铁强化酱油控制铁缺乏和缺铁性贫血项目】 2013年，在天马镇十里山村、宋畈乡东鲁村随机抽取了20—60岁的妇女共402名，3—7岁儿童100名，开展问卷调查并检测血红蛋白。检测结果显示，全县20岁以上妇女平均贫血率为17.42%，3—7岁儿童贫血率6%左右，与2011年中期评估调查相比，妇女贫血率无明显变化，儿童贫血率呈下降趋势。

【代谢综合征干预策略研究项目】 2013年1月上旬和4月上旬，分别对第一次招募被干预对象和第二次招募被干预对象开展中期评估工作。第一次招募被干预对象应检人数346人，实检人数339人，参加评估率97.98%；第二次招募被干预对象应检人数65人，评估51人，参加评估率78.46%。中期评估总完成率94.89%。2013年10月中旬至11月，开展干预对象的终末评估工作，评估内容为基本信息问卷、抑郁量表、健康状况问卷，以及空腹血糖、血脂、口服糖耐量等实验室指标。截至年底，全县共完成350名干预对象的现场评估工作，完成率87.06%。

【健康教育工作】 根据传染病的流行季节及时印制和下发宣传资料，2013年共印发7种宣传资料4.45万份；开展卫生主题宣传活动，组织开展“3·24”结核病防治日、“4·7”世界卫生日、“4·25”全国计划免疫宣传、“5·15”碘缺乏病日、“5·31”世界无烟日、“12·1”世界艾滋病日等主题宣传和公众健康咨询服务活动11次，共张挂横11条，展出各类展板300多块次，发放宣传资料5500多份。利用专栏、广播、电视等形式进行宣传；加强健康教育业务指导，对县属医疗机构、驻城区学校、广播电视总台、车站等重点单位及7个社区开展6次健康教育工作技术指导。

·卫生监督

【概况】 2013年，全县食品单位共468家，1—6月监督936次，监督覆盖率100%；公共场所349家，监督覆盖率100%，处罚14家；学校42家，年度监督42家，监督覆盖率100%，处罚0家；全县医疗机构292家，年度监督292家，监督覆盖率100%，处罚18家；职业病危害企业22家，年度监督22家，监督覆盖率100%，处罚0家；全县集中式供水单位2家，年度监督2家，监督覆盖率100%。全县共对各类食品采样检测21份，合格21份，合格率为100%；共抽检餐具21份，合格21份，合格率为100%。从业人员体检，全县有餐饮食品从业人员2112人，共培训2036人，培训率为96%；体检2033人，体检率96%，未查出“五病”患者。公共场所从业人员1106人，培训1064人，培训率为96%；体检1065人，体检率96%，未查出“五病”患者；集中式供水单位从业人员13人，培训13人，培训率为100%；体检13人，体检率100%，未查出“五病”患者。受理卫生许可事项756件，依法许可728件，立案查处卫生行政处罚案件35起，无行政复议和诉讼案件。创新餐饮具集中消毒“五常法”，并在全省得到推广。

开展医疗废物、血液透析等专项检查，严厉打击非法行医行为。贯彻落实职业病防治规划，做好职业健康检查机构、职业病诊断与鉴定机构监督管理。

是年6月，完成餐饮、化妆品、保健品职能交接，相关职能调整划入食品药品监督管理部门。

【卫生监督执法工作】 2013年，全县共选派12人次参加浙江省举办的培训班；组织举办业务培训7次，参加业务培训的人员56人次。完善现场执法装备，投入20.5万元，建成较为完善的卫生监督信息综合管理平台，实现网上快速执法。开展夏季游泳场所保健康专项行动，对2家游泳场所开展专项卫生监督检查工作，并采集水样送检。实现公共场所量化分级管理工作，对全县应量化分级的281家公共场所进行量化分级，量化分级率均达100%。开展校园卫生安全健康1号、2号、3号行动，提高学校食品安全、饮用水卫生和传染病防治管理水平。开展病媒生物预防控制重点场所专项监督检查，出动卫生监督员26人次，对10家单位的“四害”滋生地进行全面调查摸底和督促整改。强化生活饮用水卫生监督管理，强化群众饮用水安全意识，全年采集水样156份，发放宣传资料660余份，张贴宣传海报20份。

【实施公共场所量化分级工作】 常山县共有公共场所349家，应量化分级281家，共对全县辖区281家公共场所进行了量化分级。其中，住宿场所101家、游泳场所2家、沐浴场所24家、美容美发154家。通过评定达到B级7家，分别为5家星级宾馆和2家游泳场所；C级269家，其中普通旅馆96家、沐浴场所24家、美容美发149家。住宿场所、游泳场所和沐浴场所的量化分级率均达到了100%，美容美发场所的量化率达100%。

·妇幼保健

【概况】 2013年，县妇保院开展门诊26562人次，其中，妇保门诊11393人次、妇科门诊4455人次、儿保门诊4216人次；办理出生医学证明2547人次。免费婚前医学检查3951人，婚检率98.64%。全县活产数3032人，孕产妇系统管理2860人，管理率94.33%，剖宫产率52.78%，县级高危筛查率97.71%，高危产妇住院分娩率100%，产前筛查率80.11%，抢救重症高危孕产妇24例，均安全度过围产期，孕产妇零死亡。农村孕产妇住院分娩补助1979人（任务数1900人），金额98.95万元，发放叶酸1745人（任务数1600人）。完成“两癌”筛查工作，乳腺癌筛查538例，查出异常人数124例，宫颈癌筛查2904例，查出异常人数411例。全县3岁以下儿童系统管理率92.95%，7岁以下儿童保健覆盖率97.24%，5岁以下儿童死亡率5.61‰，婴儿死亡率4.29‰，新生儿死亡率3.3‰。

·爱国卫生

【概况】 2013年，常山县经复查确认浙江省卫生先进单位11家，创建浙江省卫生村2个、复查确认3个，衢州市卫生强乡镇2个，衢州市卫生先进单位1家，衢州市卫生村1个，常山县卫生先进单位3家，常山县卫生村5个。经自愿申报、县爱卫办审核推荐，县人民医院、县妇保院被评为省级无烟单位；新昌乡卫生院被评为“衢州市无烟单位”。常山县省级卫生县城获省爱卫会重新确认。

【通过省级卫生县城复查工作】 2013年，常山县成立由分管副县长为组长的省级卫生县城复查工作领导小组，抽调专人到省级卫生县城复查办公室工作，切实加强对省卫复查迎检工作的领导、组织、协调、督查和考核。制发《常山县省级卫生县城复查迎检工作实施方案》。县政府与23个有关部门单位签订《省卫复查迎检工作目标责任书》，明确工作责任；先后多次召开全县性会议，对省卫复查迎检工作进行部署。加强与上级爱卫会联系，邀请上级领导、专家到常山调研、指导。清理临时棚亭165处，农民零担菜及自产自销的季节性水果摊210余处，开展“迎省卫复查，市民齐参与”联创日活动、“一小时义工”暨文明劝导志愿服务活动，组织全县在职党员干部参加卫生保洁、美化家园，文明劝导等活动。编发《省卫复查简报》13期、宣传单1万多份、悬挂宣传条幅140多幅。至年底，经省市爱卫部门考核，常山县被重新确认为省级卫生县城。

【病媒生物防制】 2013年，县爱卫会定期组织开展城区单位、社区开展病媒生物防制统一行动，为加强环境保护，除“四害”所使用的药品都是国家明文规定的高效、低毒、安全、无污染，环保型药品。注重抓好宣传培训，举办3期城区除“四害”主要部门病媒生物防制工作负责人培训会，培训人员130人次。全县共投放溴敌隆灭鼠毒饵25.6吨，鼠密度（城区粘鼠板法）由灭前的农田6.5%、住宅3.1%、城区6.74%，灭后降到农田0.82%、住宅0.44%、城区2.27%，灭鼠取得较好的效果；免费向市民、驻城各单位发放灭蟑烟熏剂6.8万只、毒饵4.9万包、药笔3.2万盒、杀虫母液110瓶。

【农村饮用水水质检测监测】 2013年4月、8月，分别对全县11个农民饮用水工程采集水样44份进行监测，每份样品水共监测24项指标。监测结果：44份水样中，枯水期和丰水期的监测合格率分别为36.36%、9.09%，微生物指标超标是水质不合格的主要因素，单项合格率最低的仍为总大肠菌群和耐热大肠菌群超标，监测点水质合格率较低。

【中央农村改厕项目和农村饮用水水质监测】 常山县将改厕项目与2013年美丽乡村、中心村和村庄整治工程建设相结合，选择基础条件较好的芳村镇、球川镇、同弓乡等3个乡镇5个行政村10个自然村500户予以申报并成功争取到400户中央农村改厕指标。12月底前，圆满完成2013年度的中央改厕项目，实际完成改厕510户，完成率127.5%。

（江　东）

体　　育

【概况】 2013年，全县体育体育事业投入不断加大，城乡体育设施日臻完善，全民健身氛围日趋浓厚，城乡体育设施建设统筹协调发展。县体育局积极组织和协办体育赛事，并获得良好成绩。常山县代表队在衢州市第十届青少年体育传统项目运动会上获得金牌15.5枚、银牌20枚、铜牌28枚；常山县赛赛舞馆代表队的37名选手在浙江省体育舞蹈锦标赛中共获金牌10枚、银牌22枚、铜牌8枚、四等奖6个、六等奖5个。举办中国常山传统武术邀请赛、常山县第一届乒乓球大赛、常山县首届羽毛球比赛、常山县男子篮球锦标赛、常山县钓鱼竞技比赛和常山县科处级领导干部乒乓球比赛。成立常山县体育舞蹈协会、常山县钓鱼运动协会。紫港街道被授予全省第九批体育强乡镇荣誉称号；东案乡弄坞村、新昌乡下徐村和青石镇塘边村被省体育局命名为省第六批村级体育俱乐部。至 2013 年年底，全县累计创建省级强乡 8 个、省级农村体育俱乐部 17 个、省级先进社区 6 个、省级青少年体育俱乐部 5 个。

【体育赛事】 （1）常山县主办的体育赛事有：中国·常山传统武术邀请赛、常山县个人围棋选拔赛、常山县赵子龙登山队登山比赛、常山县第一届乒乓球大赛、常山县首届羽毛球比赛、常山县男子篮球锦标赛、常山县钓鱼竞技比赛、常山县科处级领导干部乒乓球比赛、2013 中国·常山民间武术表演赛。（2）承办、协办的体育赛事有：协办 2013 年“信用联社杯”职工运动会、常山县迎首个法定“老年节”快乐舞步健身操展示大会；承办 2013 衢州市少儿乒乓球冠军赛、衢州市“三衢杯”围棋团体巡回对抗赛（常山站）、2013 年“美凯隆家居杯”第九届衢州市体育舞蹈锦标赛。（3）组队参加的体育赛事有：衢州市首届体育大会木兰拳比赛、衢州市第四届全民运动会篮球（小学）比赛、衢州市第四届运动会中小学生乒乓球比赛和衢州市首届体育大会门球比赛。

5 月 4 日，“信用联社杯”职工运动会“勇攀高峰”项目比赛　　（吕宁、杨叶根　摄）

【常山县体育舞蹈协会成立】 4 月 18 日，在县青少年活动中心召开成立大会。会议通过协会章程，选举产生第一届体育舞蹈协会组织机构名单，洪玉姣当选第一届常山县体育舞蹈协会主席、陈国珠为名誉主席。

【常山县钓鱼运动协会成立】 6 月 11 日，在县财政局会议室召开成立大会。会议选举产生常山县钓鱼运动协会第一届委员会领导机构。李堤庆当选为常山县钓鱼运动协会首届理事会会长。

【中国·常山传统武术邀请赛】 由常山县体育总会、常山县武术协会主办的“联合村镇银行杯”中国·常山传统武术邀请赛在常山县体育馆举行，来自上饶市、衢州市、常山县的约 120 人参赛。上饶市的《雄狮武越》、衢州市的《中国功夫》、常山县的《8 人木兰双圈》等节目在开幕式上进行了精彩表演。

【常山县代表队在浙江省体育舞蹈锦标赛上获佳绩】 浙江省体育舞蹈锦标赛在浙江省余姚市职成教体育中心举行，共有 68 支队伍参赛，衢州市有 5 支代表队参赛。常山县赛赛舞馆共有 37 名选手参加，参赛人数位列全省第六、全市第一。常山赛赛舞馆在比赛中共获得金牌 10 枚、银牌 22 枚、铜牌 8 枚、四等奖 6 个、六等奖 5 个。

【常山县“建行杯”第一届乒乓球大赛】 4 月 26 日至 28 日在县体育馆举行，全县共 23 支代表队参赛。县人大常委会主任徐建华、县委副书记方法、副县长揭政东出席开幕式。获得团体赛前三名的是：县建行银行代表队、县财贸系统代表队、县统计局代表队；获得中青年组男子单打前三名的是：王峰、王伟、阮文胜；获得中青年组女子单打前三名的是：徐君华、华丹、汪冬兰；获得老年组男子单打前三名的是：王顺发、陆毅、林秀明；获得老年组女子单打前三名的是：吕雅丽、徐秀云、封丽华；获得儿童组男 2000—2001 年组单打前三名的是：胡童、汪佳佳、郑森远；获得儿童组男 2002—2003 年组单打前三名的是：徐君备、徐天雄、樊天宇；获得儿童组男 2004 年组单打前三名的是：符俊涛、王纪涵、樊睿航；获得儿童组女 2004 年单打前三名的是：徐诗宇、余星瑶、仲子逸。

【第九届衢州市体育舞蹈锦标赛在常山举行】 2013 年 5 月 11 日，“美凯隆家居杯”第九届衢州市体育舞蹈锦标赛在常山县体育馆举行。由共青团常山县委、常山县教育局、衢州市体育舞蹈协会主办，常山县体育舞蹈协会、常山县青少年活动中心承办。衢州市各县市区体育舞蹈运动协会、大中专院校、各体育舞蹈学校、培训机构、市直各单位的 31 只代表队、1200 余名运动员参加比赛，是历年来参赛运动员最多的一次。经过一天的激烈角逐，每个组别都评出了奖项。

5 月 11 日，第九届衢州市体育舞蹈锦标赛在县体育馆举行 （樊淑敏、林慧颖 摄）

【常山县钓鱼竞技比赛】 由常山县体育局、常山县钓鱼协会主办的“贝林·星月湾”钓鱼竞技比赛于 11 月 16 日在天马街道和平村郑贤晶垂钓基地举行。垂钓赛上，70 多名参赛选手围着池塘边侧按规则进行。比赛分 A、B、C 三个区块，选手在三个区块轮换垂钓，每块场地限时 1 小时，最后以鱼的尾数和重量计算积分，最终姜进获得一等奖，陈先忠、陈先军获得二等奖，钱湖根、陈礼兴、徐起富获得三等奖。

【常山县科处级领导干部乒乓球比赛】 12 月 7 日至 8 日在县体育馆举行，共有 9 支代表队、44 名运动员参加。比赛分团体、男单、女单三项。财贸系统的阮文胜和徐琼分获男、女单打冠军，财贸金融系统获团体冠军。

【常山县“银田杯”首届羽毛球赛】 由县体育局主办、县羽毛球协会承办的常山县“银田杯”首届羽毛球比赛于 7 月 5 日至 7 日在县工业园区（原雪佛兰汽车 4S 店）举行。共有 90 余名运动员报名参赛，比赛分团体赛和单项赛等 7 个项目进行。

【常山县“移动杯”男子篮球锦标赛】 由县体育局、县总工会、县篮球协会主办，常山县移动公司协办的常山县“移动杯”男子篮球锦标赛 9 月 20 日在县体育馆开赛，全县共有 17 支队伍、260 多名运动员参赛。通过 8 天 52 场的比赛，县公安局获比赛第一名，衢州武警支队三中队获第二名，县交通局获第三名，县消防大队获第四名，县住建局获第五名，浙江云泰纺织有限公司获第六名。

【紫港街道成为全省第九批体育强乡镇】 紫港街道以创建体育强镇为契机，把体育事业与新农村建设相结合，投入 30 多万元，新建街道文体中心站，建立 11 个乒乓球室、5 个篮球场、4 条健身路径，为发展全民健身运动创造良好条件。省检查组听取紫港街道“创强”工作汇报、查看台账及深入行政村、学校实地检查后，对紫港街道的体育工作表示肯定。12 月，紫港街道被授予浙江省第九批体育强镇荣誉称号。

【创建省级农村体育俱乐部】 12 月，东案乡垅坞村、新昌乡下徐村、青石镇塘边村被省体育局命名为省第六批村级体育俱乐部（浙体群〔2013〕516号）。

【常山县代表队参加衢州市第十届青少年体育传统项目运动会】 历时四个月，衢州市第十届青少年体育传统项目运动会于10月29日在开化县落幕。全市各县（市、区）共1000多名运动员参加了田径、游泳、举重、围棋、乒乓球、幼儿体操、健美操等7个大项的角逐。常山县代表队由196名运动员组成，共获得金牌15.5枚、银牌20枚、铜牌28枚。

（刘　春）

社会生活

人民生活

【概况】 2013年，全县城镇居民人均可支配收入23036元，比上年增长10.3%；农村居民人均纯收入11542元，增长11.4%。据抽样调查显示，城镇居民人均住房面积29.7平方米，农村居民人均住房面积67平方米。

全县职工基本养老保险参保人数58632人，职工基本医疗保险参保人数55070人，工伤保险参保人数34762人，生育保险参保人数23881人，当年新增加参保人数分别为：9244人、4510人、1398人、2105人；分别增长18.7%、8.9%、4.2%、9.7%。城乡居民社会养老保险制度参保147953人，参保率达95.5%；被征地人员基本生活保障参保人员23260人，当年新增加4908人；城镇居民医疗保障参保人员19095人，参保率达98.6%。

全县有7013户10103人纳入最低生活保障，年支出低保金2193万元；有3544名重度残疾人纳入低保和重度残疾人基本生活补助，年支出重度残疾人基本生活补助金1371万元；全县集中供养的农村“五保”和城镇“三无”对象共有872户876人，年支出供养资金692万元。城镇低保标准由2012年的424元/月·人提高到480元/月·人；农村低保标准由2012年的255元/月·人提高到332元/月·人。规范临时救助，全年共救助105户，救助资金达20万元。做好全县城乡困难居民医疗救助工作，全年共救助1868人，支出救助资金510万元。资助全县城乡低保、五保、重度残疾人13450人参加新型农村合作医疗，资助金额201万元。

2013年常山县全部从业人员和工资

表36

指标名称	年末总人数（人）	年末在岗职工人数（人）	在岗职工工资总额（万元）	年在岗职工平均工资（元）
总计（含私营企业）	**44759**	**35430**	**1464820**	**42013**
按国民经济行业分组				
1. 农林牧渔业				
2. 采矿业				
3. 制造业	14086	13504	440974	32977
4. 电力、热力、燃气及水生产和供应业	526	300	39778	130849

续表 36

指　标　名　称	年末总人数（人）	年末在岗职工人数（人）	在岗职工工资总额（万元）	年在岗职工平均工资（元）
5. 建筑业	17658	10609	304396	29564
6. 批发和零售业	947	900	25992	29807
7. 交通运输、仓储和邮政业	611	564	26816	48756
8. 住宿和餐饮业	794	760	23065	29608
9. 信息传输、软件和信息技术服务业	18	18	786	43667
10. 金融业	393	321	33034	110852
11. 房地产业	306	272	16165	59870
12、租赁和商务服务业	482	461	20292	42100
13. 科学研究、技术服务业	182	152	11068	71406
14. 水利、环境和公共设施管理业	261	147	10595	73576
15. 居民服务、修理和其他服务业	31	31	1906	61484
16. 教育	2747	2446	147533	61678
17. 卫生和社会工作	1355	1199	81003	67842
18. 文化、体育和娱乐业	286	266	14626	55402
19. 公共管理、社会保障和社会组织	4076	3480	266791	77443

2013 年常山县单位从业人员和工资（不含私营）

表 37

指　标　名　称	年末职工（人）	在岗职工（人）	女　性（人）	在岗职工年平均工资（元）
总　　计	**15875**	**13665**	**5462**	**60577**
一、按企业、事业、机关分组				
1. 企业	6847	5876	1938	46971
2. 事业	5290	4628	2522	66194
3. 机关	3617	3113	931	78426
二、按国民经济行业分组				
1. 农林牧渔业				
2. 采矿业				
3. 制造业	2104	2098	766	38548
4. 电力、热力、燃气及水生产和供应业	511	285	115	136420
5. 建筑业	2713	2104	253	39752
6. 批发和零售业	168	151	79	51553

续表 37

指 标 名 称	年末职工（人）	在岗职工（人）	女 性（人）	在岗职工年平均工资（元）
7. 交通运输、仓储和邮政业	230	228	63	64696
8. 住宿和餐饮业	794	760	515	29608
9. 信息传输、软件和信息技术服务业	18	18	9	43667
10. 金融业	304	242	132	109008
11. 房地产业	103	79	41	98257
12. 租赁和商务服务业	214	193	73	71789
13. 科学研究、技术服务业	182	152	60	71406
14. 水利、环境和公共设施管理业	261	147	67	73576
15. 居民服务、修理和其他服务业	31	31	9	61484
16. 教育	2634	2341	1291	62498
17. 卫生和社会工作	1261	1105	792	70416
18. 文化、体育和娱乐业	271	251	103	57020
19. 公共管理、社会保障和社会组织	4076	3480	1094	77443

2013 年常山县规模以上私营企业从业人员和工资

表 38

指 标 名 称	年末职工（人）	在岗职工（人）	女 性（人）	在岗职工年平均工资（元）
规模以上私营企业合计	**28884**	**21765**	**7679**	**30255**
一、按国民经济行业分组				
3. 制造业	11982	11406	5607	31967
4. 电力、热力、燃气及水生产和供应业	15	15	8	30563
5. 建筑业	14945	8505	1155	26943
6. 批发和零售业	779	749	531	25217
7. 交通运输、仓储和邮政业	381	336	80	37804
10. 金融业	89	79	53	118016
11. 房地产业	203	193	88	46435
12. 租赁和商务服务业	268	268	24	24404
16. 教育	113	105	68	43800
17. 卫生和社会工作	94	94	61	37713
18. 文化、体育和娱乐业	15	15	4	26500

2013年常山县县职工素质情况

表39

单位：人

指标名称	单位从业人员中专业技术人员	按职称分			在岗职工按文化程度分			
		高级	中级	初级	本科及以上	大专	中专技及高中	初中及以下
总计（含规上私营企业）	**11884**	**573**	**2738**	**4428**	**6052**	**5576**	**12017**	**21114**
一、按国民经济行业分组								
1. 农林牧渔业								
2. 采矿业								
3. 制造业	3059	85	274	1162	405	1089	4984	7608
4. 电力、热力、燃气及水生产和供应业	200	9	57	114	131	167	170	58
5. 建筑业	3897	79	565	1299	482	1339	4447	11390
6. 批发和零售业	92	0	24	34	47	137	315	448
7. 交通运输、仓储和邮政业	91	2	18	21	55	95	206	255
8. 住宿和餐饮业	47	1	6	10	14	56	306	418
9. 信息传输、软件和信息技术服务业	10	0	2	8	3	9	5	1
10. 金融业	244	3	15	46	202	151	21	19
11. 房地产业	116	5	59	38	60	92	135	19
12. 租赁和商务服务业	78	9	43	22	98	71	101	212
13. 科学研究、技术服务业	106	10	30	49	77	64	33	8
14. 水利、环境和公共设施管理业	58	7	24	25	53	56	63	89
15. 居民服务、修理和其他服务业	0	0	0	0	6	10	6	9
16. 教育	2288	284	1118	780	1841	519	242	145
17. 卫生和社会工作	958	53	234	575	476	410	307	162
18. 文化、体育和娱乐业	118	3	26	49	97	90	72	27
19. 公共管理、社会保障和社会组织	522	23	243	196	2005	1221	604	246

2013年常山县城乡劳动力资源配置情况

表40　　单位：万人

	城乡合计	城镇	乡村		城乡合计	城镇	乡村
一、年末人口数	24.50	10.32	14.18	按国民经济行业分组			
年末16岁以上全部人口数	19.70	7.88	11.82	1. 农、林、牧、渔业	6.3	0.86	5.44
其中：不计入劳动力资源的人数	2.27	0.91	1.36	2. 采掘业	0.09	0.03	0.06
二、年末劳动力资源总数	17.43	6.9	10.46	3. 制造业	3.28	1.01	2.27
三、经济活动人口	16.31	5.89	10.42	4. 电力、煤气及水的生产和供应业	0.08	0.05	0.03
从业人员	15.98	5.6	10.29	5. 建筑业	1.26	0.60	0.66
按就业身份分组				6. 批发和零售业	1.67	0.84	0.83
城镇单位从业人员	1.69	1.69	0.00	7. 交通运输、仓储及邮电通讯业	0.27	0.27	0.00
私营业主	0.42	0.24	0.18	8. 住宿和餐饮业	0.47	0.33	0.14
个体户主	0.94	0.52	0.42	9. 信息传输、计算机服务和软件业	0.03	0.03	0.00
私营企业和个体从业人员	5.98	3.10	2.88	10. 金融业	0.07	0.06	0.01
乡镇企业从业人员	1.51	0.14	1.37	11. 房地产业	0.05	0.05	0.00
乡村农业劳动力	5.44		5.44	12. 租赁和商务服务业	0.19	0.11	0.08
其他				13. 科学研究、技术服务和地质勘查业	0.09	0.03	0.06
按登记注册类型分组				14. 水利、环境和公共设施管理业	0.05	0.03	0.02
国有单位	0.99	0.99	0.00	15. 居民服务和其他服务业	0.22	0.14	0.08
集体单位	6.21	0.63	5.58	16. 教育	0.55	0.33	0.22
股份合作单位				17. 卫生、社会保障和社会福利业	0.22	0.18	0.04
联营单位				18. 文化、体育和娱乐业	0.10	0.06	0.04
有限责任公司	3.17	1.12	2.05	19. 公共管理和社会组织	0.99	0.68	0.31
股份有限公司				20. 国际组织			
其他				城镇失业人员	0.33	0.20	0.13
私营企业	3.60	1.85	1.75	城镇登记失业人员	0.10	0.10	0.00
港、澳、台商投资单位	0.05	0.05	0.00	四、非经济活动人口	3.39	1.99	1.40
外商投资单位	0.02	0.02	0.00	其中：16岁以上在校学生	1.01	1.01	0.00
个体	1.94	1.03	0.91	家务劳动者	0.41	0.15	0.26

2013 年常山县农村住户调查基本情况

表 41

指　　标	单　　位	常 山 县
一、调查户数	户	199
二、家庭常住人口	人	475
三、整半劳动力数	人	348
四、土地经营情况	亩	3
其中：耕地面积	亩	1
山地面积	亩	2
园地面积	亩	
五、全年人均总收入	元	14342
1. 工资性收入	元	5696
①在非企业组织中劳动得到的	元	349
②在本地企业中劳动得到的	元	2160
③常住人口外出从业得到的	元	3157
2. 家庭经营收入	元	6017
3. 财产性收入	元	514
4. 转移性收入	元	2115
六、全年人均总支出	元	9534
1. 家庭经营费用支出	元	2024
2. 购置生产性固定资产支出	元	30
3. 建．造生产性固定资产雇工支出	元	3
4. 税费支出	元	0.1
5. 生活消费支出	元	6412
6. 财产性支出	元	15
7. 转移性支出	元	1050
七、全年人均纯收入	元	11542
八、全年人均可支配收入	元	
九、年末人均住房面积	平方米	

2013年常山县城镇住户调查基本情况

表42

指　　标	单　　位	常山县
一、调查户数	户	51
二、家庭人口	人/户	2.9
1. 有收入者人数	人/户	1.81
就业人口数	人/户	1.55
其中：国有经济单位职工	人/户	0.69
集体经济单位职工	人/户	0
其他各种经济单位职工	人/户	0
个体经营者人数	人/户	0.13
个体被雇佣者人数	人/户	0
离退休再就业者人数	人/户	0.06
其他就业者人数	人/户	0.67
2. 无收入者人数	人/户	1.09
三、平均每户就业人口数	人/户	1.55
平均就业面	%	53.45
四、平均每人年家庭总收入	元	25738
其中：可支配收入	元	23036
五、平均每人年家庭总支出	元	21207
其中：消费支出	元	14521
六、人均现住房总建筑面积	平方米	29.72

（郑　燕）

人口和计划生育

【概况】 2013年，常山县人口计生工作以巩固提升国家级计划生育优质服务县工作水平为主线，以稳定低生育水平、统筹解决人口问题为目标，加强基础建设、依法行政、优质服务，健全人口计生工作机制，人口计生各项工作基本保持稳定。完善和建立主体合法、权责明确、程序严密、行为规范、制度健全、监督有效的计划生育行政执法长效体制，杜绝违规违法行为。严把审核审批和“一票否决”关。加强社会抚养费征收案卷、再生育审批材料审查，严格规范程序、标准，防止发生行政不作为或乱作为现象。对命名表彰先进、美丽乡村等重大建设项目和评先评优单位个人及干部选拔任用中，人口计生局严格把关审核。全年共审核社会抚养费征收案卷220份，再生育审批1200例，其中，特殊情况生育审批75例，未发现执法人员违法违规情况，全县无因违法行政而引发的计划生育重大案件。加大出生人口性别比综合治理力度，严格执行《常山县关于进一步加强终止中期以上妊娠引产手术管理的若干规定的通知》精神，实行定点引产、凭县人口计生局审批引产制度，全面推行出生人口、孕妇B超检查和终止妊娠实名制，强化出生人口性别的监管。定期与卫生、药监、妇联、公安联合开展对县内定点引产单位和民营医疗卫生机构、私人诊所性别比治理的专项督查活动，杜绝管理漏洞，有效防止“两非”案件的发生。主动接受监督。重视计生信访。建立健全约访、排查预警、责任追究，包案处理、越级劝访等制度和三级计生信访网络，对重点信访案件，局领导班子按联系乡镇、街道分片包案处理。全年共接待处理信访87件，没有恶性案件和严重侵权案件，没有计生行政复议案件和行政诉讼案件，法制氛围基本形成。开展“全国婚育新风进万家示范县”活动，创建一批生育文化宣传阵地、制作全县人口计生专题片、开展不同主题的计生宣传服务活动等，倡导婚育文明新风尚。

是年，全县出生人口3462人，其中，计划内出生3134人，计划生育率90.53%。多孩违法生育率1.42%，出生人口性别比106.9；应参加国家免费孕前优生健康检查3918人，已检人数5858人，国免率149.51%；应参加免费孕前优生健康检查2730人，已参加2570人，孕前优生检查率为94.14%。征收社会抚养费1100万元。坚持考核引导，改革目标管理责任制，实行5个“一票否决”指标，强化数据质量和创新特色工作考核。加强督查，坚持分类指导。通过召开全县通报会、推进会，开展暗访督查、统计质量清查等举措，夯实基础，确保政策调整之年生育秩序的稳定。

【人口问题统筹解决机制】 县委、县政府召开全县人口计生工作大会和全县人口计生重点工作推进会，与14个乡镇、街道，90多个部门签订2013年度人口和计划生育目标管理考核责任状。出台《常山县2013年乡镇、街道部门人口和计划生育目标责任考核细则》。建立计生工作制度。每季向县四套班子领导和乡镇、街道送上一份全县人口计生形势分析，分析各乡镇、街道计生工作形势，明确乡镇、街道当前计生工作中存在的问题，提出指导意见；每年三次向县领导和乡镇、街道报送一份督查暗访考核通报，使每个联系乡镇、街道的领导及时掌握所联系镇乡的计生工作情况，以便加强指导。坚持部门协作联动机制。卫生局、药监局、公安、妇联配合计生部门抓出生人口性别比治理，建立凭证定点引流产、凭证接生、B超管理等相关制度。公安、民政、卫生、计生建立人口信息每月交换制度，形成优势互补、资源共用、信息共享的格局。金融机构协助法院对违法生育者存款查封、划拨等。公安、计生对外来流动人口信息联动采集共享。

【人口计生宣传活动】 县计生局成立活动领导小组，制定下发《常山县关于在春节期间开展计划生育宣传服务月活动的通知》，以“服务、转型、提效”为主题，在全县开展为期40天的计划生育集中宣传活动服务月活动。开展“让政策走近群众、让群众了解政策”的主题宣传教育活动。元旦、春节期间，深入各乡镇、街道开展慰问走访发放宣传品活动，营造全社会关怀关爱失独家庭户、二女户、计生困难户和特困退职计生服务员的浓厚氛围。2013年，全县共走访慰问计生家庭户和特殊困难计生干部户265户，发放慰问金25.7万元以及大米、食用油等慰问品。制作印制“幸福家庭 三优相伴”独生子女年历画、女性保健指南、关注男性生殖健康、致流动人口一封信、优生预防缺陷等10多种10万多份，发放到全县各乡镇、街道。开通移动手机用户短信平台，每月进行有关人口计生的宣传；向全县每位已婚育龄妇女发放打击“两非”等宣传内容的环孕检通知；与县卫生局，各乡镇、街道联合开展“六进六送”大型现场宣传、义诊、咨询服务活动。

【服务机构标准化规范化建设】 2013年，县计生局投入60多万元为全县11个乡镇、街道计生服务室各添置一台B超，组织乡镇、街道服务机构人员对B超操作等技术进行轮训，确保服务站达到标准化建设要求，并提高技术服务水平。结合规范化村级便民服务中心创建活动，开展创建规范化村级计生便民服务中心活动。每个乡镇、街道完成一个以上村级规范化计生便民服务中心的创建工作。出台《关于优化服务流程，方便群众办证的实施意见》，在“减”“简”二字上下功夫，简政放权，优化流程，缩短时限，能下放的计划生育审批权限全部下放到乡镇、街道；能在信息管理系统查询计生信息的，不再要求育龄群众提供书面证明材料。开展“一站式”服务，在县民政局婚姻登记处设立生殖健康服务证办证中心，开设第一次孕检服务和即时办理“生殖健康服务证”，提供免费的孕前优生健康检查、面对面的优生咨询指导和人口政策的宣传等。

【计生质量管理加强】 县计生局完善考核制度，明确多孩政策外控制目标。指导督促乡镇、街道完善对村主职干部的政策激励和约束保障制度，实行村书记、主任工资补贴与人口计生工作业绩考核相挂钩，强化村主职干部对计生管理责任，对村计生服务员每人每年补贴从300元提高到700元。利用月统计例会制，加强业务知识灌输，新上岗的乡镇、街道业务人员根据各自的情况进行逐个面对面的业务培训指导。组织全县计生系统业务人员89人，分两批参加省计生委举办的基层干部素质提升的培训。对村级计生服务员，组织业务干部到乡镇、街道举办培训班，进行手把手指导，提升整体业务素质。开展人口出生底数的清理与核查，每月采集卫生、疾控防疫、公安、民政等部门的出生人口等信息进行比对再发放到乡级，督促乡镇、街道及时上报出生人口信息，理清出生人口信息，降低统计误差。

【“5·29”会员日活动】 2013年，县计生协开展“生育关怀行动”，为计划生育困难家庭送去生育关怀金，到招贤镇古县村、青石镇周家坞等20户计划生育家庭送上共计2万元的关怀金。与天马街道计生协联合在社区举办以“增进计生关爱，促进家庭幸福”为主题的“5·29”计生协会活动日文艺晚会，晚会上演说唱《美丽乡村我的家》、三句半《妇女能顶半边天》及小品《生男生女都一样》等节目，均由社区文艺爱好者们自编自导。据统计，“5·29”期间，全县共举办计生政策等知识培训班10期，受训人数1500余人；发放各种宣传资料3万多份，举办计生知识竞赛6场，为群众免费检查身体3000多人，送药具1800份，咨询服务达1.3万人。

【全面实施计生惠民利民政策】 2013年，常山县全面实施奖励扶助、特别扶助政策、公益金救助、独生子女家庭奖励、节育手术奖励、“少生快富”工程和建立志愿者服务队，实行奖特扶政策“提标扩面”和独生子女家庭意外伤害保险。全县享受奖特扶对象977人，发放奖特扶资金140万元。关心关爱困难家庭，开展计划生育特殊家庭情况调研，对失独家庭走访慰问、精神慰藉、上门送证、生育指导、优先抱养等救扶措施。全县共292个失独、手术并发症和困难计生家庭得到重点救助，发放计生公益金37多万元，为8310户独生子女家庭办理计生家庭意外伤害保险。为705户县城夫妻双方失业、无业的独生子女家庭发放100元独生子女父母奖励费。基层执法进一步规范，全年共对1554名违法生育家庭征收社会抚养费1100万元，探索解决新时期社会抚养费征收“取证难”“程序难到位”等问题，出台《关于办理故意逃避社会抚养费征收案件的指导意见》，解决乡镇、街道办理故意逃避社会抚养费征收案件取证难、告知难等问题。全县办理“零口供”“公告告知”案件21例。

小资料：

阳光计生工程——网上审批

县人口计生局实施“阳光计生”工程，从与群众联系最密切的计生审批入手，简化审批程序、转变工作作风、提高办事效率，切实解决群众办证难题，使计生四项办证项目有三项能即时办理，再生育证审批事项省定审批时限的30天，压缩到最快10天（含公示7天）。

平台再“加”，前移解决“人难找”。开设计生门户网站，将计划生育证件办理依据、条件、程序、时限、需要提交的证明材料、申请表式样、服务承诺、办证咨询方式、联系电话等事项在网上公开，办事群众可通过网上表格下载、咨询、预约等服务，一次性申领证件。增设村级代办服务平台，审批服务进驻村（居）便民服务中心；培训、聘请代办员，实行委托代办制，由代办员为群众代理办证，并对特殊困难群众提供上门全程代办服务。全县有54个村已设立计生审批村级代办点，2013年提供服务1000多人次。在县民政局结婚登记处设立办证窗口，结合民政结婚登记信息，一次性获取办证对象基础信息，实现新婚夫妇“生殖健康服务证”的即时办理，较之原先在乡镇、街道办理，省时、省力、省心。全年该窗口共为1892对新婚夫妇提供办证服务。

流程再“减”，瘦身克服“事难办”。完善充实计生信息管理系统。凡是系统中可查询的信息，不再要求办证群众提供书面证明材料，办证成本为零，办证效率大大提高。针对流动人口，实行信息核实承诺制，对双方或一方长期或多次、多地流动，无单位出具婚育状况证明材料，特别是双方或一方为省外户籍流动人口，信息核实确实存在困难的，办证单位通过当事人夫妻书面填写“夫妻婚育情况承诺书”，依据当事人的承诺便可为其办证，有效消除办证“关卡”，畅通办证渠道。全年依承诺制办证150多份。在全市率先实施“网上审批、一印多模”办证审批，投资20多万元开发“常山县再生育审批及办证系统”，乡镇、街道在进行再生育审批时，将对象申报的原始材料在网上通过扫描仪批量上传到县局，县局办证人员网上审核点击“同意”后，乡镇、街道采用“一印多模”印章就可直接审批，“空中审批”减少材料报送和盖章“往返跑”。自2012年9月全面实施到2013年12月，通过网上审批办证的有2614本，其中，再生育审批810本、独生子女证327本、流动人口婚育证明372本、第一胎生殖健康服务证1105本。

服务再“优”，建制杜绝“脸难看”。创新三项制度，强化责任监督，杜绝工作人员服务意识淡、态度差，办事推诿、扯皮现象。首接责任制，“一人”服务到底。在正常的接待群众办事实行首接责任外，对于集体户、空挂户等特殊人群申请办证更予以特别明确，当事人现居住地或一方户籍所在地均为办理的责任单位，群众首次到哪个单位申办，就由该单位负责到底。异地协调制，“一次”解决问题。针对证件办理过程中涉及跨地区业务的，专门出台异地协调制度，县内跨乡镇（街道）办证，由县人口计生局一次协调解决，市内跨县的，报县人口计生局，由县人口计生局报市人口计生委一次协调解决。责任追究制，“一键”反馈监督。建立健全窗口服务评价和反馈机制，开通“12356”阳光计生服务热线、纪委“110”平台、常山人口计生门户网站三个监督投诉平台，畅通渠道、简化操作，力求“一键式”发布投诉信息；同时，完善考核机制，明确办证单位和人员责任，确保监督落到实处。2013年共受理各类群众投诉43起，整改43起，整改率100%。

（徐晓婷、苏正良）

民政事业

【概述】 2013年，县民政部门围绕“奋力追赶、科学跨越”要求，投入“项目建设攻坚年、产业转型突破年、城乡环境提升年”活动，开展“贴心民政、阳光民政、法治民政、数字民政”建设，以保障改善服务民生为主线，加强和创新社会管理，抓好社会救助、优抚安置、婚姻登记、殡葬管理、民间组织管理、地名管理等各项民政政策的落实，发挥民政部门的保底作用、基础作用、支持作用、支撑作用。全年县民政局争取省级转移支付资金9585.22万元，比2012年增加2651.17万元，增长38.2%。县民政局被民政部评为“全国居民家庭经济状况核对试点工作优秀单位”（民办函〔2013〕165号）、被市委评为“2012年度全市‘平安衢州’暨社会管理综合治理工作先进集体”（衢委发〔2013〕7号）、被县“两办”评为“2012年度社会主义新农村建设优秀单位”；县老龄办被省老龄工作委员会评为“浙江省老龄工作先进集体”（浙老工委〔2013〕6号）。

2013年，全县有6030户9061人纳入最低生活保障，年支出低保金1702万元。其中，农村低保5535户8242人，全年支出低保金1497万元；城镇低保495户819人，全年支出低保金205万元。在动态管理的基础上做到应保尽保、应补尽补、应退尽退。按照低保标准自然增长机制的要求，2013年常山县城镇低保标准由2012年的424元/月·人提高到480元/月·人，农村低保标准由2012年的255元/月·人提高到332元/月·人。全县有3544名重度残疾人纳入低保和重度残疾人基本生活补助，全年支出重度残疾人基本生活补助金1370.83万元；全县集中供养的农村“五保”和城镇“三无”对象有872户876人，全年支出供养资金692.4万元。全年救助因病困难群众1868人，救助金额509.52万元；资助全县城乡低保、“五保”、重度残疾人13450人参加新型农村合作医疗，资助金额201万元。走访慰问农村特困户、低保户、受灾户、低保边缘户和特困优抚对象1787户，发放慰问金122.20万元，确保困难群众过好春节。

全县60岁以上农村老年人有56019人，每人每月领取70元养老金。全县企业离、退休人员8878人，领取养老金2.2亿元。全年救助困难老人7403人，其中，城镇困难老人1634人（包括低保老人241人），农村困难老人5769人（包括低保老人2750人），发放救助金805万元。

抓好抚恤优待政策落实，为重点优抚对象解决生活难、医疗难等实际问题。2013年，全县共为125名复退军人解决生活补助10万元，为88名优抚对象解决医疗补助16.24万元，为99名优抚对象落实医疗补助17.55万元。调整现役义务兵家属优待金标准，将现役义务兵家属优待金标准提高到

2013 年每人每年 7200 元，将进藏和高原兵家属优待金调整为每人每年 1.5 万元，进藏全日制大专以上学历的义务兵按进藏现役义务兵家属优待金标准增发 20% 即每人每年 1.8 万元。调整伤残军人、复员军人、无工作参战退役人员、“三属”等重点优抚对象抚恤补助标准，足额发放各类抚恤补助经费，为 83 名在职残疾军人发放保健金，为 78 名失业残疾军人发放抚恤金，为 5 名一级至四级残疾军人发放护理费，为 1 名烈士子女落实生活补助政策。做好军休干部房改补贴的发放工作，为 2 名自理住房的军退干部落实住房货币补差待遇。落实带病回乡退伍军人政策，为 14 名具备带病回乡并基本丧失或丧失部分劳动能力的困难退伍军人办理带病回乡退伍军人待遇。

【优抚安置】 2013 年，县“双拥”办开展新一轮“省级双拥模范县”创建工作，与 36 个双拥领导小组成员单位签订《常山县 2013 年双拥模范县创建工作责任书》。对全县零散烈士纪念设施建设管理保护工作进行总体安排，做好革命烈士纪念建筑物管理和保护工作。按照复退军人信访和维稳“12345”联动工作机制要求，热情接待来人来访，坚持宣讲优抚政策以说服教育为主，解答疑惑以化解心理疙瘩为目的，做好优抚对象的思想转化工作。全年共接收退役士兵 163 人，其中，农村籍 143 人（荣立二等功 1 人），符合按城镇退役士兵安置的 20 人（含残疾军人 2 人）；接收 12 年以上转业士官 5 人。对 2011 年、2012 年符合政府安排工作条件的 9 名退役士官，按照事业岗位、国有企业岗位、工勤岗位各 3 名的比例，经考试、考核后予以安置，其中，选择自谋职业安置的有 2 人。为 142 名农村籍退役士兵实行农村士兵安置补助办法，为 20 名符合城镇退役士兵安置条件的（含残疾军人）退役士兵全部实行一次性经济补助，为 20 名城镇籍退伍义务兵和复员士官核发“城镇退役士兵自谋职业证”。以退伍军人职业培训基地为平台，结合县“万名农民素质培训工程”，会同县锦绣职业技术学校和县职业中专联合推出中级计算机维修和操作、数控、车工等职业技能培训项目，保障退役士兵人人享有一次免费职业技能培训机会。全年有 45 名退役士兵通过培训实现上岗就业。

【灾害救济】 县政府修订、完善《常山县自然灾害救助应急预案》（常政办发〔2013〕206 号）和《常山县民政局自然灾害救助应急预案》，完善乡镇（街道）、村（居）救灾应急预案，并组织乡镇（街道）和村（居）进行救灾应急演练，做好救灾各项准备工作。县民政局每天安排两名值班人员（汛期实行 24 小时值班制度）。抓好救灾物资储备工作，与城区金佰汇超市、世纪联众超市，以及县粮食收储有限责任公司签订救灾应急物资供应协议和救灾粮食应急保障供货协议，确保灾情发生后救灾物资（救灾粮、食品和饮用水）能迅速到位。推进综合减灾示范社区建设，谋划乡镇（街道）避灾中心及综合减灾项目，开展避灾安置场所建设，2013 年共完成县级 3 个、乡镇（街道）级 15 个、村级 62 个避灾安置场所，增设了标志和指路牌等。抓好乡镇（街道）、村（居）灾害信息员队伍建设，做到及时准确上报“查、核、报灾”的数据，及时解决灾民基本生活，配合相关部门审核困难群众住房安置和重建工作，做到“阳光操作”，取信于民。

【困难救助】 县民政局规范临时救助工作，2013 年救助 173 户，救助资金 37 万元。做好全县城乡困难居民医疗救助工作，全年救助 1868 人，支出救助资金 509.52 万元；资助全县城乡低保、“五保”、重度残疾人

13450人参加新型农村合作医疗，资助金额201万元。做好2013年春节“访民情、送温暖”走访慰问活动，走访慰问农村特困户、低保户、受灾户、低保边缘户和特困优抚对象1787户，发放资金122.20万元。贯彻落实浙人社发〔2011〕223号文件精神，做好局属精减职工的生活费发放工作，为来局查阅档案的860名群众做好政策宣传，免费复印“六十年代精减回乡下乡人员登记表”和收入证明等材料1200多份，使符合条件的对象及时享受到有关补助待遇。出台《常山县城乡困难居民重特大疾病医疗救助实施办法（试行）》（常民字〔2013〕112号），加大对城乡困难居民重特大疾病医疗救助力度。2013年，县民政局干部职工与61名孤儿或困境儿童（父母死亡、失踪、服刑等情形）结对帮扶；全年有227名孤儿和困境儿童纳入保障范围，支出资金142.6万元。做好“明天计划”“重生行动”及抢救性康复项目的实施工作。

【居民家庭经济状况核对工作】 县民政局按照《常山县低收入家庭收入核定实施细则》（常政办发〔2011〕135号）、《常山县低收入家庭收入核定工作实施方案的通知》（常政办发〔2011〕133号）和《关于做好2011年度低收入家庭收入核定工作的通知》（常民字〔2011〕64号）的要求，组织全县各相关部门、8家银行的业务人员，乡镇（街道）民政助理员、社区工作人员参加“申请救助家庭经济状况核对信息系统”培训，开展申请救助家庭经济状况核对工作。

【救助管理】 2013年，根据《关于在全国开展救助管理机构规范化建设的意见》和《全国救助管理机构规范化单位评审办法》的精神，整合县殡葬管理所与县民政局社会事务处办公力量，把原县殡葬管理所办公场所调剂给县救助管理站使用，新设置4个滞留室。开展“阳光救助”和“接送流浪孩子回家”专项行动，维护好孤儿和流浪未成年人的合法权益。全年共救助各类求助人员174人。

【社会福利】 2013年，经民政部、财政部、公安部的批准，同意设立“中福在线常山销售厅”。建立县级养老服务指导中心1个，乡镇（街道）级养老服务中心14个，城市社区居家养老服务照料中心7个，农村社区居家养老服务照料中心43个，在全市率先实现城市社区居家养老服务全覆盖。在县域内新办民办养老院（常山县水根老年公寓）1家，床位数40张。辉埠镇宋畈中心敬老院、同弓乡中心敬老院和东案乡中心敬老院改扩建项目被列为县政府“为民办实事”项目，至年底，3个敬老院改扩建项目修缮部分全面完成。主动对接浙江赛得健康产业园中老年公寓项目，完成控规修编，并开工建设；做好县社会福利中心项目选址、规划等前期工作。县社会福利院全年老人入住率继续保持在98%以上，办理弃婴收养54人，为孤残儿童发放生活费15.49万元，为孤残儿童提供医疗费0.80万元，学费0.92万元。

【移民工作】 2013年，县民政局开展全县直补对象的核查工作，核减不再享受直补政策的对象，对刑满释放人员等对象及时恢复补助，共核减直补人口127人，恢复补助6人，补登1人。做好移民直补资金发放工作，发放移民直补资金1147.95万元，发放率100%。加强移民实施项目的监管，全县经批复待实施的移民项目176个，总投资2859万元，其中，上级扶持资金1613万元，占项目总投资的56.4%。推行项目“月督查、季通报”制度，推行项目“一线办公”制度，推行项目“会商会办”制度，加快移民项目建设进度。至年底，全县80%的移民项目完成验收报账等工作。整合项目、资金，将移民项目由“输血型”转为“造血型”，实施水库移民创业园项目，打造来料加工和工业精品园两大基地。县水库移民创业园项目占地50亩，总投资2800多万元，其中，来料加工基地建成并投入使用；工业精品园基地占地20亩，计划投资1500多万元，已办妥土地划拨手续。启动辉埠移民创业园项目整体规划设计工作，该占地12亩，投资约800万元，由辉埠镇35个移民扶持村联建来料加工标准厂房。

【婚姻登记】 2013年，全县共办理结婚登记2369对，离婚登记664对，补领婚姻证998对，出具无婚姻登记记录3976件，复婚93对，收养登记46件。县民政局婚姻登记处被评为2013年度常山县“群众满意基层站所（服务窗口）”。

【殡葬管理】 2013年，县民政局对全县50个行政村新建、扩建乡村公益性公墓进行专项扶持。定期开展骨灰入墓抽查，经群众举报，查处3起违法违规建坟行为。推进公益性公墓建设，倡导生态葬法，截至年底，全县生态葬法行政村覆盖率达90%，已建公墓的墓地绿化率达80%。出台《常山县人民政府办公室关于常山县殡葬基本服务项目实行免费的通知》（常政办发〔2013〕245号），自2014年1月1日起施行。

【殡仪服务】 2013年，县殡仪馆协助县城投公司完成城东新区、徐家坞等地620余穴坟墓迁移工作；做好纠纷遗体的处置。开展殡葬系统“行风建设月”活动。全年完成1643具遗体火化任务，遗体火化率继续保持100%。

【民间组织管理】 2013年，全县新培育社会组织13家，其中，社会团体9家、民办非企业单位4家；变更登记民办非企业单位1家；注销社会组织单位1家。开展党建全覆盖工作，全县113个新社会组织，除3个县民族宗教事务局作为业务主管单位的宗教类社会组织实施党的工作覆盖外，其余110家新社会组织，通过不同组建方式实现党建工作全覆盖。开展社会团体和民办非企业单位年检工作，全县63家社会团体参加年检，参检率100%。批准成立常山县社会组织服务中心。推动政府转移目录、购买服务与具有承接能力的社会组织目录的编制工作，7家居家养老服务照料中心10名工作人员由政府购买服务。开展财政资金或福彩公益金扶持社会组织发展工作，上级下达2013年民办非营利养老服务机构床位补助资金累计175万元、省级福彩公益金资助社区居家养老服务照料中心（共7家）建设补助资金累计225万元。

【地名管理】 2013年，常山县出台《关于印发〈常山县地名管理实施细则〉的通知》，加强全县地名管理工作。全年共完成5960块各类地名标志设置工作，配发门牌证1575本，出具相关地名标志证明1508份。落实浙赣线行政区域界线联合检查工作会议精神，完成行政区域界线联检工作任务。4月25日至6月26日开展“浙赣线”第三轮联检和柯城、常山、江山三角点联检工作。对柯常线、常开线、淳常线、衢常线进行界线检查，维护界桩和警示牌完整清晰，完善定期走访制度。完成政区大典常山篇的编写工作。

【基层组织建设】 2013年，县民政局牵头做好县行政村规模调整工作，全县行政村总数由调整前的342个调整为180个，减少162个，缩减47.4%。4月，开展第十届村民委员会换届选举的调查摸底和选情排查等准备工作，举办全县村民委员会换届选举培训班。发挥业务指导作用，完成在同弓乡开展的第十届村民委员会换届选举试点工作，未出现重大群体性上访，越级上访事件。参与“示范型城市社区”创建工作，制定“示范型城市社区”创建工作实施方案，完成年度创建任务。

【老龄工作】 2013年，县老龄委深化“银龄互助”活动，对城乡老年人采取形式多样的互帮互助服务。贯彻落实《中华人民共和国老年人权益保障法》，通过法律援助等手段为老年人维权、解困。协调抓好高龄老人优待政策的落实，做好高龄老年人优待证的发放和百岁老人的调查核实工作。通过村老年活动室等载体，引导老年人开展形式多样、健康有益的文体活动，实现老年人“老有所为、老有所乐”的目标。开展“敬老文明号”创建活动，全县各级涉老职能部门、公共服务窗口行业和基层为老服务组织深入开展为老服务，保障老年人权益，提高老年人生活质量。全年新创建省级老年电大教学点2个，对2012年创建的4个省级电大教学点进行验收。在常山县天马街道文峰社区开展第一轮“老年宜居社区”创建活动。为全县社会特困老年人患白内障实施免费复明手术233例。

【福利企业】 2013年，县民政局开展全县福利企业年检活动，规范福利企业的劳动用工制度，安置残疾职工287人。全县13家福利企业共完成工业产值3.79亿元，实现销售收入3.59亿元，实现利税1227万元。

【慈善事业】 2013年，县慈善总会做好企业留本捐息冠名慈善基金、小额冠名慈善基金、关爱贫困妇女儿童慈善基金等活动。县慈善总会积极向上争取项目资金援助，拓宽慈善募捐渠道。通过深化慈善“造血型救助”和“村级慈善帮扶基金”等项目，常山县慈善事业社会救助范围不断扩大。

（江宏伟）

乡镇（街道）

辉 埠 镇

【概况】 辉埠镇位于常山县城北郊，镇政府驻地辉埠新区万友大道6号，是浙江省首批中心镇、省级教育强镇、省级体育强镇和衢州市经济强镇。2013年1月，原辉埠镇与原宋畈乡合并成立新的辉埠镇。行政区划调整后，辉埠镇区域总面积127.1平方千米，辖17个行政村，常住人口3.4万人。境内气候宜人，四季分明，温暖湿润，属亚热带季风区，年平均气温17.4℃，年降水量1730毫米~1830毫米。镇域范围交通纵横便捷，九景衢铁路在东乡村设有货站，杭金衢（沪昆）高速公路横穿境内，常辉公路与320国道、205国道交会贯通。拥有浙江省储量最丰、品位最优的石灰石矿，三衢石林景区（AAAA级）位于境内。辉埠新区为辉埠镇工业功能区，规划面积22.3平方公里，已建成8.5平方公里，系全国钙产品生产基地，浙江省千万吨水泥熟料生产基地。至2013年年底，全镇工业企业237家，其中，1亿元以上企业11家，10亿元以上企业1家，形成了水泥、钙产品、轴承、纺织、金属加工等主导产业。

2013年，辉埠镇以建设"大美三衢·绿色辉埠"为目标，以行政区划调整为契机，加快平台拓展，聚力抓招商引资，推进产业升级，缓解要素制约，保持经济社会平稳较快发展的势头。全年实现生产总值57.45亿元，固定资产投资22.26亿元，财政总收入3.2亿元，农民人均纯收入12107元。平稳完成行政村规模调整和村级组织换届选举工作，缩减行政村26个，缩减率60.5%。

【矿产资源整治】 2013年，辉埠镇启动为期3年以淘汰石灰立窑和石灰钙生产线、整合矿山、改善交通运输环境为主要内容的"蓝天三衢"生态治理工程。推进石灰立窑整治，完成列入淘汰计划的89孔石灰立窑和171条石灰钙水生产线的限期关停承诺书签订，关停淘汰石灰石立窑47孔、石灰钙生产线124条，其中，已拆除封闭立窑20孔、生产线20条，收取专项资金1108.75万元，兑现奖励资金790万元。启动矿山企业整合，成立国有矿业公司——常山泰安矿产经营管理有限责任公司，3家到期矿山已收购1家，另2家也完成总体评估。推进石灰钙生产企业环境整治，列入当年整治计划的3家轻钙企业，2家已通过整改验收，另1家已停产整改。开展水泥行业清洁化生产，企业生产环境逐步改善。

【旅游产业】 2013年，辉埠镇配合县委、县政府完成三衢石林AAAA级景区创建以及"5·19市长带你免费游"大型旅游活动的承办。完成通景道路的拓宽工作。完成常芳线和通景道路沿线赤膊墙粉刷、绿化等整治、提升工作。依托景区资源优势，发展农家乐，新增农家乐7家，其中，路里坑村被评为“衢州市农家乐示范村”。

【平台建设】 2013年，辉埠镇推进高压走廊以北、徐村、杨梅弄、久泰弄等区块的土地征迁工作，完成土地征用1000多亩，房屋征收35户1.13万平方米。投入资金8600万元，推进徐村片区以及二期东片区块的开发建设，实施基础设施配套工程18个，完成2号路和3号路与常芳公路的贯通、垃圾中转站、东片二期土石方和三期土石方等9个工程建设，基本完成徐村地块的土石方平整，启动实施临时商业用房、商贸综合体、枧头职工公寓及商住小区项目，新区配套不断完善。做好平台融资和闲置低效土地的整治，完成融资1.2亿元，清退无力开工企业用地680亩。

【招商引资】 2013年，辉埠镇创新招商模式，成立招商二分局，专门负责全镇招商引资工作。深入实施招商引资“浙商回归”工程，根据县产业规划和辉埠镇产业实际，做好招商信息的掌握和跟踪，发扬“三亲三待”精神，引进优质的“大、好、高”项目，推进辉埠特色产业集群集聚。全年共引进欧恒制冷、百邦花式等招商引资项目16个，其中，1亿元以上项目1个，续建项目5个。

【项目建设】 2013年，辉埠镇结合“我为企业加油”“三进三到”等活动，开展项目攻坚月行动，做好项目的前期谋划，破解项目推进和企业运营过程中的各种困难问题，一批重点建设项目取得较快进展。油气管道辉埠段，天然气门站、末站等项目基本完成建设。22个重点项目完成投资7.82亿元，完成目标任务的108.6%。新开工建设企业11家，投产3家。完成11家企业共231.65亩土地的挂牌出让。完成项目谋划15个，协议总投资25.9亿元。

【新农村建设】 2013年，辉埠镇开展“三改一拆”专项行动，共拆除违法建筑368处6.8万平方米，完成195户农户的建房审批。抓好农村垃圾整治，投入资金160多万元，完善保洁员管理制度，实行垃圾处理“村收、镇运、县处理”市场化运作模式，建立卫生管理长效机制，农村环境卫生不断改善。在辉埠新区全面推行物业保洁市场化运营。投资260多万元完成石姆岭集镇农贸市场改造、大型停车场、小区围墙建设，开展道路交通安全整治和集镇占道经营整治，成效明显。开展以水环境治理为重点的“共建生态家园”行动，快速推进东乡村、路里坑村美丽乡村提升村建设，投入1160多万元，实施辉鸭线大修、内溪改造、污水处理等项目。启动东乡村省级农房改造示范村建设。依托各村实际，实施“一村一品”工程，辉埠镇石姆岭村被评为常山县2013年度“一村一品”十佳村。实施村级经济发展壮大“三年”计划，鼓励各村结合自身实际，拓宽增收渠道，加快推进村集体经济发展，重点发展物业经济，涉及全镇16个村的标准厂房联建项目已全面启动实施。

【社会事业发展】 2013年，辉埠镇完成5年一次的全省低收入农户调查工作，全镇低收入农户共2070户6420人，扶贫重点村8个。做好困难群众和失土农民的生活保障，新增失土农民参保人员326人次，全镇低保基本实现应保尽保。重视城乡居民基本医疗保险征缴工作，参保率98.4%，有效缓解农民群众看病难、看病贵的问题。做好困难群众住房保障，完成50户农户的住房救助。开展各种群众喜闻乐见的文化活动，举办“东乡油菜花文化观光节”“激情广场月月唱—辉埠专场”等活动，其中，镇机关排舞队获全市排舞大赛银奖。培育挖掘农村文化，建成农村文化礼堂3个，东乡村被评为全市唯一的省级“书法村”。完成宋畈水厂、辉埠第一中心幼儿园、全县首家乡镇图书馆——辉埠图书馆、东山根—后社道路沿线绿化等一批为民办实事项目建设。启动实施镇第二中心幼儿园以及常辉公路的“白改黑”。做好人感染H7N9禽流感的检查防控工作。加强人口计生工作，完成各项责任指标。开展夏秋季征兵，16名“双合格”青年应征入伍。

【平安建设】 2013年，辉埠镇开展“走进矛盾排查整治、强基促稳共创平安”、矛盾纠纷大排查等活动，创新开展“维稳基石”试点工作，化解信访积案，修编完善应急处置预案，做好重点时间节点、重点人群的稳控。投资60多万元，完成镇民防应急指挥中心建设。推行工矿企业安全生产标准化创建，开展安全生产大排查大整治行动，抓好安全生产日常巡查和监管，安全生产事故得到有效遏制。森林消防、防汛抗旱等工作扎实推进。

【基层党组织建设】 2013年，辉埠镇顺利完成行政区划调整，撤销宋畈乡建制，整体并入辉埠镇。完成行政村规模调整，43个行政村调减为17个行政村，调减比例达60%。投入50多万元，开展村级办公场所整合修缮。村级组织换届选举工作平稳有序完成，联村班子、驻村干部及时优化调整。按照从紧、从严的总体要求，加强镇机关内部管理，对车辆使用、考勤、公务接待等内控制度进行修改完善。做好干部融合，开展中层干部竞争上岗，完成15名中层干部的竞聘，优化了干部队伍结构。加强为民服务，在原宋畈乡政府派出设立了便民服务中心，在8个村率先推行了村务员制度，创新便民服务“1+1”模式，方便群众办事。

【行政区划调整】 2013年1月，辉埠镇启动行政区划调整工作后，通过多次召开宋畈片村主职干部会议等方式，着重就行政区划调整的重要意义进行大量宣传，争取宋畈片广大干部群众的配合支持；同时，认真做好“新官理旧账”工作，确保宋畈片的各项工作不因区划调整而搁置。并将原镇政府驻地从原灰山底村搬迁至辉埠新区，实现了原宋畈乡并入辉埠镇后工作的平稳过渡。

【行政村规模调整】 2013年10月，辉埠镇原43个行政村调整为17个行政村。其中，原高峰村、灵湖村、大埂村等3个行政村合并为大埂村；原西坞村、鸭坞村等2个行政村合并为鸭坞村；原石木岭村、灰山底村等2个行政村合并为石姆岭村；原上辉埠村、蒋建村、下辉埠村等3个行政村合并为辉埠村；原上宋畈村、下宋畈村、新江村等3个行政村合并为宋畈村；原东乡村、杨梅弄村等2个行政村合并为东乡村；原久泰弄村、塘底村、南弄村等3个行政村合并为久泰弄村；原达坞村、建新村、松香门村等3个行政村合并为达坞村；原路里坑村、石岩村、下蓬村等3个行政村合并为路里坑村；原彭川村、灵峰寺村、西坑村等3个行政村合并为彭川村；原双溪口村、五爱村、东山根村、后社村等4个行政村合并为双溪口村；原林畈坞村、黄坞岭村、舒家村等3个行政村合并为黄坞岭村；原西张村、才里村、龙头村、坪山村等4个行政村合并为才里村；原东鲁村、东湖村等2个行政村合并为东鲁村。原童家村、山背村、桐村村等3个行政村保持现状不变。

【村级组织换届选举】 10月底至12月下旬，辉埠镇17个行政村开展了村党支部、村民委员会、村务监督委员会和村经济合作社管理委员会的换届选举工作，共选举产生新一届村两委班子123人。其中，村党支部成员66人，支书及负责人17人；村民委员会成员57人，村民主任17人。

2013年辉埠镇规模以上工业企业部分经济指标

表43 单位：千元

企业名称	年份	工业总产值（当年价）	国家、省级新产品产值	工业销售产值	出口交货值	资产合计	利税总额
四通	2012	245722	121281	226222	147906	235166	13608
	2013	206689	68578	200655	101244	237575	7586
星球	2012	53477	—	50307	—	49911	2053
	2013	33388	—	32452	—	52205	1469
华鑫	2012	26166	—	19360	—	41191	-231
	2013	21327	—	19197	—	43850	-816
双明	2012	23850	—	21950	—	28515	2591
	2013	61116	—	59355	—	56967	2112
文庆	2012	35003	—	32898	—	25761	2229
	2013	44588	—	42744	—	23065	3431
盈特	2012	31699	11704	34041	19897	39207	577
	2013	43209	19284	39074	11766	38211	58
康乐	2012	33572	—	28292	—	31745	284
	2013	42042	—	37208	—	35412	758
捷姆	2012	126663	—	115210	50476	173736	15428
	2013	161747	—	141119	74056	210153	20235
精辗	2012	59250	12852	58972	—	37258	-3431
	2013	72804	20292	70821	—	34423	-5965
盛宇	2012	39445	—	39445	—	44938	129
	2013	47099	—	47099	—	52677	1877
常山水泥	2012	1087193	—	1025095	—	1608993	195493
	2013	926986	—	909378	—	1494988	197271
虎跃	2012	247267	—	241657	—	128920	9764
	2013	179799	—	181302	—	127813	16181
江山虎	2012	571241	—	561484	—	485495	108846
	2013	455005	—	443100	—	568549	120285
雪峰	2012	126836	89342	127337	—	86376	9442
	2013	144732	122565	143665	—	86376	7870
龙山	2012	110102	—	109846	—	24338	5993
	2013	125719	—	124332	—	29699	6152
雪字	2012	64766	—	64582	—	32394	742
	2013	73908	—	73491	—	35718	1333
亚鑫	2012	39735	—	39224	—	15214	2444
	2013	45333	—	45482	—	18381	4114
金雄	2012	74695	74695	74698	—	39241	4327
	2013	85280	85280	85230	—	41858	3199

续表 43

单位：千元

企业名称	年份	工业总产值（当年价）	国家、省级新产品产值	工业销售产值	出口交货值	资产合计	利税总额
南方	2012	54665	—	53408	—	39547	4275
	2013	65255	—	65732	—	27491	5635
常纺	2012	206586	101098	204011	48482	200085	5035
	2013	224303	112152	219624	52508	213644	-899
神龙建材	2012	112251	—	104990	—	18995	1126
	2013	117961	—	117809	—	19080	711
永建混凝土	2012	—	—	—	—	—	—
	2013	32881	—	32881	—	12165	2219
永金	2012	35754	—	30603	—	21733	273
	2013	33217	—	32229	—	29923	503
卡罗莱纳纺织	2012	—	—	—	—	—	—
	2013	28484	—	23626	1438	57059	-1626
钙都钙业	2012	19176	—	19176	—	29197	2463
	2013	27880	—	27880	—	19524	1161
东晟	2012	20898	—	20898	—	36810	459
	2013	39913	—	29550	—	110145	258
迈尔泰木业	2012	94532	—	95823	—	81372	3725
	2013	121938	—	125729	—	78187	-1527
绿洲	2012	31126	—	30817	—	128862	1020
	2013	22018	—	21953	—	136829	1712
华盛	2012	44406	—	43514	—	59063	4777
	2013	51091	832	47054	—	74463	6530
华硕钙业	2012	82751	—	82750	—	20248	4733
	2013	94816	—	94890	—	26777	4991
航翔纺织	2012	23600	—	20500	—	17600	772
	2013	29100	—	26800	—	22000	740
幸福电器	2012	29894	—	29894	—	28267	4593
	2013	49311	—	48469	—	35120	6312
成鑫轴承	2012	—	—	—	—	—	—
	2013	31059	—	27009	—	43724	388
鑫茂轴承	2012	—	—	—	—	—	—
	2013	20772	—	27779	—	48335	118
中润钙业	2012	—	—	—	—	—	—
	2013	17993	—	18355	—	19042	1316
雄狮工贸	2012	57421	—	49251	—	71168	6250
	2013	38359	—	32692	—	87806	2835
合计	**2012**	**3809742**	**410972**	**3656255**	**266761**	**3881346**	**409789**
	2013	**3817122**	**428983**	**3715765**	**241012**	**4249234**	**418527**
	同比增长（%）	**0.19**	**4.38**	**1.63**	**9.65**	**9.48**	**2.13**

2013年辉埠镇各行政村基本情况

表44

	人口数（人）	村民小组个数（个）	农户数（户）	劳动力数（人）	外出劳动力数（人）	耕地面积（亩）	胡柚面积（亩）	柑橘产量（吨）	胡柚产量（吨）
合计	**33910**	**311**	**9993**	**20822**	**6441**	**19241**	**8974**	**526.4**	**4739.5**
大埂村	2980	20	910	1884	260	1579	266	20	543
山背村	1642	11	528	1026	295	873	750	28	317
鸭坞村	1603	8	453	1064	106	1073	248	8	732
石姆岭村	1489	13	503	1062	81	350	110	3	80
辉埠村	1797	14	535	1196	77	1114	29		33
东乡村	2886	16	890	1987	139	2171	479		364
童家村	1040	10	340	680	70	380	150	50	150
久泰弄村	2064	23	567	1386	287	2426	1396	3	590.5
宋畈村	1345	12	414	788	362	747	393	28	90
达坞村	1865	18	535	1112	383	876	823	40	284
路里坑村	1765	14	499	1024	527	874	662	67	243
彭川村	3121	21	895	1725	1125	1572	663	70	229
双溪口村	2251	20	662	1295	572	1366	589	73	180
桐村村	1024	11	298	585	307	366	384	40	141
黄坞岭村	1757	29	447	1017	441	755	676	22.4	300
才里村	1990	27	540	1165	539	1056	724	54	185
东鲁村	2896	44	833	1698	870	1663	632	20	278
辉埠居委会	395	—	144	128	0	—	—	—	—

（李　斌）

天马街道

【概况】 天马街道位于常山县境内中南部，是常山县政府驻地。总面积77.49平方千米，辖区东连青石镇，南接江山市，西交金川街道与白石镇，北界常山港和紫港街道。下辖12个行政村、6个社区。2013年年末，天马街道总户数44017户，常住人口62245人。全街道计划生育率92%，农村劳动力9128人，外出务工人员3784人。党组织133个，其中，党委1个、党总支8个、党支部124人，有党员1944人。2013年实现工业总产值20926万元。

街道下辖12个行政村均实现村村通电、通电话、通车、通有线电视、通自来水，实现垃圾集中处理，6个村实现污水集中处理。12个行政村皆有办公大楼及各种活动室。有省级绿色社区1个（东明）、市级绿色社区2个（金川、屏山）。

辖域耕地8820亩，其中，水田7158亩、旱地 1662 亩。粮食播种面积 12578 亩，总产量 4915. 9 吨；蔬菜种植面积 3654 亩，总产量 4896. 4 吨；食用菌总产量 1530 吨；生猪饲养量 221200 头，生猪出栏 5740 头；柑橘种植面积 3727 亩，产量 3595 吨；胡柚种植面积 2756 亩，产量 2977 吨。专业合作社 47 个，农村合作社成员 2037 人。农业总产值 6100 万元。水产养殖面积 641 亩；林地面积 87613 亩，其中，公益林 45292 亩，森林覆盖率 73. 5%；村级森林防火指挥部 1 个，扑火队 7 个，护林员 26 人。是省级生态街道。

街道共有企业 526 家，其中，工业企业 54 家；职工 1549 人，企业总产值 23217 万元其中，工业企业总产值 20926 万元；有规模以上企业 5 家。2013 年，招商引资企业 4 家，协议投资 2. 328 亿元。2013 年来料加工集中点 27 个，来料加工专业社区 1 个（金川社区），项目 35 个，参加来料加工人员 1906 人，发放来料加工费 2633. 3 万元，实现来料加工全覆盖。工农业总产值 9. 41 亿元，其中，工业总产值 8. 8 亿元、农业总产值 0. 61 亿元；财政总收入 3302 万元，财政税收总收入 1505 万元；全社会固定资产投资 12 亿元；农民人均纯收入 9635 元。

天马街道共有卫生机构 4 个，执业（助理）医师 387 人。新型农村社会养老保险参保 1426 人，新型农村合作医疗参保 11475 人。有小学 4 所，在校生 3514 人，教师 227 人。幼儿园 18 所，其中，省级幼儿园 6 所。6 个社区共有居民楼 1109 幢，实际住户 19290 户、47685 人。各社区“五室、一站、一校、一所”等基础设施建立健全（“五室”：党建室、居委会办公室、警务室、老年活动室、青少年活动室；“一站”：医疗服务站；“一校”：市民学校；“一所”：社区文体活动场所）。金川社区荣获“全国科普示范社区”“衢州市巾帼文明岗”“衢州市侨界之家”荣誉称号，文峰社区荣获“省级民主法治社区”“省级便民服务大厅”“省级文化示范社区”“衢州市巾帼文明岗”荣誉称号，定阳社区荣获“省级巾帼文明岗”，屏山社区荣获“第二批全国妇联基层组织建设示范社区”“第三批浙江省综合减灾示范社区”等荣誉称号。

2013 年，天马街道稳妥抓好行政村规模调整工作。经过调整，铜岭和龙潭合并为天马村，中峰和石坝合并为天安村，程村和七里弄合并为东港村，袁青口、新联和钳口合并为和平村。

完善招商引资激励政策，强化产业招商、以商招商、服务招商，有选择地引进一些大项目、好项目和高新技术项目。引进浙江柚香农业开发有限公司，计划投资 6270 万元；常山华信塑业有限公司续建项目，已投资 3010 万元。另外，新引进浙西食品物流配送中心、江山根新型墙体材料有限公司，协议投资 1. 35 亿元，计划 2014 年开工建设。

扩大新型农村医疗保险覆盖面，参保人数 11475 人。全面落实新型农村社会养老保险政策，参保人数 1426 人。完善城乡居民最低生活保障制度和社会救助体系，保障人民基本生活，农村居民最低生活保障 1426 人。

【“五城联创”工作】 天马街道围绕“双十”专项行动，开展好小区环境卫生整治工作，出台《小区环境整治专项考核办法》。通过各社区“五城联创”监督员向小区居民发放“省级卫生县城复评”“国家园林县城创建”知识手册 5000 多份；刊出省级卫生县城复评知识黑板板 35 期，宣传标语 1000 多条，横幅 7 条。各社区定期组织楼组长、居民代表、党员开展“清洁家园”卫生大扫除活动，配合各挂联单位开展“联创行动日”活动。配合县住建局做好竹园二期等老小区的改造工作。

【社区开设爱心储蓄银行】 天马街道以社区为主导，联合常山村镇银行设立“爱心储蓄银行”，推行“爱心时长、爱心积分、爱心许愿、爱心共赢、爱心增值”等有“存”有“取”爱心储蓄，建立健全社区志愿服务活动“付出、积累、回馈”新机制，切实提高志愿者服务的实效性。各社区组建志愿者服务队73支，1336位党员群众领取了“爱心储蓄卡”，出动志愿者服务队180余次，参与人数2020余人，银行爱心储蓄时间1530.5小时，爱心人士认领微心愿425个，评选“爱心储蓄银行”先进个人10人，授予社区义工星级证书10本。

【义工家园建设】 各社区都按标准建立义工家园，设立“微心愿圆梦芳草地”心愿墙平台和心愿箱。结合“三进三到”活动，各社区积极推行“162”党员积分卡制度，以党员干部“双带”推动义工家园建设，招募“假日义工”4000多名。各社区义工开展爱心助学、敬老助残、文明行动、医疗服务、法律援助、社会宣传、纠纷调解等各种志愿公益服务100多次，服务群众达2.6万多人次。

【居家养老日间照料中心建设】 根据县民政局下发的《常山县城乡社区养老服务照料中心建设标准（实行）》和关于推进居家养老服务有关精神，各社区把服务中心建设成设施齐全、功能多样、环境优美的居家养老服务站点，具体包括食堂、乒乓球室、棋牌室、多媒体室、老年日间休息室等。以居家养老日间照料中心为平台，发展孝老爱亲义工服务，对社区居家养老中心的健身、娱乐、医疗等组建义工服务。

【村级组织换届选举工作全面完成】 2013年10月18日至12月19日，天马街道村级组织换届选举工作有序推进，全面完成。共选举产生村党支部书记12人，平均年龄47岁，其中，大专以上学历6人；支部委员30人，平均年龄44岁，其中，大专以上学历7人。新一届村民委员会平均年龄40.5岁，女性委员14人；共产生新一届村民委员会成员46人。新一届村委会年龄结构、知识结构、性别结构进一步改善。

2013年天马街道各社区基本情况一览

表45

社区名称	共建单位数（个）	楼幢数（幢）	户数（户）		人口数（人）		低保对象（人）	外来人口（人）	外出人口（人）	育龄妇女数（人）	环孕检对象（人）	归正对象（人）
			户籍	常住	户籍	常住						
屏山社区	26	119	2180	2994	5436	6080	151	324	107	2348	643	6
金川社区	23	130	2632	2632	7400	7400	54	566	194	1743	619	21
东明社区	23	295	3313	4322	9056	10805	112	779	608	3783	921	17
定阳社区	23	114	2273	3505	5550	8962	85	718	232	1896	612	27
文峰社区	23	360	2043	3017	4927	7613	87	2186	1020	924	720	20
渡口社区	22	91	2820	2820	6825	6825	147	504	458	1496	682	11
合　计	**140**	**1109**	**15261**	**19290**	**39194**	**47685**	**636**	**5077**	**2619**	**12190**	**4197**	**102**

2013年天马街道各行政村基本情况

表46 单位：户、人、亩、吨

村名	支书	主任	户数	人口	党员	劳力	外出劳力	山林面积	柑橘面积	柑橘产量	胡柚面积	胡柚产量
东方红	焦瑞生	江常青	330	944	34	565	0	0	23	25	21	25
南前坊	周正良	郑荣良	433	987	32	620	80	649	95	80	85	70
西峰	吴慈祥	胡军	269	561	23	365	8	451	36	56	26	45
北屏山	马土祥	马土标	329	653	23	415	60	646	20	10	15	10
常年青	徐晓俊	徐红军	360	789	46	460	172	797	30	25	10	15
蒲塘	李培荣	吴建军	305	803	27	460	208	3599	137	363	120	308
周塘	刘国华	姜新华	255	857	37	535	310	2860	400	200	150	150
五联	徐子远	段金水	455	1630	46	1109	672	10385	450	390	375	295
东港	杨士良	谢晓华	418	1472	51	927	271	8643	550	516	469	486
天马	邱有青	鲍金荣	631	2077	60	1308	923	23570	545	429	410	322
天安	李涌泉	廖书良	526	1892	81	1169	546	15926	797	641	710	541
和平	郑贤平	吴立冬	512	1895	85	1195	534	20087	644	860	365	710
合计			**4823**	**14560**	**545**	**9128**	**3784**	**87613**	**3727**	**3595**	**2755**	**2977**

（徐彤）

紫港街道

【概况】 2013年1月23日，紫港街道正式挂牌成立，位于县城常山港以北，东与青石镇接壤，南邻常山港，西接金川街道，北连辉埠镇、大桥头乡。总面积41.3平方千米，下辖10个行政村、1个社区、1个渔业大队，总户数4682户，人口14592人，其中，男7357人、女7235人。总人口中，18岁以下2885人，18—60岁9683人，60岁以上2024人，非农人口2284人。人口出生率9.15‰，人口自然增长率5.07‰，计划生育率91.60%。

耕地面积7111亩，林地面积26279亩，园地面积3511亩。农民合作社组织51个，参社户数369户。种植大户16个，畜禽养殖大户13个。农业总产值6320万元，农民人均纯收入13671元。

辖区内共有企业62家，其中，工业企业59家；从业人数2462人；实现企业总产值77781万元，其中，工业企业总产值71131万元；规模以上企业7家。来料加工集中点17个，全年累计加工费4464万元；来料加工专业村（居）6个。

辖内有中小学校3所，教师114人；幼儿园11所，其中，省级幼儿园1所（大风车幼儿园）。各村（居）全部实现村村通电、通话、通车、通有线电视，10个村垃圾集中处理。外港村（原麦坞村）被评为“浙江省卫生村”，狮子口村被授予“省级无邪教村”称号、县“一村一品”行动优秀村等荣誉称号。紫港社区被授予浙江省“群众最满意平安社区”、省级“敬老文明号”、市级“敬老文明号”、市级群众体育先进单位等荣誉称号。

紫港街道共有党组织41个。其中，党工委1个，党总支2个（分别为社区党总支和企业党总支），党支部38个（其中，农村党支部11个、渔业大队党支部1个、社区党支部8个、街道办事处机关党支部1个、老干部党支部1个、创业党支部1个、企业党支部16个），有党员738人。

2013年，紫港街道按照新型城市化的要求，确立走生态、生产、生活“三生”互动，宜居、宜业、宜游、宜文“四宜”融合的绿色发展之路，以“紫港扬帆、城东启航”为目标，坚持以生态为底色、以产业为支撑、以民生为导向、以文化为灵魂四大原则，借力借势、整合资源，推进紫港街道的商务休闲新区、富庶和美家园建设和绿色发展。服务城东新区开发建设，夯实城东新区开发建设前期基础工作，稳妥推进城乡规划。2013年6月底城东新区规划方案已定稿，正式进入实施阶段。滨江公园景观设计方案已通过论证，国家休闲区（狮子湖体验基地）规划编制正在快速推进当中。新农村规划方面，富足山新农村综合体一期项目已三次修建性详细规划编制，施工图正在设计当中；外港村新农村综合体正在设计招标中。

【聚力重点项目征迁】 2013年，紫港街道共涉及县级大小项目16个，其中，6个项目列入县“双十”专项行动的重点项目。街道办事处、村两委干部齐心协力，上下联动，奋力攻坚，攻克一批“老大难”的征迁难题，啃下一批硬骨头。至年底，全面完成紫港大桥连接线和东入城口景观改造提升工程，滨江一期外港大道，独流入海钱塘江治理常山段一期工程，城市主干道景观改造（常芳线）提升工程，高速公路出口景观提升工程，048省道延伸工程；徐家坞二期外围主干道，农村引用水工程一期总管建设工程等项目的征迁任务。共完成土地征收1412户1400.1亩，完成9家企业及102户63幢住宅的征收，迁移坟墓1522穴。基本做到项目建设到哪里，用地保障到哪里。

【拓展社区服务平台】 2013年，紫港社区公共服务逐步健全。搭建党员参与社区建设服务平台，合理设置在职党员“微义工、微服务”菜单等17个服务社区公益岗位。探索居家养老新模式，为老人打造居家养老服务，紫港社区居家养老日间照料服务中心5月份正式投入使用。帮助紫港社区居民寻找就业岗位360人次，帮助170人就业；开展劳动技能培训3次，介绍家政服务30人次；办理“4050”社保补贴15户；办理城镇居民医保190人；为3户重度残疾人安装无障碍设施；为居民解决实际困难70多人次。

【打造“最美”紫港品牌】 2013年，紫港街道办事处从氛围营造、典型引导、制度落实三个方面入手，宣传“最美”事迹、学习“最美”人物、发扬“最美”精神，让“最美”持续“发酵”，打造最美紫港品牌。在第二届“最美衢州人”评选中，由县渔业大队组成的常山民兵水上应急分队获得“最美衢州人”年度人物的荣誉称号。征地拆迁第一线的“老黄牛”，街道干部郑富强被县委、县政府授予“攻坚干将”荣誉称号，紫港社区居民“好亲戚”徐金妹被市委、市政府评为“劳动模范”，外港村村民徐爱花被授予常山县“2013年度榜样人物”。

【狠抓环境综合整治】 2013年，紫港街道办事处全民动员，强势推进“三改一拆”工作。拆除违法建筑220处，拆除面积11.7万平方米，拆除面积居全县第一。按照“美丽紫港、清洁家园”的目标要求，以省级卫生县城创建复评为契机，突出整治城郊村、公路沿线、公共区域等重点区域，彻底清理街巷村庄、河渠沟塘、田头地角、道路两侧等各类积存暴露垃圾，有效改善农村面貌。确定每月10日为清洁家园集中日，引导村民自觉参与农村环境卫生整治及日常保洁，养成良好的环境卫生习惯。

【强化文化阵地建设】 2013 年，紫港街道办事处按照“功能完善、管理规范、覆盖城乡、惠及全民”的总体要求，以文化阵地建设为抓手，扎实做好文化惠民工程建设，基层公共文化设施日趋完善，公共文化服务体系覆盖城乡。实施“文化礼堂”建设工程，确定季村为文化礼堂创建村，打造兼具村务管理、文化传承、培训学习、教化熏陶等功能的美好精神家园，实现农村公共文化产品的供给，推动农村文化体制的创新。完成省级先进体育街道创建工作，完成 7 个村的体育设施建设，完成 1 个三星级职工体育俱乐部和 1 个省级老年活动中心的创建。6 月，紫港街道举办“紫港扬帆”首届文化节、“文化让生活更精彩”百姓舞台才艺大赛等活动，文化体育事业健康发展。全年“春泥计划”实施村 3 个。

10 月 9 日晚，全县百姓舞台才艺大赛决赛在县青少年活动中心举行　　（陈睿溪　摄）

【完成行政规模调整】 2013 年 9 月开始，紫港街道统一开展行政村规模调整工作。通过前期调查摸底，中期部署落实，后期规范管理，整合资源、配强班子，先后完成外港与麦坞、季村与特畈、丁家坞与占家山等 6 个村的两两合并，分别成立外港、狮子口、狮东 3 个新村。

【完成村（居）组织换届】 至 2013 年 12 月，紫港街道 10 个村级组织、1 个社区组织均顺利完成换届工作。村（居）干部换届后，紫港街道党工委、办事处开展学习型、克难攻坚型、团结协作型、廉洁高效型“四型”班子建设，促使村级班子的凝聚力和战斗力得到明显提升，加快新任村干部角色转变，全面提高履职能力和为民服务水平。

【推进招商引资工作】 2013 年，紫港街道共引进浙商回归项目 2 个、续建项目 1 个，分别是浙江常隆投资有限公司、常山县劲雄家庭农场和常山峰盛冷拉有限公司；完成协议投资 1.3 亿元，当年实际到位资金 9010 万元；实现工业总产值 4.59 亿元，实现工业增加值 0.76 亿元。加强平台建设，提升招商引资服务水平，建立完善招商引资专业服务队，为客商实行项目全程代理服务。组建后续服务队，对客商及时回访，了解客商的难题，并竭力帮助解决，为客商营造良好的人文环境，以求达到客商间“传帮带”的效果，扩大招商范围。

2013 年紫港街道各行政村基本情况

表 47　　　　单位：户、人、亩、吨

村名	支书	主任	户数	人口	党员	劳力	外出劳力	柑橘面积	柑橘产量	胡柚面积
枧头	裴水德	何林芳	325	1068	37	660	156			30
后坊	吕卫军	方伟国	288	734	27	406	153			10

续表 47　单位：户、人、亩、吨

村名	支书	主任	户数	人口	党员	劳力	外出劳力	柑橘面积	柑橘产量	胡柚面积
外港	徐志伟	王俊	437	1264	60	773	317	52	75	260
富足山	吕卫军	占德红	483	1475	55	900	268	35	50	330
大弄口	裴军民	张顺良	498	1633	51	1086	255	10	14	130
狮子口	叶海有	吴国准	354	1254	54	830	200	76	101	753
狮东	黄盖民	叶光福	420	1504	69	922	195	223	290	678
孔家弄	李明良	付先国	293	1067	30	708	130	50	70	405
姜家堡	江国诚	方国昌	367	1187	43	700	180	155	205	630
渣濑湾	吴忠良	包水清	295	1120	33	650	380	65	90	500

（吴小丽）

金川街道

【概况】 2013年1月25日，金川街道正式挂牌成立，位于县城西北、常山港南岸。金川街道办事处驻地设在赵家坪星月湾55幢（天马路528号）。东接天马街道和紫港街道，南连天马街道，西与白石镇、同弓乡、何家乡接壤，北邻辉埠镇，总面积57.51平方千米。辖1个社区、25个行政村，总户数5829户，总人口20208人。人口出生率10.8‰，人口自然增长率5.63‰，计划生育率90.34%。辖区为原天马镇常桥、新建、五里亭、十五里、菖蒲塘、蒋家、叶姑岭、四都、学堂山、上蒋、上埠、徐村、鲁蒋、大麦淤、金家畈、登丰、鲁里、樊溪、陈家、朱家坞、上淤、中淤、下淤、宿村、十里山、赵家坪社区等区域。

耕地面积10906亩，林地面积13461亩，园地面积4204亩。农民合作社组织103个，参社户数326户。种植大户17个，畜禽养殖大户42个。农业总产值13326万元，农民人均纯收入13219元。

辖区内共有工业企业401家；从业人数14789人；实现工业企业总产值62619万元；规模以上企业34家。来料加工集中点13个，全年累计加工费2951.3万元；来料加工专业村（居）1个。

辖内有中小学校4所，教师181人；幼儿园11所，其中，省级幼儿园2所（钳口中心幼儿园和二都桥幼儿园）。各村（居）全部实现村村通电、通话、通车、通有线电视，14个村垃圾集中处理。

2013年，金川街道办事处围绕“奋力追赶、科学跨越”总要求，以“金川财富、绿色集聚”为工作目标，以区划调整融合、征迁政策处理、新农村建设、社会和谐稳定、干部队伍建设为抓手，全力打造“富美金川”。绿色产业集聚区征迁顺利推进，重点项目建设保障有力。开展对园区和项目政策处理遗留问题较多的赵家坪6号地块5号路、城市西入口景观改造提升工程、工业园区二期开发征迁等12个项目的遗留问题和攻坚行动，其中9个项目完成政策处理。赵家坪6号地块5号路等3个遗留问题较多的项目，政策处理工作稳妥有序推进，为一批停工项目新开工、未完工项目快竣工奠定良好的基础。解决新都工业园区二期到位指标地块遗留问题9个，腾出成片土地500多亩。推进“三改一拆”，农村卫生环境、水域环境、小区环境、工业发展环境等整治行动效果明显。

行政村规模调整工作平稳有序完成，街道下辖的25个村调整为14个村即五里亭村、新建村、常桥村、十里山村、十五里村、蒋家村、新都村、金川弄村、胡家淤村、朱家坞村、湖东村、徐村村、上埠村、上蒋村，缩减比例为44%。至2013年年底，金川街道共有党组织18个。其中，党工委1个，党支部17个、街道办事处机关党支部1个、老干部党支部1个、创业党支部1个、村党支部14个，有党员815人。2013年度，金川街道办事处被县委、县政府评为“县级文明街道”；十里山村被市经信委评为“衢州市农村信息化示范村”，被市司法局、市民政局评为“衢州市级民主法治村”；徐村村被市政法委、610办公室评为“市级无邪教示范村”；街道办事处王玉新被省军区授予“老武装标兵”荣誉称号；街道办事处尚林军被团市委授予“2013年度衢州市优秀共青团员”荣誉称号。

【项目推进效果好】 2013年，金川街道办事处全力服务产业集聚区土方平整、基础配套建设，做好征地政策兑现、农用房征收、公墓建设和坟墓迁移，征地政策兑现率从78.9%上升到99.6%；完成7067.42平方米的农用房调查和评估，拆除6961.34平方米，仅有1幢农民住宅因尚无安置地未拆除。公墓建设完成率98%，1667穴坟墓已迁移1442穴，迁移率86.5%。保障浙能常山天然气热电联产项目主体工程无障碍施工，完成辅助工程水泵站、35千伏输入用电线路、220千伏输出用电线路、取水管道等政策处理，有效保障重大投资项目的建设投产。西气东输项目完成天然气管线3公里、中石化管线4.6公里的政策处理，共租用土地130亩，实现项目涉及乡镇（街道）首个全线贯通。钱塘江治理一期常山港左岸工程已完成鲁里、上蒋地块的103亩土地征收，上埠地块启动丈量。全年完成园区土地征收3500多亩、重点项目土地征收928亩、借租地56亩，征收并拆除集体土地房屋1.14万多平方米，初步探索建立了“五破”征迁机制（即让利于民破观念、创新方式破障碍、借机造势破困局、巧借力量破难题、干部使用破常规）。

【“双十”整治强推进】 2013年，金川街道共拆除各类违法建筑232处89732平方米，拆后处置面积7200平方米，审批建房126户。在全县率先完成5个采砂点整治。加大主干道沿线整治力度，集中整治320国道、205国道和新都大道，共拆除21处5600多平方米影响沿线景观的建筑。农村卫生环境、水域环境、小区环境、工业发展环境等整治行动效果明显。

【社会治安保持稳定】 2013年，金川街道原25个村有21个征地拆迁村，政策处理遗留的问题、村级集体经济的分配等成了影响社会和谐稳定的最大因素，重点是要求村集体补偿资金分红到户、村民小组补偿资金分配到户、村干部财务违纪等问题。对于这些信访积案、集体访，街道组织骨干人员，争取部门支持，对5个村进行重点信访调处，对3件群众反映强烈村干部违纪问题进行查处，对1名原村支部书记进行免职并开除党籍、3名村干部涉嫌违纪违法问题正依法查处。民师、转业士官等相关利益群体人员无去京、赴省集体上访情况。

【完成村级组织换届工作】 行政村规模调整后的村级组织换届选举，一批项目攻坚能担当、办事公道作表率的村党员干部被选入村“两委”班子。在此次村级组织换届选举中，14位村支部书记的平均年龄为40.4岁，14位村委会主任的平均年龄为39.1岁，有9位村主职干部年龄在40岁以下，实现了“过程平稳、程序合法、结果满意”的目标，为金川街道经济社会发展奠定了扎实的组织基础。

2013年金川街道各行政村基本情况

表48

村　名	支　书	主　任	村民小组（个）	户　数（户）	人　口（人）	劳动力（人）	耕　地（亩）	园　地（亩）	山　林（亩）	集体收入（万元）	人均纯收入（元）
合　计			**168**	**5829**	**19081**	**12378**	**10906**	**4204**	**13461**	**989.74**	**11017**
五里亭	徐秀禄	陈松贵	9	421	1247	864	614	255	1400	23.99	10319
新　建	徐新华	徐高翔	12	310	1012	589	496	30	500	10.19	12305
常　桥	徐小忠	徐康宁	7	252	724	482	189	193	720	29.31	11992
十里山	陈明富	刘昌其	10	320	1138	716	430	250	1000	40.75	13948
十五里	刘启忠	余金山	18	593	2013	1303	1918	1393	3470	85.96	11302
蒋　家	蒋文斌	蒋泽阳	4	217	623	406	84	203	600	122.88	11261
新　都	缪进水	占水清	13	482	1473	939	488	778	2839	61.34	11141
金川弄	林小良	陈忠平	20	604	1958	1284	1950	636	287	34.45	9378
胡家淤	胡伟星	陈军华	32	867	3166	2024	1987	226	250	332.57	10193
朱家坞	朱小华	朱华贵	4	247	835	555	360	20	0	9.75	9154
湖　东	余泽龙	陈雪锋	10	432	1390	926	894	150	1320	125.87	9847
徐　村	叶继强	徐有德	8	296	1050	654	395	40	0	55.92	13251
上　埠	郑光华	郑国庆	17	590	1899	1275	887	30	725	23.54	11717
上　蒋	蒋尔炎	蒋念荣	4	198	553	361	214	0	350	33.23	10920

（林慧萍）

11月4日，县司法局与金川街道的工作人员在徐村村开展村级组织换届选举相关政策法规的主题宣传活动　（方均良、余志梅、詹伟　摄）

白　石　镇

【概况】　白石镇位于县境西南，地处浙赣两省三县市交界处，距县城公路里程13.5千米。G60沪昆高速公路与320国道在境内交错相连，320国道自东向西贯穿全境。境内有白石镇至江山市大桥镇、中坊至球川镇两条县级公路。7个行政村均通水泥路，总里程18千米。素有“两浙首站”“八省通衢”之称。2013年辖区面积46.2平方千米，辖7个行政村、99个村民小组，有90个自然村。

全镇2601户，总人口9942人，其中，外来人口226人。农村劳动力为6211人，其中，外出务工3159人。全镇从业人数5799人，从事第一产业2341人，第二产业1143人，第三产业2315人。

2013年，全镇农业总产值9393万元，农民人均纯收入8733元。耕地面积9398亩，其中，水田8047亩。山林面积48900亩，森林覆盖率67.8%。耕地有效灌溉面积7650亩，其中，旱涝保收面积6885亩。农业科技与服务单位1个，农业技术人员6人。粮食产量6054吨，蔬菜产量3081吨；胡柚产量2045吨；茶叶产量1.3吨；出栏生猪23414头，存栏生猪15402头；出栏羊130头、牛28头、鸡4.18万只、鸭72.86万只，存栏家禽381660羽。食用菌栽培522万袋，产量2100吨。苗木花卉面积692亩。全镇有工业、农业、服务业企业27家，其中，来料加工转型发展4家，农业企业3家，服务业1家；企业从业人数1574人，其中，工业企业1221人。全镇实现工农业总产值40621万元，比2012年增长9%；地方财政收入205万元。

全镇有学校1所，专职教师27人，在校学生459人，义务教育普及率100%。有文化站、图书馆8个，其中，村7个，藏书6120册。中心卫生院1所，卫生技术人员28人（其中医生4人），病床11张。计生服务站1个，服务人员2人，负责妇幼保健、防疫及地方病防治等。7个行政村通电、通邮、通电话、通有线电视。有镇办敬老院1座，床位56张，收养46位老人。有低保户119户198人，全年发放低保金45.7万元。落实农村医疗救助35户，发放农村医疗救助款24.8万元；发放保障金45.7万元，完成困难群众住房救助35户，帮助下山脱贫87户276人。全镇有残疾人协会7个，302名残疾人，全年发放残疾人补助金64.2万元。参加合作医疗9496人，新型农村合作医疗参保率99.9%，全年为农民报销医药费60多万元。参加农村社会养老保险4286人。有邮政储蓄、信用社各1个。集贸市场1个。组织农民培训5期，培训523人。

白石镇被评为浙江省小康型老年体育乡镇，被县委、县政府授予“平安乡镇”称号；胡家村被市委、市政府授予“2012年市级美丽乡村示范村”；新塘岭、小白石、白石3个村被评为平安农机示范村。

【来料加工业】 2013年，白石镇有一级经纪人19人，来料加工项目19个，低收入村加工点7个。新培育一级经纪人2人，培育来料加工先进村1个，新建标准厂房4幢，3800平方米。有2240余人参与来料加工，累计发放加工费3403万元。

【生态家园建设】 2013年，白石镇开展集镇整治，投入50多万元，完成集镇道路、绿化带、停车位等多项改造，建立集镇垃圾处理市场化机制，集镇脏乱差现象得到有效遏制。加强水利设施建设，毛坞等水库除险加固开工建设；投入169万元，对4个村6500多米长灌溉水渠进行全面改造和修复。推进胡家村、曹会关村、小白石村、草坪村和蒋连铺村5个村的美丽乡村建设和花卉苗木博览大道风景线建设。胡家村被市委、市政府授予“2012年市级美丽乡村示范村”称号。

【土地开发和违章建房整治】 2013年，白石镇注重堵疏结合，全力推进“三改一拆”工作，共拆除违章建筑3.81万平方米，复垦复绿1.2万平方米；完成年度农民建房审批任务，现场踏勘、选址149户，审批130户，办理建设许可证105户。加强督查考核，清洁工程成效明显。抓好土地开发，21个低丘缓坡开发项目通过市、县初验工程项目11

个，面积804.64亩。全面完成范村农村土地综合整治项目的旧房拆除和复垦工作。出台防范违章建房的工作意见，从畅通审批通道，加强建房监督，加强工作考核等方面入手，全力开展违章建房整治工作。

【民生保障工作】 认真做好低收入人群的社会保障工作，全镇农村五保户集中供养率达90%以上，落实低保对象119户198人，发放低保金45.7万元。做好农村困难群众住房救助工作，完成困难群众住房救助20户，发放救助金15万元。

【群众文化活动】 2013年，白石镇7个村都建有文化活动室、阅览室、老年人活动室，农村文化队伍不断壮大，有女子腰鼓队、铜管乐队等文艺队伍。镇文体中心功能进一步完善，篮球场、排球场、室内乒乓球场以及健身器材已经投入使用，100%的村建立有篮球场、乒乓球室。完成小白石村文化礼堂和义工家园建设。开展农村业余文化建设，邀请县文化馆老师，对排舞、腰鼓等农村业余文化队进行现场指导和帮教。在县城文峰广场举办“和谐边际‘三山文化’艺术节”。

【计划生育工作】 2013年，白石镇加大镇村两级考核力度，层层落实工作责任。完善硬件配套设施建设，提升优质服务水平，加大行政执法力度，净化生育环境，全镇低生育水平保持稳定。全年开展村级计生联络员培训15次，共255人次，下村开展各类计生和政策宣传培训20余次，共培训1000多人次。全镇计划生育出生人口115人，计划生育率为92.5%，环孕检率为99%。加大征收力度，当年创征收社会抚养费38万元。

【行政村规模调整和村级组织换届】 2013年10月，白石镇行政村数量由17个减少至7个，调减幅度为58.8%，村平均人口由570人增加到1400人，村域平均面积由2.71平方千米扩大到6.6平方千米。共选出7个行政村党支部书记及7名村委会主任，依法产生村党支部成员23人，村委会成员21人。

2013年白石镇各行政村基本情况

表49

村名	支书	主任	村民小组（个）	人口（人）	农户（户）	党员（人）	劳力（人）	外出劳力（人）	耕地面积（亩）		山林面积（亩）	柑橘面积（亩）
									水田	旱地		
十八里村	吴国明	许金水	12	1240	359	78	795	469	986	215	6023	620
白石村	胡红旗	胡长水	24	2257	569	107	1451	646	1451	312	6273	991
小白石村	吴先水	胡长军	8	1116	287	43	724	375	1058	57	3690	350
曹会关村	廖海富	陈用浙	8	816	204	36	518	214	631	228	3562	301
草坪村	林芳良	廖礼红	19	1938	487	103	1221	588	1659	217	11085	745
新塘岭村	郑小军	董献忠	16	1463	398	71	893	551	1273	184	5467	410
聚宝村	黄杰伟	黄财富	12	1112	304	61	609	316	989	138	9405	120
合计			**99**	**9942**	**2608**	**499**	**6218**	**3159**	**8047**	**1351**	**45505**	**3537**

（胡小芳）

招 贤 镇

【概况】 招贤镇位于常山县境东部。辖区东交衢州市柯城区航埠镇、沟溪乡，南界江山市大陈乡，西连青石镇，北接大桥头乡和东案乡。地处金衢盆地西缘，属低山区和丘陵平原交错分布区，地势南、北两翼高，中部低，南部为低山丘陵山区，北部为丘陵岗地，中部为沿江冲积平原区。最高点湖山，位于境南；最低点大溪沿村东侧河滩地，位于境东。常山港自西向东流贯境中，境内流程8千米；芳村溪西北从大桥头乡入境，向东南流至境中注入常山港。另有官塘溪、大坑溪、大弄溪3条季节性河流。矿藏资源有石灰石、石煤、石英砂等。320国道、杭金衢高速公路、黄衢南高速公路、衢常铁路穿境而过，素有常山“东大门”之称。

全镇总面积69.8平方千米，耕地面积14332亩，林地面积41623亩，柑橘面积19839亩。柑橘产量19839吨。下辖18个行政村，村民小组221个，共有农户10166户，32993人。劳动力20590人，外出劳动力8375人。党支部25个，党员1106名。人口自然增长率4.2‰。古往今来，招贤人杰地灵、商贾云集，更有千年古镇之美誉。境内有“樊氏大宗祠”“古县遗址”“箬溪泉水”“招贤古渡”等名胜古迹。

2013年，招贤镇以“三个年”活动为载体、“双十”专项行动为抓手，提振自信、提升激情，实施“实力工业、休闲城市、美丽乡村”发展战略，努力开创“奋力追赶、科学跨越”新局面，苦干实干、攻坚克难，着力打造“古镇新风·活力招贤”。全镇实现工业产值39800万元，跟上年执平；农业总产值6899万元，增长10.9%；财政总收入1450万元；财政总支出2067万元。上缴国税、地税224万元。农村集体总收入445.3万元，增长8.6%；农民人均纯收入10857元，增长10.4%。全年新引进招商引资项目2个，协议投资11630万元。落户官庄村、投资5000多万元的浙江天广建材有限公司，于8月底建成投产；落户泉目山村的浙江赛得健康产业园项目建设进展顺利。结合“万名农民素质提升”工程，组织来料加工业专项培训3次，新增加工点11个，解决3000多富余劳动力，全年发放加工费3437万元。

【工业功能区平整扩容】 2013年，招贤镇将镇工业功能区平台建设作为推进人口集聚、加快工业集聚的重要举措，加大对汪家淤工业园区、古县畈工业园区和泉目山生态园区的基础设施建设力度，配备精干力量，加强园区征地、平整工作。对接市、县经济开发区，不断增强各园区的承载力、吸纳力。

【特色农业转型升级】 2013年，招贤镇在种植业方面，探索发展红心猕猴桃20多亩，推进“柚菇”种植模式，联合“食用菌—胡柚柑橘”合作社，发展种植200万瓶袋食用菌。在养殖业方面，发展生猪规模化养殖，控制散养数量。在农业管理方面，开展胡柚社会化统一管理，实施“三疏二改”7000多亩，增施有机肥8000亩，为提高全年胡柚柑橘的品质和农民增收打下一定的基础。

【新农村建设持续推进】 2013年，全镇共拆除违法建筑440处，建筑面积74307平方米，完成目标任务比例100.41%。配置垃圾箱1420余只，专设保洁员44名，多次组织卫生清扫活动，加派人力治理农村水环境。完成古县、高埂、樊村文化礼堂建设工作，并通过市级验收。

招贤镇在职党员清理集镇卫生

（金灵丽、吕宁 摄）

【农村水利设施建设】 2013年，先后完成被列入县小农水重点项目的渔溪口村井洞弄水库、象湖村金家塘水库除险加固工程；完成泉目山窑塘整治工程，箬溪村、樊村村水库除险加固工程；完成大溪沿防洪堤建设219米。实施完成九龙山村至招贤集镇段饮用水主管道铺设；虹桥村至招贤镇泉目山村段饮用水主管道铺设；启动象湖村（原浦口村）饮用水管道入户工程，群众饮用水问题得到进一步解决。

【社会保障力度稳步提升】 2013年，招贤镇做好城乡居民合作医疗保险征收工作。招贤镇参加农村合作医疗保险人数25236人，参保率96.2%；参保农村政策性住房保险2624户、参保率100%；低保工作实现应保尽保，保障低保家庭共781户、1052人，其中，重度残疾402人。

【社会事业健康发展】 2013年，举办“激情广场月月唱”招贤专场活动；开展“孝亲敬老”“七岁开蒙”“重阳敬老”等礼仪活动。成功申报省级信用乡镇，招贤镇成为常山县首个省级信用乡镇，招贤人和招贤企业向信用社贷款利率优惠10%。

【招贤镇行政村规模调整】 2013年10月，招贤镇原29个行政村调整为18个行政村。其中，原高埂村、箬溪村等2个行政村合并为高埂村；原井坞村、古县畈村、藕塘村等3个行政村合并为古县畈村；原古县村、石井口村、外方山村等3个行政村合并为古县村；原招贤村、李家淤村等2个行政村合并为招贤村；原大坑口村、里方山村、纱帽山村等3个行政村合并为纱帽山村；原渔溪口村、符家山村等2个行政村合并为渔溪口村；原溪上村、大麦坞村等2个行政村合并为溪上村；原象湖村、浦口村等2个行政村合并为象湖村。原官庄村、大溪沿村、游林村、汪家淤村、山底村、鲁士村、樊村村、五里村、泉目山村、大弄村等10个行政村保持现状不变。

【招贤镇村级组织换届选举】 2013年10月底至12月下旬，全镇18个行政村开展了村党支部、村民委员会、村务监督委员会和村经济合作社管理委员会的换届选举工作，共选举产生新一届村两委班子124人。其中，村党支部成员64人，支书及负责人18人；村民委员会成员60人，村民主任18人。

2013年招贤镇各行政村基本情况

表50 单位：个、户、人、亩、吨

村名	支书	主任	村民小组	农户	人口	党员	劳动力	外出劳动力	耕地面积	林地面积	柑橘面积	柑橘产量
官庄村	张志新	徐毛良	5	269	803	39	488	155	592	0	670	759
高埂村	兰冬生	曾云祥	10	550	1819	58	1227	380	287	1499	1350	2700

续表 50　　单位：个、户、人、亩、吨

村名	支书	主任	村民小组	农户	人口	党员	劳动力	外出劳动力	耕地面积	林地面积	柑橘面积	柑橘产量
大溪沿	李向阳	季云仙	10	403	1368	42	842	435	320	400	703	500
游林村	张小光	曾嘉明	10	321	1141	33	699	270	530	465	740	745
古县畈	韩志平	张利平	10	398	1225	77	815	380	535	3429	1217	1483
古县村	李小林	邓土新	15	562	1930	82	1241	502	368	682	1450	1760
招贤村	周建平	徐金海	14	458	1401	58	958	250	413	342	930	800
汪家淤	柯坚强	邹根生	7	305	1007	44	680	260	186	325	500	630
渔溪口	邓江华	兰如荣	14	493	1537	54	908	295	483	2494	1115	880
纱帽山	余晓青	徐朝斌	16	478	1491	63	854	344	385	4178	1305	1540
溪上村	廖林福	叶翠清	24	689	2196	77	1360	600	376	802	1982	2130
泉目山	曾金生	黄鸿良	9	746	2475	80	1351	660	250	290	1505	1380
大弄村	黄国新	刘樟木	8	525	1705	40	1100	440	314	688	952	1100
五里村	刘美龙	刘月富	15	720	2592	72	1660	850	235	0	700	1160
樊村村	樊智敏	樊利红	8	536	1738	55	1020	500	176	414	800	1100
鲁士村	徐忠产	徐德军	8	655	2068	64	1285	490	367	1826	835	700
山底村	徐建忠	郑仕民	14	652	2067	58	1346	550	311	218	1350	1260
象湖村	郑水清	郑云英	24	1406	4430	110	2756	1014	236	500	1735	2530

（祝雅斌）

小资料

走进大宗祠，感受樊氏辉煌

樊氏大宗祠位于招贤镇樊村村，始建于清乾隆年间，距今270多年。宗祠门前5米处立着一块高15米、宽0.8米的青石碑，碑正面书有“浙江省重点文物保护单位：樊氏大宗祠”。落款是“浙江省人民政府：1997年8月29日公布”。青石碑的反面刻有“樊氏大宗祠，建于清乾隆年间。保护范围以该建筑四周墙体为界，控制地带：以四周墙体为准，各向外延伸15米”。作为省级文物保护单位，自有严格的审批程序和保护要求。

樊氏大宗祠又叫“博龙祠”，但自从省里公布了标准名称后，已很少有人叫“博龙祠”了。这座祠占地650多平方米，共有大小落地柱子90根。作为主屋架木质结构的宗祠，经过270多个春秋，仍保存如此完好，在浙西地区是不多见的。

樊氏大宗祠墙体为开线砖浆砌建筑结构，内建筑以木头、石条、石柱为主。该祠分为前、中、后三进。前进为戏台和化妆室。宗祠最引人注目的是戏台的八卦井和一对木雕的狮子戏球。遗憾的是左侧一只母性造型的木雕狮子，于2004年被人偷盗，至今尚无线索，也未能补上。中后进的人物雕刻栩栩如生，呼之

欲出，无不体现祖先的聪明才智，只可惜这些人物面部在“文化大革命”期间被毁坏了，至今都无法恢复原貌。原宗祠内供奉先祖画像，后来，这些先祖画像也毁于“文化大革命”，至今也未能补上。后进虽然结构简单，但这里可是当年樊氏老祖宗呼风唤雨、发号施令的地方。据《樊氏宗谱》记载，这里的正堂中间早年曾挂着一幅唐伯虎的“双虎图”原作，相传这幅双虎图逼真得曾将一位11岁的小男孩吓得生了一场病。后来在“文化大革命”时被人拿走不知下落。在那浩劫的年代，一些善于打、砸、抢的人披着“破四旧”的外衣，到处砸毁具有保护价值的文物，许多寺庙、宗庙都厄运难逃。樊家人为了保住宗祠内柱子上雕刻精细的木雕，将部分柱子用烂泥糊上，外面贴上“毛主席万岁”等标语，才得以幸免于难。

“溪畔上姓百家，樊氏数其一枝花。”这是常山民间广泛流传至今并被载入樊氏族谱的名句。

据1987年有关部门调查统计，常山樊氏不到千户，在全县299个姓氏中，按户数（或人口数）排位可能排在20位之后。那么，常山樊氏为何历来颇具盛名呢？

常山绣溪樊氏本出名门

明成化丙午年（1486年）谱序载：“吾观樊氏，系出轩辕。有熊氏本姬姓。周有仲山甫，佐宣王中兴，食采于樊，因而氏焉。”按照该谱序结合有关史料，我们得知，周朝时有名仲山甫的人，辅佐西周宣王（名姬静，在位于公元前827年至公元前781年）有功，为冢宰封樊地，裔孙在此谋生繁衍，后代即以地为姓，这就是樊姓的起源。此地便是今日之湖北省襄樊市樊城镇。至东周惠王（名姬阆，在位于公元前676年至651年）时，有叫仲皮的，嗣封樊侯，国都建于襄阳府樊城镇。今河南省南阳地区樊氏即由此地迁入，凡根系南阳者乃樊氏之正宗派系。

自东周历战国，经秦统一六国，到西汉均未见姓氏宗谱对樊氏史迹的记载。东汉自德公始，樊氏支衍于吴越江浙间，为江浙旺族，系出寿张侯（德子重，重子简、宏，均封寿张侯）。至后唐，南阳郡王樊泽（德公二十五世孙）后裔散居江浙，迁徙不常。历三十一世，至石埭（在安徽）县令潜公（江浙樊氏一世祖，任汉阳、石埭二县县令，徙居池州），生子二（世重、知古），后支分为三派。长子世重任饶州司户参军，居鄱阳，后自鄱阳徙江西之进贤，为进贤派。（龙图阁直学士）汉（知古长子）居真州。汉生二子，长翠、次辇。辇八世孙万（字万里，潜公十一世孙），任江浙儒学提举，徙居缙云，为缙云派。辇生盛（户部尚书），盛生二子，长清、次湍。清（江浙樊氏六世），字从源，行志一，宋元祐八年（1093年），以著作郎特授中书舍人，寻拜翰林学士，升尚书右丞。崇宁二年（1103年）致仕，居南阳。因金兵之乱，清、湍（河东节度使）兄弟自南阳扈从宋高宗南渡，寓居衢之常山叠石（今金川街道徐村村），为常山派。所以说，学士清公乃常山樊氏始祖，本出名门贵族。

迁居初期即负盛名

清光绪《常山县志》卷59《寓贤》记载：樊清，字从源，其先南阳人。宋元八年（1093年），以荐授中书舍人。寻拜翰林学士，升尚书右丞。屡抗疏以裨时政。后因金乱南渡，居叠石。子盘、孙游，俱登第，曾孙充驸马都尉。子孙分居辉埠、圭山下、绣溪、湖东（包括今徐村、樊溪等地）、博龙溪（今招贤镇樊村）、团村（今金川街道朱家坞村团村）、湖顶（今紫港街道大弄口村湖顶山）、湖澄（今何家乡樊家村以西）等派。其在湖东，又有迁至十五里者，又或有继何、继徐者，分见志中。

光绪《常山县志》卷43《吏材·宋》记载，樊安，湖东人，税院；樊权，湖东人，县尉；樊淮，湖东人，州判。《吏材·元》

记载，樊蕤，湖东人，兵司马都监；樊瑜，湖东人，主簿；樊溥，湖东人，县尉升县尹。卷44《杂科·荐辟·宋》记载，樊游（敬叔公），湖东人，赐进士，官至枢密院使；樊桓（济民公，充子），湖东人，赐进士，官至翰林学士；樊大砲（盼公），湖东人，赐进士，官至真州防御使；樊信卿，湖东人，赐进士，官至秘书监校书。《杂科·经明行修》记载，宋·樊杞，湖东人，举明经，睦州通判，载《府志》；元·樊逊（字时敏，清公十一世孙），绣溪人（绣溪派樊氏始祖），举经明修行，任辽东卫知事，载《府志》。《杂科·秀才儒士·宋》记载，樊事丞，湖东人，举儒士，授严州推官。《杂科·补遗·宋》记载，樊轴，湖东人，除授学录；樊桂鲜，湖东人，擢省元；樊志，湖东人，副使；樊汝楫（周舟公），桓孙，京学教授。

又据《常山绣溪樊氏族谱》记载，清公生于正月十三日，终于十月十六日，葬贤良峰下。追赠资政殿大学士、参知政事（从三品），谥“文懿”。崇祀乡贤，建祠于紫竹山，立像。

综上记载，樊清寓居常山初期，其子孙即世科旺盛、官职四方，且自清公后连续四五代都有官至正六品以上的，因此，在当时即较大影响。

孝文化传承至今

另据光绪《常山县志》记载，赵鼎，解州闻喜人，幼年丧父，由母樊氏悉心教诲，追随宋高宗南渡，几次离职均到常山隐居，曾与范冲、魏箕同隐黄岗山；范冲于南宋建炎元年（1127年）因金乱南渡来常，奉祀，居（常）邑之叠石，系赵鼎姻亲；叠石，在县北七里，石突出溪中，层叠如堆，常孕龙，龙出石裂，崖上有窝，宋学士范冲居之，樊清宅在叠石崖上。

1987年《常山县地名志》卷二《乡镇村名·何家乡·樊家》记载，樊氏于南宋绍兴年间由临安府钱塘迁常山城北叠石，后由叠石分居于此。以姓为村名，系明成化年间南京刑部尚书樊莹故里。

由此可见，樊清于南宋绍兴年间迁居常山叠石，可能是冲着赵鼎、范冲的家人寓居叠石而来，他与赵鼎、范冲之间或者有亲戚关系，或者有其他千丝万缕联系。他们几家同居叠石，使叠石这个地方名声远扬，叠石胜景反过来也为他们的家族增辉添彩。

樊氏大宗祠的孝文化教育，一直影响着樊氏子孙世世代代，据樊村村一些耄耋老人说，该祠正门两边阴刻“出门为徒，入门尽孝”八个字，其意是，出门到外面要谦虚谨慎，虚心向人学习，扮演徒弟的角色，回到家里，首先要孝敬长辈，以孝为先。到目前为止，全村敬老、爱老、助老之风盛行，2011年10月下旬樊氏大宗祠被评为“首批衢州市孝文化教育基地”。

樊氏大宗祠能保存如此完好，要得益于樊家世代对祖宗业的爱护和敬重，以及对历史文物纯朴的保护意识，更要感谢今年72岁的樊存顺老人的悉心管理和无私照看。樊存顺从1959年还没有结婚时就开始负责管理樊氏大宗祠，每天打扫卫生，及时提醒到祠内活动的人们注意烟火，瓦破墙损了他及时进行修理，虽然村里仅给他一点微薄的报酬。如今，虽已子孙满堂白发苍苍，老人仍然兢兢业业地像照看自己家的财产一样，吃、住在祠内。只要有人来，他就主动地成了义务“导游”，向人们讲解宗祠的过去和现在，讲解宗祠初建时的辉煌、“文化大革命”时的凄凉以及现在人们对宗祠的敬仰。

总之，当步入宗祠内，面对一根根坚挺不屈的柱子和宽敞威武的戏台，你定会思绪万千，想象着樊氏祖宗的创业精神和聪明才智，并为樊氏后人感到骄傲。

（林　华）

球川镇

【概况】 球川镇位于常山县西部，是浙赣两省三县交界处的千年边陲古镇，镇政府驻地红旗岗距县城16.5公里，东部连白石镇和同弓乡、何家乡，西部、西南部与江西玉山县毗邻，北部与开化县相接。杭金衢高速公路斜贯境东南，在境南接江西省梨温高速公路，在后弄村窑上设互通立交进出口、停车区及管理服务中心，出口处距镇政府所在地500米；320国道穿境而过；另有3条县级公路在境内交会；20个行政村通公路，公路总里程48公里。辖区面积为129.5平方千米；森林覆盖率72.3%。镇辖1个居民委员会，20个村委会；有334个村民小组，10708户，其中，农村常住户10708户；户籍37517人，其中，常住人口37378人、外来人口44人。农村劳动力21739人，其中，外出务工人员13070人。全镇从业人员22986人，其中，外来从业10人，从事第一产业7525人，第二产业7197人，第三产业7017人。集镇基础设施日趋完善，镇区规划面积12.5平方公里，建有利川北路、利川南路、建安东路、建安南路、红军北路、红军南路、红杉北路、红杉南路、红旗路、丽蓉路、崇文路、青梅路等12条主干道；建成日供水1万吨水厂1个，垃圾中转站1座，街道垃圾桶300多只；建成集镇排水污水管网总厂37公里，污水净化处理终端1个；有集贸市场3个，各种商业设施齐备，市场繁盛。

2013年，全镇财政总收入2263万元，财政总支出2799万元，农村居民年人均纯收入9748元。辖区耕地面积1602公顷，其中，旱涝保收面积1123公顷；林地面积12361公顷；园地面积553.6公顷。农业机械总动力12269千瓦。农业科技与服务单位12个，农技员45人。全年生产粮食1.14万吨，水果产量5491.4吨（其中，胡柚产量2617吨），蔬菜产量10807吨，水产品435吨，肉类产量2658.5吨。农林牧渔业总产值1.28亿元。全镇拥有工业企业380家，工业产值8.8亿元，营业收入总额7.7亿元（其中，出口产品销售0.34亿元），年净利润4202万元。全镇有初中1所、中心小学2所、小学教学点2个，专任教师143人（其中，初中教师52人），在校学生2749人（其中，初中学生774人），义务教育普及率100%，幼儿园18所，文化站1个。卫生机构20个（其中，14个村卫生室、2个服务站、1个中心卫生院），有职称的卫生技术人员32人（其中，医生21人），床位20张。20个行政村均通电、通邮、通电话，拥有有线电视8356户，有线电视入户率85.1%，16个村通自来水，自来水普及率80%。敬老院3个，床位285张，已收养老人160人，基本医疗保险参保27791人，享受居民最低生活保障1105人

【省际边界中心城镇建设】 2013年，球川镇党委、政府以省级中心镇建设“三强五争先”活动为抓手，围绕产业支撑、人口集聚、城镇建设三大目标，实现经济指标增幅、一村一品、三民工程、乡村文化、平安镇村、干部队伍六个方面的新突破。全力抓平台建设、招商引资、企业转型，共引进到位资金5000万元以上的企业3家，工业功能区建设投入1500多万元，新增规模以上企业3家，全年工业总产值突破10亿元。培育、扶持一批农业专业合作社，“一村一品”建设取得新成绩。以集镇周边村为重点，通过整治“脏、乱、差”现象，实施农村清洁工程，全面推进美丽乡村建设，宜居宜业宜游的环境进一步优化。

【种粮大户增加至22家】 球川镇把规模粮食生产作为发展特色高效农业的新举措，落

实好国家扶持粮食生产政策，安排农技干部协助种粮大户流转土地、引进高产优质品种、开展技术辅导等；当地信用社加大信贷帮扶力度，对种粮大户审批贷款优先发放。新店、九都、黄泥畈、龙绕等10多个村先后冒出22家种植规模达100亩以上的种粮大户。2013年，全镇增加种粮大户5家。

【森林乡镇创建工作】 2012年年初，球川镇开始创建森林乡镇，利用植树的时间节点，组织镇、村干部开展植树活动，对集镇红旗路、红军路等10条街道的绿化进行提升改造，对后弄、乌麦田等4个绿化示范村进行绿化提升，建成芙蓉、前旺、馒头山等12个市级以上绿化示范村。2013年，全镇共投入建设资金500多万元。至2013年年底，球川镇森林资源丰富，森林覆盖率72.3%；集镇建成区林木覆盖率25.6%，人均公园绿地面积7.6平方米，建有公共休闲绿地6处，95%以上居民出门平均500米内都有休闲绿地，主要道路绿化、河道宜林地段绿化率达98%以上，绿化造林成活和保存率达92%。

【球川镇行政村规模调整】 2013年10月，球川镇原45个行政村调整为20个行政村。其中，原球川村、荷村村、溪边村、竹林村、桥头村、碧石坞村等6行政村合并为球川村；原西村村、曹宅村等2个行政村合并为西村村；原东山村、新屋村、草弄口村、太平村等4个行政村合并为东山村；原芙蓉村、前旺村、坞口村、新良村、百兴村等5个行政村合并为芙蓉村；原红旗岗村、乌麦田村、塘岭村、黄家弄村、金荷村、山岭村等6个行政村合并为红旗岗村；原馒头山村、新丰村等2个行政村合并为馒头山村；原三溪村、新吴村等2个行政村合并为三溪村；原吴家村、天井坞村等2个行政村合并为吴家村；原龙绕村、新民村、冯家滩村、新合村等4个行政村合并为龙绕村；原三里江村、新店村等2个行政村合并为新店村。原常周村、棋盘山村、东坑村、九都村、上安村、黄泥畈村、沙安村、王家村、杨家村、后弄村等10个行政村保持现状不变。

【村级组织换届选举】 10月底至12月下旬，全镇20个行政村开展了村党支部、村民委员会、村务监督委员会和村经济合作社管理委员会的换届选举工作，共选举产生新一届村两委班子134人。其中，村党支部成员71人，支书及负责人20人；村民委员会成员63人，村民主任20人。球川村是全县最大行政村，有村民4876人，党员212人，其中193名党员参加村党支部的换届选举；该村51岁的徐永禄通过“双直选”的方式以172票的高票当选新一届球川村党支部书记。

【球川镇成立全县首个乡镇知联分会】 2013年12月6日，常山县党外知识分子联谊会球川镇分会成立大会召开，这是全县统战工作在乡镇建立的第一个基层知联组织。成立大会上，31位会员推选产生了首届理事会，浙江恒嘉轴承有限公司总经理张汉民担任会长。

2013年球川镇2000万元以上非国有工业企业情况一览

表51

企业名称	法人代表	职工（人）	年产值（万元）	销售额（万元）	税收（万元）	利润（万元）	工资总额（万元）	人均工资（万元）
司比轴承	徐志军	159	3149	2498	23	-272	444	2.79

续表 51

企业名称	法人代表	职工（人）	年产值（万元）	销售额（万元）	税收（万元）	利润（万元）	工资总额（万元）	人均工资（万元）
球川轴承车工	毛永成	194	2449	2428	63	-90	487	2.51
三禾工艺品	李延龄	110	3829	3476	82	-2	318	2.89
宏毅轴承	华木水	128	6583	6040	170	15	424	3.31
海蕴服装	闻伟钦	134	3442	3442	264	-44	676	5.12
天圣轴承	章铁军	56	2268	2245	7	55	144	2.56
恒嘉轴承	张汉民	64	2809	2607	29	-139	182	2.84
亚瑞轴承	郭文胜	45	2398	2398	82	16	145	3.23

2013 年球川镇各行政村基本情况

表 52　　单位：个、人、公顷、吨

村名	支书	主任	村民小组	农户	人口	党员	劳动力	外出劳动力	耕地面积	林地面积	胡柚面积	胡柚产量
后弄	钟金良	林学忠	15	428	1413	50	940	468	26	302	7	—
芙蓉	王金发	王忠	41	1159	4292	143	2609	1216	71	3299	—	—
红旗岗	刘堂林	鲁周国	40	791	2663	123	1644	1027	50	2556	9	128
杨家	杨著兴	黄龙泉	8	325	1188	23	645	270	56	189	15	160
西村	方高生	廖伟成	20	602	2153	57	1226	782	89	111	6	141
东山	华盛平	林国堂	26	772	2806	123	1598	856	127	297	13	248
球川	徐永禄	徐文新	43	1425	4865	212	2958	1426	135	1014	32	514
东坑	廖端泉	吴剑锋	18	378	1309	45	715	450	43	1310	—	25
王家	王瑞泉	王瑞科	10	278	1050	31	678	460	61	417	1	17
三溪	刘文荣	罗平平	17	594	2088	66	1295	958	99	416	2	23
吴家	廖学政	林国华	7	271	879	41	530	325	53	420	4	85
上安	占志建	章益民	7	322	1158	36	664	334	78	78	17	300
馒头山	许水平	李大春	14	507	1779	62	1095	576	115	21	10	202
沙安	史华平	严可发	9	354	1165	39	759	459	58	185	13	406
黄泥畈	周水刚	周燕清	7	325	1143	45	690	385	59	151	2	20
九都	邵文木	李建锋	9	308	1068	41	636	380	56	193	8	129
棋盘山	徐富来	汪伟国	8	405	1402	43	712	585	107	37	10	35
常周	程其虎	廖跃明	4	262	936	32	560	288	58	472	14	26
龙绕	舒国民	陈根红	14	715	2499	98	1576	810	130	293	8	128
新店	黄在机	姜壮荣	17	487	1661	57	985	580	131	411	9	30
合计			**334**	**10708**	**37517**	**1367**	**22515**	**12635**	**1602**	**12361**	**180**	**2617**

（程慧娟、郑　蔚）

青石镇

【概况】 青石镇位于县城东郊、县境南部。镇政府驻地溪口村距县城直线距离7.8千米。辖区东连招贤镇，西接天马、紫港街道，南与江山市大陈镇交界，北和大桥头乡毗邻。320国道东西向贯穿境域，南北向48省道穿境而过，沪昆高速公路和九景衢铁路穿境而过，在虹桥村设有高速公路出入口。全镇总面积78.7平方千米，辖18个行政村，1个溪口渔业大队。截至2013年年底，全镇有114个自然村，农村住户9884户，33322人。耕地面积16236亩，林地面积54064亩。2013年，全镇工农业生产总值达到2.23亿元，财政总收入3368万元，农民人均纯收入12483元。

青石镇实施“工业强镇”发展战略，引进新项目、新技术和新产业，进一步壮大轴承、纺织、粮油、石产业等特色支柱产业，工业经济保持健康快速发展。实施“项目引资”“招商选资”战略，实现以项目带投资，以项目促增长，新落实常林纸业特种纸生产线、恒寿堂、青峰石业、美柚食品、商桥电器等5个项目，实际到位资金1.2亿元。深入实施胡柚主导产业转型提升工程，创建胡柚品质提升中心示范基地，编制完成现代农业产业胡柚园规划。培育“合作社+基地+农户”的现代农业发展模式，发展农业专业合作社。

青石镇做大做强胡柚和观赏石两大主导产业。加快石产业转型升级，提升青石镇石产业整体竞争力。科学编制发展规划，建设石产业发展大平台，打造“中国第一石镇”。聘请浙江金点旅游规划设计院等专业科研机构对青石镇石产业发展进行全面性的规划，明确“一园二带三区”的平台建设目标。深入挖掘青石镇历史文化，整理汇编《砚瓦含泪》《西砚神话》等石文化典故，通过网络、媒体、报刊展会等多种形式，加大对石文化的宣传力度。加强石市场品牌建设，通过企业整合，成立金衢石文化公司，重点加强“太湖石”“千层石”“青石”“砚瓦石”等特色石品牌的建设、管理。针对青石镇石产业对外知名度不高、销售渠道单一的问题，借助各级主流媒体，加大对外宣传力度，提高青石镇石产业影响力。加快石产业转型升级，提升青石镇石产业整体竞争力。

青石镇按照镇现代农业产业规划布局，先后在江家畈建立千亩胡柚出口基地和万亩胡柚提升品质工程。全面实施胡柚优质化工程建设，以开展胡柚优质果与优质基地评比为重点，引导广大农民增强质量意识，市场意识，竞争意识，实现胡柚生产从重视数量转变为重视质量。大力推广“三疏二改”技术，高接换种、胡柚套袋、无公害栽培等技术，建立了一批高质量、高标准的胡柚生产基地。引进上海恒寿堂项目，建设集鲜柚果原料仓库、胡柚初加工厂、冷冻库、成品仓库、原辅料及包材仓库为一体大型胡柚初加工及仓储设施，3条蜂蜜柚子茶、柠檬茶生产工艺流水线，设立胡柚研发中心，流转1000亩胡柚林。

青石镇全面完成48省道风景线（观赏石艺术长廊）提升建设，完成路面改造、绿化提升、节点建设及花石市场整治等。引进上海恒寿堂项目，做好项目落地服务，促进早日投产，进一步提升胡柚深加工能力和生产价值，打造柚产业的“航母”。完成常林纸业特种纸生产线项目征地工作，完成第一期164亩土地征用和土方回填。完成48省道延伸工程140亩土地征用和17幢（18户）房屋拆除，确保主线施工畅通。完成独流入海工程一期、二期工程及梦之岛项目征地并开工建设，启动常山港青石段护岸工程政策处理工作。率先完成天然气、成品油管道工程（西气东输）土地征收等政策处理工作并交付使用。

加大农村基础设施建设力度。开展溪口集镇市场整治，完成新市场规划、设计，完成政策处理工作，新市场建成面积480平方米；总投资21万元，完成老市场临时菜市场建设并规范日常管理工作。加快农田水利建设，做好杨家坞、澄潭水库除险加固、小流域综合治理等项目政策处理，有效确保无障碍施工，完成大弄畈标准农田质量提升工程。开展环境卫生整治建设，集中整治垃圾46吨，配备村级保洁员49人，垃圾箱829个，垃圾集中房73个，垃圾清运车37辆，争创卫生清洁镇。农村土地开发和综合整治有序推进，完成低丘缓坡开发160亩，新立项190亩；启动飞碓、大塘后、桥亭（原周家坞村）等行政村土地综合整治工作。

落实各项支农惠农政策，社会保障体系不断健全，农村低保、新型农村合作医疗、新型农村养老保险基本实现应保尽保。全力抓好社会治安综合治理工作，及时化解各类矛盾纠纷。深入开展信访隐患排查调处，超前化解信访不安定因素。严格落实安全生产责任制，强化安全教育，做到安全生产常抓不懈。加强矿山和企业安全生产监督检查，排除安全隐患，督促企业整改到位。防火、防疫、防汛、防台等“四防”工作有序开展，未发生因“四防”不到位而引起的不稳定事件。开展“五五”普法活动，坚持依法治镇，发挥人民调解、安置帮教、社区矫正等组织作用，深化政务、村务公开，不断规范村级财务双代理等工作。实施“科教兴镇”战略，深入实施万名农民素质培训工程，科教文卫工作全面推进。开展群众性精神文明创建活动，农民文艺汇演、农民书画、青年业余歌手大奖赛、溪口及虹桥腰鼓队等群众性文体活动丰富多彩。全面加强人口与计划生育工作，开展计划生育“百日攻坚”行动，加大计划生育管理、考核、投入力度。

青石镇完成全镇行政村规模调整工作。行政村数量由31个减少至18个，调减幅度达42%，村平均人口由1081人增加到1861人，村域平均面积由2.29平方公里扩大到3.95平方公里。完成村党支部以及村委会换届选举工作。建立了“片长+驻村干部”的民情走访工作组，驻村干部每周不少于2次民情走访、每月走访农户不少于10户。

【中国观赏石博览园规划编制完成】 中国观赏石博览园项目是一个集观石、顽石、购石功能于一身、集四星级石交易市场和国家AAAA级石文化休闲旅游为一体的旅游综合体。建设项目包括观赏石博览馆、特色古街、奇石谷、石佛寺等，计划投资10亿元，一期投资5.2亿元，三年建成。2013年完成规划设计方案、审定和控规审批，完成招商引资并确立了浙江世纪龙腾投资控股集团公司投资主体，启动政策处理工作。

【48省道延伸线青石段工程】 青石镇投资1.5亿元，征用土地140亩，拆迁房屋27幢5669平方米，2013年12月底已全部完成。

048省道延伸线工程青石特大桥项目施工施工现场

（吕宁 摄）

【48省道风景线（观赏石艺术长廊）】 项目全长8.6公里。2013年，完成投资851万

元，已完成路面改造、绿化提升、节点建设及花石市场整治等工作，将率先建成县定风景线。

【天然气、成品油管道工程】 该管道总投资8800万元，全长3790米。青石镇率先完成涉及6个行政村193亩土地的征用工作。

【恒寿堂项目】 浙江常山恒寿堂柚果有限公司年产3840万瓶蜜炼柚子制品和1000亩柚林基地建设项目，为2013年浙江省重点建设项目和衢州市重大浙商回归项目。该项目由上海恒寿堂健康食品股份有限公司投资，总投资23699万元，用地80亩，分三期实施。项目为集鲜柚果原料仓库、胡柚初加工、冷冻库、成品仓库、原辅料及包材仓库为一体大型的胡柚初加工及仓储设施，共有3条蜂蜜柚子茶、柠檬茶生产工艺流水线，同时设立胡柚研发中心，流转1000亩胡柚林，并配备相应的水、电、消防等基础设施建设。2013年底，完成一期土地征用和厂区建设。

【农民饮用水工程】 该工程涉及青石镇18个行政村，总投资2200多万元。2013年9月底，新站村率先建成并顺利供水；12月底，完成其余村供水主管网和入户管网安装。

【土地综合开发】 总投资200万元，包括低丘缓坡开发项目及土地综合整治项目。2013年，共完成低丘缓坡开发160亩，新立项190亩。

【病险水库除险加固工程】 项目总投资220万元，建设内容包括杨家坞、澄潭水库除险加固。2013年8月，完成政策处理，确保了项目无障碍施工；年底，完成除险加固工程并通过验收。

【美丽乡村提升及农房改造】 总投资约1000万元。按照美丽乡村提升规划要求，以砚瓦山、马车、溪口美丽乡村示范村建设为抓手，提升以48省道、320国道、高速公路连接线为一体的美丽风景线建设；完善巩固48省道风景线建设成果，并按照规划设计做好320国道至高速路口沿线环境整治及节点建设，加强沿线废品收购站整治、搬迁和广告牌设置规范工作；坚持高标准设计、全方位整合、严要求建设，开展节点提升、绿化管护、占道搬迁、墙体粉刷、亮化洁化等建设。2013年，基本完成旧房拆除、改造、整理以及道路沿线综合环境政治，完善村庄小区节点建设，实施村主干道路面硬化及村庄环境卫生整治。

【集镇市场整治】 镇党委、镇政府按照“长远规划、分步实施”的思路，对照建设星级市场的总要求，规范占道经营、乱停乱摆和沿街店铺广告，漆画标志标线，加设栏杆，增设车位，总投资约70万元，完成新市场规划、设计和经营户宣传工作，建成新市场480平方米，完成老市场改造。成立专项整治工作领导小组，集中整治集镇环境卫生、占道经营、乱停乱放等现象，集镇综合环境、秩序得到明显提升。

【违章建筑整治】 2013年，青石镇拆违任务为54600平方米，实际拆除面积87688平方米，居全县第一。

【非法采砂整治】 青石镇严厉打击非法采砂行为，做好河道采砂规划，做到合法有序采砂。依法关停非法采沙场6家，河道采砂管理进一步规范，水南村朱家渡砂场整治工作得到县领导充分肯定。

【青石镇行政村规模调整】 2013年10月，青石镇原31个行政村调整为18个行政村。

其中，原陈家墩村、山溪边村等2个行政村合并为山溪边村；原上阁村、下阁村、苗山头村等3个行政村合并为阁底村；原江一村、江二村、江三村、江四村等4个行政村合并为江家村；原澄潭村、丁家村等2个行政村合并为澄潭村；原湖山村、桥亭村、中心村、周家坞村等4个行政村合并为桥亭村；原天井头村、砚瓦山村等2个行政村合并为砚瓦山村；原湖头村、湖边村等2个行政村合并为湖头村；原底铺村、高铺村等2个行政村合并为水南村。原塘边村、山头村、虹桥村、新站村、马车村、溪口村、大塘后村、九龙山村、飞碓村、河上弄村等10个行政村保持现状不变。

【青石镇村级组织换届选举】 2013年10月底至12月下旬，全镇18个行政村开展了村党支部、村民委员会、村务监督委员会和村经济合作社管理委员会的换届选举工作，共选举产生新一届村两委班子122人。其中，村党支部成员71人，支书及负责人18人；村民委员会成员66人，村民主任18人。

2013年青石镇各行政村基本情况

表53 单位：个、户、人、亩、吨、元

村名	支书	主任	村民小组	农户	人口	党员	劳力	外出劳力	耕地面积	山林面积	果园面积	胡柚产量	农民人均收入
塘边	陈先平	汪小良	8	278	1024	29	460	358	435	1500	535	700	7521
山头	胡建平	王庆祝	8	450	1562	50	687	531	493	1600	615	730	7094
虹桥	王老四	胡卫群	12	472	1738	58	747	573	676	2149	575	662	7051
湖头	王祥春	毛卫生	21	982	3276	87	1375	1048	919	3979	1195	1575	7500
山溪边	郑英春	郑英文	13	591	1950	52	799	604	1152	3754	740	1005	7392
阁底	郑松泉	汪优青	15	651	2160	73	972	756	1238	4972	1060	1105	7289
江家	江巨光	胡建明	23	974	3035	101	1335	1031	2023	4500	1170	1923	6653
新站	江政宏	江军良	6	300	993	29	426	327	486	1700	475	600	6936
砚瓦山	徐春阳	徐卫国	17	573	2077	79	872	664	598	6755	513	500	10929
马车	张财有	邓行华	8	340	1170	45	479	362	668	2479	476	377	11081
河上弄	林德良	邓有勋	7	240	949	38	427	332	264	2600	518	338	12761
溪口	鲁正峰	吴土金	8	323	1018	48	447	346	442	2657	406	378	10983
水南	章淑荣	黄建军	22	899	3044	98	1308	1004	1466	3369	1735	2282	11103
大塘后	赵五毛	秦定福	12	545	1780	52	747	569	853	1700	921	1580	11600
澄潭	徐立伟	曹金全	17	787	2550	67	1045	790	1122	2200	1472	2192	9227
九龙山	官小华	杨金国	7	320	1075	32	483	376	535	300	552	767	7960
飞碓	廖家和	刘达生	8	424	1402	39	616	476	520	3000	641	850	7480
桥亭	朱金生	祝亚平	28	827	2698	94	1160	890	892	8010	1609	3664	6913
合计			**240**	**9976**	**33501**	**1071**	**14385**	**11037**	**14782**	**57224**	**15208**	**21228**	**8748**

（李东方）

芳 村 镇

【概况】 芳村镇始建于北宋重和元年（1118年），有近900年的历史。镇政府驻地距县城21千米，为常山县北部交通要塞和枢纽，黄衢南高速公路穿境而过，在建中的杭新景高速公路在新桥设有互通式立交，芳村（新桥）至杭州市淳安县界牌、至衢州市柯城区七里乡等公路贯穿全境。辖区分别与大桥头乡、新昌乡、东案乡、辉埠镇、柯城区七里乡、淳安县枫树岭镇等相接壤。镇域面积148平方千米，下辖20个行政村和1个居委会。全镇总户数7934户，总人口2.72万人。

千里岗山脉从东北延伸入境，矗立着14座1000米以上山峰。地势北、东高，由东北向西南倾斜。东北靠县内最高峰白菊花尖（海拔1395米）。全镇国家重点生态公益林面积3.58万亩，森林覆盖率高达80%。提供县城10万人饮用水水源的芙蓉水库坐落在镇内，芙蓉大峡谷是浙西一大奇观，长约10千米、宽20米至40米，深可达近百米。有牛脚洞群、芙蓉湖、乐丰桥、原始次森林等特色景观和国家AA级景区——桃花源农家乐。芳村溪、新昌溪两大河流在集镇交会。境内生态优美，山水如画，风景宜人，有着极佳的人居环境，空气中负氧离子普遍超过2000个/立方厘米，是休闲养生、旅游度假的理想胜地。

境内文物古迹众多，矿产资源丰富，名优特产众多。有保存较为完好的芳村明清古街、大处村清代古建筑群和炉山寺佛教圣地。800多年历史的芳村古街有明清时建筑60多栋。大处古建筑群是县级重点文物保护单位，属清代早期古建筑。叶蜡石、萤石、石煤储量居全县之首，极具开采价值，尤其是石煤含有丰富的稀有金属钒，具有重要战略价值；磁铁矿、黄铁矿、锡、坂铍、大理石等，铅锌矿、石英砂、石灰岩等矿产资源储量大、品位高。芳村镇是纯天然绿色食用油山茶油的重要产地，种植面积4万多亩，已建成省级绿色山茶油基地1万多亩，并建有常山山茶油示范园区。甘蔗种植面积居全县首位；是常山银毫茶叶的原产地；盛产笋干、薯干、乌桃、无核柿、板栗、高山茶叶、野生猕猴桃等名优土特产；金银花、藏红花、黄花菜、养鸽、石蛙养殖等新兴农业产业发展较快，并形成一定规模。

集镇初具规模。芳村集镇自古以来商贾云集，市场繁荣，贸易活跃，是区域重要商贸中心。集镇常住人口达6000多人。集镇功能完善。新一轮集镇规划面积3.75平方千米，控制性详规已获县政府批准实施，为芳村集镇拉开框架、扩大规模，提高城镇化水平创造了新的机遇。

镇工业功能区位于黄衢南高速公路芳村出口附近，基础设施完善，是常山县两个乡镇工业功能区之一，集聚了一批纺织、电子、矿产品深加工等特色工业企业。投资10亿元的浙江豪美钒业有限公司，是全省唯一的石煤综合利用重点项目，至2013年年底已完成一期主体厂房建设，累计到位资金2.4亿元，其中2013年投入6000万元。

2013年，全镇实现工农业总产值5.9亿元，比上年增长10%；社会固定资产投资3.4亿元，增长30.7%；地方财政总收入2449万元，增长95%；农民人均纯收入9648元，增长37.1%。芳村镇荣获衢州市“百个乡镇分类考核”三等奖，常山县乡镇综合目标考核一等奖。

【重点项目建设】 2013年，芳村镇总规划面积220亩的农民集聚安置工程已完成征地70多亩。起草完成“豪美钒业矿山征用政策处理补偿标准”，并通过县政府审批。分别组织对源头安置区和横山路安置区实行保护性施工，确保杭新景高速项目按照计划的时间节点有序推进。杭新景高速项目应征1230亩土地全部征收到位，主线范围内145幢房屋全部拆除，625穴坟墓、517根电力及通讯杆线全部迁移到位，6个集中安置区拆迁户建房基本完成。浙西世贸城实际到位资金1亿元，主体厂房开工建设。紫晶矿业尾矿库已征地20多亩，厂区及尾矿库100亩土地已挂牌出让。米罗酒店已开张运营。

【违法建筑整治工作】 2013年，芳村镇共拆除违法建筑365幢，总面积7.71万平米，完成目标比例的100.16%，排名全县前列。将“三改一拆”工作和杭新景高速房屋征迁、农村土地综合整治、下山脱贫等工作紧密结合，推进项目建设，拓展发展空间，推进美丽乡村建设。

【集镇建设管理】 2013年，芳村镇对60多处私自搭建的户外广告牌进行拆除，对占道经营等违章现象开展治理。投资15万元，在集镇南、北两个入口共增植银杏、茶花各240株，在集镇与大坞蓬自然村交界处新建700多平米的景观小广场。加快推进镇中心幼儿园建设，该项目已完成主体工程建设和室内装修工程。

【民生事业建设】 2013年，芳村镇共投入60多万元，实施农村清洁工程，建成新桥片垃圾中转站，改善农村人居环境；投入50多万元，重点加强相关行政村的渠道修缮和堰坝修建工作，有效缓解群众生产生活用水难题；投入700多万元，完成芳村溪二期2000多米防洪堤建设。加大“一村一品”培育力度，新培育“家庭农场”17家。提升农业效益，扩大甘蔗种植面积，全镇甘蔗种植面积达4000亩；依托新桥片区气候优势，推广种植高山蔬菜面积2000多亩，平均亩产达6000多元；培育新兴特色农业产业基地，猷阁口村养鸽基地养鸽数量达15000对，居衢州市前列；下猷阁村新发展200多亩向日葵观光农业基地；河边山村建成湖羊养殖基地并投入使用。发展来料加工业，全镇经纪人发展到41人，比上年增加8人，来料加工队伍有3200多人，发放来料加工费4500万元。

【行政区划调整】 2013年1月启动行政区划调整工作后，芳村镇通过多次召开新桥片村主职干部会议等方式，着重就行政区划调整在“加快城镇化发展步伐、促进资源集约利用、降低社会管理成本、减轻生态环境压力、改善偏远山区群众生产生活条件”等方面的重要意义作大量宣传，争取新桥片广大干部群众的配合支持。同时，认真做好“新官理旧账”工作，一方面对干部群众反应较多的高速路征地误工工资、重点基础设施建设工程款等问题逐一给予落实，确保了新桥片的各项工作不因区划调整而搁置；另一方面配置好新桥便民服务中心工作力量，启动“一模两印”工作机制，确保为民服务等日常性工作不受影响，实现了原新桥乡并入芳村镇后工作的平稳过渡。

【行政村规模调整】 2013年10月，芳村镇原38个行政村调整为20个行政村。其中，原芳村村、西山村、新福村、前溪村、红旗岭村、大坞蓬村等6个行政村合并为芳村村；原坞石坑村、岩背村、詹村村、新桥村等4个行政村合并为新桥村；原金川村、古溪村、修书埂村、岭上埂村4个行政村合并为芙蓉湖村；原石壁底村、雅塘村、桐坂岗村等3个行政村合并为园区新村；原岭后殿村、半坑村等2个行政村合并为泮坑村；原前庄畈村、姜家村等2个行政村合并为前姜村；原塘头村、前山村等2个行政村合并为前塘村。原洁湖村、河边山村、猷阁口村、上猷阁村、下猷阁村、大处村、前进村、石塘村、井河村、修书村、横山路村等11个行政村保持现状不变。

【村级组织换届选举】 10月底至12月下旬，芳村镇20个行政村开展了村党支部、村民委员会、村务监督委员会和村经济合作社管理委员会的换届选举工作，共选出支部委员58名，支部书记19名，村民委员45名，村民主任19名。总体上达到了"过程平稳、程序合法，结果满意"的目标，为未来三年芳村经济社会科学跨越打下了坚实的组织基础。

【社会事业发展】 2013年，芳村镇共化解矛盾纠纷300多起，调处成功率达98.5%。严格控制村级招待，加强村级财务管理，实现涉及村财务的信访量大幅下降，被评为市级"平安乡镇"。提高计划生育优质服务水平，计生工作在市、县历次督查评比中位于全县前列。征收社会抚养费176多万元，比上年增长33%。重视公共安全，开展反"邪教"工作；严格落实安全生产责任制，全年无安全生产事故发生。做好防汛防旱防地质灾害、食品药品安全、消防安全等工作，确保群众生命财产安全。组织参加全县"激情广场月月唱"首场演出，做好第二届"千年宋镇文化节"演出工作，在全县"一乡一节"评比中获得一等奖。

2013年芳村镇各行政村基本情况

表54

村名	支书	主任	村民小组（个）	农户（户）	人口（人）	党员（人）	劳动力（人）	外出劳力（人）	耕地面积（公顷）		油茶面积（公顷）	胡柚面积（公顷）	柑橘面积（公顷）
									水田	旱地			
上猷阁	徐晓伟	徐安平	27	285	1113	29	694	335	22.2	3.6	175.0	17.6	8.7
下猷阁	徐志坚	何志英	14	244	822	20	563	277	17.1	2.0	45.7	13.3	6.7
猷阁口	李峰	徐拥军	14	238	788	31	498	358	15.1	2.7	185.7	15.5	8.0
芳村	黄志旺	伍美华	52	1272	4153	156	2429	1319	82.2	6.9	436.9	62.3	37.1
园区新村	童土有	段云木	25	543	1940	64	1237	569	62.0	6.4	134.2	42.4	22.0
泮坑	徐土福	黄有祥	16	583	2038	62	1187	573	47.3	9.2	378.0	70.0	14.4
洁湖	徐文平	徐继和	36	708	2207	50	1586	781	50.4	7.5	98.7	24.7	9.3
河边山	甘礼荣	郑新龙	9	235	850	23	538	275	21.3	3.1	92.9	14.0	9.7
大处	郑献雄	郑人德	12	251	823	25	570	225	19.8	1.7	205.6	15.9	10.7
前进	许松林	王芳平	10	286	991	24	583	347	20.4	2.4	148.1	8.5	9.3
石塘	姜南明	余国成	10	280	984	22	746	290	24.0	2.0	270.0	17.0	9.3
修书	饶雨祥	王志良	22	342	1135	36	729	413	18.3	1.3	229.2	17.3	10.0
芙蓉湖	张海红	朱家红	25	516	1900	71	1066	547	40.2	1.3	220.3	103	10.7
井河	徐月亮	徐建民	6	239	840	25	673	453	16.9	6.7	154.4	8.7	1.3
前姜	曾雪峰	卢湖南	23	398	1517	80	912	542	25.5	3.3	0	0	0

续表54

村名	支书	主任	村民小组（个）	农户（户）	人口（人）	党员（人）	劳动力（人）	外出劳力（人）	耕地面积（公顷）		油茶面积（公顷）	胡柚面积（公顷）	柑橘面积（公顷）
									水田	旱地			
前塘	徐木土	—	17	272	965	46	585	285	27.3	1.3	0	0	0
东岗	段柳发	丁锡亮	11	144	504	30	239	170	12.7	0.7	0	0	15.0
东源	严辉根	徐必跃	11	181	587	49	351	205	4.0	0.5	0	0	0
横山路	王贤祥	魏贤标	6	230	872	39	588	318	5.8	0.9	13.3	0	0
新桥	王致勇	王兴富	28	687	2207	105	1315	786	45.0	4.0	0	0	3.8
合计			**374**	**7934**	**27236**	**987**	**17089**	**9068**	**577.5**	**67.5**	**2788**	**430.2**	**186**

（谢晓聪）

何家乡

【概述】 何家乡位于常山县西北部，常山江、205国道均东西向纵贯全境。乡政府所在地樊家村尚书路，距县城7.5千米，距杭金衢高速公路常山出口6千米，乡村公路总里程23千米。东连天马镇，东北部与辉埠镇接壤，南接同弓乡，西与球川镇交界，北与开化县毗邻。区域总面积56.9平方千米，辖14个行政村，145个村民小组，有63个自然村，4018户。13254人。耕地总面积796公顷，山林总面积5551.6公顷，其中林地3985公顷，森林覆盖率74.1%，农村劳动力7727人，其中外出务工3926人。出生人数136人，死亡人数96人，人口自然增长率3‰。

全乡粮食总产量4688吨，油菜籽总产量459吨，食用菌总产量2348吨，桑园总面积220亩，蚕茧总产量15.7吨，茶园总面积710亩，茶叶总产量12.5吨，果园总面积1924亩，柑橘、胡柚总产量2184吨，年生猪饲养量14015头，年出栏生猪7472头，家禽年出栏62358羽，花卉苗木总面积1072亩。

全乡企业总数378家，其中工业企业149家。全乡实现生产总值1.17亿元，农民人均纯收入9800元，乡财政总收入1672万元，全社会固定资产投资2.98亿元。

【现代农业稳步发展】 2013年，全乡粮食播种面积1.32万亩，传统的青大豆、食用竹、杉木等农业种植规模进一步扩大，效益不断提升，是何家乡农民增加收入的重要来源。湘楠农业铁皮石斛项目种植面积100亩，投资效益初步显现。恒强农业公司的娃娃鱼繁育项目繁育规模达1.5万多尾，成为浙西规模最大的娃娃鱼繁育基地。总投资1900万元的哈威农业湖羊养殖项目，已完成项目决策咨询和土地流转工作。“一村一品”产业加快发展，江源村被评为2013年度县“一村一品”十佳村，华佗坞家庭农场被评为县“十佳家庭农场”。全年新立项并开工低丘缓坡开发项目7个，面积380亩。全面完成总投资75万元的省级粮食功能区建设；完成琚家村下高塘水库、红旗剪刀坞水库两个总投资103万元的小型农田水利整治项目。投资30万元，对高塘水库引水渠道及长风灌区湖澄倒虹吸水毁工程进行修复，农业抗旱能力进一步增强。

县华佗坞家庭农场铁皮石斛基地

（朱爱良　摄）

【特色三产取得突破】 2013年，何家乡党委、政府邀请衢州市农民学院，举办全省首期农家乐经营业主“两员一师”（护理员、安全员、营养师）培训班，组织农家乐经营业主外出学习，农家乐休闲旅游业得到较快发展。全乡共有农（渔）家乐经营户80家，从业人员近400人，年经营收入2800万元，比上年增长15%，在外知名度进一步提升。

【工业经济态势良好】 传统的木材和建材产业健康发展，至2013年年底，全乡加工企业共达19家，实现年产值2470万元；来料加工业发展迅猛，全乡共有各类经纪人19人，年发放加工费1600万元，江源村被评为全县来料加工重点专业村，实现个转企来料工场4个。

【三大专项整治强力推进】 2013年，何家乡共拆除违法建筑208处4.5万平方米，审批农民建房253户；通过统一断电、中止协议、限期处置的方法，强力推进河道采砂专项整治，规范提升砂场2个，限期处置4个，全面关停3个，河道采砂秩序发生根本转变；投资50多万元，对乡垃圾焚烧场及各行政村垃圾收集设施进行改建，落实责任，创新长效保洁方式，加强督查考核，村民居住环境得到进一步改善。

【美丽乡村建设稳步推进】 2013年，何家乡以提升美化环境为主要内容，加快推进黄冈村美丽乡村提升村和溪东村美丽乡村精品村建设。黄冈村投入90万元，对农家乐集中段的河道进行了景观整治；溪东村投入30多万元，开展绿化、亮化工程；结合205国道示范工程建设，对常开交界文图节点进行提升，投入60多万元对长风、文图的渔家乐沿线58处广告牌进行统一整治，增设花坛、绿化、亮化等工程，205国道乡村休闲旅游长廊初步显现。原琚家村的农民住房改造工程，累计拆除旧房2万平方米；投入100多万元，完成新区主干道硬化。

【社保体系更加健全】 2013年，何家乡开展新一轮低收入农户调整工作，全乡共有低收入农户192户2642人，扶贫重点村2个。落实农村低保政策，实现应保尽保，全乡享受低保农户302户380人，年发放低保金46.9万元。完成农村合作医疗向城乡居民医疗保险的过渡，全乡参保人数1.02万人，参保率96%。完成农村困难群众住房救助20户，发放救助金15万元。民办福利机构建设、残疾人居家托养等工作得到上级肯定。

【民生事业加快发展】 2013年，何家乡严格落实计划生育政策，计生率96.2%，综合节育率90.58%。做好人感染H7N9禽流感的检查防控工作。挖掘何家文化，黄冈、江源2个农村文化礼堂建成并通过验收。文化事业加快发展，廉政越剧《清官樊莹》在全市开展巡演，并获得省第十二届戏剧节新剧目奖。开展夏季征兵工作，超额完成年度征兵任务。

【何家乡行政村规模调整】 2013年10月，何家乡原14个行政村调整为8个行政村。其中，原金家村、琚家村等2个行政村合并为钱塘村；原源口村、煤山村等2个行政村合并为江湾村；原文图村、石门坑村、溪东村等3个行政村合并为长风村；原黄冈村、璞石村等2个行政村合并为黄冈村；原红旗村、蒋村村等2个行政村合并为双安村。原何家村、樊家村、江源村等3个行政村保持现状不变。

【何家乡村级组织换届选举】 10月底至12月下旬，全乡8个行政村开展了村党支部、村民委员会、村务监督委员会和村经济合作社管理委员会的换届选举工作，共选举产生新一届村两委班子61人。其中，村党支部成员32人，支书及负责人8人；村民委员会成员30人，村民主任7人（1人兼两委）。

2013年何家乡各行政村基本情况（行政村规模调整后）

表55

村名	支书	主任	村民小组（个）	党员（人）	农户（户）	人口（人）	劳力（人）	面积（亩）		村集体总收入（万元）	人均纯收入（元）
								耕地	柑橘胡柚		
合计			**145**	**511**	**4018**	**13254**	**7772**	**9157**	**2639**	**53.27**	**9138**
何家	何其红	何中于	24	76	558	1863	1015	1684	605	5.94	9342
樊家	方永德	樊嘉云	16	48	451	1333	788	920	283	2.98	9214
江源	洪春良	江峰	23	78	631	1981	1227	1179	280	4.92	9210
江湾	何忠和	江泉	16	50	397	1343	856	872	157	6.27	8867
钱塘	琚正堂	琚建兵	22	66	676	2275	1308	2007	362	5.08	8923
长风	裴军荣	何水平	16	75	489	1705	964	425	268	10.49	9638
黄冈	王水清		21	75	547	1808	1063	1245	618	10.66	8942
双安	鲍承文	蒋荣华	7	43	269	946	551	825	66	6.93	8966

（黄海波）

同弓乡

【概况】 同弓乡位于常山县城西郊，乡政府驻地距县城9公里。辖区东接金川街道和浙江常山工业园区，南接白石镇，西交球川镇，北界何家乡，总面积38.5平方千米。辖8个村民委员会，92个村民小组。有61个自然村，农户3286户，总人口10883人。2013年出生160人，死亡62人，人口自然增长率9‰。全乡劳动力人数6830人，其中，外出从业人员3604人。320国道和205国道在集镇相交构成“十”字形交通枢纽，G60沪昆（杭金衢）高速公路贯穿境内。常红公路和钳何公路从乡政府驻地交叉而过。

同弓乡生态环境宜人，境内有占地372亩的省级自然保护区——太公山鹭鸟自然保护区。文化底蕴浓厚，有鸡公桥和关帝庙等建造于清康熙年间的人文景观。每月农历逢“四”“九”为同弓乡的传统墟日。是全国环境优美乡、省级生态示范乡、省级旅游强乡、省级体育强乡。

2013年，同弓乡耕地总面积10726亩，其中，水田面积10190亩，旱地面积536亩。实现工农业总产值31151万元，比上年增长8.1%；乡财政总收入879万元，增长8.5%；

农民人均纯收入8587元，增长12.8%。同弓乡依托本地资源，注重生态建设，实现生态与经济“双赢”。生态农业发展初具规模，已培育六大生态农业基地，即有机常山胡柚、精品西瓜、绿化草坪、水产养殖、蔬菜花卉、特色瓜果精品种植等基地。乡党委、政府重视发展乡村休闲旅游观光产业，8月16日举办“2013酸甜回忆·相约同弓”提子采摘节活动。

是年，同弓乡被市委、市政府命名为“衢州市美丽乡村示范乡镇”，被县委、县政府评为2012年度社会主义新农村建设优秀单位，被县委、县政府授予2012年度全县建设“平安常山”（综治、维稳）工作先进集体和2012年度平安乡（镇）荣誉。

【美丽乡村建设】 2013年，同弓乡编制完成古村两个专项规划、11个专项设计；启动指挥部装修、徐氏宗祠修缮、生活污水治理、“三线”上改下、民居外立面改造、青龙山沿线小绿化整理等建设项目6个，竣工项目2个（指挥部装修、青龙山沿线小绿化整理）；中和村、彤弓山村通过市、县组织的考核验收，分别成功创建美丽乡村示范乡镇和美丽乡村精品村。

【重点项目建设】 2013年，同弓乡进一步加大低丘缓坡开发力度，新增加开工面积1556亩，开发后新增加耕地面积1009亩。扎实推进土地综合治理，全年完成土地整理政策处理800多亩。完成村庄规模调整前9个村7.1公里的成品油管道用地交付。彤弓山村角落塘水库和同心村棺材塘水库除险加固全面完工。

【现代农业建设】 2013年，同弓乡现代农业园区核心区入口节点、凉亭、观光长廊、停车场、排水渠、路面硬化等一些配套设施建设的政策处理和土地征用工作全面完成，美国提

10月22日，同弓乡现代农业园区的蔬菜精品园内菜农在采摘蔬菜　（汪芳、姜翔鹤　摄）

子、蔬菜瓜果、精品胡柚等特色主导产业的规模化、设施化、标准化和品牌化发展水平全面提升。优质水果品种更加丰富，新培育“野星”“一忆”等知名农产品品牌。农业招商力度进一步加大，引进农业招商项目6个。其中，现代农业园区项目5个；新增加园区土地流转使用面积1200亩，引进总投资8000万元的现代农业观光项目1个——彤弓山每日会农庄。完善全乡“一村一品”行动规划，培育“一村一品”优秀村1个、专业合作社4家，创建现代家庭农场22家，新增加专业种养大户56户，发展新品种油茶1000亩，新增加柴家畈喷滴灌生产面积600亩，完成绿化造林849亩。

【行政村规模调整】 在全县率先完成行政村规模调整工作。原14个行政村调整为8个行政村。其中，原山明村、赤阳江村等2个行政村合并为同心村；原杜亭畈村、新虹村、关庄村等3个行政村合并为关庄桥村；原伏江村、过坑村等2个行政村合并为金川源村；原下东山村、竹蓬底村、长圩村等3个行政村合并为中和村。原彤弓山村、山边村、湖石头村、胡村村等4个行政村保持现状不变。

【村级组织换届选举】 在全县率先完成村级组织换届选举工作。全乡8个行政村开展了村党支部、村民委员会、村务监督委员会和村经济合作社管理委员会的换届选举工作，

共选举产生新一届村两委班子61人。其中，村党支部成员26人，支书及负责人8人；村民委员会成员19人，村民主任8人。

【社会事业建设】 2013年，在全县率先开展农村生活污水治理先行先试工作，彤弓山村电力超微动力污水终端处理技术，成为全县技术最先进、最规范的农村生活污水处理模式。贯彻落实农村低保、优抚安置、养老保险、医疗保险和农民素质培训等政策，推进农村社会保障扩面提升工作。全乡共有153户302人享受低保政策，年发放低保金41.88万元；农村合作医疗参保人数8881人，参保率96%；完成农村困难群众住房救助16户，发放救助金12万元。全年组织培训农民1300人，实现转移就业668人，“老年之家”等民办福利机构的服务能力得到提升。

【农村环境整治工作】 2013年，同弓乡深入实施农村清洁工程，乡财政预算投入乡村环境卫生专项整治资金20多万元，建立完善农户“门前三包”、村党员干部责任区包干、保洁员定薪定职的乡村卫生长效保洁机制，创新“激励先进、督办后进、年终考核”等多项措施，乡村环境卫生得到明显改善。

【集镇环境整治工作】 2013年，同弓乡共拆除集镇乱搭乱建雨棚2200多平方米，浇补集镇街道破损路面2300多平方米，集镇道路种植树木50棵，实现道路绿化；新安装路灯15盏，实现道路亮化；添置垃圾桶20只，有效美化集镇环境。每月21日，开展集镇环境卫生秩序整治活动，全年共出动200多人次。

【“三改一拆”工作】 2013年，同弓乡共拆除违章建筑面积32800平方米，拆后处置面积5100平方米。取缔彤弓山村、杜亭畈村2个非法采砂点，完成山明村采砂点规范化建设。拆除集镇违搭违建雨棚2100多平方米，投资100多万元进行节点景观、破损路面、排水渠修复等建设。

（阮超力）

2013年同弓乡各行政村基本情况

表56

村名	支书	主任	农村常住户数	农村常住人口	党员	劳力	外出劳力	耕地面积		山林面积	胡柚面积	柑橘面积	胡柚产量	人均纯收人（元）
								水田	旱地					
彤弓山	徐成火	徐立闪	178	505	34	315	188	508	29	161	180	5	75	10484
同心	邹清华	余泽荣	401	1244	58	842	527	1144	71	3128	540	15	275	8164
关庄桥	杨军	占新华	630	2189	80	1416	690	1815	94	827	775	10	744	8320
金川源	樊笑胜	袁小花	411	1424	51	957	567	1585	68	1830	970	18	1684	8769
中和	潘广丰	占廿九	410	1486	53	991	390	1551	120	7378	1660	51	1254	8570
湖石头	洪治国	洪金民	296	908	30	620	300	928	51	2080	420	17	550	8243
山边	洪永录	张忠	405	1381	39	898	462	1242	58	1257	945	19	790	7964
胡村	胡水禄	卢根发	355	1308	25	791	480	1417	45	5130	425	5	5	8180
合计			**3086**	**10445**	**370**	**6830**	**3604**	**10190**	**536**	**21791**	**5915**	**140**	**5377**	**8587**

（周颖）

新 昌 乡

【概况】 新昌乡位于浙江省西部，钱塘江源头，距县城22.5千米，是中国油茶之乡，省级民族民间文化艺术之乡，省级紫番薯之乡，省级体育强乡。2013年，全乡总面积110.6平方千米，下辖10个行政村。基层党支部12个，党员606人。全乡总户数4478户，17251人，其中，出生162人，死亡86人，人口自然增长率4.4‰；实现全社会固定资产投资累计达2.7亿元，财政收入达1180万元，农民人均纯收入8342元，属于全省欠发达乡镇。

新昌乡为山地丘陵区，全乡山地面积8270公顷。最高点八面山，海拔1012米，为全县第二高峰。植被以油茶为主，兼有松杉林，落叶、阔叶和常绿叶树混交林。全年气候温和湿润，四季分明，雨量充沛，年平均气温16.5℃—17.1℃。主要矿产资源有：煤、钨、锰、锡、铜、萤石、白石英、花岗岩、白岗岩、铅、锌、石灰石等。萤石矿储量达1700万吨，氟化钙达745万吨。

全乡耕地面积408.9公顷，其中，水田375.4公顷、旱地33.5公顷，主种水稻、小麦、玉米、豆、薯等。总山地面积8270公顷，其中，油茶林3548.2公顷，年产山茶油50万公斤左右；培育发展毛竹1820公顷，拓展发展毛竹深加工业；开发种植厚朴等中药材65公顷；引进发展紫番薯、小水果共135公顷。

全乡共有1所中心小学，3个教学点，在校学生512人，专任教师37人；幼儿园8所；基本医疗保险参保人数13571人。

【10件为民办实事】 （1）实施油茶精品园项目，完成林区道路10千米以上及油茶低改1500亩；（2）完成蕉坞村水库病险加固工程及葛畈村防洪堤工程；（3）完成2个中心村及1个基层村规划编制，推进村庄规划发展合理布局，实施猷辂村中心村小区规划建设；（4）完成“一事一议”建设项目5个以上；（5）全面完成全乡“清洁工程”改造提升项目，完善垃圾清运处理机制；（6）完成下徐村至西岭脚村道路的防护设施、猷辂环村公路、泮源村桥梁建设项目；（7）争创省级旅游强乡镇，传统木榨茶油技艺申报国家级非遗，柴冲舞申报省级非遗，打响文化产品品牌；（8）申报省级危旧房改造实施村项目1个；（9）蕉坞村养老院正式启动使用，并步入正常化运转；（10）实施1个帮扶村“一村一品”中草药种植基地200亩。

【基础设施不断完善】 新昌乡道路交通网络更趋完善，完成下徐至古双2千米农村道路建设，猷辂2千米环村道路建设，下徐至西源公路10千米护栏顺利加装完工。完成黄塘便民服务中心等“一事一议”项目5个。完成岩前村、泮源自然村和西岭脚自然村3座危桥改建工程。农田水利建设大步迈进，完成1个病险水库加固工程，2000米水库配套主干道引水渠建设，500米防洪堤建设。

【乡机关党风廉政建设】 新昌乡深化周二固定下村服务日制度，将其与“三进三到”工作相结合，提高工作效率。全面推行村干部1+1值班制度，全乡原24个行政村值班人员共接待群众2000余人，为民办实事业务达到100余件。压缩和控制“三公”经费支出，制止奢侈浪费，规范乡机关内部管理制度，2013年，全乡“三公”经费支出下降20%以上。深入开展“六五”普法教育。全面推行“一把手七不直接分管”制度，抓好防腐倡廉和预防腐败工作，推进重点项目的效能监察和纠风治乱工作。

【集镇环境改造提升】 2013 年，新昌乡重点对集镇环境进行改造，对通往集镇的道路进行绿化，修缮革命纪念碑。结合“双清行动”投资 12 万元对原 8 个行政村垃圾集中处理设施进行改造，与芳村建鑫物业进行合作，为原 17 个行政村的垃圾进行统一清运，为广大农民群众营造了一个整洁、优美的村居环境。完成 2 个点的河道整治和非法采砂整治。

【新昌乡行政村规模调整】 2013 年 10 月，新昌乡原 24 个行政村调整为 10 个行政村。其中，原新锋村、葛畈村、吴家村、新昌村、下坑坞村等 5 个行政村合并为新昌村；原郭塘村、瑶岭村、蕉坞村等 3 个行政村合并为郭塘村；原�辂村、外輶辂村、鄢家村、谢家村等 4 个行政村合并为輶辂村；原达塘村、铜山村、祝家源村等 3 个行政村合并为达塘村；原彤坑村、下徐村等 2 个行政村合并为茶源村；原安坑村、对坞村等 2 个行政村合并为泰安村；原泮源村、西岭脚村等 2 个行政村合并为西源村。原对坑村、岩前村、黄塘村等 3 个行政村保持现状不变。

【新昌乡村级组织选举】 2013 年 10 月底至 12 月下旬，全乡 10 个行政村展了村党支部、村民委员会、村务监督委员会和村经济合作社管理委员会的换届选举工作，共选举产生新一届村两委班子 71 人。其中，村党支部成员 36 人，支书及负责人 10 人；村民委员会成员 35 人，村民主任 9 人。

【全面完成“三改一拆”任务】 新昌乡将“三改一拆”工作与项目建设、生态保护、土地盘活相结合，对乡域内的违法建筑进行拆除。2013 年，全乡共拆除违法建筑面积约 3.4 万多平方米。投入 20 多万元，对全乡的村庄布局进行统一规划，解决农民建房审批难、规划凌乱的局面，加快农民建房审批速度，全年完成 298 户农民建房审批手续，超额完成县里下达的 110 户建房审批任务，完成 170 户选址，超额完成县里下达的 125 户选址任务。

2013年新昌乡各行政村基本情况

表 57

村名	支书	主任	村民小组（个）	户数（户）	人口（人）	党员（人）	劳力（人）	外出劳力（人）	外出劳务收入（万元）	耕地面积		山林面积（亩）		油茶籽产量（吨）	中药材面积（亩）	柑橘面积（亩）	柑橘产量（吨）	其中胡柚		村级经济（万元）	人均收入（元）
										水田（亩）	旱地（亩）	竹林（亩）	油茶林（亩）					面积（亩）	产量（吨）		
新昌			10	239	901	39	521	305	498.6	403	13	—	1739	76	102	280	273	190	226	80.00	11068
彤坑	林志木	余国军	9	215	774	25	462	160	385	210	15	—	3659	117.8	400	100	98	0	0	3.00	6436
下徐	石牛你	余土生	11	222	993	27	697	348	296.9	271	58	—	3677	140.6	310	200	195	4	5	2.50	7187
黄塘	廖红俊	朱章春	8	235	907	26	538	330	402	258	20	—	4411	133	260	325	317	100	119	3.00	6988
輶辂	刘光有	严良明	11	285	1008	28	649	448	277.2	335	20	—	4523	79.8	—	240	234	170	203	3.00	7467
鄢家	郑建新	鄢龙土	6	148	535	9	299	210	113.11	198	17	—	1400	76	120	190	185	50	60	2.00	7636
谢家	谢樟华	谢美美	6	125	449	13	270	161	86.4	184	10	—	795	43.7	30	70	68	70	83	2.00	7732
外輶辂	黄伟锋	黄土福	6	173	541	14	312	111	257	210	12	—	1800	79.8	—	180	176	80	95	2.50	8052
岩前	胡慕民	程日明	21	391	1366	49	922	494	461	410	59	—	4125	106.4	320	1535	1498	480	572	1.70	8628
瑶岭	余春华	徐秀明	8	228	860	25	515	278	293	270	15	—	2150	64.6	360	340	332	260	310	3.00	8518
郭塘	张文敏	吴发土	8	184	690	24	377	214	123	239	30	—	1160	30.4	—	150	146	100	119	0.00	7485
葛畈	刘良友	王国进	8	212	746	31	458	276	282.5	254	22	—	664	15.2	100	220	215	140	167	2.00	6646

续表 57

村　名	支　书	主　任	村民小组（个）	户数（户）	人口（人）	党员（人）	劳力（人）	外出劳力（人）	外出劳务收入（万元）	耕地面积		山林面积（亩）		油茶籽产　量（吨）	中药材面　积（亩）	柑橘面积（亩）	柑橘产量（吨）	其中胡柚		村级经济（万元）	人均收入（元）
										水田（亩）	旱地（亩）	竹林（亩）	油茶林（亩）					面积（亩）	产量（吨）		
吴　家	刘新智	徐向东	3	91	321	16	218	122	114	127	9	—	656	11.4	—	125	122	30	36	1.80	6693
新　峰	徐益林	王建发	4	92	322	22	212	59	210	176	9	—	120	7.6	130	0	0	0	0	2.50	7748
对　坑	张炳禄	甘志光	8	287	1091	40	661	332	404.5	532	43	—	1808	72.2	60	340	332	120	143	2.00	7313
祝家源	叶根源	谢根智	3	82	293	15	174	120	64.2	85	3	—	1243	53.2	—	100	98	50	60	2.50	6623
蕉　坞	刘金福	吴利卫	5	200	752	16	485	210	230.3	232	26	—	987	45.6	—	224	219	90	107	2.50	7070
铜　山	汪先波	汪耀樟	4	128	415	22	248	154	93.7	150	28	—	2048	72.2	120	190	185	80	95	2.00	6807
下坑坞	陈根土	余水良	2	59	255	15	149	90	91	109	30	—	2234	57	30	141	138	56	67	2.50	8282
达　塘	朱土兴	陈重良	7	221	814	26	500	255	386	395	11	—	1455	41.8	80	160	156	60	72	1.00	8842
西岭脚	汪福生	胡宣明	15	195	765	26	469	245	284	173	16	2300	1460	22.8	—	0	0	0	0	4.00	6496
洋　源	罗金善	汪炳树	15	218	875	36	465	212	330	180	5	3939	2399	53.2	—	0	0	0	0	2.30	7349
对　坞	王杭州	王青龙	6	186	556	9	328	192	185	95	18	858	4320	144.4	—	192	187	172	205	2.00	6593
安　坑	余土生	石君根	4	109	410	10	274	158	263	135	13	50	2860	76	—	274	267	80	95	1.50	7853
合计			188	4525	16639	563	10203	5484	6131.4	5631	502	7147	51693	1620.7	2422	5576	5451	2382	2839	131.30	7563

（盛颖洁）

大桥头乡

【概况】 大桥头乡位于常山县境中部，乡政府驻地距县城公路里程约16千米。辖区东连东案乡，南接招贤镇与青石镇，西交天马街道和辉埠镇，北界芳村镇。总面积49.94平方千米。2013年年底，辖8个行政村，常住户4574户，户籍人口14779人，从业人口9019人。境内有黄衢南高速公路出口，距离沪昆高速公路出口和320国道均为10公里。年底，浮河大桥拆除重建。

大桥头乡是一个生态乡，山清水秀，环境优美，物产丰富。地处黄土丘陵区，地势西北高，东南低，向东倾斜。东、西、北三面以丘陵为主，南部属河谷平原。最高点皇子山，海拔517.4米，位于境西北；最低点大桥村田基南侧河滩地，海拔84米，位于境东南。芳村溪自东北向东南流贯，境内流程14.9千米。境内矿产资源丰富，有叶蜡石、次生石英石、石煤、铀、辉钼、石英等，叶蜡石探明储量约7000万吨。全乡耕地面积7694亩，其中水田5956亩。2013年，全乡共有各类企业162家，其中工业企业76家。乡财政总收入1476万元，农民人均收入8316元。全年引进招商引资项目3个，实际到位资金9000多万元。引进的寨回首及大新农业生态农庄初具规模，实际到位资金近一千万元，流转土地1000亩。全乡城乡居民社会养老保险参保率95%，城镇居民医保参保率98%。加强对敬老院、幼儿园的管理。社会救助体系日益完善，城乡低保扩面，实现应保尽保。做好“下山脱贫”安置区规划工作，推进山区群众脱贫致富。稳定低生育水平，人口出生率12‰，计划生育率达91%。

乡政府内设机构有乡党政综合办、农业办公室、经济发展办、社会事业办、人口与计划生育办、便民服务中心、社会治安综合治理工作中心及财政所。在职干部40人，其中，公务员19人，事业单位人员21人。编外工作人员4人（驾驶员和炊事员各2人）。

乡文化站1个，乡卫生院1所（床位5个，执业医师6人），乡派出所1所，乡中心小学1所（其中教师36人，在校学生516人），幼儿园3所，广播站1个，信用社1个。农村劳动力义务教育普及率100%。

【行政村规模调整】 2013年10月，大桥头乡原14个行政村调整为8个行政村。其中，原大楼底、詹家、花厅、上新屋村合并为浮河村；原濛淤、桥坑村合并为濛桥村；原石村、永旺村合并为友好村；原古塘、水牛坞村合并为樟山村。原大桥、莲塘、客弄、新村4个村保持不变。

【村级组织换届选举】 10月底至12月下旬，全乡8个行政村开展了村党支部、村民委员会、村务监督委员会和村经济合作社管理委员会的换届选举工作，共选举产生新一届村两委班子62人。其中，村党支部成员32人，支书及负责人8人；村民委员会成员30人，村民主任8人。

【基础设施建设】 2013年，大桥头乡浮河防洪堤工程有序推进，亮化、绿化等休闲健身项目同时展开。三期、四期工程已上报。饮用水工程主管道全部铺设到位，全长共计8公里。

【“三改一拆”专项行动】 2013年，全乡拆除违章建筑222处，共计45120平方米，完成全年任务的100.27%。

【清洁家园工程】 2013年，全乡完成农村清洁工程投入60多万元。通过组织村干部外出学习、新建新村村垃圾焚烧炉、引入市场化包干、建设示范村、加大考核力度等方式，全乡农村垃圾集中处理能力大大提升，村容村貌焕然一新。

【信访稳定工作】 2013年，大桥头乡成立“老娘舅和事队”，妥善处置各类突发事件，扎实做好信访维稳工作。全年共排查化解矛盾纠纷212起，处理信访案件11件，解决信访积案2件，未发生群体性事件和重大安全事故。

2013年人桥头乡各行政村基本情况

表58

名	支书	主任	农户（户）	人口（人）	劳动力数（人）	党员（人）	耕地面积（亩）			人均收入（元）
							耕地	园地林地	水面	
浮河	郑建平	郑开福	960	3123	1958	116	1988	1914	138	7700
客弄	陈国良	宁金全	222	652	437	26	480	10342	30	8500
友好	张舍土	程正基	611	1992	996	66	990	19420	44	8600
新村	曾明良	熊淑全	263	871	543	24	690	2436	60	8800
大桥	陈群	韩国强	585	1953	1178	45	875	1885	174	8000
樟山	曾海河	曾有红	599	1913	1172	78	1074	6500	121	8617
莲塘	汪夏根	吴建明	356	1196	738	32	708	3181	172	8687
濛桥	刘志福	张小利	978	3079	1819	82	889	10577	132	8010
合计			**4574**	**14779**	**8841**	**469**	**7694**	**56255**	**871**	

（官　鹿）

小资料：

大爱传神州　美名扬千秋

宁老爷子，一路走好

“传大爱笑貌永存，扬美名音容常在。”2013年11月9日早上8时30分，常山县大桥头乡大桥村村口停车场的近百个车位早已停满，但络绎不绝的人和车还是不断地从四面八方涌来，为的是送别可敬的“最美中国人”、86岁的宁龙仔老人。

群众：他做了那么感人的事，我怎能不来送送他。

上午9时，离追悼会开始还有半个小时，能容下数百人的追悼会现场，已经满满当当。更多前来悼念的群众，只能站在追悼大厅外的露天广场上。他们不分职业，不论老幼，一副副深情的挽联、一朵朵素雅的菊花，映衬着大家的心情肃穆沉重。

人们记得，2011年11月26日，央视“新闻联播”播放了《最美的中国人——浙江：获捐眼角膜者延续爱心》的报道，讲述了宁龙仔老人委托儿子代签捐献书的故事：“我孙子的右眼曾因意外导致眼角膜破裂，幸好有萧山小女孩去世后捐献眼角膜帮助他恢复了视力，我也要在去世后将眼角膜捐献给需要的人，带给他光明。”一时间，宁老爷子以恩报恩的美德传遍了神州大地。

樊金荣师傅是一名出租车司机，他从晚班岗换下来后就赶到了大桥村。“我是大桥头乡的人，对大桥一带的人与事有着特别的感情。昨天从广播电台里听到宁老爷子去世的消息。他做了那么感人的事，德高望重，我怎么能不来送送他呢！”

受助老人：我将会用助人为乐的方式感谢您。

11月7日，农历立冬，宁龙仔老人于当天凌晨安详辞世。衢化医院眼科医师按照他的遗嘱，将其捐献的眼角膜于当天晚上7时许成功移植给一位因患“霉菌性角膜炎”而失明的64岁温州市文成县农民毛征喷，谱写了一个将爱心与光明无私传递的感人故事。在追悼会上，常山眼角膜义务劝捐员兰小敏泪眼婆娑地宣读了受捐者致宁龙仔老人的感谢信——

“宁龙仔老人家：您不认识我，但我要谢谢您！就在前天晚上，您的眼角膜已经植入我的眼睛，医生说，我将又能看得见了，真的很感谢您。其实，一声谢谢，真的无法表达我的感激。我真想带着我的儿女到您的灵前，为您上一炷香，拜一拜，感谢您的恩德，亲自送您最后一程。

我是温州的一名普通老农民，今年10月，我的双眼突然失明了。儿女们为我东奔西走，希望治好我的眼睛，连续跑了好多医院花了很多钱，都没有效果，慢慢地，我也心灰意冷，认命了。有时候想想自己的后半辈子要变成瞎子，什么都看不见，自己的生活还要别人照顾，成了老伴和儿女的拖累，我饭也吃不下，觉也睡不着，真的觉得活在世上没意思了。但现在，在您的帮助下，我不再发愁，目前我身体状况平稳，将摆脱成为盲人的困境。您赠予我的这双眼睛，给了我重生的机会，将重新看到村口的大树、地里的庄稼人；将重新看到祖国的大好河山，它将让我重新看到光明、看到生活的希望。

11月9日，大桥头乡大桥村村口人们送别宁龙仔老人　（方均良、徐琦罡、苏恒俊　摄）

老人家，您一路走好！我会牢记您的恩德，用这双眼睛，不断去帮助更需要帮助的人。我将会用助人为乐的方式来感谢您，让这份爱心永远在人间回荡！”

爱心人士：有这样的长辈，是我们公益事业的光荣。

除了宁老爷子生前的亲朋好友前来悼念，还有一些闻讯后自发赶来送行的敬慕者。哀乐声响起时，不少人垂首而泣，宁龙仔的儿子宁雨水说：“爸爸走得很安详。您的夙愿完成了，您的眼角膜能带给病人一片光明，在九泉之下好好安息吧。”

文明单位代表、工行常山支行原副行长陈金良表示：“宁老爷子认为‘人家捐献眼角膜救了我孙子的眼睛，我也要把自己的眼角膜捐献出去，回报给社会’，这种传承爱心的文明理念，值得我们学习和弘扬！”县委党校教师、常山县慈善总会阳光义工队队员王土青对记者说：“能有这样深明大义的好长辈，是我们常山公益事业的无上光荣！”“爱心老人虽然离我们而去，但他的崇高精神必将永远激励着我们。”县红十字会工作人员说：“在老人的影响下，常山县有30多人自愿签订了器官捐献书，人道、博爱、奉献的红十字精神在我们好人常山得到弘扬。”

（方均良、徐琦罡、苏恒俊）

东案乡

【概况】 东案乡位于常山县城东北面，距县城17千米。辖区东交衢州市柯城区沟溪乡，南连招贤镇樊家村，西接大桥头乡，北邻芳村镇。行政区域面积68.8平方千米，辖10个行政村，166个村民小组。有83个自然村，4672户，15013人。农村劳动力9202人，其中外出务工人员4026人。2013年，全乡实现社会固定资产投资1.2亿元。农民人均收入达到9985元，比上年增长14.2%。

地处金衢盆地西缘，属中山、低山丘陵区，地势东北高，西南低。境内有海拔1000米以上山峰8座，最高点为梅树底村白菊花尖，海拔1394.7米，是常山县最高峰，位于境东北；最低点在墅口村樟树底河滩处，海拔93米，位于境西南。最大河流为上源溪，发源于白菊花尖，自北而南蜿蜒穿流境中，至西南经墅口村入大桥头乡，境内流程23.1千米。林地面积5800公顷，森林覆盖率78.5%。耕地面积498公顷（其中水田414公顷）。园地面积814公顷。境内矿产资源丰富，有叶蜡石、铀、辉钼、石英等，以叶蜡石蕴藏较丰。境内交通便利，主要交通干线有狮东线5.3千米，芳大线1.3千米，东龙线15.6千米。黄衢南高速公路穿境而过。

东案乡是一个生态乡，生态环境优美。境内物产丰富，盛产冬笋、白毛尖茶叶、高山蔬菜、小西瓜、油茶、胡柚、柑橘等。2013年，全乡农作物播种面积11213亩，粮食总产量2000.8吨，水果总产量18146吨，其中，柑橘产量6746吨、常山胡柚11284吨、其他116吨；油料作物种植面积1276亩，总产量111.1吨；蔬菜种植面积3653亩，总产量6956吨。毛竹种植面积2万多亩，年产量15万多株。生猪年末存栏3426头，年饲养量9383头；家禽年末存栏27555只，其中，肉禽22721只、蛋禽4834只。

全乡有文化站1个、卫生院1所、中心小学1所、幼儿园6所、广播站1个、信用社1个、电管站1个、移动公司营业厅1个。乡政府内设经济发展、社会事业、党政综合办公室，及一个便民服务中心，配有在职干部38人，其中，公务员18人、事业单位人员20人，另有编外人员4人（驾驶员和炊事员各2人）。

【特色农业】 2013年，全乡建成优质胡柚示范精品园200亩；小西瓜种植面积达8000多亩，实现产值1.5亿元，利润超8000万元，比上年增加10%以上。大宝山胡柚和新田一村小西瓜两个农产品成功申报省级著名商标。新培育发展家庭农场16家，徐金祥家庭农场已申报省级示范性家庭农场。

【乡村休闲旅游】 2013年，东案乡党委、乡政府围绕梅树底林家乐开发，打造乡村休闲旅游亮点，整合资源，加大基础设施投入，基本完成特色景点节点打造和经营户改造，被评为“省级旅游特色村”“省级林业观光园区”。全乡林家乐经营户已发展到8家，床位70张，可同时接待300人。全年共接待游客2万多人次，实现旅游收入300多万元，比上年翻两番以上。“梅树底林家乐”成为东案乡村休闲旅游新名片。

【工业发展】 2013年，东案乡引导东案籍在外创业成功人士回乡创业，引进落地常山县青年影视综合体项目，总投资1.1亿元。完成“个转企”9家。

【农村普惠政策落实】 2013年，全乡完成农村困难群众住房救助50户，完成赵家坪下山脱贫安置29户。政策性农业保险、农户住房保险、种粮直补、生态公益林补助等政策全面落实。做好新型农村合作医疗工作，实现农民参保率98%。推行农民基本养老制度，农民参保率95%。

【为民办实事项目】 2013年，全面启动农民饮用水工程，东案乡辖主管网已完成工程量的80%，原8个行政村村网已全部完成规划设计，并进入工程招标代理阶段。乡敬老院修缮改造提升工程正在建设之中。乡中心小学综合楼迁建工程完成项目招投标，并开工建设。乡卫生院迁建工程前期征地工作已全面完成，已进行规划设计。白马村、金源村累计4千米的道路硬化已完成。启动实施“一事一议”项目9个，完成6个，其余3个正在建设。总长7.5公里的白菊花尖游步道已全面建成并投入使用。

【推进土地开发项目】 2013年，全乡完成1027亩低丘缓坡开发和45亩土地综合整治。朝阳村坞塘水库除险加固项目通过完工验收。完成800亩油茶低改项目和600亩毛竹低改项目。

【“双十”专项整治行动】 2013年，东案乡扎实推进“三改一拆”行动，共拆除236处，累计4.5万平方米，完成县定任务数的100.35%，完成拆后处置5550平方米。全年审批建房187幢，比上年增长468%。启动集镇整治行动，乱搭乱建、乱扔乱堆、乱摆乱放等突出问题得到有力整治，集镇环境得到一定程度的改善。推进“双清”行动，把清洁工程作为一号工程来抓，在上源4个村市场化运作试点的基础上，进一步推广到6个行政村，清洁工程继续走在全县前列，成功申报10个市级生态村。在清理河道专项行动中，结合上源溪实际，探索建立采取分段拉网定责制，连环监督，有效破除河道清理长效保洁难问题，该做法在浙江日报重要版面得到宣传报道。

【行政村规模调整和村级组织换届选举】 2013年10月，东案乡行政村规模调整工作完成，原18个行政村调减至10个行政村。从10月底开始到12月底止，全乡10个村的村党支部、村民委员会、村务监督委员会和村经济合作社管理委员会四套组织的换届选举工作全部完成，共选举产生新一届村两委班子65人，其中，选出村党支部成员29人、支书及支部负责人10人、村民委员会成员36人、村民主任10人；村委监督委员会、村经济合作社成员51人。

【社会综合管理】 2013年，全乡计划生育主要指标执行良好；注重影响社会稳定隐患的排查与化解，重视信访维稳工作；严格执行信访工作责任制和责任追究制，积极消化信访积案，全年共调解各类纠纷103起。深入开展“三进三到”活动，不定期到村里与群众进行沟通交流，听取群众心声和意见建议，尽全力帮助群众解决切身利益问题，全年共帮助解决民生问题70余个。抓好安全生产工作，全年未发生重特大安全事故。全面落实森林消防、防汛、动物防疫责任，维护农村公共安全。

2013年东案乡各行政村基本情况

表59

村名	支书	主任	农户（户）	人口（人）	村民小组（个）	劳动力（人）	外出劳力（人）	柑橘产量（吨）	胡柚产量（吨）	粮食产量（吨）	农民人均收入（元）
万安	聂日伍	聂水福	406	1256	11	769	405	600	1135	202	7011
白马	李林财	徐金祥	377	1175	13	741	301	550	1045	172	7355
东案	符金泉	胡志妹	375	1202	9	730	300	600	1060	147	7872
前库	徐先明	徐光俊	432	1294	13	780	414	470	840	150	8221
田畈	郑富红	詹伟军	380	1235	11	728	410	550	830	144	9878
朝阳	邹京军	彭国方	550	1784	16	1090	495	1150	1600	245	8328
弄坞	江土有	程建军	371	1256	9	780	400	510	860	138	8541
呈东	王牛古	谢志飞	656	2173	22	1343	477	1037	1927	263	6895
金源	王人法	王毓五	745	2345	42	1432	551	889	1452	410	6988
高峰	土才田	张胜建	368	1251	20	809	273	390	435	130	6800
合计			**4660**	**14971**	**166**	**9202**	**4026**	**6746**	**11184**	**2001**	**9985**

（郑文进）

组织机构及负责人名录

新增副处级以上领导干部简介

王良春 男，汉族，1963年4月生，浙江衢州人，1984年12月入党，1982年8月参加工作，大专学历。现任中共常山县委书记。

马焕勇 男，汉族，1971年12月生，浙江慈溪人，1994年1月入党，1992年8月参加工作，大学学历。现任中共常山县委常委，常山—慈溪山海协作产业区管委会主任，衢州市住房和城乡建设局副局长、党委委员（山海协作互派挂职）。

余　风 男，汉族，1971年10月生，常山县辉埠镇人，2000年3月入党，1991年8月参加工作，大学学历，农业推广硕士学位。现任中共常山县委常委，西藏那曲地区住房和城乡建设局副局长。

邵丽丽 女，汉族，1973年4月生，浙江余姚人，农工民主党党员，1995年8月参加工作，大学学历，经济学硕士学位。现任常山县人民政府副县长（省下派）。

钱青平 男，汉族，1967年12月生，江西玉山人，1989年12月入党，1985年12月参加工作，大学学历。现任常山县公安局政委（副县［处］长级）、党委副书记。

县级领导机构及负责人名录
（2013.01—2013.12）

中共常山县委员会：

书　记：李　华（2013.01—2013.06）
　　　　王良春（2013.07—　　）
副书记：毛建国
　　　　方　法
常　委：苏新祥
　　　　夏建军
　　　　柴云妹（女，2013.01—2013.07）
　　　　张少华
　　　　朱素芳（女）
　　　　毛慧飞
　　　　祝建东
　　　　吴利平
　　　　马焕勇（2013.06—　　）
　　　　余　风（2013.06—　　）

常山县人民代表大会常务委员会：

主　任：徐建华
副主任：王文达
　　　　王小平
　　　　熊雨土
　　　　俞宝根
　　　　徐　柯
党组书记：徐建华

常山县人民政府：

县　长：毛建国
副县长：夏建军
　　　　柴云妹（女，2013.01—2013.07）
　　　　郑建华
　　　　严可兵
　　　　顾建华
　　　　揭政东

郑金仙（女）
邵丽丽（女，2013.07— ）
党组书记：毛建国

中国人民政治协商会议常山县委员会：
主　席：林红汉
副主席：谢雨生（兼）
陈国珠（女）
胡震云
黄法云
罗诚剑（兼）
党组书记：林红汉

中共常山县纪律检查委员会：
书　记：朱素芳（女）
副书记：叶剑明（2013.01—2013.05）
范东英（女）

常山县人民武装部：
党委第一书记：
李　华（2013.01—2013.06）
王良春（2013.08— ）
党委书记：吴福贵
政　　委：吴福贵
部　　长：毛慧飞

常山县人民法院：
院　　长：王小红
党组书记：王小红

常山县人民检察院：
检 察 长：郑慧胜
党组书记：郑慧胜

县级机关部门及责任人名录

（2013.01—2013.12）

一、县委工作机构

县委办公室：
主　　任：王生智

县委县政府信访局：
局　　长：徐朝威

县委政策研究室：
主　　任：朱建红

县委保密委员会办公室：
主　任：（空缺）

县委机要局：
局　长：吴永兴（兼）

县委报道组：
组　长：廖小兵（2013.01—2013.04）
汪　峻（2013.04— ）

县委县政府督查（考核）办公室：
主　任：汪启红（2013.01— ）

县委台湾工作办公室（县政府台湾事务办公室）：
主　　任：徐志标

县档案局（馆）：
局（馆）长：黄仙寿
党组书记：黄仙寿

县委党史研究室：
主　　任：黄仙寿（兼）

县农业和农村工作办公室：
主　　任：卢志土

县委组织部：
部　　长：吴利平

县委人才工作领导小组办公室：
主　　任：刘裕良（2013.03— ）

县委新经济与新社会组织工作委员会：
书　　记：（空缺）

县委老干部局：
局　　长：姚国清

县关心下一代工作委员会：
主　　任：吴利平

县委宣传部：
部　　长：苏新祥

县精神文明建设委员会办公室：
主　　任：王群峰（2013.01—2013.04）
奉　琼（2013.04— ）

县委对外宣传办公室（县政府新闻办公室）：
主　　任：郭永平

县社会科学界联合会：

主　　席：王有军

县互联网宣传管理办公室：

主　　任：徐伟虎

常山县新闻中心：

主　　任：徐良其

党组书记：徐良其

县委统战部：

部　　长：甘土木

县政府侨务办公室：

主　　任：余金荣

县委政法委员会：

书　　记：方　法（兼）

县社会管理综合治理委员会：

（2012年2月常委办〔2012〕18号文件，县委县政府决定，将县社会治安综合治理委员会更名为县社会管理综合治理委员会，下设办公室，作为常设办事机构）

主　　任：方　法

县社会治安综合治理委员会办公室：

主　　任：琚建平（2013.01—2013.04）

县社会管理综合治理委员会办公室：

主　　任：（空缺）

县委610办公室：

主　　任：徐平平

县维护稳定工作领导小组办公室：

主　　任：杨春柳（2013.01）

缪小明（2013.01—　　）

县机构编制委员会办公室：

主　　任：江万荣

县直属机关工作委员会：

书　　记：徐士平

县委党校：

校　　长：吴利平（兼）

常务副校长：赵豪清

二、县人大常委会工作机构

县人大常委会办公室：

主　　任：孙　勤

县人大常委会教育科技文化卫生民族华侨工作委员会：

主　　任：赵新华

县人大常委会财政金融工作委员会：

主　　任：李堤庆

县人大常委会农业与农村工作委员会：

主　　任：陈淑娟（女）

县人大常委会代表与选举任免工作委员会：

主　　任：王玉姣（女）

县人大常委会经济工作委员会：

主　　任：余国义

县人大常委会法制工作委员会：

主　　任：何小平

县人大常委会建设与资源环境保护工作委员会：

主　　任：张震海

三、县人民政府工作机构

㈠县政府工作部门

县政府办公室：

主　　任：李德勇

党组书记：李德勇

县政府法制办公室：

主　　任：周建军

县政府外事办公室：

主　　任：黄廉科

县政府应急管理办公室：

主　　任：陈卫明

县直机关人武部：

部　　长：黄水堂

县金融工作办公室：

主　　任：方建平

县人民政府咨询委员会：

主　　任：余鹤樑

县人民政府咨询委员会办公室：

主　　任：洪文达（兼）

县发展和改革局：

局　　长：章大勇

党委书记：章大勇

县能源办公室：

主　任：祝慧虹（女，2013.01—2013.04）

县粮食局：

局　　长：杨易海

党委书记：杨易海

县统计局：

局　　长：胡思连

党组书记：胡思连

县物价局：

局　　长：邓永平

党组书记：邓永平

县经济和信息化局：

局　　长：姜苏州（2013.01—2013.03）

沈文兵（2013.03—　　）

党委书记：姜苏州（2013.01）

沈文兵（2013.01—　　）

县中小企业局：

局　　长：樊根祥

县商务局：

局　　长：王晓华

党组书记：王晓华

县教育局：

局　　长：姜光明

党委书记：姜光明

常山县第一中学：

校　　　长：翁胜华

党总支书记：翁胜华

县科学技术局：

局　　长：李启发

党组书记：李启发

县民族宗教事务局：

局　　长：姚礼元

县公安局：

局　　长：张少华

党委书记：张少华

政　　委：钱青平

交通警察大队：

大队长：叶树忠（2013.01—2013.04）

吴水良（2013.11—　　）

教导员：吴水良（2013.01—2013.11）

方志忠（2013.11—　　）

刑事侦查大队：

大队长：徐家善（2013.01—2013.04）

王国芳（2013.11—　　）

教导员：廖惜金

治安大队：

大队长：曾智盛（2013.01—2013.11）

余国标（2013.11—　　）

教导员：徐　瑾（女）

经济犯罪侦查大队：

大队长：姜作水

教导员：龚志光（2013.11—　　）

城关派出所：

所　长：严良京（2013.01）

曾智盛（2013.11—　　）

教导员：黄建新（2013.01—2013.11）

县监察局：

局　　长：叶剑明（2013.01—2013.03）

县民政局：

局　　长：魏国强

党组书记：魏国强

县老龄工作委员会办公室：

主　　任：（空缺）

县水库移民管理办公室：

主　　任：徐红权

县司法局：

局　　长：胡水林

党组书记：胡水林

县财政（地税）局：

局　　长：戴根林

党委书记：戴根林（2013.01—　　）

县政府预算会计核算中心：

（2012年5月常政办发〔2012〕90号文件，原县财政局代管的县政府直属事业单位常山县政府预算会计核算中心更名为“常山县财政国库支付中心”，保留常山县政府预算会计核算中心牌子，划归县财政局管理，机构级别、人员编制保持不变。）

主　　任：蒋淑萍（女）

县财政预算局：

局　　长：叶晓春

县财政预算执行局：

局　　长：蒋淑萍（女）

县财政监督局：

局　　长：陈一芳（女，2013.04—　）

县政府投资项目评审中心（县财政项目预算审核中心）：

主　　任：（空缺）

县人力资源和社会保障局：

局　　长：缪春祥

党组书记：缪春祥

县社会保险事业管理局：

局　　长：江水生

县住房和城乡规划建设局：

局　　长：李克难

党委书记：李克难

县城市管理综合执法大队：

大队长：李克难(兼,2013.01—2013.03)

徐　敏（2013.03—　　）

县城乡规划中心：

主　　任：黄晓东（2013.04—　　）

县人民防空办公室：

主　　任：程良寿

党组书记：程良寿

县民防局：

局　　长：程良寿（兼）

县交通运输局：

局　　长：廖伟明

党委书记：廖伟明

县公路稽征运输管理所：

所　　长：乔真鸣

县公路管理段：

段　　长：王曙祥

县路政管理大队：

大 队 长：王曙祥

县铁路工作办公室：

主　　任：樊月标(2013.01—2013.12)

县水利局：

局　　长：胡姣良

党委书记：胡姣良

县中型水库管理局：

局　　长：封小平

县农业局：

局　　长：洪顺根

党委书记：洪顺根

县畜牧兽医局：

局　　长：杨兴良

县林业局：

局　　长：吴秀方

党委书记：吴秀方

县文化广电新闻出版局：

局　　长：毕建国

党组书记：毕建国

县卫生局：

局　　长：鲁周清

党委书记：鲁周清

县人民医院：

院　　长：饶祖华

党总支书记：饶祖华

县人口和计划生育局：

局　　长：张国富

党组书记：张国富

县审计局：

局　　长：王苏仙(女,2013.01—2013.06)

党组书记：王苏仙(女,2013.01—2013.06)

县环境保护局：

局　　长：吴直丰

党组书记：吴直丰

县安全生产监督管理局：

局　　长：沈文兵(2013.01—2013.03)

杨春柳（2013.03—　　）

党组书记：沈文兵（2013.01）

杨春柳（2013.01—　　）

县食品药品监督管理局：

局　　长：姜利成

党组书记：姜利成

㈡县政府直属单位

县机关事务管理局：

局　　长：朱万洪

党组书记：朱万洪

县体育局：

局　　长：樊金国

党组书记：樊金国

县广播电视总台：

台　　长：胡乾平

党组书记：胡乾平

县旅游局：

局　　长：郑忠东

党组书记：郑忠东

县招商局：

局　　长：徐爱荣(2013.01—2013.04)

祝慧虹（女，2013.04—　）

党委书记：徐爱荣(2013.01—2013.04)

祝慧虹（女，2013.04—　）

县政府经济技术协作办公室：

主　任：徐爱荣(兼,2013.01—2013.04)

祝慧虹（女，兼，2013.04—　）

县现代农业园区管理委员会：

主　任：饶祖根

县公共资源市场化配置监督管理办公室：

主　　任：张友成

党组书记：张友成

县公共资源交易中心：

主　　任：陈冬海

浙江广播电视大学常山学院：

院　　　长：叶树良

党总支书记：叶树良

县农业综合开发办公室：

主　　任：朱圣杰

县服务业办公室：

主　　任：毛家虎

党组书记：毛家虎

县供销合作社联合社：

主　　任：李炳根

党委书记：李炳根

县住房制度改革委员会办公室：

主　　任：阮水红

县行政服务中心：

主　　任：郑龙龙

党组书记：郑龙龙

县城东新区管理委员会：

（2013年4月常委〔2013〕17号文件，撤销中共常山县城东新区（城市发展投资公司）工作委员会，建立中共常山县城市发展投资公司党组；常编〔2013〕56号文件，将常山县城市发展投资公司成建制并入常山县城东新区管委会……原与县城市发展投资公司合署办公的常山县政府投资项目建设中心调整为和县城东新区管委会合署办公……。2013年11月常委〔2013〕31号文件，常山县城市发展投资公司成建制并入常山县城东新区管委会后，撤销中共常山县城市发展投资公司党组，建立中共常山县城东新区工作委员会。）

主　任：顾建华（2013.01）

祝建东（2013.01—2013.11）

祝建东（职务重新公布，2013.11—）

县城市发展投资公司：

董事长：顾建华（2013.01）

蒋绍青(2013.01—2013.11)

总经理：蒋绍青（2013.01—2013.11）

县城东新区（城市发展投资公司）党工委：

书　记：顾建华（2013.01）

县城市发展投资公司党组：

书　记：蒋绍青（2013.04—2013.11）

县城东新区党工委：

书　记：祝建东（2013.11—　　）

县政府投资项目建设中心：

主　任：（空缺）

县经济技术开发区党工委：

书　记：夏建军（兼）

县经济技术开发区管委会：

主　任：姜苏州

新都办事处：

（2013 年 1 月常委〔2013〕5 号文件，……将我县行政区划调整后乡镇（街道）党组织机关的设置明确如下：撤销原中共常山县天马镇委员会、中共常山县新都办事处总支部委员会……）

主　　任：汪启红（2013.01）

党总支书记：汪启红（2013.01）

㈢垂直管理单位

县工商行政管理局：

局　　长：吴建良

党委书记：吴建良

县国土资源局

局　　长：陈　东

党委书记：陈　东

县质量技术监督局：

局　　长：汪益华

党委书记：汪益华

县国税局：

局　　长：张　帆

党组书记：张　帆

县烟草专卖局：

局　　长：周叶青

党组书记：周叶青

中国电信股份有限公司常山分公司：

总 经 理：苏　川

党委书记：（空缺）

县邮政局：

局　　长：郑伟民

党委书记：郑伟民

县供电局：

局　　长：周洪亮

党委书记：王建平

县气象局：

局　　长：方革新（2013.08—　　）

党组书记：方革新（2013.08—　　）

县农村信用合作社联合社：

理 事 长：徐水华

主　　任：洪辉发（2013.10—　　）

党委书记：徐水华

中国人民银行常山县支行：

行　　长：曹　英（女）

党组书记：曹　英（女）

衢州银监分局常山办事处：

主　　任：李　骏

中国工商银行常山县支行：

行　　长：吴国俊

中国建设银行常山县支行：

行　　长：孙晖波（女）

党总支书记：孙晖波（女）

中国银行常山县支行：

行　长：叶丽丽（女,2013.01—2013.03）
　　　　邓松柏（2013.03—　　）

中国农业银行常山县支行：

行　　长：周国宾

党委书记：周国宾

中国农业发展银行常山县信贷组：

主　　任：吴　进

中国人民财产保险股份有限公司常山支公司：

经　　理：王荣良

党组书记：王荣良

中国人寿保险股份有限公司常山支公司：

经　　理：王胜龙

党组书记：王胜龙

四、政协常山县委员会工作机构

县政协委员会：

秘书长：徐光裕

县政协办公室：

主　任：王春国

县政协文史资料委员会：

主　任：黄法云（兼）

县政协提案委员会：

主　任：饶力勤（女）

县政协经济科技委员会：

主　任：胡明祥

县政协农业农村和人口资源环境委员会：

主　任：吴润荣

县政协社会法制和民族宗教委员会：

主　任：邵卫国

县政协教育文化卫生体育委员会：

主　任：周吾定

县政协港澳台侨委员会：

主　任：王春国（兼）

县政协委员工作委员会：

主　任：杨春玫（女）

县级群众团体及负责人名录
（2013.01—2013.12）

常山县总工会：

主　　席：王文达（兼）

党组书记：程鸿星

共青团常山县委员会：

书　　记：王建坤

党组书记：王建坤

常山县妇女联合会：

主　　席：王玉娟（女）

党组书记：王玉娟（女）

常山县科学技术协会：

主　　席：徐高禄

党组书记：徐高禄

常山县文学艺术界联合会：

主　　席：姚肖忆（女）

常山县残疾人联合会：

理 事 长：李　军

党组书记：李　军

常山县工商业联合会：

主　　席：毛松林

党组书记：毛松林

常山县红十字会：

会　　长：揭政东（兼）

常务副会长：郑定裕

乡镇领导机构及负责人名录
（2013.01—2013.12）

（根据衢政发〔2012〕68号文件，根据《浙江省人民政府关于常山县部分行政区划调整的批复》（浙政函〔2012〕238号）精神，现将常山县部分行政区划调整的有关事项通知如下：同意撤销宋畈乡建制，其行政区域并入辉埠镇……同意撤销新桥乡建制，其行政区域并入芳村镇……同意撤销天马镇建制，在此区域内调整设立天马、紫港、金川3个街道办事处，由常山县政府直辖……。根据常委〔2013〕5号文件，……1. 撤销原中共常山县天马镇委员会、中共常山县新都办事处总支部委员会，建立中共常山县天马街道工作委员会、中共常山县紫港街道工作委员会、中共常山县金川街道工作委员会。2. 撤销原中共常山县辉埠镇委员会、中共常山县宋畈乡委员会，建立新的中共常山县辉埠镇委员会。3. 撤销原中共常山县芳村镇委员会、中共常山县新桥乡委员会，建立新的中共常山县芳村镇委员会。根据常人大〔2013〕4号文件，设立常山县人大常委会天马街道工作委员会、常山县人大常委会紫港街道工作委员会、常山县人大常委会金川街道工作委员会。）

天马镇：

党委书记：祝建东（2013.01）

人大主席：江樟生（2013.01）

镇　　长：（空缺）

政协工作联络员：饶贤福（2013.01）

天马街道：

党工委书记：姜雪峰（2013.01—　　）

办事处主任：周丽兵（2013.01—　　）

人大工委主任：周幸富（2013.03—　）
政协工作联络员：何小建（2013.03—）

紫港街道：

党工委书记：祝建东（2013.01—　）
办事处主任：江樟生（2013.01—　）
人大工委主任：毛国芳（2013.03—　）
政协工作联络员：戴勇明（2013.03—）

金川街道：

党工委书记：洪永海（2013.01—　）
办事处主任：李德生（2013.01—　）
人大工委主任：（空缺）
政协工作联络员：饶贤福（2013.03—）

辉埠镇：

党委书记：何　健（女，2013.01—　）
人大主席：周丽兵（2013.01）
镇　　长：黄洁平（2013.01）
叶剑明（2013.05—　）
政协工作联络员：罗诚剑

何家乡：

党委书记：郑建炳
人大主席：郑建炳
乡　　长：樊敏剑

宋畈乡：

党委书记：段为斌（2013.01）
人大主席：段为斌（2013.01）
乡　　长：（空缺）

招贤镇：

党委书记：姜雪峰（2013.01）
黄洁平（2013.01—　）
人大主席：毛国芳（2013.01）
张禄杰（2013.03—　）
镇　　长：朱开明
政协工作联络员：徐安平

青石镇：

党委书记：郑　汉
人大主席：严忠华
镇　　长：刘石青
政协工作联络员：黄歆怡（女）

东案乡：

党委书记：缪小明（2013.01）
曾修明（2013.01—　）
人大主席：缪小明（2013.01）
曾修明（2013.03—　）
乡　　长：谢志宏

大桥头乡：

党委书记：洪永海（2013.01）
陈金龙（2013.01—　）
人大主席：洪永海（2013.01）
陈金龙（2013.03—　）
乡　　长：樊有卫

芳村镇：

党委书记：余　风(2013.01—2013.08)
人大主席：方金海
镇　　长：李德生（2013.01）
陈贤民（2013.05—　）

新昌乡：

党委书记：李　珍（女）
人大主席：李　珍（女）
乡　　长：魏　斌（2013.03—　）

新桥乡：

党委书记：曾修明（2013.01）
人大主席：（空缺）
乡　　长：魏　斌（2013.01）

白石镇：

党委书记：黄国华
人大主席：汪春发
镇　　长：王　军

球川镇：

党委书记：汪有土
人大主席：徐　亮
镇　　长：陈　岗
政协工作联络员：郑　兵

同弓乡：

党委书记：李　莉（女）
人大主席：李　莉（女，2013.03—　）
乡　　长：陈雪良

荣 誉 录

先 进 集 体

省 级 以 上 先 进 集 体

表 60

荣誉称号	获奖单位	颁发单位	颁发时间
全国职工教育培训示范点	常山县总工会职工业余学校	中华全国总工会	2013.11.11
全国居民家庭经济状况核对试点工作优秀单位	县民政局	民政部办公厅	2013.5.13
中国书画教育实践基地	天马一小	中国书画教育研究中心	2013.2
红领巾数字图书馆示范学校	县实验小学	中国少先队事业发展中心	2013.6
2012年全国计划生育优质服务先进县	常山县	国家人口和计划生育委员会	2013.1.10
浙江省文明单位	县供电局、县水利局、中国银行股份有限公司常山县支行	省委、省政府	2013.1.16
五好党支部	县离退休教师协会党支部	省委老干部局	2013.6.5
浙江省老龄工作先进集体	县老龄办	省老龄委	2013.8.26
老年报宣传发行工作优秀组织奖	县委老干部局	《浙江老年报》社	2013.9.30
2012年度全省社会舆情信息工作先进单位	县委宣传部	省委宣传部	2013.3.1
省优秀宣讲团	县委宣传部	省委宣传部	2013.9
省文明单位	县烟草专卖局、县人民检察院、国税局、常山一中、消防大队、公路段、中国工商银行股份有限公司常山支行、中国人民银行常山县支行、中国建设银行股份有限公司常山支行、杭金衢公司浙赣收费所、中国移动通信集团浙江有限公司常山分公司、中国电信股份有限公司常山分公司、杭金衢分公司常山服务区	省文明办	2013.3.14
省文明镇	白石镇、辉埠镇	省文明办	2013.3.14
省文明村	何家乡文图村、新都办事处宿村	省文明办	2013.3.14

续表 60

荣　誉　称　号	获奖单位	颁发单位	颁发时间
2012 年度省文明办系统信息工作先进单位	县文明办	省文明办	2013.4.19
2012 年度浙江在线浙江小记者站优胜学校	天马一小	浙江在线新闻站	2013.09
省工人先锋号	县农村信用联社	省总工会	2013.4
省红旗大队	天马一小	省教育厅团委	2013.12
浙江省示范中小学家长学校	天马一小	省家庭教育领导小组办公室	2013.05
全国“巾帼文明岗”	杭金衢高速公路衢州管理处常山收费所、县国家税务局计划征收科	省巾帼建功双学双比活动协调小组	2013.3.21
省青年文明号	县国税局纳税服务科、芳村中心卫生院	省青年文明号青年岗位能手活动组委会	2013.7.8
2012 年度“千万农民素质提升工程”优秀县	常山县	省农科教协调领导小组	2013.7.2
农函大先进集体	浙江省农函大常山县分校	省科协	2013.4.23
2013 年度科协工作先进县	常山县	省科协	2013.12.30
全省价格监督检查工作先进集体	县物价局	省物价局	2012.12.31
2012 年度全省住房公积金管理工作先进单位	市住房公积金管理中心常山分中心	省住房和城乡建设厅	2013.1.23
2012 年度主多分开工作先进集体	县供电局	省电力公司	2013.1.7
2012 年度经济法律工作先进单位	县供电局	省电力公司	2013.1.21
2012 年新农村电气化县建设先进单位	县供电局	省电力公司	2013.2.27
省电力公司“青春光明杯”微电影大赛优胜奖	县供电局《老爸的“绯闻”》	省电力公司	2013.5.9
抗击“菲特”台风先进集体	县供电局	省电力公司	2013.10.18
2013 年度库存资源盘活利用工作先进单位	县供电局	省电力公司	2013.12.30

续表60

荣誉称号	获奖单位	颁发单位	颁发时间
2012年省级文明出租车车队	县汽车出租公司三衢车队	省道路运输管理局	2013.3.13
省公路文化建设先进单位	县公路管理段	省公路管理局	2013.1.14
2102—2013年度全省无邪教创建工作先进单位	紫港街道办事处	省人民政府防范和处理邪教问题办公室	2013.12
2013年度全省检察机关优秀民行申诉调处案件、典型民行投诉案件	县人民检察院	省人民检察院	2013.11.25
全省法院民事审判工作先进集体	县人民法院	省高级人民法院	2013.11.25
全省法院司法行政装备管理工作先进集体	县人民法院	省高级人民法院	2013.11.25
2012年度全省农办系统先进单位	县农办	省农办	2013.2.17
省级信用村	辉埠镇东乡村	省农办、省农村信用联社	2013.6.18
省级信用乡（镇）	招贤镇	省农办、省农村信用联社	2013.6.18
2012年度全省畜牧兽医工作先进集体	县畜牧兽医局	省农业厅	2013.1.24
2012年度省农业工作先进集体	县农业局	省农业厅	2013.2.6
2012年度省农业行政执法绩效考核优胜单位	县农业行政执法大队	省农业厅	2013.4.25
2012年度省农业丰收奖二等奖	农业局特产站	省农业厅	2013.7
省农村集体“三资”管理规范化县	常山县	省农业厅	2013.11.11
2013年度浙江农民信箱工作考核优秀单位	县农业局	省农业厅	2013.12.31
2012年度重大农业植物疫情防控工作考核优秀单位	县农业局	省重大农业植物疫情防控指挥部	2013.4.19
全省动物卫生监督行政处罚优秀案卷	县动物卫生监督所	省动物卫生监督局	2013.12.16
低收入群众增收行动计划先进集体	县扶贫办	省扶贫办	2013.10.25
“平安林区”县	常山县	省林业厅	2013.8.6
2013年度河道保洁长效管理二等奖	县水利局	省水利厅	2013.10.21
2013年基层防汛防台体系管理考核优秀县	常山县	省防汛防台抗旱指挥部	2013.12.23

续表60

荣　誉　称　号	获奖单位	颁发单位	颁发时间
省气象防灾减灾标准乡镇（街道）	金川街道、紫港街道、东案乡、同弓乡、招贤镇、大桥头乡	省气象局	2013.12.31
《浙江财政年鉴》2012卷组稿先进单位二等奖	县财政局	省财政厅	2013.2.5
2012年度全省财政系统干部教育培训工作先进集体	县财政局	省财政厅	2013.5.2
2012年度全省政府非税收入收缴情况报告工作先进单位	县财政局	省财政厅	2013.8.6
2012年度部门决算先进单位	县财政局	省财政厅	2013.9.22
2012年度《税友龙版》运维管理工作先进单位	县地税局	省地税局	2013.2.4
2012年度《浙江税务》先进通联站（组）	县地税局	省地税局	2013.2.7
2012年度规费管理工作先进单位	县地税局	省地税局	2013.2.26
2012年度全省地税征管工作目标责任制考核三等奖	县地税局	省地税局	2013.2.26
2012年度纳税服务工作目标责任制考核二等奖	县地税局	省地税局	2013.2.28
2012年度全省地税系统税政管理工作综合先进单位	县地税局	省地税局	2013.3.4
2012年度浙江经视“阳光行动”宣传工作	县地税局《常山地税提效能强服务促发展》	省地税局	2013.5.14
税收动漫公益短片三等奖	县地税局《税收之火》	省地税局	2013.8.9
2012年度管理创新先进单位	县国税局	省国税局	2013.6.20
2012年打击发票违法犯罪活动先进单位	县国税局稽查局	省国税局	2013.10.28
五四红旗团支部	工商银行常山支行团支部	工行浙江省分行共青团	2013.5.3
优秀青年小组	县麦田爱心志愿者服务小组	工行浙江省分行共青团	2013.5.3
2011—2012年度浙江省农信系统思想政治工作先进单位	县农村信用联社	浙江省农村信用社联合社	2013.8
粮食订单贷荣获“浙江银行业首届服务小微企业和服务三农双十佳金融产品”	县农村信用联社	浙江省银行业协会	2013.5
2012年度全省电大教材发行管理先进单位	浙江广播电视大学常山分院	浙江广播电视大学校长办公室	2013.5.29

续表60

荣誉称号	获奖单位	颁发单位	颁发时间
省优秀文化教育先进集体	五里中心小学	省文化厅	2013.5
浙江省改革发展示范建设学校	县职业中专	省教育厅	2013.8.13
省标准化学校	县实验小学	省教育厅	2013.10
2014年度《浙江日报》发行工作先进县	常山县	浙江日报报业集团	2013.12
2014年度《浙江日报》发行工作先进单位	县委宣传部	浙江日报报业集团	2013.12
全省县（市、区）防震减灾工作先进单位	县地震局	省地震局	2013.12.25
2012年度浙江省药械集中采购工作先进集体	县卫生局	省卫生厅	2013.2
2012年度浙江省卫生应急工作先进集体	县卫生局	省卫生厅	2013.3
2012年度全省卫生政务信息先进单位	县卫生局	省卫生厅	2013.5
省无烟单位	县人民医院、县妇幼保健院	省爱卫会	2013.6.4
2013年浙江省卫生先进单位	国网浙江常山县供电公司、县殡仪馆、县交通运输局、县气象局、县国税局、县农业局、县烟草专卖局、浙江省交通投资集团有限公司杭金衢分公司衢州管理处浙赣收费所、浙江省交通投资集团有限公司杭金衢分公司衢州管理处常山收费所、浙江省交通投资集团有限公司杭金衢分公司、衢州管理处阁底收费所、浙江省交通投资集团实业发展有限公司常山服务区	省爱卫会	2013.12.23
省防治艾滋病性病爱心企事业单位	县人民医院	省防艾办	2013年
2013年浙江省基层卫生知识竞赛优胜奖	县卫生局	省卫生厅、医师协会、基层卫生协会	2013.12
省第九批体育强镇（乡）	紫港街道	省体育局	2013.12.26
第五批体育强镇（乡）	新昌乡	省体育局	2013.12.26
省村级体育俱乐部	东案乡弄坞村、新昌乡下徐村、青石镇塘边村	省体育局	2013.12.26

市　级　先　进　集　体

表 61

荣誉称号	获奖单位	颁发单位	颁发时间
文明单位	县青少年活动中心、浙江威诗朗照明有限公司、县新闻中心、浙江省常山纺织有限责任公司、县行政服务中心、常山县明达线业有限公司	市委、市政府	2013. 1. 22
文明村镇	天马镇常年青村、何家乡黄冈村、宋畈乡下蓬村、东案乡外宅村、东案乡田蓬村、大桥头乡新村村、新桥乡坞石坑村、白石镇曹会关村、球川镇百兴村、球川镇坞口村、新都办事处新建村、同弓乡竹蓬底村、新昌乡铜山村	市委、市政府	2013. 1. 22
2012 年度全市“平安衢州”暨社会管理综合治理工作先进集体	辉埠镇、东案乡、县委政法委、县民政局、	市委、市政府	2013. 4. 8
2012 年冬季征兵工作先进单位	青石镇、县公安局	市政府、衢州军分区	2013. 7. 1
2012 年度全市安全生产工作先进集体	辉埠镇、芳村镇、县供电局	市政府	2012. 12. 31
2013 年度市“群众满意基层站所（服务窗口）”	县国税局稽查局、芳村供电所、新都派出所、县工商局白石分局	市纪委	2013. 12. 27
2012 年度全市“规范化数字档案室”	县工商局档案室、县公安局档案室、县住房公积金管理中心档案室	市档案局	2013. 1. 24
2012 年度全市档案工作先进单位	县烟草专卖局（分公司）、白石镇	市档案局	2013. 1. 30
2012 年度组织工作优秀调研成果三等奖	《常山县旅游人才开发问题研究》《服务绿色发展构建“生态班子”的实践与思考》	市委组织部	2013. 2. 20
2012 年度全市组织工作创新奖	社区“1 + N 组团合约”党建共建	市委组织部	2013. 2. 20
宣传工作先进单位、信息工作先进单位	县委组织部	市委组织部	2013. 2. 20
2012 年度全市宣传思想文化工作创新项目	县委宣传部（县“一乡一节”群众文化活动）	市委宣传部	2013. 2. 8
2012 年度全市宣传思想文化工作创新型团队	县新闻中心	市委宣传部	2013. 2. 8
2010 – 2012 年县级党委理论学习中心组先进单位	县委理论学习中心组	市委宣传部	2013. 2. 17

续表61

荣 誉 称 号	获奖单位	颁发单位	颁发时间
2013年度信息报送和新闻报道工作先进集体	住房公积金管理中心	市住房公积金管理中心	2013.12.31
2012年度工会财务先进单位	县人民医院	市总工会	2013.5
市先进团委	常山一中	市团委	2013.03
2012年度市企业景气调查工作先进单位三等奖	县汽车运输有限公司	市统计局	2013.3
市电力局技经专业调考团体二等奖	县供电局	市电力局	2013.1.9
2012年度安全生产反违章先进班组	输电运检班、变电运检二班	市电力局	2013.2.4
市电力局2012年度营销专项工作先进集体	县供电局、供电局客户服务中心、新都供电营业所、芳村供电营业所、供电局营业厅	市电力局	2013.2.6
2012年发展工作先进单位	县供电局	市电力局	2013.2.26
2012年度物资工作先进单位	县供电局	市电力局	2013.2.27
2012年度财务工作先进单位	县供电局	市电力局	2013.3.18
2012年度财务与税收知识技能竞赛优胜单位	县供电局	市电力局	2013.3.18
2012年度调度系统“三位一体”综合竞赛先进集体	县供电局调度控制中心	市电力局	2013.3.7
2012年度保护与控制系统、环保监督先进集体	县供电局	市电力局	2013.3.15
2012年度衢州电力局青年文明号	新都供电营业所营销班，	市电力局	2013.4.3
2012年度衢州电力青年安全生产示范岗	带电作业班	市电力局	2013.4.3
2012年度全市交通运输系统新闻宣传工作进步奖	县交通运输局	市交通运输局	2013.4.26
市公路系统职工文艺会演表演二等奖	县公路段排舞队（我爱祖国的蓝天）	市公路管理局	2013.1.28
全市公路系统2012年度宣传台账整理规范单位	县公路管理段	市公路管理局	2013.5.3

续表61

荣　誉　称　号	获奖单位	颁发单位	颁发时间
2013年度衢州市出租汽车行业文明车队	三衢车队	市道路运输管理局	2013.12
2012年度全市涉法涉诉信访工作先进集体	县委政法委、县人民法院	市委政法委	2013.1.16
集体三等功	县人民检察院反贪污贿赂局、反渎职侵权局	市检察院	2013.2.4
集体三等功	县法院	市中级人民法院	2013.2.18
2013年度治安安全先进单位	三衢中学	市公安局	2013.12
2012年度重点目标工作考核一等奖	县司法局	市司法局	2013.1.27
2012年度工作创新奖	县司法局：社区矫正程式化规范管理项目	市司法局	2013.1.27
2012年度推进奖	县司法局：建立十大专业人民调解委员会项目	市司法局	2013.1.27
2012年度全市司法行政系统依法行政工作先进集体	县司法局	市司法局	2013.3.15
2012年度工作目标考核一等奖	县水利局	市水利局	2013.1.17
2012年度水利项目建设先进单位	县水利局	市水利局	2013.1.17
2012年度农业工作先进集体	县农业局、县植保植检站、县农业机械管理站、农广校常山分校、县农村能源办公室、县农业行政执法大队、县农作物技术推广站、县食用菌办公室、县特产站、县牲畜兽医局	市农业局	2013.2.16
2012年度衢州畜牧统计工作先进单位	县畜牧兽医局	市畜牧兽医局	2013.1.16
2012年度全市财政地税系统档案管理工作先进单位	县地税局第一税务分局	市财政局	2013.1.16
2012年度部门决算先进单位	县财政局	市财政局	2013.4.27
2012年度全市财政预算（税政）管理信息交流工作一等奖	县财政局	市财政局	2013.3.4
2012年度预算绩效管理工作三等奖	县财政局	市财政局	2013.4.3
2012年社会保险基金决算编报工作三等奖	县财政局	市财政局	2013.4.7

续表61

荣誉称号	获奖单位	颁发单位	颁发时间
2013年社会保险基金预算编报工作二等奖	县财政局	市财政局	2013.4.7
案件质量考核优胜单位	县财政局	市财政局	2013.2.19
综合业务管理考核优胜单位	县财政局	市财政局	2013.2.19
2012年度纳税服务工作一等奖	县地税局	市地税局	2013.3.6
2012年度支持浙商创业创新工作先进单位	县地税局	市地税局	2013.3.11
《税友龙版》推广应用、征管报表、征管调研工作先进单位	县地税局	市地税局	2013.3.19
全市征管工作目标责任制考核一等奖	县地税局	市地税局	2013.3.19
综合管理应用三等奖	县财政局	市财政局	2013.4.11
地税软件应用三等奖	县财政局	市财政局	2013.4.11
规费综合管理工作、信息调研工作、报表编制及分析工作二等奖	县地税局	市地税局	2013.4.16
2012年度地税系统市级基层文明单位	县地税局第二税务分局、县地税局稽查局	市地税局	2013.5.6
公务员集体嘉奖	县工商局（开门抓队伍提升队伍素质）	市工商局	2013.2.22
全市工商系统2013年度行政指导行政合作优秀案例	县工局助力石产业发展转型升级行政合作、县工局同弓现代农业品牌提升行政指导	市工商局	2013.12.6
全市工商系统“依法行政示范工商所（分局）”	县工商局城关分局、县工商局招贤工商所	市工商局	2013.12.6
最放心网点	工行常山支行营业场	工行衢州分行办公室	2013.1.30
“红五月”一级支行营业场	工行常山支行营业场	工行衢州分行办公室	2013.7.12
网点信用卡中高端客户发卡竞赛一级支行营业场	工行常山支行营业场	工行衢州分行办公室	2013.11.1
青年柜员业务技能第二名	工行常山支行代表队	工行衢州分行办公室	2013.11.13
市2011—2012年教育科研先进集体	常山一中	市教育局	2013.1

续表 61

荣誉称号	获奖单位	颁发单位	颁发时间
市 2012—2014 年教育科研实验基地	县实验小学	市教育局	2013.1
市第四届青少年书信比赛组织奖	县实验小学	市教育局	2013.3
市“群体师德创优”达标先进单位	县城关中学	市教育局	2013.5
市“群体师德创优”达标先进单位	狮子口小学	市教育局	2013.5
市首届教育创新奖	同弓小学	市教育局	2013.9
2012 年度全市生卫生信息工作先进单位	县卫生局	市卫生局	2013.1
2013 年衢州市血吸虫病查螺技能竞赛团体二等奖	县卫生局	市卫生局	2013.3
第十一届衢州市卫生系统自然科学优秀论文评选活动组织奖	县卫生局	市卫生局	2013.6
2013 年度全市卫生信息工作先进单位	县卫生局	市卫生局	2013.12
2013 年度衢州市无烟单位	新昌乡卫生院	市爱卫会	2013.6
2013 年度衢州市市级卫生乡镇（街道）	球川镇	市爱卫会	2013.12.16
2013 年度衢州市市级卫生先进单位	农村公路管理中心	市爱卫会	2013.12.16

县级先进集体

表 62

荣誉称号	获奖单位	颁发单位	颁发时间
2012 年度平安乡（镇）	辉埠镇、天马镇、何家乡、宋畈乡、招贤镇、青石镇、东案乡、大桥头乡、芳村镇、新昌乡、新桥乡、白石镇、球川镇、同弓乡	县委、县政府	2013.5.23
2012 年度县政府质量奖	浙江捷姆轴承有限公司、常山皮尔轴承有限公司	县政府	2013.2.26
2012 年冬季征兵工作先进单位	芳村镇、球川镇、白石镇、东案乡	县政府、县人武部	2013.7.8
常山县第六批劳动模范集体	县人民检察院公诉科、县质量技术监督检测所、经信局企服务科、县财政（地税）局第二税务分局、大桥头乡社会服务管理中心	县政府	2013.9.2

先　进　个　人

表63

荣　誉　称　号	获奖个人	颁发单位	颁发时间
全国“铁人杯”书法作品展入展作品	王庆芳（县公路管理段）	中国书法家协会	2013.9
省优秀农村工作指导员	姚峰（县物价局）	省委、省政府	2013.2
2012年度浙江农业科技成果转化推广奖	黄良水（县农业局）	省政府办公厅	2013.10.14
优秀党员	朱与绍	省委老干部局	2013.6.5
最美老干部	樊玉明	省委老干部局	2013.6.5
2012年度全省社会舆情优秀信息员	奉琼（县委宣传部）	省委宣传部	2013.3.1
知联之星	曾晓群（县卫生局）	省委统战部、省知联	2013.12
2012年度优秀共青团干部	叶小俊（县卫生局）	团省委	2013.1.24
省优秀少先队辅导员	艾琪花	团省委、省少工委	2013.12
2012年度重大公共卫生妇幼项目先进个人	裴海仙（何家乡中心卫生院）	省妇女联、省卫生厅	2013.2
农函大先进工作者	官金发（县科协）	省科协	2013.4.23
农函大优秀学员	王志友、华文音	省科协	2013.4.23
农函大优秀组织者	汪予雷（县科协）	省科协	2013.4.23
“低收入群众增收行动计划”先进个人	方法（县委）	省扶贫办	2013.10.25
2012年全省安监系统政务信息工作先进个人	周宏伟（县安监局）	省安监局	2013.4.28
2012年主多分开工作先进个人	谢海洋（县供电局）	省电力公司	2013.1.7
2012年清产核资工作先进个人	郭毅军（县供电局）	省电力公司	2013.1.7
2012年度优秀法律工作者	周洪亮（县供电局）	省电力公司	2013.1.21
2012年度财务工作先进个人	陈宏健（县供电局）	省电力公司	2013.2.26
2012年农网改造及电气化建设先进个人	黄涌华（县供电局）	省电力公司	2013.2.27

续表63

荣誉称号	获奖个人	颁发单位	颁发时间
2012年度公司县级供电企业科技成果三等奖	王毅、伊岚、王建平、童金水、史伟明（县供电局）	省电力公司	2013.7.20
2012年度省电力统计先进工作者	江申英（县供电局）	省电力公司	2013.8.22
抗击“菲特”台风先进个人	徐黎明（县供电局）	省电力公司	2013.10.18
2013年财务调考优秀个人	张雯、郭军辉（县供电局）	省电力公司	2013.12.2
公司班组达标创建优秀推进者	王建平（县供电局）	省电力公司	2013.12.16
2012年出租车服务明星	钱钧锋（县汽车出租公司）	省道路运输管理局	2013.3.13
全省公路系统“建设大路网，打造五型路”（2008—2012年）先进个人	王曙祥（县公路管理段）	省公路管理局	2013.1.21
“和畅杯”全省公路职工文学艺术作品一等奖（书法类）	王庆芳（县公路管理段）	省公路管理局	2012.9.9
“和畅杯”全省公路职工文学艺术作品优秀奖（文学类）	徐莹（县公路管理段）	省公路管理局	2012.9.9
全省百名贴心为民服务标兵	姚水国（县民政局）	省民政厅	2013.9.25
2012年度全省畜牧兽医工作先进个人	徐家有（天马镇）	省农业厅	2013.1.24
2012年度省农业统计工作先进个人	王雅琴（县农业局）	省农业厅	2013.3.29
2013年度浙江农民信箱工作考核优秀个人	宁玮锋（县农业局）	省农业厅	2013.12.31
聚焦真善美、示检察风采主题摄影一等奖	陈芳（县检察院反贪贿赂局）	省检察摄影协会	2013.3
2012年度全市司法行政系统优秀通讯员	鲍晓明、占如（县司法局）	市司法局	2013.1.28
2012年度全省财政系统人事教育统计工作先进个人	余丽女（且财政局）	省财政厅	2013.2.5
2012年度《浙江税务》先进通联站（组）	郑秀平（县地税局）	省地税局	2013.2.7
2012年度省级纳税服务之星	陈利芳（县地税局）	省地税局	2013.2.20
优秀信息员	柴小燕（工行常山支行）	工行浙江省分行管理信息部	2013.1.29
内控管理和案防工作先进个人	赵丽雅（工行常山支行）	工行浙江省分行	2013.1.30

续表63

荣　誉　称　号	获奖个人	颁发单位	颁发时间
2011—2012年度先进工作者	张盛鑫（工行常山支行）	工行浙江省分行	2013.1.30
学雷锋标兵	张盛鑫（工行常山支行）	工行浙江省分行	2013.3.4
优秀共青团员	张盛鑫（工行常山支行）	共青团工行省分行委员会	2013.5.3
“中国梦、工行梦、员工梦”演讲三等奖	刘志琳（工行常山支行）	工行浙江省分行党委宣传部	2013.8.7
省教育系统第十二届“事业家庭兼顾型”先进个人	鲍伊玲	省教育工会	2013.3
省教坛新秀	王玉琴（湖东小学）	省教育厅	2013.7
省农村教师突出贡献奖	程其健（新昌小学）、王维全（球川小学）	省教育厅	2013.9
省“教改之星”铜奖	项珍	省教育学会	2013.12
全省电大2012年度招生工作先进个人	郑肖福（浙江电大常山分校）	浙江广播电视大学	2013.6.13
2012—2013年全省电大系统“育人奖”	叶树良（浙江电大常山分校）	浙江广播电视大学	2013.12.9
全省电大教材发行管理先进工作者	姜苏（浙江电大常山分校）	浙江广播电视大学校长办公室	2013.5.29
2013年奖教金	方虹、徐世梅（浙江电大常山分校）	浙江广播电视大学校长办公室	2013.7.1
省非物质文化遗产保护宣传报道好文章	费斐（县非遗保护中心）	省文化厅	2013.6.4
“我的非遗故事”征文一等奖	费斐（县非遗保护中心）	省文化厅	2013.9.26
“我的非遗故事”征文二等奖	徐水仙（天马镇）、余根良（县文广新局）	省文化厅	2013.9.26
“我的非遗故事”征文三等奖	吴欣颖（芳村镇）、王文达（新昌乡）	省文化厅	2013.9.26
非遗保护经验交流会调研征文一等奖	费斐（县非遗保护中心）	省文化厅	2013.12.30
非遗保护经验交流会调研征文三等奖	叶凌燕（县文广新局）	省文化厅	2013.12.30
优秀通讯员	毛新伟（县工商局）	《浙江市场导报》社	2013.8.26
2012年度《中国交通报》优秀特约记者	徐莹、刘良国（县公路管理段）	中国交通报浙江记者站	2013.3

续表63

荣　誉　称　号	获奖个人	颁发单位	颁发时间
全省质监系统科技工作先进个人	施堂红（县质监局）	省质监局	2013. 2
2012年度浙江省实施基本药物制度先进工作者	徐丽琳（县卫生局）	省卫生厅	2013. 2
2012年度浙江省药械集中采购工作先进工作者	叶绿行（大桥头乡卫生院）		
2012年度浙江省疾病预防控制工作先进个人	鲁周清（县卫生局）、黄兴土、徐青华（县疾控中心）、樊国芳（县人民医院）、金保红（招贤卫生院）	省卫生厅	2013. 5
2012年度全省麻风病性病防治工作先进个人	樊海笑（县疾控中心）	省皮肤病防治研究所	2013. 2
2012年度浙江省新生儿疾病筛查先进工作者	章小兵、何小君（县妇幼保健院）	省新生儿疾病筛查中心	2013. 7
2012年度全市“平安衢州”暨社会管理综合治理工作先进个人	郑汉（青石镇）、陈金龙（大桥头乡）吴建良（县工商局）、叶树忠（县交警大队）	市委、市政府	2013. 4. 8
2012年冬季征兵工作先进个人	曾红祥（县卫生局）、许祝健（县人武部）	市政府、衢州军分区	2013. 7. 1
2012年度全市档案工作先进个人	程振（县档案局）、王宏军（县公安局） 谢娅萍（县委党校）、徐金泉（县水利局） 徐世梅（常山电大）、官梅俊（县人民医院）	市档案局	2013. 1. 30
“学习十八大 我们的价值观”演讲比赛优胜奖	丁婷（工商局）	市行政服务中心	2013. 5. 9
市十佳组工干部	琚旦炜、舒土治（县委组织部）	市委组织部	2013. 2. 20
优秀通讯员	刘元峰、王科宏（县委组织部）胡江平（县委报道组）	市委组织部	2013. 2. 20
优秀信息责任人	段为斌（县委组织部）	市委组织部	2013. 2. 20
优秀信息员	徐峻、黄小春（县委组织部）	市委组织部	2013. 2. 20
优秀网宣员	徐玉龙（县委组织部）	市委组织部	2013. 2. 20
优秀组工官方微博管理员	徐健春（县委组织部）	市委组织部	2013. 2. 20
组工微博达人	余风（芳村镇党委）	市委组织部	2013. 2. 20

续表 63

荣　誉　称　号	获奖个人	颁发单位	颁发时间
市首届“最美教育人”	王聪华（宋畈小学）	市委宣传部、市教育局	2013.9
市“最美教育人”提名奖	李丹（县实验小学）		
2012“最美衢州人”主题文艺作品创作二等奖	连中福、吴贤林《平凡的一生，完美的一跳》	市委宣传部	2013.2.22
2013年信息报送和新闻报道工作先进个人	黄海彤（县住房公积金分中心）	市住房公积金管理中心	2013.12.31
2011—2012年度市防范处理邪教工作先进工作者	黄小兵（紫港街道）	市人力资源和社会保障局、市委610办公室	2013.1
2012年度全市政务信息工作优秀信息员	周宏伟（县安监局）	市安监局	2013.1.22
市电力局技经专业调考个人二等奖	杨志斌（县供电局）	市电力局	2013.1.9
2012年度安全生产反违章先进个人	方学彬、董剑、华国俊（县供电局）	市电力局	2013.2.4
市电力局2012年度营销专项工作先进个人	刘国建、徐峰、程刚、邓小燕、赵锐、吴奕、王海明、詹立丰（县供电局）	市电力局	2013.2.6
2012年发展工作先进个人	朱礼华、胡佳、程小飞、江申英（县供电局）	市电力局	2013.2.26
2012年度生产先进个人	王毅（县供电局）	市电力局	2013.2.27
2012年度物资工作先进个人	叶朝阳、徐立民（县供电局）	市电力局	2013.2.27
2012年度财务工作先进个人	徐芳华、翁月兰（县供电局）	市电力局	2013.3.18
2012年度财务与税收知识技能竞赛优秀个人	张雯（县供电局）	市电力局	2013.3.18
2012年调度系统“三位一体”综合竞赛先进个人	周永汉（县供电局）	市电力局	2013.3.7
2012年度技术监督优秀监督员	叶梅轩、陈根平（县供电局）	市电力局	2013.3.15
2012年度品牌建设先进个人	舒素君、李洋（县供电局）	市电力局	2013.3.25
2012年度衢州电力局青年岗位能手	周健（县供电局）	市电力局	2013.4.3
“美在交通”摄影比赛三等奖、优秀奖	舒俊（县公路管理段）	市交通运输局	2013.2.25
2012年度全市交通运输系统政务信息先进个人	邓炜（县交通运输局）	市交通运输局	2013.4.26
2012年度全市交通运输系统新闻宣传工作先进个人	徐建平（县交通运输局）	市交通运输局	2013.4.26

续表 63

荣　誉　称　号	获奖个人	颁发单位	颁发时间
全市公路系统 2012 年度宣传报道工作先进个人	徐莹（县公路管理段）	市公路管理局	2013.5.3
2012 年度“十佳路政员”	舒志鸿（县公路管理段）	市公路管理局	2013.1.7
2012 年度“十佳路政协管员”	程勇军（县公路管理段）	市公路管理局	2013.1.7
全市公路系统“十大最美公路人”	李松根（县公路管理段）	市公路管理局	2013.1.29
全市筑路装载机操作工优秀奖	刘张伟、陈曙升（县公路管理段）	市交通局、人力交源和社会保障局、总工会	2013.9.10
全市筑路挖掘机操作工优秀奖	钱小红（县公路管理段）		
全市筑路压路机操作工第三名	余权辉（县公路管理段）		
全市筑路压路机操作优秀奖	刘乾旦（县公路管理段）		
2013 年度衢州市出租汽车行业服务明星	徐志平（县汽车出租公司）	市道路运输管理局	2013.12
2012 年度全市涉法涉诉信访工作先进个人	张国平（县法院）、王志平（县检察院）		
鲁祖宾（大桥头派出所）	市委政法委	2013.1.16	
治安安全单位先进个人	任智（县公安局治安大队）、熊志华（县教育局）	市综治办	2013.3.3
2012 年度全市司法行政系统信息宣传优秀通讯员	鲍晓明、占如（县司法局）	市司法局	2013.1.29
2012 年度全市民政政务信息工作先进个人	江宏伟（县民政局）	市民政局	2013.6.20
2012 年度农业工作先进个人	张志慧（农业局）、王永祥（现代农业园区）、李国泰、叶春华（农业局）、王慧英（农业局）、李旺忠（球川镇）、洪永广（农业局）、黄祥根（同弓乡）、方泉寿（白石镇）、周明火（种子管理站）、张法全（蔬菜办）、符华福（植保植检站）、洪永广（农业局）、彭莹（同弓乡）、洪元倩（大桥头乡）、胡根英（农广校）、史有饭（何家乡）、陈林祥（新桥乡）、陈雨宝（土肥站）、洪炳生（农能办）、陈向阳、李建华（农作物技术推广站）、洪金良（食用菌办）、李余生（特产站）、林少卫（畜牧兽医站）	市农业局	2013.2.16

续表63

荣誉称号	获奖个人	颁发单位	颁发时间
2012年度全市财政地税系统档案管理工作先进个人	冯琳（县财政局）	市财政（地税）局	2013.1.16
2012年度部门决算先进个人	杨荣英（县财政局）	市财政局	2013.4.27
2012年度市级优秀质量管理员	江卫东（县地税局）	市地税局	2013.1.9
2012年度市级纳税服务之星	兰青春、詹雅青（县地税局）	市地税局	2013.1.22
2012年度纳税服务工作先进个人	舒慧华、张拥军（县国税局）	市地税局	2013.3.6
对2010—2012年连续三年年度考核优秀等次的记三等功	姜治水、刘基清、徐建华、徐之明（县国税局）	市国税局	2013.3.21
廉政风险防控预警信息一等奖	林宾（县工商局）	市工商局	2013.8.15
廉政风险防控预警信息二等奖	王建、方国平（县工商局）		
廉政风险防控预警信息三等奖	李敏、高凌志、陈俊安（县工商局）		
2013年度优秀纪检干部和派驻纪检监察员	宋俊伟（县工商局）	市工商局	2013.11.28
2012年度全市流通环节食品安全电子监管工作先进个人	周谊（县工商局）	市流通环节食品安全电子监管工作领导小组	2013.3.13
2012年度创全国文明示范街优秀志愿者	张盛鑫（工行常山支行）	市文明示范街理事会	2013.3
内控管理和案防工作先进个人	赵丽雅（工行常山支行）	工行衢州分行	2013.1.30
最放心员工	吴燕、詹建明、王群（工行常山支行）	工行衢州分行	2013.1.30
先进工作者	张盛鑫（工行常山支行）	工行股份有限公司衢州分行	2013.2.10
优秀共产党员	张盛鑫、赵丽雅（工行常山支行）	工行衢州分行党委	2013.7.19
2013年全市青年柜员手工点钞项目第三名	郑琴琴（工行常山支行）	工行衢州分行办公室	2013.11.13
百名领导话规范最佳征文三等奖	张敏（工行常山支行）	工行衢州分行办公室	2013.6.26
百名网点负责人话规范最佳征文三等奖	徐慧玲（工行常山支行）	工行衢州分行办公室	2013.6.26
百名客户经理话规范最佳征文三等奖	洪芦俊（工行常山支行）	工行衢州分行办公室	2013.6.26
值班经理话规范最佳征文一等奖	张盛鑫（工行常山支行）	工行衢州分行办公室	2013.6.26

续表 63

荣　誉　称　号	获奖个人	颁发单位	颁发时间
百名员工话规范最佳征文三等奖	赵丽雅（工行常山支行）	工行衢州分行办公室	2013. 6. 26
市第八届实验学校“教改之星”银奖	项珍	市教育局教研室、市教育学会	2013. 7
市第八届实验学校“教改之星”铜奖	张南希		
市第二届红烛奖	金夏林（常山一中）、蒋全正（紫港中学）、徐谟杆（三衢中学）、黄发根（狮子口小学）、王保前（宋畈小学）、朱桂贞（钳口小学）	市教育局	2013. 7
市教学标兵	李小兰（常山一中）、苏武（紫港中学）、汪土根（何家初中）、郑有英（城关中学）、郑红贤（狮子口初中）、王宏芳（天马一小）、樊美君（天马二小）、符军芳（二都桥小学）、聂茂林（湖东小学）、余燕（芳村小学）、方丽井（狮子口小学）、琚燕（县教工幼儿园）	市教育局	2013. 7
市教科研标兵	刘英（常山一中）、李明（城关中学）、廖志勇（城南中学）、孙衣云（进修学校）、周晓敏（实验小学）、詹凌有（钳口小学）	市教育局	2013. 7
市第五届名师	郑洪根（常山一中）、徐荣祥（县进修学校）、何天明（三衢中学）、陈雨华（天马二小）、洪永海（县第一小学）	市教育局	2013. 9
市集邮工作先进个人	卢光忠	市集邮协会	2013. 11
市小学数学基地学校优秀网络教研组长	蒋晓燕、蔡水华	市教育局教研室	2013. 12
市质监系统 2008—2012 年度科技工作先进个人	刘晓政（县质监局）	市质监局	2013. 3
全市生产环节食品安全“百日行动”先进个人	徐昕（县质监局）	市质监局	2013. 1
2012 年度全市卫生系统十佳医生	江四平（县人民医院）	市卫生局	2013. 1
2012 年度全市卫生系统十佳公卫工作者	蒋梅繁（县妇幼保健院）		
2012 年度职工摄影大赛优秀奖	汪瑛、汪乐星（县人民医院）	市卫生局	2013. 1

续表63

荣誉称号	获奖个人	颁发单位	颁发时间
全市卫生系统第二届十佳医生	祝震（县人民医院）	市卫生局	2013. 11
全市卫生系统第二届十佳护士	徐小芳（球川镇中心卫生院）		
全市卫生系统第二届十佳公卫	方丽萍（东案乡卫生院）		
市卫生系统职工书法摄影展毛笔类三等奖	舒兴山（县人民医院）	市卫生局	2013. 11
市卫生系统职工书法摄影展硬笔类一等奖	姜阳兴		
市卫生系统职工书法摄影展三等奖	汪瑛（县人民医院）		
2013年度全市卫生信息工作先进个人	江东（县卫生局）	市卫生局	2013. 12
2012年度"优质护理服务先进个人"	徐燕（县人民医院）	市护理学会	2013. 5
第十一届衢州市卫生系统自然科学优秀论文二等奖	徐青华、黄兴土、姜友华（县疾控中心）	市卫生局办公室	2013. 6. 25
第十五届衢州市自然科学优秀论文三等奖	徐青华、黄兴土、姜友华（县疾控中心）刘建华（县卫生局）	市自然科学优秀论文评选委员会	2013. 10
2013年度衢州市职业健康检查规范化建设先进个人	张雪峰（卫生监督所）黄玉奎（县人民医院）	市卫生监督所	2013. 12
个人三等功	柴云妹（县政府）	县委、县政府	2013. 8. 28
常山县百名优秀人才	教育类（32人）： 毛志伟、朱雨良、江根祥、张身贵、王芳、王立平、姚文广、姚礼权、洪笑英、徐荣祥、徐塑雅、胡盛春、章三根、周志英、刘辉、傅辉根、郑英君、汪土根、江红梅、季志辉、张建君、陈雨华、张国华、艾琪花、李丹、陈正、蔡水华、陈用敏、郑秀枫、王玉琴、李传法、钱春华 卫生类（15人）： 付美华、易槐明、江四平、陈江、张雷、吴水妹、汪旭霞、杨演清、祝震、胡建军、胡昌弟、徐华庆、徐志军、程红、程旭峰 其他类（13人）： 陈勇、巫水源、吴益民、季卫东、赵四清、刘晓政、陈新建、吴国华、罗文富、叶朝晖、许舵、孙松华、徐晓平	县委、县政府	2013. 2. 22

续表 63

荣誉称号	获奖个人	颁发单位	颁发时间
常山县百名优秀人才	二、技能类人才（15 人） 徐剑武、李松根、刘建国、徐献红、徐长华、张廷顺、周晓存、叶圣斌、毛宗泉、徐功武、洪国新、华伟强、吴光辉、何跃红、吉利军 三、企业经营类人才（12 人） 占荣全、邢愚、刘春芳、孙拥军、陈平生、陈金红、陈和雨、吴国忠、周长发、徐斌、徐章荣、樊勇军 四、农村实用类人才（10 人） 毛荣良、朱志土、李海水、张发根、林芳良、徐春阳、蒋平华、廖书良、廖晓骏、樊利卿	县委、县政府	2013. 2. 22
个人三等功（2009—2011 年度）	汪启红（县委办）、王水英（县档案局）、汪正满（县纪委）、周玲琳（县委组织部）、王群峰（县委宣传部）、赵军（县委统战部）、张文香、郑勇军（县法院）、钱青平、叶岳飞、吴直林、鲁水亭（县公安局）、蒋绍青（县城投公司）、李恋红（县司法局）、谢诚、胡兰、舒慧华（县财政（地税）局）、胡志良（县人力社保局）、俞存球（县就业局）、何华军（县国土资源局）、张晓波（县水利局）、张翼忠（天马街道）、余文胜（青石镇）、汪教春（白石镇）	县委、县政府	2013. 8. 28
个人三等功（2010—2012 年度）	许赟（县委办）、黄仙忠、吕益中（县纪委）、罗沈雁（县老年活动中心）、詹璐（县法院）、江良荣、王小刚（县检察院）、石爱军（县妇联）、鲍晓晖（县政府办）、李忠兴（县发改局）、钱宝玉（县粮食局）、余贞水（县物价局）、徐梦玲、连宪法（县公安局）、高素娟、吴文昌、张志华、王晓艳、余洁（县财政（地税）局）、李宏疆、邱巧红（县人力社保局）、徐庆丰（县就业局）、吴素贞（县国土资源局）、江俊（县城管大队）、熊玉英（县人口和计生局）、林宾、王建、方国平、徐向农、张晖（县工商局）、戴勇明（紫港街道）、董峰（何家乡）、宁玮亮（大桥头乡）、方忠祥（同弓乡）	县委、县政府	2013. 8. 28
2012 年度县政府质量奖	曾金龙、沈兴楠	县政府	2013. 2. 26
2012 年冬季征兵工作先进个人	黄小兵（紫港街道）、王玉新（金川街道）、朱剑锋（青石镇）、汪根土（白石镇）、林木青、胡建军（人民医院）洪志君（城郊派出所）、徐勇（招贤派出所）	县政府、县人武部	2013. 7. 8
第六批劳动模范	毛发根、甘礼荣、何水清、何绍林、余晓庆、张刚、陈和雨、季金全、周映民、赵五毛、胡红良、饶祖华、洪道良、徐芳、徐财清、徐金妹、徐金祥、揭雨兴、曾君、熊玉英、潘广丰、魏雨生	县政府	2013. 9. 2

续表 63

荣誉称号	获奖个人	颁发单位	颁发时间
常山县首届名师	李小兰、王芳、洪笑英、张建红、傅辉根、郑仁飞、周晓敏、王宏芳、江红梅、张建君、张国华、方丽井、符军芳、聂茂林	县政府	2013.9.9
红烛奖	郑红全、江根祥、潘迁明、方明、洪永贵、徐筱君、周素红、宁茂青、姜云花、严土寿、彭兴邦、洪霞、徐仙英、姚爱民、黄丽芳、郑春英、曾文妹、周水国、傅先明、洪建文	县政府	2013.9.9
优秀班主任	吴天亮、鄢红、詹飞鸣、吉洪星、黄雪刚、吴继军、马建国、谭宗林、林秉强、王水有、罗有良、占淑清、王丽英、钟慧华、徐春红、王国英、鄢少敏、叶美花、余丽花、徐雯、张小红、严月兰、郑有英、姜纪寿、汪志红、占美仙、徐谟虎、全俊祥、赖阳清、徐木清、陈伟明、徐国生、江万兴、鲍慧斌、姚刚平、吴继娟、甘永芳、郑苏妹、刘土荣、郑小武、江成龙、郑爱英、陈永富、林秉装、余忱、杨国庆、樊静、林彩虹、李丽、张丽君、黎坚光、雷建芳、郑小玲、刘燕梅、蒋亦娟、郑素芳、朱连梅、胡小燕、范群英、黄秀英、夏桂仙、兰红莲、洪美娟、林艳、陈利花、陈红良、林华文、李萍萍、徐建英、黄丽芳、刘夏俊、邹金芳、徐萍丽、兰红霞、刘科梅、阮水禄、占洪良、张莉莉、周晓英、严芝花、刘丽君、徐晓霞、曾小敏、张启良、江礼、洪敏、廖韩娟、张文军、毛冬妹、刘冬云、李潮海、刘园、陈燕、陈璇、洪彩霞	县政府	2013.9.9
教学质量标兵	张薇、万德春、张建红、陈华锋、汪丽仙、邹志英、汪土根、黄荣华、徐朝明、王良仙、姚义广、汪红建、栾文贵、孟礼召、林忠峰、祝伟红、徐塑雅、郑忠信、徐辉辉、王水英、陈拥萍、高树新、汪教清、黄德淦、汪耿、胡昌平、许和英、郑水兰、王丽宏、斐亚君、刘燕、熊文选、陈伟芳、舒丽芳、李文宪、江倩、徐力铉、董有发、郭燕红、姚义汉、陈一兵、毛金锋、吴银娟、徐木清、陈明花、全俊祥、黄艳、许小妹、余舍章、王四妹、刘智军、刘霞、余燕、鲍慧斌、徐彩英、黄志华、詹斌、周红利、楼炜、刘春燕、郑苏妹、张雪琴、王霞霞、江春妹、樊晓庆、程金杰、饶祖明、严荷梅、危芩、毛琳玲、杜一雄、王茳、李丽、蒋秋华、邹爱珍、杨丽健、黎坚光、郑秀枫、祝木兰、韦玲萍、胡苏军、刘素芳、樊美君、胡小燕、胡箭慧、徐雪清、徐俊敏、余苏平、胡岳娟、陈吉君、陈迎新、吴冬君、王红林、郑春英、兰玲、鲁周科、王菲菲、吴海军、严丽芳、金秀君、曾妙妙、毛仙霞、江小芳、占素娟、叶春艳、郑志荣、郑玲玲、姜土华、叶文珍、胡雪燕、余燕、张莉莉、曾文妹、季颖、刘涛、曾旭辉、谢维娟、刘冬云、李芳、黄铭宽、胡雪君、朱桂贞、兴弘、唐红梅、	县政府	2013.9.9

续表 63

荣誉称号	获奖个人	颁发单位	颁发时间
2013 年常山县科技进步奖一等奖	孙松华、孙静、韩东国、卫国英、沈志良（巴菲尔化学有限公司）张东明、曾志明、沈兴楠、甘礼鸿、瞿国民、朱水明、廖莉珺（浙江雪峰碳酸钙有限公司） 徐荣新、徐荣功、刘金有（浙江天子股份有限公司）	县政府	2013. 12. 20
2013 年常山县科技进步奖二等奖	沈国海、詹文凤、俞春良、陈业光、秦丽月（浙江中贯轴承有限公司）徐志明、付顺华、张新凤、斯金平、凌申坤、杜红亮、何照斌、陈新建（常山曼地亚红豆杉科技开发有限公司）徐小忠、汪丽霞、黄磊、蒋剑平、童金（浙江柚都生物科技有限公司）何火雷、郑红朝、林士国、裴文、常书贵、尹权章、吴小华、占锋、陈志宏（浙江常山科润化学有限公司）	县政府	2013. 12. 20
2013 年常山县科技进步奖三等奖	樊宇荣、李小青、杨绮虹、徐志军（县人民医院）； 刘华、王泽时、陈达民、刘雅芳（常山晟泰茶油科技有限公司）； 徐昕、付根发、施堂红、严晓丽、戴水凤、李永仙（县质量技术监督检测所）； 陈青寿、林华仙、林鸣、周英姿、占裕香、袁丽萍、张英（县人民医院）； 朱尉然、王道贤、余红伟、王旭东、杨爱萍、周芝英（浙江经纬药业有限公司）； 孙剑虹、徐串联、林鸣、严宇仙、陈周敏、方文悦、胡建军（县人民医院）； 俞日梁、陈新建、赵四清、杜红亮、陈国利（常山油茶研究所、县林业技术推广中心、县农业局特产站）； 汪旭霞、汪苏亚、甘忠芳、周英姿、陈青寿（县人民医院）； 王谦信、严宇仙、林鸣、姜阳兴、孙剑虹（县人民医院）； 章正红、张毅、张琦、袁军强、樊勇军、林志坚、陈强、袁华燕（常山纺织有限责任公司）。	县政府	2013. 12. 20

重要文件目录

中共常山县委、县人民政府联发文件

表 64

序号	文号	文件标题
1	常委〔2013〕1号	关于改进工作作风密切联系群众的实施意见
2	常委〔2013〕10号	关于印发《2013年县委、县政府重点工作分工抓落实安排》的通知
3	常委〔2013〕12号	关于进一步加强乡镇（街道）干部队伍建设的若干意见
4	常委〔2013〕15号	关于印发《常山县2013年度乡镇（街道）工作目标考核办法》的通知
5	常委〔2013〕16号	关于印发《常山县2013年度部门工作目标考核办法》的通知
6	常委〔2013〕22号	关于加快农民集聚推进新型城市化建设的实施意见（试行）
7	常委〔2013〕27号	关于开展行政村规模调整工作的实施意见
8	常委〔2013〕28号	关于成立“共建生态家园、打造美丽乡村”行动领导小组的通知
9	常委〔2013〕29号	关于印发《常山县“共建生态家园、打造美丽乡村”行动方案》的通知
10	常委〔2013〕30号	关于印发《常山县美丽乡村建设实施方案》的通知

（县委办公室）

中共常山县委文件

表 65

序号	文号	文件标题
1	常委〔2013〕4号	关于印发李华同志在县委十二届四次暨县十五届政府第三次全体（扩大）会议上的报告的通知
2	常委〔2013〕5号	关于行政区划调整后乡镇（街道）党组织机构设置的意见
3	常委〔2013〕6号	中共常山县委常委会2013年工作要点
4	常委〔2013〕8号	关于调整县委常委分工的通知
5	常委〔2013〕17号	关于部分单位党组织设置的通知
6	常委〔2013〕18号	关于开展常山县2013年竞争性选拔干部工作的通知
7	常委〔2013〕20号	关于开展以中国梦为主题的中国特色社会主义宣传教育活动的实施意见
8	常委〔2013〕23号	关于印发王良春同志在县委十二届五次暨县政府第四次全体（扩大）会议上的报告的通知

续表 65

序号	文　　号	文　　件　　标　　题
9	常委〔2013〕31 号	关于调整县城东新区管委会和县城市发展投资公司党组织机构设置的通知
10	常委〔2013〕32 号	关于印发《常山县县管领导班子和领导干部考核管理办法》的通知

（县委办公室）

常山县人民政府文件

表 66

序号	文　　号	文　　件　　标　　题
1	常政发〔2013〕6 号	关于印发《常山县农民异地转移赵家坪示范区安置方案》的通知
2	常政发〔2013〕9 号	关于深化完善社会养老服务体系建设的实施意见
3	常政发〔2013〕11 号	关于印发《2013 年工作要点》的通知
4	常政发〔2013〕13 号	关于下达 2013 年县财政预算指标的通知
5	常政发〔2013〕15 号	关于国有土地上房屋征收的决定
6	常政发〔2013〕16 号	关于下达 2013 年常山县重点建设项目和重大前期项目计划的通知
7	常政发〔2013〕17 号	关于表彰 2012 年度县政府质量奖获奖企业和获奖个人的通报
8	常政发〔2013〕18 号	关于完善 2013 年度土地资源开发专项工作考核办法的通知
9	常政发〔2013〕19 号	关于开展采砂专项整治的通告
10	常政发〔2013〕20 号	关于进一步加强审计整改工作的实施意见
11	常政发〔2013〕21 号	关于同意杭金衢高速公路常山互通至 205 国道连接线（紫港大桥连接线）集体土地上房屋征收补偿方案的批复
12	常政发〔2013〕22 号	关于调整常山县芳村工业功能区产业定位的通知
13	常政发〔2013〕23 号	关于调整全县最低工资标准的通知
14	常政发〔2013〕24 号	关于乡镇部门经济实体清理工作的批复
15	常政发〔2013〕25 号	关于促进个体工商户转型升级的实施意见
16	常政发〔2013〕27 号	关于鼓励投资现代农业园区的若干政策意见
17	常政发〔2013〕28 号	关于在全县开展第三次经济普查的通知
18	常政发〔2013〕29 号	关于暂时关闭全县活禽交易市场的通告
19	常政发〔2013〕30 号	关于印发《加强重大项目前期工作的若干意见》的通知
20	常政发〔2013〕31 号	关于印发《加快推进钙产业转型升级的若干意见》的通知
21	常政发〔2013〕32 号	关于同意《常山县—港四溪河道采砂规划（2013—2015）》的批复
22	常政发〔2013〕33 号	关于同意 2012 年度小型水库移民扶助基金项目计划的批复
23	常政发〔2013〕36 号	关于印发《浙江省常山县矿场资源规划（2011—2015）》的通知
24	常政发〔2013〕42 号	关于进一步加强和改进统计工作的意见
25	常政发〔2013〕45 号	关于同意常山县河道保洁实施方案的批复

续表 66

序号	文　　号	文　件　标　题
26	常政发〔2013〕47 号	关于加快推进生猪养殖业转型提升的意见
27	常政发〔2013〕48 号	关于调整县长、副县长及政府党组成员分工的通知
28	常政发〔2013〕49 号	关于设立教师荣誉奖项的意见
29	常政发〔2013〕50 号	关于鼓励家庭农场发展的实施意见
30	常政发〔2013〕54 号	关于表彰常山县第六批劳动模范和模范集体的决定
31	常政发〔2013〕71 号	关于同意常山—慈溪山海协作产业园发展规划的批复
32	常政发〔2013〕73 号	关于印发常山县第十届村民委员会换届选举实施方案的通知
33	常政发〔2013〕75 号	关于同意 2014 年土地储备计划的批复
34	常政发〔2013〕76 号	关于同意浙江省常山县林地保护利用规划（2010—2020）的批复
35	常政发〔2013〕77 号	关于推行行政规范性文件“三统一”制度的实施意见
36	常政发〔2013〕78 号	关于落实常山县城东新区一期土地收储整理项目建设资金有关问题的通知
37	常政发〔2013〕79 号	关于推动企业积极履行社会责任的若干意见
38	常政发〔2013〕81 号	关于促进电子商务产业发展若干政策的意见

（县政府办公室）

县委办公室、县政府办公室联发文件

表 67

序号	文　　号	文　件　标　题
1	常委办〔2013〕1 号	关于做好防范应对强降温低温雨雪冰冻灾害天气的紧急通知
2	常委办〔2013〕2 号	关于 2013 年春节期间访民情送温暖活动安排的通知
3	常委办〔2013〕3 号	关于印发《常山县天马街道职能配置、机构设置和人员编制规定》的通知
4	常委办〔2013〕4 号	关于印发《常山县金川街道职能配置、机构设置和人员编制规定》的通知
5	常委办〔2013〕5 号	关于印发《常山县紫港街道职能配置、机构设置和人员编制规定》的通知
6	常委办〔2013〕6 号	关于启用中国共产党常山县天马街道工作委员会等印章的通知
7	常委办〔2013〕7 号	关于 2012 年度县级机关满意不满意单位评选活动情况的通报
8	常委办〔2013〕8 号	关于 2012 年度乡镇、部门工作目标考核情况的通报
9	常委办〔2013〕9 号	关于开展“双十”专项行动的通知
10	常委办〔2013〕12 号	关于做好 2013 年度县级领导“六个一”联系工作的通知
11	常委办〔2013〕13 号	关于开展“三进三到”活动的实施方案
12	常委办〔2013〕14 号	关于印发《常山县专业招商办法》的通知
13	常委办〔2013〕17 号	关于表彰 2012 年度新农村建设各项先进的通报
14	常委办〔2013〕18 号	关于印发《中共常山县委常山县人民政府督查工作制度》的通知
15	常委办〔2013〕20 号	关于 2012 年度乡镇、部门人口和计划生育工作考核情况的通报

续表 67

序号	文　　号	文　　件　　标　　题
16	常委办〔2013〕21 号	关于印发《常山县乡镇（街道）部门一把手“七不直接分管”实施办法（试行）》的通知
17	常委办〔2013〕22 号	关于表彰 2012 年度招商引资特别贡献奖获奖单位的通知
18	常委办〔2013〕23 号	关于表彰 2012 年度“招商能手”的通知
19	常委办〔2013〕24 号	关于印发《常山县“三改一拆”行动违法建设整治工作方案》的通知
20	常委办〔2013〕25 号	关于建立常山县“三改一拆”工作领导小组的通知
21	常委办〔2013〕26 号	关于调整县依法整治违法建设工作领导小组的通知
22	常委办〔2013〕27 号	关于各专业招商分局人员组成及郑俊等同志任职的通知
23	常委办〔2013〕28 号	关于印发《2013 年度招商引资考核办法》的通知
24	常委办〔2013〕29 号	关于表彰 2012 年度向上争取资金工作先进单位的通报
25	常委办〔2013〕32 号	关于印发《2013 年县四套班子重点调研课题》的通知
26	常委办〔2013〕33 号	关于进一步做好《农家报》读报用报工作的通知
27	常委办〔2013〕34 号	关于表彰 2012 年度重点项目工作先进单位和先进个人的通报
28	常委办〔2013〕35 号	关于成立常山县治理城市交通拥堵工作领导小组的通知
29	常委办〔2013〕36 号	关于成立常山县构建和谐劳动关系工作领导小组的通知
30	常委办〔2013〕37 号	关于表彰全县“创森”工作先进集体和先进个人的通知
31	常委办〔2013〕38 号	关于实行县级领导挂联乡镇（街道）“三改一拆”工作制度的通知
32	常委办〔2013〕41 号	关于印发《常山县 2013 年普法依法治理工作要点》的通知
33	常委办〔2013〕44 号	关于表彰 2012 年度全县建设“平安常山”(综治、维稳)工作先进集体和个人的通报
34	常委办〔2013〕46 号	关于推进农村文化礼堂建设的意见
35	常委办〔2013〕50 号	关于调整常山县省级文化先进县复查迎检工作领导小组的通知
36	常委办〔2013〕51 号	关于印发《常山县 2013 年度乡镇（街道）工作目标考核细则》的通知
37	常委办〔2013〕52 号	关于印发《常山县 2013 年度部门共性工作考核细则》的通知
38	常委办〔2013〕53 号	关于印发《常山县 2013 年度部门职能工作考核细则》的通知
39	常委办〔2013〕54 号	关于印发《常山县 2013 年乡镇（街道）部门人口和计划生育目标管理责任考核细则》的通知
40	常委办〔2013〕58 号	关于加快推进软件正版化工作的通知
41	常委办〔2013〕59 号	关于成立常山县历史文化村落保护利用工作领导小组的通知
42	常委办〔2013〕60 号	关于印发《常山县治理城市交通拥堵工作实施方案》的通知
43	常委办〔2013〕61 号	关于建立常山县彤弓山村保护利用项目指挥部的通知
44	常委办〔2013〕62 号	关于切实做好当前防旱抗旱工作的紧急通知
45	常委办〔2013〕63 号	关于成立常山县行政村规模调整工作领导小组的通知
46	常委办〔2013〕64 号	关于严肃行政村规模调整期间村级集体资金资产资源管理工作纪律的通知
47	常委办〔2013〕66 号	关于成立常山县村级组织换届工作领导小组的通知

续表 67

序号	文 号	文 件 标 题
48	常委办〔2013〕67 号	关于在全县开展第三个尊师重教月活动的通知
49	常委办〔2013〕68 号	关于建立行政村规模调整工作督导组的通知
50	常委办〔2013〕69 号	关于实行县级领导领创产业工作制度的通知
51	常委办〔2013〕70 号	关于印发《关于做好行政村规模调整后新村村级组织设置和班子配备的意见》等文件的通知
52	常委办〔2013〕71 号	关于调整县委财经工作领导小组等机构领导职务的通知
53	常委办〔2013〕72 号	关于建立常山县第一中学迁建项目领导小组的通知
54	常委办〔2013〕73 号	关于印发《常山－慈溪山海协作产业园管理暂行办法》、《常山－慈溪山海协作产业园高层联席会议制度》的通知
55	常委办〔2013〕74 号	关于做好国庆节期间有关工作的通知
56	常委办〔2013〕75 号	关于印发“共建生态家园打造美丽乡村”行动领导小组办公室各工作组组成及职责的通知
57	常委办〔2013〕76 号	关于做好村级组织换届选举工作的实施意见
58	常委办〔2013〕77 号	关于印发《常山县生态指导员工作要点》的通知
59	常委办〔2013〕79 号	关于切实做好 2014 年度党报党刊发行工作的通知
60	常委办〔2013〕80 号	关于开展 2013 年度县级机关满意不满意单位评选活动的通知
61	常委办〔2013〕82 号	关于进一步加快企业审批工作的意见
62	常委办〔2013〕83 号	关于成立常山县电子商务产业发展领导小组的通知
63	常委办〔2013〕87 号	关于开展 2013 年度乡镇（街道）、部门工作考核的通知
64	常委办〔2013〕91 号	关于务实节俭做好 2014 年元旦、春节期间有关工作的通知

（县委办公室）

县 委 办 公 室 文 件

表 68

序号	文 号	文 件 标 题
1	常委办〔2013〕11 号	关于批转《常山县残疾人联合会关于做好 2013 年乡镇（街道）残疾人联合会换届选举工作意见》的通知
2	常委办〔2013〕15 号	关于调整县信访工作领导小组等机构领导职务的通知
3	常委办〔2013〕16 号	关于表彰 2012 年度全县党委系统信息工作先进集体和先进个人的通知
4	常委办〔2013〕39 号	关于 2012 年度常山县乡镇、部门领导班子和领导干部绩效考核结果的通报
5	常委办〔2013〕40 号	关于印发《2013 年度乡镇（街道）、部门党务信息考核奖励办法》的通知
6	常委办〔2013〕43 号	关于印发《2013 年常山县委理论学习中心组学习计划》的通知
7	常委办〔2013〕49 号	关于印发《第一书记工作法扩面工作方案》的通知
8	常委办〔2013〕57 号	关于郑罡等同志职务任免的通知

续表68

序号	文　　号	文　件　标　题
9	常委办〔2013〕84号	关于开展2013年度落实党风廉政建设责任制和领导班子、领导干部绩效考核工作的通知
10	常委办〔2013〕88号	关于在全县开展“让网络空间清朗起来——当战士、不当‘绅士’”学习讨论实践活动的通知
11	常委办〔2013〕90号	关于建立健全县管领导干部预警联席会议制度的通知
12	常委办〔2013〕92号	关于做好党的十八届三中全会精神宣讲工作的通知

（县委办公室）

常山县人民政府办公室文件

表69

序号	文　　号	文　件　标　题
1	常政办发〔2013〕6号	关于同意常山县主城区控制性详细规划的批复
2	常政办发〔2013〕7号	关于进一步做好今冬明春消防安全工作的通知
3	常政办发〔2013〕8号	关于开展迎春节保平安安全生产大检查活动的通知
4	常政办发〔2013〕14号	关于印发《常山县困难群众临时救助实施办法》的通知
5	常政办发〔2013〕16号	关于下达常山县2013—2015年城市建设用地储备和出让计划的通知
6	常政办发〔2013〕20号	关于做好春节期间违法建设防控工作的通知
7	常政办发〔2013〕21号	关于做好2013年县级财政专项资金细化预算的通知
8	常政办发〔2013〕24号	关于印发常山县2013年春运工作方案的通知
9	常政办发〔2013〕27号	关于加强县人民政府咨询委员会工作的若干意见
10	常政办发〔2013〕31号	关于印发《常山县城市建设三年行动计划（2013—2015）》的通知
11	常政办发〔2013〕33号	关于同意2013年常山县定向培养农村社区医生计划的批复
12	常政办发〔2013〕34号	关于表彰2012年度全县政府信息公开工作先进集体和先进个人的通报
13	常政办发〔2013〕35号	关于印发《2013年度全县政务信息工作考核办法》的通知
14	常政办发〔2013〕36号	关于印发《常山县采砂专项整治工作方案》的通知
15	常政办发〔2013〕39号	关于下达2013年度税收收入计划的通知
16	常政办发〔2013〕40号	关于印发常山胡柚产业提升发展三年行动计划的通知
17	常政办发〔2013〕41号	关于表彰2012年度全县政务信息工作先进单位和先进个人的通报
18	常政办发〔2013〕42号	关于印发《2013年度常山县政府投资项目支出计划》的通知
19	常政办发〔2013〕44号	关于印发《常山县政府投资信息化建设项目管理办法》的通知
20	常政办发〔2013〕45号	关于编制常山县化工行业安全发展规划的通知
21	常政办发〔2013〕46号	关于2013年度农业发展项目资金安排的通知
22	常政办发〔2013〕49号	关于印发《常山县县属国有投资公司资金集中管理统一调剂办法（试行）》的通知

续表 69

序号	文　　号	文　件　标　题
23	常政办发〔2013〕50号	关于印发《常山县政府性投资基本建设项目财务管理规定》的通知
24	常政办发〔2013〕51号	关于印发《常山县政府投资预算管理办法》的通知
25	常政办发〔2013〕54号	关于批转《常山县2013年地质灾害防治方案》的通知
26	常政办发〔2013〕58号	关于印发《常山县农村垃圾整治实施方案》的通知
27	常政办发〔2013〕59号	关于同意2013年财政预算执行和其他财政收支审计总体方案的批复
28	常政办发〔2013〕60号	关于建立常山县考核工作联席会议制度的通知
29	常政办发〔2013〕61号	关于县府办班子成员及科级领导工作分工的通知
30	常政办发〔2013〕67号	关于开展新一轮收入农户和扶贫重点村调查认定工作的通知
31	常政办发〔2013〕69号	关于印发《常山县企业环境整治工作实施方案》的通知
32	常政办发〔2013〕72号	关于同意《常山县电力设施布局规划（2011—2020）》的批复
33	常政办发〔2013〕74号	关于印发《常山县国民经济和社会发展第十二个五年规划纲要》和专项规划中期评估工作方案的通知
34	常政办发〔2013〕75号	关于印发《常山县矿产资源整治提升方案》的通知
35	常政办发〔2013〕76号	关于同意常山县2013年度国有建设用地供应计划的批复
36	常政办发〔2013〕77号	关于印发《常山县城区交通整治行动方案》的通知
37	常政办发〔2013〕78号	关于印发《常山县清理河道清洁乡村专项行动实施方案》的通知
38	常政办发〔2013〕79号	关于下达2013年度森林采伐限额的通知
39	常政办发〔2013〕80号	关于印发《常山县化工、造纸行业整治工作方案》的通知
40	常政办发〔2013〕81号	关于印发《创建无欠薪常山行动方案》的通知
41	常政办发〔2013〕85号	关于加强全县砂石资源开发管理工作的意见
42	常政办发〔2013〕86号	关于2013年工业发展专项资金安排的通知
43	常政办发〔2013〕87号	关于进一步提升发展来料加工业的若干意见
44	常政办发〔2013〕88号	关于印发《县长特别奖评选办法》的通知
45	常政办发〔2013〕89号	关于调整常山县2013年度城乡最低生活保障标准的通知
46	常政办发〔2013〕91号	关于下达2013年财政专项资金项目细化预算的通知
47	常政办发〔2013〕94号	关于印发《常山县企业应急专项资金管理办法》的通知
48	常政办发〔2013〕99号	关于印发《常山县道路交通事故社会救助基金管理实施办法（试行）》的通知
49	常政办发〔2013〕106号	关于2013年农村困难群众住房救助工作实施意见
50	常政办发〔2013〕107号	关于同意调整我县城镇土地使用税征收范围的批复
51	常政办发〔2013〕108号	关于全面推进工贸行业企业安全生产标准化建设的实施意见
52	常政办发〔2013〕110号	关于下达2013年国有公司资本经营预算收支计划（试编）的通知
53	常政办发〔2013〕111号	关于小型水利工程建设管理的若干意见
54	常政办发〔2013〕113号	关于立即开展全县安全生产大排查大整治专项行动的通知

续表 69

序号	文　号	文　件　标　题
55	常政办发〔2013〕117 号	关于印发《2013 年质量强县建设行动计划》的通知
56	常政办发〔2013〕120 号	关于印发《常山县城镇廉租住房保障实施细则》的通知
57	常政办发〔2013〕122 号	关于印发《常山县轻钙企业环境整治工作方案》的通知
58	常政办发〔2013〕124 号	关于批转常山县金融支持“个转企”提升发展的指导意见的通知
59	常政办发〔2013〕125 号	关于印发《常山县农村供水管理办法（试行）》的通知
60	常政办发〔2013〕126 号	关于公布 2013 年度常山县龙头优势工业企业培育名单的通知
61	常政办发〔2013〕128 号	关于印发《常山县集中式供水饮用水源保护管理办法》的通知
62	常政办发〔2013〕130 号	关于印发《常山县 2013 年度依法行政工作要点》的通知
63	常政办发〔2013〕132 号	关于印发《进一步推进化工造纸行业整治提升工作的若干意见》的通知
64	常政办发〔2013〕137 号	关于印发《常山县淘汰石灰立窑、石灰钙加工企业工作实施方案》的通知
65	常政办发〔2013〕152 号	关于加快构建病死畜禽无公害化处理和监管长效机制的通知
66	常政办发〔2013〕155 号	关于印发《常山县工业项目施工图联合审查实施办法》的通知
67	常政办发〔2013〕158 号	关于转发《常山农信普惠金融工程三年行动实施方案（2013—2015）》的通知
68	常政办发〔2013〕163 号	关于印发《常山县 2013 年度招商引资考核实施细则》的通知
69	常政办发〔2013〕164 号	关于进一步完善衢州绿色产业集聚区常山片区工业项目准入条件的通知
70	常政办发〔2013〕165 号	关于印发《常山县旧住宅区改造工作三年行动计划（2013—2015）》的通知
71	常政办发〔2013〕166 号	关于印发《常山县 2013 年度旧住宅区改造工作实施方案》的通知
72	常政办发〔2013〕170 号	关于印发《常山县重点建设项目竣工（综合）验收管理暂行办法》的通知
73	常政办发〔2013〕182 号	关于印发《常山县纺织、化工企业火灾隐患整治规划》的通知
74	常政办发〔2013〕193 号	关于明确常山县农业综合开发胡柚特色园项目有关事项的通知
75	常政办发〔2013〕210 号	关于印发《常山县 2013 年度城中村改造工作实施方案》的通知
76	常政办发〔2013〕211 号	关于印发《常山县 2013 年度旧厂区改造工作实施方案》的通知
77	常政办发〔2013〕214 号	关于印发《常山县政府投资项目联合审批等实施办法（试行）》的通知
78	常政办发〔2013〕222 号	关于印发《常山县涉矿产品车辆超限超载和“跑冒滴漏”专项实施方案》的通知
79	常政办发〔2013〕224 号	关于批转《常山县推行乡镇财政国库集中支付制度改革方案》的通知
80	常政办发〔2013〕229 号	关于印发《常山县农村土地流转经营权证登记管理办法》的通知
81	常政办发〔2013〕239 号	关于印发《常山县城乡居民基本医疗保险实施办法》的通知
82	常政办发〔2013〕242 号	关于进一步规范乡镇专职消防队建设的实施意见
83	常政办发〔2013〕246 号	关于印发《常山县畜禽养殖禁养区、限养区划分方案》的通知
84	常政办发〔2013〕248 号	关于加强金融支持地方经济发展若干意见的补充意见
85	常政办发〔2013〕250 号	关于加快水库移民创业致富的实施意见
86	常政办发〔2013〕251 号	关于印发《常山县电子商务产业发展三年行动计划（2013—2015）》的通知
87	常政办发〔2013〕253 号	关于加强税收征管保障工作的意见

艺　文

常山彤弓山徐氏人文典故

徐氏一族，在衢州颇为兴盛，尤其以龙游灵山徐氏为尊。据《龙游县志》（1991年版）载："汉徐元洎，成帝时江夏太守，避王莽之乱，于汉阳朔二年（公元前23年）自江北迁徙太末县城南洎鲤村（今灵山），其后世系累叶相接，遍布县境。自元洎始，迄今64代。"也就是说，衢州的徐氏族人，是汉代时期徐元洎（徐偃王后裔）为避王莽之乱，迁居龙游灵山而逐步繁衍开的。唐宪宗元和九年（814），大文学家韩愈受衢州刺史徐放之请，为龙游县灵山徐偃王庙撰写了一篇名留千古的碑文——《衢州徐偃王庙碑》。如今，残留的半截碑体还收藏在衢州市博物馆。

常山徐姓人口众多，自古就有"徐半边，占一角"的说法。常山徐氏又有南壁徐氏、塔下底徐氏、溪上徐氏、彤弓山徐氏等数十个分支。其中，彤弓山徐氏是龙游县灵山徐氏迁出的一个分支，属徐偃王后裔。据彤弓山《徐氏宗谱》记载："彤弓徐氏，自庆一千户侯国镇公于有宋咸淳年间，由龙邱薄里村（今灵山）迁居于此土"。由此可知，彤弓山的徐氏始迁祖是徐国镇，迁居时间在宋代咸淳年间（1265—1274）。明嘉靖十一年（1532），彤弓山进士徐海为纂修家谱，专门赴龙游县灵山寻根认祖，追溯本源，有《会灵山族众记》载入宗谱。

彤弓山徐氏一族，书香门第，名贤众多，仕官行善，各有所长。据家谱记载，彤弓山徐氏共有官宦15人，另有秀才、乡绅以上51人。现根据彤弓山《徐氏家谱》（道光十八年（1838）编修）记载，将其中若干人文典故予以辨析和整理，从中一窥彤弓山徐氏的风采。

一、徐国镇：击敌庇民始迁祖

徐国镇（1254—1333），字定夫，排行庆字辈第1位，故族人尊称其为"庆一公"。出生于龙游县薄里山（今灵山），徐希贤六世孙，从小志向高远，有勇有谋，处事果断干练。当时正值宋代末年，天下时局动荡，动乱频发，到处兵荒马乱。徐国镇因为才能出众，机智敏捷，被官府授予代理掌兵副千户一职，率领衢州地区的兵勇与地方士兵，扎下营盘，御敌守寨，在打击敌寇、保卫百姓时，他往往一马当先，奋不顾身，深受人们爱戴。宋咸淳（1265—1274）年间，徐国镇率兵转战至常山，从此定居了下来。从时间上来推断，徐国镇迁居常山时，年龄最多在20岁左右，可谓是"时势造英雄，英雄出少年"。

徐国镇曾说过，古代的时候，诸侯如果有大功劳，都会被赐予"彤弓"，而且徐氏祖宗徐偃王在开掘运河时，挖出了一副"朱弓赤矢”，天下人都认为这是天赐祥瑞之兆。于是他在自己的房屋前面，建造了一座商议大事的厅堂，门厅上方悬挂有一块匾额，上书“彤弓山舍”四个大字，以此来纪念祖宗、表明心志。后来人们便称这个地方为“彤弓山”。所以说，徐国镇是彤弓山徐氏的始迁祖，也是彤弓山的缔造者。

彤弓山环山面水，古木参天，从外形上看，山环成弓，水流似弦，古桥如箭，蓄势待发，不愧是块风水宝地。当年徐国镇迁人常山后，经过屡次三番地勘察，最终才移居此地，颇费了一些心思。清代詹绍治曾专门赋诗，盛赞彤弓山人杰地灵。其诗《赠彤弓徐氏旧居》：

百灵高耸天尺五，下有偃王之祠宇。迂迴冈阜效其灵，犹作彤弓历终古。一条水玉急如弦，四望翠屏整若堵。山村白屋是谁家，偃王贤裔启兹土。诗书礼乐贻孙谋，科甲人文绳祖武。宛然天上半月形，凹处藏来三万户。又若江南一小京，左蟠龙蛇右踞虎。

帝王都，神仙府。我生从不到其间，见此能无一伛偻，仁里共欣仁寿多。德门遥占德星聚，何当崛起继簪缨，一为天家挽强弩。

徐国镇育有三个儿子，分别是元、亨、利，子嗣人才辈出。其中徐元后人奉旨迁居北京正阳门，徐亨一脉留守彤弓，兴盛于常山。

二、徐生：捐谷赈饥大善人

徐生（1369—1443），字德裕，排行寿字辈第二位，故族人尊称其为“寿二公”。徐生是徐国镇的玄孙（第五代），濬珪的次子，辈分关系为：国镇—亨—达全—濬珪—生。徐生从小好读书、善谈咏，身为一家之长，管理有方，精于经营，因此，家庭和睦且资产殷实。

徐生为人乐善好施，是远近闻名的大善人。正统六年（1441），全国各地发生了大饥荒，浙江尤为严重，徐生见此状况，怜悯之心顿生，慷慨地拿出1050石（相当于62160公斤）稻谷，用于赈济乡里的贫饥者，同时放弃外借的钱物不计其数，当时彤弓山村周围一带的百姓基本上都受到恩惠。时人无不感恩戴德，由衷地说：“德裕公让我们存活了下来，我们无以回报，只有祝愿您子孙满堂，万世流芳。”后来，有官员将将徐生赈饥的义举上报朝廷，朝廷专门勅命嘉奖，赐予“义民”称号，是常山古代历史上“助人为乐”的道德典范。当地官府为他建立了“旌义坊”，加以彰扬。“旌义坊”在县志中曾有记载，可惜现已不存。

谱载有《奖义民徐德裕勅命》：

国家施仁，养民为首。尔能出稻谷一千五十石，用防赈济。有司以闻，朕用嘉之。今特赐勅奖谕，劳以羊酒，旌为义民，仍免本户杂汎差役三年，尚允蹈忠厚表励乡俗，用副朝廷褒嘉之意。钦哉故勅

皇帝

正统七年四月初十日

之宝

三、徐白：悲天悯人真处士

徐白（1441—1500），字士素，晚年自号素翁，排行荣字辈第33位。彤弓山徐氏第七世，是彤弓山徐氏第一位进士徐海的父亲。徐白自小性格较静，喜欢独处。长大后，为人慷慨大方，品德高尚有操守。他的妻子曹氏，是当时地方名宦曹子渊的孙女，夫妇俩相濡以沫，互敬互爱，可谓是天作之合。可惜曹氏早丧，徐白伤心不已，为之终身不娶。

徐白心地善良，悲天悯人，经常能设身处地地为人着想。如看见有饥渴的人，表面上虽然不动声色，暗中却会主动地送上饮食。曾经有个村民把祖传宝贝卖给徐白，得到了许多银锭。过了一段时间，村民妻子有些反悔，要求换回祖传宝贝，谁知那银锭早已被

盗贼用铅锭调包了。徐白心里明白，却什么也没说，收下了假银锭，就把宝贝退还给她了。这个村民知道内情后，感叹地说："素翁真是把品德看得比天还高啊！我以假银锭换回宝贝，这是逆天而行，无论如何也不能心安的。况且就算是盗贼把我的钱物偷走了，而让素翁来承担后果，这样的话，我与盗贼又有什么区别？还是请素翁把宝贝拿回去吧。"徐白笑着说："哪有还了人家东西，又重新要回来的？只是我的钱财有限，否则会付给你更多，这有什么好推辞的呢？"平时见到被猎人俘获的飞禽鸟兽，徐白也会倾其身上所有的财物把它们买下来，然后送到山林泽地去放生，久久地观望，直至看不见后才会返回家中。

徐白凡事都从人情道义出发，发自内心地去践行善义。他尤其喜欢做些类似于铺桥修路、掩埋遗骨之类的善事，长此以往，囊中日见羞涩，自家许多田地都被抵卖出去了，大家都为他担心。只有当时的乡哲名宦樊莹、吾景瑞（开化人）不以为然，说："我看素翁平日行善积德，其后代必然兴旺发达，能人辈出。"事实证明果然如此，儿子徐海成为彤弓山的第一位进士，彤弓山徐姓贤达多为徐白之后裔。后来，徐白的侄儿、彤弓山进士徐金陵专门为其撰写了墓志铭《明故处士叔父素翁公墓志铭》，赞颂徐白崇义尚德之风。

四、徐海：博学善文首进士

徐海（1467—1540），字伯容，号弓山，排行温字辈第55位。彤弓山徐氏第八世。父亲徐白，长年行善积德，人们都说其后人必定兴盛。徐海出生后果然聪明异常，读书时一目数行，在年轻一辈中声誉极高。明朝弘治八年（1495），徐海乡试中举；弘治九年（1496），荣登丙辰朱希周榜进士，成为彤弓山的首位进士。

步入仕途后，徐海先后担任高苑（今山东博兴高苑镇一带）知县、江苏省无锡知县，为政清廉严明，颇得民心。当时，魏国公徐俌（徐达五世孙）仗势欺人，强占民田，大造庄园。地方官府受其挟制，一直不敢出面为民做主。徐海上任后，不惧权势，毅然决然地将田地判还给百姓，当时的巡抚都御史艾璞、常州府知府曾大有都表示极力赞成，百姓的冤屈得以昭雪。后来，徐海被提拔为应天府推官（相当法院院长兼审计局局长），当地官民含泪挽留，赠送的诗文不计其数，后汇编成册。

正德二年，徐俌等皇亲国戚贿赂勾结刘瑾，重新诉讼以前民田判决之事，复查的官员迎合上面的意图，奏报逮捕了徐海等3人，囚禁在锦衣卫狱。过了一年，艾璞被流放到海南，徐海也一同被撤职。刘瑾被诛杀后，徐海重新启用，被任命为南京刑部主事，接着提拔为广西按察司佥事。不久，再调到贵州铲除了香炉山的贼寇，皇上赐予白金1镒（约20两）、丝绸2表里。后来，徐海又被提任为四川布政司参议。由于个性耿直，得罪了当朝权贵，徐海干脆告老还乡，回到了彤弓山。徐海从政时修身严谨、风清气正，生活中则平易近人、胸怀坦荡，对于真正有才能的人，往往能够适时给予奖赏和提拔，人们都对他敬爱有加。

嘉靖十一年（1532），徐海担心彤弓山徐氏一族分支零散，亲疏不辨，于是开始着手编修家谱，专门赴祖居地龙游县灵山寻根问祖，全面梳理宗族脉络，追溯源流，详细记述各代分支，并为历代名贤记事列传。如今的彤弓山徐氏宗谱，就是以徐海编撰的家谱为原本，逐步丰富完善起来的。徐海著有诗集若干卷。佥都御史詹莱在诗集前面题词："心声遗律，文集双雅……"可惜诗集如今基本散失了，仅存诗文30多首。

五、徐金陵：贤能清廉大孝子

徐金陵（1475—1535），字廷镇，号鑑潭，晚年改号约斋，排行温字辈第79位，彤弓山徐氏第八世。出生时，其父亲徐孔明正好受县里推荐，作为“贡人”在南京（金陵）国子监读书，因此得名。徐金陵自幼聪明机灵，念书过目不忘；身材高大，熊腰虎背，耳大目圆，说起话来声若洪钟。徐金陵十二岁那年，父亲就亡故了，娘舅硬逼着母亲再嫁，金陵无所依靠，只好投奔到江阳嫂子戴氏那里。兄长徐琦担心家族文风败落，便把金陵送到吾文山老师处求学。十五六岁时，徐金陵就能够背诵四书五经、资治通鉴等书籍，吾文山对此非常惊奇和赞赏。

明弘治十四年（1501），徐金陵26岁，参加乡试中举；正德三年（1508），考中戊辰科吕柟榜进士，担任南京刑部主事。此后，徐金陵便把母亲接回家，赡养母亲直至终老，并守孝三年，人们都说他是个孝子。

丁忧结束后，徐金陵担任北京虞衡司（掌管山林川泽）主事。荆州专门贩销竹子木材的，经常被搜刮财税，许多商人都不敢沿江而过，因此这里的财税收入一年比一年缩减。徐金陵上任后，命令严纪明法，不得侵吞商旅过客钱财。贩销商人听说后，巨大的船只蔽江而来，当年税赋即超额完成。正德十二年（1517），改任屯田郎中；正德十三年（1518），任营缮郎中；后来又先后在水部四个岗位任职。当时，正遇上乾清、坤宁二宫火灾，苏州负责陶瓷砖瓦的官员缺位，谁都不愿意去。经商议后，朝廷派遣金陵前去赴任。凭着自己的勤政廉洁，金陵处理事务井井有条，百姓负荷虽重却能尽其劳力，官员做事勤勤勉勉而从不抱怨，事情完成后，皇上对他的办事能力大为赞赏，予以嘉奖。

嘉靖二年（1523），负责提拔官员的部门，依据资历提升徐金陵为长芦都转盐运司使（管理盐务的最高长官），担任盐政（监督盐务的御史）的是茂修，他向皇帝递交奏章，屡次赞扬徐金陵忠君贤德、才能超群、清正廉洁、有教养等等，不一而足。当时正是改革期间，全国的盐运使6人中免去了5人，唯独徐金陵晋升为湖藩参政，专门负责督管粮食储备。徐金陵就任后，大刀阔斧，推荐人员管理财税，出台了许多好的政策措施。正当众人都翘首以待金陵一展抱负的时候，不料他却因病告老还乡了。兄长徐海对他的清廉之风十分赞赏，说徐金陵屡屡身居要职，却从不谋私利，犹如蝉蜕皮于浊泥之中，而自身依然洁净无污。徐金陵晚年在家与人交谈时，整日端坐挺直，遇事从不轻易发言表态，但心思之缜密无人能及。徐金陵现存诗文不多，共有10余首。

彤弓山徐氏人才济济，除了上述5位，还有任兵部提领、授太医院医官的徐亨；有奉旨迁居北京正阳门的徐明善；有历任缙云教谕、绍兴府学训导，桃李满天下的徐楚才；无子嗣传家却泽被族人的徐钓等等，难以一一历数。只有走进彤弓山，亲近彤弓古树林，你才会发现那悠久厚重、无处不在的先贤人文与典故。

（王有军　文）

重建四贤祠记

黄冈有三贤堂，祀宋忠简赵公鼎、学士范公冲、侍郎魏公矼，由来旧矣，岁久堂圮，不能复建者数百年。明嘉靖间，族弟子员詹涛上书当路，请改白龙庵祀之，以寺丞翁公蒙之配，为四贤祠。不数十年，圮而复建，寻颓且废焉。迨我国朝金溪陈侯临莅，嘉庆壬申纂修邑乘，慨祀典之久旷，访黄冈遗址，欲仍旧而力不逮，乃迁祀於石崆寺赤雨楼下，岁时妥侑，习为故常。陈侯之移置赤雨，亦仿詹子之改祀白龙，有其举之莫或废也。稽自炎宋南迁，中原鼎沸，衣冠奔并，公等避地来常，遁迹黄冈山寺，唱和诗篇，备载简册。是黄冈，尤三公灵爽所凭依也。嗟夫！夕阳乔木，流水空山，凡古昔名贤衣冠剑履之所，过其地者尚低徊而不忍去。矧是院为三公同隐之处，存神过化，川岳耀灵，居其地者，企慕尤甚。由绍兴抵今六有百年，祠宇屡迁，故址荒墟，椒馨不及，何以妥游灵而慰邑人之思慕哉。按万寿庵为城北古刹，今樊子大鹏由武举任千总解组归里，数往还焉。捡得四贤木主，犹累累沉欹廊庑间，顾瞻抚然，有修废之志。爰纠诸信善江秉彝、江原岷、程文杰、樊胜群、何大灏暨寺僧严华等，醵金庀材，相攸庵右隙地，新乃栋宇，前后各厅事三间，夹以中亭，外为门，内为堂，安木主妥神灵，虽规模粗立，而寸甓尺木，胥赖檀那之力，尤人情所难也。落成之日，徵记於余，因不辞芜陋，缕其巅末，以镵诸石。时道光戊戌秋月。

邑西末学詹培英拜撰

绣溪末学何秉杰谨书

（以上碑记系常山县黄岗山万寿寺碑刻拓文，刘炘标点。）

常山古代十大寺观庵堂建筑

1. 华严寺（石崆寺）

上榜理由：唐宋古刹 常山县现存规模最大的古寺

华严寺即石崆寺，位于县城西南石崆山下，为唐宋古刹，因寺内藏有《华严经》而得名，占地面积约680平方米。现存大殿和后殿为清代建筑，大殿坐西朝东，一进三开间，通面阔11.91米，进深23.83米；后殿三间两搭厢，与大殿有天井相隔，其余天王殿、地藏宝殿等建筑为20世纪80年代后所建。寺前有千年古樟一株、古井一口，附近还有观音洞、沐鹿泉等古迹。

华严寺是常山县现存规模最大的古寺，对研究常山的佛教史有着重要的历史文化价值。

2011年12月，县人民政府公布华严寺为县级文物保护单位。

2. 万寿寺

上榜理由：历史悠久 高僧辈出 风景秀丽 香火仍旺

万寿寺位于何家乡黄冈山中部台地，距黄冈村约3公里，因其地处黄冈山上，俗称“黄冈山寺”，为宋代古刹。该寺坐西朝东，占地面积约3000平方米，现存偏殿3间为清代建筑，其余建筑为20世纪90年代末所建。寺内保留有元代香炉1只，清代碑刻3块，民国青石“七宝如来”柱1根，寺后还有禅师寿塔1座，僧墓若干，寺的四周尚存大片遗址，其中，北面距现大殿约30米处即万寿庵遗址。万寿庵是万寿寺边上的一处庵堂，其建造年代要比万寿寺稍晚。

据考证【注】，万寿寺在北宋时期就有相当规模，而且出过无相禅师、桂琛禅师等著名高僧，其中，桂琛禅师还是杭州灵隐寺宋朝第一代主持的大师祖。

万寿寺是常山县现存的三大古寺之一，也是常山县的一处名胜古迹，对研究当地佛教历史有较高的价值。

2002年浙江省历史文化遗产调查万寿寺被列为一般文物点。

【注】见《常山历史文化丛书·人文寻踪》有关文章。

3. 永年寺

上榜理由：唐宋古刹　三贤寓居之地

距黄冈村约1.5公里的黄冈山脚（古称容车山），有一处古寺遗迹，即永年寺遗迹，也就是原俗称的“黄冈寺”。

据清光绪《常山县志》记载：永年寺，在县北三十里，唐大中十年（856）建，宣宗赐额，曰：“容车”。宋雍熙改元（984），更“万寿罗汉寺”；祥符六年（1013）改赐今额。赵鼎、魏矼、范冲避地，南来尝寓此寺。

永年寺在“文化大革命”前还有山门等残垣断壁存在，“文化大革命”中改造为田地，范冲墓碑即在此出土。

永年寺是常山的一处著名古寺，边上曾经有范冲墓、三贤祠等古迹。1997年文物普查时，发现该寺遗址并做了登录。

4. 福田寺（桐门寺）

上榜理由：桐门福地 历史信息保存较多的古寺

福田寺位于球川镇九都村，俗称“桐门寺”。该寺坐东北朝西南，平面纵长方形，原建筑三进结构，现存前殿和大殿，面积约570平方米。前殿三开间，通面阔11.67米，进深7.95米，明间脊檩下墨书：□皇清康熙伍拾捌年岁次乙亥建。天井东西两侧为天皇宝殿和伽蓝殿。后进大雄宝殿通面阔11.6米，脊檩下墨书：大清雍正七年……。寺门上方有横碑，阴刻楷书“桐门福田寺”，寺前有放生池。

据清光绪《常山县志》载，该寺为吴祐【字龄交，饶州人，五代后唐清泰二年（935）守衢州，后晋天福五年（940）守汀州，官至工部尚书兼御史中丞】所建，久圮。淳化二年（991）重建，熙宁九年（1076）吴佑六世孙迁寺于现址，寺内塑有吴祐像。清康熙四十一年重修。

该寺是常山县现存三大古寺之一，有一定的历史文化价值。2002年浙江省历史文化遗产调查时列为一般文物。

5. 集真观

上榜理由：常山古代最大的道观建筑 原常山的一处名胜

集真观位于县城文笔峰（塔山）上，始建于南宋淳熙十三年（1186），因山上建有文峰塔，故原称“塔院”。景定二年（1261）赐额“集真道院”，元至元十六年（1279）改名“集真观”，后焚毁。元至正十五年（1355）重建。明嘉靖四十三年（1564）改建玉皇阁为平殿。清康熙五十八年（1719）知县孔毓玑昌建大殿山门，乾隆十六年（1751）增建灵官殿，道光年间添建两廊戏台。咸丰八年（1858）被焚，同治九年（1870）重修。大殿东侧有文峰塔，西侧有半闲亭，山门上原有“武当行宫”碑刻，相传为明嘉靖首辅严嵩手迹，山下有元关门等建筑。

集真观是常山县古代规模最大的一处道观建筑，它依山而建，布局严谨，气势宏伟，是常山古代的一处名胜古迹。1944年被用于县立常山中学校舍，其大殿作为常山中学、常山一中的大礼堂一直使用到20世纪70年代。2002年山门等建筑被拆除，在遗址上建起常山书画院。

2011年12月，集真观遗址被公布为县级文物保护单位。

6. 西峰寺（昭庆寺）

上榜理由：历史悠久 风景独特 原建筑群规模较大

西峰寺位于常山县城西峰尖东南坡，始建于唐垂拱二年（686），原名惠安寺。宋祥符元年（1008）改名昭庆寺。宋绍兴十四年（1144）毁于暴风雨，后重建，又毁于火灾。明洪武十五年（1382）又建，正统六年（1441）再修，并建两廊；嘉靖十五年（1536）重整，嘉靖四十年（1561）倒塌后由寺僧募捐重建。清康熙二十八年（1689）增建水月楼台，五十九年（1720）建成三官殿，雍正元年（1723）建大殿及两廊楼房；咸丰八年（1858）重修。光绪十年（1884），知县李瑞钟改建大殿及三面厅回廊、璧月池、听泉亭，成为一处规模可观、建筑优美，风景独特的寺庙，常山古十景之一的“西峰夕照”，就包含着古西峰寺景观。

西峰寺历史悠久，建筑群布局精美，寺后西高峰耸立，寺前泉水潺潺，是一处风景优美的唐宋古刹。1949 年以后主

要建筑被林场和地方病防治站等医疗、卫生防疫单位使用，部分建筑用作林场西峰分场仓库，现遗址处修建了常山社会福利院。

7. 圆通寺

上榜理由：常山县古城墙内的古寺

圆通寺位于县城塔山南麓，旧名观音院，始建于唐贞观元年（627），南宋绍兴年间重修，明万历十年（1582）正殿倒塌，十一年僧人募捐重建。清康熙十三年（1674）遭兵焚烧，康熙十九年（1680）重修，清光绪年间后殿倒塌。新中国成立后尚有遗迹存在。

圆通寺是古常山县城内一处规模较大的寺院建筑，在古常山民众中有较高的知名度。

8. 护国寺（北禅寺）

上榜理由：唐宋古刹　县郊名寺

护国寺位于现天马镇外港村，即北禅寺，始建于唐大历年间（767～779），后有损毁。北宋末，因徐幸隆（河南军节度使，常山南壁徐姓始迁祖，南宋衢州太守徐大兴之父）在该寺养病，由南壁徐氏后裔重建并捐田产供养，以后一直由徐氏后裔维修。新中国成立后有外港村民居住。

护国寺是常山县郊规模较大、较有名气的唐宋古刹，现在遗址处已建县人武部仓库。

9. 最静庵

上榜理由：常山县古代规模最大的尼姑庵

最静庵位于常山县城塔山底，清顺治戊戌年（1658）比丘尼性奇创建。康熙丁巳年(1677)住持海法等重修，嘉庆壬戌年(1802)重修。

该庵堂建筑规模较大，用材讲究，台门砖雕、天井石板等结构精细，是古常山县城规模最大的尼姑庵。

新中国成立后，最静庵被用作常山中学教职员工和学生宿舍，后被用作校办工厂。20 世纪 70 年代被拆除，现遗址处为文峰西路塔山大门段。

10. 延寿寺

上榜理由：宋代古刹　古常山著名寺院

延寿寺位于辉埠镇上辉埠村大贡山南麓，始建于南宋淳熙二年（1175），清咸丰八年（1858）被毁，同治八年（1869）僧人昶华会同道人谢恩沛等募捐重建。

延寿寺是常山的一处著名寺院，其建筑年代比灰埠镇的另一处著名寺庙龙山寺（妙喜禅院）要早得多，甚至比宋畈乡的灵峰寺【始建于南宋咸淳元年（1265）】还早。20 世纪 80 年代尚有部分建筑遗存，现遗址还在。

（朱向京供稿）

常山现存十大古建筑

1. 文峰塔

上榜理由：常山县第一批县级文物保护单位，常山城地标建筑。

文峰塔坐落在常山县天马镇塔山（又名文笔峰、武当别峰）之巅，始建于南宋，明代重修，清代重建。

据清光绪《常山县志》载："文峰塔，在县东南山巅，宋乾道戊子（1168）知县苏玭建，明万历间知县唐之屏修，国朝（清）嘉庆十二年（1807）五月十九日圮，十八年（1813）知县陈珄集绅耆等重建。以关一邑文风也。"

文峰塔系六角七层楼阁式砖塔，青石板弥须座塔基，占地21.6平方米，直径4.8米，塔高29.5米。每层塔身三面开拱券门，另三面设假窗，各层菱角叠涩出檐并作发戗，翼角起翘，转角垂柱饰花篮，塔刹相轮均保存完好。

该塔秀丽挺拔，造型优美，第二层的假窗上嵌有清嘉庆重建文峰塔碑记。塔旁原有集真观、半闲亭等古建筑，现已不存。

在20世纪末，塔身开始倾斜，经过多年的跟踪监测，该塔向东北方向倾斜约0.32米。现该塔除局部塔檐受损，塔尖及部分塔檐滋生杂草树木外，其他保存完整。

1982年6月，县人民政府公布为县级文物保护单位。

2. 里择祠

上榜理由：常山县城内规模最大、历史最久、保存最完整的宗祠建筑。

里择祠位于天马镇定阳北路马车弄，坐南朝北，平面纵长方形，三进两天井结构，占地面积596平方米。1982年6月26日，县人民政府公布为县级文物保护单位；2005年3月16日，省人民政府公布为第五批省级文物保护单位。

据《里择徐氏宗谱》记载："……正统六年（1441）始建宗祠，七世祖肇之，八世祖继之，九世祖成之，厥功伟哉"。祠内今存有石质《尊祖修祠碑》一块，上刻乾隆五十七年（1792）修祠等纪年文字。清光绪三十二年（1906）还对祠堂进行一次重修。

该祠始建于明代早期，建筑用材粗壮，结构合理，牛腿、雀替、斗拱等木构件上雕饰的各种人物、花卉、动物及几何纹图案精美古朴；架梁及后檐坊上描绘的彩画清晰，柱子、柱础、斗拱等构件极具时代特色。

该祠距今已有500多年的历史，曾数次整修，但仍保存明显的时代建筑风格；虽经数百年的风吹雨淋虫蚀，仍保存完好，是目前常山县城区内一处规模较大、历史悠久、保存最完整的明、清木结构建筑，有着较高的历史文化价值。1995年年底，对前进部分作了维修，2008年至2009年对该祠进全面维修，现保存完整。

3. 德川行

上榜理由：常山县现存规模最大、保存最好的古代商旅建筑。

德川行位于天马镇张家塘7号。建于清代，分货仓和商客住房两部分，总建筑面积约890平方米。该建筑坐西朝东，平面横长方形结构，阴阳合瓦，硬山造，勾头滴水，三合土地面，槛墙、山墙及后墙砌成“口”字形，正门红砂石门框，上方雕饰狮子、花卉等图案，靠南边槛墙外侧重檐，室内木柱多达160余根，下垫鼓形或踬形石柱础。货仓分前后两廊，中隔天井，用11檩，铺望板，抬梁式梁架断面冬瓜状，檐柱上牛腿透雕动物及几何图案。客商住房由主厅和偏房组成，主厅分前后两厅，中隔天井，五开间，天井西侧设厢房，前厅明间抬梁式，次、稍间穿斗式，后厅梁架穿斗式，有板壁，设楼屋，门窗刻饰花卉、几何纹图案，偏房较简单。

德川行始建于清代，在当时又称为“过塘行”或“过载行”，系接待外地商人来往、存放、中转商货之地，是目前保存不多、极具时代特征的商旅建筑，具有一定的历史文物价值。2005年1月，县人民政府公布为县级文物保护单位。

4. 石崆寺

上榜理由：常山县现存规模最大的古寺。

石崆寺位于县城西南石硿山下，为唐、宋古刹，原名华严寺，因寺内藏有《华严经》而得名。清顺治初，僧立涛重修。推官孙鲁建漱石亭于山上，久圮。钱塘许钺爱石硿之胜，修寺重建漱石亭，又在寺西建拱绿亭、赤雨楼。光绪十年（1884）修建大殿。现存大殿和西厢房为清代建筑，其余建筑为20世纪80年代后所建。寺庙附近还有观音洞、沐鹿泉等古迹。

2011年12月，县人民政府公布石崆寺为县级文物保护单位。

5. 樊氏大宗祠

上榜理由：浙西地区规模较大、保存最好的宗祠戏台建筑，常山县第一处省级文物保护单位。

樊氏大宗祠位于招贤镇樊村村头，东临樊村溪坑，南临村口，西临池塘，北临常（山）沟（溪）公路，占地总面积620平方米。1991年11月，县人民政府公布为县级文物保护单位；1997年8月，省人民政府公布为省级文物保护单位。

樊氏大宗祠始建于清代乾隆年间，坐南朝北，平面纵长方形，三进两天井结构。每进间有天井相隔，中、后两进明间有廊相连。前进为戏台，正门上方有青石匾一块，上刻“大宗祠”三字，两边各有一扇拱门，檐下施一线砖雕。戏台由前台、走道、化妆室、观戏楼等四部分组成。前台屋顶为翘檐结构，檐下置一匾，上书“以美风俗”四个大字。舞台上方施八角藻井，有蝙蝠等彩绘图案，上、下台门有过道与化妆室、观戏楼相连。中进为大厅，五开间布局，明间正厅用方形石柱，后廊与后天井相连处凸出一亭，亭顶置重檐，亭上施有方形藻井一处。后进五开间，屋顶设重檐。

樊氏大宗祠是以戏台为中心布局的宗祠戏台建筑，祠内立有大小柱子上百根，梁枋、牛腿、雀替、斗拱、飞檐等处雕刻的人物、动物、花卉等图案，做工精细、线条流畅，造型美观。整个建筑结构之精巧，布局之合理，保存之完整，在常山乃至浙西一带是不多见的；祠内各种砖木构件上雕饰的110多个戏曲人物故事造型，也是研究浙西古代戏剧的很好材料，具有较高的历史文化艺术价值。2000年至2005年，省文物局拨款分三期对樊氏宗祠进行全面维修。整修后的宗祠戏台又成为当地群众文化娱乐的好场所，还经常接待来自省、市文艺团体的演出。

6. 徐氏旧宅

上榜理由：常山古民居的经典建筑。

徐氏旧宅位于球川古镇球川村，俗称“三十六天井”，占地约为10亩，建筑总面积约为4526.12平方米。2001年4月，常山县人民政府公布为县级文物保护单位，2005年3月，浙江省人民政府公布为省级文物保护单位。

徐氏旧宅始建于清末，整座房屋不仅以其规模宏大、设计独特、布局合理、雕刻精细而堪称浙西一绝，更以其院内建有通风、采光、排水用的36个天井而扬名。一栋民居内有如此众多的天井，这在浙西地区的确罕见。

徐氏旧宅由台门、前院、前进、中进、后进、后院以及偏房等部分构成，阴阳合瓦，三合土地面，硬山顶。台门鹅卵石的地坪上镶有“鹿雀凤猴”四动物图案，主体建筑正门石雕门楣上刻有“淑气腾辉”四个大字。第一进四合院，梁架上、檐廊轩棚上的雕饰精美细腻。正堂当中有一张樟木做的木雕香案，近三米长，一米多高，周身雕有人物、神兽等图案，雕工精细，栩栩如生，是宅中镇堂之宝。天井内有一株粗约50厘米，高约10多米的老桂花树，枝繁叶茂。第二进三合院比第一进院落地坪高出三个台阶，屋顶重檐。两侧偏屋有走廊与主屋相连，建筑细部处理相对简单，除紧邻主体山墙的两排偏房比较整齐外，另外还有多个天井庭院，与主体建筑连通。各庭院建筑因地制宜，开门朝向、院落尺度、天井大小等都体现不同特色。

走进徐氏旧宅，感觉如人迷宫一般，一百多间房，三十六个天井，走廊迂回曲折，四通八达。尤其是分布在前中后三进之间、厢房两侧及偏房之间大小形状各不相同的众多天井，充分体现出了该民居的独特风格。每个天井均用红砂条石铺砌，中进后檐天井内还设有两个红砂石板围砌的方形蓄水池，存水防火，养鱼观赏，一举两得。有的院落里，上有天井下有水井。宅内的下水道一百多年来从未疏通过，即使在梅雨季节暴雨成灾时节，屋内也不会有丝毫积水。大院四周砖墙上面虽然没有开设一扇窗户，院内屋宇却通风透气，清爽亮堂，即使在炎热的夏天，也是清爽宜人，凉快无比。徐氏旧宅内科学的排水系统和通风采光结构，也为这座民居增添了不少研究价值。

7. 兴贤塔

上榜理由：常山最古老的高层建筑。

兴贤塔位于球川镇桥头村塔底自然村水口，系六面七层楼阁式砖塔，现存塔高 28.3 米。1986 年 8 月，县人民政府公布为县级文物保护单位；2011 年 1 月，省人民政府公布为省级文物保护单位。

据光绪《常山县志》载："兴贤塔，在球川，明万历末年徐小竹、毛良明等建"。该塔台基用条石砌筑，坚固牢靠；底层设一门，门向朝北，塔身用青砖砌成，双层塔壁，逐层向上内收。两壁间设有可供一人上下的石阶，石阶按逆时针方向盘旋而上。一层至四层间采用壁内折上式阶梯，梯级外壁开有小窗用以采光；五层至七层之间用旋梯结构。层与层的交接处原有楼阁板，在日军侵华时期被日寇焚毁。底层南墙内壁设一壁龛，二层至四层各层相错分辟三个门洞，五层至七层门洞增为六个。塔檐除一层砌有四层菱角牙子出挑以承青砖叠涩腰檐外，其余各层均为三层菱角牙子出挑。该塔塔尖在 20 世纪 40 年代被雷电击毁，第六、第七两层裂纹严重，每层塔檐均有不同程度的残损，其他保存完整。

球川兴贤塔建造风格独特，时代特征明显，对研究古代高层建筑技术具有重要参考价值。

8. 樊家尚书坊

上榜理由：浙西地区仅存的木结构古牌坊。

樊家尚书坊坐落在何家乡樊家村内，是为明代南京刑部尚书樊莹而立的木结构牌坊。1986 年 8 月，县人民政府公布为县级文物保护单位；2011年1月，浙江省人民政府公布为省级文物保护单位。

该牌坊坐东朝西，横跨于樊家村灯圈弄大路口，为四柱三间五楼悬山顶木结构牌坊。高6.50米，通面宽6.25米，柱梭形，夹柱石高大。明间大额坊之上立童柱，左右童柱间用四重坊及二层字匾，字匾上木刻“尚书”及边款“大明嘉靖丙午（1546）重整”，“乾隆十六年（1751）重整”，“□□丙子科浙江第十名樊莹”等纪文。第二重坊之上设一斗二升平身科两攒，童柱前后三跳偷心斗拱以承挑梁，梁头置垂莲柱承托挑檐檩，中柱与边柱间用坊四重。整座牌坊立于高0.15米的台基之上，台基周边铺阶沿石，内用卵石铺面。屋顶铺望板，盖小青瓦，檐口瓦当滴水。交互斗大多施枫拱，丁头拱拱瓣明显。

尚书坊造型端庄古朴，雕刻精细，时代特征明显，是目前浙西地区唯一现存的明、清木构牌坊，具有较高的历史价值、科学价值和艺术价值。1994年10月，县文物部门对该坊作了全面维修；2008年对该坊地面及周边环境作了全面整修。现该坊保存完整。

9. 底角王氏宗祠（含世美坊）

上榜理由：常山保存最好的家族古建筑。

底角王氏宗祠和世美坊坐落在东案乡底角村。底角王氏宗祠又名贤良宗祠，始建于宋代，清同治五年（1866）重建。该祠坐东朝西，共三进，占地1700平方米，建筑面积1400余平方米。中轴线自西向东依次为照壁、门厅、正厅、过厅、后楼。门厅两边接厢房，正厅、后楼两侧为耳房，过厅与两侧厢房隔天井相望。正门前现存旗杆石三对、石狮子一对，门顶上方已改造。门厅三开间，硬山顶，明间后檐屋面升高为歇山顶，前金柱与后檐柱之间设戏台，上方施藻井。正厅、过厅、后楼组成工字厅形制，正厅五开间，硬山顶，前廊设卷棚轩；过厅三进单开间，重檐歇山顶，正中间有八角形藻井，两侧平棋天花板；后楼为五开间硬山顶二层楼房。

东案乡上源村世美坊

世美坊位于底角王氏宗祠北侧约10米处，始建于宋，明嘉靖十七年（1538）重建，系表彰王氏家族一门九进士的榜文牌坊。该坊为两柱三楼石牌坊，通高5米，两柱间跨距4米，抹角方柱，每柱有两块靠脚石，高2.5米，条形柱基，月梁形额枋，龙头鱼尾吻。

底角王氏宗祠和世美坊是底角村王氏家族现存的代表性古建筑，王家在宋北时期名声显赫，一门曾经出过九个进士。这两处建筑的存在，从不同侧面反映了当时的社会状况，具有较高的历史文化价值。1986年8月，县人民政府公布世美坊为县级文物保护单位；2001年4月，县人民政府公布贤良宗祠为县级文物保护单位；2011年1月，省人民政府公布底角王氏宗祠（含世美坊）为省级文物保护单位。

10. 回龙桥

上榜理由：常山现存跨度最大的古代石

拱桥。

回龙桥，位于芳村镇修书埂村东北，距芙蓉水库0.7千米，明正德年间建造，1917年重修。

据《衢州府志》载：回龙桥“明正德年间詹斯建。”“詹斯，字宗理，后圆（即今常山县城西门）人，兴质直，好义乐……修桥梁，义闻遍远近，年七十余卒。”

该桥系单孔石拱桥，东西走向，长40米，宽5.26米；拱跨16.4米，拱券纵联砌置，桥外侧券顶中嵌有碑石，刻隶书“回龙桥”三字，桥面两边原有栏杆石，现浇水泥路面。

1986年8月，县人民政府公布为县级文物保护单位。

（朱向京供稿）

常山现存十大井十大泉

（一）常山现存十大井

1. 最古老的井：华严寺井 该井位于常山县城石磴寺前。石磴寺建于唐代，建寺后为取水方便开凿此井，一直保存到现在，故称这口井为“千年古井”。现存井圈为六边形，内径0.4米，外径0.6米，高0.48米，井深约2.4米，井圈为清代所配，井台已改造，现保存完整，井水仍可使用。

华严寺井

2. 最古朴的井：东鲁水阁亭井 该井位于常山县灰埠镇东鲁村东鲁自然村西南，水阁16号民居前，当地人称“水阁井”，开凿时间大约在南宋时期。井壁内侧圆形，由鹅卵石垒砌而成，井圈外形不规则，内径最大处约为0.33米，外径最大处约为0.78米，为当地盛产之石灰岩凿成，因使用年代久远，井圈磨损痕迹明显。井口较一般水井小，井台原为石板铺设，三面施排水沟。水阁井长年水量充盈，井水清澈甘洌，一直是附近村民的日常生活用水。因其井口略小，村民要从此井取水，吊水桶便须按照该井圈口尺寸“量身打造”。该井年代久远，且造型古朴原始，风格独特，具有较高的文物价值。

水阁亭井

3. *最有名气的井*：塔山底双个井 该井位于天马镇双井街。井圈高均为0.47米，大井井圈内径0.37米，外径0.51米；小井井圈内径0.31米，外径0.57米。该井为常山县城内有名的双口井，由于此井的存在，所在巷道因此而被称为“双井弄”，旧城改造后，因该井有一定的文物价值，被较好地保护起来，且命名为所在街路为“双井街”。2011年12月，县人民政府公布该井为第七批县级文物保护单位。

双个井

4. *有分界意义的县界井*：天井头井 该井位于青石镇天井头村东，为常山县与江山市交界处的双口井。两口井呈南北排列，且井口大小不一，南井稍大，井口直径为0.88米，北井稍小，井口直径为0.66米，井深均为6.4米，原无井圈井台，井壁为块石砌成。据该村《徐氏宗谱》载：“徐梦龙于元至元四年（1287年）从江西饶州司马坑迁此，因村旁有天然水井，其水清冽甘美，故名。”该井以东为江山市大唐村，以西为常山县天井头村，是常山县与江山市的天然分界线。据该村村民介绍，该井原为天井头村与大唐村村民共同生活饮用水的主要水源，20世纪90年代，村民用水泥浇注形成井圈、井台。2002年，村里安装了自来水，天井逐渐废弃，但仍为该村与大唐村的重要分界标志。

5. *最“神秘”的井*：曹会关天师井 该井坐落于常山县白石镇曹会关村天师井自然村。原井圈由四块青石板围成矩形，井壁为块石垒砌而成，后在石板上用水泥浇注圆形井圈，直径为0.76米，井深约1.77米。据传，昔有张天师深夜经此，因轿夫口渴难耐，欲觅水解渴不得，天师以剑戳地，此处即冒出一口水井。后人将该井称为“天师井”，该村村名亦由此井而来。天师井年代较久，井水甘甜，可作研究当地历史人文的实物例证，有一定的文物价值。

天师井

6. *纪年最清楚的井*：球川龙头街八角井 该井位于球川镇球川村龙头街，始建于明弘治九年（1496），井圈青石质，八角形，井壁为鹅卵石，井台高0.42米，内径0.41米，对角线0.61米，井圈外部东侧刻有“徐庭□□”，西侧刻有“弘治九年岁在丙辰”。该古井纪年清晰，保存完整。2011年12月2日，县人民政府公布为县级文物保护单位。

龙头街八角井

7. *有禁碑的井*：何家后厅井 该古井位于何家乡何家村158号民居前，始建于明代，井台为红砂石铺成，占地面积16平方米左右，井圈直径60厘米，现深7米，井旁南侧墙上有碑记："是井名曰后厅井，创自明代，迄今已有五百余载，年久失修，泉脉淤堵。附近住户每感饮水困难，爰有复修之意，于是由农会发动群众力量，就原址彻底改造，近悦远来，工作积极，历一月告竣功成，勒石以垂不朽。禁曰：1. 合村男女需注意卫生，不得洗涤污秽物件；2. 提水需依序不得争乱。何家村公元1951年1月，石匠郑精贵撰"。现井底泉眼被垃圾杂物堵塞，导致井水干涸。该古井历史年代清楚，井侧立碑严格用水约定，对研究当地乡规民约及人文环境有一定的参考价值。

8. *以井为村名的井*：井坞井 该井位于招贤镇井坞村村南，据村民介绍，始建年代为清代，由井、水池、水塘等组成，位于东侧的水井，直径为0.75米，现已改为水泥井圈、井台。井深2米，水质较好。位于井的西面分别有水池及水塘，多用于洗菜、洗衣、洗涤杂物等。据《常山地名志》记载："村处坳谷中，旁有大水井，故名。"该井为当地百姓的主要用水来源，作为研究当地人文历史的实物例证，具有一定的文物价值。

9. *四连井*：芳村大井 该井位于芳村镇芳村村中，用石块垒砌成四口连井，由外到内分别为饮畜井、洗衣井、洗菜井、饮水井。外侧第一井为半圆形，直径为2.92米。第二井与第一井相邻而建，圆形，内井圈直径为3.54米，外井圈直径为3.57米；第三井紧连第二井，圆形，内井圈直径为0.83米，外井直径为1.65米。第四井距离第三井6.57米，不规则圆形，井圈内径为0.87米，外圈径为1.50米。据村民介绍，该井年代久远，始建年代不详，一直为周围居民主要生活水源，现仍是附近居民洗菜、洗衣的地方。芳村大井历史悠久，水源充足，有一定的文物价值。

芳村古井

10. *井圈最浅的井*：溪上古井 招贤镇溪上村现存的几口古井，都有一个共同特点：井圈特别浅，高均不超过0.1米。位于溪上村上店弄7号民居前的一口古井，井圈高0.08米，外径约0.8米，内径约0.5米，用整块花岗岩凿成。井圈距井水面约1.2米，取水时，仅用一根2米左右的竹钩钩住水桶即可。该井造型古朴，取水方便，现仍在使用，但安全性较差。溪上古井对研究当地历史和居民生活习性有一定的价值。

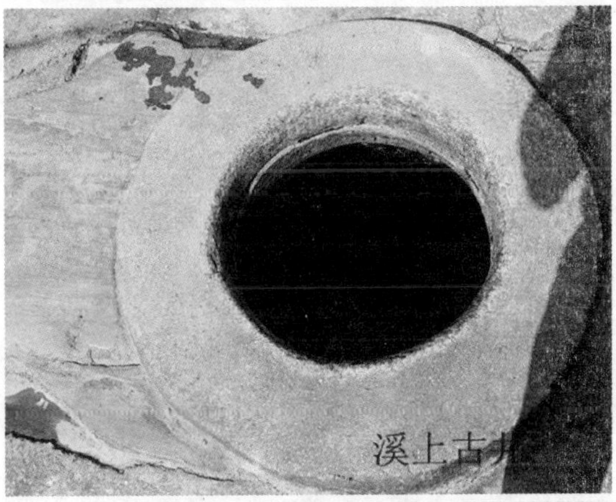
溪上古井

（二）常山现存十大泉

1. *与龙有关的古泉*：白龙洞泉 该泉位于常山县城西门，天马山麓白龙洞下洞中。白龙洞为古常山十景之一，据清光绪常山县志载："白龙洞在县西门外里许。昔时草木茂密，一夕大风雨，有白龙凌虚而翔，旦视之，见有二洞，一当山腹，若巨室然；一在山址，涧溜潺潺不绝。”现存下洞深约十余米，洞底有一泓泉水淙淙流出，清凉透骨，甘美无比，常有附近居民在洞中泉水里洗菜濯衣。

2. 仙鹿饮过的古泉：沐鹿泉　该泉位于县城石硿寺边，据清光绪《常山县志》卷五记载：“沐鹿泉在县西南里许，石硿寺左岩，岩下有泉一泓，涓涓不竭。寺僧破竹为笕，接入寺厨以供晨夕。相传，昔有仙鹿饮此，因以名泉。”沐鹿泉泉眼位于石缝间，现存占地约1平方米，泉水终年不涸，当地村民仍有人从泉眼处接水供日常使用。

沐鹿泉

3. 清凉古泉：严谷甘泉 该泉位于辉埠镇菱湖村严谷山。据清光绪《常山县志》载：“严谷泉在县北龙山，石壁嵌空，处处有泉沁溢，其清冽似白露而味差薄。”相传，

严谷甘泉

古时有神龙在此破壁飞去，故又名龙山。山腰有个灵真洞，洞中有股泉水顺山崖倾泻而下，状如喷珠漱玉。身临其境，只觉一阵阵凉气袭人，沁人肌骨，就是盛夏季节，也不觉有半点炎暑。严谷甘泉所处地带为石灰岩地貌，上有多处溶洞、暗河、泉流，是古代常山著名的避暑胜地，为古常山十景之一。

4. 自然喷泉：箬溪泉 该泉位于招贤镇箬溪村村北，黄衢南高速公路箬溪段西侧。据传，古有神仙于山间以粽箬筑坝而成溪流，俗称箬溪。现存泉水分东西两处泉眼，东泉占地约32.13平方米，呈长方形，1960年在泉四周用红砂石铺成水槽，北侧有一出水口供泉水外流，形成活水，泉西北侧有拱形桥作出水口。西侧泉眼占地约117平方米，呈葫芦状，水流较东泉大，2008年用水泥浇注四周成水槽，供村人洗衣等用。该泉为自然喷泉，总出水量约24立方米/小时。泉水清澈且水质较好，曾是箬溪村民主要饮水来源。

箬溪泉

5. 孔子后裔开掘的古泉：孔家坞泉 该泉位于常山县城展衣山东麓孔家坞。据清光绪《常山县志》载：“孔家坞泉在县后山之左，旧为隐士孔清植果园，山泉盎溢，甃石为池，居民咸资沾溉。”孔清为孔子五十三代孙，康熙十一年（1672）拔贡王文龙曾作《孔家坞水泉》诗：“县左陋诸山，景聚遂成坞。石陂城外罗，石泉城内吐。平正列方塘，崖角有芳杜。沾濡百余家，人人沃雪乳。月白畅远风，日煦逢当午。宋时植果园，圣裔留芳谱。至今及千年，源永泽斯溥。”孔家坞泉出水量丰富，泉池边原有果园、田地、荷塘，20世纪50年代末，随着城市建设的发展池塘等消失，但泉水依然流淌不息，原县武警中队驻该地时，曾汲取该泉作日常用

水，现距古泉眼不远处还保存有古井。

6. *峡谷上的古泉：岭上埂山水岩泉* 该泉位于芳村镇岭上埂村芙蓉峡谷岭上埂段，陡峭的峡谷山腰处。泉水自峡谷岩缝中流淌出来，现用塑料管自泉眼引出。2006 年，村人在泉眼下筑两个蓄水池。泉眼出水口 1.3 米×0.9 米，第一层蓄水池 1.6 米×1.5 米，第二层蓄水池 1.7 米×2.7 米。总占地约 64 平方米。据村民介绍，该泉水在清代就发现并引出，年代较久。站在泉水边放眼望去，芙蓉大峡谷青山绿水与岩壁上汩汩泉水相映成趣，现已成为该村的一处景观。

7. *灵秀山泉：毓秀塘泉* 该泉位于辉埠镇大埂村大埂自然村东，因出水量较大，村民将泉水分隔成饮水塘、洗菜塘、洗衣塘三部分，总占地面积 1040 平方米，洗衣塘最大，有 640 平方米，饮水塘次之，194 平方米，洗菜塘最小，70 平方米。三塘均为不规则多边形。各塘之间有 1.5—4 米宽塘沿道路相隔，塘边用红沙石板铺沿，洗衣塘与洗菜塘有石板渠相通。泉眼边饮水塘沿有残碑一段，宽 0.62 米高 0.57 米，尚存阴刻楷体 18 列 285 字，记载该泉开挖、取名、修缮的历史及三塘分别使用的规定。该泉自明代开挖以来一直是大埂村民生活用水的主要水源，2007 年村委会用水泥浇注通道，在塘中建起石板亭。该泉所形成的毓秀塘是大埂村一道靓丽的自然与人文景观，2011 年 12 月 2 日，县人民政府公布为县级文物保护单位。

8. *称为"老娘"的古泉：石壳老娘泉* 该泉位于辉埠镇灰山底村村口，泉水自岩石内涌出，占地约 4 平方米，俗称"石壳老娘水井"。现用水泥浇筑成水槽状，该泉水质清冽，富含钙质，曾为当地村民的主要生活水源。也有当地村民因孩子难带，按当地风俗就认该泉为"老娘"，但无人知道该泉的挖掘年代。

9. *半壁岩石半碧泉：碧石坞壁泉* 该泉位于球川镇碧石坞村碧石坞自然村北，系天然溶岩石壁渗水汇成泉水，底与溶洞相连。该村韩姓村民，自清咸丰年间迁此即在此取水饮用，泉池边历年有修补。现存为 1998 年后修补的水池，为卵石砌成，长 8.5 米，宽 5 米，内壁为天然石壁。该泉保存较好，作为研究当地人文历史的实物例证，具有一定的文物价值。

10. *碧月听泉：西峰寺泉* 该泉位于县城西峰寺，现常山福利院后，原为西峰寺（即古惠安寺，宋代改名昭庆寺）内的一处清泉。原泉水处建有"璧月池""听泉亭"等建筑，是西峰寺内的一处景观。后因西峰寺用作林场、地方病防治站等单位，泉、池逐渐被填消失，但泉水依然很充沛，水质清冽甘甜，且富含矿物质。现福利院引泉水供院内使用，成为老年人延年益寿的甘泉。

（朱向京供稿）

国民经济若干统计资料

2013 年常山县国民经济主要指标

表 70

项　　目	单　位	2013 年	项　　目	单　位	2013 年
一、基本情况			农业	万元	66038
年末总人口	人	338807	林业	万元	17984
其中：非农业人口	人	44022	牧业	万元	28189
年平均人口	人	337293	渔业	万元	5474
年出生人口(人口和计划生育局数)	人	3462	农林牧渔服务业	万元	2723
年死亡人口	人	1882	年末常用耕地面积	公顷	11721
人口出生率	‰	10.26	主要农产品播种面积		
人口死亡率	‰	5.58	农作物总播种面积	亩	342454
人口自然增长率	‰	4.68	粮食播种面积	亩	210037
年末总户数	户	103943	棉花播种面积	亩	944
年末国有、集体单位从业人员数	人	9962	油料作物播种面积	亩	61403
城镇私营和个体从业人员数	人	30953	柑橘面积	亩	111263
年末城镇登记失业人员	人	1095	常山胡柚面积	亩	73527
城镇登记失业率	%	3.32	茶园面积	亩	5969
土地面积	平方公里	1097.3	桑园面积	亩	723
其中：建成区面积	平方公里	14	主要农产品产量		
街道	个	3	粮食	吨	80190
建制镇	个	6	油料	吨	7197
乡	个	5	其中：油菜籽	吨	6867
城市社区	个	9	花生	吨	179
行政村	个	180	水果：	吨	144857
居委会	个	4	其中：柑橘	吨	129706
全县城镇化水平	%	42.13	常山胡柚	吨	100668
			猪肉	吨	12457
二、农业			牛羊肉	吨	144
农林牧渔总产值（现价）	万元	120408	禽肉	吨	2844

续表70

项　　目	单　位	2013年	项　　目	单　位	2013年
油茶籽	吨	4966	年末邮电局（所）数	所	12
水产品	吨	5312	邮政业务收入	万元	1835
蔬菜	吨	87647	电信业务收入	万元	15651
茶叶	吨	117	年末固定电话用户数	万户	5.5
蚕茧	吨	31	年末移动电话用户数	万户	20.8
食用菌	吨	17722	国际互联网用户数（宽带）	万户	4.1
其中：金针菇	吨	16666	全年用电量	万千瓦时	118260
造林面积	公顷	414	其中：工业用电	万千瓦时	95229
果园面积	公顷	7806	城乡居民生活用电	万千瓦时	12891
三、工业			五、批发零售贸易与外经		
国有及2000万元以上销售收入企业数	个	109	限额以上批发零售贸易业销售总额	万元	132749
其中：内资企业	个	102	社会消费品零售总额	万元	435944
港、澳、台商投资企业	个	4	当年新批三资企业	个	4
外商投资企业	个	3	当年协议利用外资金额	万美元	2209
企业总产值（当年价）	万元	963408	当年实际利用外资金额	万美元	604
其中：内资企业	万元	922543	外贸进出口额	万美元	14710
港、澳、台商投资企业	万元	27113	其中：出口额	万美元	14257
外商投资企业	万元	13753	外贸依存度	%	8.5
从业人员年平均人数	人	13664	个体工商户	户	9381
固定资产净值	万元	359755	个体工商户从业人员	人	19428
主营业务收入	万元	928638	个体工商户资金数额	万元	79110
其中：主营业务年税金及附加	万元	3870	私营企业户数	户	2332
本年应交增值税	万元	27947	私营企业从业人员	人	44533
利润总额	万元	47194	私营企业注册资金	万元	595088
年销售收入2000万元以下工业企业数	个	634			
工业个体户数	个	2331	六、固定资产投资		
规下产值（当年价）	万元	727300	固定资产投资	万元	922746
			基础设施投资	万元	288191
四、交通、邮电			工业投资	万元	507083
境内公路里程	公里	975.9	房地产开发投资	万元	58814
民有汽车拥有量	辆	18814	固定资产投资项目全年新增固定资产	万元	359105
其中：私人汽车拥有量	辆		固定资产投资项目施工房屋面积	万平方米	203.5
公路客运量	万人	1164	固定资产投资项目竣工房屋面积	万平方米	25.4
公路货运量	万吨	920	商品房销售面积	平方米	133335

续表 70

项　　目	单　位	2013 年
商品房销售额	万元	84897
七、财政、金融		
财政总收入	万元	100045
公共财政预算收入	万元	65063
其中：各项税收	万元	59766
公共财政预算支出	万元	188772
其中：农林水事务支出	万元	32676
科学技术支出	万元	5700
教育支出	万元	39333
年末金融机构本外币存款余额	万元	1271729
其中：城乡居民储蓄存款余额	万元	662760
年末金融机构本外币贷款余额	万元	1050767
其中：中长期贷款	万元	323351
保险收入	万元	19449
其中：财产险	万元	9553
人身险	万元	9896
赔款、给付	万元	8604
其中：财产险	万元	5188
人身险	万元	3416
八、人民生活		
全社会职工平均工资	元/人	30540
在岗平均职工人数(含所有私营企业)	人	35430
在岗职工工资总额(含所有私营企业)	万元	146482
在岗职工平均工资(含所有私营企业)	元	42013
社会福利院数	个	22
社会福利院床位数	床	3199
农村居民人均纯收入	元	11542
农村居民人均生活消费支出	元	6412
城镇居民可支配收入	元	23036
城镇居民人均消费支出	元	14251
城镇居民人均住宅面积	平方米	29.7
农村人均住宅建筑面积	平方米	67

项　　目	单　位	2013 年
九、教育、科技、文化、卫生		
学校数		
普通中学	所	13
职业高中	所	2
小学	所	30
专任教师		
普通中学	人	970
职业高中	人	99
小学	人	1031
在校学生数		
普通中学	人	12992
小学	人	17978
学龄儿童入学率	%	100
小学毕业升学率	%	100
各类专业技术人员数	人	1127
医院、卫生院数	个	18
医院、卫生院床位数	张	751
医生数	人	631
注册护士	人	388
十、平衡统计		
国内生产总值（当年价）	万元	1071525
第一产业	万元	79085
第二产业	万元	561105
工业	万元	454733
其中：规上工业	万元	223902
建筑业	万元	106372
第三产业	万元	431335
人均国内生产总值	元/人	31768
人均国内生产总值增长率	%	7.8
国内生产总值(按 2010 年不变价)	万元	987608
第一产业	万元	67663
第二产业	万元	535271
其中：工业	万元	437942
第三产业	万元	384673

全社会消费品零售总额

表71 单位：万元

	2012年	2013年
社会消费品零售总数	387658	435944
一、按销售地区分组		
县	284492	322163
县以下	103166	113781
二、按行业分组		
1. 批发零售贸易业	310035	349721
限额以上	37802	36446
限额以下	272233	313275
2. 住宿餐饮业	77623	86223
星级（限额以上）企业	7998	7156
星级以外（限额以下）企业和个体户	69625	79067

全社会固定资产投资完成情况

表72

统计指标	计量单位	2013年完成投资额
一、固定资产投资合计	万元	922746
1. 投资项目	万元	863932
2. 房地产开发项目	万元	58814
二、工业固定资产投资合计	万元	507083
三、固定资产投资项目按构成分		
1. 建筑工程	万元	563781
2. 安装工程	万元	61560
3. 设备工器具购置	万元	215683
4. 其他费用	万元	81722
四、固定资产投资项目按国民经济行业分		
1. 农林牧渔业	万元	80882
2. 工业	万元	507083
3. 交通运输、仓储和邮政业	万元	63399
4. 水利、环境和公共设施管理业	万元	143206
5. 教育、文化、体育和娱乐业	万元	10382
6. 其他	万元	117794
五、固定资产投资项目本年新增固定资产	万元	359105

续表 72

统计指标	计量单位	2013 年完成投资额
六、固定资产投资项目全年施工房屋面积	平方米	2034738
其中：住宅	平方米	425325
七、固定资产投资项目全年房屋竣工面积	平方米	253924
八、固定资产投资项目全年房屋竣工价值	万元	18102
九、基础设施投资	万元	288191

私营企业户数

表 73

单位：户

指标名称	2013 年	2012 年	±%
合计	**2332**	**1618**	**0.09**
1. 农、林、牧、渔业	385	97	296.9
2. 采矿业	29	28	3.57
3. 制造业	803	737	8.96
4. 电力、燃气及水的生产和供应业	16	16	0
5. 建筑业	83	69	20.29
6. 交通运输、仓储业和邮政业	76	60	26.67
7. 信息传输、计算机服务和软件业	39	40	-2.5
8. 批发和零售业	619	352	75.85
9. 住宿和餐饮业	14	7	100
10. 房地产业	43	42	2.38
11. 租赁和商务服务业	127	105	20.95
12. 居民服务和其他服务业	21	11	90.91
13. 卫生、社会保障和社会福利业			
14. 文化、体育和娱乐业	5	5	0
15. 其他行业	71	49	44.90

私营企业从业人数

表 74

单位：人

指标名称	2013 年	2012 年	±%
合计	**40366**	**32726**	**23.35**
1. 农、林、牧、渔业	4345	1192	264.5
2. 采矿业	695	667	4.20

续表74

指　标　名　称	2013年	2012年	±%
3. 制造业	26785	24952	7.35
4. 电力、燃气及水的生产和供应业	257	253	1.58
5. 建筑业	915	686	33.39
6. 交通运输、仓储业和邮政业	770	548	40.51
7. 信息传输、计算机服务和软件业	169	136	24.26
8. 批发和零售业	3892	2612	10.72
9. 住宿和餐饮业	171	121	41.32
10. 房地产业	347	337	2.97
11. 租赁和商务服务业	803	645	24.50
12. 居民服务和其他服务业	301	148	103.38
13. 卫生、社会保障和社会福利业			
14. 文化、体育和娱乐业	57	21	171.43
15. 其他行业	776	408	90.20

（县统计局供）

个体工商业户数

表75　　单位：户

指　标　名　称	2013年	2012年	±%
合　计	**9381**	**9127**	**2.77**
1. 农、林、牧、渔业	142	66	115.15
2. 采矿业	17	20	-15
3. 制造业	368	405	-9.14
4. 电力、燃气及水的生产和供应业	2	2	0
5. 建筑业	11	9	22.22
6. 交通运输、仓储业和邮政业	19	14	35.71
7. 信息传输、计算机服务和软件业	13	11	18.18
8. 批发和零售业	7039	6885	2.24
9. 住宿和餐饮业	772	746	3.49
10. 房地产业	22	20	10
11. 租赁和商务服务业	212	172	23.26
12. 居民服务和其他服务业	730	723	0.97
13. 卫生、社会保障和社会福利业	8	7	14.29
14. 文化、体育和娱乐业	26	21	23.81
15. 其他行业	0	26	-100

个体工商业从业人数

表76 单位：人

指标名称	2012年	2011年	±%
合计	**18497**	**16910**	**9.38%**
1. 农、林、牧、渔业	245	243	0.82%
2. 采矿业	111	121	-8.26%
3. 制造业	2120	1861	13.92%
4. 电力、燃气及水的生产和供应业	4	4	0.00%
5. 建筑业	33	29	13.79%
6. 交通运输、仓储业和邮政业	49	63	-22.22%
7. 信息传输、计算机服务和软件业	23	21	9.52%
8. 批发和零售业	11949	10963	8.99%
9. 住宿和餐饮业	1933	1787	8.17%
10. 房地产业	40	35	14.29%
11. 租赁和商务服务业	331	264	25.38%
12. 居民服务和其他服务业	1480	1427	3.71%
13. 卫生、社会保障和社会福利业	20	20	0.00%
14. 文化、体育和娱乐业	101	67	50.75%
15. 其他行业	58	5	1060.00%

（许辰玺、柴素芳、柳慧）

索　　引

1. 本索引采用汉语拼音索引。
2. 汉语拼音索引按字母顺序排列，同音字按声调排列。
3. 本索引以主题词为主列条。
4. 索引页码后的 a 表示左栏，b 表示右栏。
5. 在常山县的政府机构、企事业单位，除易产生歧义者外，一般将“常山（县）”略去。
6. 引号、书名号、外文字母开头的主列条，以第一个中文字开始排序。

A

B

C

D

E

F

G

H

J

R

T

W

X

Y

Z